LES
GRANDS ÉCRIVAINS
DE LA FRANCE
NOUVELLES ÉDITIONS

PUBLIÉES SOUS LA DIRECTION

DE M. AD. REGNIER

Membre de l'Institut

ŒUVRES

DE

P. CORNEILLE

TOME XI

PARIS. — IMPRIMERIE DE CH. LAHURE ET Cie
Rue de Fleurus, 9

OEUVRES
DE
P. CORNEILLE

NOUVELLE ÉDITION
REVUE SUR LES PLUS ANCIENNES IMPRESSIONS
ET LES AUTOGRAPHES

ET AUGMENTÉE
de morceaux inédits, des variantes, de notices, de notes, d'un lexique des mots
et locutions remarquables, d'un portrait, d'un fac-simile, etc.

PAR M. CH. MARTY-LAVEAUX

TOME ONZIÈME

PARIS
LIBRAIRIE DE L. HACHETTE ET Cie
BOULEVARD SAINT-GERMAIN
—
1862

LEXIQUE
DE LA LANGUE
DE
P. CORNEILLE

AVEC

UNE INTRODUCTION GRAMMATICALE

PAR M. CH. MARTY-LAVEAUX

OUVRAGE QUI A REMPORTÉ LE PRIX
au Concours de 1859
A L'ACADÉMIE FRANÇAISE

TOME PREMIER

PARIS

LIBRAIRIE DE L. HACHETTE ET Cie

BOULEVARD SAINT-GERMAIN

1868

PRÉFACE.

DE
LA LANGUE DE CORNEILLE.

Les poëtes qui passent à la postérité n'y arrivent pas tout entiers ; pour elle les essais, les intentions heureuses ne sont rien : elle n'admet et ne consacre que des résultats.

A ses yeux, Corneille est le père de notre tragédie, celui qui le premier a substitué aux imitations froides et sans vie du théâtre de Sénèque, des chefs-d'œuvre d'action et de style, où les passions humaines se produisent avec leur véritable caractère, leur véritable langage, où le cœur parle et anime tout.

La critique voit dans Corneille plus encore. Né avec le dix-septième siècle, il semble chargé seul de l'immense tâche de constituer toute la littérature de ce temps. Il écrit d'aimables comédies avant Molière ; dans ses *Examens*, réellement dignes de ce nom, il censure avec bonne foi et ingénuité ses propres ouvrages, ramène toujours aux principes supérieurs de la littérature et de l'art les questions de détail, et devient le législateur de nos écrivains dramatiques, après avoir été leur modèle. On trouve dans ses œuvres des poésies galantes, médiocres, c'est une nécessité du genre, mais moins mauvaises que celles de ses contemporains ; d'excellentes épîtres, telles que l'*Excuse à Ariste*, qui continuent Regnier en faisant pressentir Boileau ; des panégyriques du Roi, un peu vides, mais où éclatent de temps à autre une vigueur, une énergie fort rares dans les compositions de ce genre ; enfin des poëmes sacrés, qui ne sont point, comme c'est assez l'habitude, le produit d'une pénitence à la fois tardive et précipitée, mais le couronnement d'une vie pieuse, l'hymne suprême d'une âme que la grâce touche et qui n'est accessible ni à d'étroits scrupules, ni à de vaines terreurs.

Certains écrivains croient parvenir à la majesté et à l'éclat par l'étalage des maximes générales. Corneille est bien éloigné de ce défaut. Dans son *Discours du Poëme dramatique*, il parle en ces termes de la nécessité de « mettre rarement en discours généraux » les sentences et instructions morales : « J'aime mieux faire dire à un acteur, *l'amour vous donne beaucoup d'inquiétudes*, que, *l'amour donne beaucoup d'inquiétudes aux esprits qu'il possède*[1]. »

Il applique le même principe au détail du style, et à l'expression la plus étendue il préfère presque toujours le mot particulier, parfois même le terme technique. Il prend possession, au nom de la poésie, du domaine entier de la langue française. Ces richesses, que Ronsard et son école allaient recueillir péniblement dans le grec et dans le latin, il sait les trouver toutes dans notre idiome national ; il met à profit le trésor immense des vocabulaires spéciaux. Il parle avec aisance et justesse de théologie, de chasse, d'art militaire, de broderie, de toutes choses ; les mots qui embarrassent notre prose viennent se placer naturellement dans ses vers. Parfois même, on doit l'avouer, cette facilité d'assimilation l'entraîne un peu plus loin qu'il ne faudrait ; s'il discute, dans ses *Discours* et ses *Examens*, contre les disciples outrés et aveugles d'Aristote, il adopte avec eux, et comme tout le monde alors dans le style technique, des termes barbares empruntés au langage de l'école, tels que *protase*, *agnition*, *catastase*, de ces mots que Molière, quelques années plus tard, place dans la bouche de M. Lysidas, et fait railler par Dorante[2] ; enfin il ne sait pas se garantir complétement des expressions des précieuses, qui se montrent, à de longs intervalles, mais d'une manière fort marquée, jusque dans ses tragédies[3].

De tout temps, du reste, les grands poëtes ont parlé, et souvent en maîtres, des sciences et des arts ; et plus d'un savant, plus d'un amateur laborieux, a recueilli dans leurs œuvres des témoignages et des exemples. C'est ainsi que Millin a écrit *la Minéralogie homérique* ; M. Malgaigne, *l'Anatomie et la physiologie d'Homère*, sujet que dernièrement M. Daremberg a étendu et complété[4] ; M. Menière, des *Études medicales sur quelques poëtes anciens et modernes* ; M. Jal, le *Virgilius nauticus* ; M. Castil-Blaze, *Molière musicien*.

Corneille prêterait aussi à ces ingénieuses recherches : en mainte occasion, il emploie hardiment le mot propre. S'agit-il de l'arrivée

---

1. Tome I, p. 18.
2. Voyez la *Critique de l'École des femmes*, scène VII.
3. Voyez particulièrement au tome VI, p. 111 et suivantes.
4. Dans l'ouvrage intitulé *la Médecine dans Homère*, Paris, 1865, in-8°.

des Maures, dans *le Cid?* Il nous apprend qu'*ils ancrent*, tout comme l'eût fait un marinier de Rouen racontant un événement du même genre; ailleurs il se sert de l'expression *prendre port*, fort blâmée par Voltaire, qui objecte que ce n'est pas là un mot poétique. Est-il question d'art militaire? il parle d'*ordonner une armée*, de *quitter la campagne*, de *décamper*, et Voltaire lui reproche encore ces locutions, toujours par le même motif. Scudéry, au contraire, si vain de ses connaissances spéciales, se plaint de ce que Corneille n'a pas écrit dans un style assez rigoureusement technique, et ne lui pardonne pas d'avoir appliqué le mot *brigade* à une troupe de plus de cinq cents hommes[1]; par bonheur, Turenne, moins difficile, entendant Sertorius parler de l'*assiette du camp*, et employer longtemps le langage militaire avec autant de noblesse que de précision, s'écriait tout étonné : « Où donc Corneille a-t-il appris les termes de l'art de la guerre[2]? » Il les avait appris de diverses manières, par la lecture, par l'étude de l'histoire, plus encore sans doute par la conversation. Ceux qui avaient été à la guerre, ceux surtout qui voulaient passer pour y avoir été, accumulaient à plaisir les mots techniques. Nous avons insisté, dans la *Notice du Menteur*[3], sur ce travers, très-com-

---

1. Voyez, au tome II du *Lexique*, l'*Appendice*, p. 460, et à la page 496, la réponse de l'Académie à cette critique de Scudéry.
2. Voyez la *Notice* de *Sertorius*, au tome IV, p. 354.
3. Voyez tome IV, p. 120-122. — On peut ajouter aux rapprochements que nous avons faits en cet endroit ces vers de Joachim du Bellay :

> Ce sont beaux motz que brauade,
> Soldat, cargue, camyzade,
> Auec' vng braue san-dieu....
> C'est pour faire vng Demi-dieu

(*Discours sur la louange de la vertu*, à Salmon Macrin, tome II, p. 40 de mon édition);

et ce passage de la *Muse historique*, où Loret nous peint les bourgeois de la Fronde de retour chez eux après un combat :

> Ensuite, étant dans leurs familles,
> Avec leurs femmes et leurs filles,
> Ils ne disoient parmi les pots
> Que mots de guerre à tous propos :
> Bombarde, canon, coulevrine,
> Demy-lune, rampart, courtine,
> Poste, terre-plein, bastion,
> Lignes, circonvallation,
> Mon tire-bourre, mon écharpe,
> Le parapet, la contrescarpe,
> Et d'autres tels mots triomphants
> Qui faisoient peur à leurs enfants.

(Tome I, p. 243, édition de M. Ravenel.)

mun, paraît-il, en ce temps-là, et sur la façon dont Corneille s'en est moqué.

Si Corneille, dans sa réponse aux *Observations* de Scudéry, affirme avec une bonhomie maligne qu'il n'est pas *homme d'éclaircissement*[1], il n'en connaît pas moins bien le vocabulaire de l'escrime et les locutions introduites dans la langue par les duellistes. C'est à ces origines qu'il faut rapporter les phrases suivantes : *sortir de garde, vider une affaire sur le pré, tomber d'accord sans se mettre en pourpoint*, et beaucoup d'autres du même genre.

Le moindre artisan aurait pu, à aussi juste titre que Turenne, s'étonner de l'exactitude technique de Corneille. L'énumération suivante, par exemple, n'est-elle pas de nature à surprendre un charpentier ou un maçon?

> Ce fer a trop de quoi dompter leur violence.
> — Oui, mais les feux qu'il jette en sortant de prison
> Auroient en un moment embrasé la maison,
> Dévoré tout à l'heure ardoises et gouttières,
> Faîtes, lattes, chevrons, montants, courbes, filières,
> Entretoises, sommiers, colonnes, soliveaux,
> Parnes, soles, appuis, jambages, traveteaux,
> Portes, grilles, verrous, serrures, tuiles, pierre,
> Plomb, fer, plâtre, ciment, peinture, marbre, verre,
> Caves, puits, cours, perrons, salles, chambres, greniers,
> Offices, cabinets, terrasses, escaliers.
> Juge un peu quel désordre aux yeux de ma charmeuse.
> (II, 472 et 473. *Illus.* 746-757.)

Ici Corneille pousse jusqu'à l'exagération et à la charge l'emploi des termes spéciaux, mais cela indique encore mieux à quel point ils lui sont familiers.

Du reste, dans ses comédies, non content de rechercher ainsi l'exactitude des moindres détails du langage, il apporte un égal soin à la fidélité de la mise en scène, et les amateurs du *réalisme* au théâtre seraient fondés à invoquer en leur faveur son imposante autorité.

« J'ai.... pris ce titre de *la Galerie du Palais*, dit-il dans l'*Examen* de cette pièce[2], parce que la promesse de ce spectacle extraordinaire et agréable pour sa naïveté devoit exciter vraisemblablement la curiosité des auditeurs, et ç'a été pour leur plaire plus d'une fois que j'ai fait paroître ce même spectacle à la fin du quatrième acte, où il est entièrement inutile. »

Dans cette pièce, Corneille s'attache à reproduire avec une scrupu-

---

1. Tome X, p. 404; voyez aussi la note 4 de la page indiquée.
2. Tome II, p. 12.

leuse exactitude des conversations entre les marchands et les acheteurs :

> Voilà du point d'esprit, de Gênes, et d'Espagne.
> — Ceci n'est guère bon qu'à des gens de campagne.
> — Voyez bien : s'il en est deux pareils dans Paris....
> — Ne les vantez point tant, et dites-nous le prix.
> — Quand vous aurez choisi. — Que t'en semble, Florice?
> — Ceux-là sont assez beaux, mais de mauvais service;
> En moins de trois savons on ne les connoît plus.
> (II, 23 et 24. *Gal. du Pal.* 109-115.)

La scène continue, assez froidement il faut le dire, sur ce ton facile, qui, malgré la simplicité du sujet, charmait alors les gens de goût, habitués jusque-là à n'entendre au théâtre qu'un dialogue entièrement dénué de naturel et d'aisance.

On trouve ailleurs, dans la même pièce[1], un long éloge des *toiles de soie*, alors fort en vogue. Corneille ne manque guère de faire allusion de la sorte aux modes et aux inventions nouvelles; c'est ainsi que, dans *le Menteur*, il s'égaye au sujet de la *poudre de sympathie*, qui devait être encore très-peu connue en France[2].

Lorsque la muse de Corneille aborde les sujets religieux, elle prononce sans hésiter, comme des paroles accoutumées, les mots étranges, mais profondément significatifs, de cet immense vocabulaire que la théologie a mis tant de siècles à constituer. Malgré cette exactitude, qui semblait impossible à la poésie, et où pourtant elle trouve parfois si bien son compte, Corneille regrette d'être obligé de renoncer à certaines expressions consacrées. Il s'en plaint en ces termes dans la *Préface* de *l'Imitation de Jésus-Christ*[3] : « Il s'y rencontre.... des mots si farouches pour nos vers, que j'ai été contraint d'avoir souvent recours à d'autres, qui n'y répondent qu'imparfaitement. »

On est surpris qu'il ait pu encore en apprivoiser autant. Il fait entrer dans ses vers l'*espèce du vin* et *du pain*, les *espèces visibles*, la *fraction du pain*, le *reniement* de saint Pierre, la *dilection*, l'*anéantissement* de l'âme en présence de Dieu, les *substractions* de la grâce, les *liquefactions intérieures*[4], et une foule d'expressions semblables.

Ce style a ses prérogatives particulières : grâce à lui le poëte peut traiter avec une grande hardiesse les questions les plus délicates; il

---

1. Tome II, p. 21, vers 78 et suivants.
2. Voyez tome IV, p. 204, note 1.
3. Tome VIII, p. 10.
4. Voyez le *Lexique*, à ces divers mots.

peut dire, en parlant de Dieu, et en s'adressant à la Vierge, dont il vante « l'adorable intégrité » :

> Il entre dans tes flancs, il en sort sans *brisure*.
> (IX, 46. *Louanges*, 715);

et personne n'a le droit d'être choqué de ce langage, chaste comme la science, austère comme la foi.

Notre poëte transporte ces mêmes expressions dans ses tragédies chrétiennes. Théodore, par exemple, n'hésite pas à dire :

> Je saurai conserver, d'une âme résolue,
> A l'époux sans *macule* une épouse *impollue* (v, 51. *Théod.* 780);

et ces mots ont paru étranges au théâtre, non pas seulement pour leur forme archaïque et passée d'usage même dans la langue de la dévotion, mais sans doute aussi parce que les critiques n'ont pas voulu comprendre l'intention du poëte et la naïve bonne foi avec laquelle il réglait son style sur son sujet.

Ce goût de Corneille pour le langage particulier de chaque science, de chaque profession, devait le conduire à employer très-souvent dans un sens figuré les termes qu'elles fournissent.

La vénerie, dont notre poëte connaissait aussi fort bien le vocabulaire, comme il l'a prouvé en plus d'un endroit de *Clitandre*, a donné à notre langue, suivant les curieuses remarques d'Estienne et de Bouhours, un grand nombre d'expressions familières, que Corneille n'a point négligées, telles que : *être aux abois*, *donner dans l'aile*, *piper*, *piperie*, et cent autres du même genre. Il en est quelques-unes, comme *gens attitrés*[1], dont la provenance est moins évidente, et qui doivent cependant être rapportées à la même origine. La fauconnerie fournit aussi un contingent considérable ; nous citerons seulement : *leurre*, *débonnaire*, *entregent*[2].

On comprend combien l'habitude de puiser à tant de sources diverses doit influer sur le caractère général des écrits de notre auteur, et surtout quelle variété de ton elle doit produire.

Si les observations que nous venons de faire n'ont pas été inutiles pour nous initier à un des procédés ordinaires du style de notre poëte, elles ne sont pourtant pas de nature, il faut en convenir, à satisfaire notre plus vive et plus légitime curiosité. Quand on étudie Corneille on songe assez peu à *la Galerie du Palais*, à *l'Illusion comique*, voire même à *l'Imitation :* ce qu'on voudrait surprendre, c'est l'art qui a produit *le Cid*, *Horace*, *Cinna*, *Polyeucte*, et tant d'autres

---

1. Voyez au tome I du *Lexique*, p. 88, la fin de l'article ATTITRÉ.
2. Voyez au tome I du *Lexique*, p. 258 et p. 376, et au tome II, p. 50.

chefs-d'œuvre; mais le génie, comme la nature, ne livre pas ses secrets.

Une source coule abondante et limpide, au pied des rochers, sous le feuillage; ses vertus sont nombreuses et parfois presque opposées : elle rend la force, la santé à ceux qui viennent s'abreuver de son eau ou y plonger leurs membres endoloris. Un chimiste survient, qui l'analyse avec la rigueur la plus scientifique : il en énumère les éléments, leur proportion et leur mélange, dit ce qu'elle contient au juste de soufre, de magnésie, de phosphate de chaux et d'acide carbonique, puis il en compose une toute semblable; la science n'y aperçoit aucune différence, les malades seuls ne s'y trompent point : l'onde si salutaire n'est plus qu'un remède d'une efficacité contestable. Que manque-t-il donc? Ce que personne n'est capable de connaître, ce que les savants ne peuvent apprécier, quelque chose de divin et d'insaisissable, ce θεῖόν τι qu'Hippocrate signale dans les maladies, et qui existe aussi dans les remèdes.

Voilà justement l'histoire des écrivains et de leurs commentateurs. Dans un poëme hors de ligne il y a toujours quelque chose qui échappe à l'analyse la plus patiente, et qui ne tient ni au choix artificiel des expressions, ni à la savante construction des phrases : c'est l'accent du cœur, le cri de l'âme même. Lorsqu'une grande passion possède un homme entièrement étranger à l'art de la parole, il trouve parfois de ces mots inattendus qui, dans toute une foule, viennent frapper chaque assistant, et changent les résolutions et les volontés. Les orateurs, les poètes, quand ils sont agités de semblables mouvements, savent en diriger la force, en augmenter la portée : les expressions, qu'ils cherchent parfois, viennent alors d'elles-mêmes et se subordonnent à la pensée dominante; le langage s'élève; la différence des styles, celle des temps même disparaît, et si plusieurs écrivains de date fort diverse rencontrent une idée sublime, ils parlent tous la même langue.

Tenter un parallèle entre Garnier et Corneille ou Racine serait insensé; mais n'est-il pas fort remarquable qu'il se rapproche parfois d'eux, précisément dans les endroits où ils excellent, et qu'en certaines rencontres il ne se montre pas trop inférieur à leur génie, lui qui n'atteint nulle part à leur talent?

On trouve dans ses tragédies des morceaux tout près d'être sublimes, auxquels il ne manque pour cela qu'une vivacité, une concision, que Corneille ou Racine ont su donner aux mêmes idées, lorsqu'ils les ont abordées à leur tour.

Voici une confession de foi vive et hardie :

> Le Dieu que nous servons est le seul Dieu du monde,
> Qui de rien a basti le ciel, la terre et l'onde;

C'est luy seul qui commande, à la guerre, aux assaus ;
Il n'y a Dieu que luy, tous les autres sont faux.
(*Les Iuifues*, acte IV, vers 115.)

Corneille a ainsi exprimé les premières idées contenues dans ce passage :

Je n'adore qu'un Dieu, maître de l'univers,
Sous qui tremblent le ciel, la terre, et les enfers.
(III, 564, *Pol.* 1657 et 1658.)

Quant au dernier trait, il est reproduit d'une manière sublime dans ce vers d'*Athalie* (acte II, scène VII, vers 686) :

Lui seul est Dieu, Madame, et le vôtre n'est rien.

Nous avons cité dans nos notes sur *Horace* un dialogue des *Juives* où Corneille pourrait bien aussi avoir puisé la première idée de son fameux *Qu'il mourût*[1].

Si le vieux poëte a été vaincu par ses successeurs, il faut reconnaître néanmoins qu'il a su exprimer de grandes pensées, dans un style simple et tout moderne. Toutefois, chez lui, de telles rencontres sont rares. On trouve souvent dans ses pièces des traits gracieux, de fraîches peintures de la campagne, des paysages calmes et riants ; mais une expression vulgaire, une trivialité vient tout à coup détourner notre attention et troubler notre plaisir. Il manque complétement de cette élévation, de cette dignité soutenue qui forme le fond du langage de la tragédie, et constitue ce que nous appelons en France le *style noble*.

On ne saurait, du reste, le lui reprocher ; de son temps ce style n'existait pas encore : c'est un produit des plus curieux de notre civilisation et de nos préjugés.

Dire comment le latin rustique des légions a, par son mélange avec les idiomes indigènes, formé les langues néo-latines, et en particulier la nôtre, est une tâche immense que nous n'avons pas à entreprendre ici. Remarquons seulement l'espèce d'unité qui a présidé à la formation de ce langage nouveau, presque exclusivement composé d'éléments populaires, et au-dessus duquel régnait la langue latine, qui conservait son caractère officiel. Celle-ci suffisait aux affaires, aux communications des savants, à la liturgie et aux discours d'apparat ; mais les genres les plus animés et les plus vivants lui échappaient peu à peu. Le théâtre, ou, si l'on veut, les tréteaux improvisés, sur lesquels on représentait les mystères, retentirent bien vite du français

---

1. Voyez tome III, p. 325, note *a*.

substitué au latin, et les spectateurs, rapprochés, malgré l'immense différence des rangs et des conditions sociales, par une commune ignorance, reconnaissaient tous une même langue comme interprète de leurs pensées et de leurs sentiments.

Au seizième siècle, la splendeur des littératures anciennes, subitement révélées, éblouit et charme les esprits ; mais au lieu d'imiter avec discrétion et mesure, on essaye follement de s'emparer des phrases, des tournures, des mots ; les expressions grecques et latines introduites avant cette époque pour le seul besoin des sciences et par l'intermédiaire des traducteurs, sont alors prodiguées par les poëtes. Le français se partage en deux langues parfaitement tranchées : l'ancienne, que tout le monde comprend et parle, et qui, par cela même, est, aux yeux de bien de gens, tout à fait indigne de l'éloquence et de la poésie ; la nouvelle, qui procède du grec et du latin, non plus, comme la première, par un lent travail d'assimilation, mais directement et sans avoir égard à la différence des temps et des habitudes.

Jodelle, qui rompt le premier avec toutes les traditions du théâtre du moyen âge, transporte hardiment dans la tragédie les termes qu'il emprunte aux langues classiques ; c'est là, il est vrai, que ce langage était le moins déplacé. Ces mots transcrits du latin, dont Ronsard s'est plus d'une fois servi si mal à propos en faisant parler les paysans de nos campagnes, choquent moins dans les entretiens de personnages célèbres de l'antiquité. Sauf d'ailleurs quelques passages bien peu nombreux, où, comme nous l'avons vu chez Garnier, la dignité du style naît de l'élévation des sentiments, c'est seulement grâce à ces expressions que les tragiques antérieurs à Corneille rencontrent parfois une certaine grandeur, tendue et boursouflée, mais toute nouvelle dans notre langue. Jodelle savait si bien que c'était surtout cette noblesse un peu empathique que ses partisans attendaient de lui, qu'au commencement du *Prologue* de *l'Eugène*, il croit devoir s'excuser en ces termes de leur donner une comédie :

> Assez, assez le Poëte a peu voir
> L'humble argument, le comicque deuoir,
> Les vers demis, les personnages bas,
> Les mœurs repris, à tous ne plaire pas,
> Pource qu'aucuns de face sourcilleuse
> Ne cherchent point que chose serieuse.

Du reste, il poursuit encore, dans ce *Prologue* même, une certaine élévation de style, supérieure au ton de la comédie antique, et sur laquelle il compte pour améliorer notre langue :

> Bien que souuent en ceste Comedie
> Chaque personne ait la voix plus hardie,

> Plus graue aussi qu'on ne permettroit pas
> Si l'on suyuoit le Latin pas à pas,
> Iuger ne doit quelque seuere en soy
> Qu'on ait franchi du comicque la loy.
> La langue, encor foiblette de soy mesme,
> Ne peut porter vne foiblesse extreme;
> Et puis ceux ci dont on verra l'audace
> Sont vn peu plus qu'un' rude populace,
> Au reste tels qu'on les voit entre nous.
> Mais, dites-moy, que recueilleriez-vous,
> Quel vers, quel ris, quel honneur, et quels mots,
> S'on ne voyoit ici que des sabots?

On se doute du résultat. Le style de cette pièce est un mélange perpétuel d'enflure et de bassesse ; et non-seulement ici Jodelle ne tient point ce qu'il vient de promettre, mais, dans tout son théâtre, il remplace souvent, sans le savoir, par les sabots, le brodequin et même le cothurne. Il croyait élever un monument, et ne faisait qu'amasser des matériaux, dont quelques-uns seulement étaient de nature à être mis en œuvre par ses successeurs.

Corneille sut fort bien distinguer ce qu'il y avait de réellement précieux parmi tant de richesses décevantes, et fit entrer pour jamais dans le vocabulaire tragique un grand nombre d'expressions qui faisaient partie du bagage des poëtes qui l'avaient précédé. Telles sont, par exemple, les suivantes : *ma chère âme, le conseil en est pris, détruire quelqu'un, déplorable* appliqué aux personnes, *amollir* pour attendrir, *chatouiller, chétif*, heureusement employés au figuré, *ennui* pour chagrin, *courage* pour cœur, *douteux*, lorsqu'il est question de l'esprit et de ses incertitudes. Telle est encore cette tournure, tant attaquée par Voltaire, et qui consiste à s'adresser à son âme, à son cœur, à son esprit[1]; la voici dans *les Amours* de Ronsard :

> Fuyons, *mon cœur*, fuyons, que mon pied ne s'arreste
> Vne heure en cette ville, où par l'ire des Dieux
> Sur mes vingt et vn ans le feu de deux beaux yeux
> (Souuenir trop amer!) me foudroya la teste.
> (Livre I, pièce XVI, vers 1-4.)

On la retrouve dans le passage suivant de Jodelle, avec la locution : *pleurez, mes yeux*, dont Corneille s'est servi dans *le Cid:*

> Sus donc, esprit, sois soucieux :
> Sus donc, sus donc, *pleurez, mes yeux;*
> Ostez le pouuoir à la bouche
> De dire le mal qui me touche. (*L'Eugène*, acte III, scène III.)

---

1. Voyez, au tome II du *Lexique*, l'*Appendice*, p. 457 et p. 487.

Il est tout simple qu'on rencontre ainsi dans les ouvrages antérieurs à ceux de nos auteurs classiques la plupart des expressions qu'ils nous ont fait connaître et que nous avons apprises d'eux ; on ne peut s'empêcher toutefois de s'en étonner au premier abord.

A distance un poëte grandit de tout le prestige dont l'entoure son génie ; supérieur à ses prédécesseurs, à ses contemporains, il les fait tous oublier ; on ne les lit plus, on n'ouvre même pas leurs œuvres ; peu à peu on se persuade, sans se le bien expliquer, qu'il a toujours été isolé sur ce piédestal où l'a placé la légitime admiration des siècles, et il passe bientôt pour n'avoir rien puisé nulle part, pour avoir tout créé, tout inventé, jusqu'à la langue qu'on parlait de son temps.

Il n'y a pas d'erreur plus profonde : en pareille matière chacun a son rôle ; les gens de talent, les gens d'esprit inventent souvent des mots, des tours ; les hommes de génie consacrent ceux qui sont bons, en les plaçant dans leurs chefs-d'œuvre.

Au dix-septième siècle d'ailleurs, les créations de ce genre, auxquelles l'habitude nous a rendus indifférents et même inattentifs, étaient une affaire sérieuse, qui avait ses règles, on pourrait presque dire son cérémonial. D'ordinaire c'était dans la conversation, alors assez travaillée pour devenir une œuvre littéraire, assez libre pour conserver une heureuse audace, que s'introduisaient d'abord les nouveautés ; elles passaient ensuite, le plus souvent du moins, dans la prose d'abord, subissaient le contrôle des grammairiens, et n'entraient dans la poésie que lorsqu'elles étaient définitivement reçues ; car si l'on reconnaissait aux poëtes le droit d'user avec discrétion de locutions déjà vieillies, on trouvait avec raison que presque toujours le néologisme enlevait à la fois à leurs vers la noblesse et le naturel.

Vaugelas remarque, dans sa *Préface* (§ xi), « qu'il est justement des mots comme des modes. Les sages ne hasardent jamais à faire ni l'un ni l'autre ; mais si quelque téméraire ou quelque bizarre, pour ne lui pas donner un autre nom, en veut bien prendre le hasard, et qu'il soit si heureux qu'un mot, ou qu'une mode qu'il aura inventée, lui réussisse, alors les sages, qui savent qu'il faut parler et s'habiller comme les autres, suivent, non pas, à le bien prendre, ce que le téméraire a inventé, mais ce que l'usage a reçu, et la bizarrerie est égale de vouloir faire des mots et des modes, ou de ne les vouloir pas recevoir après l'approbation publique. »

Molière a trouvé cette comparaison si juste qu'il s'en est emparé, en ayant soin toutefois de la renfermer en quatre vers :

.... Tout homme bien sage
Doit faire des habits ainsi que du langage,

N'y rien trop affecter, et sans empressement
Suivre ce que l'usage y fait de changement.
(*L'École des maris*, acte I, scène 1.)

Il observe d'ailleurs fort strictement ce précepte; jamais il n'invente de mots : *désamphitryonner*, *désosier*, ou *tartufiée*, ne peuvent être considérés comme des néologismes. Ce sont là de ces créations bouffonnes dont les poëtes comiques ont toujours eu l'incontestable privilége. Suivant M. Castil-Blaze, il est vrai, c'est dans *le Bourgeois gentilhomme* que *chanteur* a été employé pour la première fois, au lieu de *chantre*, qui jusqu'alors, dit-il, était seul usité[1]; mais cette assertion est sans fondement, car si *chanteur* manque dans la plupart de nos anciens dictionnaires, on le trouve dans la seconde édition des *Recherches françoises et italiennes* d'Antoine Oudin, en 1643, c'est-à-dire vingt-sept ans avant la première représentation du *Bourgeois gentilhomme*.

On pourrait du reste, sans crainte, tenir le pari de trouver ainsi un père, ou du moins un parrain, à presque tous les termes que les critiques et les commentateurs ont signalés comme nouveaux dans les œuvres des écrivains éminents.

Moutonnier, indiqué à tort comme étant de la création de la Fontaine, a été trouvé dans Rabelais par M. Génin; *ratte*, qui lui est attribué par M. Walckenaer, se rencontre chez Marot; *nivellerie* est dans les *Recherches italiennes* d'Oudin; *bestion*, dans les œuvres de Philibert Delorme, et *poulaille*, partout[2].

Il en est de même en ce qui concerne Corneille. Bouhours, qui avait plus de goût que d'érudition, n'hésite pas, dans ses *Doutes sur la langue françoise*[3], à le mettre au nombre des inventeurs de mots: « Le public est si jaloux de son autorité qu'il ne veut la partager avec personne ; et c'est peut-être pour cela qu'il rebute d'ordinaire les mots dont un particulier se déclare l'inventeur ou le patron. Témoin l'*esclavitude* et l'*insidieux* de M. de Malherbe ; le *plumeux* de M. Desmarets; l'*impardonnable* de M. de Segrais; l'*invaincu* et l'*offenseur* de M. Corneille. »

Le piquant, c'est qu'aucun des mots cités ici par Bouhours n'a été réellement créé par l'auteur auquel il l'attribue; Ménage, qui se laisse si souvent battre quand il s'agit de questions purement littéraires, triomphe ici sur tous les points. Il établit qu'*insidieux* est dans Nicot, *plumeux* dans le baron de Fœneste, et que Malherbe n'a pas fait *esclavitude*; enfin, en ce qui touche particulièrement Corneille, il fait

---

1. *Molière musicien*, Paris, 1852, tome II, p. 34.
2. Voyez notre *Essai sur la langue de la Fontaine*.
3. Page 50.

observer que l'Académie a justifié l'emploi d'*offenseur*[1], et que notre
poëte n'a fait ni ce mot ni celui d'*invaincu*[2] : « J'ai bonne mémoire,
dit-il, d'avoir lu le premier dans *l'Astrée;* et pour le second, il est dans
Nicod[3]. » Nous avons rapporté dans notre *Lexique* des autorités plus
anciennes que celles qu'invoque ici Ménage.

   De notre temps on s'est efforcé de nouveau de faire de Corneille
un néologue, et cela, suivant toute apparence, afin d'ajouter quelque
chose à sa gloire. Voici en quels termes M. Aimé-Martin s'exprime à
ce sujet : « C'était peu de dégrossir la langue, il fallait réparer ses
pertes; il fallait plus, il fallait l'élever jusqu'à la poésie et la rendre
capable d'exprimer noblement de nobles pensées. Telle était alors sa
pauvreté, qu'un poëte n'aurait pu qualifier, sans de longues périphrases, soit le bras qui punit, soit le cœur qui pardonne, soit les
disgrâces du sort et de la fortune, soit enfin cette qualité de l'esprit
qui fait entreprendre les choses avec une adroite légèreté. Corneille
voulant que toutes ces choses pussent se dire d'un mot, il fit *punisseur*, *exorable*, *infélicité*, qui sont restés français, et popularisa *dextérité*, depuis peu introduit dans la langue. Des circonvolutions inter-
minables étaient également nécessaires pour spécifier un raisonnement qui n'a que l'apparence de la vérité, ou une finesse difficile à
démêler, ou un caractère plein de ruses et de déguisements : Corneille créa le mot *captieux*, qui représente aujourd'hui toutes ces
nuances d'idées. Il créa également le mot *impénétrable*, mot si nécessaire qu'on le croirait aussi vieux que la langue, et qui cependant n'y
entra qu'en 1640; ainsi, avant Corneille, on n'aurait pu dire : des
arbres *impénétrables* aux rayons du soleil, ou figurément, en se
servant de la même expression : les desseins de Dieu sont *impénétrables*[4]. »

   Toutes ces assertions si formelles sont fausses : *punisseur* se trouve
dans les tragédies de Garnier; *exorable*, *dextérité*, *impénétrable*
figurent en 1607 dans le *Thresor des deux langues françoise et espagnolle* de César Oudin; on rencontre *infélicité*, dès 1530, dans la

---

  1. Voyez, au tome II du *Lexique*, l'*Appendice*, p. 487.
  2. Cela n'a pas empêché M. Victor Hugo de dire : « Plusieurs ont créé
des mots dans la langue. Vaugelas a fait *pudeur*, Corneille *invaincu*, Richelieu *généralissime*. » (*Littérature et Philosophie mêlées*, Paris, Charpentier,
1842, p. 163.) Remarquons en passant que Vaugelas, loin d'avoir créé *pudeur*, en a attribué la création à des Portes (*Remarques*, p. 538), et qu'ainsi
que l'a fait observer M. Littré, *généralissime* se trouve déjà dans d'Aubigné.
  3. *Observations de M. Ménage sur la langue françoise*, seconde édition,
tome I, p. 302.
  4. *Étude de la langue de Corneille. OEuvres de Corneille*, édition de Lefèvre,
tome I, p. XI.

Grammaire de Palsgrave; enfin *captieux* qualifie le mot *projet* dans Juvénal des Ursins.

Ces mots, loin d'être nouveaux du temps de Corneille, commençaient, pour la plupart, à être oubliés; ce sont de beaux débris du vocabulaire de la Pléiade, recueillis et habilement mis en œuvre par notre poëte.

Les substantifs en *eur* tirés de nos verbes, tels qu'*offenseur* et *punisseur*, ont été créés en grand nombre par les écrivains du seizième siècle; on les formait alors à volonté. Plusieurs sont définitivement entrés dans notre langue; beaucoup ont disparu dès les premières années du dix-septième siècle; d'autres, rarement employés, surprennent encore chaque fois qu'on les entend. Il en est de même de *captieux* et de la plupart des adjectifs de cette terminaison : tantôt tirés des adjectifs latins en *osus*, tantôt formés directement sur des substantifs français, ils se montrent parfois tour à tour sous deux formes, comme il arrive pour *nuageux* et *nébuleux;* dans ce cas la première a seule pénétré dans les rangs inférieurs de la société, et Tallemant des Réaux nous raconte, dans une anecdote qu'il est impossible de reproduire ici, combien le président de Chevry[1] trouvait la seconde inquiétante dans la bouche d'une paysanne.

Quant aux réduplicatifs, on les formait, suivant le besoin, soit en parlant, soit en écrivant, et il faut tenir singulièrement à donner à Corneille un grand rôle dans la création de notre vocabulaire, pour lui attribuer *rapaiser*, *rembraser*, *reflatter*, etc. Nous n'avons pas besoin d'ajouter que les verbes composés avec *entre*, dont notre poëte a fait grand usage, sont fort anciens dans notre langue.

Dans ses notes, M. Aimé-Martin indique un bon nombre de termes comme inventés par Corneille, mais toujours avec aussi peu de fondement; ainsi *éloigner la ville*, en parlant d'un vaisseau, est signalé comme vieux dans une excellente remarque de Ménage sur Malherbe, et *déceptif* se trouve dans Garnier, qui employait aussi *déceveur*. Ce qu'on aura peine à croire, c'est que *penser* pris substantivement a passé aussi pour une création de Corneille, tandis que cet emploi des infinitifs remonte aux origines mêmes de la langue.

En voyant les commentateurs les plus estimés de nos auteurs classiques tomber, au sujet de la date des mots, dans de si fréquentes méprises, on se demande avec étonnement ce qui peut les occasionner. La confiance illimitée qu'ils accordent à Nicot doit être considérée comme une des principales causes de leurs erreurs : ils s'imaginent, bien gratuitement, que son *Dictionnaire* est complet, et tous les mots qu'ils n'y trouvent pas, ils les attribuent à l'auteur qu'ils publient. On

---

[1]. *Historiettes*, tome I, p. 426.

PRÉFACE.

ne se rend guère compte des motifs qui ont pu acquérir à ce dictionnaire une si grande autorité ; s'il renferme de curieux renseignements, la nomenclature n'en est pas moins des plus défectueuses, et souvent un mot qui manque à son rang alphabétique se trouve employé dans le cours d'un autre article : c'est, par exemple, ce qui arrive pour *captieux*, qu'on ne rencontre qu'au mot Subtilité.

Comme les dictionnaires de ce temps sont rédigés avec une absence complète de méthode, on ne saurait en consulter un trop grand nombre ; il existe une foule de lexiques français-anglais, français-italiens, français-espagnols, trop peu connus, trop peu recherchés, et qui pourraient cependant être du plus grand secours. Les principaux sont : en 1599, le *Recueil de dictionnaires francoys, espaignols et latins* d'Henri Hornkens ; en 1603, le *Dictionnaire françois et italien* de Pierre Canal ; en 1607, le *Thresor des deux langues françoise et espagnolle*, par César Oudin ; en 1609, le *Thresor des trois langues françoise, italienne et espagnolle*, par Hierosme Victor ; en 1611, l'excellent *Dictionnaire françois-anglois* de Cotgrave, bien plus complet que Nicot ; en 1643, les *Recherches françoises et italiennes* d'Antoine Oudin. Enfin le curieux *Glossaire* de Sainte-Palaye, qui n'a été imprimé que jusqu'au mot *asseureté*[1], mais dont les matériaux, disposés alphabétiquement, sont conservés au département des manuscrits de la Bibliothèque impériale, offre d'inépuisables ressources pour l'histoire de notre langue.

Il est bien vrai que tous ces lexiques ne suppléent pas à la lecture attentive de nos anciens auteurs, mais du moins ils mettent sur la voie, et empêchent de tomber dans des erreurs aussi graves et aussi nombreuses que celles que nous venons de signaler.

Tandis que les commentateurs de Corneille lui attribuaient des expressions qui, loin d'être nouvelles, commençaient au contraire à vieillir lorsqu'il en a fait usage, ils négligeaient d'en noter quelques autres, rares il est vrai, qu'il peut passer pour avoir voulu introduire le premier dans notre langue. Tel est *alfange*, mot d'origine arabe, qu'il transcrivait littéralement, en 1664, de l'espagnol, pour le faire entrer dans *le Cid* à la place du mot *épée*. Cet essai assez curieux de stricte fidélité historique ne fut pas fort goûté, et bien que Corneille ait constamment maintenu sa nouvelle rédaction, on en revint au théâtre à son premier texte. Le mot *Cid*, que Corneille avait prudemment accompagné de cette glose poétique :

.... *Cid en leur langue est autant que Seigneur* (III, 170. *Cid*, 1223).

fut, au contraire, promptement compris et accepté.

1. La bibliothèque nationale possède de ces premières feuilles du *Glos-*

XVI PRÉFACE.

Parfois notre poëte emprunte à la langue espagnole des tournures et des locutions toutes faites. S'il faut en croire Ménage, la phrase *donner la main, darse las manos*, pour *se promettre mariage, se marier, s'épouser*, est de ce nombre[1].

En recherchant, chez les contemporains de notre poëte et dans ses propres œuvres, les rares témoignages relatifs aux façons de parler introduites par lui dans la langue, nous avons noté ce passage de *la Suite du Menteur*, où Corneille signale avec une certaine complaisance un proverbe auquel avait donné lieu sa précédente comédie :

> La pièce a réussi, quoique foible de style,
> Et d'un nouveau proverbe elle enrichit la ville :
> De sorte qu'aujourd'hui presque en tous les quartiers
> On dit, quand quelqu'un ment, qu'*il revient de Poitiers*.
>
> (IV, 305. *S. du Ment.* 295-298.)

Le fait est curieux, mais il se pourrait bien que ce ne fût là qu'une simple bouffonnerie de Cliton.

Sans parler des vers du *Cid* que l'on cite à chaque instant, tels que :

> La valeur n'attend point le nombre des années....
> (III, 129. *Cid*, 406),
> A vaincre sans péril, on triomphe sans gloire.... (III, 130. *Cid*, 434),
> .... Le combat cessa faute de combattants (III, 175. *Cid*, 1328),

ce chef-d'œuvre a donné lieu à un proverbe des plus glorieux pour lui, et Pellisson nous raconte, dans son *Histoire de l'Académie*, qu'il passa en coutume de dire : « Cela est beau comme *le Cid*[2]. »

Plus heureux que ses prédécesseurs, Corneille sut constituer ce style noble dont ils avaient le sentiment, mais auquel il ne leur avait pas été donné d'atteindre, et il y parvint sans effort et presque sans travail, simplement, mais avec la simplicité du génie.

Ennemi déclaré, quoi qu'on en ait dit, de toute création de mots, n'admettant ceux de la Pléiade qu'avec un choix habile et surtout des plus discrets, ce fut dans le vocabulaire vraiment national qu'il puisa presque toujours. Il n'est pas rare de lui voir accueillir des termes

---

saire des épreuves, la plupart corrigées à la main, dont une porte la date du 21 octobre 1775.

1. Voyez l'article MAIN dans le *Lexique*, tome II, p. 65.
2. On peut rappeler à ce propos que de même, en espagnol, pour vanter l'excellence de quelque œuvre, il était passé en proverbe de dire : *Es de Lope*, « c'est de Lope. » Voyez les *Lettres de Mme de Sévigné*, tome V, p. 506 et note 6.

d'un usage assez peu répandu, oubliés par les lexicographes contemporains, et connaissant bien mieux qu'eux les ressources et l'étendue de notre vocabulaire, il place souvent de la manière la plus heureuse dans ses œuvres tel mot dont on l'a cru l'inventeur, faute de le trouver à son rang alphabétique dans les dictionnaires.

Quant à ses modèles dramatiques, ce n'est pas au théâtre grec qu'il va les demander, il les doit presque tous à l'Espagne, et même lorsqu'il les cherche dans l'antiquité latine, c'est encore, comme il le remarque lui-même[1], aux auteurs de ce pays qu'il a surtout recours. Mais l'ardeur méridionale est constamment tempérée dans ses écrits par la sapience normande; la vivacité de la passion, unie au calme du bon sens, forme le caractère propre de son génie. C'est là le fond commun que nous retrouvons dans les personnages si divers qu'il a fait parler; c'est de là que procèdent la majesté familière d'Auguste, la fermeté si mâle et pourtant si attendrie du vieil Horace, le courage ému de Rodrigue, l'héroïsme exalté, et pourtant toujours simple et naturel, de Polyeucte.

Corneille ne court point après le majestueux et le sublime; il s'étudie généralement à proportionner son langage aux sujets qu'il traite et aux gens qu'il fait parler; chez lui la noblesse du style dépend surtout de la noblesse des sentiments. Qu'on écoute Maxime et Félix, on se convaincra bien vite que parfois notre poëte abaisse à dessein le style de la tragédie jusqu'au ton le plus vulgaire, de peur d'ennoblir, par l'expression, des pensées qui doivent demeurer viles et abjectes. Dans la comédie, il recherche le langage simple de la bonne compagnie, et il nous apprend lui-même que ce fut là un des principaux motifs du succès de *Mélite* : « La nouveauté de ce genre de comédie, dont il n'y a point d'exemple en aucune langue, et le style naïf qui faisoit une peinture de la conversation des honnêtes gens, furent sans doute cause de ce bonheur surprenant, qui fit alors tant de bruit[2]. »

Voilà, pour la langue, dans tous les genres qu'il a traités, le premier modèle de notre poëte : *la conversation des honnêtes gens;* cette conversation tour à tour grave et enjouée, qui abordait si résolûment

---

1. « J'ai cru que nonobstant la guerre des deux couronnes, il m'étoit permis de trafiquer en Espagne. Si cette sorte de commerce étoit un crime, il y a longtemps que je serois coupable, je ne dis pas seulement pour *le Cid*, où je me suis aidé de don Guillen de Castro, mais aussi pour *Médée*, dont je viens de parler, et pour *Pompée* même, où pensant me fortifier du secours de deux Latins, j'ai pris celui de deux Espagnols, Sénèque et Lucain étant tous deux de Cordoue. » (Tome IV, p. 131. *Épître du Menteur*.)
2. Tome I, p. 138.

les sujets religieux, philosophiques, littéraires, et où, comme dans un combat à armes courtoises, la politesse n'excluait la vivacité ni de l'attaque ni de la défense.

Ce précieux secours manquait aux prédécesseurs de Corneille, au milieu de ce seizième siècle si intelligent et si agité, où les vertus, les vices, les ambitions, les talents, le génie, la médiocrité, luttaient pêle-mêle, sans que l'unité ni la mesure existassent nulle part. Mais lorsque *Mélite* parut, ce langage exquis de la conversation avait déjà eu le temps de se former, sans aucun profit toutefois pour nos auteurs dramatiques, qui écrivaient encore dans le style de convention, le style factice, de l'école de Ronsard. Notre poëte comprit le premier, dès son début, l'importance de cet élément nouveau, et il sut s'en servir, non-seulement comme d'un exemple utile pour le langage de la comédie, mais encore comme d'un point de départ pour s'élever à celui de la tragédie, qui, sauf les passages où la passion domine, n'est, à bien prendre, qu'une suite de conversations entre personnages illustres.

Dans les ouvrages de Corneille, le style noble diffère plus du langage ordinaire par l'exclusion de certains mots que par l'emploi fréquent d'expressions sonores et d'élégances convenues. Encore notre poëte se montre-t-il fort sobre d'exclusions, et désirant se renfermer le plus possible dans le vocabulaire courant, il n'en retranche rien qu'à regret. Mais tandis que les esprits sages et justes restreignaient de plus en plus l'usage des termes de Ronsard, l'hôtel de Rambouillet, qui, à bien des égards, avait conservé les traditions de la Pléiade, poursuivait rapidement son travail de proscription sur le fond même de notre langue, avec autant de tranquillité, autant de confiance, que si les mots étranges dont on prétendait l'avoir enrichie eussent été admis définitivement : si bien que le style noble, ainsi travaillé par les écrivains judicieux qui retranchaient les importations maladroites, et par les précieuses qui écartaient avec soin les mots du langage ordinaire, ressemblait fort à cet homme entre deux âges dont les fabulistes nous ont raconté la plaisante mésaventure.

Rien du reste ne serait plus délicat que de dresser définitivement, sans mauvais goût comme sans pruderie, la liste des mots qui ne doivent jamais entrer dans le style noble. L'important est d'en bannir sans retour toute pensée puérile et mesquine. Quand Horace critique ce vers de Furius Bibaculus (livre II, *satire* v, vers 41) :

Jupiter hibernas cana nive conspuet Alpes,

c'est plus encore parce que l'image n'est pas d'une ampleur suffisante pour l'idée, que pour ce qu'il y a de répugnant dans l'expression.

Nous croyons qu'on peut en dire autant, en notre langue, du passage qui suit et de bien d'autres du même genre :

> La tombante tempeste,
> Aduersaire à l'orgueil
> *Escarbouilla* leur teste.
> (Jodelle, *Cléopatre*, acte II, chœur.)

Le mot *vomir*, qui, au sens propre, choque notre délicatesse, peut être au figuré d'une très-grande énergie. Vaugelas l'a bien compris, et il prend dans ses *Remarques*[1] la défense de cette expression fort mal reçue à la cour, « principalement des dames, à qui un si sale objet est insupportable. » Dans une langue artificiellement formée, comme l'a été, en partie du moins, notre langue littéraire, des circonstances fortuites ont un grand pouvoir ; l'avis des grammairiens est parfois d'un poids immense, et deux lignes de l'un d'entre eux peuvent nous conserver une locution excellente, que l'exemple de nos premiers écrivains n'aurait peut-être pas suffi à sauver.

Par malheur, il est rare que les grammairiens se montrent cléments, et plus d'une fois, d'accord avec les précieuses, ils sont parvenus à bannir des termes tout à fait indispensables. Les étrangers doivent être fort surpris de voir que, dans notre style noble, il est impossible de nommer avec quelque précision les différentes parties du corps. *Ventre*, dont se servaient les anciens tragiques, est devenu trivial, et Corneille n'aurait pas osé dire comme Jean Heudon :

> .... C'est par trop viure :
> Entre, lame pointue, en mon *ventre*, et deliure
> Mon corps de son esprit, mon esprit de langueur. (*Pyrrhe*, acte V.)

On trouve qu'*estomac*, dont notre poëte se sert souvent, rappelle trop l'idée des phénomènes de la digestion ; *poitrine* paraissait à certains délicats devoir être évité, parce qu'on dit une *poitrine de veau*, et Vaugelas, qui nous l'a conservé, n'a pas réussi, pendant un temps du moins, à maintenir *face*, qu'ils attaquaient également ; plus d'un n'a voulu supporter *flanc* qu'accompagné d'une épithète. *Sein* s'est alors employé dans un sens fort général pour tenir lieu de la plupart de ces mots qui disparaissaient, mais, par un singulier contraste, il perdait en même temps son acception particulière, qui commençait à sembler un peu libre ; elle choquait surtout au théâtre, et Corneille, qui avait d'abord écrit dans *la Veuve* :

> Vous portez sur le *sein* un mouchoir fort carré
> (Tome I, p. 409, vers 211 *var.*),

---

1. Page 127.

remplaça plus tard *sein* par *gorge*, terme plus général et plus vague qu'il a substitué, dans *Médée*[1], en parlant d'un dragon, au mot *gueule*, qu'on trouvait répugnant.

Les poëtes contemporains de Corneille, loin de se permettre l'emploi des termes relatifs aux différentes professions, comme nous avons vu qu'il aimait à le faire, évitaient, au contraire, avec le plus grand soin, tout mot qui avait, dans une science quelconque, une acception technique et particulière, et nous apprenons de Vaugelas et de Ménage[2] que *futur*, même employé adjectivement, était, dans la prose, banni du beau langage, comme sentant le notaire et le grammairien. On a évité de même les expressions qui rappelaient les noms des contrats, des conventions d'affaires. Ménage a beau dire, dans ses notes sur Malherbe, que ceux qui blâment *loyer* pour *récompense* sont trop délicats; malgré l'emploi excellent que Corneille a souvent fait de ce mot, il est devenu bien rare, ainsi que *congé* dans le sens général de *permission*. Les termes qui, par une seule de leurs acceptions, faisaient penser aux détails du ménage, étaient encore bannis plus rigoureusement. Vers le milieu du dix-septième siècle, un amant qui, au lieu de déclarer sa *flamme*, eût parlé de sa *braise*, aurait été sans doute fort mal accueilli, quoique Corneille n'ait pas hésité, dans ses premières pièces, à se servir de cette expression, et que tous les mots qui ont la même origine, tels qu'*embraser*, *embrasement*, *brasier*, soient, même maintenant, du haut style. C'est un motif analogue qui a porté à exclure de la langue *bouillons*, au figuré, quoique on dise encore *bouillonner*, et qui a fait critiquer vivement l'expression *passer l'éponge*, employée par notre poëte, dans la tragédie, d'une manière fort heureuse.

On ne voit pas que tant d'entraves aient beaucoup gêné le premier élan du style de Corneille. Les critiques survenant, il lui arrivait d'effacer et de retoucher, mais il n'allait guère de lui-même au-devant des objections, et continuait toujours à faire parler ses personnages avec autant d'aisance et de naturel.

Il en résulte assurément quelques trivialités, relevées dans notre *Lexique*, et parmi lesquelles nous pouvons citer ici, comme exemples, *cajoler, tâter* pour *éprouver, pousser à bout, prendre en traître, tomber des nues, se moquer de, faire pester, avoir la larme à l'œil, avoir sur les bras, bonace, charogne, crachat, chiche, en colère, le cœur gros de soupirs, crève-cœur, ébahi, être aux écoutes, soûler*. Remarquons toutefois que ces expressions n'ont pas été blâmées par les contemporains; plusieurs d'entre elles peuvent fort bien n'être devenues trop familières qu'assez tard. Quelques-unes, comme *pousser*

1. Tome II, p. 362, vers 425.
2. *Remarques*, p. 787, édition de 1697. — *Les OEuvres de François Malherbe avec les observations de M. Ménage*, édition de 1723, tome III, p. 99.

à bout, le cœur gros de soupirs, se retrouvent chez Racine[1]; parfois aussi celles qu'on rencontre chez ce dernier poëte, si elles ne sont pas identiques, sont du moins équivalentes.

D'ailleurs, si le style de Corneille n'a pas cette élévation continue que certains écrivains ont regardée comme une condition essentielle de la tragédie, on en est bien dédommagé par un grand nombre d'expressions de la plus énergique simplicité[2].

En le lisant, on est surpris et attristé des pertes que notre langue a faites[3]. Les mots qui depuis son temps ont vieilli et qui sont maintenant hors d'usage sont extrêmement nombreux, quoiqu'il n'ait jamais recherché les archaïsmes, et qu'il se soit toujours efforcé, au contraire, comme le veut tout particulièrement le genre dramatique, de se conformer le plus fidèlement possible au langage de son époque. Certains de ces termes surannés figurent seulement dans ses premières pièces : il en est d'autres qu'il n'a pas même laissés subsister là et qu'il a fait disparaître dans ses dernières éditions.

Quelques expressions, encore employées aujourd'hui, mais qui se sont affaiblies et altérées par l'usage, comme les monnaies par la circulation et le frottement, demandent un peu plus d'attention. *Abîmer*, après avoir signifié *précipiter dans un abîme*, veut dire simplement, *gâter, endommager, salir; chagrin, déplaisir, être fâché, en colère, en fureur*, ont tant perdu de leur valeur, à force de servir à exprimer la contrariété la plus légère, qu'ils ne peuvent plus guère trouver place dans le haut style; il en est de même de *méchant*, au sens général de mauvais, de *mutin, mutinerie*, prodigués pour la moindre faute commise par un enfant. *Mélancolie* se disait en médecine du délire d'une personne tourmentée par une grande abondance de bile noire, et au figuré du chagrin le plus vif, le plus exclusif; il est resté noble, n'a nullement vieilli, et on le prodiguait, il n'y a pas longtemps, dans certains ouvrages alors à la mode; mais c'était pour exprimer un état qu'on ne peut pas nommer douloureux, une tristesse vague, ou plutôt un simple penchant à la tristesse, qui n'exclut ni la vie du monde, ni les distractions, ni les plaisirs, au milieu desquels on se contente de porter un visage quelque peu assombri.

1. Voyez le *Lexique de Racine*.
2. Voyez au *Lexique* les articles Gris (*cheveux*), Main (*tenir dans sa*), etc.
3. On peut voir, par exemple, dans notre *Lexique*, les mots suivants : *accort, accortement, affété, affiner, affoler, affronteur, allégeance, assiette* (pour situation), *attache* (pour attachement), *bénignité, charmeur, chef* (pour tête), *coléré, congratulation, congratuler, conquêter, courre, coutumier, dam, désanimé, au desçu, dextre, dextrement, envieilli, épartir, forcènement forcènerie, galantiser, incaguer, ire, magnifier, marri, muable, nef, outrecuidé, portraire, querir*.

Ennui, qui s'appliquait pendant le cours du dix-septième siècle aux chagrins qui s'emparent de l'âme tout entière, n'est plus aujourd'hui en usage que pour exprimer l'état produit par une contrariété légère ou par l'absence d'occupation ; et *gêne*, qui, au propre, désignait les tourments de l'enfer, et par suite les plus violentes douleurs morales, ne se dit plus que de la souffrance que cause une chaussure trop juste, un vêtement mal fait, ou tout au plus un manque de fortune encore fort éloigné de l'indigence. C'est *incommodé* qu'on employait en ce dernier sens du temps de Corneille ; il convenait alors aussi bien au peu de richesse qu'au peu de santé ; par une conséquence naturelle, on se servait d'*accommodé* en parlant d'une personne dans l'aisance.

Beaucoup de mots, qui du temps de Corneille se pliaient à plusieurs significations, se sont, de la façon la plus bizarre, immobilisés et pétrifiés, si l'on ose le dire, dans des sens étroits et restreints : *succès*, par exemple, s'employait fort bien de la façon la plus générale, sans rien préjuger quant à la nature du résultat, tandis que *succeder*, pris absolument, signifiait souvent réussir, ce qui n'a plus lieu. Plusieurs termes, dont nous n'avons conservé que des acceptions fort détournées, paraissent encore à cette époque dans toute leur énergie étymologique : *stupide*, *stupidité*, expriment la *stupeur*, plutôt encore que la lourdeur d'esprit, que le manque d'intelligence ; *imbécile* signifie *faible*, plus fréquemment que *sot*; *secrétaire* se dit fort bien pour *confident*; *ressentiment*, *redite*, *guindé*, et même *divaguer*, se rencontrent dans un sens favorable ; *procurer*, au contraire, se prend souvent en mauvaise part ; le *divorce* n'est pas seulement la rupture du mariage mais une séparation quelconque ; le mot *génie* exprime le caractère propre, le naturel de chacun, et n'est pas exclusivement réservé aux intelligences créatrices ; la *préoccupation* est souvent l'état d'un esprit occupé d'avance par un autre sujet que celui qu'on veut lui proposer et non pas d'un esprit distrait ; *rabaisser*, c'est parfois *abaisser de nouveau*, et non *dénigrer*; *idée* ne signifie fréquemment qu'*image*; *hôtesse* a un sens réciproque qui s'applique aussi bien à celle qui est reçue qu'à celle qui reçoit ; *divertir*, comme *distraire*, c'est détourner d'une pensée dominante : le sens d'*amuser* n'est que secondaire et accessoire ; *se rafraîchir* ne signifie pas seulement *prendre des rafraîchissements*, mais aussi *se reposer*; *monument* se dit surtout d'une construction destinée à rappeler le souvenir de quelqu'un, d'un *sépulcre*, d'un *tombeau*.

Certains mots ne s'appliquent qu'aux personnes, d'autres ne se disent que des choses. Corneille n'a pas observé toutes ces distinctions, ou plutôt, pour bien des termes, elles n'existaient pas alors. Il n'a pas hésité à employer les expressions suivantes : « des vœux, des desirs *contents*, des événements *dénaturés*, prince *déplorable*, ennemi *pom-*

peux, l'*empressement* d'une affaire, *accabler* un vaisseau, *dépayser* un sujet de pièce, héros *miraculeux*, *suborner* des pleurs[1]. »

On retrouve souvent avec plaisir, dans toute la force de leur sens primitif, des termes que nous ne prenons plus qu'au figuré, ou qui n'ont été conservés que dans les vocabulaires spéciaux des arts ou des sciences : *débiliter*, qui aujourd'hui ne se dit guère qu'en médecine, était alors du langage ordinaire ; *captiver*, *ravi* s'employaient souvent au propre. D'un autre côté, beaucoup d'expressions qu'on n'oserait plus prendre au figuré étaient hasardées par notre poëte : dans son hardi langage, *étaler tout Pompée aux yeux des assassins*, c'est leur faire connaître la grande âme du héros ; il se sert du mot *bouche* en parlant d'une plaie ; de *support* dans le sens où nous employons *appui* ; de *secret* pour *ressort* : « le *secret* a joué[2] ; de *remplage*, de *véhicule*, de *sucre*, dans des acceptions métaphoriques, qui, il est vrai, ne nous semblent pas irréprochables, mais seulement parce que l'usage ne les a pas consacrées.

Faire rendre aux mots tout ce qu'ils peuvent donner, en varier habilement les acceptions et les nuances, les ramener à leur origine, les retremper fréquemment à leur source étymologique, constituait un des secrets principaux des grands écrivains du dix-septième siècle. Un de leurs prédécesseurs avait du reste donné d'admirables exemples de cette manière d'écrire et en avait même ainsi exprimé la règle fondamentale : « Le maniement et employte des beaux esprits, dit Montaigne, donne prix à la langue, non pas l'innouant, tant comme la remplissant de plus vigoureux et diuers seruices, l'estirant et ployant[3]. »

L'oubli de ce précepte a fortement contribué à faire naître le néologisme. Quand on n'a plus su profiter des richesses que fournit notre langue, on l'a crue pauvre ; on a voulu l'enrichir. Par malheur, au lieu d'en creuser le fond plus avant et d'en étendre le domaine, on l'a surchargée sans besoin d'ornements d'emprunt, et l'amour de la nouveauté qui, bien dirigé, tendait de plus en plus du temps de Corneille à rapprocher les poëtes du génie propre à notre idiome, est précisément ce qui les en éloigne aujourd'hui.

Rien ne serait si facile, comme on l'a remarqué plus d'une fois, que de suivre dans le théâtre de Corneille le progrès des mœurs publiques ou du moins des convenances extérieures. Plus chaste, dès son début, que la plupart des poëtes dramatiques de son temps, il avait néanmoins écrit dans ses premières pièces, et notamment dans *Clitandre*, certaines scènes qu'il retrancha soigneusement plus tard, comme ne répondant pas à la dignité qu'il avait su donner à la co-

---

1. Voyez ci-après l'*Introduction grammaticale*, p. xl, 6°.
2. Tome IV, p. 210, *le Menteur*, vers 1301.
3. *Essais*, livre III, chapitre v, édition de 1866, tome III, p. 322.

médie, et dont il s'applaudit avec un si juste orgueil à la fin de *l'Illusion comique*. Plusieurs des mots dont notre auteur s'est servi dans ses premiers ouvrages suffiraient à eux seuls pour témoigner de la licence du théâtre au moment où il les écrivait : il parle de *maîtresse engrossée*, de *fille forcée*, sans chercher à adoucir par le choix de l'expression ce que l'idée a de choquant. Il faut reconnaître néanmoins que certaines de ces libertés de langage témoignent plutôt de la simplicité des mœurs de cette époque que de leur corruption; les jeunes filles traitent ouvertement d'*amants* ceux qui les courtisent; elles les tutoient jusque dans *Horace* et *le Menteur*, sans que cela excite un sourire ; l'expression *faire une maîtresse*, que nous voyons employée par Corneille, même dans la tragédie, s'applique à une recherche honorable, et ne sent nullement le libertinage. Ce dernier mot et celui de *libertin* n'avaient pas le même sens que nous leur donnons aujourd'hui : ils désignaient seulement une certaine indépendance, une liberté plus ou moins grande dans la manière de penser ou d'écrire; notre auteur ne les emploie que comme termes de poétique.

Le vocabulaire de la galanterie était dès lors très-étendu et très-raffiné. Ce n'est pas Bélise qui a inventé d'appeler les yeux des *truchements*; cette expression paraît dans *Mélite* et se trouve encore dans *Suréna*; quant au mot *objet*, on le rencontre à chaque instant, non-seulement pour signifier la personne aimée elle-même, mais pour désigner son apparence extérieure, son aspect, son image :

.... Angélique est fort dans ta pensée.
— Hélas! c'est mon malheur; son *objet* trop charmant,
Quoi que je puisse faire, y règne absolument.
(II, 232. Pl. roy. 182-184.)

Ces termes viennent pour la plupart de *l'Astrée*, où on lit aussi *particulariser une personne*, en faire sa *particulière dame*, tournure qui sans doute a donné naissance à l'expression *ma particulière*, encore fort en usage, tout au moins dans nos régiments.

Non content de se servir de ces mots dans la comédie, Corneille en place plus d'un dans la bouche des personnages de l'antiquité. Il en fait autant, comme en général ses contemporains, pour les formules habituelles de la politesse de son temps, qu'il introduit, sans y prendre garde, dans ses tragédies : il y est question de *civilités*, d'*incivilité*, de *compliments*, de *visites*; on y parle de la *condition* des personnages, et on les appelle constamment *Monsieur, Madame, Seigneur*. Corneille cependant a été moins loin dans cette voie que ses prédécesseurs; dans les *Juives* de Garnier, Amital dit à Nabuchodonosor (acte III, vers 72) :

Las! n'est-ce rien souffrir quand vn royaume on perd?
Sire, Dieu vous en garde!...

Il est peu de titres honorifiques qu'on n'ait ainsi transportés dans les temps anciens.

On n'est pas moins surpris de voir dans *Mélite*, par une bizarrerie toute contraire, Éraste qui, pendant un accès de folie, se croit poursuivi par toutes les divinités infernales, et invoque les Dieux comme un païen pourrait le faire ; mais c'était encore là une tradition, trop fidèlement suivie par Corneille. Dans *l'Eugène* de Jodelle, le principal personnage n'agit pas autrement (acte III, scène II) :

> O Iupiter ! que sommes-nous ?
> Pouuons-nous rien de nous promettre ?

s'écrie-t-il dans un moment d'abattement, soit que les poëtes d'alors aient contracté cette habitude par la traduction des auteurs profanes, soit qu'elle ait eu une sorte de fondement réel, et qu'à cette époque, dans une société imbue de la connaissance de l'antiquité, les expressions *par Jupiter*, *par les Dieux*, aient eu effectivement cours dans la conversation, précisément pour éviter des jurements plus en rapport avec nos croyances, et par cela même plus répréhensibles.

Les mots qui désignent les différentes classes et catégories de personnes méritent attention. Quant à la forme, ils sont les même qu'aujourd'hui ; mais quant à la signification, ils sont entièrement différents. C'est en pareil cas surtout qu'il importe d'oublier ce que l'on sait, et de ne juger du sens d'une expression que par celui de la phrase entière. Rien ne trompe davantage les Français médiocrement lettrés, persuadés bien gratuitement qu'ils connaissent leur langue, et plus déroutés souvent que les étrangers qui doutent et cherchent.

Au dix-septième siècle, pour être *honnête homme* la probité ne suffisait pas ; on dirait même que c'était, à tout prendre, la moins nécessaire des qualités requises : on devait d'abord *être du monde*, c'est-à dire en connaître le ton et le langage ; puis avoir de l'esprit, de la grâce, de la tournure ; enfin répondre à un idéal que bien des contemporains se sont efforcés de définir, mais dont il n'ont jamais su nous indiquer que les traits principaux.

Les *gens de lettres* formaient une classe toute nouvelle, qui n'était généralement désignée sous ce nom que depuis peu de temps, bien qu'il paraisse déjà dans les *Commentaires* de Blaise de Montluc. Les jeunes gens qui fréquentaient les cours des écoles ne s'intitulaient pas *étudiants*, et souffraient qu'on les appelât *écoliers*. Le mot *artisan* était appliqué par la Fontaine aux peintres, par Boileau aux sculpteurs, par Corneille aux poëtes ; et le terme d'*ouvrier* se disait alors fort bien d'une personne à laquelle on accorderait aujourd'hui sans conteste le titre d'*artiste*. Les marchands parlaient de leur *chalandise*, et le désir d'employer des expressions plus relevées ne devait pas de sitôt leur suggérer la ridicule pensée de se servir des mots de *clientèle* et de *clients*, et de se faire ainsi les patrons de leurs acheteurs.

Quelques termes d'ajustements qu'on trouve dans Corneille pourraient embarrasser un instant. Nous les avons expliqués dans le *Lexique* : le *tapabord* était une sorte de chapeau employé sur mer et en voyage ; la *petite-oie*, une garniture d'habit ; le *galand*, un nœud de ruban ; du reste il suffit de lire la dernière scène des *Mots à la mode* de Boursault, pour se convaincre que certaines parties du costume des femmes portaient parfois des noms encore beaucoup plus singuliers.

Ce n'est pas seulement sur les dénominations de ce genre que la mode exerçait son empire ; elle changeait tout à coup la signification d'un terme étranger à son domaine et datant des origines mêmes de la langue. Jadis le mot *viande* s'appliquait à toute espèce d'aliments ; mais à la fin du seizième siècle, la cour, comme nous l'apprend Nicot, introduisit la coutume d'en limiter la signification, et de la restreindre à la nourriture animale, désignée jusqu'alors par le mot *chair*; Corneille et nos autres grands écrivains tentèrent vainement de lui maintenir un sens plus large : le caprice l'emporta sur la raison.

Si l'examen des œuvres de Corneille facilite singulièrement l'étude de la formation du style noble et la connaissance des acceptions particulières de certains mots pendant le cours du dix-septième siècle, il jette aussi beaucoup de jour sur l'histoire chronologique de nos règles grammaticales.

Depuis 1629, date fort probable de *Mélite*, jusqu'à 1674, époque de la première représentation de *Suréna*, de profonds changements eurent lieu dans la langue, et l'histoire de la carrière dramatique de notre poëte coïncide admirablement avec celle de la constitution définitive du Français moderne : l'étude du sens des mots et de la nature des règles qui doivent les régir occupait les savants, défrayait les conversations des ruelles, et se faisait place, jusque dans les lettres galantes, entre une déclaration et un madrigal. Au milieu de tant de doutes, de questions, de remarques, de décisions, d'arrêts, la langue marchait si vite que les travaux d'érudition ne pouvaient la suivre. L'Académie fut obligée, avant de publier son *Dictionnaire*, d'en modifier entièrement les premières lettres, tant l'usage avait changé pendant qu'elle le rédigeait ; et Vaugelas récrivit plusieurs fois sa traduction de Quinte-Curce : nous ne la possédons, par malheur, que sous sa forme définitive, et l'on ignore le sort du manuscrit original, qui nous ferait connaître les scrupules et les préférences du savant grammairien.

Pressés de profiter de l'à-propos et des circonstances, les poëtes dramatiques ne pouvaient ainsi revoir leurs écrits à loisir avant la publication; mais ceux qui, comme Corneille, parcourent glorieusement une longue carrière, ont tout le temps de revenir sur leurs ouvrages de jeunesse et d'en faire disparaître les expressions hors d'usage. Il ne manqua point d'agir ainsi : chaque édition nouvelle était pour lui une occasion de corrections et de retouches. Mais celle de 1660 est surtout remarquable à cet égard : c'est là qu'il arrête à peu près définitivement son texte, et que, désormais fixé sur les règles de la poétique, il nous donne pour la première fois les admirables *Examens* où il critique ses propres œuvres avec tant de franchise, et les *Discours* où il discute les principes mêmes de l'art. Dans celui qui est consacré aux trois unités, il dit en parlant de la nécessité de la liaison des scènes : « Ce qui n'étoit point une règle autrefois l'est devenu maintenant par l'assiduité de la pratique[1]. » Cette remarque s'appliquerait fort bien aux préceptes de la grammaire : la plupart des points en litige avaient été décidés ; les genres des noms commençaient à se fixer ; les diverses parties du discours, mieux définies, ne s'employaient plus aussi facilement les unes pour les autres ; la syntaxe avait des principes plus sûrs et plus uniformes.

Vaugelas rédigea le premier ces règles nouvelles, et il eut d'autant moins de peine à les faire adopter qu'elles n'étaient que les simples résultats de l'usage le plus général, habilement mis en rapport avec le génie de notre langue. Ce travail si important fut présenté au public de la façon la plus simple, la plus modeste, sans aucun appareil d'érudition, sans la moindre prétention philosophique. Cela devait plaire à Corneille, qui attacha, en effet, une grande importance à ce livre. Il ne nous le dit point, mais il est facile de voir que les *Remarques*, publiées en 1647, ont été son principal guide dans les révisions entreprises par lui depuis cette époque. Presque partout il se conforme aux arrêts de l'habile grammairien ; et, lorsqu'il a l'intention de les suivre, s'il arrive qu'une expression souvent répétée se trouve, en certains endroits, engagée trop avant dans le tissu même de l'œuvre, et ne puisse être enlevée sans endommager l'ensemble ou sans entraîner de graves modifications, il la retranche du moins partout où il peut le faire facilement, afin que, moins fréquemment employée, elle puisse passer presque inaperçue.

Un des travers de notre temps est de faire la part trop grande à l'inspiration. Nous sommes portés à nous représenter Corneille comme un génie des plus indépendants, indomptable, audacieux, inégal, s'abandonnant sans préoccupation et sans réserve à son enthousiasme poétique. Rien n'est plus éloigné de la vérité : peu confiant en lui-même, il avait un fréquent besoin d'aide et de conseil ; plus d'une fois la veine stérile de Pierre réclamait une rime à la banale facilité de

---

1. Tome I, p. 102.

Thomas; souvent notre poëte, timide outre mesure et trop docile à la critique, affaiblissait un vers pour en faire disparaître une légère incorrection, et tout prouve que la puissante originalité de son style est due à la profondeur et à l'éclat de la pensée bien plus qu'à une manière individuelle, à une façon d'écrire tellement indépendante qu'elle refuse de se soumettre aux règles généralement adoptées.

Les bizarreries qu'on peut noter dans les ouvrages de Corneille se retrouvent chez la plupart de ses contemporains. L'une des plus étranges pour nous, mais des plus ordinaires alors, était l'usage de franciser la plupart des noms propres. Il n'hésite pas à dire *Mome, Pyrrhe, Brute, Crasse*, au lieu de *Momus, Pyrrhus, Brutus, Crassus*. Cela peut surprendre au premier aspect, mais la surprise cesse, ou du moins nous nous expliquons sans peine que Corneille parle ainsi, quand nous apprenons par les *Remarques* de Vaugelas et les *Observations* de Ménage combien on a été divisé à ce sujet, et que nous trouvons dans ces ouvrages de grammaire ces mêmes noms que nous venons de rapporter[1]. On en peut dire autant de la plupart des autres

---

1. C'était l'usage général de nos anciens tragiques de terminer par un *e* muet beaucoup de noms latins auxquels nous conservons aujourd'hui leur terminaison; Garnier a dit :

> Reuienne encore *Brute*, et le hardi *Sceuole*,
> *Camille* et *Manle* (Manlius) armez pour notre Capitole
> Reuiennent.... (Garnier, *Cornelie*, acte I, vers 17.)
>
> I'ay veu, quand i'estois ieune, acharnez contre *Sylle*,
> *Maire* (Marius), *Cinne*, Carbon, tyranniser la ville. (*Ibidem*, acte II, vers 133.)
>
> Scipion est occis, et Caton, et *Petree*,
> Et *Vare*, et *Iube*, roy de la More contrée. (*Ibidem*, acte III, vers 141.)

Corneille a fait de même pour les terminaisons *us* et *a*, et parfois pour la terminaison *ius*, comme on va le voir par les exemples qui suivent.

Terminaisons us *et* ius *remplacées par* e.

BRUTE :

> Il est des assassins, mais il n'est plus de *Brute*. (III, 405. *Cin.* 438.)

COSSE :

> Les *Cosses*, les Métels, les Pauls, les Fabiens. (III, 452. *Cin.* 1536.)

CRASSE :

> Veuve du jeune *Crasse*.... (IV, 68. *Pomp.* 990.)

CRISPE : Le gendre de Phocas se nomme ainsi dans *Héraclius*, mais dans l'avis *Au lecteur* il est appelé *Crispus*.

ICILE (III, 451. *Cin.* 1490).

IPHITE (VI, 343. *Tois.* 2093).

LÉPIDE (III, 411. *Cin.* 598).

PRÉFACE.   XXIX

anomalies (anomalies à notre point de vue) que nous avons relevées dans notre *Lexique*. Nous avons presque toujours pu y joindre des exemples d'écrivains antérieurs ou contemporains qui prouvent que notre poëte se conformait très-scrupuleusement à l'usage le plus général.

Nous ne pousserons pas plus loin cette étude sur la langue de Corneille, car, pour le développer et l'étendre, il faudrait ou empiéter sur le *Lexique*, dont elle ne doit être que la préface et l'analyse, ou aborder l'appréciation, non pas seulement de la langue, mais du style de Corneille, sur lequel on a depuis longtemps tout dit, et si bien. D'ailleurs, à voir soutenir, à l'occasion du même écrivain, des opinions si diverses, parfois même si contradictoires, on se sent pris

MOME (VII, 368 et 369. *Psy.*).
MOPSE (VI, 343. *Tois.* 2093).
POMPONE (III, 451. *Cin.* 1490).
ROMULE :
    .... Respecte une ville à qui tu dois *Romule*. (III, 285. *Hor.* 52.)
RUTILE (III, 451. *Cin.* 1489).
SEXTE (III, 435. *Cin.* 1135).
TULLE :
    Leur plus bouillante ardeur cède à l'avis de *Tulle*. (III, 371. *Hor.* 823.)

Terminaison ius *remplacée par* ie.

CASSIE (III, 396. *Cin.* 265).
DÉCIE (III, 495. *Cin.* 50, 55, etc.).
MANLIE :
    Ainsi l'ont autrefois versé Brute et *Manlie*. (III, 566. *Pol.* 1703.)

Terminaison ias *remplacée par* ie.

TIRÉSIE :
    Vous pouvez consulter le devin *Tirésie*. (VI, 178. *OEd.* 1026.)

Terminaison a *remplacée par* e.

AGRIPPE :
Jodelle a employé cette forme dans le second acte de sa *Cléopatre*, et Corneille dans *Cinna* (tome III, p. 403, vers 394).

CALIGULE :
    Tibère étoit cruel, *Caligule* brutal. (VI, 621. *Oth.* 1063.)

CINNE :
    Tu m'assures bien mieux de l'immortalité
    Que *Cinne**, Rodogune, et le Cid, et l'Horace. (X, 103. *Poés. div.* 10.)

* La forme *Cinne* a été omise, par mégarde, dans notre *Table alphabétique et analytique*.

d'un tel scepticisme littéraire et d'un si grand découragement, qu'on se borne volontiers aux humbles recherches grammaticales, et que, même sur ce terrain, on s'écarte le moins qu'on peut de l'observation des faits.

En commençant notre *Lexique*, nous voulions entreprendre de tout expliquer, résoudre toutes les objections, relever toutes les méprises des commentateurs ; mais nous nous sommes peu à peu convaincu que cela n'était point nécessaire, et que notre tâche était plus facile ; que d'ordinaire la réunion des divers exemples, groupés sous un même mot et confirmés au besoin par des passages empruntés aux prédécesseurs et aux contemporains de Corneille, répondait assez aux attaques injustes, et qu'elle pouvait souvent tenir lieu de toute autre explication. Nous conservions encore cependant quelques scrupules au sujet de cette méthode : l'*Avertissement* du *Dictionnaire historique de la langue française*, entrepris par l'Académie, les a fait disparaître.

Grâce à ce procédé, le plus simple, et, en pareille matière, le plus scientifique, bien des tours et des emplois de mots reprochés à nos

FAUSTE : dans le *Discours sur la tragédie* (tome I, p. 71).

JUGURTHE :
.... Un Pyrrhus, un *Jugurthe*, un Persée. (x. 259. *Poés. div.* 105.)

MURÈNE :
Murène a succédé, Cépion l'a suivi. (III, 438. *Cin.* 1203.)

Terminaison anus *rendue par* an, *et non, comme aujourd'hui, par* en.

DIOCLÉTIAN :
Quand *Dioclétian* fut maître de l'empire. (v, 18. *Théod.* 35.)

OCTAVIAN :
Dépêche *Octavian*.... (v, 230. *Hér.* 1703.)

TURPILIAN :
Varron, *Turpilian*, Capiton et Macer. (VI, 577. *Oth.* 52.)

VALENTINIAN :
Je reverrai mon frère en *Valentinian*. (VII, 150. *Att.* 1028.)

VIRGINIAN (III, 451. *Cin.* 1489).

Notons, en terminant, deux substantifs communs empruntés à des noms propres et destinés à désigner un parti littéraire, à savoir les mots *Uranin* et *Jobelin* :

Nos *Uranins* ligués contre nos *Jobelins*
Portent bien au combat une autre véhémence. (x, 126. *Poés. div.* 5 et 6.)

Mais il importe de remarquer que Corneille n'a pas inventé ces dénominations, et qu'il n'a fait en les employant que suivre l'usage général.

auteurs classiques, et considérés à tort comme des exceptions et des licences, témoignent, par leur nombre même, d'un usage fréquemment répété, dont il est facile de déduire des règles différentes des nôtres, mais souvent plus logiques, et appliquées d'une façon aussi sûre que constante.

Après des études de ce genre faites sur nos principaux écrivains, on possédera les matériaux nécessaires pour entreprendre une véritable grammaire française historique, remontant aux origines mêmes de la langue, indiquant les habitudes diverses de ceux qui l'ont successivement écrite et y ont fait autorité, signalant l'époque où ces habitudes deviennent des règles, le court instant où les grammairiens et les auteurs paraissent d'accord, et les circonstances qui rompent cette passagère harmonie : œuvre immense par les travaux qu'elle demanderait, mais aussi par ses conséquences; où les principes généraux, présentés au début, répandraient sur tout le livre une heureuse clarté, où les opinions les plus diverses, les plus contradictoires, les archaïsmes du peuple et les scrupules des délicats, trouveraient leur éclaircissement et leur conciliation, à l'aide d'études chronologiques, donnant, sur certains points, tort à tous en général, et raison à chacun à un certain moment et à une date déterminée; œuvre dans laquelle aussi, comme conclusion et comme résultat définitif, on chercherait à établir les règles du langage moderne, strictes et rigoureuses pour tout ce qui n'admet ni la passion ni la fantaisie, plus flexibles et plus larges pour la conversation et la correspondance, et surtout pour l'orateur et le poëte, qu'elles doivent guider sans jamais l'assujettir servilement.

P. S. La préface qui précède est celle qui se trouvait en tête du *Lexique* que nous avons présenté à l'Académie ; elle a été imprimée textuellement d'après notre manuscrit dans le tome II de la 5ᵉ série de la *Bibliothèque de l'École des chartes*. Nous l'avons revue et retouchée avec soin avant de la reproduire ici, et nous en avons supprimé les parties qui, d'après le plan général de notre édition, avaient dû forcément trouver leur place ailleurs.

En établissant le texte de Corneille, nous avons eu souvent l'occasion de rectifier ou de compléter notre *Lexique :* certains mots qui ne provenaient que de mauvaises lectures ont disparu, et réciproquement d'autres, que la constitution du texte d'après les sources nous faisait connaître pour la première fois, ont dû y être recueillis[1]. Nous avons puisé dans le *Lexique* de l'un de nos concurrents, M. Godefroy, plus d'un exemple négligé dans notre premier travail, et que

---

1. Voyez par exemple Amatrique, s'Appliquer sur, Blanque, etc.

nous ajoutons à celui-ci après une scrupuleuse et nécessaire vérification. Le *Dictionnaire* de M. Littré nous a, en mainte occasion, présenté des secours du même genre. Enfin nous sommes redevable à M. Regnier d'un grand nombre de passages curieux, recueillis par lui pendant le cours de la publication des *OEuvres de Corneille*. Du reste l'obligation que nous lui avons en cette circonstance, tout importante qu'elle est, demeure encore une des moindres de toutes celles que nous avons contractées envers lui pour son précieux concours et ses excellents conseils[1].

1. Nous avions prié M. Anders, chargé du soin des collections musicales de la Bibliothèque impériale, de nous fournir quelques notes sur les mots *concert* et *tablature*. Au lieu de notes, il nous a donné ces deux articles tout rédigés, et de telle sorte qu'il était impossible de faire autre chose que de les accueillir sans y changer un seul mot. Ce savant modeste a succombé l'année dernière (1866) à une douloureuse maladie; mais nous tenons à reconnaître ici ce que nous lui devons, pour acquitter, autant qu'il est en nous, notre dette.

INTRODUCTION GRAMMATICALE.

I. — Article.

Les, sans substantif devant un nom de nombre cardinal :

Des trois *les deux* sont morts, son époux seul vous reste.
(III, 324. *Hor.* 995.)
J'avois pris cinq bateaux pour mieux tout ajuster;
Les quatre contenoient quatre chœurs de musique....
Le cinquième étoit grand, tapissé tout exprès
De rameaux enlacés pour conserver le frais. (IV, 155. *Ment.* 265.)

Emploi de l'article défini devant plusieurs substantifs, ou devant plusieurs adjectifs qualificatifs avec ou sans substantif, ou devant plusieurs adjectifs numéraux :

Examen de conscience pour se préparer à *la Confession et Communion*. (IV, 395.)
Bien que j'en pusse trouver de bons garants et de grands exemples dans *les vieux et nouveaux siècles*..... (I, 378. *Au lect. de la Veuve*.)
Les deux....
.... dont j'avois fait le choix
Pour *les plus importants et plus nobles* emplois (III, 432. *Cin.* 1084.)
Je n'ai point encore d'exemples, au reste, pour le sixième chapitre, *De inordinatis affectionibus*, ni pour *les* X, XI, XII, XIV et XIX. (X, 461. *Lettr.*)

Omission de l'article défini ou indéfini et des partitifs *du, de la, des, de*.

Dans plusieurs des exemples qui suivent, surtout des premiers, nous pourrions employer de même le nom sans article; dans beaucoup d'autres, l'omission de l'article ou bien s'écarte plus ou moins de notre usage, ou y est tout à fait contraire :

Il vous assure et *vie*, et *gloire*, et *liberté*. (V, 584. *Nic.* 1642.)
Vous assurer ensemble et *vie* et *diadème*.... (VI, 627. *Oth.* 1218.)
Que ce vieillard confie et *gloire* et *liberté*
Plutôt au désespoir qu'à l'hospitalité. (V, 564. *Nic.* 1177.)
Nos anciens, qui faisoient parler leurs rois en *place* publique, don-

XXXIV   LEXIQUE DE CORNEILLE.

noient assez aisément l'unité rigoureuse de lieu à leurs tragédies. (I, 119. *Disc. des 3 unit.*).

Comme les personnes qui ont des intérêts opposés ne peuvent pas vraisemblablement expliquer leurs secrets en même *place*.... (I, 120 et 121. *Disc. des 3 unit.*)

.... Dût-il m'en coûter *trône* et *vie*. (VII, 243. *Tit.* 1047.)
.... Par mon hymen vous avez *assurance*
Que mille vrais Romains prendront votre défense. (VI, 377. *Sert.* 337.)
N'est-ce point du remords d'avoir dit *vérité?* (IV, 228. *Ment.* 1608.)
.... Que vous dirai-je?
— *Vérité*.... (IV, 231. *Ment.* 1663.)

Voyez un autre exemple au tome II du *Lexique*, p. 420, à l'article VÉRITÉ.

.... Je te donne *promesse*
Qu'il pourroit bien ailleurs chercher une maîtresse.
                            (II, 35. *Gal. du Pal.* 329.)
Sa fleurette pour toi prend encor même *style*. (IV, 191. *Ment.* 945.)
.... Dans une telle offense,
J'ai pu délibérer si j'en prendrois *vengeance*. (III, 154. *Cid*, 882.)
.... L'union *d'esprits* est pour moi sans délices,
Si les charmes des sens n'y prennent quelque part.
                            (X, 172. *Poés. div.* 23.)

Dans ce dernier exemple, c'est encore, à considérer l'usage actuel, l'article défini qui est omis : *d'esprits*, pour *des (de les) esprits*.

.... Il faut *retraite* après où me sauver? (I, 438. *Veuve*, 762.)
Quand tout percé de coups, sur un monceau de morts,
Je lui fis si longtemps *bouclier* de mon corps.... (V, 428. *D. San.* 220.)
.... Pour le roi de Pont il faut *ordre* nouveau.
— Il faut *ordre* nouveau! Quoi?... (V, 574 et 575. *Nic.* 1430 et 1431.)
J'irai revoir Corinthe avec moins de souci,
Si je laisse plein *calme* et pleine *joie* ici. (VI, 151. *OEd.* 400.)
Que la terre en montre entière *allégresse*. (IX, 112. *Off. V.*)
.... Prenant nouveau *prix* de la main qui le fait,
Sa façon de bien faire est un second bienfait. (X, 96. *Poés. div.* 27.)
Peuples, qui recherchez ou *protecteur* ou *maître*,
Par cet heureux exemple apprenez à choisir. (X, 114. *Poés. div.* III.)
J'ai parlé de trois sortes de liaisons... : j'ai montré *aversion* pour celles de bruit, *indulgence* pour celles de vue, *estime* pour celles de présence et de discours. (I, 103. *Disc. des 3 unit.*)
C'est perdre *temps*, Madame, il veut parler à vous. (II, 527. *Illus. var.*)
La vertu trouve *appui* contre la tyrannie. (V, 549. *Nic.* 848.)
J'ai *tendresse* pour toi, j'ai *passion* pour elle. (V, 569. *Nic.* 1311.)
A-t-elle montré *joie?* en paroît-elle émue? (VI. 44. *Perth.* 591.)
Sans lui voir en la main *piques* ni *javelots*.... (VI, 396. *Sert.* 768.)
Pensez bien à la suite avant que d'achever,
Et si ce sont *périls* que vous deviez braver. (VII, 89. *Agés.* 1887.)

Voyez d'autres exemples de *des* supprimé après *ce sont*, ci-après, p. 257.

INTRODUCTION GRAMMATICALE. xxxv

Vouloir toujours *faveur*, c'est trop lui demander (au ciel).
(v, 327. *Andr.* 282.)
Vouloir toujours de la faveur, sa faveur.

Arbres qui portez *fruit*, cèdres incorruptibles,
Qui bravez tous les aquilons. (ix, 149. *Off. V.* 35.)

.... De tant de vertus la sainte plénitude
Fait partout *miracle* pour vous. (xi, 97. *Off. V.* 24.)

.... J'aurai *patience* autant que d'allégresse. (iv, 206. *Ment.* 1230.)

Le tour est irrégulier : « J'aurai de patience autant que de l'allégresse, » ou mieux, en changeant l'ordre des mots : « J'aurai de la patience autant que d'allégresse. »

Collines, qui servez de ceinture aux campagnes,
Qui vous fit bondir comme *agneaux?*
(ix, 313. *Vépr. et Compl.* 24.)

Je les recevrai tous, sans mettre *différence*
Entre le bon et le mauvais. (viii, 350. *Imit.* iii, 1857.)

On voit que l'article s'omet particulièrement après certains verbes : *avoir, donner, faire, prendre,* etc., devant certains substantifs : *temps, loisir, assurance,* etc.

On trouvera un grand nombre d'autres exemples dans le *Lexique* : voyez tome I, p. 81, Assurance; p. 96, Autre; p. 474, Haleine; tome II, p. 50, Liberté; p. 56, Livrer; p. 57, Loi, et Loisir; p. 156, Parole; p. 374, Témoigner; p. 375 et 376, Temps; p. 423, Vertu; p. 433, Vouloir; etc. — Corneille supprime encore l'article devant *Amour, Nature,* personnifiés, et très-souvent devant *même* et *plus* : voyez ces mots.

L'omission est fréquente aussi avec l'adjectif *tout* :

De *toutes* nations ils parlent le langage. (ix, 531. *Hymn.* 9.)
L'exemple de Louis vous lève *tous* obstacles. (x, 209. *Poés. div.* 226.)

Voyez en outre, au tome II du *Lexique*, p. 390, Tout.

Voyez aussi (A) Nage, où nous dirions *à la nage.*

Omission de l'article défini devant les noms propres :

Suze ouvre enfin la porte au bonheur d'*Italie.* (x, 110. *Poés. div.* 60.)
Que sert de disputer le passage de *Loire?* (x, 106. *Poés. div.* 7.)
Vois Eole et Neptune à l'envi faire hommage
A ce prodigieux ouvrage,
Rochelle, et crains enfin le plus puissant des rois. (x, 109. *Poés. div.* 51.)

Dans les vers qui précèdent, le nom propre est employé au vocatif; mais l'exemple n'en demeure pas moins remarquable. — Un peu plus loin nous trouvons le même nom propre avec l'article :

.... L'exemple affreux de *la Rochelle.* (x, 110. *Poés. div.* 62.)

Du surabondant; *des* pour *de* :

.... Sans lui rien offrir, rendons-lui *du* service. (i, 400. *Veuve,* 34.)
.... Cette flamme
Que tu veux feindre au dehors,
Par *des* inconnus ressorts
Entrera bien dans ton âme. (x, 53. *Poés. div.* 21.)

Voyez encore au tome I du *Lexique* p. 256.

… LEXIQUE DE CORNEILLE.

II. — Nom ou substantif.

1° Genre.

Pour les archaïsmes et les incertitudes de genres, voyez les mots suivants, soit au *Lexique*, soit, pour ceux qui sont suivis de chiffres entre parenthèses, à la fois au *Lexique* et aux tomes, pages et notes indiquées : Age, Aide, Aigle, Aigreur (ii, 295, vers 1398), Amour (ii, 130, note 1; iv, 456, note 1; et v, 359, note 1), Ardeur (i, 465, note *a*), Assassine, Avocate, Échange (iv, 342, note 3; et v, 149, note 2), Écho (x, 236, note 1), Énigme (i, 354, vers 1405; vi, 179, note 2, 205, note 1, et 599, note 1), Épigramme, Épitaphe (iv, 15, note 1; et x, 36, note 1), Épithète (iii, 86), Équivoque (vi, 469, note 3), Foudre, Idole, Insulte (vii, 155, note 1), Intrigue et Intrique (ii, 336), Limite, Minuit, OEuvre, Office (iv, 76, note 2), Offre (ii, 377, note 4; et viii, 629, note 1), Pair, Période, Rencontre, Reproche, Risque (iv, 309, vers 379; et v, 407, note 3), Sphinx (x, 246), Voile.

Corneille a varié quant au genre du nom de la ville de *Corinthe* :

On lit dans la première édition de *Médée* (ii, 353, vers 266 *var.*) :

Corinthe *consommée* ;

dans les suivantes :

Corinthe *consumée* ;

et enfin, à partir de 1660 :

Corinthe *consumé*.

Féminins peu usités : voyez Bourrelle, dans le *Lexique*.

2° Nombre.

Emplois remarquables du pluriel.

Voyez les mots suivants, soit au *Lexique*, soit aux tomes et dans les notes indiqués : Abaissement, Abattement, Accablement, Accord, Adresse, Affection, Amertume, Appareil, Approche, Ardeur, Attente, Attention, Aveuglement, Beauté, Bonheur, Captivité, Carnage, Clarté, Colère, Conduite, Contentement, Contrariété, Courroux, Crotte, Délices (iv, 450, note 1), Désespoir (vi, 460, note 3, et 589, note 1), Désir (viii, 681, vers 2106 et 2108), Discernement, Dureté (ix, 553, vers 4), Diversité, Effet, en terme de théâtre, Encens (vi, 284, note 1; et x, 146, note 3), Entendement, Entêtement, Essor, Éternité, Étonnement, Félicité, Ferveur (ix, 562, vers 20), Fierté, Fragilité, Fureur (ix, 484, vers 7), Grandeur (d'un péril), Harmonie, Honnêteté, Honte, Horreur, Humeur, Imagination, Ingratitude, Jalousie, Jardinage, Légèreté, Mécontentement, Mépris (viii, 465, vers 4206), Mérite, Mollesse, Naturel, Noirceur, Obscurité, Obstination, Ostentation, Patience, Pesanteur, Peste, Plaisir, Présence, Rage, Rareté, Ravalement, Rébellion, Récompense, Repentir, Réputation, Rudesse, Silence, Splendeur (ix, 50, vers 779), Souci (viii, 348, vers 1816), Supplice, Surdité, Témérité, Temps, Tendresse, Trépas, Trouble, Utilité (x, 486), Vacarme, Volonté, Zèle, etc., etc.

Les noms dont le pluriel nous paraît remarquable chez Corneille, qui, en les mettant à ce nombre, ne fait que se conformer à l'usage de ses prédécesseurs et de ses contemporains, sont pour la plupart des noms abstraits. Les uns ne s'emploient plus guère aujourd'hui qu'au singulier. D'autres, très-usités maintenant encore au pluriel, sont construits par notre poète d'une façon qui est passée d'usage, par exemple avec des compléments.

Ainsi sera béni l'homme qui ne s'enflamme
Que des saintes *ardeurs* de ne chercher que moi. (viii, 672. *Imit.* iv, 1924.)

INTRODUCTION GRAMMATICALE. xxxvii

Mêle aux sujets d'ennui, mêle aux succès contraires
    Les *plaisirs* de souffrir. (viii, 675. *Imit.* iv, 1976.)
Mets par de nouveaux dons un comble à tes bienfaits,
Et verse dans nos cœurs les *secrets* de te plaire. (ix, 507. *Hymn.* 31.)

Comme exemple, au contraire, d'un singulier qui ne s'emploie plus guère à présent, voyez au tome II du *Lexique*, p. 258, Débris.

3° *Emploi des noms abstraits :*

De tout ce qui nous souille affranchis nos *misères*.
    Et soulage tout notre ennui. (ix, 582. *Hymn.* 7.)
De ce temps solennel l'heureuse *plénitude*
Se voyoit toute prête à terminer son cours. (ix, 528. *Hymn.* 5.)
.... Du char du soleil l'aveugle *exactitude*
    Avoit roulé sept fois sept jours. (ix, 529. *Hymn.* 7.)
    Que leur détestable *conduite*,
    Qui me rend le mal pour le bien,
    Cherche leur salut en leur fuite,
    Et me voie assuré du mien. (ix, 291. *Ps. pén.* 9-12.)
    Il veut qu'après leur esclavage
Ils courent annoncer cette gloire en tous lieux,
Et qu'en Jérusalem un plus entier *hommage*
Le respecte, l'exalte, et le connoisse mieux. (ix, 271. *Ps. pén.* 87 et 88.)
Tu vois sous tes faveurs, ta maison ennoblie
Reprendre l'heureux joug de ses premières lois,
Et leur sainte *vigueur* dans l'ordre rétablie
    Rentrer en ses vieux droits. (ix, 630. *Hymn.* 15 et 16.)
L'*injure* d'une paix à la fraude enchaînée,
Les dures *pactions* d'un royal hyménée,
Tremblent sous les raisons et la facilité
Qu'aura de s'en venger un roi si redouté.
Louis s'en aperçoit, et tandis qu'il s'apprête
A joindre à tant de droits celui de la conquête,
Pour éblouir l'Espagne et son *raisonnement*,
Il tourne ses apprêts en divertissement.(x, 197 et 198. *Poés. div.* 53-60.)
Ce qu'il eut de vertu, ce qu'il eut de foi vive,
    Dans le rang de tes confesseurs,
Pour fruit d'une abstinence heureusement craintive,
    Goûte d'éternelles douceurs. (ix, 592. *Hymn.* 21 *et suiv.*)
.... Ses *jeûnes* là-haut goûtent des mets divins. (ix, 596. *Hymn.* 12.)

Dans ces divers passages, que nous citons, non comme modèles à imiter, mais comme exemples plus ou moins frappants, ou même plus ou moins risqués, de hardiesse poétique, l'abstraction, modifiant le tour naturel de la phrase et le rapport logique des termes, élève à l'état de substantifs sujets ou régimes principaux, soit de simples épithètes, soit d'autres mots accessoires et circonstanciels. « Affranchis nos misères » équivaut à « affranchis-nous, nous qui sommes misérables. » — « De ce temps l'heureuse plénitude, » c'est : « ce temps heureusement accompli, touchant à sa fin. » — « Du char du soleil l'aveugle exactitude, » c'est : « le char du soleil aveuglément exact dans son cours. » — « Que leur détestable conduite qui me rend le mal pour le bien,... me voie, etc., » c'est-à-dire : « que ces hommes dont la détestable conduite me rend, etc.... me voient.... » — « Qu'un plus entier hommage.... l'exalte et le connoisse mieux, » c'est-à-dire : « que par un hommage plus entier ils l'exaltent et montrent mieux qu'ils le connoissent. » — « Leur sainte vigueur, » c'est-à-dire : « ces lois saintement puissantes, ces lois reprennent leur vigueur. » — « L'injure..., les dures pactions tremblent, etc., » c'est-à-dire : « par suite de l'injure (à nous faite), des dures pactions..., les Espagnols tremblent, etc. » — « Ce qu'il eut de vertu.... goûte d'éternelles douceurs, » c'est-à-dire : « en récompense de ce qu'il eut de vertu, il goûte, etc. » — « Ses jeûnes.... goûtent, etc., » c'est-à-dire : « pour avoir jeûné, il goûte, etc. »

4° *Noms propres au pluriel :*

Les *Sophocles* nouveaux dont s'honore la France
En ont déjà senti quelque douce influence. (x, 119. *Poés.* div. 57.)
Je vois....
Tes Zeuxis renaissants, tes *Apelles* nouveaux. (x, 120. *Poés. div.* 91.)
Les *Scipions* vainqueurs, et les *Catons* mourants,
Les *Pauls*, les *Fabiens*.... (x, 97. *Poés. div.* 44-45.)
.... Ses Marius, ses *Métels*, ses *Émiles*. (x, 214. *Poés. div.* 306.)

Pour la manière dont Corneille francise les noms propres anciens, voyez la *Préface*, ci-dessus, p. XXVIII, note 1.

5° *Mots et locutions employés substantivement :*

Le *rien* fut sa matière, et l'ouvrier sa voix. (IX, 149. *Off. V.* 18.)
Ces charmes attirants, *ces doux je ne sais quoi,*
Sont des biens pour tout autre aussi bien que pour moi.(x, 164. *Poés. div.* 6.
Seigneur, qui de ta main fis l'homme à ton image,
Et voulus que la terre, à ton dernier « *Je veux,* »
            Répondit par le prompt ouvrage
De la bête farouche et du reptile affreux. (IX, 483. *Hymn.* 2.)
Vous avez mis *un A qui lit* au devant de *Ligdamon.* (x, 401. *Lett. apol.*)
.... *Le peu souvent que* ce bonheur arrive,
Piquant notre appétit, rend sa pointe plus vive. (I, 402. *Veuve. var.* 4.)
La poudre que tu dis n'est que de la commune ;
On n'en fait plus de cas ; mais, Cliton, j'en sais une
Qui rappelle sitôt des portes du trépas,
Qu'en moins de *fermer l'œil* on ne s'en souvient pas. (IV. 204. *Ment.* 1192.)

Voyez dans le *Lexique,* TROP DE substantivement, HÉLAS, *un je ne sais quoi* (à l'article SAVOIR), et ci-après, p. XXXIX et XL, *Adjectif pris substantivement* et *Adjectif au neutre à la manière latine.*

III. — ADJECTIF.

1° *Genre.*

Féminins peu usités : BRIGANDE, BROUILLONNE. Voyez ces mots dans le *Lexique.*

2° *Accord.*

Voyez ci-après, p. LXVI et suivantes.

INTRODUCTION GRAMMATICALE.   xxxix

3° *Construction*

On trouve souvent dans les œuvres de Corneille l'adjectif placé autrement qu'il ne le serait aujourd'hui, dans des cas même où maintenant le sens de l'adjectif dépend de la place qu'il occupe.

Voyez au *Lexique* les adjectifs qui figurent dans les alliances des mots qui suivent : Adultère amour, Certaines nouvelles, Commune joie, Conjugal amour, Contraire parti, Général effort, Main propre, Même vertu, Nuptial flambeau, Particulier ami, le Posthume Agrippa, Publique allégresse, Secondes causes, etc. — Voyez aussi III, 500, *Pol.* 277; x, 118, *Poés. div.* 52; et x, 210, *Poés. div.* 241.

4° *Adjectif* avec ellipse d'un substantif, ou pris substantivement.

Aux exemples d'un tel emploi des adjectifs nous en joignons de semblables des participes.

Simple, apprends que ta sœur n'aura jamais de quoi
Asservir sous ses lois des gens faits comme moi. (I, 404. *Veuve*, 99.)
Et l'amoureux concert....
    Exalte....
Ces trois qui ne sont qu'un (*la sainte Trinité*), et cet *unique* en trois.
                                    (IX, 601. *Hymn.* 12.)
Cette sainte chaleur qui fait les *vertueux*
Veut des soins assidus et de la diligence. (VIII, 174. *Imit.* I, 2671.)
Paroissez, Navarrois, Mores et Castillans,
Et tout ce que l'Espagne a nourri de *vaillants*. (III, 186. *Cid*, 1560.)
Je dois agir en veuve autant qu'en *magnanime*. (VI, 49. *Perth.* 703.)
.... Dis-moi le mien (*mon désespoir*) agit en *raisonnable*,
Si je parle en *aveugle*, ou si j'ai de bons yeux. (VI, 60. *Perth.* 956 et 957.)
J'en fais souvent reproche à ce climat heureux;
Je m'en plains aux plus *grands* comme aux plus *généreux*.
                                      (x, 118. *Poés. div.* 40.)
Transforme en *généreux* les cœurs les plus avares. (x, 120. *Poés. div.* 94.)
Lépide, il n'appartient qu'à de vrais *généreux*
D'avoir cette pitié des princes malheureux. (VI, 518. *Soph.* 1127.)

Voyez, au tome I du *Lexique*, p. 462, plusieurs autres exemples de GÉNÉREUX pris substantivement.

C'est moi qui tyrannise un *superbe* de frère. (V, 363. *Andr.* 1031.)
   La lumière s'est levée du milieu des ténèbres pour les *droits* de cœur. (IX, 308. *Vépr. et Compl. D. F.*)
      Chassez la nation perfide
      Loin des *fidèles* au vrai Dieu. (IX, 570. *Hymn.* 22.)
Je suis de ces *mourants* qui se portent fort bien. (x, 387. *Poés. div.* 20.
.... C'est ainsi qu'il faut, quand on se moque,
Que le *moqué* toujours sorte fort satisfait. (I, 449. *Veuve*, 1005.)
      N'es-tu pas ce cher bien-aimé,
      Ce *choisi* d'entre mille et mille? (VIII, 661. *Imit.* IV, 1707 var.)

Il faut remarquer, dans plusieurs des exemples qui précèdent, que parfois Corneille, tout en employant des qualificatifs substantivement, leur laisse leurs régimes d'adjectifs ou de participes.

Voyez en outre au Lexique : une ADROITE ; troupe d'ARMÉS ; que je vois de CHARNELS ; les DÉLICATS ; DÉPLORABLE ; un DÉSESPÉRÉ ; ces DEUX ; DROITE, pour *main* ; mon

ENVIEUX ; EXÉCRABLE ! *cette* INEXORABLE ; *aimable* INHUMAINE ; *ma* JALOUSIE ; *les deux* MÉPRISÉS ; *l'*OFFENSANT ; *vos* PERSÉCUTÉS ; *ma* REDEVABLE ; *mon* REBELLE ; RÉPARATEUR ; *notre* SALUTAIRE ; *les* SPÉCULATIFS ; *le* TRAHI, etc.

A ces exemples d'adjectifs pris substantivement on peut opposer l'emploi inverse de certains mots qui, dans un sens où ordinairement on les considère comme substantifs, jouent le rôle d'adjectifs. Voyez au *Lexique* : *silence* COMPLICE ; *amour* FLATTEUR ; *amour* SUBORNEUR ; *plume* FAUSSAIRE.

5° *Adjectif* pris substantivement au sens neutre, à la manière latine :

.... Nous verrons après s'il n'est point de milieu
  Entre *le charmant* et *l'utile*. (VII, 59. *Agés*. 1286.)
Les nouveautés plaisent à la nature ;
Elle aime *l'ajusté*, *le beau*, *le précieux* ;
Le vil et *le grossier* sont l'horreur de ses yeux.
  (VIII, 537. *Imit*. III, 5694 et 5695.)
Sans doute vos chrétiens, qu'on persécute en vain,
Ont quelque chose en eux qui surpasse *l'humain*. (III, 569. *Pol*. 1790.)
.... Ton amour par ses divins transports
Étouffe *le terrestre* et dedans et dehors. (VIII, 503. *Imit*. III, 5004.)
Si l'on ne me découvre, il faut que je m'expose ;
Et *l'un* et *l'autre* enfin ne sont que même chose. (V, 206. *Hér*. 1160.)

Cette pièce, quoique faite à la hâte, a eu le bonheur de plaire assez à un homme savant pour ne dédaigner pas de perdre une heure à donner une meilleure forme à mes pensées, et les faire passer dans cette langue illustre qui sert de truchement à tous les savants de l'Europe. Je te donne ici *l'un* et *l'autre*, afin que tu voies et ma gloire et ma honte. (X, 93. *Poés. div. Au lect.*)

Vaugelas emploie de même *l'un et l'autre* dans la *Préface* de ses *Remarques*, § 81.

La ville est en hiver *tout autre* que les champs. (I, 410. *Veuve*, 215.)

Tout autre, c'est-à-dire : « toute autre chose. » Si Corneille avait voulu mettre *autre* au féminin, comme s'accordant avec *ville*, il aurait aussi, c'est son usage constant, fait accorder *tout* et écrit *toute* : voyez le tome II du *Lexique*, p. 391 et 392.

Le rang de l'offensé, la grandeur de l'offense,
Demandent des devoirs et des submissions
Qui passent *le commun* des satisfactions. (III, 125. *Cid*, 360.)
Ce n'est point ni *l'acquis* par d'assidus efforts,
Ni ce qu'un long bonheur multiplie au dehors
  Qui te sert pour ma paix divine. (VIII, 407. *Imit*. III, 3009.)

Voilà encore un adjectif qui, pris substantivement, et de plus au sens neutre, garde son régime de participe.

Le rencontrer encor n'est plus en mon *possible*. (II, 197. *Suiv*. 1370 var.)

Voyez en outre au *Lexique* : l'AGRÉABLE ; *le* CHAUD *du jour* ; *le* CORRUPTIBLE ; *le* DÉLECTABLE ; *l'*IMPUR ; *le* MÊME ; *ton* MEILLEUR ; *mon et son* MIEUX ; *son* PIRE ; *après le* NATUREL ; *le* NÉCESSAIRE ; *l'*UN ; *le* VRAI ; *au* VRAI ; *de* VRAI ; *le* VRAISEMBLABLE, etc.

Comparez ci-après, PRONOMS PERSONNELS, p. XLIII, 5°, et p. LXVI et suivantes, *Accord de l'adjectif*, 1°.

6° *Adjectifs* employés en parlant des personnes et qui ne serviraient aujourd'hui qu'en parlant des choses, et réciproquement.

INTRODUCTION GRAMMATICALE.

Voyez dans le *Lexique* : une CHÉTIVE; *déplorable* AMANT, etc. ; INÉGAL *de bien*; et ci-dessus, dans la *Préface*, AUX PAGES XXII et XXIII.

7° *Adjectif* où nous emploierions un adverbe :

Je sais, Seigneur, je sais, pour grand que soit mon crime,
Que ta miséricorde est un profond abime;
Je me résigne *entier* à son immensité. (VIII, 631. *Imit.* IV, 1084.)

Voyez POSSIBLE, au tome II du *Lexique*, p. 202 et 203.

8° *Superlatif.*

Parfois l'article s'accorde dans des superlatifs où il serait plutôt invariable aujourd'hui :

Je les ai faits (*les a parte*) *les plus* courts que j'ai pu. (IV, 137. *Exam.* du *Ment.*)

Si nous en croyons Aristote, il faut se servir au théâtre des vers qui sont *les moins* vers. (V, 309. *Exam.* d'*Andr.*)

Le vers suivant est ainsi écrit dans les éditions publiées du vivant de Pierre Corneille :

Et les mieux écoutés sont *le* plus mal suivis. (VII, 398. *Pulch.* 416.)

C'est son frère Thomas qui a mis en 1692 :

Et les plus écoutés sont *les* plus mal suivis,

leçon qui a été adoptée par Voltaire en 1764.

Article commun à plusieurs superlatifs.

Voyez ci-dessus, le 5° exemple de la page XXXIII.

Nom mis au superlatif comme un véritable adjectif :

.... *Les plus gens de bien* auront l'âme ravie
D'unir à mes efforts leur plus sainte vigueur.
(IX, 303. *Vépr. et Compl. D. F.* 3.)

Voyez au *Lexique* les mots PLUS, MIEUX, MOINS, pris, sans article, dans le sens des superlatifs *le plus, le mieux, le moins*.

9° Compléments des adjectifs.

Pour les compléments des adjectifs, voyez les articles qui leur sont consacrés : ABOMINABLE, AIMABLE A, ABONDANT EN, ABSENT DE, ABSOLU SUR, etc.; et aussi les diverses prépositions.

IV. — NOMS DE NOMBRE.

1° Composés contenant *et :*

Jamais pareils malheurs furent-ils entendus?
Après *trente et trois* ans sur le trône perdus,
Commençant à régner il a cessé de vivre. (X, 90. *Poés. div.* 13 *var.*)

Voyez d'autres exemples à l'article ET, tome I, p. 394 du *Lexique;* et ci-après, à l'article PLÉONASME.

2° Nombre ordinal où nous employons le nombre cardinal :

Ce martyre (*de Polyeucte*) est rapporté par Surius sur le *neuvième de* janvier. (III, 478. *Exam.* de *Pol.*)

V. — Pronom.

1. PRONOMS PERSONNELS.

1° JE, MOI.

Je, construction :

Je me trouve captive en de si beaux liens,
Que je meurs qu'il le sache, et *j*'en fuis les moyens. (II, 153. *Suiv.* 504.

Moi-même, employé substantivement.

Voyez au tome II du *Lexique*, p. 93.

2° IL, ELLE, LE, LA, EN, se rapportant à un nom indéterminé.

« Le pronom, avait déjà dit Vaugelas (*Remarques*, édition de 1697, p. 652), est comme une chose fixe et adhérente, et le nom sans article, ou avec un article indéfini, est comme une chose vague et en l'air, où rien ne se peut attacher. » Corneille s'est souvent écarté de ce principe.

.... Dès que je vois *jour* sur la scène à te peindre,
Il rallume aussitôt ce feu prêt à s'éteindre. (x, 187. *Poés. div.* 44.)
J'offenserois le Roi, qui m'a promis *justice*.
— Vous savez qu'*elle* marche avec tant de langueur....
(III, 149. *Cid.* 783.)
Permettez qu'il achève, et je ferai *justice :*
J'aime à *la* rendre à tous, à toute heure, en tout lieu. (III, 347. *Hor.* 1477.)
Je vous irai moi-même en demander *justice*.
— N'oubliez pas alors que je *la* dois à tous. (V, 32. *Théod.* 337.)
Je disois *vérité*. — Quand un menteur *la* dit,
En passant par sa bouche *elle* perd son crédit.
(IV, 197. *Ment.* 1079 et 1080.)
.... Les moyens d'abord m'ont fait *horreur;*
Mais je saurai *la* vaincre.... (VI, 627. *Oth.* 1217.)
Lui pourrez-vous aider à me perdre d'*honneur?*
— Ne pouvez-vous *le* mettre à faire mon bonheur? (VII, 252. *Tit.* 1246.)
Prépare tes efforts à mettre en *paix* les autres
        Par ceux de *l'*affermir chez toi. (VIII, 191. *Imit.* II, 314.)
Nous lui rendrons *hommage* avec cette justice,
Avec la sainteté qui *le* sait épurer. (IX, 159. *Off. V.* 30.)
....Vous vous souviendrez, Seigneur, de race en race,
Que vous nous devez *grâce* après tant de courroux.
        Votre serment nous *l'*a promise. (IX, 269. *Ps. pén.* 53.)
Seigneur, si j'ai *raison*, qu'importe à qui je sois?
Perd-*elle* de son prix pour emprunter ma voix? (V, 519. *Nic.* 190.)

Voyez ci-après, 3°, le troisième exemple de IL, LE, LUI, se rapportant à *autrui*.

Faites *grâce*, Seigneur, ou souffrez que j'*en* fasse. (IV, 82. *Pomp.* 1345.)
Ses désirs prendront loi de mes propres désirs;
        Et son feu pour les satisfaire
        N'a pas moins *besoin* de me plaire,

INTRODUCTION GRAMMATICALE. XLIII

Que j'*en* ai de lui voir approuver mes soupirs. (VII, 61. *Agés.* 1312.)
.... Ne vaut-il pas mieux assouvir sa fureur,
Et mériter vos pleurs, que de vous faire *horreur?*
— Vous m'*en* feriez sans doute.... (VII, 166. *Att.* 1425.)
J'ai *soin* de votre gloire; ayez-*en* de la mienne. (VII, 268. *Tit.* 1604.)
.... Pourrez-vous attendre
A prendre *soin* de lui qu'il soit trop tard d'*en* prendre? (VII, 532. *Sur.* 1698.)

Voyez encore au *Lexique*, tome I, p. 357, EN, *se rapportant à des noms indéterminés.*

3° IL, LE, LUI, se rapportant à *autrui :*

Ne t'embarrasse point des actions d'*autrui :*
Laisse là ce qu'*il* dit et ce qu'on dit de *lui.* (VIII, 396. *Imit.* III, 2795.)
Prompt à te courroucer, prompt à fâcher *autrui*,
Sévère à *le* reprendre, et juger mal de *lui.* (VIII, 623. *Imit.* IV, 918.)
..... Cours aux pieds d'*autrui*
Lui demander pardon, si tu *lui* fis injure;
Tu l'obtiendras de moi, si tu le veux de *lui.*

(VIII, 638. *Imit.* IV, 1215 et 1216.)

4° LUI, ELLE, tenant la place d'un nom de chose régime indirect :

Il falloit arracher mon sceptre à mon rebelle,
Le remettre en ma *main* pour le recevoir d'*elle.* (V, 452. *D. San.* 810.)

Voyez au tome II du *Lexique*, p. 59, le mot LUI.

5° IL, LE, au sens neutre, à la manière latine :

Quand cela paroîtra, je ne doute point qu'*il* ne donne matière aux critiques. (X, 486. *Lettr.*)

Voyez au tome II du *Lexique*, p. 4 et 5, et p. 45 et 46.

Dans certains tours, tels que le suivant, *le*, neutre, se rapporte plutôt à l'idée qu'on a dans l'esprit qu'à un mot exprimé :

C'est être trop adroit, Prince, et trop bien *l'*entendre. (V, 566. *Nic.* 1239.)

L'*entendre*, c'est-à-dire, entendre la chose, savoir agir habilement, savoir s'y prendre.

Il faut rapprocher de *il*, *le*, pris au sens neutre, les autres pronoms neutres *ce*, *que*, *quoi*. Voici deux exemples où *ce que*, dans le sens de *autant que*, forme une locution absolue, digne de remarque :

.... Pompée est vengé *ce* qu'il peut l'être ici. (IV, 96. *Pomp.* 1668.)
.... C'est une affaire faite.
— Elle est faite, de vrai, *ce* qu'elle se fera. (IV, 188. *Ment.* 899.)

Voyez ci-après, p. XLIX, 12° : CE.... DE QUOI, QUE.... DE QUOI.

Citons encore cet emploi tout latin du mot *rien*, à la façon du neutre *nihil :*

Seigneur, jusques ici votre sévérité
A fait beaucoup de bruit, et *rien* n'a profité. (III, 437. *Cin. var.* 4.)

En 1660, Corneille a entièrement changé ces deux vers.

LEXIQUE DE CORNEILLE.

6° LE, LA, se rapportant à un adjectif ou à un participe précédent.

Voyez, pour cet emploi et pour tous ceux que nous n'avons pas indiqués ici, le mot LE au *Lexique*. Nous n'ajoutons ici que cet exemple :

Je plains cette *abusée*, et c'est moi qui *la* suis. (VI, 611. *Oth.* 835.)

Il a ceci de remarquable, que *la* y tient la place, non pas de *cette abusée*, mais d'*abusée* seulement.

7° IL omis :

.... Mon cœur amoureux,
Moins il s'en connoît digne, et plus s'en *tient* heureux. (IV, 147. *Ment.* 132.)
Vous croirez que Pison est plus digne de Rome.
Pour ne plus en douter *suffit* que je le nomme. (VI, 617. *Oth.* 974.)

Voyez, au *Lexique*, DÛT, avec ellipse du pronom personnel, tome I, p. 300, et IMPORTER, tome II, p. 9.

8° EN, tenant la place d'un pronom personnel :

Témoin de ses hauts faits et de son grand courage,
Ce monarque *en* voulut connoître le visage. (III, 500. *Pol.* 290.)

Voyez le tome I du *Lexique*, p. 356 et 357.

9° Y, tenant la place d'un pronom personnel.

Voyez le tome II du *Lexique*, p. 437 et 438.

10° Construction des pronoms *le, la, les, lui, me, vous*, etc., quand ils sont régis par un infinitif qui dépend lui-même d'un verbe à un mode personnel.

Nous avons cité de nombreux exemples aux pages 47, 59, 75, 116, 324, 372, 435, du tome II du *Lexique*, et nous avons fait remarquer que Corneille, dans maint endroit, avait, en retouchant ses pièces, modifié la tournure d'une façon qui se rapproche, quant à la place du pronom, de notre usage d'à présent. Mais nous avons vu aussi que, dans bien des passages, il avait constamment gardé sa première construction. En voici bon nombre d'autres qui sont également restés intacts dans toutes les éditions. Il faut remarquer que Vaugelas lui-même (édition de 1697, p. 620) préfère comme plus usité, et par suite meilleur : « Je ne *le* veux pas faire, ils *me* vont blâmer, » à : « Je ne veux pas *le* faire, ils vont *me* blâmer. »

LE, LA, LES :

Je sais qu'assurément il te veut force bien ;
Mais il te *le* faudroit, en fille plus accorte,
Recevoir désormais un peu d'une autre sorte. (I, 410. *Veuve*, 229 et 230.)
Mais tu *le* veux cacher.... (I, 415. *Veuve*, 321.)
Par vos commandements Chimène *vous* vient voir. (III, 112. *Cid*, 136.)
Le Roi dans un moment vous *le* va renvoyer. (III, 332. *Hor.* 1150.)
.... Tu *le* vas voir.
— C'en est trop ; mais comment *le* pouvez-vous savoir?
(III, 499. *Pol.* 275 et 276.)
Je hais l'aveugle erreur qui *le* vient de surprendre. (III, 534. *Pol.* 1014.)
Mille, de nos remparts, comme moi *l'*ont pu voir. (III, 324. *Hor.* 1002.)

INTRODUCTION GRAMMATICALE.

L'Égypte *le* va voir me présenter ses vœux. (iv, 44. *Pomp.* 404.)
Mais le Roi *le* veut perdre.... (iv, 90. *Pomp.* 1544.)
.... Le sixième choix aujourd'hui se prépare :
On *le* va faire au temple.... (v, 324. *Andr.* 202.)
Ces violents transports *la* vont précipiter. (ii, 357. *Méd.* 344.)
Vous savez l'action, vous *la* venez d'entendre. (iii, 349. *Hor.* 1536.)
Elle (*Pauline*) en a mieux usé, je *la* dois imiter. (iii, 505. *Pol.* 395.)
La guerre désoloit les quatre coins du monde,
      Et ce Dieu *l'*en vient de bannir. (ix, 105. *Off. V.* 32.)
Un coup d'œil *le* va faire.... (x, 120. *Poés. div.* 87.)
De tant d'attraits nouveaux tu *le* viens de parer,
Que moins il se ressemble, et plus chacun l'admire. (x, 124. *Poés. div.* 7.)
Il fait tous ses efforts pour gagner mes parents,
Et s'il *les* peut fléchir, quant à moi, je me rends. (ii, 294. *Pl. roy.* 1373.)
   (*Dans la pièce espagnole*) Rodrigue, n'osant plus se montrer à la cour, *les* va combattre (*les Maures*) sur la frontière ; et ainsi le premier acteur *les* va chercher, et leur donne place dans le poëme. (iii, 98. *Exam. du Cid.*)
Tu trahis mes bienfaits, je *les* veux redoubler. (iii, 459. *Cin.* 1707.)
Fuyez donc leurs autels. — Je *les* veux renverser. (iii, 517. *Pol.* 643.)
J'ai trop de pitié d'eux pour ne *les* pas défendre. (iii, 554. *Pol.* 1443.)
Plutôt qu'à ces périls je vous puisse exposer,
Seigneur, perdez en moi ce qui *les* peut causer. (iv, 99. *Pomp.* 1756.)

Lui :

J'attends dans mon palais ce guerrier magnanime,
Et *lui* viens d'envoyer Achillas et Septime. (iv, 36. *Pomp.* 238.)

Me :

Enfin la nuit s'avance, et son voile propice
Me va faciliter le succès que j'attends. (ii, 270. *Pl. roy.* 891.)
S'il *me* peut aujourd'hui chasser impunément,
Vous êtes sans pouvoir ou sans ressentiment. (ii, 350. *Méd.* 207.)
Elle (*la reine d'Islande*) *m'*a beau prier : non, je n'en ferai rien.
                                           (ii, 458. *Illus.* 468.)
Mais, écoute, il *me* faut obliger tout à fait. (ii, 464. *Illus.* 600.)
.... Parmi vos plaisirs ne soyez point jaloux
Si je *m'*ose à mon tour satisfaire après vous. (iii, 162. *Cid*, 1044.)
.... C'est aussi par là que je *me* dois venger. (iii, 178. *Cid*, 1400.)
Je vais donc vous déplaire, et vous *m'*allez haïr. (iii, 425. *Cin.* 924.)
Eh bien ! prends-en ta part, et *me* laisse la mienne. (iii, 457. *Cin.* 1645.)
Ta perte cependant *me* va désespérer. (iii, 560. *Pol.* 1557.)
César, tiens-moi parole, et *me* rends mes galères. (iv, 96. *Pomp.* 1665.)
.... La tentation de tant d'argent touché
*M'*achève de pousser où j'étois trop penché. (iv, 291. *S. du Ment.* 46.)
Prince, qu'ai-je entendu ? parce que je soupire,
Vous présumez que j'aime, et vous *m'*osez le dire ! (iv, 476. *Rod.* 1131.)
Où *m'*allez-vous conduire ?... (v, 49. *Théod.* 721.)

Il vient : consolez-vous, et *me* laissez mourir. (v, 357. *Andr.* 897.)
.... Quand ils m'ont réduit à ne *me* plus défendre,
Savez-vous, belle Iris, ce que je fais alors? (x, 167. *Poés. div.* 12.)
   L'exécution en demandoit une plus longue étude que mon loisir ne *m'*a pu permettre. (x, 487. *Lettr.*)

Voyez ci-après, p. LI, le 5e et dernier exemple relatif aux *auxiliaires*.

Te :

Je t'amène un captif qui *te* veut échapper. (II, 135. *Suiv.* 187.)
Aucune illusion ne *te* doit plus flatter. (III, 446. *Cin.* 1395.)
.... J'ai tout mérité pour *t'*avoir voulu croire. (III, 447. *Cin.* 1418.)
Je vois le Potosi *te* venir rendre hommage. (x, 120. *Poés. div.* 101.)

Se :

.... Le temps *se* va perdre en répliques frivoles. (VI, 586. *Oth.* 277.)
.... Qui goûte une fois l'esprit de vérité,
Qui *se* peut y soumettre avec sincérité,
Ne sauroit plus goûter une vaine louange. (VIII, 337. *Imit.* III, 1598.)
L'œil *se* peut-il fixer sur la vérité nue? (x, 238. *Poés. div.* 41.)

Vous :

Angélique! mes gens *vous* viennent d'enlever. (II, 278, *Pl. roy.* 1047.)
Mais vous aimez Rodrigue, il ne *vous* peut déplaire. (III, 152. *Cid,* 845.)
N'ayant pu vous venger, je *vous* irai rejoindre. (III, 442. *Cinn.* 1310.)
            .... Plus je me considère,
Moins je découvre en moi ce qui *vous* peut déplaire. (IV, 181. *Ment.* 742.)
Nous *vous* irons alors le disputer sans honte. (V, 434. *D. San.* 366.)
Qui *vous* a pu le dire?... (VI, 181. *OEd.* 1084.)

On peut faire des remarques analogues sur la construction des mots *en* et *y* :

   Je ne sais si on *en* pourra souffrir la longueur. (x, 491. *Lettr.*)
   .... La broderie qu'*y* peuvent ajouter la rhétorique, la morale et la politique. (x, 487. *Lettr.*)

Dans tous les exemples qui précèdent, il y a deux verbes, dont l'un est à l'infinitif, mais nous avons déjà eu l'occasion de remarquer, au tome II du *Lexique*, p. 116 (avant-dernier exemple de Nous), et p. 324 (dernier exemple de Se), que la phrase peut aussi se prêter à une double construction quand le verbe a un complément autre qu'un infinitif. Voici d'autres exemples du même genre :

Sèche tes pleurs, Sabine, ou *les* cache à ma vue (III, 341. *Hor.* 1348.)
Vivez heureuse au monde, et *me* laissez en paix. (III, 547. *Pol.* 1290.)
Va pour moi chez Lucrèce et *lui* dis mon projet. (IV, 165. *Ment.* 467.)
Rodelinde n'est pas du droit de ta conquête.
Il faut, pour être à toi, qu'il m'en coûte la tête;
Puisqu'on m'a découvert, elle dépend de toi;
Prends-la comme tyran, ou *l'*attaque en vrai roi. (VI, 64. *Perth.* 1038.)

Regarde avec mépris toutes les créatures,
    Ou *les* traite d'oubli. (VIII, 675. *Imit.* IV, 1980.)
Louez-le et *le* surexaltez en tous les siècles. (IX, 146. *Off. V.*)

11° Construction d'un pronom personnel avec *y* :

Prépares-y-toi sans ennui. (VIII, 142. *Imit.* I, 2000.)
Tiens-y-toi comme un étranger. (VIII, 152. *Imit.* I, 2230.)
Sache purifier le séjour de ton cœur :...
Tiens-y-toi solitaire.... (VIII, 655. *Imit.* IV, 1592.)

12° Emplois divers du pronom personnel au sens du datif :

Le ciel s'est donc lassé de *m*'être impitoyable ! (VI, 432. *Sert.* 1641.)
Souffre-*moi* toutefois de tâcher à portraire
D'un roi tout merveilleux l'incomparable frère. (X, 207. *Poés. div.* 185.)
L'Eglise toutefois, que l'Esprit saint gouverne,
Dans ses hymnes sacrés *nous* chante encor l'Averne. (X, 237. *Poés. div.* 34.)
.... Daigne repaître un cœur qui *te* mendie
    Un morceau de ton pain. (VIII, 674. *Imit.* IV, 1965.)
Laissez vivre du peuple un pitoyable reste
Aux dépens d'un moment que m'a laissé la peste,
Qui peut-être à vos yeux viendra trancher mes jours,
Si mon sang répandu ne *lui* tranche le cours. (VI, 165. *OEd.* 742.)

Voyez au tome II du *Lexique*, p. 153 et 154, à l'article PARLER, de nombreux exemples de *à moi, à vous,* etc., substitués aux datifs simples *me, vous,* etc.

13° Omission du pronom personnel qui entre dans la formation d'un verbe réfléchi employé à l'infinitif et dépendant d'un autre verbe.

Voyez ci-après, à l'article ELLIPSE.

II. PRONOMS RELATIFS.

1° QUI, régi par une préposition et se rapportant à un nom de chose :

.... Les vérités historiques *à qui* je me suis attaché. (VI, 358. *Au lect. de Sert.*)

Voyez de nombreux exemples de ce tour au *Lexique*, tome II, p. 254.

2° QUI, suivi d'un verbe à la troisième personne après des antécédents de la première ou de la seconde personne :

Il n'y avoit que *moi qui* lui *pût* répondre du succès. (V, 151. *Exam. d'Hér.*)
Je ne vois que *vous qui* le *puisse* arrêter. (V, 513. *Nic.* 37.)
Je ne vois que *vous* seul *qui* des mers aux montagnes
Sous un même étendard *puisse* unir nos Espagnes.
                                        (VI, 388. *Sert.* 621 et 622.)
Je n'ai trouvé que *vous qui fût* digne de moi. (VII, 344. *Psy.* 1471.)

Les embarras où *je* suis.... comme marguillier de ma paroisse, *qui doit* rendre compte de *son* administration dans deux ou trois jours. (x, 459. *Lettr.*)

<small>Corneille, qui avait d'abord écrit ce passage de cette manière, dans une lettre autographe conservée à la bibliothèque Sainte-Geneviève, l'a ensuite corrigé ainsi : « Qui *dois* rendre compte de *mon* administration. »
Voyez le tome II du *Lexique*, p. 257 et 258, où nous avons déjà cité la plupart de ces exemples ; voyez aussi le *Lexique de Mme de Sévigné*, tome I, p. xlii ; et le *Racine* de M. Mesnard, tome I, p. 454, note 2.</small>

3° Qui, que, séparés de leur antécédent :

Ma *haine* va mourir, *que* j'ai crue immortelle. (iii, 460. *Cin.* 1725.)
Une *flotte* paroît, *qu*'on a peine à compter. (iv, 50. *Pomp.* 567.)
Le *secret* n'est pas grand *qu*'aisément ou devine. (vi, 26. *Perth.* 131.)
Leurs *lettres* en font foi, *qu*'elle me vient de rendre. (vi, 371. *Sert.* 169.)

<small>Voyez au tome II du *Lexique*, p. 257.</small>

4° Redoublement, devant le relatif, de la préposition déjà exprimée devant l'antécédent :

Je m'assure que vous aurez de la peine vous-même à reconnoître que c'est *à vous à qui* je dédie cet ouvrage. (v, 291. *Épît.* d'*Andr.*)

5° Qui, avec ellipse de celui.

<small>Voyez au tome II du *Lexique*, p. 255 et 256.</small>

6° Emplois divers de *dont*.

<small>Voyez au tome I du *Lexique*, p. 319-321.</small>

7° Que, employé, comme complément direct dans une proposition incidente, dans certaines constructions imitées du latin :

.... C'est un effort à dissiper la gloire
Des noms les plus fameux dont se pare l'histoire,
Et *que* le grand Auguste ayant osé tenter,
N'osa prendre du cœur jusqu'à l'exécuter. (vi, 47. *Perth.* 649.)
Votre zèle étoit faux, si seul il redoutoit
Ce *que* le monde entier à pleins vœux souhaitoit,
Et s'il vous a donné ces craintes trop subtiles,
Qui m'ôtent tout le fruit de nos guerres civiles,
Où l'honneur seul m'engage, et *que* pour terminer,
Je ne veux que celui de vaincre et pardonner. (iv, 65. *Pomp.* 911.)

<small>Voyez le tome II du *Lexique*, p. 243.</small>

8° *Et qui, et que*, après un qualificatif :

.... De ce palais ils sont sortis ensemble.
— Seuls? — Seuls, *et qui* sembloient tout bas se quereller.
(iii, 134. *Cid.* 503.)
Il est nouveau venu des universités,
Mais après tout fort riche, et *que* la mort d'un père....

INTRODUCTION GRAMMATICALE.

Comble de tant de biens.... (I, 410. *Veuve*, 221.)

Voyez le tome II du *Lexique*, p. 257.

9° Que, équivalent à *dont, avec lequel :*

Mercure.... regagne aussitôt le ciel avec la même vitesse *qu*'il étoit descendu. (v, 276. *Dess. d'Andr.*)

Voyez au tome II du *Lexique*, p. 242

10° Quoi, remplaçant *qui, lequel*, etc.

Voyez au tome II du *Lexique*, p. 260-262.

11° Où, remplaçant le relatif précédé d'une préposition.

Voyez au tome II du *Lexique*, p. 135-139.

12° Ce.... de quoi, que.... de quoi :

Je l'ai, mon Dieu, j'ai *ce de quoi*
Te faire une agréable offrande. (VIII, 663. *Imit.* IV, 1742.)
Que pourrai-je trouver *de quoi* te faire un don ? (VIII, 663. *Imit.* IV, 1740 *var.*

VI. — Adjectifs pronominaux possessifs.

Emplois divers, s'écartant de l'usage actuel :

Jusque-là, jusqu'à toi j'ose élever *mes* yeux. (IX, 191. *Off. V.* 4.)
C'est ce qui lui fera élever *sa* tête. (IX, 212. *Off. V.*)
Le Soleil continue en lui adressant *sa* parole. (VI, 347. *Tois.*)
Leurs pas démêleront les détours les plus sombres
Et l'auront pour *leur* guide aux sentiers de la paix. (IX, 161. *Off. V.* 48.)
Vous voyez sur *mes* bras de nouveaux ennemis.
(IX, 323. *Vêpr. et Compl. D. F.* 6.)

VII. — Verbe.

I. VOIX.

1° Infinitif actif où le sens demanderait plutôt, ce semble, le passif :

Une perte facile et prête à *réparer*. (VI, 650. *Oth.* 1696.)
La honte d'un affront, que chacun d'eux croit voir
Ou de nouveau reçue, ou prête à *recevoir*. (III, 522. *Pol.* 744.)
Ces avis est plus propre à *donner* à la Reine. (V, 553. *Nic.* 959.)
Sa vue accroît l'ardeur dont je me sens *brûler*. (IV, 171. *Ment.* 547.)

Brûler a les deux sens, actif et neutre ; mais nous croyons que dans ce tour il est plutôt actif ; on pourrait le remplacer par un verbe à signification uniquement active, comme *consumer*.

2° *Verbes neutres employés activement.*

Beaucoup de verbes, ordinairement neutres, sont employés par Corneille comme verbes actifs. Voyez dans le *Lexique* : ANTICIPER, ATTENTER, COMMUNIER, CONSENTIR, CONTRIBUER, CRIER, CROITRE, GERMER, INNOVER, MOUVOIR, PASSER POUR, PÉNÉTRER, PERCER, PROFITER, PROSTERNER, QUERELLER, SOUPIRER, SUBTILISER, TRAVAILLER.

3° *Verbes neutres employés au participe passé avec une signification passive qu'ils n'auraient pas aujourd'hui.*

Voyez dans le *Lexique* : MOQUÉ, REPENTI, RÉPONDU, RÉUSSI, et au mot QUE, tome II, p. 242, ce qui est relatif au participe *vécu*.

4° *Verbes pronominaux avec un sens passif.*

Voyez dans le *Lexique* s'ACCEPTER, s'ACCOMPAGNER, s'ACCORDER, s'APPRENDRE, s'AVANCER, SE CONFONDRE, SE DÉGAGER, SE DÉGUISER, SE DIFFÉRER, s'EXCITER, s'EXTÉNUER, SE FLÉCHIR, SE MONTER, s'OUBLIER.

II. TEMPS.

Parfait défini où les grammairiens sont d'avis de mettre le parfait indéfini :

Je l'avoue entre nous, quand je lui *fis* l'affront,
J'eus le sang un peu chaud et le bras un peu prompt.
(III, 125. *Cid*, 351 et 352 *var.*)

L'Académie a fait, au sujet de ces deux vers, la remarque suivante : « Il n'a pu dire *je lui fis*, car l'action vient d'être faite; il falloit dire : *quand je lui ai fait*, puisqu'il ne s'étoit point passé de nuit entre deux. » (Voyez au tome II du *Lexique*, l'*Appendice*, p. 488.) C'était la règle des vingt-quatre heures appliquée à la grammaire. Corneille a tenu compte de cette critique : en 1660, il a changé la tournure et mis le parfait indéfini :

Je l'avoue entre nous, mon sang un peu trop chaud
S'est trop *ému* d'un mot, et l'*a porté* trop haut.

Plus loin, à propos de ces vers prononcés par Rodrigue :

Nous *partîmes* cinq cents; mais par un prompt renfort
Nous nous *vîmes* trois mille en arrivant au port. (III, 172. *Cid*, 1259 et 1260)

Voltaire remarque que « l'Académie n'a point repris cet endroit, qui consiste à substituer un aoriste au simple passé. » Mais néanmoins il n'ose pas justifier Corneille, et se contente de dire : « Plût à Dieu que cette licence fût permise en poésie ! » Depuis lors les grammairiens, sans se montrer aussi rigoureux, ont tous supposé que le parfait défini répond essentiellement à un certain période nécessairement terminé, que ce période soit un jour, une semaine, un mois, une année, un siècle. Dans une dissertation intitulée *du Prétérit en français* (*Thèses de grammaire*, p. 177 et suivantes), qui s'appuie sur un grand nombre d'exemples tirés de Corneille, et notamment du récit de la défaite des Maures, M. B. Jullien s'applique à combattre cette idée de période; il conclut toutefois que notre prétérit ne se rapporte bien qu'à ce qui lui est antérieur, et que Corneille, dans les vers critiqués, n'a fait que sous-entendre la circonstance antécédente, ce qui donne beaucoup de rapidité à l'expression sans nuire en rien à la clarté.

Temps composés, auxiliaires.

Avec des verbes qui aujourd'hui prennent d'ordinaire l'auxiliaire *être*, Corneille emploie l'auxiliaire *avoir*, et réciproquement.

INTRODUCTION GRAMMATICALE.

Voyez dans le *Lexique* : Être, Avoir accoutumé de, Disparoître, Échapper, Expirer, Partir, Passer, Périr, Rentrer, Retourner, Sortir.

D'autres verbes qu'*avoir* et *être* jouent dans les vers de Corneille le rôle de véritables auxiliaires : voyez, dans le *Lexique*, Devenir et Rendre, suivis d'un participe passé.

Auxiliaires communs à plusieurs participes :

Gémis d'avoir aimé les plaisirs de la table....
D'*avoir pris* le travail pour infélicité,
Pour des contes en l'air *eu* vigilance entière,
Long assoupissement pour la sainte prière,
Hâte d'être à la fin, et l'esprit vagabond
Vers ce qu'il ne fait pas ou que les autres font. (VIII, 622. *Imit.* IV, 907.)
J'offre ces mêmes vœux et ces mêmes hosties
Pour ceux dont la malice ou les antipathies
M'ont rendu déplaisir, m'ont nui, m'ont offensé,
Pour ceux qui m'*ont causé* quelques désavantages,
Procuré quelque perte, ou *fait* quelques outrages,
Contredit à ma vue, ou sous main *traversé*. (VIII, 633. *Imit.* IV, 1124-1129.)
Dieu m'a *mis* dans le trône et *soutenu* son choix.
(IX, 323. *Vépr. et Compl. D. F.* 14.)
Entre ci et là, les choses pourront changer de face, et la vérité plus connue. (X, 465. *Lettr.*)

Corneille a peut-être oublié d'écrire *être* devant *plus connue*. On s'explique aisément cette omission dans une phrase ainsi construite : l'idée d'*être* est implicitement contenue dans *changer*, comme dans tout verbe.

Emploi d'*être*, pour *avoir*, par suite de la construction :

Voilà tous les efforts que je me *suis* pu faire. (VI, 51. *Perth.* 743 var.)

Avec cette construction (voyez ci-dessus, p. XLIV et suivantes), on ne pourrait se servir d'*avoir*. Nous dirions aujourd'hui, en changeant l'ordre des mots : « que *j'ai* pu me faire. »

Concordance des temps :

Séparons-nous, de peur qu'il *entrât* en cervelle. (I, 406. *Veuve*, 142.)
.... Je *crains* qu'un ami n'en *perdît* le repos. (II, 58. *Gal. du Pal.* 748.)
Mon père *a consenti* que je *suive* mon choix. (IV, 141. *Ment.* 3.)

Voyez le *Lexique de Mme de Sévigné*, tome I, p. XXVIII et XXIX.

III. MODES.

1° *Le Subjonctif où nous mettrions l'indicatif :*

Je vois avec chagrin que l'amour me *contraigne*
A pousser des soupirs pour ce que je dédaigne. (III, 112. *Cid*, 117.)
La plus belle des deux je crois que ce *soit* l'autre. (IV, 151. *Ment.* 06.)
J'aurois cru qu'Aristie ici réfugiée,
Que forcé par ce maître il a répudiée,
Par un reste d'amour l'*attirât* en ces lieux. (VI, 371. *Sert.* 155.)
Reçoit-on des secrets sans une forte loi....

— Je croyois qu'elle *pût* se rompre pour un roi. (VII, 503. *Sur.* 980.)

M. Génin a fait remarquer ce genre de construction dans une note sur le vers 898 de *la Farce de Patelin*. — Voyez ci-dessous, *L'imparfait du subjonctif où nous nous servirions du conditionnel.*

2° *L'indicatif dans des propositions négatives où nous employons le subjonctif :*

Qu'il me tarde déjà que, dans son sang trempées,
Elles ne me *font* voir à mes pieds étendu
Le seul qui sert d'obstacle au bonheur qui m'est dû ! (I, 285. *Clit.* 167.)
Tandis ce m'est assez qu'un rival préféré
N'*obtient*, non plus que moi, le succès espéré. (I, 305. *Clit.* 500.)
C'est moi qui suis marri que pour cet hyménée
Je ne *puis* révoquer la parole donnée. (II, 204. *Suiv.* 1506 *var.*)

3° *L'imparfait du subjonctif où nous nous servirions du conditionnel :*

.... Toutes vous *dussiez* prendre en un jeu si doux,
Comme même plaisir, même intérêt que nous. (I, 368. *Clit. var.*)
Ce *dût* vous être assez de m'avoir abusée. (II, 202. *Suiv.* 1465.)
Après que nos exploits l'ont si bien méritée,
Un mot seul, un souhait *dût* l'avoir emportée (*la toison*). (VI, 279. *Tois.* 586.)
Voilà trop vous tenir dans une complaisance
Que vous *dussiez* quitter du moins en ma présence. (I, 152. *Mél.* 182.)
Mais puisque son dédain, au lieu de te guérir,
Ranime ton amour, qu'il *dût* faire mourir,
Sers-toi de mon pouvoir.... (I, 304. *Clit.* 484.)
Souffrez que....
Je fasse ma retraite avecque les Vestales,
Et qu'ainsi je renferme en leur sacré séjour
Une qui ne *dût* pas seulement voir le jour. (I, 361. *Clit.* 1572 *var.*)
Le mérite y fait tout, et tel plaît à mes yeux,
Que je négligerois près d'un qui *valût* mieux. (II, 137. *Suiv.* 224 *var.*)
   Mais je pourrois être assez vaine
   Pour dédaigner le nom de reine
Que m'offriroit un roi qui n'en *eût* que le nom. (VII, 28. *Agés.* 468.)

Dans l'édition de 1692, Thomas Corneille a remplacé *en eût* par *auroit*.

Mais encore une fois souffrez que je vous die
Que cette passion *dût* être refroidie. (III, 388. *Cin.* 62 *var.*)

En 1660 :

  Qu'une si juste ardeur devroit être attiédie.

J'ai cru sa mort pour vous un malheur nécessaire ;
Et que sa haine injuste, augmentant tous les jours,
Jusque dans les enfers chercheroit du secours ;
Ou qu'enfin, s'il tomboit dessous votre puissance,
Il nous falloit pour vous craindre votre clémence,
Et que le sentiment d'un cœur trop généreux,

INTRODUCTION GRAMMATICALE.

Usant mal de vos droits, vous *rendît* malheureux. (iv, 64. *Pomp.* 896.)

Nous aurons à citer plus loin ce dernier passage pour la diversité des régimes dépendant de *j'ai cru.*

On voit par les exemples qui précèdent que Corneille met ainsi le verbe à l'imparfait du subjonctif aussi bien dans des propositions principales et indépendantes qu'après un pronom relatif ou après la conjonction *que*. Cette tournure est un latinisme très-fréquent dans les écrits antérieurs de Corneille :

.... S'il fust ior, ge me *leuasse*. (*Roman de la Rose*, vers 2512.)
Qui me payast, ie m'en *allasse*. (*La Farce de Patelin*, vers 603.)
C'est l'espoir qui nourrist mes iours infortunez,
Sans cela dès longtemps ils *fussent* terminez.
(Garnier, *Cornelie*, acte III, vers 275.)

Voici deux exemples où le présent du subjonctif pourrait également aujourd'hui se remplacer par le conditionnel. Cependant, dans le premier, il suffit de remplacer *qu'est-ce* par *qu'y a-t-il* pour se bien rendre compte de l'emploi du subjonctif : « Qu'y a-t-il qu'elle n'obtienne ? » Dans le passage de l'*Épître de Don Sanche*, le subjonctif *puisse* est en réalité pour l'indicatif *peut* : voyez plus haut, p. LI, 1°, un exemple, tiré du *Cid*, du subjonctif après *voir*.

D'un cœur comme le mien qu'est-ce qu'elle n'*obtienne?*
(III, 512. *Pol.* 553 *var.*)

Je ne vois point pourquoi cela ne *puisse* arriver qu'à un prince, et que dans un moindre rang on soit à couvert de ces malheurs. (v, 405. *Épît.* de *D. San.*)

4° *Subjonctif de souhait* :

Les passants, qui sauront quelle est leur injustice,
Ne leur diront jamais : « Le Seigneur vous *bénisse*,
Le Seigneur vous *appuie*, ainsi que notre cœur
Vous bénit au nom du Seigneur ! » (iv, 233. *Off. V.* 25 et 26.)
Deviennent tous pareils à ces vaines idoles
Ceux qui leur donnent l'être... !
Devienne tout semblable à tous ces deux frivoles
Quiconque en eux veut espérer ! (ix, 315. *Off. V.* 61 et 63.)
Daignent accorder cette grâce
Et le Père et le Fils à l'ardeur de nos vœux ! (ix, 486. *Hymn.* 17.)
Chaste époux des vierges sans tache,
T'*adorent* à jamais les esprits bienheureux ! (ix, 568. *Hymn.* 10.)
Prépare des pinceaux, prépare des efforts....
Prépares-en enfin pour toutes les vertus,
Sous qui nous *puissions* voir les vices abattus. (x, 117. *Poés. div.* 20.)

5° *Conditionnel après* si :

Que *si* tu ne *saurois* sans trop de répugnance
Endurer tant d'oppression...,
Rends-toi maître du moins de tous ces mouvements.
(VIII, 560. *Imit.* III, 6181.)

6° *L'infinitif*. Constructions et emplois divers.

a) Rapport peu net ou indéterminé :

Cette pièce, quoique faite à la hâte, a eu le bonheur de plaire assez à un homme savant pour ne *dédaigner* pas de perdre une heure à donner une meilleure forme à mes pensées. (x, 93. *Poés. div. Au lect.*)

C'est-à-dire, pour que cet homme savant ne dédaignât pas, n'ait pas dédaigné. Dans cet exemple, il y a une relation, grammaticalement irrégulière, à un complément indirect qui précède. Dans les trois exemples suivants, il y a rapport à un sujet indéterminé, rapport qu'on s'explique aisément en remplaçant l'infinitif par un mode personnel et en suppléant *on* :

Souvent, à force d'y *penser*,
Le soin d'être dévot trop longtemps inquiète. (viii, 637. *Imit.* iv, 1198.)
Que vois-je en moi, Seigneur, qu'y puis-je voir paroître
Que ce que tu dépars sans l'*avoir mérité?* (viii, 512. *Imit.* iii, 5208.)
Qu'ils deviennent pareils à ce foin inutile
Qui sur le haut des toits pousse un tuyau débile,
Et ne s'y montre aux yeux que pour l'y *voir* sécher
   Avant qu'on l'en puisse arracher. (ix, 233. *Off. V.* 19.)

C'est-à-dire, à force qu'on y pense, sans qu'on l'ait mérité, pour qu'on l'y voie sécher.

b) Infinitif après un pronom relatif :

.... Sa tête, qu'à peine il a pu dérober,
Toute prête de choir, cherche avec *qui tomber*. (iv, 30. *Pomp.* 88.)
Je n'aurai *qui tromper*, non plus que qui me trompe. (ii. 298. *Pl. roy.* 1455.)
Une parfaite ardeur a trop de truchements
Par *qui* se *faire entendre* aux esprits des amants. (i, 191. *Mél.* 806.)

Voyez le tome II du *Lexique*, p. 256, et pour l'infinitif après *quoi*, p. 261.

c) Infinitif construit absolument avec ellipse du mot qui le régit :

De quel front un pécheur devant toi *comparoître?*
De quel front jusqu'à toi s'ose-t-il avancer? (viii, 593. *Imit.* iv, 299.)

C'est-à-dire, de quel front un pécheur peut-il, ou mieux, en suppléant le verbe exprimé au vers suivant, ose-t-il comparoître devant toi?

d) Infinitif construit à la manière latine et ayant en quelque sorte pour sujet le complément du verbe d'où lui-même dépend :

En Europe, où les rois sont d'une humeur civile,
Je ne leur rase point de château ni de ville :
Je *les souffre régner* .... (ii, 450. *Illus.* 327.)
   Dorise *se feint être* un jeune gentilhomme. (i, 266. *Arg. de Clit.*)
Hélas! qu'il étoit grand quand je *l'ai cru s'eteindre*,
Votre amour!... (v, 344. *Andr.* 654.)
.... La voyant si pâle il *la crut être morte*. (i, 233. *Mél.* 1520.)
Je ne *me croyois* pas *être* ici pour l'entendre. (v, 427. *D. San.* 205.)
Si de ce bois choisi le précieux emploi
Ne fut que pour garder les tables d'une loi
   Que tu *voulois être suivie*.... (viii, 583. *Imit.* iv, 89.)

INTRODUCTION GRAMMATICALE. LV

7° *Le participe.*

a) Accord du participe présent.

Voici des exemples où Corneille a fait accorder le participe présent, quoique suivi de compléments, soit directs, soit indirects, soit circonstanciels :

.... Les canons, *quittants* leurs usages farouches,
Ne servent plus ici que d'éclatantes bouches,
Pour rendre grâce au ciel de cet heureux accord. (x, 106. *Poés. div.* 10.)
Les objets desirés *s'offrants* tout à la fois. (VIII, 510. *Imit.* III, 5159.)

Dans l'édition de 1670 O, *s'offrant.*

Pour la fin, je l'ai réduite en sorte que tous mes personnages y agissent avec générosité, et que les uns *rendants* ce qu'ils doivent à la vertu, et les autres *demeurants* dans la fermeté de leur devoir, laissent un exemple assez illustre. (v, 504. *Au lect.* de *Nic.*; voyez la note 1 de la page 507.)

En reproduisant cette phrase dans l'*Examen* de *Nicomède*, publié en 1660, Corneille a substitué *rendant, demeurant,* au pluriel *rendants, demeurants.*

Le dieu de Pythagore et sa métempsycose
Jetants l'âme d'Orphée en un poëte françois :
« Par quel crime, dit-elle, ai-je offensé vos lois ? » (x, 100. *Poés. div.* 2.)
Les Romains poursuivoient ; et César dans la place
Ruisselante du sang de cette populace,
Montroit de sa justice un exemple si beau. (IV, 89. *Pomp.* 1522.)
  PLACIDE, STÉPHANIE, *sortants* de chez Marcelle. (v, 65. *Théod. var.*)

Il y a *sortants* dans les impressions de 1646, 1652, 1655 ; *sortant,* sans accord, dans les suivantes.

.... Mes desirs *brûlants* de perdre tout le monde,
Se changent aussitôt à ceux de l'augmenter. (x, 60. *Poés. div.* 3.)
  [Je] devois.... choisir des sujets plus *répondants* au goût de mon auditoire. (IV, 279. *Épít* du *Ment.*)
Ainsi vous quitteriez Alcippe pour un autre
Dont vous verriez l'humeur *rapportante* à la vôtre ? (IV, 164. *Ment.* 442 *var.*)

Dans la seconde édition (1648), Corneille a corrigé *rapportante* en *rapportant.* En 1660, il a complétement modifié le vers.

Troie auprès de ses murs l'espace de dix ans
Vit contre elle les Dieux et les Grecs *combattants* (x, 113. *Poés. div.* 90.)
Sa majesté *brillante* avec de si doux charmes
Peut mettre en un moment vos desseins à l'envers. (x, 107. *Poés. div.* 20.)

Ceux de ces passages pour lesquels nous n'avons pas indiqué de variante supprimant l'accord appartiennent presque tous à des ouvrages dont Corneille n'a pas publié d'édition nouvelle et corrigée. Au reste, nous croyons pouvoir dire que des accords tels que *quittants leurs usages, s'offrants tout à la fois,* etc., sont des exceptions dans notre poëte. Plus ordinairement, quand le participe est employé verbalement, il se conforme à la règle, aujourd'hui générale, comme il le fait, par exemple, dans ces vers :

Et les peuples *voyant* ce qu'ils n'auroient pu croire,
  Reconnurent sa gloire. (IX, 115. *Off. V.* 23.)

LVI   LEXIQUE DE CORNEILLE.

Dans les deux exemples qui suivent, l'accord est régulier; le participe est pris adjectivement :

.... Son âme *ployante*, attendant l'avenir,
Sait faire également sa cour, et la tenir. (VI, 601. *Oth.* 611 *var.*)
Aux foibles il départ une chair *soutenante*,
Il rend aux affligés la joie avec son sang. (IX, 539. *Hymn.* 13.)

b) Accord du participe passé. Les règles de cet accord sont d'ordinaire observées par Corneille.

Nous voyons dans les trop rares manuscrits autographes qui nous restent de lui[1] qu'il ne s'écarte qu'en fort peu de points de notre usage d'à présent. Il écrit très-régulièrement :

Je l'ai *reçue* (*votre lettre*). (X, 459. *Lettr.*)
Je ne l'ai jamais *méritée* (*cette part aux gratifications des gens de lettres*)... Je ne l'ai point *appliquée* à mes besoins particuliers. (X, 501. *Lettr.*)
Je ne sais pas ce qui les a *retenus* au Marais. (X, 495. *Lettr.*)
Les présents que vous m'avez *faits*.... (X, 464. *Lettr.*)
La vente que le Roi a *faite* du total des quatrièmes.... (X, 433. *Lettr.*)
La force des raisonnements qu'il a *réduits* en abrégé.... (X, 464. *Lettr.*)
La joie que vous m'avez *donnée* en m'apprenant.... (X, 493. *Lettr.*)
Je connois des personnes savantes qu'ils ont *persuadées* que ce n'est point lui. (X, 464. *Lettr.*)
Voilà.... ce qui m'a retenu pour le regard de l'inscription, qui ne vous est pas d'une grande importance et les eût puissamment *désobligés*. (X, 472. *Lettr.*)
Il est à présumer qu'ils donneront la même satisfaction à toutes les lectures qu'on en voudra faire, qu'ils auroient *donnée* à la première. (X, 455. *Lettr.*)
Je suis ravi que Mlle de Beauchâteau aye si bien réussi; votre lettre n'est pas la seule que j'en ai *vue*. (X, 483. *Lettr.*)

C'est-à-dire, que j'ai vue à ce sujet, que j'ai vue qui parle de cela.

Deux hommes tels qu'eux.... ne peuvent achever en deux mots une conférence si attendue durant une trêve. On a souffert Cinna et Maxime, qui en ont *consumé* davantage à consulter avec Auguste. (X, 491. *Lettr.*)

C'est-à-dire, qui ont consumé davantage de mots, plus de mots.

Quelque pleine satisfaction que vous ayez *reçue* de la nouvelle représentation d'*Œdipe*, je puis vous assurer qu'elle n'égale point celle que j'ai *eue* à lire votre lettre. (X, 482 et 483. *Lettr.*)
Quelque approbation qu'ait[2] *emportée* notre nouvelle Jocaste.... (X, 483. *Lettr.*)

---

1. Pour connaître l'orthographe de nos anciens auteurs, c'est aux manuscrits qu'il faut recourir. Ils ne surveillaient pas avec grand soin l'impression de leurs œuvres; et les éditions ne font guère autorité pour la prose; même pour la poésie, on ne peut s'y fier vraiment que là où la rime ou bien la mesure déterminent l'orthographe, comme dans quelques-uns des exemples que nous donnons.
2. Il y a ici *ait* dans l'autographe, c'est par erreur qu'au tome X et au tome I du *Lexique*, p. 107, on a imprimé *aye*, forme qui se trouve pour la 3e personne à la ligne suivante de la même lettre.

INTRODUCTION GRAMMATICALE

Une sentence tirée du chapitre où doit être *mise* l'image.... (x, 460. *Lettr.*)

Nous nous en sommes *dispensés* depuis quelque temps. (x, 454. *Lettr.*)

Nous nous étions *enhardis* à les retrancher (*les arguments des pièces de théâtre*). (x, 456. *Lettr.*)

La chambre des comptes de Paris où se sont *rendus* les comptes de Normandie.... (x, 436. *Lettr.*)

Je l'avois *vue* ici (*Mlle Marotte*) représenter Amalasonte. (x, 493. *Lettr.*)

Plusieurs de ces exemples nous offrent des tournures où le plus souvent les contemporains de Corneille laissaient le participe invariable.

Souvent le régime du participe se trouve placé entre l'auxiliaire et ce participe, et alors presque toujours il y a accord :

Va-t'en chercher Philandre, et dis-lui que Mélite
A dedans ce billet sa passion *décrite*. (I, 176. *Mél.* 572.)
J'avois de point en point l'entreprise *tramée*. (I, 296. *Clit.* 357.)
J'ai leur crédulité sous ces habits *trompée*. (I, 300. *Clit.* 418.)
.... L'heureux malheur qui vous a menacés
Avec tant de justesse *a* ses temps *compassés*. (I, 314. *Clit.* 676.)
Le Ciel, qui nous choisit lui-même des partis
A tes feux et les miens prudemment *assortis*. (I, 403. *Veuve*, 80.)
Oui, sans doute, Clarice *a* son âme *blessée*. (I, 470. *Veuve*, 1376.)
Cette heureuse nouvelle *a* mon âme *ravie*. (I, 473. *Veuve*, 1423.)
Mon père est mort, Elvire; et la première épée
Dont s'est armé Rodrigue *a* sa trame *coupée*. (III, 150. *Cid.* 798.)
Aucun étonnement n'*a* leur gloire *flétrie*. (III, 323. *Hor.* 964.)
Quelle horreur d'embrasser un homme dont l'épée
De toute ma famille *a* la trame *coupée*! (III, 352. *Hor.* 1616.)
Le seul amour de Rome *a* sa main *animée*. (III, 353. *Hor.* 1655.)
Mais vous ne savez pas, Seigneur, que son épée
De l'horrible Méduse *a* la tête *coupée*. (V, 375. *Andr.* 1303.)
.... Déjà la noire Alecton,
Du fond des enfers déchaînée,
A, par les ordres de Pluton,
De mille cœurs pour toi la fureur *mutinée*. (V, 376. *Andr.* 1330 et 1331.)
Quoi? Seigneur, les punir de la sincérité....
Qui vous *a* contre moi sa fourbe *découverte*! (V, 566. *Nic.* 1235.)

Voici pourtant un exemple où, par licence, en vue de la rime, le participe est resté invariable :

Par eux seuls j'ai vaincu, par eux seuls j'ai régné,
Par eux seuls ma justice *a* tant de cœurs *gagné*. (VI, 49. *Perth.* 710.)

Nous n'avons pas besoin de dire que cette construction qui insère le régime entre l'auxiliaire et le participe n'est point particulière à Corneille. Avant lui elle était très-fréquente, et de son temps elle commençait à vieillir. On la trouve souvent chez Garnier :

Cesar des vieux guerriers *a* la louange *estainte*. (*Cornelie*, acte IV, vers 270.)
Toy qui dessous ton joug *a* l'Afrique *rangée*. (*Porcie*, acte II, vers 222.)
Ils *ont* jà tant de fois nostre attente *trompée*. (*Ibidem*, vers 333.)

Participes sans accord, contrairement à notre usage actuel :

Mes feux, qu'ont *redoublé* ces propos adorables,
A force d'être crus deviennent incroyables. (II, 174. *Suiv.* 913.)

Thomas Corneille, dans l'édition de 1692, a mis *redoublés* au pluriel.

Ces tristes vêtements, où je lis mon malheur,
Sont les premiers effets qu'ait *produit* sa valeur. (III, 166. *Cid*, 1132.)

Tel est le texte de toutes les éditions, et ni l'Académie ni Scudéry n'ont blâmé le défaut d'accord.

.... Par un long récit de toutes les misères
Que durant notre enfance ont *enduré* nos pères.... (III, 392. *Cin.* 174.)
Vu l'étroite union que fait le mariage,
J'estime qu'en effet c'est n'y consentir point,
Que laisser désunis ceux que le Ciel a *joint*. (IV, 205. *Ment.* 1212.)
C'est cette Rodogune, où l'un et l'autre frère
Trouve encor ses appas qu'avoit *trouvé* leur père. (IV, 440. *Rod.* 236.)
Pardonnez donc, Seigneur, à la première idée
Qu'a *jeté* dans mon âme une peur mal fondée. (V, 53. *Théod.* 820.)

Thomas Corneille, en 1692, a substitué *mise* à *jeté*. Voltaire, dans son édition, a gardé *jeté*.

Est-ce là donc le prix de cette résistance
Que pour ton ombre seule a *rendu* ma constance ? (VI, 81. *Perth.* 1432 *var.*)

En 1660, Corneille a entièrement changé ce passage.

Vois quels tourments a *bravé* leur vertu.
(VIII, 356. *Imit.* III, 1990, note 3.)

Ici encore toutes les éditions publiées du vivant de Corneille ont le singulier *bravé* ; et dans les deux passages suivants, ce n'est pas seulement Corneille, mais aussi les autres éditeurs anciens qui ont laissé le participe sans accord. Au second, Granet lui-même, en 1738, donne *produit*.

.... Ces sentiments illustres
Qu'a *conservé* ton sang à travers tant de lustres. (X, 98. *Poés. div.* 54.)
.... Quelques doux effets qu'eût *produit* ta victoire,
Les conseils du grand Jule avoient part à ta gloire. (X, 179. *Poés. div.* 65.)

Il n'y a pas lieu d'ajouter, comme exemple de participe irrégulièrement invariable, cette proposition relative :

.... Par ce peu de mots,
Qu'ont *arrosé* ses pleurs, qu'ont *suivi* ses sanglots.... (VI, 539. *Soph.* 1588.)

On peut considérer, dans ce passage, le relatif et le participe comme se rapportant à *peu* ; mais les eût-il fait rapporter à *mots*, Corneille aurait bien pu laisser le participe sans accord, de même que dans les passages qui précèdent, et pour la raison que nous allons dire.

Il faut remarquer que, parmi les divers exemples de participes sans accord que nous venons de citer, il y en a quatre, à savoir ceux de *Cinna*, du *Menteur*, de *Théodore*, de *Pertharite*, où l'accord eût gêné le poëte pour la facture des vers, et l'aurait obligé à prendre un autre tour, ou, comme l'a fait son frère en réimprimant *Théodore*, à changer le mot ; mais, dans les six autres passages, le vers n'est pour rien dans le défaut d'accord. Aussi bien dans ceux-ci que dans ceux-là, Corneille n'a fait qu'appliquer la règle que suivaient, sinon toujours, au moins dans certains cas, les meilleurs écrivains de son temps, et que le P. Bouhours exprime ainsi, en l'étendant, ce nous semble, un peu trop (*Remarques nouvelles*, seconde édition, p. 520) : « On donne des nombres et des genres aux participes, afin de soutenir le discours. On dit pour cela : *la lettre que j'ai reçue, la liberté que j'ai prise, les livres que j'ai achetés*. Cela est si vrai, que lorsqu'on ajoute quelque chose après, le participe redevient indéclinable, étant suffisamment soutenu par ce qui suit. » Entre les exemples que Bouhours cite à l'appui de la règle, se trouve celui-ci, où le participe, comme dans tous nos exemples de Corneille (hormis celui du *Menteur*, lequel est décidément une licence de versification), est suivi du sujet du verbe : « La peine que m'a *donné* (*et non* donnée) cette affaire. »

En remontant aux passages rapportés plus haut, p. LVI, comme tirés des manuscrits autographes, on en verra plusieurs où notre poëte n'a pas tenu compte, comme dans les vers dont nous nous occupons en ce moment, du principe général établi par Bouhours. Il y avait beaucoup d'arbitraire dans la façon dont chacun l'entendait et l'appliquait, surtout quand ce n'était pas le sujet, mais d'autres mots qui suivaient le participe.

C'est à ces tours où le participe a le sujet après lui, que Thomas Corneille, dans ses notes sur Vaugelas (éditions de 1697, p. 302), restreint l'exception aux règles de l'accord : « Quand le verbe, dit-il d'après Ménage, précède son nominatif, le prétérit participe n'est point assujetti au genre ni au nombre du substantif dont *que*, mis pour *lequel* ou *laquelle*, est le relatif. » Vaugelas, qui n'avait pas parlé de ce cas dans sa grande règle des participes, est revenu là-dessus dans un autre endroit de son livre (p. 901) : « Il faut ajouter, dit-il, à la règle générale que le nominatif qui régit le verbe soit devant, et non pas après. »

C'est en vertu de cette autorisation, ou plutôt de ce précepte des grammairiens, que l'Académie dit dans ses *Sentiments sur le Cid* : « .... la beauté qu'eût *produit* dans l'ouvrage une si belle victoire. » (Voyez l'*Appendice* du tome II du *Lexique*, p. 472.)

C'était surtout pour certains participes, tels que *eu*, *fait*, *laissé*, *plaint*, etc., qu'on se dispensait volontiers de l'accord :

Il a voulu lui-même apaiser les débats
Qu'avec nos citoyens ont *eu* quelques soldats. (IV, 76. *Pomp.* 1188.)

Voyez un exemple analogue dans la *Préface* de l'*Iphigénie* de Racine (tome III du *Racine* de M. Mesnard, p. 142, et note 1).

Deux contrats d'acquisition que mon grand-père a *fait* d'Octavian Costantin.... (X, 433. *Lettre revue sur l'original autographe.*)

.... Il faudroit que ma vie
Des crimes qu'ils m'ont *fait* traînât l'ignominie.
(VI, 212. *OEd.* 1838, et note 1.)

J'en dirai davantage quand mes libraires joindront celle-ci (*cette pièce*) aux recueils qu'ils ont *fait* de celles de ma façon qui l'ont précédée. (VI, 572. *Au lect.* d'*OEd.* et note 1.)

Ce Dieu, qui près de lui te donne un si haut rang,
Par la nouvelle loi, qu'il scella de son sang,
  Nous a tous *fait* tes fils. (IX. 34. *Louanges*, 497, et note 1.)

Hommes, qu'il a *fait* rois de tout ce qui respire,
  Exaltez sa grandeur. (IX, 145. *Off. V.* 55, et note 1.)

Mon âme, derechef pardonne à la surprise
Que ce tyran des cœurs a *fait* à ma franchise. (II, 514. *Illus.* 1486, et note 4.)

Je sais ce que le ciel m'a *fait* au-dessus d'elle. (VII, 148. *Att.* 981, et note 3.)

C'est Honorie qui parle.

.... Tous ceux (*tous les poëmes*) que nous ont *laissé* nos anciens. (X, 455. *Lettre revue sur l'original autographe.*)

Ses mânes, qui du ciel ont vu de quel courage
Je préparois la mienne à venger son outrage,

Mettant leur haine bas, me sauvent aujourd'hui
Par la moitié qu'en terre il a *laissé* de lui. (IV, 83. *Pomp.* 1368 *var.*)
Je vous ait *plaint*, tous deux, j'en verse encor des larmes.
(III, 513. *Pol.* 573, et note 1.)
Excusez la rigueur qu'a *voulu* mon devoir. (IV, 307. *S. du Ment.* 342.)

Ici *vouloir* forme une locution qui suppose une ellipse, laquelle pourrait servir à expliquer le défaut d'accord : « La rigueur que mon devoir a voulu que j'eusse, que je montrasse. » L'exemple rentre du reste, de même que le premier de *laissé*, dans la classe de ceux que nous avons donnés plus haut, et justifiés, non pas seulement par le principe de Bouhours, mais encore par la règle, relative à la place du sujet, que nous avons vu établie par Ménage et Thomas Corneille, et adoptée par Vaugelas. Puis celui de *voulu* est un cinquième à ajouter aux quatre, mentionnés plus haut, où l'accord devenait une gêne pour la facture du vers (voyez ci-dessus p. LVIII).

Au sujet du participe *vécu* et des deux manières dont Corneille l'écrit à la suite de *que*, voyez tome II du *Lexique*, p. 242.

Les deux derniers passages, par nous cités, où *fait* est sans accord, à savoir celui de *l'Illusion* et celui d'*Attila*, et de même l'exemple de *plaint*, tiré de *Polyeucte*, sont diversement orthographiés dans les différentes éditions ; mais, contrairement à ce qu'on supposerait, c'est dans les plus récentes que le participe n'est point accordé : à partir de 1664 inclusivement pour le premier exemple, de 1682 pour le second, et de 1668 pour le troisième. Thomas Corneille lui-même, en 1692, donne *fait* aux deux premiers endroits, et Voltaire au second.

Voici encore un exemple assez curieux de *Mélite*. On y lit dans les éditions antérieures à 1660 :

Éraste, qu'un pardon purge de tous forfaits,
Est prêt de réparer les torts qu'il vous a *faits* (I, 246. *Mél.* 1762 *var.*)

A partir de 1660, l'auteur, comme pour éviter cet accord, a remplacé *tous forfaits* par *son forfait*, et naturellement *faits* par *fait*. Il semble pourtant que c'est surtout dans la première partie de la carrière de Corneille qu'il était d'usage de ne pas accorder ce participe. Voyez à cet égard (par exemple au tome II de l'édition de M. Lalanne, p. 436, 442, 576, etc.) la pratique de Malherbe, qui plus d'une fois, dans son *Commentaire sur des Portes*, se montre fort sévère pour la règle d'accord des participes.

Nous pouvons cependant indiquer quelques endroits où Corneille a fait accorder le participe de *faire*. On en trouvera deux plus haut (p. LVI), tirés de lettres autographes ; nous en ajoutons ici trois autres dans le premier desquels le tour est presque identique avec celui des propositions extraites des *Louanges* et de l'*Office de la sainte Vierge*, où *fait* est resté sans accord : « Nous a *fait* tes fils ; hommes qu'il a *fait* rois. »

On m'a volé ce cœur que j'apportois pour elle :
D'autres yeux, malgré moi, s'en sont *faits* les tyrans. (VII, 33. *Agés.* 604.)
.... Pour le nom des rois son invincible horreur
S'est d'ailleurs si bien *faite* aux lois d'un empereur.
Qu'elle ne peut souffrir, après cette habitude,
Ni pleine liberté, ni pleine servitude. (VI, 613. *Oth.* 860.)
Vindex, Rufus, ni moi, n'avons causé sa perte ;
Ses crimes seuls l'ont *faite*, et le ciel l'a soufferte. (VI, 613. *Oth.* 866.)

Dans le passage qui suit, l'accord est irrégulier pour nous, mais seulement en ce sens que le participe ne s'accorde qu'avec le dernier des substantifs qui le précèdent (voyez ci-après, p. LXX) :

Le payement et délégation qu'il en a *faite*.... (X, 434. *Lettre revue sur l'original autographe.*)

Participe suivi d'un adjectif, d'un autre participe ou d'un infinitif :

.... Ceux que la poussière avoit *tenus* cachés

INTRODUCTION GRAMMATICALE.

Ont reçu de son choix les glorieuses marques. (IX, 225. *Off. V.* 27.)
Il l'a *laissée* trop vivre (*la mère de Pulchérie*). (V, 149. *Exam.* d'*Hér.*)

Dans ces deux exemples, Corneille a suivi notre usage actuel, contrairement au conseil de Vaugelas pour le premier (édition de 1697, p. 291), à celui de son frère Thomas pour le second (*ibidem*, p. 905 et 906). Dans les trois suivants, si les imprimeurs ont bien reproduit son orthographe, ce n'est plus à notre pratique, mais à celle de son temps qu'il se conforme :

Je vous demande encore un coup de grâce pour tous les défauts que mon insuffisance a *laissé* couler jusqu'ici dans cette traduction. (VIII, 27. *Au lecteur de l'Imitation*, édition de 1653.)

Beaucoup de poëmes que nous avons *vu* réussir sur nos théâtres (I, 63. *Disc. de la trag.*)

Nos esprits lâches et pesants
Comptent bien les mois et les ans
Qu'à *vu* couler notre retraite (VIII, 142. *Imit.* I, 2022.)

Voyez ci-dessous deux exemples de participes s'accordant irrégulièrement devant des infinitifs.

Accord de participes que la règle voudrait invariables :

.... C'est enfin à lui que mes vœux ont *donnée*
Cette virginité que l'on a condamnée. (V, 55. *Théod.* 875.)
Nos armes n'ont jamais remporté de victoire,
Où cette main n'ait eu bonne part à la gloire ;
Et même la gazette a souvent *divulgués*....
— Savez-vous bien, Monsieur, que vous extravaguez? (IV, 148. *Ment.* 167.)

Il y a réticence, et l'accord irrégulier *divulgués* nous annonce un régime pluriel, comme : « Mes exploits, les combats où j'ai eu part. »

Je sais des souverains la raison souveraine.
Si l'ardeur de vous voir l'a *voulue* ignorer.... (VII, 268. *Tit.* 1609.)

Dans ces trois passages, il paraît bien que c'est la rime ou le besoin d'éviter un hiatus qui a entraîné le poëte à violer la règle. Cette excuse, quand c'en serait une, n'existe pas pour les suivants :

.... Si les cœurs les plus braves
En triomphe par vous se sont *laissés* traîner. (VII, 361. *Psyché*, 1887.)

Voyez la note 1 de la page indiquée.

Nous nous sommes *rendus* tant de preuves d'amour. (I, 245. *Mél.* 1738.)

Tel est le texte de toutes les éditions publiées du vivant de Corneille.

Princesse, en qui du ciel les merveilleux efforts
Se sont *plus* d'animer ses plus rares trésors.... (VI, 294. *Tois.* 931.)

Ici, non-seulement notre poëte dans toutes ses éditions, mais encore son frère en 1692, et même Voltaire, dans la seconde moitié du dix-huitième siècle, donne *plus* avec *s*, comme si le verbe était actif.

c) Participes de verbes neutres, employés sans auxiliaires :

.... Ma famille enfin à Corinthe *abordée*. (II, 346. *Méd.* 106.)
ur un méchant soupir que tu m'as dérobé,

Ne me présume pas tout à fait *succombé*. (II, 277. *Pl. roy.* 1032.)
Quand nous verrions partout les roches ébranlées,
Et jusqu'au fond des mers les montagnes *croulées*,
    Nous n'aurions point lieu de trembler. (IX, 103. *Off. V.* 7.)

Voyez au tome I du *Lexique*, p. 408, deux exemples d'*expiré*, et la remarque dont nous les avons fait suivre.

d) Participe passé absolu :

Justifions sur lui (*César*) la mort de son rival ;
Et notre main alors également *trempée*
Et du sang de César et du sang de Pompée,
Rome, sans leur donner de titres différents,
Se croira par vous seul libre de deux tyrans. (IV, 73. *Pomp.* 1105.)
En l'état où je suis, deux batailles *perdues*,
Mes villes, la plupart *surprises* ou *rendues*,
Mon royaume d'argent et d'hommes *affoibli*,
C'est beaucoup de me voir tout d'un coup rétabli. (VI, 484. *Soph.* 271-273.)
Que je souffre, Seigneur, quand mon âme *élevée*
Jusqu'aux pieds de son Dieu qui l'a faite et sauvée,
Un damnable escadron de sentiments honteux
Vient troubler sa prière et distraire ses vœux ! (VIII, 499. *Imit.* III, 4933.)
Conserve donc mon cœur et tout mon corps sans tache,
Afin qu'un plein repos dans mon âme *épandu*,
A ce mystère saint un saint amour m'attache. (VIII, 597. *Imit.* IV, 380.)
Ces défauts *déplorés*, et tout ce qui t'en reste...,
Passe au ferme propos de corriger ta vie. (VIII, 623. *Imit.* IV, 923.)
    Fais que, *purgés* de tous nos crimes,
Jésus-Christ de sa grâce honore notre foi. (IX, 624. *Hymn.* 21.)
Tout son peuple (*de Paris*).... craint....
.... pour le saint dépôt d'une vierge sacrée,...
Qu'*enfermé* qu'il étoit dans une châsse d'or,
Il porte en sûreté dans une autre contrée. (IX, 626. *Hymn.* 7.)

Pour le *que* dont est suivi, dans ce dernier exemple, le participe absolu, voyez au tome II du *Lexique*, p. 242 et 243.

Voyez ci-après la fin de l'article ELLIPSE, et dans le tome I du *Lexique*, p. 69 et p. 93, aux articles APRÈS et AUSSITOT QUE.

IV. FORMES VERBALES.

Verbes de la troisième et de la quatrième conjugaison, sans *s* finale à la première personne du présent de l'indicatif :

    Elle brûle, et par quelque signe
    Que son cœur s'explique avec moi,
    Je doute de ce que je *voi*. (I, 421. *Veuve*, 425.)
Votre feu père, dis-je, eut de l'amour pour moi :
J'étois son cher objet ; et maintenant je *voi*.... (I, 489. *Veuve*, 1758.)
Elle va revenir ; elle vient, je la *voi* :
Du moins, pour son honneur, Rodrigue, cache-toi. (III, 148. *Cid*, 771.)

INTRODUCTION GRAMMATICALE.

Elvire, où sommes-nous? et qu'est-ce que je *voi?*
Rodrigue en ma maison! Rodrigue devant moi! (III, 153. *Cid*, 851.)
.... J'obéis, et je *voi*
Que je n'en puis choisir de plus dignes que toi. (IV, 74. *Pomp.* 1131.)
Caliste, lorsque je vous *voi*,
Dirai-je que je vous admire? (X, 170. *Poés. div.* 1.)
Ah! Monsieur, c'est donc vous? — Cliton, je te *revoi!*
— Je vous trouve, Monsieur, dans la maison du Roi! (IV, 289. *S. du Ment.* 1.)
Il seroit lâche, impie, inhumain comme toi,
Et tu me dois ainsi plus que je ne te *doi*. (V, 219. *Hér.* 1442.)
Je sais ce que je suis et ce que je me *doi*. (V, 421. *D. San.* 68.)
.... Cloris m'aime, et si je m'y *connoi*
Rien ne peut égaler celui (*l'amour*) qu'elle a pour moi. (I, 180. *Mél.* 633.)
Vous me parlez en vain de ce que je *connoi :*
Je vous ai vu combattre et commander sous moi. (III, 115. *Cid,* 207 var.)
Si je le vis jamais, et si je le *connoi!...*
— Ne viens-je pas de voir son père avecque toi? (IV, 168. *Ment.* 499.)
.... A quel dessein vient-il parler à moi,
Lui que je ne vois point, qu'à peine je *connoi?* (V, 180. *Hér* 580.)
Votre exemple est ma loi, vous vivez et je *vi;*
Et si vous fussiez mort, je vous aurois suivi. (VI, 517. *Soph.* 1091.)
Pour un si grand effet prends un cœur plus hardi,
Et sans me répliquer, fais ce que je te *di*. (II 393. *Méd.* 1056.)

Voyez dans le *Commentaire* de Voltaire les remarques qu'il fait au sujet des deux exemples d'*Héraclius* et de celui de *Sophonisbe;* voyez aussi le tome I du *Lexique*, au mot CONNOÎTRE, p. 206 fin; le tome II, p. 308 et p. 430, aux mots REVOIR et VOIR.

On a dit, bien à tort, que c'était là une licence poétique. Ainsi que nous l'avons remarqué au tome I, p. 421, note 3, cette manière d'écrire est l'orthographe habituelle et régulière de Corneille et de ses contemporains. On écrivait alors à la seconde personne de l'impératif et à la première du présent de l'indicatif, *voy*, *pren*, devant une consonne, et *vois*, *prens*, devant une voyelle.

Voici en outre un exemple d'un verbe de la seconde conjugaison :

Son père de tout temps est mon plus grand ami
Et l'affaire est conclue. — Ah! Monsieur, j'en *frémi*. (IV, 173. *Ment.* 580.)

Plusieurs verbes avaient, à certaines personnes, deux formes, dont une seule s'est conservée : par exemple, *ait* et *aye*, *cueillira* et *cueillera*, *die* et *dise*, *redie* et *redise*, *lairrai* et *laisserai*, *lairrois* et *laisserois*.

Voyez dans le *Lexique* : AVOIR, CUEILLIR, DIRE[1], REDIRE, LAISSER. Voyez auss Pouvoir.

Quant à *envoirai*, *envoirois*, ces formes ont été seules usitées pendant la plus grande partie du dix-septième siècle, et *enverrai*, *enverrois* s'y sont ensuite brusquement substitués. Voyez au *Lexique* le verbe ENVOYER.

Quelques verbes défectifs s'employaient encore, à l'époque de Cor-

[1]. Aux exemples de *die* cités dans le *Lexique*, joignez V, 202, note 1; VI, 377, note 1; VI, 587, note 1; VI, 611, note 2; VII, 136, note 2; X, 453, ligne 12.

neille, à certains temps ou du moins à certaines personnes aujourd'hui hors d'usage.

Voyez dans le *Lexique* : FAILLIR, OUÏR, SEOIR, VAINCRE.

Verbes simples pris dans des significations que nous rendons aujourd'hui par des composés.

Voyez dans le *Lexique* : CONNOÎTRE, CROÎTRE, PORTER, SUIVRE, VENDIQUER, etc., avec le sens de *reconnoître, accroître, supporter, poursuivre, revendiquer*, etc. Voyez aussi le composé ALENTIR avec l'acception du composé réduplicatif *ralentir*.

Ces manières de parler sont assez ordinaires au dix-septième siècle, et l'on doit d'autant moins s'étonner de les rencontrer fréquemment chez Corneille que Vaugelas en signale l'abus comme particulier à la Normandie, où l'on emploie, dit-il, « *siéger une ville* et *tasser du blé*, pour dire *assiéger une ville* et *entasser du blé*. » (*Remarques*, p. 77.)

Composés réduplicatifs.

Voyez au *Lexique* : RABAISSER, RAPAISER, RECHASSER, RECHANTÉ, REFUIR, REMBRASER, REMEUBLER, REMORDRE, RENGAGER, RENGLOUTIR, REPERDRE, REPRIER, RETÂTER, REVOLER.

Verbes composés avec la préposition *entre*.

Voyez au tome I du *Lexique*, à leur place alphabétique, ceux de ces verbes où les deux éléments sont réunis en un seul mot sans marque de liaison, et à l'article ENTRE, *formant des verbes composés* (p. 372-375), ceux où, dans notre texte, la préposition est séparée du verbe par un trait d'union ou par une apostrophe. De ces composés il en est plusieurs que la langue n'a pas conservés, ou du moins que l'Académie n'a pas recueillis dans son *Dictionnaire*.

Liaisons avec *je*, que d'ordinaire on évite aujourd'hui :

Ne *perds-je* pas assez, sans doubler l'infortune,
Et perdre encor le bien d'avoir l'esprit égal? (VII, 43. *Agés*. 842.)
Mais où va m'emporter un zèle téméraire?
A quoi m'expose-t-il? et que *prétends-je* faire? (X, 209. *Poés. div.* 218.)

V. VERBES EMPLOYÉS ABSOLUMENT ET SANS RÉGIME.

Un grand nombre de verbes qu'on n'emploie plus guère qu'avec un régime direct ou comme verbes pronominaux se trouvent employés dans Corneille d'une manière absolue.

Voyez dans le *Lexique* : AFFOIBLIR, BRAVER, CONQUÉRIR, COURBER, DÉFAIRE DÉFENDRE, DÉMORDRE, DÉTESTER, DEVOIR, DISPOSER, ENDURER, ENTREPRENDRE, ESQUIVER, ÉVADER, FAIRE, GAGNER, HASARDER, INONDER, MÉPRISER, POSSÉDER, PRENDRE, PRÉTENDRE, RAPPROCHER (voyez aussi tome I, p. 470, note 2), RECONNOÎTRE, RENOUVELER, REPOSER, ROMPRE, SOULEVER, TROUBLER.

VIII. — ADVERBE.

1° Adverbes, employés à part, dont nous ne nous servons qu'en les joignant à d'autres mots.

Voyez dans le *Lexique* : TANDIS, TRÈS

INTRODUCTION GRAMMATICALE.

2° Mots exclusivement adverbes aujourd'hui, et qui, au temps de Corneille, se prenaient encore comme prépositions.

Voyez dans le *Lexique* : Auparavant, Dedans, Dessous, Dessus, Environ, etc.

3° Adjectifs employés adverbialement.

Voyez dans le *Lexique* les mots Bas, Nouveau, Possible, Premier.

4° Prépositions employées adverbialement.

Voyez dans le *Lexique* : Après, Autour, qui du reste ont maintenant encore cet emploi.

5° *Aussi*, remplaçant *non plus* :

Voyez Aussi, dans le *Lexique*.

6° *Davantage que* :

Voyez Davantage, au *Lexique*.

Dans l'exemple suivant, on pourrait considérer le *que* comme dépendant à la fois de *autant* et de *davantage*. On peut aussi le faire dépendre uniquement du premier mot, *autant*, et regarder *et davantage* comme un membre incident et détaché :

.... Les occasions y sauront rejeter (*dans ton cœur*),
Y sauront, malgré toi, semer pour ton partage
    Autant de trouble, et *davantage*,
    Que tu n'en voulus éviter. (viii, 408. *Imit.* iiii, 3035 et 3036.)

7° *Comme* pour *comment* :

Voyez Comme, dans le *Lexique*.

8° Omissions et emplois remarquables de *ne*, *pas*, *point* :

Voyez ces mots dans le *Lexique*, et l'article Ni, devant un verbe, sans *ne*, et aux exemples cités à l'article Pas ajoutez les suivants, où *pas* sert à renforcer *non* :

.... Le destin, que dans tes fers je brave,
Me fait ta prisonnière, et *non pas* ton esclave. (iv, 68. *Pomp.* 986.)
Sa coutume l'emporte, et *non pas* la raison. (iii. 408. *Cin.* 528.)

Voyez encore ci-après, 9°, 2° exemple.

9° Construction des adverbes :

Je me croirois, Seigneur, coupable *infiniment*
Si je souffrois encore un tel aveuglement. (v, 211. *Hér.* 1269.)
    C'est ce qui a différé ma réponse, et la prière que j'ai à vous faire de ne vous contenter *pas* du bruit que les comédiens font de mes deux actes. (x, 490. *Lettr.*)

Nous n'avons pas à mentionner dans l'*Introduction grammaticale* les particularités d'emploi qui n'affectent pas la nature du mot ni sa construction, mais seulement une étendue de sens plus ou moins grande, comme celle que nous avons signalée dans le *Lexique* aux articles Ailleurs, Cependant, etc.

Corneille. xi

IX. — Préposition.

Adverbes employés comme prépositions.

Voyez ci-dessus, p. LXV, 2°.

Ellipse des prépositions.

Voyez ci-après à l'article ELLIPSE, p. LXXVII.

Quant à la richesse de sens des prépositions et aux nombreux rapports qu'elles exprimaient autrefois, ce sont choses qui concernent plutôt le dictionnaire que la grammaire. On peut voir à ce sujet dans le *Lexique* les articles A, AUPRÈS, DE, EN, PAR, POUR, VERS, etc.

X. — Conjonction.

Pour les emplois remarquables de certaines conjonctions, voyez le *Lexique*, par exemple aux mots COMME (au sens de *comment*), DEPUIS QUE (où nous préférerions *lorsque*), etc., et tout particulièrement à l'article QUE.

XI. — Accord.

1. ACCORD DE L'ADJECTIF.

1° Emploi des adjectifs *autre* et *chacun* au masculin, ou si l'on veut au neutre[1], bien qu'il s'agisse d'une femme.

a) Autre :

.... J'étois un peu honteuse
Qu'*un autre* en témoignât plus de ressentiment. (I, 228. *Mél.* 1425 *var.*)

A partir de 1663, *une autre*.

TIRSIS. De la part de ma sœur reçois donc ce renvoi.
MÉLITE. Recevoir le refus d'*un autre !* à Dieu ne plaise !
TIRSIS. Refus d'*un autre*, ou non, il faut que je te baise.
(I, 241 et 242. *Mél. var.* 1.)

Ce passage ne se trouve que dans l'édition de 1633.

.... Ah ! ma sœur, tu me prends pour *un autre*. (I, 363. *Clit.* 1614 *var.*)

En 1663, *une autre*.

Sans affront je la quitte, et lui préfère *un autre*. (II, 150. *Suiv.* 441 *var.*)

Ainsi dans la première édition publiée en 1637; dans les suivantes : *une autre*.

.... Mais qu'à propos le ciel l'a fait méprendre,
Et ne consentant point à ses lâches desseins,
Met au lieu d'Angélique *un autre* entre ses mains !
(II, 284. *Pl. roy.* 1177 *var.*)

Ainsi de 1648 à 1657; *une autre* dans les éditions antérieures et postérieures.

---

1. En allemand, on se sert parfois ainsi du genre neutre pour des adjectifs désignant des personnes : *Und wir kennen Eines das Andere.* (Freytag, *Soll und Haben*, tome II, p. 396.) « Et nous nous connaissons l'un l'autre (littéralement en latin : *Et nos novimus unum alterum*, au neutre). »

INTRODUCTION GRAMMATICALE. LXVII

Je ne vous donnai rien qui ne fût tout à vous,
Rien que l'ordre du ciel n'eût déjà fait tout vôtre.
ISABELLE. Le ciel m'eût fait plaisir d'en enrichir *un autre*. (II, 453. *Illus.* 382.)

Ainsi dans les premières éditions; *une autre* à partir de 1663.

SÉVÈRE. Je me tiendrois heureux entre les bras d'*un autre*.
(III, 509. *Pol.* 494 var.)

C'est seulement à partir de l'édition de 1663 qu'on trouve *une autre*.

Si, comme dit Sylvandre, une âme en se formant,
Ou descendant du ciel, prend d'*un autre* l'aimant,
La sienne a pris le vôtre, et vous a rencontrée. (IV, 354. *S. du Ment.* 1236.)

Il n'y a *une autre* que dans les éditions de 1664 et de 1663.

Il vaut mieux la priver du rang qu'elle rejette,
Faire régner *un autre*, et la laisser sujette. (V, 168. *Hér.* 290.)

Cette leçon ne se trouve que dans l'édition de 1655; toutes les autres portent *une autre*.

C'est ce qu'Absyrte apprend à Hypsipyle, et reçoit d'elle de nouvelles protestations de reconnoissance pour le service qu'il lui a rendu, avec un aveu qu'elle ne peut se donner à lui que Jason ne se soit donné a *un autre*. (VI, 242. *Dess. de la Tois.*)

Ne m'offre plus un cœur dont *un autre* est maîtresse.
(VI, 295. *Tois.* 952 var.)

Tel est le texte de 1682; les autres éditions ont *une autre*.

MÉDÉE. J'allume peu de feux qu'*un autre* puisse éteindre.
(VI, 310. *Tois.* 1301.)

Ainsi dans les éditions de 1664-1682; il y a *une autre* dans les deux premières.

HYPSIPYLE, *à Médée*. Vous avez lieu de croire en valoir bien *un autre*.
(VI, 311. *Tois.* 1313.)

.... Quoi? vous voulez qu'il vive pour *un autre*? (VI, 332. *Tois.* 1839.)

Dans ces deux derniers passages, l'édition de 1661 porte seule *une autre*.

CAMILLE, *à Plautine*. Vous pouvez mieux qu'*un autre* en dire des nouvelles.
(VI, 634. *Oth.* 1365 var.)

Cette leçon ne se trouve que dans l'édition de 1682; toutes les autres portent *une autre*.

Que je verrois, Albin, ma volage punie,
Si de ces grands apprêts pour la cérémonie,
Que depuis si longtemps on dresse à si grand bruit,
Elle n'avoit que l'ombre, et qu'*un autre* eût le fruit! (VII, 213. *Tit.* 306 var.)

L'édition de 1682 a seule cette leçon; les autres ont le féminin.

Tout est à vous, Madame, et ne sera qu'à vous;
Et ce que mon amour doit à l'excès du vôtre
Ne deviendra jamais le partage d'*un autre*. (VII, 274. *Tit.* 1748 var.)

Cette leçon n'est aussi que dans l'édition de 1682.

.... Cette offre d'un cœur entre les mains d'*un autre*

LEXIQUE DE CORNEILLE.

Ne peut faire un amour qui mérite le vôtre.
(VII, 451. *Pulch.* 1733, et note 2.)

Dans la partie de *Psyché* qui est de Molière, on lit dans l'édition de 1682 : *un autre*, employé de la même manière au vers 482 (voyez notre tome VII, p. 317, note 2) :

Mais pour *un autre* que vous-même
Ayez cette bonté de n'en disposer pas. (VII, 306, *Psy.* 482.)

Voyez dans l'*Introduction grammaticale* du *Lexique de Mme de Sévigné*, p. XXXIX.

On trouve de même *tout autre* où nous mettrions *toute autre* :

ROSIDOR, *à Caliste* : .... Ah! mon heur, jamais je n'obtiendrois sur moi
De pardonner ce crime à *tout autre* qu'à toi. (I, 353. *Clit.* 1388.)

Voyez tome II, p. 41, note *a*; tome IV, p. 194, note 1; tome IV, p. 235, note 1; tome VII, p. 475, note 3.

Nous pouvons conclure des diverses citations qui précèdent qu'il y avait autrefois, pour ces emplois d'*autre*, quelque incertitude dans l'orthographe, et nous voyons que les imprimeurs étaient loin d'y apporter une attention suffisante : nous avons relevé au tome I, p. 191, note *a*, une substitution de *toute autre* à *tout autre*, qui, malgré l'accord des éditions diverses, est évidemment fautive.

Dans ces exemples de l'adjectif *autre*, le sens a un certain caractère de généralité qui explique l'usage du neutre. Ce caractère est beaucoup moins frappant dans l'emploi que nous allons citer de *chacun*.

b) Chacun :

Ici les trois princesses prennent *chacun* un fauteuil. (V, 426. *D. San. var.*)

Cette leçon est celle des premières éditions ; c'est seulement à partir de 1660 qu'il y a *chacune*. — Nous avons mentionné au tome VII (p. 317, note 2) un autre exemple du même genre, mais qui ne se trouve que dans une seule édition, postérieure à la mort de Corneille. Voyez au *Lexique*, tome II, p. 410, UN, neutralement; et tome I, p. 457, un exemple, remarquable aussi, de GARANT, invariable.

2° *Une autre moi-même*, dans la bouche d'un homme parlant d'une femme ; *une autre vous-même*, dans la bouche d'une femme parlant à un homme :

J'adore cet orgueil, il est égal au mien,
Madame; et nos fiertés se ressemblent si bien,
Que si la ressemblance est par où l'on s'entr'aime,
J'ai lieu de vous aimer comme *une autre moi-même*. (VII, 148. *Att.* 986.)
Et moi, sans cette main, Seigneur, suis-je maîtresse
De ce que m'a daigné confier la princesse,
Du secret de son cœur ? Pour le tirer de moi,
Il me faut vous devoir plus que je ne lui doi,
Être *une autre vous-même;* et le seul hyménée
Peut rompre le silence où je suis enchaînée. (VII, 490. *Sur.* 657.)

Voyez, aux tomes indiqués, les notes relatives à ces deux passages. — Dans cette manière de parler, le masculin et le féminin peuvent également s'expliquer et se défendre : ils marquent deux rapports différents, mais tous deux justes.

3° *L'une et l'autre*, se rapportant à deux adjectifs précédents :

Je jurerois, Monsieur, qu'elle est ou vieille ou laide,
Peut-être *l'une et l'autre....* (IV, 323. *S. du Ment.* 665.)

C'est un accord analogue à l'emploi de *la*, à la place de *le*, pour représenter un adjectif précédent. Voyez ci-dessus, p. XLIII, 5°, et p. XLIV.

INTRODUCTION GRAMMATICALE.   LXIX

4° *Quelque.*

Ce mot est accordé comme un adjectif dans des cas où nous le considérons comme adverbe :

Quelques puissants qu'ils soient, je n'en ai point d'alarmes.
(II, 395. *Méd.* 1110.)

Quelques chers qu'ils me soient.... (VI, 323. *Tois.* 1596.)
Quelques ardents qu'ils soient.... (VII, 400. *Pulch.* 472.)
Le nom de merveilleux et celui d'ineffables,
Quelques hauts qu'on les vît, ne leur seroient pas dus.
(VIII, 687. *Imit.* IV, 2232.)

Quelque, dans le sens d'*environ*, également avec accord :

.... A *quelques* mille pas
Je l'ai rencontré seul, tombé sur des plâtras. (IV, 368. *S. du Ment.* 1503.)

Voyez le *Lexique*, tome II, p. 251.

Déjà Vaugelas (*Remarques*, p. 4 et p. 359, édition de 1647) voulait que le mot *quelque* fût invariable dans ces deux emplois.

5° *Tout.*

Le mot *tout* conserve la plupart du temps sa nature d'adjectif, et prend l'accord, dans les constructions où nous en ferions un adverbe et le laisserions invariable.

Voyez tome IV, p. 505, note 1; tome V, p. 178, note 2; tome VI, p. 638, note 2; tome VII, p. 139, note 1; p. 340, note 1; p. 358, note 1; p. 488, note 1; p. 496, note 1; tome VIII, p. 614, note 1; p. 621, note 1; p. 647, note 1; tome IX, p. 396, note 1; tome X, p. 270, note 2; et dans le tome II du *Lexique*, p. 391 et 392. Voyez aussi les *Observations de M. Ménage sur la langue françoise*, Paris, 1672, p. 25-28 et p. 458 et 459, où l'auteur prend le parti de Corneille contre Vaugelas.

6° Exemples d'accords remarquables à des titres divers :

Un *ton de voix* trop rude ou trop *impérieuse.* (X, 145. *Poés. div.* 40.)
Des contraires saisons le froid ni les ardeurs
    Ne respectent que les couronnes
    Que l'on compose de mes fleurs....
Pour couronner les beautés éternelles,
    Et pour rendre leurs yeux contents,
    Il ne faut point être *mortelles.* (X, 85. *Poés. div.* 10.)
Chacun se porte au bien, et le desir avide
    Jamais n'embrasse d'autre objet;
Mais il en est de *faux* ainsi que de *solide.* (VIII, 534. *Imit.* III, 5631.)

2. Accord du verbe.

a) Nombre.

Verbe au singulier après *l'une et l'autre.*

Voyez au *Lexique*, tome II, p. 411.

LXX   LEXIQUE DE CORNEILLE.

Verbe au singulier après *ce* suivi d'un substantif pluriel :

.... Ses deux compagnons que vous avez dépeints
De Nicandre et du Roi portent les traits empreints.
— Mais *ce fut* des brigands, dont le bras.... — C'est un conte.
(VI, 196. *OEd.* 1477 *var.*)

Ce vers ne se lit ainsi que dans la première édition, en 1659; à partir de 1660, Corneille a substitué : *ce furent brigands* à *ce fût des brigands*.

Verbe ayant plusieurs sujets et demeurant au singulier, comme s'il ne s'accordait qu'avec l'un d'eux et était sous-entendu auprès des autres :

Sa bonté, son pouvoir, sa justice *est* immense. (III. 526. *Pol.* 849.)
Un ton de voix trop rude ou trop impérieuse,
Un sourcil trop sévère, une ombre de fierté,
M'*eût* peut-être à vos yeux rendu ma liberté. (X, 145. *Poés. div.* 42.)
Une larme, un soupir te *percera* le cœur. (II, 247. *Pl. roy.* 468.)

Il est remarquable que cette leçon est celle des dernières éditions, à partir de 1660; dans les précédentes, il y a *perceront*.

La vertu de son père et son illustre sang
A son ambition *assure* ce haut rang. (VII, 244. *Tit.* 1062.)

Il y a un accord analogue du participe dans le passage suivant :

Le payement et délégation qu'il en a *faite*.... (X, 434. *Lettre autographe.*)

Nous ne joignons pas à ces exemples ceux où, par suite de la construction même, le singulier du verbe est de rigueur, comme dans les deux suivants :

Son devoir m'*a* trahi, mon malheur, et son père. (III, 507, *Pol.* 446.)
Que la louange de son nom
Puisse en notre faveur préoccuper sa face,
Nos concerts obtenir sa grâce,
Nos larmes obtenir pardon ! (IX, 79. *Off. V.* 7 et 8.)

Verbe au singulier après plusieurs substantifs précédés chacun de *ni :*

Je m'apaiserois Rome avec votre supplice,
Sans que ni vos respects, ni votre repentir,
Ni votre dignité vous en *pût* garantir. (IV, 66. *Pomp.* 932 *var.*)

Il faut remarquer que le premier sujet est au pluriel. A partir de 1660, Corneille a remplacé *pût* par *pussent*.

C'est par une inadvertance évidente que notre auteur a laissé le verbe au singulier, après deux sujets au pluriel, dans la phrase suivante :

.... Afin que *ces taches et ces forfaits*, défigurant ce qu'ils leur laissoient de vertu, *s'accommodât* au goût et aux souhaits de leurs spectateurs, et *for-*

INTRODUCTION GRAMMATICALE.

tifiât l'horreur qu'ils avoient conçue de leur domination et de la monarchie. (III, 92. *Exam. du Cid.*)

La faute n'a été corrigée et les deux verbes mis au pluriel qu'en 1692, dans l'édition donnée par Thomas Corneille après la mort de son frère.

Verbe au pluriel après un nom collectif ou une locution collective :

Un million de traits, un million de flèches
   Tomberont à vos deux côtés.
         (IX, 329 et 331. *Vêpr. et Compl. D. F.* 25 et 26.)
   Cette gloire étoit sans seconde ;
L'éclat s'en répandoit jusqu'aux deux bouts du monde ;
Tout ce qu'il a de rois sembloient faits pour m'aimer. (VII, 318. *Psy.* 791.)

Voici un exemple analogue, non pas d'un verbe mis au pluriel, mais du possessif pluriel *leur,* après la même locution collective *tout ce que :*

   Puisse tout ce qu'il est en terre de fidèles,
.... Joindre avec ferveur tous *leurs* encens aux miens !
            (VIII, 682. *Imit.* IV, 2116.)

L'exemple suivant est de nature toute différente ; le verbe, quant au nombre, ne s'y accorde point, comme dans les précédents, avec l'idée, avec le vrai sujet logique qu'on a dans la pensée, mais avec le mot même qui joue le rôle de sujet grammatical :

Un peu moins de deux mois le *met* dans le cercueil. (IV, 292. *S. du Ment.* 69.)

Verbe placé entre un sujet singulier et un attribut pluriel et s'accordant avec le dernier :

L'épisode, selon Aristote, en cet endroit, *sont nos trois actes* du milieu. (I, 47. *Disc. du Poëm. dram.*)
C'est à lui (à *Appian*) que je me suis attaché pour la narration que j'ai mise au premier acte, et pour l'effet du cinquième, que j'ai adouci du côté d'Antiochus. J'en ai dit la raison ailleurs. *Le reste sont des épisodes* d'invention. (IV, 420. *Exam. de Rod.*)
Allez donc ; *ce qu'ici vous perdez de moments*
   Sont autant de larcins à vos contentements(IV, 485 et 486.*Rod.*1373 et 1374.)

Cet accord avec l'attribut est de règle après *ce*. En voici un exemple assez remarquable, où le pronom représente un infinitif qui le précède :

   .... Baigner mon lit de mes larmes,
   Ce sont mes plus heureuses nuits. (IV, 247. *Ps. Pén.* 24.)

Voyez une exception ci-dessus, p. LXX, 1ᵉʳ exemple.

Exemple remarquable du pluriel de politesse dans une apostrophe :

Terre, que son vouloir enrichit ou désole,
   Bénissez le Seigneur. (IX, 143. *Off. V.* 37 et 38.)

En s'adressant à Dieu, Corneille, comme la plupart des poëtes, emploie tantôt le singulier, tantôt le pluriel. Pour le singulier, voyez tome IX, p. 179, vers 7 ; p. 191, vers 13 ; p. 193, vers 18 et 20, etc. Pour le pluriel, même tome, p. 197, vers 13 ; p. 203, vers 17 et 21, etc.

LEXIQUE DE CORNEILLE.

b) Personne.

Accord du verbe, quant à la personne, après un pronom relatif.

Voyez ci-dessus, p. XLVII, 2°, et p. XLVIII, plusieurs exemples qui s'écartent de l'usage actuel.

Verbe unique avec deux sujets de personnes différentes :

Puissent tant de malheurs accompagner ta vie,
Que tu tombes au point de me porter envie;
Et toi, bientôt souiller par quelque lâcheté
Cette gloire si chère à ta brutalité! (III. 338. *Hor.* 1291, et 1293.)
Puissé-je malgré vous y penser un peu moins,
M'échapper quelques jours vers quelques autres soins,
Trouver quelques plaisirs ailleurs qu'en votre idée,
En voir toute mon âme un peu moins obsédée;
Et vous de qui je n'ose attendre jamais rien,
Ne ressentir jamais un mal pareil au mien! (x, 148. *Poés. div.* 89 et 93.)

Cette tournure s'explique aisément par une ellipse, de même que la plupart des accords de nombre, en apparence irréguliers, que nous avons cités plus haut.

c) Temps.

Pour la concordance des temps, voyez ci-dessus, page LI.

XII. — RÉGIME.

Même verbe ayant des régimes de nature différente :

Faites-*vous* voir *sa sœur*, et *qu'*en un même flanc
Le ciel vous a tous deux formés d'un même sang (III, 334. *Hor.* 1193.)
.... Je crains des chrétiens *les complots* et *les charmes*,
Et *que* sur mon époux leur troupeau ramassé
Ne venge tant de sang que mon père a versé. (III, 498. *Pol.* 254 et 255.)
J'en crains *une révolte*, et *que* las d'obéir,
Comme je les trahis, ils ne m'osent trahir. (v, 35. *Théod.* 401.)
Je *le* sais, ma princesse, et *qu'*il vous fait la cour. (v, 512. *Nic.* 18.)
Vous *le* savez, Madame, et *que* les grandes âmes
Ne s'abaissent jamais aux foiblesses des femmes. (VI, 60. *Perth.* 951.)
J'ai cru *sa mort* pour vous *un malheur* nécessaire;
Et *que* sa haine injuste, augmentant tous les jours,
Jusque dans les enfers chercheroit du secours;
Ou *qu'*enfin, s'il tomboit dessous votre puissance,
Il nous falloit pour vous craindre votre clémence,
Et *que* le sentiment d'un cœur trop généreux,
Usant mal de vos droits, vous rendît malheureux. (IV, 64. *Pomp.* 890-896.)
Souviens-toi *du beau feu* dont nous sommes épris,
*Qu'*aussi bien que la gloire Émilie est ton prix. (III, 396. *Cin.* 275 et 276.)
Je vous *en* donne avis, et *que* jamais les rois,
Pour vivre en nos États, ne vivent sous nos lois. (v, 543. *Nic.* 717.)
.... Voyant à leurs pieds *tomber* tous leurs soldats,

Et *que* seuls désormais en vain ils se défendent....
(III, 174 et 175. *Cid*, 1324 et 1325.)
.... J'espère à mon retour
Ne vous *entretenir* que de propos d'amour,
Et *que* nous n'emploierons la fin de la journée
Qu'aux doux préparatifs d'un heureux hyménée. (III, 319. *Hor.* 866 et 867.)
Je sais *quelle* est ta flamme et *quelles* sont ses forces,
Que tu n'ignores pas comme on fait les divorces.
(IV, 99. *Pomp.* 1745 et 1746.)
J'ai su par son rapport, et je n'en doutois pas,
Comme de vos deux fils vous portez le trépas,
Et *que* déjà votre âme étant trop résolue,
Ma consolation vous seroit superflue. (III, 346. *Hor.* 1450 et 1451.)

Dans tous ces exemples, le second régime est une proposition commençant par *que*; le premier est un nom ou un pronom (complément soit direct, soit indirect), ou bien un infinitif, ou encore une proposition commençant par *quel* ou par *comme*.

Dans le passage suivant, le verbe a d'abord pour régime un nom, complément direct, puis un infinitif régi par *de*:

Oui, je crains *leur hymen*, et *d'être* à l'un des deux. (IV, 444. *Rod.* 353.)

Verbes ayant indifféremment pour régimes directs des noms de personnes ou des noms de choses, que nous n'emploierions aujourd'hui qu'avec une seule espèce de complément.

Voyez, par exemple, dans le *Lexique* : APPRENDRE, DÉPLORER, DÉTRUIRE, DURER, ENTREPRENDRE, ÉTALER, etc., ayant pour régimes directs des noms de personnes, et au contraire ACCABLER, ÉCONDUIRE, SUBORNER, ayant pour régimes des noms de choses.

Exemples diversement remarquables de régimes verbaux :

Daigne enfin, ô mon Dieu, par ta bonté suprême
 A tel point l'enflammer,
Qu'il *s*'embrase, consume et transforme en toi-même.
(VIII, 676. *Imit.* IV, var. 1.)

Se est régime commun des trois verbes.

J'offre ces mêmes vœux et ces mêmes hosties
Pour ceux dont la malice ou les antipathies
M'ont rendu déplaisir, m'ont nui, m'ont offensé ;
Pour ceux qui *m*'ont causé quelques désavantages,
Procuré quelque perte, ou fait quelques outrages,
Contredit à ma vue, ou sous main traversé. (VIII, 633. *Imit.* IV, 1127-1129.)

Le pronom régime *me* est irrégulièrement construit avec des verbes actifs et des verbes neutres, qui veulent les uns un régime direct, les autres un régime indirect. — Nous avons déjà cité cet exemple, ci-dessus, p. LI, aux *Auxiliaires*.

Une fille qui voit et que voit *la jeunesse*
Ne s'y doit gouverner qu'avec beaucoup d'adresse. (I, 208. *Mél.* 1087.)

Le mot *la jeunesse* joue un double rôle : il sert de régime à *qui voit* et de complément à *que voit*.

Nous avons donné au *Lexique*, à divers articles de verbes, les exemples des régimes qui s'écartent de l'usage actuel : voyez, par exemple, CRAINDRE, OUBLIER, etc.

Pour les verbes sans régime, voyez ci-dessus, p. LXIV, *Verbes employés absolument*.

XIII. — Ellipse.

1. Ellipse de l'article.

Voyez ci-dessus : 1°, p. xxxiii, des exemples d'articles exprimés devant un premier substantif ou devant un premier adjectif (soit au positif, soit au superlatif), et sous-entendus devant les suivants ; 2°, p. xxxiii-xxxv, des exemples d'omission de l'article, les uns conformes à notre usage, les autres s'en écartant. Voyez aussi, au tome II du *Lexique*, p. 66 et p. 218, aux mots Maîtresse et Présent, les locutions *Faire maîtresse, faire présent*.

2. Ellipse d'un nom.

Ellipse d'un nom exprimé dans un premier membre de phrase :

Ah ! je sais mieux que toi comme il faut qu'on la traite ;
J'en connois *l'artifice*, et *de tous ses mépris*. (v, 78. *Théod.* 1381.)

Ellipse d'un nom féminin correspondant à un nom masculin qui vient d'être exprimé :

Par le droit de la guerre il fut toujours permis
D'allumer la révolte entre ses ennemis.
M'enlever mon époux, c'est vous faire *la mienne*. (v. 586. *Nic.* 1699.)

Vous faire mon ennemie.

3. Ellipse d'un adjectif sous-entendu à un autre genre que celui qu'il a dans un premier membre de phrase :

Le cœur plein d'espérance, et l'âme d'allégresse. (v, 377. *Andr.* 1343.)

4. Ellipse d'un pronom.

a) D'un pronom personnel sujet :

Je ne demande plus, et ne vous dis plus rien. (v, 221. *Hér.* 1505.)

b) D'un pronom régime :

Fais-y naître (*dans mon cœur*) un beau feu par ta bonté suprême,
  Et si bien l'enflammer,
Qu'il *l'embrase, consume et transforme* en toi-même
  A force de t'aimer. (viii, 676. *Imit.* iv, 1993-1996.)

C'est-à-dire : « et fais-le si bien l'enflammer, fais que ce feu l'enflamme si bien. » Dans l'édition de 1670 O :

Daigne enfin, ô mon Dieu, par ta bonté suprême
  A tel point l'enflammer,
Qu'il *s'embrase, consume et transforme* en toi-même.

C'est l'ellipse de *se*, au lieu de celle de *le*.

Voyez au *Lexique*, tome II, p. 435, Vous, servant de complément à deux verbes.

INTRODUCTION GRAMMATICALE.

c) **Ellipse, devant l'infinitif, du pronom personnel qui entre dans la formation d'un verbe réfléchi.**

<small>Voyez ci-dessus, p. XLVII, 13°. Cette ellipse a surtout lieu après les verbes *faire, laisser, mener, regarder, sentir, voir, entendre, écouter* :</small>

  Je l'ai bien vu, et n'ai point fait de scrupule de cette précipitation, dont peut-être on trouveroit plusieurs exemples chez les anciens; mais ma paresse, dont j'ai déjà parlé, me fera *contenter* de celui-ci, qui est de Térence dans l'*Andrienne*. (I, 115. *Disc. des 3 unit.*)

.... Ce flatteur espoir qu'il rejette en mon âme
N'est qu'un doux imposteur qu'autorise ma flamme,
Et qui, sans m'assurer ce qu'il semble m'offrir,
Me fait *plaire* en ma peine, et m'obstine à souffrir. (I, 144. *Mél.* 20.)
Si j'avois un prétexte à me mécontenter,
Tu me verrois bientôt *résoudre* à le quitter. (II, 46. *Gal. du Pal.* 516.)
Je combats toutefois; mais le temps qui s'avance
Me fait *précipiter* en cette extravagance. (IV, 291. *S. du Ment.* 44.)
Va flatter, si tu veux, la douleur de Flavie,
Et me laisse *éclaircir* de l'état de ma vie. (V, 66. *Théod.* 1132.)
Annibal....
L'engage en sa querelle, et m'en fait *défier*. (V, 513. *Nic.* 42.)
Veux-tu que de sa mort je t'écoute *vanter?* (III, 193. *Cid.* 1720.)

  Je connois des gens d'esprit, et des plus savants en l'art poétique, qui m'imputent d'avoir négligé d'achever *le Cid*, et quelques autres de mes poëmes, parce que je n'y conclus pas précisément le mariage des premiers acteurs, et que je ne les envoie point *marier* au sortir du théâtre. (I, 26. *Disc. du Poëme dram.*)

  Si j'avois fait descendre Jupiter pour réconcilier Nicomède avec son père, ou Mercure pour révéler à Auguste la conspiration de Cinna, j'aurois fait *révolter* tout mon auditoire. (I, 75. *Disc. de la Trag.*)

  J'accorderois très-volontiers que ce qu'on feroit *passer* en une seule ville auroit l'unité de lieu. (I, 119, *Disc. des 3 unit.*)
Lui procurant du bien, elle croit la fâcher,
Et cette vaine peur la fait ainsi *cacher*. (II, 172. *Suiv.* 868.)
Jamais étoile, lune, aurore, ni soleil
Ne virent *abaisser* sa paupière au sommeil. (II, 362. *Méd.* 428.)
Pour moi, je suis d'avis que vous les laissiez *battre*. (II. 470. *Illus.* 690.)
Digne soif de vengeance, à quoi m'exposez-vous,
De laisser *affoiblir* un si juste courroux? (II, 478, *Illus.* 852.)
.... Sitôt que je pense à tes divins attraits,
Je vois *évanouir* ces infâmes portraits. (II, 503. *Illus.* 1280.)

  La loi du combat qu'il propose à Chimène, avant que de le permettre à don Sanche contre Rodrigue, n'est pas si injuste que quelques-uns ont voulu le dire, parce qu'elle est plutôt une menace pour la faire *dédire* de la demande de ce combat, qu'un arrêt qu'il lui veuille faire exécuter. (III, 96. *Exam. du Cid.*)

.... Je sens *refroidir* ce bouillant mouvement. (III, 386. *Cin.* 19.)
Voilà cet accident qui le fait *retirer*. (IV, 385. *S. du Ment.* 1835.)
Je prendrai du plaisir du moins à le confondre.

— J'en prendrois davantage à le laisser *morfondre*. (IV, 189. *Mont.* 914.)
Ne vous étonnez point, vous l'en verrez *dédire*. (VI, 59. *Perth.* 931.)
Si l'on court au grand crime avec avidité,
Laissez-en *ralentir* l'impétuosité. (VI, 644. *Oth.* 1564.)
  C'est peu de laisser *assoupir*
  La ferveur du plus saint desir;
Par notre lâcheté nous la laissons *éteindre*. (VIII, 107. *Imit.* I, 1332 et 1334.)
  Tirsis auprès d'Hippolyte
  Pensoit bien garder son cœur;
  Mais ce bel objet vainqueur
  Le fit *rendre* à son mérite. (X, 54. *Poés. div.* 28.)

Dans l'exemple suivant, on peut considérer *passer* soit comme verbe neutre, soit comme verbe réfléchi avec ellipse de *se*:

Un bien qui nous est dû se fait si peu priser,
Qu'une femme fût-elle entre toutes choisie,
On en voit en six mois *passer* la fantaisie. (I, 147, *Mél.* 86.)

Voyez au *Lexique* les mots AFFOIBLIR, DÉFIER, ÉCOULER, ENTRE-CHOQUER, MÉPRENDRE. Au mot PRONOM, M. Godefroy a examiné longuement dans son *Lexique* les questions qui se rattachent à l'ellipse du pronom personnel, et a établi par de nombreux exemples quel a été à cet égard l'usage de nos meilleurs écrivains.

d) Ellipse d'un pronom démonstratif.

Celui devant un relatif :

Voyez au *Lexique*, tome II, p. 256.

Ce devant un relatif :

Nous ne savons *qu*'est devenu cet Octavian Costantin.
      (X, 434. *Lettre autographe.*)

Voyez au *Lexique*, tome I, p. 157, et tome II, p. 239 et 240.

5. Ellipse d'un verbe.

a) Omission du verbe *être*:

Et quel besoin ici d'une extrême rigueur? (IV, 32. *Pomp.* 123.)

Voyez le *Lexique*, tome I, p. 403, et ci-dessus le 4ᵉ exemple de la page LI.

b) Verbe exprimé avec un premier sujet et sous-entendu avec les autres, différents parfois de nombre ou de personne.

Voyez ci-dessus, p. LXX, à l'article ACCORD DU VERBE.

c) Ellipse d'auxiliaires; auxiliaires communs à plusieurs participes:

Les plus attachés même à chercher ma présence
M'*ont regardé* de loin sans m'offrir de secours,
Et *laissé* sans obstacle agir la violence
  Qui cherchoit à trancher mes jours. (IX, 255. *Ps. pén.* 47.)

Voyez ci-dessus, p. LI.

INTRODUCTION GRAMMATICALE.

6. Ellipse d'une préposition; prépositions exprimées devant un premier régime et omises devant les suivants.

Voyez le *Lexique*, aux articles A et DE, tome I, p. 12 et p. 255.

Nous ne rangeons pas dans les ellipses l'omission de la préposition *de* après *quelque chose* ou après *rien*, et (dans le sens partitif) devant *autre*. Ce sont des tours qui s'écartent de notre usage, mais qui n'ont rien d'elliptique, non plus que la construction immédiate de l'infinitif après certains verbes, tels que *commander*, *plaire*, qui prennent aujourd'hui *de*. Voyez le *Lexique*, aux articles CHOSE, AUTRE, RIEN (tome I, p. 177 et 178, p. 256, et tome II, p. 310), PLAIRE (tome II, p. 185 et 186).

Elle....leur *commande choisir* eux-mêmes.... (v, 413. *Arg.* de *C. San. var.*)

7. Mots divers (conjonctions, prépositions) exprimés une seule fois dans des tournures où d'ordinaire ils se répètent aujourd'hui.

Voyez le *Lexique*, aux articles NI (tome II, p. 113); QUE (tome II, p. 249); VOILÀ (tome II, p. 429); etc.

8. Ellipses diverses.

Voyez le *Lexique*, aux articles AVANT QUE (tome I, p. 100); POUVOIR (tome II, p. 210); SI (tome II, p. 333 et 334); etc.

Nous avons eu aussi occasion de relever dans le *Lexique* certaines locutions rapides, abrégées, comme, par exemple, *au sortir d'écolier* (c'est-à-dire : « de l'état d'écolier, » tome II, p. 344); comme ces ellipses de substantifs, si fréquentes dans le langage familier : *la garder bonne* (tome I, p. 126), etc., etc. — Nous n'avons pas à y joindre ici ces mouvements de style plus ou moins hardis, ces ellipses poétiques ou oratoires, comme :

Égale à mon Philiste, il m'offriroit ses vœux. (I, 418. *Veuve*, 379.)

C'est-à-dire, si j'étais égale à mon Philiste. Ces sortes de tournures ne sont pas propres à Corneille; elles se rencontrent chez les poètes et les orateurs de tous les temps.

Parmi les tours, non pas précisément elliptiques, mais vifs, dégagés, dont notre langue, depuis Corneille, s'est déshabituée en grande partie, on peut regretter particulièrement l'emploi de *faire*, comme substitut d'un autre verbe; celui d'*après*, prenant pour régime un nom accompagné d'un participe passé : voyez au *Lexique*, FAIRE (tome I, p, 419), APRÈS (tome I, p. 69).

Il faut rapprocher de ces exemples de noms joints à des participes et régis par *après*, les suivants, imités également du latin, où le mot régissant est un verbe; dans le second, il y a un adjectif au lieu d'un participe.

....*J'appris Crassus mort* et *les Romains défaits*. (VII, 494. *Sur.* 764.)
L'effet montra soudain *ce conseil salutaire*. (IV, 431. *Rod.* 52.)

C'est-à-dire : « j'appris que Crassus était mort, etc.; l'effet montra que ce conseil était salutaire » Ce serait, s'il y avait de plus un infinitif exprimé, le tour que certains grammairiens désignent par le nom de *que retranché* (voyez ci-dessus, p. LIV, *d*).

XIV. — PLÉONASME.

Mots surabondants, ou qui paraissent tels par comparaison avec l'usage actuel.

Voyez dans le *Lexique* : *Du depuis* (tome I, p. 281); *Faire la sentinelle* (tome II, p. 329) *Rendre du service* (tome II, p. 332); *Voir de ses yeux* (tome II, p. 431); *Premier auteur* (tome II, p. 214); divers emplois du pronom *en* (tome I, p. 357 et 358; *Aller* avec un participe présent (tome I, p. 48); *Unir ensemble* (tome I,

p. 370); *Et* dans les noms de nombre (tome I, p. 394); *Avant que de* (tome I, p. 99); *A moins que de* (tome II, p. 95); les articles DE (tome I, p. 256), NE et NI (tome II, p. 110, 112 et 113), POINT (tome II, p. 195), QUE (tome II, p. 249).

Voici encore quelques exemples, de nature diverse, à joindre à ceux auxquels nous venons de renvoyer :

C'est le désert où Médée a *de* coutume de se retirer. (VI, 315. *Tois.*)
Vous *n*'avez *seulement qu*'à dire une parole. (IV, 346. *S. du Ment.* 1106.)

Au reste, si quelqu'un a la curiosité de voir cette histoire plus au long, qu'il prenne la peine de lire Justin, qui la commence au trente-sixième livre, et l'ayant quittée la reprend sur la fin du trente *et* huitième, et l'achève au trente-neuvième. (IV, 417. *Avert. de Rod.*)

Une seule édition, celle de 1655, porte : « trente-huitième. » On voit du reste, par ce seul exemple, où nous avons un de ces nombres avec *et* intercalé, et deux sans *et* combien l'usage était partagé pour l'emploi de *et* dans les noms de nombre.

.... Je ne me plais *pas* à contraindre *personne*. (V, 456. *D. San.* 917.)

Il y a aussi, par suite de la coupe de la phrase, une sorte de pléonasme poétique dans l'exemple suivant, où le complément : « de ce héros, » rend superflu l'emploi du possessif *sa* :

Je pense voir déjà l'appareil de *sa* perte,
De ce héros si cher.... (VII, 510. *Sur.* 1122 et 1123.)

XV. — SYLLEPSE.

Voyez dans le *Lexique*, au mot PERSONNE (tome II, p. 177), un exemple où la syllepse, c'est-à-dire l'accord établi avec la pensée plutôt qu'avec les mots, affecte le genre. En voici un où elle affecte le nombre :

Oh! le beau compliment à charmer une dame,
De lui dire d'abord : « J'apporte à vos beautés
Un cœur nouveau venu des universités.

Puis après huit vers que nous supprimons et où il n'est question ni des dames, ni même, comme tout à l'heure, d'une dame, on lit :

Tout le secret ne gît qu'en un peu de grimace,
A mentir à propos, jurer de bonne grâce,
Etaler force mots qu'*elles* n'entendent pas. (IV, 158. *Ment.* 335.)

Nous avons vu ci-dessus, p. LXXIV, 2, second exemple, un passage contraire du pluriel au singulier (en même temps que du masculin au féminin).

Voyez encore, dans le *Lexique*, une syllepse d'un tout autre genre, à l'article NI (tome II, p. 113).

INTRODUCTION GRAMMATICALE.

XVI. — Constructions hardies, inversions, anacoluthes, etc.

Nous ne saurions rappeler et indiquer dans cette introduction toutes les constructions remarquables dont on trouvera des exemples dans le *Lexique*, principalement dans les articles consacrés aux verbes, aux relatifs, aux prépositions, aux conjonctions. Nous ne multiplierons ici nos citations qu'en ce qui touche l'inversion; pour les autres hardiesses de tournure, nous nous bornerons à un très-petit nombre d'exemples.

INVERSION.

a) Sujet après le verbe ou entre l'auxiliaire et le verbe principal :

Quand *pourra mon amour* baigner avec tendresse
Ton front victorieux de larmes d'allégresse? (III, 332. *Hor.* 1147.)
Rome à qui *vient ton bras* d'immoler mon amant! (III, 339. *Hor.* 1302.)
Ne t'a-t-on point parlé d'une source de vie
Que *nomment nos guerriers* poudre de sympathie? (IV, 204. *Ment.* 1082.)
.... La juste colère
Où *jettent* cet amant *les mépris* de la mère. (VI, 52. *Perth.* 756.)
Croix fidèle, à jamais digne de nos hommages,
Qu'a de charmes *ton bois*, que *bénis* sont *les clous*,
Que de douceurs *ont les branchages*
Qui pour notre salut portent un poids si doux! (IX, 515. *Hymn.* 16 et 17.)
.... Un monarque françois,
Que ne *sauroit l'envie* accuser d'aucun vice. (X, 90. *Poés. div.* 2 var.)
Ici *fut l'arrogance* à soi-même funeste. (X, 110. *Poés. div.* 56.)
Nourrice, prends pitié d'un esprit égaré
Qu'*ont mes vives douleurs* d'avec moi *séparé*. (I, 234. *Mél.* 1542.)
Ce que je vous apprends, vous l'apprendrez à d'autres;
Et ceux qu'*aura ma mort saisis* de mon emploi,
S'instruiront contre vous, comme vous contre moi. (VI, 397. *Sert.* 807.)

b) Régime direct avant le verbe ou entre l'auxiliaire et le verbe principal :

Les deux camps mutinés *un tel choix désavouent*. (III, 335. *Hor.* 1215 var.)
Le ciel, qui nous choisit lui-même des partis,
A tes feux et les miens prudemment *assortis*. (I, 403. *Veuve*, 80.)

c) Nom précédé de son complément :

De notre Fiérabras il s'est mis *au service*. (II, 464. *Illus.* 590.)
On s'étonne de voir qu'un homme tel qu'Othon....
Daigne *d'un Vinius* se réduire à *la fille*. (VI, 575. *Oth.* 9.)
Empêche que l'oubli de ta divine loi
L'enfonce *du péché* dans *les plus noirs abîmes*. (IX, 321. *Off.* V. 12.)
Donne à tes serviteurs que tes bontés sublimes
De ton sang adorable ont lavés dans *les flots*,
Que leurs âmes jamais ne tombent par leurs crimes

En l'éternel ennui d'une mort sans repos. (IX, 479. *Hymn.* 10.)
Daigne si bien guider ton peuple dans ta voie,
Que *d'une mort* funeste il échappe *aux rigueurs.*
    (IX, 518. *Hymn.* 28. — IX, 578. *Hymn.* 20. — IX, 579. *Hymn.* 16.)
Ce corps *d'un* froid *tombeau* renfermé sous *la pierre*....
En pompe triomphante est revenu sur terre. (IX, 521. *Hymn.* 9.)
Il renonça *du siècle aux honneurs* périssables. (IX, 580. *Hymn.* 5.)
Quand *d'un cheval* farouche à *la queue* on te lie,
S'il déchire ta chair, elle en éclate mieux. (IX, 609. *Hymn.* 5.)
Pour *de ce grand dessein* assurer *le succès.* (IV, 76. *Pomp.* 1176.)
Malgré *de vos rigueurs l'*impérieuse *loi.* (V, 383. *Andr.* 1481.)
Ces défauts déplorés, et tout ce qui t'en reste,
Avec un vif regret d'un cœur qui les déteste,
Avec *de ta foiblesse un aveu* douloureux,
D'où naisse un déplaisir cuisant, mais amoureux,
Passe au ferme propos de corriger ta vie. (VIII, 623. *Imit.* IV, 925.)

Ce dernier exemple et les deux précédents ont ceci de particulièrement remarquable, que le complément, en venant se placer devant le nom qui le régit, le sépare de la préposition dont ce nom lui-même dépend.

d) Inversions diverses :

    .... Cette fierté, par le nombre alarmée,
Voit en un chef si grand encor plus d'une armée,
Dont par le seul aspect ce vieil orgueil brisé
Court au-devant du joug si longtemps refusé. (X, 195. *Poés. div.* 19.)
L'Anglois même avoit vu jusque dans l'Amérique
Ce que c'est qu'*avec nous rompre la foi publique.* (X, 197. *Poés. div.* 46.)
Adorable Jésus, dont la gloire infinie
    Remplit tous les célestes chœurs,
Daigne *nous à jamais joindre* à leur compagnie,
    Quoique inutiles serviteurs. (IX, 576. *Hymn.* 19.)
Tel entrant ce grand roi dans ses villes rebelles
De ces cœurs révoltés fait des sujets fidèles. (X, 108. *Poés. div.* 31.)
Cherche, au lieu de l'objet le plus doux à mes yeux,
Le plus digne héros de régner en ces lieux. (V, 442. *D. San.* 567.)

CHANGEMENTS ET INTERRUPTIONS DE TOURNURE, ANACOLUTHES.

Aussi *se sont-ils* embarrassés tous, *et ont* trébuché, cependant que nous nous sommes élevés. (IX, 68. *Off. V.*)
Peut-être aura-t-il peine à suivre sa vengeance,
Et que ce même amour qu'il m'a plu de trahir
Ne se trahira pas jusques à me haïr. (VI, 475. *Soph.* 60 et 61.)
    .... *Ce qu'il faut entendre* un peu plus généralement que les termes ne semblent porter, *et l'étendre* à la réconciliation de toute sorte de mauvaise intelligence. (I, 27. *Disc. du Poëme dram.*)
Qu'ils deviennent pareils à ces méchantes herbes,
Dont jamais moissonneur n'a ramassé de gerbes;

INTRODUCTION GRAMMATICALE.

Que tient le glaneur même indignes de sa main,
Et n'en daigne remplir son sein. (ıx. 233. *Off. V.* 23 et 24.)

On trouvera dans les subdivisions précédentes de cette *Introduction* un certain nombre d'autres exemples de constructions soit irrégulières, soit remarquables par leur hardiesse. Voyez particulièrement les articles ELLIPSE, SYLLEPSE ; et à la page xxxv, le 4ᵉ exemple ; à la page LIV, la section *d*.

ORTHOGRAPHE ET PRONONCIATION.

On peut voir dans l'article de l'*Introduction grammaticale* du *Lexique de Mme de Sévigné* qui est consacré à l'orthographe[1], que, si l'on a eu tort de dire qu'elle ne la savait point ou n'en avait nul souci, elle prenait du moins à cet égard certaines libertés.

Il n'en est pas de même de Corneille. Homme de lettres de profession, il se piquait de régularité en cette matière, et se conformait assez exactement à l'usage de ses contemporains.

Il s'est même rapproché, sur plusieurs points, de nos habitudes actuelles par la tentative de réforme orthographique, fort mesurée et généralement sage, mais toutefois un peu subtile, qu'il a exposée dans l'avis *Au lecteur* de l'édition de 1663 de son *Théâtre*, et qu'il rappelle à la fin de la préface de l'édition de 1655 de *l'Imitation*[2]

---

1. Pages LXX-LXXXIV.
2. Voyez tome I, p. 4-12, et tome VIII, p. 16. Nous avons fait imprimer l'avis *Au lecteur* de 1663 avec l'orthographe même proposée par Corneille, et nous y avons joint des notes explicatives.

Une de ces notes (la première de la page 8) renvoyait à des *Observations de l'Académie françoise touchant l'orthographe*, rédigées par Mézeray et accompagnées de remarques de divers académiciens; ici, où nous traitons particulièrement de l'orthographe, il ne sera peut-être pas inutile de reproduire tout le passage où la tentative de Corneille est appréciée par plusieurs de ses confrères :

« Mr de Corneille a proposé que pour faire connoistre quand l'*s* est muette dans les mots où qu'elle siffle, il seroit bon de mettre une *s* ronde aux endroits où elle siffle, comme à *chaste*, *triste*, *reste*, et une *s* longue aux endroits où elle est muette, soit qu'elle fasse longue la voyelle qui la précède comme en *tempeste feste*, *teste*, etc., soit qu'elle ne la fasse pas, comme en *escu*, *espine*, *desdire*, *espurer*. »

« L'usage en seroit bon, ajoute Segrais, mais l'innovation en est dangereuse. »

« Ie n'y trouve point d'inconvénient, sur tout dans l'impression, réplique Doujat, et ce n'est plus une nouveauté, puisque M. de Corneille l'a pratiqué depuis plus de dix ou douze ans. »

« Où est l'inconuenient? dit Bossuet; ie le suiurois ainsi dans le dictionnaire et i'en ferois une remarque expresse où i'alleguerois l'exemple de Mr Corneille. Les Hollandois ont bien introduit *u* et *v* pour *u* voyelle et *u* consone, et de mesme *i* sans queue ou *i* auec queue. Personne ne s'en est formalisé; peu à peu les yeux s'y accoustume (*sic*) et la main les suit. » (*Cahiers de remarques sur l'orthographe françoise pour estre examinez par chacun des Messieurs de l'Académie*,... publiés.... par Ch. Marty-Laveaux; Paris, 1863, in-12, p. XXV et XXVI.) — Ce sont peut-être ces innovations, pourtant si mesurées, qui ont engagé un réformateur des plus hasardeux de l'orthographe française, Lartigaut, à invoquer à l'appui d'une de ses idées nouvelles (il ne voulait pas qu'on mit d'*i* devant les *ll* mouillées) l'autorité de Corneille : « J'é lu, dit-il, dans un recueil de poézies de Monsieur Corneille :

Qu'il vous veuille anvier, etc.,

sans *i*; je veus an donner louange à l'auteur, plutôt qu'à l'inprimeur. » (*Les Principes infaillibles*, 1670.)

Thomas Corneille a pris bien probablement une part fort directe, et plus grande

LXXXIV ORTHOGRAPHE ET PRONONCIATION.

ÉDITIONS IMPRIMÉES DU VIVANT DE CORNEILLE.

a) Beaucoup de mots gardaient dans l'orthographe, et peut-être dans la prononciation, des traces, aujourd'hui effacées, de leur source latine. En voici quelques-uns :

Colomne : voyez tome V, p. 380, note 2, et tome VI, p. 258, note 1.

Conclud, au présent, pour *conclut*. (III, 496. *Pol.* 213.)

Bienfaicteur et *bien-faiteur*, tome IX, p. 293, note 1.

Function : voyez l'article FONCTION, au *Lexique*, tome I, p. 438.

Ponctuellement et *punctuellement* : voyez le *Lexique*, tome II, p. 198.

Prebstre pour *prêtre*. (IX, 212. *Off. V.*)

Submission, soûmission et *soumission* : voyez ces mots dans le *Lexique*, tome II, p. 347 et 348; voyez aussi tome VII, p. 131, note 2; tome VIII, p. 236, note 3; p. 257, note 1, p. 267, note 1; p. 397, notre 3; et tome X, p. 77 (*Poés. div.* 75).

Soumettre et *soubmettre* : voyez tome V, p. 47, note 1.

Substraction : voyez le *Lexique*, tome II, p. 353.

Subjétion et *sujétion* : voyez tome VIII, p. 64, note 2.

Unzième :

On a fait contre vous dix entreprises vaines;
Peut-être que l'*unzième* est prête d'éclater. (III, 406. *Cin.* 491.)

b) Certains mots qui ont des acceptions diverses, et dont l'orthographe varie maintenant selon ces acceptions, n'avaient alors qu'une seule forme, ou du moins, lors même qu'il existait à la fois des formes orthographiques diverses, elles étaient employées indifféremment et sans un rapport particulier à chacune des acceptions.

Appât s'écrivait *Appas* aussi bien au sens figuré qu'au sens propre et au singulier qu'au pluriel :

Ce change à mon courroux jetoit un faux *appas*. (II, 282. *Pl. roy.* 1131.)
.... Sa feinte douceur, sous un *appas* mortel,
Mène insensiblement sa victime à l'autel. (II, 354, *Méd.* 291.)
Il hait toute contrainte, et son plus doux *appas*
Se goûte quand on aime et qu'on peut n'aimer pas. (II, 475. *Illus. var.*)
Quelque *appas* que lui-même il trouve en Laodice.... (V, 564. *Nic.* 1180).

que celle de son frère, à ce manifeste grammatical, qu'une note de l'édition de 1723, publiée à Paris, chez Henri Charpentier, lui attribue même exclusivement. Il est certain du moins que Pierre Corneille ne s'est point soumis, dans ce qu'il a écrit de sa main après 1663, à ces règles imposées à ses imprimeurs et très-imparfaitement suivies par eux. Toutefois, dans sa supplique à Colbert, qui est de 1678, il semble qu'il ait voulu en appliquer quelques-unes.

Nous n'avons nulle envie de faire ici un traité d'orthographe au dix-septième siècle; telle n'est pas notre tâche en tête de ce *Lexique* : nous nous bornerons à signaler ce qui nous paraît le plus digne de remarque, d'une part, dans les éditions des *OEuvres de Corneille* publiées de son vivant, surtout dans celles qui ont suivi l'avertissement sur l'orthographe dont nous venons de parler; et, d'autre part, dans les manuscrits autographes qui nous restent de notre poëte.

ORTHOGRAPHE ET PRONONCIATION. LXXXV

.... Ce riche tombeau que lui fait son vainqueur
N'est qu'un *appas* superbe à surprendre mon cœur. (VI, 30. *Perth.* 246.)
Il pouvoit, sous l'*appas* d'une feinte promesse,
Jeter dans les soldats un moment d'allégresse. (VI. 629. *Oth.* 1261.)
Si vous leur ordonniez à tous deux de m'en croire,
Et que l'obéissance eût pour eux quelque *appas*.... (VII, 72. *Agés.* 1570.)
Leur *appas* dangereux (*des mauvaises coutumes*), chaque fois qu'il surprend,
Forme insensiblement un obstacle plus grand (VIII, 74. *Imit.* I, 748.)
Tu n'as rien tant à craindre et rien tant à blâmer
Que l'*appas* du péché qui cherche à te charmer. (VIII, 277. *Imit.* III, 372.)
Mille à leurs faux *appas* se laissent enchaîner. (VIII, 67. *Imit.* I, 633.)

Voyez en outre le *Lexique*, au mot APPAS, tome I, p. 63 et 64.

Dessin et *dessein* : voyez le *Lexique*, tome I, p. 287 et 288.

Différens, pour *différends*, tome I du *Lexique*, p. 303.

Anoblir et *ennoblir*, tome I du *Lexique*, p. 367.

c) Plusieurs mots, invariables de leur nature, avaient deux orthographes.

Voyez dans le *Lexique* : AVEC et AVECQUE; DONC et DONQUES; MÊME et MÊMES; PRESQUE et PRESQUES. Nous n'y joignons pas les deux formes, encore employées l'une et l'autre aujourd'hui, JUSQUE et JUSQUES, au sujet desquelles on peut voir, outre l'article qui les concerne dans le *Lexique*, celui de BOUT; et au tome I des *Œuvres*, p. 53, note 1; au tome V, p. 361, note 1.

d) Certaines lettres qui aujourd'hui s'écrivent, plusieurs même de celles qui se prononcent, étaient supprimées du temps de Corneille dans la prononciation comme dans l'écriture.

Ainsi la lettre *c* dans le mot *abject*, qui s'écrivait et se prononçait *abjet* :

Je ne veux pas d'un sang *abjet* comme le tien. (V, 66. *Théod.* 1138.)

Voyez de nombreux exemples dans le *Lexique*, au mot ABJET.

Le *d* se supprimait de même dans plusieurs mots. *Adversaire* s'écrivait souvent *aversaire*, et *avenir* a décidément remplacé *advenir* dans l'édition de 1682 (voyez le *Lexique*, aux mots ADVERSAIRE et AVENIR). On doit voir là une transcription fidèle de la prononciation du temps; l'usage était très-variable dans les cas de ce genre, et il était impossible de conclure d'un mot à l'autre : ainsi nous apprenons du P. Chiflet qu'on disait *ajuger* et *adjudication*.

On écrivait *fast* sans *e* : voyez le *Lexique*, tome I, p. 425.

Compte s'écrivait presque toujours par *nt*, *conte*, tant en prose qu'en vers (voyez tome X, p. 434, *Lettr.*, note 1); nous ne lui avons, dans notre édition, laissé cette forme qu'à la rime. Voyez tome I, 150, *Mél.* 134 *var.*; I, 167, *Mél.* 433; I, 359, *Clit.* 1530; II, 156, *Suiv.* 578; II, 348, *Méd.* 166; II, 454, *Illus.* 397; III, 171, *Cid*, 1230; IV, 227, *Ment.* 1581; IV, 298, *S. du Ment.* 192; V. 74, *Théod.* 1307; V, 457, *D. San.* 937; VI, 56, *Perth.* 844; VI, 635, *Oth.* 1386; VII, 124, *Att.* 406, et note 2; VIII, 45, *Imit.* I, 264; X, 159, *Poés. div.* 30. — Il en était de même pour *compter* (*conter*) : « Cette syllabe n'est jamais *contée* à rien. » (I, 9, *Au lect.*); pour *mécompte* (*méconte*), II, 279, *Pl. roy.* 1078; et pour *mécompter* (*méconter*), II, 317, *Tuil.* 170.

L'*s* ne se prononçait pas dans le mot *restreindre*, qu'on imprimait souvent *rétraindre*, conformément à la prononciation. Voyez tome I, p. 35, note 2; p. 54, note 1; p. 112, note 1; et tome VIII, 670, note 1.

ORTHOGRAPHE ET PRONONCIATION.

e) Remarques diverses :

Corneille aspire l'*h* du verbe *hésiter :*

> Et bien que sur le choix il semble *hésiter*. (VII, 127. *Att.* 459.)

Voyez un autre exemple et quelques éclaircissements à ce sujet dans le *Lexique*, tome I, p. 480, au mot Hésiter.

Dans *halte*, au contraire, l'*h* n'était pas aspirée et se supprimait même dans l'écriture :

> Rien n'étonne : on fait *alte*, et toute la surprise
> N'obtient de ces grands cœurs qu'un moment de remise. (x, 274. *Poés. div.* 313.)

Voyez la note 1 de la page indiquée. — Les deux formes *alte* et *halte* se trouvent, en 1611, dans le *Dictionnaire* de Cotgrave. Richelet, en 1680, et Furetière, en 1690, ne donnent que *alte*. Dans le *Dictionnaire de l'Académie* de 1694, non-seulement *halte* est écrit avec une *h*, mais le lecteur est prévenu que « l'*h* s'aspire. »

Horizon, que nous écrivons avec une *h* muette, est écrit *orizon* dans *Andromède* (tome V, p. 352, note 4).

Dans le mot *héroïque*, nous trouvons la lettre *h* aspirée chez Corneille antérieurement à l'année 1660; et muette à partir de cette époque : voyez l'article Héroïque. — Voyez aussi les mots Harpie, Hollande.

H ajoutée dans certains mots, *chable* pour *cable :* voyez le *Lexique*, au mot Câble.

C doublé dans *sucer*, écrit *succer :* voyez tome VI, p. 172, note 1.

Notre mot *portrait*, qui s'est généralement écrit au seizième siècle *protrait* ou *pourtrait*, a conservé encore, une seule fois il est vrai, dans une indication de mise en scène de *la Suite du Menteur*, cette dernière forme, qui n'est pas restée bien longtemps en usage (tome IV, p. 338, note 1).

Impourvu, qui se trouve dans les premières comédies de Corneille, a été de bonne heure remplacé par *imprévu :*

> Son adultère amour, son trépas *impourvu*. (II, 521. *Illus.* 1632 *var.*)

En 1644 :

> Son adultère amour, son trépas *imprévu*.
> Un prompt saisissement, une atteinte *impourvue*
> Qui nous blesse le cœur en nous frappant la vue. (II, 314. *Tuil.* 105.)

Voyez, au *Lexique*, le mot Impourvu.

Les formes *ol* et *ou* étaient prises l'une pour l'autre. Nous lisons par exemple dans *le Menteur :*

> Alcippe, êtes-vous *fol* ? — Je n'ai plus lieu de l'être. (IV, 167. *Ment.* 489.)

Fol est ainsi écrit dans toutes les éditions imprimées du vivant de l'auteur, sauf précisément les deux premières, celles de 1644, qui portent *fou*, qu'on ne retrouve plus qu'en 1692. Dans la même pièce, au contraire, ce vers :

> Elle se jette au *col* de ce pauvre vieillard (IV, 175, *Ment.* 624).

n'est ainsi orthographié que dans l'édition de 1656; partout ailleurs il y a *cou*.

On trouve, dans les *Poésies diverses*, *soldan*, pour *soudan ;* les deux formes étaient alors en usage : voyez tome X, p. 211, note 1.

A, où nous mettons *e :*

Damoiselle et *Madamoiselle :* voyez tome II, p. 430, note 1 ; et tome VIII, p. 163, note 1.

Guari, pour *guéri*. Cette forme ne se trouve que dans l'édition in-12, du *Cid*, imprimée en 1637 : voyez tome III, p. 111, note 4.

ORTHOGRAPHE ET PRONONCIATION.   LXXXVII

Courratier, pour *courretier*, ou pour notre mot actuel *courtier* : voyez le *Lexique*.

Manottes : voyez le *Lexique*.

Marcenaire : voyez le tome VII, p. 251, note 1. Il faut remarquer que cette orthographe, qu'on croirait la plus ancienne, ne se trouve que dans les éditions de 1682 et de 1692.

La permutation de l'*e* et de l'*a* était alors très-fréquente. Chiflet (*Essay d'une parfaite grammaire*, p. 242) nous apprend qu'en 1668 *arrhes, catarrhes* se prononçaient *errhes, caterrhes*, et que la cour disait encore *sarge*, au lieu de *serge*.

A, au lieu d'*ai* :

Fantasie, pour *fantaisie* : voyez tome II, p. 220, note 2; p. 493, note 3; p. 508, note 4. Ailleurs nous trouvons *fantaisie*, par exemple au vers 389 de *la Galerie du Palais*, tome II, p. 39.

Rejallir, pour *rejaillir* : voyez tome III, p. 348, note 3, tome VI, p. 179, note 1; p. 541; tome VII, p. 239, note 1; p. 264, note 1; tome IX, p. 487, note 4; et le *Lexique*.

Rejallissement : voyez tome VI, p. 345, note 3, et tome VIII, p. 590, note 1.

Ai, pour *a*.

Gagner était souvent écrit *gaigner*, du moins dans les plus anciennes éditions : voyez tome II, p. 41, note 4; p. 190, note 1; p. 465, note 1; et tome V, p. 353, note 1.

Coral, pour *corail* : voyez le *Lexique*.

Ai, *ay*, pour *é*, à la désinence du présent de l'indicatif, devant *je* :

    Dussay-je être impudent autant comme importun. (I, 368. *Clit. var.*)
    Puissay-je vous donner l'exemple de souffrir! (III, 520. *Pol.* 707.)
    Ne méritay-je point de part de vos conquêtes? (VI, 388. *Sert.* 610.)

Eu, écrit *ef* :

Vefve : voyez le *Lexique*, tome II, p. 423 et 424.

Eu, écrit *ue* :

Dueil. Voyez tome III, p. 197, note *a*.

Les formes *eu* et *ou* coexistaient dans des mots où nous n'avons conservé que la dernière; on disait *treuver* presque aussi fréquemment que *trouver* :

    Je le *treuvai* sans vie.... (III, 143. *Cid*, note *b*.)

— Voyez aussi tome V, p. 36, note 3.

O, au lieu d'*oi* :

Ambrosie : voyez ce mot au *Lexique*.

Certains mots ordinairement écrits par *oi* (*ois*) le sont par *ai* (*ais*), *es* dans les éditions originales, ou riment avec des mots écrits par *ai*, ce qui indique comment dès lors la syllabe *oi* se prononçait dans ces mots :

    Avant que de la voir, avant que de *cognestre*
    Si ses attraits auront de quoi le faire naistre.... (II, 313. *Tuil.* 49.)
    Si mon soupçon est vrai, je lui ferai *connaitre*
    Que je ne suis pas homme à seconder un traître. (I, 470. *Veuve*, 1383.)

Voyez au *Lexique*, le mot CONNOITRE.

    Je les prendrai toujours quand je les verrai naître.
— Hippolyte, en ce cas, saura le *reconnoître*. (II, 18. *Gal.* 17.)

LXXXVIII ORTHOGRAPHE ET PRONONCIATION.

> Cette haute vertu va toutefois renaistre :
> A quelques traits déjà je crois la reconnaistre. (x, 119. *Poés. div.* 54, note 1.)

Nous avons fait remarquer que c'est Granet qui a, le premier, remplacé, dans ce dernier vers, *ais* par *oi*.

Le verbe *paroistre* surtout rimait plus fréquemment avec les mots qui s'écrivent et se prononcent *aître* ou *être*, qu'avec ceux qui se prononcent *oître* : voyez le *Lexique*. Dans *la Comédie des Tuileries*, cet infinitif est, à plusieurs reprises, écrit *parestre* :

> Pensez à l'accepter sans me faire *parestre*
> Que quand je suis content vous avez peine à l'estre. (II, 315. *Tuil.* 117, note 1.)
> Exceptez-en Aglante, il m'a bien fait *parestre*
> Que Florine n'est pas ce qu'elle pensoit estre. (II, 322. *Tuil.* 309.)

Croître, prononcé *crêtre* : voyez le *Lexique*.

On peut voir, à l'article ADROIT, le féminin *adroite* rimer avec *retraite;* voici un passage de *la Comédie des Tuileries* où *adroitement* est écrit *adrettement* :

> Que votre esprit est rare et sait *adrettement*
> Faire une raillerie avec un compliment! (II, 322. *Tuil.* 299.)

Maladroit se prononçait *maladret*.

O, pour *ou :*

> .... Du sang allemand fit ruisseler *Bovines*. (x, 211. *Poés. div.* 258.)

Ouil, pour *ou :*

Genou est écrit *genouil* dans ce vers des premières éditions de *Clitandre :*

> Un seul du *genouil* droit offense la jointure.

Voyez tome I, p. 366, où nous aurions dû signaler cette orthographe comme nous l'avons fait ailleurs (tome IX, p. 490, note 1, et p. 524, note 1).

C, pour *g :*

Corneille écrit *crotesque*, suivant l'usage habituel de son temps : voyez le *Lexique*, au mot GROTESQUE, tome I, p. 471.

Les permutations de *c* et de *g* étaient fréquentes alors. Ménage veut qu'on écrive *segond, segret, segretaire, ganif;* Chiflet prétend qu'on prononçait *vacabond;* au reste, encore maintenant, nous disons *cangrène*, tout en écrivant *gangrène*.

G, pour *q :*

On hésitait autrefois entre *intrigue* et *intrique*. Corneille a préféré cette dernière forme :

> Cette possession de vous-même, que vous conservez si parfaite parmi tant d'*intriques*.... (II, 220, *Épître de la Pl. roy.*)

Cette forme ne se trouve en cet endroit que dans les éditions de 1644-1657; la première édition de *la Place royale* porte *intrigue*, mais, dans les autres passages où ce mot est employé, il y a d'ordinaire *intrique* dans toute la série des éditions imprimées du vivant de l'auteur : voyez le *Lexique*, à l'article INTRIGUE.

Il dit de même *intriqué*, pour *intrigué :*

> Ce n'est pas qu'il n'y aye des pièces d'une espèce si *intriquée* qu'il échappe beaucoup de choses à la première représentation. (x, 454. *Lettr.*)

Ge, pour *z :*

Bigearre, au lieu de *Bizarre* : voyez ce mot au *Lexique*, tome I, p. 123.

S, au lieu d'*x :*

On trouve, non pas, à proprement parler, dans les *OEuvres de Corneille*, mais seulement dans *la Comédie des Tuileries*, imprimée d'après un système orthographique assez particulier, *courrous, jalous*, au lieu de *courroux, jaloux* : voyez tome II, p. 313, note 2; et p. 322, note 2.

Dans des pièces publiées par lui-même, on rencontre soit *flus* et *reflus* (les deux mots par *s*), soit *flux* (par *x*), suivi de *reflus* (par *s*) : voyez tome I, p. 420, note *a*; tome VI, p. 515, note 3; et au *Lexique*, les articles Flux et Reflux.

T, au lieu de *d* :
Nort, pour *nord* : voyez tome IX, p. 625, note 2.

T, pour *s* :
Rhinocérot, pour *rhinocéros* : voyez tome VI, p. 300, note

Élision de l'e muet, apostrophe.

On remplaçait souvent par l'apostrophe des *e* muets qui maintenant s'écrivent, bien que la prononciation les élide. Ainsi : *contr'eux* (III, 294, *Hor.* 300); *entr'eux* (III, 320, *Hor.* 889); *quoiqu'énorme* (III, 344, *Hor.* 1417); *quelqu'autre* (III, 489, *Pol.* 58), ailleurs *quelque autre*.

On supprimait parfois l'*e* élidé d'*encore* :

.... Excuse les soupirs
Qu'arrache encor un nom trop cher à mes desirs. (III, 495. *Pol.* 172.)

On trouve écrit sans apostrophe, selon l'ancien usage : *à grand peine*, pour *à grande peine*, *à grand'peine* (III, 536. *Pol.* 1044).

On constatait par l'apostrophe l'origine de *naguère* (il n'y a guère), qu'on imprimait *n'aguère* (III, 495. *Pol.* 173).

Mots composés.

Pour un bon nombre de composés, la fusion ou n'était pas faite encore, ou était moindre qu'à présent. Ainsi l'on écrivait en deux mots : *par tout, sur tout, quoi que* conjonction, *en suite, long temps*, etc.; de même *chevaux légers*, au lieu de *chevau-légers* (autographe de la lettre à Colbert, 1678); on conservait l'*s* de *plus* dans *plustost, la pluspart*, de *hors* dans *hormis*; on séparait par un trait d'union les éléments des composés : *mal-adroit, mal-heureux, mal-traiter, bien-faiteur, bien-séance*, etc. L'usage à cet égard était encore incertain et flottant; on trouve concurremment dans l'édition de 1682 : *mal adroit* et *mal-adroit*; *bien séance* (en deux mots) et *bien-séance, mal-aisé, mal-aisément* et *malaisément* (soit en un mot, soit en deux); *bien-heureux* et *bienheureux; vray semblable* et *vray-semblable*. Voyez aussi au *Lexique* les verbes commençant par la préposition *entre*.

Quelques mots, au contraire, étaient plus étroitement joints que dans l'usage actuel, par exemple : *non-plus, des-lors* et *deslors*, etc.

Accentuation.

Sur le système d'accentuation de la dernière édition de Corneille (1682) et de celle que son frère donna dix ans après (1692), nous nous bornerons à deux ou trois remarques.

Ces éditions ne connaissent pour ainsi dire pas l'accent grave; il semble qu'on ne l'y emploie çà et là que par inadvertance; elles marquent de l'accent aigu aussi bien l'*e* ouvert que l'*e* fermé. Ainsi *piéce, scéne, maniére*, etc. Elles en marquent aussi, contrairement à notre usage, les *e* suivis d'*x*; ainsi : *éxamen, éxemple, éxécuter*, etc. L'accent aigu se place encore sur certains *e* qui, si nous en jugeons par là, devaient se prononcer alors autrement qu'aujourd'hui : *prémier, premiére, sémence* (1682, tome I, p. XLVIII), etc. Nous voyons aussi constamment accentué l'*e* du démonstratif *cét*. Corneille a fait rimer *assiège* avec *privilége*, mais d'Aubignac le lui a reproché. Voyez ci-après, Rime, p. XCIV.

ORTHOGRAPHE ET PRONONCIATION.

MANUSCRITS AUTOGRAPHES DE CORNEILLE.

Si nous passons à l'examen de l'orthographe de Corneille dans ses autographes, nous ne trouvons point de particularités bien dignes d'attirer l'attention: L'orthographe de notre poëte, en général fort régulière pour le temps, est à peu près conforme à celle des principales éditions de son *Théâtre*.

Les deux *fac-simile* que nous joignons à cette édition, l'un d'une page, écrite avec soin, des *Hymnes de sainte Geneviève*, l'autre d'une lettre de trois pages, au R. P. Boulart, très-rapidement tracée, donneront au lecteur une idée suffisante de cette orthographe, qui ne se dément guère dans les trop rares manuscrits de Corneille qui sont parvenus jusqu'à nous; il faut en excepter toutefois la lettre adressée par lui à Colbert dans les derniers temps de sa vie : elle présente quelques traces des réformes proposées dans l'édition de 1663, notamment la distinction de l'*i* et du *j* et celle de l'*u* et du *v*.

Les observations suivantes faciliteront l'examen de nos *fac-simile;* nous nous sommes assuré que les exemples tirés des autres manuscrits de Corneille ne feraient que les confirmer.

a) Lettres destinées, pour la plupart, à indiquer l'étymologie, et aujourd'hui supprimées :

A. Aage (*Hymnes*).

B. Desrobbée, doibs (*lettre à Boulart*); doibvent, soubs, prebtre (1ᵉʳ *juillet* 1641); desrobbe (28 *mai* 1650).

C. Saincts, toicts, traicts (*Hymnes*); pacquet, scavoir (*lettre à Boulart*); contracts, vous scaurez (1ᵉʳ *juillet* 1641); scavante (6 *mars* 1649); je scay (28 *mai* 1650).

D. Adiuster (*lettre à Boulart*); iadvertis, adveu (28 *mai* 1650); iadvoue (3 *juin* 1650); advis (9 *juillet* 1658).

E. Asseurée, seureté, seure, deuc (*Hymnes*); receu, peu (ailleurs *pû*), veu (*lettre à Boulart* et *passim*); j'ay creu (28 *mai* 1650).

F. Geneviefve (*Hymnes*).

G. Cognoissies, cognoistre (6 *mars* 1649).

H. Cholere (*Hymnes*); mélancolique (1ᵉʳ *juillet* 1641); autheur (*lettre à Boulart*); authoriser, authorité (3 *juin* 1650).

L. Hault, estoilles, allarmés, fidelle, pilliers (*Hymnes*); tiltres (1ᵉʳ *juillet* 1641).

N. Honnore (*Hymnes*).

P. Trouppe (*Hymnes*); recepte (1ᵉʳ *juillet* 1641); Appollodorus (28 *mai* 1650).

S. Vespre, mesme, naistre, apostres, nostre, trosne, apreste, osast, abismés, depost, estoit (*ailleurs* étoit), preste, estat, restablie, brusle, aussitost (*Hymnes*); Pasques, vostre, festes, couster (*lettre à Boulart*); escus, monstrer, s'il vous plaist, escriray, quatriesme (1ᵉʳ *juillet* 1641); soustenir, desguiser, esblouir, prest, eschappe, plustost (*dans les deux sens*), pluspart, demesler (28 *mai* 1650); hostel, hostellerie, costé, interests, desdit, mareschal, preschoit, desia, mestier, resveiller (9 *juillet* 1658).

T. Touts, fuitte (*Hymnes*); ietté, datté (*lettre à Boulart*); ie produits (1ᵉʳ *juillet* 1641); néantmoins (9 *juillet* 1658).

U. Vuides (3 *juin* 1650).

b) Mots écrits plus simplement qu'aujourd'hui, et, pour la plupart, d'une manière moins rapprochée de l'étymologie, mais conforme à l'usage le plus ordinaire du dix-septième siècle :

ORTHOGRAPHE ET PRONONCIATION.

Flame, someil, embarassent, flateuse, emprisonez, elle romp, prens, entens (*Hymnes*); rabatiés (6 mars 1649); conte (*pour* compte), sept mil neuf cent.... livres, cinq cents quatrevints (1er *juillet* 1641), etc., etc.

c). Lettres substituées à d'autres :

A où nous mettons E : Vangeance, vangeur (*Hymnes*) ; mandie (*lettre à Boulart*).

C............ S ou SS : Offence, offencant, offencé (*lettre à Boulart, et lettre du 9 juillet* 1658); faciés (*fassiez*) (6 mars 1649).

I .... Y : Deploiant (*Hymnes*).

N............ M : Inputerois (6 *mars* 1649).

S .... X : Deus (*lettre à Boulart*).

S .... Z : Iugerés, daigniés, aués (*lettre à Boulart*); rabatiés, faciés (6 mars 1649); mais dans les *Hymnes de sainte Geneviève* (voyez tome IX, p. 623, note 2), et dans la Lettre à Colbert, cette désinence est toujours écrite *ez* : aviez, aurez.

T .... C : Pretieuse (*Hymnes*); pretieuses (*lettre à Colbert*).

T .... D : Nort (*Hymnes*).

U .... O : Unze (*Lettre à Boulart*).

Y .... I (très-souvent dans le corps des mots, et presque toujours à la fin) : Ayme, lys, tu voys (*Hymnes*); voye, aye (*lettre à Boulart*); aydes, ie vous supplye (1er *juillet* 1641); hyver (6 mars 1649); amy, appuy, essay, foy, roy, hardy, banny, conuerty, voiey, ainsy, parmy, moy, i'ay, ayie (*at-je*), i'ecriray, etc., etc. (*passim*).

Z .... S : Feux redoublez, epuisez, purgez, sacrez, etc. (*passim*).

Ol............ Ou : Six sols (1er *juillet* 1641).

Nous ne notons pas certaines variations d'orthographe comme tout le monde s'en permet et surtout s'en permettait autrefois : *remerciement* et *remercîment*, *Aurange* et *Orange*, etc. (voyez le tome I du *Lexique de Mme de Sévigné*, p. LXXIII et LXXIV). Les diversités de cette sorte sont, du reste, assez rares chez Corneille.

On verra dans les *fac-simile*, et l'on peut déjà remarquer dans quelques-uns des exemples qui précèdent, que Corneille omet souvent la cédille, que la plupart du temps il ne met point les apostrophes, et ne sépare pas les mots entre lesquels elles doivent se trouver, et qu'il n'est pas plus exact à accentuer les *e* que ses contemporains, auxquels il a fait pourtant, l'un des premiers, dans la préface de l'édition de son *Théâtre* de 1663, une curieuse leçon sur les trois sortes d'*e*, qui est devenue le point de départ de ce que toutes les grammaires enseignent de nos jours.

VERSIFICATION.

RIME.

La plupart des rimes de Corneille qui ne nous semblent pas légitimes ne paraissent telles que parce que la prononciation a changé (voyez ci-dessus l'article ORTHOGRAPHE ET PRONONCIATION).

Nous voyons dans le *Compendium Grammaticæ gallicæ* de Dhuëz, publié en 1647[1], que dans *meur* la diphthongue avait le même son que dans *peur*, tandis qu'on prononçait *jeune*, *heurt*, *heurter* et *seur*, comme si ces mots étaient écrits simplement par *u*. Dans Corneille, *meur* rime avec *humeur*; quant à *seur* (pour *sûr*) il faut distinguer : dans les premières pièces il rime avec *sœur* et *possesseur*; mais plus tard *sûre* rime avec *mesure* et *murmure*[2]. Dans la grammaire que nous venons de citer, on trouve la liste suivante des mots où *oi* se prononce *è* : *courtois*, *courtoisie*, *endroit*, *estroit*, *adroit*, *froid*, *croire*. Dix-sept ans plus tard, Raillet, dans son *Triomphe de la langue françoise*, donne une autre liste, contenant à peu près les mêmes mots, et de plus : *croître*, *endroit*, *étroit*, *connoître*, *paroître*. Déjà, en 1549, du Bellay avait indiqué *connoître* et *naître* comme unisones, dans son *Illustration de la langue françoise* (livre II, chapitre VII). Chez Corneille, nous trouvons cette prononciation indiquée par les rimes pour *maladroit*, *croître*, *connoître*, *paroître* (voyez ci-dessus, p. LXXXVII et LXXXVIII), *courtoisie* :

> Vous aimez l'entretien de votre fantaisie ;
> Mais pour un cavalier c'est peu de *courtoisie*. (II, 39. *Gal. du Pal.* 390.)

Quant au présent *je connoi*, il le fait rimer plusieurs fois avec les mots en *oi* (voyez ci-dessus, p. LXIII). Ces différentes prononciations ont laissé du reste des traces durables dans la langue, et il est certain, par exemple, que *froideur* et *froidure*, *croyance* et *créance*, etc., qui diffèrent maintenant par la signification, ne sont pas des formes originairement diverses, mais seulement des façons variées de prononcer un même mot.

Corneille a fait parfois rimer les imparfaits des verbes avec des mots en *oi*[3] :

> Écoute. Eu ce temps-là, dont tantôt je *parlois*,
> Les Déesses aussi se rangeoient sous mes *lois*. (II, 449. *Illus.* 291 et 292.)

Cependant, de son temps déjà, on prononçait assez généralement ces imparfaits comme aujourd'hui. Nous lisons dans un *Discours nouveau sur la mode*, publié en 1613 :

> Il faut, quiconque veut estre mignon de court,
> Gouverner son langage à la mode qui court,
> Qui ne prononce pas *il diset*, *chouse*, *vendre*,

---

1. Page 9. — 2. Voyez le *Lexique*, aux mots MÛR et SÛR.
3. Nous ne parlons pas, tant elle est fréquente encore au dix-septième siècle, de la rime du substantif ou de l'adjectif *françois* avec des mots *ois*, *oix*. On en peut voir deux exemples à la page 89 du tome X.

VERSIFICATION.

> *Parest, contantemens*, fût-il un Alexandre,
> S'il hante quelquefois avec un courtisan,
> Sans doute qu'on dira que c'est un païsan ;
> Et qui veut se servir du françois ordinaire,
> Quand il voudra parler sera contraint se taire.

Le témoignage suivant de Chiflet, en 1668, explique et complète le passage que nous venons de rapporter : « Les estrangers ont tort de dire que cette prononciation est une nouveauté, car il y a plus de quarante ans que je l'ay veuë dans le commun usage Il est vray qu'on luy a long-temps résisté, comme à une mollesse affectée de langage efféminé ; mais enfin elle a gagné le dessus[1]. » Le même auteur reconnaît du reste, dans un autre endroit de son livre, que les deux prononciations avaient cours de son temps : « Il est plus doux et plus commun entre les bien-disans de prononcer *je parlais* ; toutefois ce n'est pas une faute de dire *je parlois*, puis qu'à Paris, dans le barreau et dans les chaires de prédicateurs, il y a beaucoup de langues éloquentes qui ne refuyent pas cette prononciation[2]. »

D'Aubignac a reproché à Corneille d'avoir fait rimer *assiège* avec *privilège* (voyez l'*Appendice* du *Lexique*, tome II, p. 513 et 514) : c'étaient là, disait-il, des rimes normandes. On aurait pu, à plus juste titre, reprocher à notre poëte de faire rimer *charmer* avec l'adjectif *amer* (voyez, au *Lexique*, l'article Amer), *donner* avec *air* :

> Examiner sa taille, et sa mine et son *air*,
> Et voir quel est l'époux que je vous veux *donner* (II, 162, *Ment.* 391 et 392) ;

parler (voyez tome II du *Lexique*, p. 153) et *dissimuler* avec *l'air* :

> Quoi ? Madame, est-ce ainsi qu'il faut *dissimuler* ?
> Et faut-il perdre ainsi des menaces en *l'air* ? (II, 354, *Méd.* 283 et 284) ;

aveugler avec *clair* (voyez, au *Lexique*, l'article Aveugler). Voilà ce que Ménage, qui relève des exemples analogues[3] dans les *Poésies* de Malherbe, appelle des rimes normandes ; elles n'étaient nullement motivées par la prononciation du temps ; car si dans certains mots tels qu'*altier, entier, familier, régulier, séculier, e*, comme nous l'apprend Chiflet[4], avait un son ouvert, il faut remarquer qu'on ne prononçait l'*r* finale, devant une consonne ou à la fin d'une phrase, ni dans les infinitifs en *er*, ni même dans ceux en *ir* ; bien plus, on ne faisait sentir cette lettre, ni dans la plupart des mots en *ir*[5], ni dans *mouchoir*[6].

MESURE.

Corneille a donné à certains mots plus ou moins de syllabes qu'on ne leur en attribue de notre temps en poésie.

Il fait *ancien* de trois syllabes (voyez ce mot dans le *Lexique*, tome I, p. 59, et ajoutez aux exemples cités : x, 188, *Poés. div.* 54), mais sur ce point il se conforme à l'usage de son époque.

Il fait également *meurtrier* de trois syllabes, et quelques-uns de ses contemporains ont cru que c'était là une innovation. Ménage, qui cite volontiers, avec une naïve et confiante satisfaction, son idylle de *l'Oiseleur* à côté du *Cid* et de *Cinna*, fait remarquer, dans ses *Observations sur Malherbe* (tome II, p. 46-48, édition de 1723), que Corneille a osé le premier faire *meurtrier* de trois syllabes :

> Jamais un *meurtrier* en fit-il son refuge ? (III, 147. *Cid*, 749.)
> Jamais un *meurtrier* s'offrit-il à son juge ? (III, 147. *Cid*, 750 *var.*)

---

1. Page 215. — 2. Page 191.
3. Voyez, au sujet de ce genre de rimes, les *Remarques* de Vaugelas, p. 740 (édition de 1697); les *Observations* de Ménage, p. 206 (édition de 1672); les *Observations* de l'Académie française sur les *Remarques* de Vaugelas, p. 431; le *Traité de la Grammaire françoise* de Regnier Desmarais, p. 47 et 48 (édition de 1706).
4. Page 201. — 5. Page 225. — 6. Page 224.

et il ajoute : « Je suis un des premiers qui ai imité en cela M. Corneille, ayant remarqué que les dames et les cavaliers s'arrêtoient, comme à un mauvais pas, à ces mots de *meurtrier, sanglier, bouclier, peuplier*, lorsqu'ils étoient de deux syllabes, et qu'ils avoient peine à les prononcer. M. de Segrais, qui a l'oreille fort délicate, et qui n'est pas moins bon juge de la poésie que bon poëte, se joignit aussitôt à notre parti. » Ménage tenait si fort à cette remarque, où il se présente de pair avec Corneille, que, tout en reconnaissant, dans la seconde édition de ses *Observations sur la langue françoise* (1re partie, p. 498-502), que ce poëte n'a fait en cela que revenir à un usage ancien, dont on trouve des exemples dans Jodelle et dans Regnier, il laisse subsister néanmoins, sans aucune modification, son texte primitif, où il disait que la langue avait obligation de ce changement à M. Corneille. — Voyez encore, au sujet de *meurtrier* trissyllabe, le tome II du *Lexique*, p. 87 et p. 492.

Il est arrivé deux fois à Corneille de faire compter pour une syllabe la désinence verbale muette *ent* :

Comme toutes les deux *jouënt* leurs personnages. (IV, 342. *S. du Ment.* 1014.)
Les sœurs *criënt* miracle, et chacune ravie
Conçoit pour son vieux père une pareille envie. (II, 344. *Méd.* 73.)

Mais il ne donne jamais que deux syllabes à *criera, crieront*, qu'il écrit *crîra, crîront* (voyez le *Lexique*, au mot CRIER).

On lit dans les premières éditions de *Pompée* :

Justifie César et condamne Pompée. (IV, 28. *Pomp.* 14.)

En 1660, Corneille a ainsi refait ce vers :

Justifiant César, a condamné Pompée.

Voltaire va un peu trop loin, on le voit, lorsqu'il dit, au sujet de cet emploi de *justifie* : « On ne trouve guère, dans toutes les pièces de Corneille, que cette seule faute contre les règles de notre versification. » Mais Ménage, dans ses *Observations sur Malherbe* (tome III, p. 38), a eu raison de dire que, par cette manière de scander, Corneille n'a fait que se conformer à l'usage de ses prédécesseurs.

Notons encore, dans les premières éditions du *Menteur*, le mot *aye* placé devant une consonne, et comptant pour deux syllabes (voyez le *Lexique*, tome I, p. 108). Corneille a corrigé ce passage en 1660, et renoncé à cet emploi du mot, qui peut-être, au moment où il se l'était permis, n'était pas fautif encore.

Corneille a écrit dans *le Cid* :

Je ne te puis blâmer d'avoir *fui* l'infamie. (III, 155. *Cid*, 906.)

L'Académie a dit à ce sujet : « *Fui* est de deux syllabes. » Mais il n'a pas tenu compte de cette critique, et a conservé à ce mot cette quantité monosyllabique, qu'il semble avoir introduite, et qui depuis a prévalu. Voyez le *Traité de versification française* de M. L. Quicherat, 2e édition, p. 315 et 316.

Il ne donne qu'une seule syllabe à *hier*; et de même à *oë* dans *poëte*.

Il a réduit *carrefour* à deux syllabes, en écrivant *carfour*.

Voyez ces divers mots dans le *Lexique*.

HIATUS.

On peut dire, en ayant égard au temps de Corneille et au grand nombre de vers que nous avons de lui, qu'il a mis beaucoup de soin à éviter les hiatus : voyez, à ce sujet, tome II, p. 188, note *a*, et p. 480, note *a*; tome X, p. 81, note 2, et p. 131, note 2.

LEXIQUE

DE LA

LANGUE DE CORNEILLE.

A

À, préposition.

Ce mot entre dans un grand nombre de gallicismes, qui abondent chez Corneille, et sont d'autant plus importants à recueillir qu'ils ont été, pour la plupart, fort injustement critiqués.

À, où d'ordinaire aujourd'hui nous mettons *pour*, devant un substantif, un pronom ou un mot employé substantivement :

Réserve ton courroux tout entier *au* besoin. (I, 281. *Clit.* 120.)
L'admirable rencontre *à* mon âme ravie. (I, 314. *Clit.* 669¹.)
Comme ils avoient choisi même heure *à* votre mort,
En même heure tous deux auront un même sort. (I, 316. *Clit.* 727.)
C'est *à* ceux de notre âge un puissant ennemi. (I, 350. *Clit.* 1327.)
Cet État de nouveau rangé sous ma puissance,
Ce sceptre par vos mains dans les miennes remis,
A mes vœux innocents sont autant d'ennemis. (IV, 80. *Pomp.* 1296.)
Quel charme *à* mon trépas de penser qu'elle m'aime ! (I, 462. *Veuve*, 224.)
Qu'il vienne, ce rival, apprendre *à* son malheur
Que s'il me passe en biens, il me cède en valeur. (II, 188. *Suiv.* 1179.)
Puisque tu la hais tant, pourquoi la gardes-tu?
— *Au* bien de nos enfants.... (II, 383. *Méd.* 869.)
Quelle douce nouvelle *à* ces jeunes amants ! (III, 107. *Cid*, 3 var.)
Et je garde, au milieu de tant d'âpres rigueurs,
Mes larmes *aux* vaincus, et ma haine *aux* vainqueurs. (III, 286. *Hor.* 94.)

1. Voyez la note 1 de la page indiquée.

Ce coup est un peu rude à l'esprit le plus fort. (III, 346. *Hor.* 1457.)
O vous, à ma douleur objet terrible et tendre. (IV, 87. *Pomp.* 1458.)
.... Soyez prêt à demain. (III, 180. *Cid.* 1444.)
.... L'auteur de vos jours m'a promis à demain
Le bonheur sans pareil de vous donner la main. (III, 295. *Hor.* 337.)
On prépare à demain exprès d'autres victimes. (VI, 170. *OEd.* 833.)
Allons ensemble, allons, sous de si doux auspices,
Préparer à demain de pompeux sacrifices. (VI, 349. *Tois.* 2235.)
Toute heure étoit trop courte à cette sainte idée. (VIII, 103. *Imit.* I, 1254.)
Ainsi des plus grands saints la sagesse profonde
Pour ne vivre qu'à Dieu fuyoit les yeux du monde. (VIII, 114. *Imit.* I, 1471.)
.... On ne me compte à rien. (VIII, 465. *Imit.* III, 4208.)
Et tu regarderois comme un grand avantage
    Le bien de n'être à rien compté. (VIII, 494. *Imit.* III, 4828.)
Ne compte à rien le monde. (VIII, 530. *Imit.* III, 5543.)

À, où nous mettons plutôt *pour*, devant un verbe à l'infinitif :

.... Il faut si peu que rien à toucher mon courage. (I, 166. *Mél.* 414.)
Ma gloire et mon amour peuvent bien peu pour moi,
S'il faut votre présence à soutenir ma foi. (V, 513. *Nic.* 46.)
Il lui faut un grand crime à tenter son devoir. (V, 567. *Nic.* 1245.)
Ce qu'il faut de tritons à pousser un navire. (X, 239. *Poés. div.* 62.)
O le honteux motif à changer de maîtresse! (I, 180. *Mél.* 632.)
J'invente des raisons à combattre sa haine. (II, 230. *Pl. roy.* 117.)
On te vole Doris, et ta feinte colère
Manqueroit de prétexte à quereller son frère! (I, 438. *Veuve*, 768.)
    .... Que dira l'envie,
Si sous votre défense il ménage sa vie,
Et s'en fait un prétexte à ne paroître pas
Où tous les gens d'honneur cherchent un beau trépas? (III, 179. *Cid.* 1419.)
Le reste est un prétexte à soulager ma peine. (III, 504. *Pol.* 370.)
Il a pris un prétexte à sortir promptement. (IV, 336. *S. du Ment.* 893.)
Peut-être un peu d'orgueil vous a mis dans la tête
Qu'à venger leur mépris ce prétexte est honnête. (V, 439. *D. San.* 494.)
.... C'est un grand prétexte à troubler une ville. (VI, 144. *OEd.* 226.)
La vérité n'aura ni le nom ni l'effet
Que d'un adroit mensonge à couvrir ce forfait. (V, 177. *Hér.* 508.)
Invente à m'éblouir quelques nouveaux détours. (IV, 224. *Ment.* 1535.)
.... Une froideur depuis peu survenue,
De tant de vœux perdus ayant su me lasser,
N'attendoit qu'un prétexte à m'en débarrasser. (I, 178. *Mél.* 610.)
    .... Toute la chasse prête
N'attend que ma présence à relancer la bête. (I, 306. *Clit.* 526.)
    Cléopatre a lieu d'attendre ce jour-là à faire confidence à Laonice de ses desseins. (IV, 425. *Exam. de Rod.*)
Je n'ai pas résolu de mourir à ton choix,
Dit-elle, ni d'attendre à rejoindre Flavie,
Que ta rage insolente ordonne de ma vie. (V, 98. *Théod.* 1831.)

.... J'attendois, Seigneur, à vous le déclarer,
Que par vos grands exploits votre rare vaillance
Pût faire à l'univers croire votre naissance. (v, 183. *Hér.* 626.)
.... Et pourrez-vous attendre
A prendre soin de lui qu'il soit trop tard d'en prendre ?(vii, 532.*Sur.* 1698.)
Cette brillante couverture
N'attend que ton vouloir *à* prendre son éclat. (ix, 273. *Ps. pén.* 110.)
Cette inclination, qui jusqu'ici vous mène,
A me la déguiser vous donne trop de peine. (i, 278. *Clit.* 62.)
Achève, malheureuse, achève de vêtir
Ce que ton mauvais sort laisse *à* te garantir. (i, 306. *Clit.* 528.)
Recherche maintenant, par un plus juste effet,
Une fausse innocence *à* cacher ton forfait. (i, 307. *Clit.* 532.)
.... Mon cœur accablé de mille déplaisirs,
Cherche la solitude *à* cacher ses soupirs. (iii, 288. *Hor.* 134.)
Je vais chercher du monde *à* souper avec vous. (iv, 348. *S. du Ment.* 1144.)
J'irai dessus ses pas aux deux bouts de la terre
Chercher des ennemis *à* te faire la guerre. (vi, 31. *Perth.* 259.)
Du moins dis quelque chose *à* te justifier. (ii, 263. *Pl. roy.* 760.)
L'amour seul, assez fort pour la persuader,
Ne veut point d'autre tiers *à* les raccommoder. (ii, 298. *Pl. roy.* 1461.)
Mon chagrin t'importune, et le trouble où je suis
Veut de la solitude *à* calmer tant d'ennuis. (iii, 422. *Cin.* 860.)
Elle veut un grand homme *à* recevoir ma foi. (vi, 378. *Sert.* 363.)
Je ne veux ni Moïse *à* m'enseigner tes voies,
Ni quelque autre prophète *à* m'expliquer tes lois. (viii, 263. *Imit.* iii, 79.)
Par eux mon bras, armé d'une juste rigueur,
Va trouver des chemins *à* lui percer le cœur. (ii, 387. *Méd.* 948.)
.... Je me résoudrois à cet excès d'honneur
Pour mieux choisir la place *à* lui percer le cœur. (vi, 438. *Sert.* 1784.)
Pour avoir l'accès libre *à* pousser ma fureur,
Et mieux choisir la place *à* te percer le cœur. (vi, 62. *Perth.* 997.)
Cependant cet exil, ces retraites paisibles,
Cet unique souhait d'y terminer leurs jours,
Sont des mots bien choisis *à* remplir leurs discours. (vii, 45. *Agés.* 880.)
Ils m'ouvrent une porte *à* sortir d'esclavage. (vi, 160. *Œd.* 623.)
A lui rendre service elle m'ouvre une voie
Que tout mon cœur embrasse avec excès de joie. (vi, 393. *Sert.* 733.)
Daignez faire encor plus, montrez-moi le sentier
Qu'*à* me rétablir je dois suivre. (ix, 277. *Ps. pén.* 38.)
Mes vaisseaux à la rade, assez proches du port,
N'ont que trop de soldats *à* faire un coup d'effort. (ii, 374. *Méd.* 688.)
Ses attraits tout-puissants ont des avant-coureurs
Encor plus souverains *à* lui gagner les cœurs. (iv, 374. *S. du Ment.* 1600.)
Si vous n'avez un charme *à* vous justifier. (iv, 503. *Rod.* 1734.)
.... N'ayant que moi-même *à* vous parler pour moi. (vi, 301. *Tois.* 1070.)
.... J'ai d'autres moi-même *à* servir en ma place. (x, 188. *Poés. div.* 64.)
.... Immolons avec joie
Ceux qu'*à* me dire adieu Créuse me renvoie. (ii, 406. *Méd.* 1334.)

Ce Roi, qui voit sous lui trembler tant d'autres rois....
Envoie à l'assiéger une effroyable armée. (IX, 36. *Louanges*, 527.)
Je ferai mon possible à bien venger mon père. (III, 158. *Cid*, 982.)
.... J'ai trouvé chez moi cinq cents de mes amis,
Qui sachant mon affront, poussés d'un même zèle,
Se venoient tous offrir à venger ma querelle. (III, 163. *Cid*, 1080[1].)
Que désormais le ciel, les enfers et la terre
Unissent leurs fureurs à nous faire la guerre.... (III, 300. *Hor.* 424.)
.... Deux princes unis à soupirer pour vous. (IV, 478. *Rod.* 1189.)
.... Dieu dont on ne doit jamais se défier
Me donne votre exemple à me fortifier. (III, 520. *Pol.* 704.)
   .... Un exemple à faillir. (VI, 164. *OEd.* 690.)
Ne te lasse donc point d'enfanter des merveilles,
De prêter ton exemple à conduire nos veilles. (X, 130. *Poés. div.* 20.)
Le savoir t'est donné pour guide à moins faillir. (IX, 36. *Imit.* I, 112.)
A punir les chrétiens son ordre est rigoureux. (III, 535. *Pol.* 1023.)
.... Comme il suffira de trois à me garder. (III, 538. *Pol.* 1096.)
Oh! le beau compliment à charmer une dame. (IV, 158. *Ment.* 322.)
Vous seriez un grand maître à faire des romans. (IV, 160. *Ment.* 356.)
Donnez-lui quelque signe à les pouvoir connoître. (IV, 178. *Ment.* 698.)
Cette place pour vous est commode à rêver. (IV, 202. *Ment.* 1148.)
Que l'argent est commode à faire une folie(! IV, 291. *S. du. Ment.* 47.)
   Comme j'ai cru que cette action étoit assez généreuse pour mériter une personne plus illustre à la produire, j'ai fait de cette nourrice une gouvernante. (V, 144. *Au lec. d'Hér.*)
....Quelque effort qu'on fasse à rompre ces beaux nœuds. (V, 169. *Hér.* 320.)
Quelque effort que je fasse à lire dans son âme. (V, 227. *Hér.* 1648.)
.... Il n'est pas aux Dieux besoin de plus d'effort
A changer votre cœur qu'à changer votre sort. (V, 369. *Andr.* 1145.)
Quelque effort qu'ici-bas l'homme fasse à bien vivre(VIII, 110.*Imit.*1,1388)
.... Son ambition adroite à le séduire. (V, 213. *Hér.* 1307.)
.... Ce riche tombeau que lui fait son vainqueur
N'est qu'un appas superbe à surprendre mon cœur. (VI, 30. *Perth.* 246.)
.... *A* tout dire enfin.... (VI, 267. *Tois.* 259.)
   Le patrice Aspar le servit à monter au trône (VII, 378. *Au lect. de Pulch.*)
Et ce coup merveilleux serviroit de tonnerre
A jeter l'épouvante au cœur des plus grands rois. (IX, 269. *Off. V.* 64.)
Qu'ai-je affaire de race à me déshonorer? (VII, 443. *Pulch.* 1535.)
Sur quels rois aisément ne pourrai-je emporter,
En faveur de Mandane, un sceptre à la doter? (VII, 499. *Sur.* 872.)
   .... Le corps gémit sans cesse,
   Accablé sous les moindres croix,
Parce que de l'esprit la honteuse mollesse
   N'agit qu'avec foiblesse,
Et refuse son aide à soutenir leur poids. (VIII, 129. *Imit.* I, 1766.)
Tu seras son prophète à préparer sa voie. (IX, 161. *Off. V.* 35.)
Dans les deux sections d'exemples qui précèdent, il en est où à peut être rattaché,

---

1. Voyez la variante 4 de la page indiquée.

comme régime indirect, à un verbe ou à un adjectif. Ainsi : « réserve *au* besoin ; je garde *aux* vaincus ; ennemis *à* mes vœux ; prétexte *à* quereller ; suffire *à* garder ; s'offrir *à* venger. » Nous n'avons pas besoin de faire remarquer que parmi ces tours il en est plusieurs qui sont encore en usage. Voltaire blâme cette locution en quelques endroits de Corneille où il semble s'être mépris sur son véritable sens. Il est assez embarrassant de savoir au juste ce qu'il pense du vers 1734 de *Rodogune*, cité plus haut (p. 3), car il se contente de dire : « Cela n'est pas français. » Au sujet du premier exemple tiré de la tragédie d'*Horace* (p. 3), il prononce le même arrêt dans les mêmes termes, mais du moins il développe ensuite sa pensée : « On cherche la solitude pour cacher ses soupirs, et une solitude propre à les cacher. On ne dit point *une solitude, une chambre à pleurer....* comme on dit *une chambre à coucher*. » A coup sûr, *à cacher* n'est pas le complément de *solitude* comme *à coucher* est celui de *chambre*. Le premier exemple de *Sertorius* (p. 3) amène une note encore plus bizarre : « C'est un barbarisme : on dit bien, *il est homme à recevoir sa foi*, et encore ce n'est que dans le style familier... ; mais *un grand homme à faire quelque chose* ne peut se dire.... *Vouloir à* est encore plus vicieux. » C'est toujours la même préoccupation de l'usage du dix-huitième siècle, le même oubli de l'usage ancien, du très-légime emploi de la préposition *à* pour marquer un grand nombre des rapports qu'on s'est plus tard habitué à rendre par *pour*. Cet usage a duré, en devenant peu à peu moins fréquent et disparaissant successivement de certains tours, pendant tout le dix-septième siècle, et nous aurons à en citer plus d'un exemple dans le *Lexique* de Racine.

À, devant un verbe à l'infinitif, après des mots que nous construisons d'ordinaire avec *de*.

Plusieurs des exemples qui suivent ont beaucoup d'analogie pour le sens avec ceux qui précèdent.

Il est tant de moyens *à* fléchir un courage ! (II, 183. *Suiv.* 1090 *var.*)
J'aurai trop de moyens *à* te faire sentir
Qu'on ne m'offense point sans un prompt repentir. (II, 202. *Suiv.* 1479.)
J'aurai trop de moyens *à* te garder ma foi. (II, 260. *Pl. roy.* 691 *var.*)

Corneille a remplacé *à* par *de*, dans le premier exemple en 1663, dans le troisième dès 1648.

Il suffit que nous n'inventions pas ce qui de soi n'est point vraisemblable, et qu'étant inventé de longue main, il soit devenu si bien de la connoissance de l'auditeur, qu'il ne s'effarouche point *à* le voir sur la scène. (I, 74. *Disc. de la trag.*)
Prendre l'ordre *à* mourir d'une main ennemie,
C'est mourir, pour un roi, beaucoup plus d'une fois. (II, 398. *Méd.* 1175.)
César se dépouillant du pouvoir souverain,
Nous ôtoit tout prétexte *à* lui percer le sein. (III, 426. *Cin.* 952.)
.... Ce lâche attentat n'est qu'un trait de l'envie
Qui s'efforce *à* noircir une si belle vie. (V, 560. *Nic.* 1104.)
Toute ingrate qu'elle est, je tremble *à* lui déplaire. (VI, 51. *Perth.* 744.)

Ce dernier vers est reproduit textuellement dans *Tite et Bérénice* (VII, 213, vers 332.)

L'habitude *à* régner et l'horreur d'en déchoir. (VII, 382. *Pulch.* 15.)

De même après *fuir*, dans le sens d'éviter :

Ne desire donc point, fuis même *à* regarder
Tout ce que sans péché tu ne peux posséder. (VIII, 405, *Imit.* III, 2974.)

À devant un substantif que nous construisons avec *de* :

A quel droit gardes-tu l'aimable nom de vie ? (VIII, 366. *Imit.* III, 2179.)

À rendant l'idée de *propre à, capable de, suffisant pour :*

Ah! que n'as-tu des yeux *à* lire dans mon âme! (II, 380. *Méd.* 821.)
Ils viennent de nous joindre avec une puissance
A beaucoup espérer, *à* craindre beaucoup d'eux. (VII, 45. *Agés.* 902.)
.... Cléon d'Halicarnasse,
Dont l'éloquence a tant d'éclat,
Lui vend une harangue *à* renverser l'État. (VII, 52. *Agés.* 1098.)

À exprimant un rapport que nous remplaçons souvent aujourd'hui par celui que marquent les prépositions *en, dans,* avec ou sans mouvement :

Les deux, tous morts qu'ils sont, qu'on les traîne *à* la boue. (I, 317. *Clit.* 749.)
O Dieu! ma force usée *à* ce besoin me laisse! (III, 117. *Cid,* 230 *var.*)

Ainsi dans les premières éditions; en 1660 Corneille a remplacé *à* par *en.*

Je suis jeune, il est vrai; mais *aux* âmes bien nées
La valeur n'attend point le nombre des années. (III, 129. *Cid,* 405.)
Viens, suis-moi, va combattre, et montrer à ton roi
Que ce qu'il perd *au* Comte il le recouvre en toi. (III, 164. *Cid,* 1100.)
Partout en Italie, *aux* Gaules, en Espagne,
La fortune le suit, et l'amour l'accompagne. (IV, 43. *Pomp.* 393.)
Vous dites vrai, ma sœur, et ces effets sinistres
Me font bien voir ma faute *au* choix de mes ministres. (IV, 77. *Pomp.* 1202.)
Si tu pouvois savoir quel plaisir on a lors
De leur faire rentrer leurs nouvelles *au* corps.... (IV, 168. *Ment.* 368.)
.... Quand j'eus bien pensé que j'allois à mon âge
Au sortir de Poitiers entrer *au* mariage. (IV, 291. *S. du Ment.* 36.)
C'est *à* ce dessein que dès le premier acte, je fais connoître la venue de César. (IV, 22. *Exam. de Pomp.*)
Mais elle-même vient, hélas! *à* quel dessein? (V, 87. *Théod.* 1601.)
.... *A* quel dessein vient-il parler à moi? (V, 180. *Héracl.* 579.)
Le dernier recours de cette désespérée est *à* cet illustre inconnu. (V, 267. *Dessein d'Andr.*)
C'étoit assez d'espoir que d'espérer *au* temps. (V, 333. *Andr.* 425.)
Abandonner mon camp en est un (*un crime*) capital,
Inexcusable en tous, et plus *au* général. (V, 533. *Nic.* 478.)
S'il ne revivoit pas *au* prince Nicomède. (V, 551. *Nic.* 912.)
Le retire du mal, et l'affermit *au* bien. (VIII, 602. *Imit.* IV, 490.)
Passe au ferme propos de corriger ta vie,
D'avancer *aux* vertus où ma voix te convie. (VIII, 623. *Imit.* IV, 928.)
Ne songe à lui rendre service (*au Seigneur*)
Que l'hymne dans la bouche et l'allégresse *au* cœur. (IX, 133. *Off. V.* 4.)
Leurs pas....
.... l'auront pour leur guide *aux* sentiers de la paix. (IX, 161. *Off. V.* 48.)
Auteur de l'univers....
A toute rencontre, *à* toute heure,
... jusqu'à toi j'ose élever mes yeux. (IX, 191. *Off. V.* 3.)
Ronsard, qu'elle (*la Libéralité*) flattoit à son commencement,

La crut avec son roi couchée *au* monument. (x, 117. *Poés. div.* 31.)
Cette ardeur qui des chefs passe *aux* moindres soldats. (x, 209. *Poés. div.* 23.)
.... Les Faunes assommés
Rentreront *au* néant dont on les a formés. (x, 236. *Poés. div.* 20.)
Réjouissons-nous *au* Seigneur. (ix, 78. *Off. V.*)
Mon âme a espéré *au* Seigneur. (ix, 234. *Off. V.*)
Son cœur se tient toujours prêt d'espérer *au* Seigneur. (ix, 308. *Vépr. D.*)

La traduction en vers de ce dernier passage est :

Son cœur est prêt à tout, *en* Dieu seul il espère. (ix, 309. *Vépr. D.* 25.)

Nous n'avons pas besoin de faire remarquer que cet emploi de la préposition *à* s'est conservé dans plusieurs des locutions citées. Ainsi *à toute heure, recours à*, etc.

À suivi d'un verbe à l'infinitif, avec une valeur analogue à celle de *en* formant avec le participe présent une locution correspondante au gérondif en *do* des Latins.

Dans plusieurs des exemples qui suivent, *à* et son infinitif peuvent se remplacer par *si* suivi d'un verbe à un mode personnel.

Ah! Mélite, pardon! je t'offense *à* nommer
Celle qui m'empêcha si longtemps de t'aimer. (i, 187. *Mél.* 741.)
On devient ton complice *à* te favoriser. (i, 352. *Clit.* 1363.)
.... L'amour paternel qui fait agir leurs bras
Croiroit commettre un crime *à* n'en commettre pas. (ii, 345. *Méd.* 88.)
Ma tristesse redouble *à* la tenir secrète. (iii, 110. *Cid.* 78.)
.... Sa beauté redouble *à* se faire chercher. (x, 238. *Poés. div.* 48.)
Et permettez que l'heur qui suivra votre époux
Se puisse redoubler *à* le tenir de vous. (iv, 469. *Rod.* 978.)
.... Mon mal augmente *à* le vouloir guérir. (iii, 123. *Cid.* 327.)
A vaincre sans péril on triomphe sans gloire. (iii, 130. *Cid.* 434.)
A me défendre mal je les aurois trahis. (iii, 183. *Cid.* 1488.)
Joignons à la douceur de venger nos parents
La gloire qu'on remporte *à* punir les tyrans. (iii, 389. *Cin.* 108.)
Je deviendrois suspect *à* tarder davantage. (iii, 398. *Cin.* 317.)
A raconter ses maux souvent on les soulage. (iii, 494. *Pol.* 161.)
.... Son honneur se perd *à* le trop conserver. (iv, 164. *Ment.* 440.)
.... Sache qu'*à* te suivre
Je t'apprendrai bientôt d'autres façons de vivre. (iv, 160. *Ment.* 373.)
.... Je tremble encore *à* te le dire. (iv, 317. *S. du Ment.* 523.)
De peur qu'en un moment l'amour ne s'estropie
A voir l'original si loin de la copie. (iv, 329. *S. du Ment.* 772.)
.... *A* nous voir l'un de l'autre rivaux,
Nous ne concevions pas la moitié de nos maux. (iv, 458. *Rod.* 693.)
.... *A* l'aimer tant soit peu vous l'auriez deviné. (iv, 327. *S. du Ment.* 737.)
J'entreprendrois sur elle *à* l'accepter de vous. (iv, 467. *Rod.* 941.)
J'en ferois autant qu'elle *à* vous connoître moins. (iv, 499. *Rod.* 1634.)
Cette indigne fierté ne seroit pas punie,
A ne vous ôter rien de plus cher que la vie. (v, 50. *Théod.* 736.)
.... Les illustres noms d'infâme et de rebelle

Vous semblent précieux *à* les porter pour elle. (v, 59. *Théod.* 964.)
J'ai été assez heureux *à* les inventer et *à* leur donner place dans la tissure de ce poëme. (v, 297. *Argum.* d'*Andr.*)
Consulte Garibalde, il tremble *à* voir son maître (vi, 66. *Perth.* 1071.)
.... Tu ferois un crime *à* lui dissimuler
Que ce qu'il fait pour toi te condamne à parler. (vi, 122. *Vers à Foucquet*, 23.)
.... Je hasarde tout *à* quitter les Thébains. (vi, 145. *OEd.* 263.)
Je croirois faire un crime *à* vous le déguiser. (vi, 277. *Tois.* 543.)
Tu perds de ton grand art la force ou l'imposture,
A t'armer contre moi de toute la nature. (vi, 312. *Tois.* 1345.)
Il seroit moins coupable *à* m'avoir moins aimée. (vi, 438. *Sert.* 1778.)
Lui-même il s'en console et trompe sa douleur
A croire que la main n'a point donné le cœur. (vi, 476. *Soph.* 74.)
Jugez par là l'excès de ma confusion
A me voir attachée au char de Scipion. (vi, 497. *Soph.* 602.)
Après tant de bontés et de marques d'estime,
A vous moins déférer je croirois faire un crime. (vii, 84. *Agés.* 1817.)
Si l'amitié vous plaît, si vous aimez l'estime,
A vous les refuser je croirois faire un crime. (vii, 483. *Sur.* 498.)
.... Ce n'est qu'*à* la suivre
Que le cœur s'affranchit de tout aveuglement. (viii, 30. *Imit.* i, 9.)
.... *A* trop l'approfondir, il (*le sens de la parole de Dieu*) égare, il abîme
L'esprit du curieux. (viii, 52. *Imit.* i, 384.)
Qu'elle amasse de force *à* l'entendre parler! (viii, 259. *Imit.* iii, 7.)

Voltaire, comme on peut le voir dans ses remarques sur les vers 941, 978, et 1634 de *Rodogune*, a blâmé certaines applications de ce tour, qui, après quelques verbes, est demeuré fréquent dans la langue. Il a dit lui-même dans *OEdipe* (acte II, scène iv) :

La vertu s'avilit *à* se justifier.

À signifiant *vers, envers, relativement à, quant à.*

C'est, dans plusieurs des exemples que nous citons, un emploi analogue à celui d'*à* équivalent à *pour*. Voyez ci-dessus, p. 1 et 2.

A toi seul j'élève mes yeux. (viii, 577. *Imit.* iii, 6549.)
.... Prenant *à* l'empire un chemin éclatant. (v, 207. *Hér.* 1181.)
Ne soyez plus de glace *à* qui brûle pour vous. (i, 153. *Mél.* 196.)
Florame vaut lui seul *à* ma pudique flamme
Tout ce que peut le monde offrir à mes ardeurs. (ii, 192. *Suiv.* 1274.)
.... Je te connnois mieux, tu veux que je te prie,
Et qu'ainsi mon pouvoir t'excuse *à* ta patrie. (iii, 305. *Hor.* 544.)
Ces titres *aux* chrétiens sont-ce des impostures? (iii, 524. *Pol.* 786.)
Cet Être universel, *à* qui rien ne périt. (viii, 173. *Imit.* i, 2661.)
Plus un homme *à* lui-même étudie à mourir,
Plus il commence à vivre *à* l'auteur de son être. (viii, 256. *Imit.* ii, 1663.)
Heureusement déçus *au* sens de votre oracle. (vii, 355. *Psy.* 1730.)

À marquant la durée, comme dans la locution *à jamais.*

C'est encore un rapport souvent rendu par *pour*.

C'est pour bénir ton nom : souffre qu'avec tes anges

A toute éternité nous puissions le bénir. (IX, 129. *Off. V.* 36.)
Adorons tous son nom : sa douceur adorée
   Fait revivre *à* l'éternité. (IX, 135. *Off. V.* 18.)
Toutes deux (*la grâce et la vérité*) sont pour vous d'une égale étendue,
   Et durent *à* l'éternité. (IX, 175. *Off. V.* 8.)
      Il veut que sa justice
A toute éternité se fasse respecter. (IX, 305. *Vêpr. D.* 32.)

À exprimant le même rapport que *selon, suivant, d'après* :

.... Si l'on pouvoit croire un père *à* sa parole. (IV, 162. *Ment.* 394.)
A sa lettre il paroît qu'il a beaucoup d'esprit. (IV, 312. *S. du Ment.* 401.)
Tout se prépare mal *à* cet échantillon. (IV, 362. *S. du Ment.* 1404.)
Ainsi chacun des deux connoît l'autre *au* visage. (VI, 190. *OEd.* 1313.)
Se fait à tout son camp reconnoître *à* la voix. (X, 210. *Poés. div.* 243.)
Il leur montre à doubler leurs files et leurs rangs,
A changer tôt de face *aux* ordres différents. (X, 199. *Poés. div.* 72.)
Par votre ordre on la quitte, et cet ami fidèle
Me pourroit *au* même ordre abandonner comme elle.(VI,546.*Soph.*1740.)
   Vous ne serez pas fâché que je vous fasse voir *à* mon ordinaire les
originaux dont j'ai tiré cet événement. (VI, 6. *Au lect. de Perth.*)

   La Fontaine a dit de même dans *Psyché* (livre II) : « La voilà tentée *à* son ordinaire. » On se sert aujourd'hui de *comme à mon ordinaire, comme à son ordinaire,* locutions languissantes qui n'expriment rien de plus.
   Dans plusieurs de ces exemples, le rapport qu'exprime *à* pourrait aussi se remplacer par celui que marque *par.* Voyez ci-après, p. 10 et 11.

À, où nous mettons *sur* :

Il falloit qu'il lui vît sa couronne *à* la tête. (VI, 492. *Soph.* 495.)

À équivalent à *devant, sous* :

            .... Il vaut mieux
Que l'on ne traite point cette affaire *à* tes yeux. (I, 450. *Veuve,* 1014.)
Tu peux pleurer, Valère, et même *aux* yeux d'Horace. (III,354.*Hor.*1675.)
C'est un emploi d'*à* qui est demeuré très-usité. Voyez le *Lexique* de Racine.

À marquant à peu près le même rapport qu'*avec* :

Me payer *à* bon coups.... (I, 229. *Mél.* 1442.)
De notre sang *au* leur font d'horribles mélanges. (III, 173. *Cid,* 1298.)
Pourvu qu'*à* moins de sang nous voulions l'apaiser. (III, 294. *Hor.* 305.)
Il les en voit sortir, mais *à* coiffe abattue. (IV, 183. *Ment.* 785.)
D'une collation superbe et magnifique,
Servie *à* tant de plats. (IV, 187. *Ment.* 887.)
N'est-ce point que le ciel ne consent qu'avec peine
Cette triste union d'un sujet *à* sa reine? (V, 460. *D. San.* 1010.)
Vous marcherez vers Rome *à* communes enseignes. (VI, 377. *Sert.* 345.)
Choisissez donc ensemble, *à* communs sentiments,
Des charges dans ma cour, ou des gouvernements. (VI, 619. *Oth.* 1015.)
Charleroi, qui t'attend, mais *à* portes ouvertes,
A forts démantelés, *à* travaux démolis,

Sur le nom de son roi laisse arborer tes lis. (x, 204. *Poés. div.* 146.)
Peuple, *à* vœux redoublés, souhaitez-lui la paix. (ix, 185, *Off. V.* 22.)

A prend la même signification dans *à main forte :*

C'est Doraste qui sort et nous suit *à* main forte. (II, 281. *Pl. roy.* 1114.)
Le duc, ayant appris quelles intelligences
Déroboient un tel fourbe à vos justes vengeances,
L'attendoit *à* main forte.... (VI, 95. *Perth.* 1745.)

Ici encore, dans quelques exemples, le sens flotte entre ceux de *par* et d'*avec*. Voyez la section suivante.

À ayant une valeur analogue à celle de *par*.

Mathurin Cordier, dans son traité *De corrupti sermonis emendatione* (chapitre III, p. 35, § 11), conseille avec raison aux écoliers de traduire cette phrase : « Il ne se veut pas laisser battre à son regent, » par la suivante : *A præceptore non sinit se verberari*. Suit-il nécessairement de là que notre préposition *à*, dans cette acception, vienne, comme on le suppose communément, du latin *a* ou *ab*? C'est une question que nous n'avons point à examiner ici.

.... Une folle jeunesse,
Qui se laisse affiner *à* ces traits de souplesse. (I, 190, *Mél.* 792.)
Lysarque et vos archers, depuis ce lieu funeste,
Se laissèrent conduire *aux* traces de mon sang. (I, 315. *Clit.* 691.)
Notre plume à lui seul doit se laisser conduire. (II, 27. *Gal. du Pal.* 154.)
Laisse-toi vaincre enfin *à* de si fortes armes. (II, 276. *Pl. roy.* 1014.)

.... Mon peu de jugement
Ne se laissoit guider qu'*à* mon ressentiment. (II, 282. *Pl. roy.* 1136.)
Mon cœur, qui se partage en deux affections,
Se laisse déchirer *à* mille passions. (II, 348. *Méd.* 164.)
A tes moindres coups d'œil je me laisse charmer. (II, 475. *Illus.* 799.)
Je me laisse charmer *à* ce discours flatteur. (II, 514. *Illus.* 1491.)
Hélas! *à* quel espoir me laissé-je emporter! (III, 177. *Cid*, 1375.)
.... Se laissant ravir *à* l'amour maternelle. (III, 285. *Hor.* 59.)
.... Ceux que vos rigueurs ne font qu'effaroucher,
Peut-être *à* vos bontés se laisseront toucher. (III, 438. *Cin.* 1216.)
Les uns se laissent si bien persuader à cet enchaînement.... (III, 474. *Abrégé du martyre de saint Polyeucte.*)
Il soupçonne aussitôt son manquement de foi,
Et se laisse surprendre *à* quelque peu d'effroi. (IV, 46. *Pomp.* 464.)
Je .... me suis laissé conduire *au* fameux Lope de Vega. (IV, 131. *Épître du Ment.*)
Si mon âme à mes sens étoit abandonnée,
Et se laissoit conduire *à* ces impressions. (V, 35. *Théod.* 393.)
Impatient déjà de se laisser séduire
Au premier imposteur armé pour me détruire. (V, 158. *Hér.* 30.)
.... Avant qu'*à* ce conte il se laisse emporter. (V, 159. *Hér.* 51.)
Maurice, *à* quelque espoir se laissant lors flatter. (V, 183. *Hér.* 641.)
Cet organe des Dieux put se laisser gagner
A ceux que ma naissance éloignoit de régner. (VI, 184. *OEd.* 1176.)
Parle, et laisse-toi vaincre *aux* tendresses de mère. (VII, 365. *Psy.* 1996.)
.... Laissez-vous conduire *à* qui sait mieux que vous

Les chemins de vous faire un sort illustre et doux. (VII, 451. *Pulch.* 1723.)

David, pour avoir trop regardé Bersabée, se laisse vaincre *à* la tentation. (VIII, 54, note 1. *Imit.* 1.)

Qu'importe *à* quels périls il gagne une maîtresse? (II, 185. *Suiv.* 1126.)

Dans ce sens, la préposition *à*, comme le montrent tous les exemples qui précèdent, sauf le dernier, s'emploie principalement avec des infinitifs actifs précédés de *laisser*. Croirait-on que Voltaire blâme encore cette tournure? A l'occasion du premier exemple d'*Héraclius* cité ci-dessus, il s'exprime ainsi : « *Se laisser séduire à quelqu'un* n'est plus d'usage, et au fond c'est une faute : *je me suis laissé aimer, persuader, avertir par vous*, et non pas *aimer, persuader, avertir à vous*. » A l'occasion de ce passage d'*Horace* :

Sa joie éclatera dans l'heur de ses enfants ;
Et se laissant ravir *à* l'amour maternelle,
Ses vœux seront pour toi, si tu n'es plus contre elle,

que nous avons rappelé plus haut, il tombe dans une méprise encore plus singulière : « Cette phrase est équivoque, dit-il, et n'est pas française. Le mot de *ravi*, quand il signifie *joie*, ne prend point un datif : on n'est point ravi à quelque chose ; c'est un solécisme de phrase. » *Ravir* est employé ici dans toute la force de son sens primitif : il signifie *emporter, entraîner* ; mais le premier vers a fait illusion à Voltaire. Il a cru que Corneille, dans ce passage, avait donné à ce mot le sens de *charmé, enchanté*, qu'il a souvent dans le langage familier. Une erreur non moins étrange est celle de M. Aimé-Martin, qui remarque fort bien que « Voltaire se trompe, » puis croit devoir ajouter : « Ce datif n'est pas gouverné par *ravir*, mais par *se laissant*. »

À après *trahir* :

J'ai *trahi* la justice *à* l'amour paternel. (III, 528. *Pol.* 899.)

C'est un latinisme : *trahir* est construit à la manière du latin *prodere*. Nous retrouvons cette construction dans une variante des *Poésies diverses* (x, 148, note 2) :

Croire qu'*à* mes rivaux vous allez me *trahir*.

Dans le texte adopté, cette variante est remplacée par ce vers :

Qu'*en faveur* d'un rival vous allez me *trahir*.

À après *changer* :

Le More....
Changea l'ardeur de vaincre *à* la peur de mourir. (III, 174. *Cid*, var. 1.)
.... Mes desirs brûlants de perdre tout le monde
Se *changent* aussitôt *à* ceux de l'augmenter. (x, 60. *Poés. div.* 4.)

La Fontaine a employé cette même tournure :

Cependant l'humble toit devient temple, et ses murs
Changent leur frêle enduit *aux* marbres les plus durs. (*Philémon et Baucis*.)

Racine s'en est servi également : voyez le *Lexique* de cet auteur.

À dans quelques emplois divers, soit encore usités, soit passés d'usage :

.... La Nymphe *à* cent voix. (x, 239. *Poés. div.* 60.)
En ce moment *à* craindre il remplit nos souhaits. (x, 111. *Poés. div.* 68.)

Dans cette manière de parler, *à* et l'infinitif jouent le rôle du participe latin en *dus, da, dum*.

Ce n'est que la moitié du troisième livre ; je l'ai trouvé assez long pour en faire *à* deux fois. (VIII, 27. *Au lect.* de l'*Imit.*)

.... Je vais vous faire *à* ce soir telle niche,
Qu'au lieu de labourer, vous lairrez tout en friche. (1, 250. *Mél.* 1819 *var.*)

Ces deux vers terminent *Mélite* dans les trois premières éditions seulement (1637-1648); dans les suivantes la fin de la pièce est entièrement modifiée.

Il vous faut *à* ce soir
Montrer votre courage, ou moi mon désespoir. (II, 265, *Pl. roy.* 807 *var.*)

En 1660, Corneille a ainsi remplacé ce passage :

.... Vous saurez dès ce soir
Rompre les noirs effets d'un juste désespoir.

J'ai tâché de remédier *à* ces désordres *au* moins mal que j'ai pu (VI, 127. *Au lect.* d'*OEd.*)
Allez donc; ce qu'ici vous perdez de moments
Sont autant de larcins *à* vos contentements. (IV, 485. *Rod.* 1374.)
Ce soin toujours actif pour les nobles projets,
Toujours infatigable *au* bien de tes sujets. (X, 180. *Poés. div.* 84.)
.... L'éclat s'en termine *à* de nouveaux bienfaits. (V, 0. *Théod.* 79.)
Toutes estimeront *à* faveur singulière
Le droit d'entrer en son palais. (IX, 101. *Off. V.* 67.)

On lit dans la 1ʳᵉ édition de *la Place royale*, vers 759 :

Sur notre amour passé c'est *à* trop te fier (II, 263);

mais ne serait-ce pas une faute d'impression ? L'édition suivante (1644) porte : « c'est là trop te fier. » En 1660 Corneille a mis : « c'est trop te confier. »

Dans cette dernière section, d'emplois divers, nous n'avons voulu qu'indiquer par un très-petit nombre d'exemples ce qu'il resterait à faire pour compléter l'article de la préposition *à*. Elle sert, très-fréquemment, comme nous le voyons dans ces exemples et dans beaucoup de ceux des sections précédentes, d'une part, à former des locutions détachées adverbiales, d'autre part à joindre plus ou moins étroitement des régimes indirects aux mots qui les gouvernent. Nous ne pouvons songer à épuiser ici ces emplois : nous renvoyons, pour les locutions détachées, au mot principal de ces locutions ; pour les régimes, au nom, adjectif, verbe ou adverbe régissant.

À exprimé devant un premier régime et omis devant les suivants :

Je crois *au* Saint-Esprit, la sainte Eglise catholique. (IX, 75. *Off. V.*)
.... La Déesse *aux* cent voix et cent yeux. (X, 195. *Poés. div.* 23.)
Et moi je suis ravie, après ce peu d'alarme,
Qu'ainsi tes sens trompés te puissent obliger
A chérir ta Cloris, et jamais ne changer. (I, 157. *Mél.* 268.)
Réduit *à* te déplaire ou souffrir un affront. (III, 155. *Cid*, 883.)

ABAISSEMENT.

.... Je ne sais quoi d'*abaissement* secret
Où quiconque a du cœur ne consent qu'à regret. (X, 95. *Poés. div.* 19.)

ABAISSEMENT DES CŒURS, pour *soumission, humiliation, humilité* :

.... Jamais leur courroux ne montre de rigueurs
Que n'abatte aussitôt l'*abaissement des cœurs*. (V, 379. *Andr.* 1406.)

ABAISSEMENT À :

Ce lâche *abaissement aux* douceurs temporelles. (VIII, 345. *Imit.* VIII, 1749.)

ABAISSEMENT VERS :

Le trop d'*abaissement vers* les objets sensibles. (VIII, 425. *Imit.* III, 3889.)

ABAISSEMENTS, au pluriel, *disgrâces, humiliations :*

.... La mort, ou l'exil, ou les *abaissements*
Seront pour vous et moi ses vrais remercîments. (VI, 603. *Oth.* 663.)

ABAISSER.

ABAISSER, au propre :

Elles *abaissent* toutes deux leurs coiffes. (IV, 345. *S. du Ment.*)

Les premières éditions portent *rabaissent.* Voltaire a mis le simple, *baissent,* plus usité de son temps.

Nous renonçons sans honte à ce choix glorieux
Qui d'une grande reine *abaissoit* trop les yeux. (V, 465. *D. San.* 1116.)

C'est-à-dire la forçait à les jeter trop au-dessous d'elle.

ABAISSER, au figuré, diminuer, calmer, apaiser :

De moment en moment son âme plus humaine
Abaisse sa colère et rabat de sa haine. (II, 376. *Méd.* 726.)
.... N'attends pas que j'*abaisse* ma haine. (IV, 69. *Pomp.* 1021.)

Ce mot s'employait souvent ainsi dans l'ancien français. Voyez Sainte-Palaye et Roquefort.

S'ABAISSER À, suivi d'un infinitif :

Nous ne demandons point qu'un courage si fort
S'abaisse à notre exemple *à* se plaindre du sort (III, 323. *Hor.* 946.)

ABANDON.

À L'ABANDON.

Il vient mettre à vos pieds sa tête *à l'abandon.* (I, 245. *Mél.* 1717.)
L'épargne de mon père entièrement ouverte,
Lui met *à l'abandon* tous les trésors du Roi. (II, 369. *Méd.* 591.)
Mais je m'étonne fort de voir *à l'abandon*
Du prince Héraclius les droits avec le nom. (V, 188. *Hér.* 761.)
.... Ces vieux monuments qu'on laisse *à l'abandon.* (X, 59. *Poés. div.* 14.)

ABANDONNER À, livrer à :

J'*abandonnai* mon âme *à* des ravissements. (III, 291. *Hor.* 201.)

ABANDONNER À, laisser à :

J'*ai abandonné* en ces rencontres le choix des caractères *à* l'imprimeur. (I, 8. *Au lect.*)

ABANDONNER, permettre de disposer du sort de :

.... Apprends de leurs indices
L'auteur de l'attentat, et l'ordre, et les complices :
Je te les *abandonne*. (IV, 83. *Pomp*. 1363.)

ABANDONNER, accorder, ajouter trop facilement et sans examen :

.... Qu'il est bon de se taire,
De n'ouvrir tout son cœur à personne qu'à toi,
Et n'*abandonner* pas aux rapport qu'on vient faire
Une indiscrète foi! (VIII. 483. *Imit* III, 4587.)

C'est-à-dire ne pas ajouter foi sans discernement aux rapports qu'on vient faire.

S'ABANDONNER À :

La nature en fureur *s'abandonne* à tout faire. (VII, 258. *Tit.* 1383.)

ABANDONNÉ DE, suivi d'un nom abstrait :

.... *Abandonné* pleinement
Des consolations humaines. (VIII, 346. *Imit.* III, 1795.)

ABATTEMENT, état d'une personne abattue :

.... Cet *abattement* que lui cause la peste
Ne souffre à son murmure aucun dessein funeste. (VI, 203. *OEd.* 1645.)

ABATTEMENTS, au pluriel, dans le même sens :

La maladie est impuissante :
Ses *abattements*, ses douleurs
Rendent fort peu d'hommes meilleurs. (VIII, 145. *Imit.* I, 2090.)

ABATTRE.

ABATTRE QUELQU'UN, au figuré, le renverser, lui faire perdre la position qu'il avait :

Vous me soutenez, quand on se persuade qu'on m'*a abattu*. (X, 498. *Lett.*)

Tel est le texte des éditions originales; les impressions modernes portent à tort : « qu'on m'a battu. »
Ce verbe entre dans un grand nombre de locutions énergiques, dont Corneille a fait dans ses tragédies un excellent usage :

Il a de votre sceptre *abattu* le soutien. (III, 142. *Cid*, 641.)
.... Du premier revers la fortune l'*abat* (III, 444. *Cin.* 1344.)
Abattons sa superbe avec sa liberté. (IV, 34. *Pomp.* 195.)
.... Tu ne prétends pas qu'il (*le destin*) m'*abatte* le cœur
Jusqu'à te rendre hommage et te nommer seigneur. (IV, 68. *Pomp.* 987.)
Pour la faire tomber j'*abattrai* son appui. (IV, 492. *Rod.* 1518.)
.... J'*abattrai* d'un coup sa tête et ton orgueil. (V, 199. *Hér.* 1002.)
Vos fers, en leur faveur plus forts que leurs cohortes,
Ont *abattu* les cœurs, ont fait ouvrir les portes. (VI, 516. *Soph.* 1086.)

S'abattre :

Tu m'imputes la crainte et ton cœur *s'en abat*. (ii, 99. *Gal. du Pal.* 1524.)
Si dessous sa valeur ce grand guerrier *s'abat*. (iii, 136. *Cid*, 532.)

Abattu, au propre :

.... Ma tête *abattue* ébranleroit la vôtre. (vi, 423. *Sert.* 1422.)

Abattu, au figuré :

On te croiroit toujours *abattu* sans effort. (iii, 138. *Cid.* 435.)
.... D'où te vient ce visage *abattu?* (vi, 433. *Sert.* 1663.)

Abattu, joint aux mots *cœur, âme, esprit*, etc. :

Un homme dont les biens font toutes les vertus
Ne peut être estimé que des *cœurs abattus*. (i, 211. *Mél.* 1138.)
   .... Mon *âme abattue*
  Cède au coup qui me tue. (iii, 121. *Cid*, 295.)
Et je pourrois avoir l'*âme* assez *abattue*. (v, 164. *Hér.* 189.)
  Mon *âme* traînante, *abattue*,
N'a qu'un moment à vivre.... (v, 354. *Andr.* 811.)
Pison a l'âme simple et l'*esprit abattu*. (vi, 602. *Oth.* 635.)
  .... La main qui me tue
Rend sous mes déplaisirs ma *constance abattue*. (iii, 437. *Cin.* 1194.)

ABÎME.

Abîmes d'ennuis :

Pour moi, qui ne vois rien, dans le trouble où je suis,
Qu'un gouffre de malheurs, qu'un *abîme d'ennuis*. (iv, 505. *Rod.* 1802.)

Abîmes de biens :

.... Lui-même admirant ces *abîmes de biens*.
Il verra tout son cœur dilaté d'allégresse. (viii, 672. *Imit.* iv, 1915.)

Abîmes, absolument, les saintes profondeurs de la sagesse :

Toi qui jusqu'à nos rois portas la vérité,
Qui n'eus dans leurs conseils que de justes maximes,
Et fis, par un conseil rentré dans les *abîmes*,
Dans les raisons d'Etat régner la sainteté. (x, 123, *Poés. div.* 7.)

ABÎMER, précipiter dans un abîme, au propre et au figuré :

Lui qui n'est qu'un homme du commun, doit tenir la bride à de telles passions, de peur qu'elles ne l'*abîment* dans un pareil malheur. (i, 54. *Disc. de la trag.*)
   .... Tout exprès les Dieux
L'ont *abîmé* vivant en ces funestes lieux. (i, 232. *Mél.* 1502.)
  Chimène fait la même chose à son tour, sans laisser ébranler son dessein par la douleur où elle se voit *abîmée* par là. (iii, 92. *Exam. du Cid*.)

Tu n'as frappé mes yeux d'un moment de clarté
Que pour les *abîmer* dans plus d'obscurité. (III, 314. *Hor.* 746.)
L'inceste où, malgré vous, tous deux je vous *abîme*
Recevra de ma main sa première victime. (VI, 215. *OEd.* 1917.)
Tandis qu'en l'esclavage un autre hymen l'*abîme*. (VI, 376. *Sert.* 306.)
Souffrez que je vous parle, et vous puisse exprimer
Quelque part des malheurs où l'on peut m'*abîmer*. (VI, 534. *Sophon.* 1488.)
.... L'autre par Néron dans le vice *abîmé*
Ramènera ce luxe où sa main l'a formé. (VI, 616. *Oth.* 947.)

S'ABÎMER :

Absyrte donne la main à Hypsipyle, pour sortir de cette conque qui *s'abîme* aussitôt dans le fleuve. (VI, 237. *Desseins de la Tois.*)
.... Dans les doux torrents d'une allégresse entière
Tu verras *s'abîmer* tes maux les plus amers. (VI, 259. *Tois.* 114.)
Cette agréable idée, où ma raison *s'abîme*. (X, 163. *Poés. div.* 5.)
En cet heureux état avec pleine tendresse
Il saura *s'abîmer* dans mes doux entretiens. (VIII, 671. *Imit.* 14, 1914.)

Voltaire fait au sujet de l'exemple de *Sertorius* une remarque, qui, si elle était fondée, s'appliquerait à plusieurs autres. « Le mot d'*abîme*, dit-il, ne convient point à l'esclavage. Pourquoi dit-on *abîmé dans la douleur, dans la tristesse*, etc.? C'est qu'on y peut ajouter l'épithète de *profonde;* mais un esclavage n'est point profond; on ne saurait y être abîmé. » A ce compte, *s'abîmer dans mes doux entretiens, abîmer dans l'inceste, abîmé dans le vice*, seraient également des expressions répréhensibles. Il n'est pas nécessaire que le complément d'*abîmer* puisse recevoir l'épithète de *profond*, mais seulement qu'il ne présente pas une idée contraire à celle de profondeur; *abîmer* convient partout où l'on se sert de *plonger;* il est seulement plus énergique.
On employait jadis ce mot neutralement. Garnier a dit :

Si lorsqu'Antoine, orné de grandeur et de gloire,
Menoit ses legions dedans l'Euphrate boire,
Suiuy de tant de rois que son nom redouté
S'eslenoit triomphant jusques au ciel voûté,
Qu'il alloit disposant, maistre à sa fantaisie,
Et du bien de la Grece et du bien de l'Asie,
Et qu'en un tel bonheur je l'eusse esté changer
Pour Cesar, on eust dit mon cœur estre leger,
Infidelle, inconstant; mais ore que l'orage,
Et les vents tempestueux luy donnent au visage,
Ja, ja, prest d'*abismer*, helas! que diroit-on? (*Antoine*, II, 291.)

ABJECT, ABJET.

.... Ce desir *abjet*
Qui m'a fait soupirer pour un indigne objet. (I, 169. *Méd.* 456.)
Ma bouillante fureur ne cherche qu'un objet;
Va, tu l'attirerois sur un sang trop *abjet*. (II, 81. *Gal. du Pal.* 1188.)
.... Dans les plus bas rangs les noms les plus *abjets*
Ont voulu s'ennoblir par de si hauts projets. (III, 438. *Cin.* 1207.)
.... Ne dédaigner pas l'illustre et rare objet
D'une haute valeur qui part d'un sang *abjet*. (V, 488. *D. San.* 1680.)
.... Ne prendra jamais un cœur assez *abjet*
Pour se laisser réduire à l'hymen d'un sujet. (V, 514. *Nic.* 65.)
Dis tout, Araspe : dis que le nom de sujet

ABO] DE CORNEILLE 17

Réduit toute leur gloire en un rang trop *abjet*. (v, 530. *Nic.* 386.)
.... Vit en Gundebert un cœur assez *abjet*
Pour ne mériter pas son frère pour sujet. (vi, 23. *Perth.* 41.)
   En perse il n'est point de sujets,
   Ce ne sont qu'esclaves *abjets*. (vii, 26. *Agés.* 412.)
Je me suis ravalé jusqu'au rang d'un coupable,
   Jusqu'à l'ordre le plus *abjet*. (viii, 330. *Imit.* iii, 1481.)

« Corneille, dit M. Aimé-Martin à l'occasion du passage de *Cinna*, a modifié l'orthographe de ce mot par licence poétique. » Ceci n'est pas exact, car bien que dans toutes les éditions récentes, et aussi dans la nôtre, par erreur, dans le premier des passages suivants, on ait imprimé *abject* au milieu du vers, les éditions originales portent *abjet*, même dans ce cas :

De quoi peut satisfaire un cœur si généreux
Le sang *abjet* et vil de ces deux malheureux? (iv, 78. *Pomp.* 1224.)
Je ne veux pas d'un sang *abjet* comme le tien. (v, 66. *Théod.* 1138.)
.... D'un choix *abjet* son bras l'a dégagée. (vi, 436. *Sert.* 1718.)

En 1664, Raillet écrit ce mot de la même manière dans son *Triomphe de la Langue françoise* (p. 16), et c'est encore cette forme que Furetière préfère en 1690, dans son *Dictionnaire*. Nicot (1606) et l'Académie (1694) donnent *abject*.

ABNÉGATION.

Soit qu'il nous apprenne à déraciner l'amour-propre par une *abnégation* sincère de nous-mêmes. (viii, 2. *Au Souverain Pontife.*)
Une *abnégation* parfaite de moi-même. (vii, 228. *Imit.* ii, 1071.)

A cette époque ce mot ne s'employait pas autrement. Furetière et la première édition du *Dictionnaire de l'Académie* (1694) ne le donnent que comme terme de dévotion et dans cette phrase consacrée : *l'abnégation de soi-même*.

ABOIS.

Ah! quel âpre tourment! quels douloureux *abois*! (ii, 413. *Méd.* 1467.)
   Flavie est aux *abois*. (v, 84. *Théod.* 1527.)
Non, non : j'ai tout perdu, Placide est aux *abois*. (v. 100. *Théod.* 1878.)
.... J'y verrai mon homme à toute heure aux *abois*. (x, 100. *Poés. div.* 7.)
Ah! ce cruel discours me réduit aux *abois*. (ii, 265. *Pl. roy.* 800.)
L'hymen (ah! ce mot seul me réduit aux *abois*!).... (ii, 279. *Pl.roy.* 1083.)
J'en laissai deux sans vie et mis l'autre aux *abois*. (vi, 151. *OEd.* 392.)
.... La ville aux *abois*, on lui parle d'accord. (iv, 441. *Rod.* 274.)
Je te dirai : « Je meurs, je suis dans les *abois*.
Je brûle.... » (iv, 301. *S. du Ment.* 225.)
.... Je m'en souviendrois jusqu'aux derniers *abois*. (v, 24. *Théod.* 181.)
.... Ces esprits légers approchant des *abois*. (v, 567. *Nic.* 1261.)
Tous ces mourants, Madame, à qui déjà la peste
Ne laissoit qu'un soupir, qu'un seul moment de reste,
En cet heureux moment rappelés des *abois*,
Rendent grâces au ciel d'une commune voix. (vi, 217. *OEd.* 1959.)
.... Sauver des *abois* toute la République. (vi, 376. *Sert.* 290.)
Mais pardonne aux *abois* d'une vieille amitié
Qui ne peut expirer sans me faire pitié. (iii, 422. *Cin.* 855.)
.... Ma brutale ardeur va rendre les *abois*. (ii, 516. *Illus.* 1552.)

CORNEILLE. XI   2

Cette pauvre princesse en rendant les *abois*. (v, 190. *Hér.* 789 *var.*)

Qu'un saint penser t'en entretienne
Quand un autre rend les *abois*. (VIII, 143. *Imit.* 1, 2037.)

Dans sa *Précellence du langage françois*, Henri Estienne insiste beaucoup sur la beauté de cette expression; mais Voltaire, à l'occasion du passage de *Nicomède* cité plus haut, lui reproche de n'être pas noble par elle-même et de n'être plus en usage. Le mot abois n'est plus employé, il est vrai, que dans la phrase *être aux abois*, et cette phrase même n'est plus guère usitée dans le style élevé; mais c'est là, à nos yeux, un motif de regret plutôt que de critique.

Au sujet de l'exemple tiré de *Sertorius*, Voltaire fait une autre objection : « On n'a jamais dû dire *sauver des abois*, parce qu'*abois* signifie les derniers soupirs, et qu'on ne sauve point d'un soupir; on sauve d'un péril, et on tire d'une extrémité ; on rappelle des portes de la mort : on ne sauve point des *abois*. » Rien n'est plus aisé que de remplacer, par un équivalent très-peu rigoureux, tel ou tel mot auquel on s'attaque, et de rejeter ensuite l'expression rendue mauvaise par le changement même. *Abois* ne veut point dire *soupir*, ni même *dernier soupir*, et si une fois nous entrons dans les à-peu-près, je ne vois aucune raison pour n'y point substituer *dernière extrémité*, *dernier péril*, qui se rapprochent davantage du sens qu'avait pris le mot *abois*, et pour ne pas dire *sauver des abois* comme *sauver de la dernière extrémité*.

ABOLIR.

Désobéir un peu n'est pas un si grand crime;
Et quelque grand qu'il soit, mes services présents
Pour le faire *abolir* sont plus que suffisants. (III, 126. *Cid*, 368.)

C'est là l'expression juridique dans toute sa rigueur. On lit dans la première édition du *Dictionnaire de l'Académie* (1694) : « *Abolir un crime* se dit lorsque le Prince par des lettres qu'il donne remet d'autorité absolue la peine d'un crime qui n'est pas rémissible par les Ordonnances. » Ce sont ces lettres qu'on appelle *lettres d'abolition*.

ABOMINABLE À :

Que son perfide auteur, bien qu'il cache sa main,
Devienne *abominable à* tout le genre humain. (VII, 528. *Sur.* 1612.)

ABONDANT EN, joint à un nom de personne :

Abondante en richesse, ou puissante en crédit,
Je demeure toujours la fille d'un proscrit. (III, 388. *Cin.* 71.)

Les prédécesseurs de Corneille employaient ce mot de la même manière :

Puissiez-vous deuider une longue jeunesse,
Et saine paruenir en heureuse vieillesse,
Abondante en enfans, *abondante en* honneur,
Abondante en l'amour du Roy votre seigneur! (Garnier, *Iuifues.* II, 459.)

ABONDER, affluer, au figuré :

Depuis que la richesse entre ses murs *abonde*. (III, 410. *Cin.* 574.)

ABONDER EN, avoir en quantité :

Je le vois bien, Madame, et vous et ce cher frère
Abondez en raisons pour cacher le mystère. (VII, 491. *Sur.* 686.)

ABORD, action d'aborder :

Les Mores devant lui n'ont paru qu'à leur honte;

ABS] DE CORNEILLE. 19

Leur *abord* fut bien prompt, leur fuite encor plus prompte(III,165,*Cid*,1106)

ABORD, arrivée, approche, rencontre, attaque :

Ses gardes à l'*abord* font quelque résistance. (II, 391, *Méd.* 1017.)
De ces vieux ennemis va soutenir l'*abord*. (III, 164. *Cid.* 1087.)
.... Mon *abord* en ces lieux
Me fit voir Polyeucte, et je plus à ses yeux. (III, 496. *Pol.* 207.)
De l'*abord* de Pompée elle espère autre issue. (IV, 35. *Pomp.* 214.)
.... Elle m'envoie
Savoir à cet *abord* ce qu'on a vu de joie. (IV, 58. *Pomp.* 730.)
.... L'*abord* de César a changé le destin. (IV, 95. *Pomp.* 1639.)
Votre *abord* en ces lieux le eût déshérités. (IV, 502. *Rod.* 1730.)
.... Notre *abord* le rend tout interdit. (VI, 422. *Sert.* 1403.)
.... En leur faveur toi-même as bien voulu
M'assurer que l'*abord* ne t'en a point déplu. (X, 189. *Poés. div.* 78.)

Corneille a employé ce mot dans le même sens au pluriel :

Hante peu la jeunesse, et de ceux du dehors
  Souffre rarement les *abords*. (VIII, 62. *Imit.* 1, 545.)

DÈS L'ABORD :

Dès l'abord je la vis, *dès l'abord* je l'aimai. (VI, 301. *Tois.* 1067.)
Consumant *dès l'abord* toute leur patience. (III, 522. *Pol.* 745.)
Mais porter *dès l'abord* les choses à l'extrême. (VI, 421. *Sert.* 1386.)
.... *Dès l'abord* il sut vaincre. (VI, 430. *Sert.* 1589.)

D'ABORD QUE, locution conjonctive :

D'abord qu'ils ont paru tous deux en cette cour. (IV, 441. *Rod.* 289 var.)

Ce texte est celui des premières éditions ; en 1660 Corneille a mis : « *Sitôt* qu'ils ont paru.... »

D'abord qu'elle a tout su, son visage étonné
Aux troubles du dedans sans doute a trop donné. (VI, 504. *Soph.* 780.)

ABORDÉ à :

.... Ma famille enfin, à Corinthe *abordée*. (II, 346. *Méd.* 106.)

ABSENCE, éloignement :

Quelque ravage affreux qu'étale ici la peste,
L'*absence* aux vrais amants est encor plus funeste. (VI, 135. *OEd.* 6.)

ABSENT DE :

Un esprit amoureux, *absent de* ce qu'il aime. (I, 417. *Veuve.* 346.)
Quoi qu'*absent de* ses yeux il me faille endurer. (III, 198. *Cid*, 1835.)

Girault Duvivier rapporte dans sa *Grammaire des Grammaires* des exemples où *absent de* est suivi d'un nom de personne ou d'un pronom personnel ; et M. Lemaire trouve cette locution forcée. Chez Corneille, *absent de* est employé dans le même sens, mais, au lieu d'être suivi d'un pronom ou du nom même de la personne, il est seulement accompagné d'une périphrase qui la désigne ; la tournure est alors aussi expressive et n'a plus rien de choquant. C'est toujours de cette manière que Molière a construit ce mot dans les occasions analogues. Voyez dans notre collection le *Lexique* consacré à cet auteur.

Absent, employé substantivement :

.... Ce vieux droit d'aînesse est souvent si puissant,
Que pour remplir un trône il rappelle un *absent*. (v, 571. *Nic.* 1358.)

ABSOLU, soit avant, soit après le substantif :

Il me semble surtout incessamment le voir
Déposer en nos mains son *absolu* pouvoir. (III, 420. *Cin.* 808.)
O Romains, ô vengeance, ô pouvoir *absolu!* (III, 437. *Cin.* 1187.)

Absolu, sans complément :

Mais songez que les rois veulent être *absolus*. (III, 127. *Cid*, 387.)

Absolu sur :

Il n'étoit peut-être pas assez *absolu sur* les grands seigneurs de son royaume pour le pouvoir faire. (III, 95. *Exam. du Cid.*)
Sur moi, comme *sur* tous je dois être *absolu*. (VI, 34. *Perth.* 342.)
Oui, *sur* tous mes desirs je me rends *absolu*. (VI, 426. *Sert.* 1516.)
.... O *sur* mon cœur regards trop *absolus*. (VII, 83. *Agés.* 1801.)
.... Je sais que *sur* lui vous êtes *absolue*. (VII, 164. *Att.* 1369.)

ABSOUDRE.

Tous ces crimes d'État qu'on fait pour la couronne,
Le ciel nous en *absout* alors qu'il nous la donne. (III, 456. *Cin.* 1610.)

ABUS, erreur, action de s'abuser :

Défais-toi, défais-toi de tes fausses maximes;
Ou si ces vieux *abus* te semblent légitimes,
Si le seul Alidor te plaît dessous les cieux,
Conserve-lui ton cœur, mais partage tes yeux. (II, 229. *Pl. roy.* 749.)
Qu'un si charmant *abus* seroit à préférer! (v, 192. *Hér.* 825.)
Je pardonne un *abus* que l'amour a formé. (VI, 188. *OEd.* 1283.)
.... Comme cet *abus* finit avec sa vie. (VI, 206. *OEd.* 1713.)
.... Près de tomber dans un malheur extrême
J'en écartois l'idée en m'abusant moi-même;
Mais il faut renoncer à des *abus* si doux. (VII, 401. *Pulch.* 531.)
.... Par le vieil *abus* le Tartare inventé. (x, 237. *Poés. div.* 35.)
Pour bien écrire encor, j'ai trop longtemps écrit,
Et les rides du front passent jusqu'à l'esprit;
Mais contre cet *abus* que j'aurois de suffrages
Si tu donnois les tiens à mes derniers ouvrages! (x, 312. *Poés. div.* 23.)

La Fontaine a dit dans un sens analogue à celui que présentent plusieurs de nos exemples :

Alléguer l'impossible aux rois, c'est un *abus*. (Livre VIII, fable III.)

ABUSER, user mal :

.... Que de mon bonheur vous *ayez abusé*
Jusqu'à plus attenter que je n'aurois osé. (IV, 62. *Pomp.* 835.)
Prince, vous *abusez* trop tôt de ma bonté. (V, 540. *Nic.* 621.)

ABUSER, tromper :

Notre profond silence *abusant* leurs esprits.... (III, 173. *Cid*, 1279.)
Sors du trône et te laisse *abuser* comme moi. (V, 166. *Hér.* 252.)

S'ABUSER, se tromper, être déçu dans son espérance :

Voulant nous affranchir Brute *s'est abusé*. (III, 414. *Cin.* 667.)

ABUSÉ, employé substantivement :

Je plains cette *abusée*, et c'est moi qui la suis. (VI, 611. *Oth.* 835.)

ABUSEUR, qui abuse, qui trompe :

Je dois fuir qui m'en donne (*me donne de l'éloge*), ou ne le regarder
Que comme un *abuseur* qui séduit ce qu'il loue. (VIII,521.*Imit.*III,5364.)

Ce mot était très-fréquemment employé au seizième siècle dans le style le plus relevé ; Calvin s'en servait aussi bien que Rabelais, et jusqu'au temps de Corneille il a conservé presque toute sa valeur. Voici des passages où il a une grande énergie :

> .... En ce temps c'est plus de honte d'estre
> Mal-aduisé qu'ingrat, mal pourvoyant que traistre,
> Abusé qu'*abuseur*. (D'Aubigné, *Tragiques*, II, p. 75.)
> Ta mort, lâche *abuseur*, ne me rend impollue. (Alex. Hardy, *Gésippe*.)

« Venez donc, *abuseurs* publics, toujours contraints, toujours contrefaits. » (Bossuet, *Sermons*, tome XI, p. 186.)

Toutefois on se servait souvent de ce mot en plaisantant et dans le langage de la galanterie. Ainsi dans *l'Astrée* un berger dit en parlant d'une jeune fille plus belle de figure que de corps : Son visage « se peut avec raison nommer un *abuseur*. » (1re partie, livre V, p. 210.)

ACCABLEMENT, état de ce qui est accablé, ou action de ce qui accable :

Cette agréable idée, où ma raison s'abîme,
Tyrannise mes sens jusqu'à l'*accablement*. (X, 163. *Poés. div.* 6.)
La surprenante horreur de cet *accablement*
Ne coûte à sa grande âme aucun égarement. (VI, 214. *OEd.* 1883.)

Cette expression a été recueillie par Somaize dans son *Grand Dictionnaire des précieuses*. Voyez dans notre tome VI aux pages 119 et 120.
Corneille a aussi employé ce mot au pluriel dans un sens actif :

Le solide plaisir n'est pas dans l'abondance
  De ces pompeux *accablements*. (VIII, 132. *Imit.* I, 1809.)

ACCABLER, avec un nom de chose pour complément :

J'irai sous mes cyprès *accabler* ses lauriers. (III, 169. *Cid*, 1196.)
.... Les siens qui suivent leur monarque
D'un si grand nombre en foule *accablent* ce vaisseau
Que la mer l'engloutit avec tout son fardeau. (IV, 95. *Pomp.* 1655.)

ACCABLER, avec un nom de personne pour complément :
.... La gloire du trône *accable* les sujets. (VI, 255. *Tois.* 32.)

ACCABLER LES SENS :
Un chagrin invincible *accable tous mes sens.* (I, 418. *Veuve*, 367.)
Un excès de plaisir nous rend tous languissants,
Et quand il surprend l'âme, il *accable les sens.* (III, 176. *Cid*, 1352.)

ACCABLER DE :
.... Votre aveuglement me fait trop de pitié,
Pour l'*accabler* encor de mon inimitié. (VI, 624. *Oth.* 1148.)
Ai-je écouté quelqu'un de tant de soupirants
Qui m'*accabloient* partout *de* leurs regards mourants? (VII, 208. *Tit.* 190.)

Accabler de s'emploie aussi dans un sens favorable :

Qui me comble d'honneurs, qui m'*accable de* biens. (III, 423. *Cin.* 883.)
Je t'*en* avois comblé (*de bienfaits*), je t'*en* veux *accabler.* (III, 459. *Cin.* 1708.)
Madame, achevez donc de m'*accabler de* joie. (VI, 58. *Perth.* 887.)

ACCENTS.
Écoute les *accents* de sa mourante voix. (II, 418. *Méd.* 1607.)

ACCEPTATION.
Soit que mon auteur nous invite à la retraite intérieure,... soit qu'il s'efforce à nous porter jusque dans le sein de Dieu, pour nous unir étroitement avec lui par une amoureuse *acceptation* de toutes ses volontés.... (VIII, 2. *Au Souverain Pontife.*)

D'ordinaire on ne trouve ce mot que comme terme de droit ou de commerce : *acceptation d'une succession, acceptation d'une lettre de change.* Corneille, comme l'on voit, lui a donné un sens plus étendu.

ACCEPTER, en parlant soit des choses, soit des personnes :
J'*accepte* aveuglément cette gloire avec joie. (III, 303. *Hor.* 492.)
Je t'adopte pour fils, *accepte*-moi pour père. (V, 228. *Hér.* 1676.)

ACCEPTER L'AUGURE, voyez AUGURE.

S'ACCEPTER, dans le sens passif :
Enfin l'offre *s'accepte*. (III, 295. *Hor.* 323.)

ACCÈS, abord, arrivée :
Les sables et les bancs cachés dessous les eaux
Rendent l'*accès* mal sûr à de plus grands vaisseaux. (IV, 47. *Pomp.* 484.)

Accès, entrée près de quelqu'un :
C'est la paix qui chez vous me donne un libre *accès*. (III, 293. *Hor.* 273.)
Cet *accès* libre à tous, cet accueil favorable. (X, 179. *Poés. div.* 77.)
J'aurai déjà gagné chez elle quelque *accès*. (IV, 159. *Ment.* 347.)
.... J'userai si bien de l'*accès* qu'il me donne
Qu'aux pieds d'Héraclius je mettrai sa couronne. (V, 221. *Hér.* 1491.)

ACCIDENT, ce qui arrive par hasard :

Jason, sans rien savoir de tous ces *accidents*.... (II, 405. *Méd.* 1320.)
.... Nous ne verrons point de pareils *accidents*
Lorsque Rome suivra des chefs moins imprudents. (III, 414. *Cin.* 671.)
Je te donnai sa place en ce triste *accident*. (III, 450. *Cin.* 1463.)

ACCIDENT, terme de philosophie :

Substance qui jamais ne reçoit d'*accident*. (III, 526. *Pol.* 844 *var.*)
Dans l'édition de 1660, Corneille a remplacé ce vers par le suivant :

Seul principe éternel, et souveraine fin.

ACCOMMODEMENT, dans le sens d'*aisance*, de *ressource*, comme *accommodé* pour *à l'aise* :

.... Votre fils rencontre en un métier si doux
Plus d'*accommodement* qu'il n'eût trouvé chez vous. (II, 522. *Illus.* 1668.)
Ce mot a encore une signification fort analogue à la précédente dans ce passage.

Une fiction poétique qui fait un grand *accommodement* de théâtre.
(I, 47. *Disc. du poëme dram.*)
Voyez le dernier vers du second exemple de l'article suivant.

ACCOMMODER.

ACCOMMODER, activement, convenir à :

Le cloître a ses douceurs, mais le monde en a d'autres,
Qui pour avoir un peu moins de solidité,
N'*accommodent* que mieux notre instabilité. (II, 298, *Pl. roy.* 1473.)

ACCOMMODER, mettre d'accord, avec un nom de personne pour complément :

.... Déjà le Roi les veut *accommoder*;
Et tu sais que mon âme, à tes ennuis sensible
Pour en tarir la source y fera l'impossible.
— Les accommodements ne font rien en ce point. (III, 132. *Cid*, 464.)

ACCOMMODER À :

J'*accommode* ma flamme *au* bien de mes affaires. (II, 343. *Méd.* 30.)

S'ACCOMMODER, s'accorder, convenir :

Cette orthographe pourroit *s'accommoder* dans les trois voyelles *a, o, u*, pour écrire simplement *baler, affoler, annuler*, mais elle ne *s'accommode-roit* point du tout avec l'*e* (I, 12. *Au lect.*)

ACCOMPAGNEMENT, action d'accompagner.

D'après les dictionnaires, on n'emploie guère ce mot que pour les cérémonies : « Le prince fut chargé de l'*accompagnement* de la princesse. » Corneille s'en est servi dans un sens plus étendu :

Ces *accompagnements* inutiles de personnes qui n'ont rien à dire, puisque celui qu'ils accompagnent a seul tout l'intérêt à l'action, ces sortes d'*accompagnements*, dis-je, ont toujours mauvaise grâce au théâtre. (III, 100, *Exam. du Cid.*)

ACCOMPAGNER, dans un sens figuré :

Quel indomptable esprit! quel arrogant maintien
Accompagnoit l'orgueil d'un si long entretien! (II, 366. *Méd.* 508.)

Il est juste de lui prêter (*à l'utile*) quelques grâces, mais de celles qui lui laissent toute sa force, qui l'embellissent sans le déguiser et l'*accompagnent* sans le dérober à la vue. (VIII, 8. *Au lect.* de *l'Imit.*)

S'ACCOMPAGNER, dans le sens passif :

.... De quelle indiscrétion
Ne *s'accompagne* point ton ardeur déréglée? (II, 267. *Pl. roy.* 851.)

Ronsard avait dit de même :

Mais toujours le plaisir de douleur *s'accompagne*. (*Sonn. pour Hélène*, II, XIII.)

ACCORD.

D'ACCORD DE, ÊTRE D'ACCORD DE, avec un nom de personne pour sujet :

.... Mon amour, jaloux de votre gloire,
Vient savoir s'il est vrai que vous *soyez d'accord*,
Par un honteux hymen, *de* l'arrêt de ma mort. (II, 371. *Méd.* 615.)
Telle est l'humeur du sexe ; il aime à contredire....
Et n'*est* jamais *d'accord de* nos élections. (II, 469, *Ill.* 680.)
Le Roi même *est d'accord de* cette vérité. (III, 168. *Cid*, 1179.)
César est généreux, j'en veux *être d'accord*. (IV, 90. *Pomp.* 1543.)
.... S'il est vrai que vous *soyez d'accord*,
Par un change honteux, *de* l'arrêt de ma mort. (V, 370. *Andr.* 1180.)
Je les voyois *d'accord* d'un heureux hyménée. (VII, 401. *Pulch.* 513.)

ÊTRE D'ACCORD, avec un nom de chose pour sujet :

Toute votre justice en *est*-elle *d'accord?* (III, 197. *Cid.* 1808.)
Les moins sévères lois en ce point *sont d'accord*. (III, 356. *Hor.* 1737.)
Depuis plus de deux ans j'aime secrètement ;
Mon affaire *est d'accord*, et la chose vaut faite. (IV, 182. *Ment.* 745.

TOMBER D'ACCORD, s'accorder :

Si son père et le mien ne *tombent* point *d'accord*. (IV, 228. *Ment.* 1615.)
Ces cœurs en sa faveur *tombent* soudain *d'accord*. (V, 72. *Théod.* 1266.)

DEMEURER D'ACCORD DE, reconnaître :

Bien loin d'*en demeurer d'accord*, j'ose dire que cet heureux poëme n'a si extraordinairement réussi que parce qu'on y voit les deux maîtresses conditions. (III, 86, *Avert.* du *Cid.*)

Tous veulent que la mort de Camille en gâte la fin, et j'*en demeure d'accord*. (III, 172. *Exam.* d'*Hor.*)

METTRE D'ACCORD :

J'y veux *mettre d'accord* l'amour et la nature,

Être père et mari dans cette conjoncture. (v. 569. *Nic.* 1315.)

Accord, convention, accommodement :

.... La ville aux abois, on lui parle d'*accord*. (iv, 441. *Rod.* 274.)
Il voudroit qu'un *accord* avantageux ou non,
L'affranchît d'un emploi qui ternit ce grand nom. (vi, 370. *Sert.* 147.)

Rechercher quelqu'un d'accord, faire auprès de lui des tentatives de conciliation :

Ses parties étant retournées, l'avoient fait de nouveau *rechercher d'accord* par l'entremise d'un capucin. (x, 481. *Lett.*)

Accords, conventions qui précèdent le mariage :

J'ai menacé Florange, et rompu les *accords*
Qui t'avoient su causer ces violents transports. (i, 466. *Veuve*, 1293.)
L'argent étoit touché, les *accords* publiés,
Le festin commandé, les parents conviés. (iv, 290. *S. du Ment.* 13.)

Accords, union, harmonie :

Le ciel n'a point encor, par de si doux *accords*,
Uni tant de vertus aux grâces d'un beau corps. (iv, 66. *Pomp.* 947.)
J'épouse une princesse en qui les doux *accords*
Des grâces de l'esprit avec celles du corps
Forment le plus brillant et plus noble assemblage
Qui puisse orner une âme et parer un visage (vii, 478. *Sur.* 367.)

ACCORDER, mettre d'accord :

D'Albe avec mon amour j'*accordois* la querelle. (iii, 293. *Hor.* 267.)
Accordez ces discours que j'ai peine à comprendre. (iv, 94. *Pomp.* 1630.)
Accordez le respect que mon trône vous donne
Avec cet attentat sur ma propre personne. (vi, 386. *Sert.* 557.)
Vous saurez *accorder* votre amour et ma gloire. (vi, 409. *Sert.* 1110.)

Accorder que, convenir, demeurer d'accord, concéder que :

Puisque vous le voulez, j'*accorde* qu'il le fasse. (iii, 179. *Cid.* 1425.)
Oui, j'*accorde* qu'Auguste a droit de conserver
L'empire où sa vertu l'a fait seule arriver. (iii, 405. *Cin.* 443.)

S'accorder, dans le sens passif d'*être accordé*, *être accommodé*:

Tu n'as dans leur querelle aucun sujet de craindre,
Un moment l'a fait naître, un moment va l'éteindre :
Elle a fait trop de bruit pour ne pas *s'accorder*. (iii, 132. *Cid*, 463.)

Cette expression, blâmée par Scudéry, a été approuvée par l'Académie.

Je regarde son affaire comme si c'étoit la mienne.... Si elle ne *s'accorde*, j'en importunerai tous mes amis. (x, 481. *Lett.*)

S'accorder à, consentir à, se conformer à :

Elle a l'âme trop haute, et chérit trop la gloire

Pour ne pas *s'accorder aux* volontés du Roi. (i, 354. *Clit.* 1431.)
Madame, enfin Galba *s'accorde à* vos souhaits. (vi, 598. *Oth.* 552.)

S'ACCORDER D'UNE TELLE, pour *faire les accords de son mariage avec une telle* :

.... Le joli passe-temps
D'être auprès d'une dame et causer du beau temps,
Lui jurer que Paris est toujours plein de fange....
Qu'un tel, dedans le mois, *d'une telle s'accorde*. (i, 401. *Veuve*, 53 *var.*)

Corneille a remplacé dès la seconde édition (1644) ce vers par le suivant :

Qu'Aglante avec Philis dans un mois se marie.

ACCORDÉ, substantivement, celui qui a fait les accords de son mariage :

Philandre, *accordé* de Cloris. (i, 136. *Argum.* de *Mél.*)

ACCORT.

Que son frère, ébloui par cette *accorte* feinte
De nos prétentions n'ait ni soupçon ni crainte. (i, 406. *Veuve*, 125.)
.... En fille plus *accorte*. (i, 410. *Veuve*, 229.)
.... Mon humeur *accorte*
Sait comme il faut avoir les hommes de sa sorte. (i, 434. *Veuve*, 695.)
Il poursuivoit Pompée, et chérit sa mémoire ;
Et veut tirer à soi, par un courroux *accort*,
L'honneur de sa vengeance et le fruit de sa mort. (iv, 72. *Pomp.* 1087.)
Son éloquence *accorte*, enchaînant avec grâce
L'excuse du silence à celle de l'audace. (vi, 592. *Oth.* 401.)
Que son dédain *accort* rejette avec prudence.
Du plus adroit flatteur l'hommage empoisonné. (viii, 409. *Imit.* iii, 3065.)

« *Accort*, dit Voltaire sur l'exemple de *Pompée*, signifie *conciliant*; il vient d'*accorder*; il ne signifie pas *feint* : c'est d'ailleurs un mot qui n'est plus en usage dans le style noble, et on doit regretter qu'il n'y soit plus. » La dernière partie de cette remarque est seule juste. Voltaire s'est laissé égarer par la fausse origine qu'il attribuait à cet adjectif ; il ne signifie pas plus *conciliant* que *feint* ; et par malheur son sens a ainsi varié suivant l'étymologie qu'on lui a donnée. L'Académie, qui dans la première édition de son *Dictionnaire* (1694) le range sous la racine *cour*, l'explique par *courtois*, qui se rapproche déjà plus de la vérité, sans permettre d'expliquer toutes les nuances du mot. Étienne Pasquier nous met dans le passage suivant sur la trace de la véritable origine de cette expression : « Nous avons depuis trente ou quarante ans emprunté plusieurs mots d'Italie, comme *contraste* pour contention, *concert* pour conférence, *accort* pour advisé. » (*Recherches de la France*, viii, 3.) Si maintenant nous avons recours au *Vocabulaire* de la Crusca, nous y trouvons l'explication suivante, qui répond parfaitement aux divers sens du mot *accort* chez Corneille : « *Accorto*, add. da *accorgere*. Lat. *cautus, prudens, sagax, callidus.* » *Accorgere*, à son tour, est ainsi défini : « venire al conoscimento d'una cosa colla conghiettura d'un' altra ; lat. *sentire præsentiscere, percipere* ; gr. αἰσθάνεσθαι. »

ACCORTEMENT.

Ma sœur *accortement* feignoit de l'écouter. (i, 445. *Veuve*, 921.)
.... Ce nouveau dessein d'un autre mariage....
Est conduit, ce me semble, assez *accortement*. (i, 470. *Veuve*, 1370.)
Ma bouche *accortement* saura s'en acquitter. (ii, 370. *Méd.* 612.)

Vous me jouez, mon frère, assez *accortement*. (IV, 357. *S. du Ment.* 1280.)

Cet adverbe manque dans la plupart de nos dictionnaires, où il devrait tout au moins figurer comme vieux mot.

ACCOUCHER, au propre, dans le style tragique :

.... La triste Emilie est morte en *accouchant*. (VI, 432. *Sert.* 1636.)

ACCOURCIR :

.... Quelque long chemin que soit celui des cieux,
L'hymen l'*accourcit* bien à des hommes si vieux. (II, 144. *Suiv.* 1 *var.*)
...., Vous trouvant ici
Je trouve en même temps mon voyage *accourci*. (IV, 292. *S. du Ment.* 86.)

ACCOUTUMÉ.

ACCOUTUMÉ À :

.... Une âme *accoutumée aux* grandes actions. (III, 138. *Cid*, 583.)

ACCOUTUMÉ, habituel :

Reprends auprès de moi ta place *accoutumée*. (III, 461. *Cin.* 1737.)

AVOIR ACCOUTUMÉ DE :

Je n'ai point *accoutumé de* dissimuler mes défauts. (III, 274. *Exam. d'Hor.*)

Il *avoit accoutumé de* saigner du nez. (VII, 105. *Au lect. d'Att.*)

L'Académie remarque, dans la première édition de son *Dictionnaire* (1694), qu'*avoir accoutumé* se peut dire quelquefois des choses inanimées. Corneille l'a employé ainsi :

Ce défaut n'*a* pas *accoutumé de* passer pour défaut. (I, 271. *Exam. de Clit.*)

ACCOUTUMER À (S') :

Ah! ma sœur, puisqu'enfin mon destin éclairci
Veut que je m'*accoutume à* vous nommer ainsi. (V, 191. *Hér.* 814.)

ACCROIRE (S'EN FAIRE), présumer trop de soi-même :

Un homme un peu content et qui *s'en fait accroire*,
Se voyant méprisé, rabat bien de sa gloire. (IV, 352. *S. du Ment.* 1201.)

ACCUEIL.

Et vos yeux la verront, par un superbe *accueil*,
Immoler à vos pieds sa haine et son orgueil. (IV, 81. *Pomp.* 1319.)

ACCUSER.

Je n'*accuse* personne et vous tiens innocente. (IV, 505. *Rod.* 1787.)

Corneille a employé ce mot en badinant dans une de ses lettres, en un sens qu'il n'a pas souvent :

Aussi ai-je grand intérêt que vous me connoissiez tout entier, et que vous rabattiez un peu de cette trop bonne opinion pour moi, dont vos deux épigrammes vous *accusent*. (x, 452 *Lett.*)

S'ACCUSER DE :
Je *me suis accusé de* trop de violence. (III, 155. *Cid*, 885.)

ACHARNER, activement :
Le premier sang versé rend sa fureur plus forte ;
Il l'amorce, il l'*acharne*. (v, 581. *Nic.* 1577.)

ACHEMINEMENT, en terme de poétique, ce qui facilite la marche et prépare le dénoûment d'une pièce de théâtre.

Il n'y doit avoir qu'une action complète...; mais elle ne peut le devenir que par plusieurs autres imparfaites, qui lui servent d'*acheminements*. (I, 99. *Disc. des 3 unit.*)

L'ordre de leur naissance incertain, Rodogune prisonnière.... ne sont que des embellissements de l'invention, et des *acheminements* vraisemblables à l'effet dénaturé que me présentoit l'histoire. (IV, 415. *Avert. de Rod.*)

J'ai cru que, pourvu que nous conservassions les effets de l'histoire, toutes les circonstances, ou, comme je viens de les nommer, les *acheminements* étoient en notre pouvoir. (*Ibid.*, p. 416.)

ACHETER DE dans le sens de *acheter par, acheter avec* (voyez DE).

ACHETÉ, au figuré :
L'honneur d'un si beau choix seroit trop *acheté*. (III, 312. *Hor.* 701.)

ACHEVER.

Corneille a donné à ce mot un sens très-étendu :

Leur perte *achèvera* cette fatale paix. (II, 359. *Méd.* 371.)
Tes desseins *achevés*, j'ai mérité ta haine. (II, 380, *Méd.* 817.)
Sa grâce est en sa main, c'est à lui d'y rêver.
— Faites-la toute entière. — Il la peut *achever*. (III, 529. *Pol.* 908.)
.... Dis-lui que je cours *achever* sa vengeance. (IV, 90. *Pomp.* 1534.)
.... Laissons-les sans nous *achever* leurs querelles. (IV, 473. *Rod.* 1092.)
.... Qui sur un époux fit son apprentissage
A bien pu sur un fils *achever* son ouvrage. (IV, 503. *Rod.* 1752.)
Vous verriez par sa mort le désordre *achevé*. (V, 168. *Hér.* 288.)
Gardez-vous d'*achever* une indigne victoire. (VI, 165. *OEd.* 724.)
Se voyant libre, elle prie ce dieu d'*achever* ses grâces. (VI, 232. *Dess. de la Tois.*)
Mais comme en cet hymen l'amour n'a point de part,...
Je vous donne encor plus en ne l'*achevant* pas. (VI, 377. *Sert.* 332.)

Racine a imité Corneille dans l'emploi de ce mot, et les critiques et les grammairiens ont beaucoup disserté sur ces locutions, qui, suivant nous, se justifient d'elles-mêmes.

ACHEVER, donner le dernier coup, le coup de la mort :
Et nos soldats trahis ne l'ont point *achevé*! (III, 325. *Hor.* 1006.)

ACHEVER, figurément, tourner tout à fait la tête à une personne, la rendre complétement amoureuse :

.... La faveur du ciel vous a bien conservée,
Si ces derniers discours ne vous *ont achevée*. (iv, 318. *S. du Ment.* 552.)

ACHEVER, neutralement :

Si le quatrième (*acte*) peut commencer chez cette princesse (*Rodogune*), il n'y peut *achever*.... La même chose se rencontre dans *Héraclius*.... Si le troisième commence chez Pulchérie, il n'y peut *achever* (1, 118, et 119. *Disc. des 3 unit.*)
Heureux si sa fureur, qui me prive de toi,
Se fait bientôt connoître en *achevant* sur moi! (iv, 504. *Rod.* 1778.)

ACHEVÉ, joint à un nom de personne, dans le sens de *consommé, accompli*, ou *ruiné* :

Vienne encore un procès et je suis *achevé*. (iv, 180. *Ment.* 724.)
.... Jamais on n'a vu tyran plus *achevé*. (vi, 74. *Perth.* 1274.)

ACIER, armes ou instruments faits d'acier ou de fer :

.... L'*acier* des bourreaux fut plus prompt à trancher. (v, 183. *Hér.* 638.)

CŒURS D'ACIER :

Quoi! dans leur dureté ces *cœurs d'acier* s'obstinent. (III, 317. *Hor.* 807.)

Il y avait dans les éditions antérieures à 1663 : « ces *cœurs de fer*. »

ACONIT.

Une seconde fois le triple chien Cerbère
Vomira l'*aconit* en voyant la lumière. (1, 226. *Méd.* 1400.)

Les Latins donnaient à ce mot le sens de poison en général, mais on peut croire que Corneille l'a pris ici dans son sens restreint. De la Porte, dans ses *Épithètes* (édition de 1602, fol. 5 v°), dit, d'après Ovide (*Métamorphoses*, livre VII, vers 415 et suivants), que : « L'Aconit est une herbe qui croist sur des rochers, laquelle premièrement, selon que feignent les Poëtes, print sa naissance de l'escume du chien Cerbere, duquel Hercule auoit estraint le gosier d'un lien bien serré pour le traîner hors des enfers. »

ACQUÉRIR, s'attirer :

N'*acquérez* point ma haine en perdant votre temps. (v, 39. *Théod.* 490.)

ACQUÉRIR QUELQUE CHOSE À QUELQU'UN :

.... Mon bonheur ordinaire
M'acquiert les volontés de la fille et du père. (II, 346. *Méd.* 110.)
Il n'est point de climat où mon amour fatale
N'*ait acquis à* mon nom la haine générale. (II, 379. *Méd.* 782.)
Vous ai-je acquis sur eux, en ce dernier effort,
La puissance absolue et de vie et de mort? (IV, 62. *Pomp.* 831.)

ACQUÉRIR, ayant pour régime un nom de personne :

Sa tête est le seul prix dont il peut m'*acquérir*. (III, 383. *Cin.* 56.)

Et c'est pour l'*acquérir* qu'il nous fait conspirer. (III, 416. *Cin.* 712.)
.... Le désespérer ce n'est pas l'*acquérir*. (V, 45. *Théod.* 650.)
.... Ne me perdez pas en voulant m'*acquérir*. (V, 61. *Théod.* 1022.)
Quand, pour vous *acquérir*, je gagnois des batailles..... (VI, 32. *Perth.* 283.)
Et si vous refusez par là de m'*acquérir*,
Vous ne sauriez vous-même éviter de périr. (VII, 166. *Att.* 1407.)
Je veux vous *acquérir*, mais c'est par mes services. (VII, 331. *Psy.* 1145.)

Acquis, se.

.... Plus le bien qu'on quitte est noble, grand, exquis,
Plus qui l'ose quitter le juge mal *acquis*. (III, 404. *Cin.* 416.)
.... Toute la gloire *acquise* à ses travaux. (V, 511. *Nic.* 5.)

Etre acquis à quelqu'un :

Assurez-vous sur moi, je *vous suis* toute *acquise*. (II, 358. *Méd.* 350.)
Vous savez comme quoi je *vous suis* toute *acquise* (IV, 444. *Rod.* 347.)
  Il crut ne pouvoir remettre son fils Martian aux mains d'une personne qui *lui fût* plus *acquise*. (V, 145. *Au lect. d'Hér.*)
Vous m'avez épousée, et je *vous suis acquise*. (VI, 511. *Soph.* 966.)

Acquis, pris substantivement.

Il ne se trouve dans les dictionnaires qu'avec le sens de science, capacité, expérience. Corneille l'a employé ainsi.

.... Ce seroit en vain qu'aux miracles du temps
Je voudrois opposer l'*acquis* de quarante ans. (X, 187. *Poés. div.* 34.)

Il s'est aussi servi de ce mot pour exprimer en général ce qu'on a acquis :

.... On perd souvent l'*acquis* à vouloir davantage. (VI, 327. *Tois.* 1737.)

Enfin, tout en faisant de ce mot un substantif, il lui a laissé un complément qui rappelle sa qualité originaire de participe.

Ce n'est point ni l'*acquis* par d'assidus efforts,
Ni ce qu'un long bonheur multiplie au dehors
    Qui te sert pour ma paix divine. (VIII, 407. *Imit.* III, 3009.)

ACQUITTER.

Acquitté d'une charge :

.... Seigneur, *acquittés de la charge* commise,
Nos veneurs ont conduit Pymante, et moi Dorise. (I, 351. *Clit.* 1333.)

S'acquitter vers, voyez Vers.

ACTE, action :

Que venez-vous de faire? — Un *acte* de justice. (III, 340. *Hor.* 1323.)

Acte d'une pièce de théâtre :

  Il est nécessaire que chaque *acte* laisse une attente de quelque chose (I, 99. *Disc. des 3 unit.*)

ACTEUR.

Ce mot ne s'emploie d'ordinaire qu'en parlant de celui qui représente un personnage dans une pièce de théâtre. Corneille s'en sert pour désigner le personnage même :

Alors ce seroit Florame qui l'introduiroit dans la pièce, et il y seroit appelé par un *acteur* agissant dès le commencement. (II, 121. *Exam.* de *la Suiv.*)

Dans les éditions publiées du vivant de Corneille le titre de la liste des personnages est toujours : *Acteurs*, ou, bien plus rarement, *les Acteurs*.

ACTION, gestes, contenance :

Ils semblent étonnés, à voir leur *action*. (IV, 152. *Ment.* 227.)

ACTION, en terme de poétique :

L'unité d'*action* consiste, dans la comédie, en l'unité d'intrigue. (I, 98. *Disc. des 3 unit.*)

ADIEU.

Otez Pan et sa flûte, *adieu* les pâturages ;
Otez Pomone et Flore, *adieu* les jardinages. (x, 238 et 239. *Poés. div.* 49 et 50.)

ADIEUX.

Ils gagnent leurs vaisseaux, ils en coupent les câbles,
Nous laissent pour *adieux* des cris épouvantables. (III, 174. *Cid.* 1314 *var.*)

Ce dernier vers, blâmé par l'Académie, a été remplacé, en 1660, par le suivant, qui, à coup sûr, ne le vaut pas :

Poussent jusques aux cieux des cris épouvantables.

ADMETTRE, avec un nom de chose pour sujet :

Ce haut rang n'*admet* point un homme sans honneur. (III, 118. *Cid*, 252.)

ADMIRATION D'UNE PERSONNE, dans le sens de l'*admiration qu'on a pour une personne* :

.... L'*admiration* de tant d'hommes parfaits
Dont il a vu dans Rome éclater le mérite,
N'est pas grande vertu si l'on ne les imite. (V, 540. *Nic.* 642.)

ADMIRER, s'étonner de, considérer avec étonnement :

.... Achillas, même, épouvanté d'horreur,
De ces quatre enragés *admire* la fureur. (IV, 48. *Pomp.* 508.)
Admirons cependant le destin des grands hommes ;
Plaignons-les, et par eux jugeons ce que nous sommes. (IV, 50. *Pomp.* 573.)
    J'*admire* cette antipathie
Qui vous l'a fait haïr avant que de le voir. (VII, 10. *Agés.* 37.)

ADMIRER suivi de *quel* :

Admirez cependant *quel* malheur est le mien. (V, 335. *Hér.* 1810.)

ADMIRER suivi de *que :*

Mais n'*admirez*-vous point *que* cette même reine
Le donne pour époux à l'objet de sa haine? (iv, 429. *Rod.* 15.)

.... *Admirez*
Que ces prisonniers même avec lui conjurés
Sous cette illusion couroient à leur vengeance. (v, 237. *Hér.* 1837.)

Cette tournure est assez fréquente au dix-septième siècle. Elle se trouve chez Bossuet, chez Mme de Sévigné, chez Racine, etc.

ADMIRER AILLEURS, voyez AILLEURS.

ADOPTIF, adjectif.

On ne le trouve dans la plupart des dictionnaires qu'avec les mots : *fils, fille, enfant.* Corneille l'applique d'une manière générale à *ce qu'on a adopté*, à *ce qu'on a choisi :*

Le droit de bourgeoisie à nos peuples donné
Ne perd rien de son prix sur un front couronné.
Sous ce titre *adoptif*, étant ce que vous êtes,
Je pense bien valoir une de mes sujettes. (vi, 387. *Sert.* 581.)

ADORABLE LOI.

.... Après avoir vu dans la fin de ta peine
Que pour toi le trépas semble doux à ta reine,
Fais-toi de son exemple une *adorable loi*. (vi, 161. *OEd.* 637.)

ADORER.

Ce mot, que la galanterie avait prodigué outre mesure, s'employait souvent avec beaucoup d'exagération et parfois d'ironie :

Aujourd'hui quelques-uns *adorent* cette règle. (i, 262. *Préf.* de *Clit.*)
J'en estime l'humeur, j'en aime le visage;
Mais, plus que tous les deux, j'*adore* son message. (iv, 303. *S. du Ment.* 252.)
Trembler devant sa haine, *adorer* son courroux. (v, 381, *Andr.* 1430.)
J'*adore* cet orgueil, il est égal au mien. (vii, 148. *Att.* 983.)

ADOUCIR, calmer :

.... Par sa prudence il *a* tout *adouci*. (iv, 503. *Rod.* 1757.)

S'ADOUCIR :

Le peuple par leur mort pourroit *s'être adouci*. (v. 581. *Nic.* 1573.)

ADRESSE, direction, indication, renseignement qui dirige :

C'est un des bons amis que Philiste eût au monde.
Rêve un peu, comme moi, Nourrice, et me seconde.
— Donnez-m'en quelque *adresse*. — Il se termine en don.
C'est.... j'y suis; peu s'en faut; attends, c'est....
 — Alcidon? (i, 473. *Veuve,* 1428.)
.... Je ne vous saurois donner qu'un mot d'*adresse*. (ii, 35. *G. du Pal.* 322.)
Celui *(le but)* de la poésie dramatique est de plaire, et les règles qu'elle

nous prescrit ne sont que des *adresses* pour en faciliter les moyens au poëte. (II, 332. *Épître de Méd.*)
Donnez quelque signal pour plus certaine *adresse*. (IV, 345. *S. du M.* 1089.)
Ni ton savoir profond, ni l'ingrate sagesse
        D'aucun autre savant
Ne te peut vers le ciel faire une sûre *adresse*. (VIII, 58. *Imit.* 1, 480 *var.*)
Ce mot a encore à peu près le même sens dans le passage suivant :

        Eh! mon père, écoutez.
— Quoi? des contes en l'air et sur l'heure inventés?
— Non, la vérité pure. — En est-il dans ta bouche?
— Voici pour votre *adresse* une assez rude touche. (IV, 225. *Ment.* 1558.)

C'est-à-dire, comme on dirait encore familièrement aujourd'hui : « un compliment à votre adresse. »

ADRESSE, feinte, finesse :

L'avis de Laonice est sans doute une *adresse*. (IV, 463. *Rod.* 803.)
Vous prenez un peu tard une mauvaise *adresse*. (VI, 301. *Tois.* 1052.)

De même au pluriel :

    .... Par quelques *adresses*
Qu'il tâche d'adoucir.... Quoi? me quitter ainsi! (II, 230. *Pl. roy.* 106.)
Leur sang tout généreux hait ces molles *adresses*. (IV, 464. *Rod.* 848.)

JOUER D'ADRESSE :

Fais ce que je t'ordonne. — Il faut *jouer d'adresse*. (IV, 173. *Ment.* 582.)

AVOIR DE L'ADRESSE, en parlant des choses :

La machine n'a pas plus d'*adresse* quand elle ne sert qu'à faire descendre un dieu pour accommoder toutes choses. (I, 106. *Disc. des 3 unit.*)

ADRESSER, diriger :

       Vos beaux yeux sur ma franchise
       N'*adressent* pas bien leurs coups. (X, 168. *Poés. div.* 2.)
Où s'est-elle cachée? où l'emporte sa fuite?
Où faut-il que ma rage *adresse* ma poursuite? (I, 334. *Clit.* 1034.)
.... Sans que je sache où, pour mon allégeance,
Adresser ma poursuite et porter ma vengeance. (I, 461. *Veuve*, 1469.)
.... Mon salut dépend d'une soudaine fuite,
Et mon esprit confus ne sait où l'*adresser*. (I, 475. *Veuve*, 1469.)
.... Votre frère Attale *adresse* ici ses pas. (V, 516. *Nic.* 117.)

ADROIT, TE.

.... Ma sœur, vous êtes plus *adroite* :
Souffrez que je ménage un moment de retraite. (VII, 30. *Agés.* 522.)

Cette rime d'*adroite* avec *retraite* est d'accord avec la prononciation du temps. On en trouve d'analogues dans les pièces de Molière : voyez le *Lexique* de cet auteur

ADROITE, pris substantivement :

Vous êtes une *adroite*.... (V, 337. *Andr.* 496.)

ADULTÈRE, adjectif, placé avant le substantif :

Son *adultère* amour, son trépas imprévu,
N'est que la triste fin d'une pièce tragique. (II, 521. *Illus.* 1632.)

ADULTÈRE, substantif :

.... Par où votre amour se peut-il couronner
Si pour moi votre hymen n'est qu'un lâche *adultère?* (v, 56. *Théod.* 879.)

ADVENIR, voyez AVENIR.

ADVERSAIRE.

Qui se hasarderoit contre un tel *adversaire?* (III, 180. *Cid.* 1437.)
.... Comme il s'est vu seul contre trois *adversaires*.... (III, 325. *Hor.* 1004.)
.... Mes plus dangereux et plus grands *adversaires*,
Sitôt qu'ils sont vaincus, ne sont plus que mes frères. (IV, 65. *Pomp.* 917.)
.... Peut-être bientôt sur ce lâche *adversaire*
Vous entendrez tomber la foudre de son père. (v, 390. *Andr.* 1663.)

Dans quelques endroits, les anciennes éditions de Corneille portent *aversaire*. La prononciation de ce mot et de ceux de la même famille a beaucoup varié. Richelet, dans son *Dictionnaire* (1680), dit aux mots *aversaire*, *aversité* : « Comme ces mots se prononcent d'ordinaire avec un *d*, voyez la colonne *adv.* » Mais il renvoie d'*adverse* à *averse*. Nicot (1606) ne donne qu'*adversaire*.

AFFAIRE.

.... Puisque don Rodrigue a résolu son père
Au sortir du conseil à proposer l'*affaire* (III. 108. *Cid*, 50.)
Sire, j'en ai trop dit, mais l'*affaire* vous touche. (III, 356. *Hor.* 1727.)

AFFAIRE, besoin :

Ils (*ces personnages*) n'ont plus que faire quand on n'y a plus *affaire* d'eux (*dans la comédie*). (I. 397. *Exam. de la Veuve.*)
Qu'ai-je *affaire* de race à me déshonorer? (VII, 443. *Pulch.* 1535.)
Qu'avions-nous *affaire* de vie
Si nous ne pouvions être à vous? (VII, 355. *Psy.* 1739.)

AFFAIRES, embarras, peine, inquiétude :

Gardez vous, beautés sévères;
Les amours font trop d'*affaires*. (VII, 367. *Psy.* 2063.)

AFFAMÉ.

Tigre *affamé* de sang. (III, 338. *Hor.* 1287 *var.*)

Cet hémistiche se retrouve dans *Polyeucte* (III, 540, vers 1125 *var.*). Dans l'édition de 1660, et même dans quelques impressions antérieures, *altéré* a été substitué à *affamé* dans ces deux passages.

AFFECTATION (AVOIR UNE) :

L'entretien de Daphnis.... avec cet amant dédaigné a une *affectation* assez dangereuse, de ne dire que chacun un vers à la fois. (II, 121. *Exam. de la Suiv.*)

AFFECTER, faire ostentation de :

.... Quand on peut sans honte être sans fermeté,
L'*affecter* au dehors, c'est une lâcheté. (III, 322. *Hor.* 942.)

AFFECTER LA MODE :

La grâce aime l'habit simple et sans ornement;
      Elle n'*affecte* point la mode. (VIII, 537. *Imit.* III, 5698.)

AFFECTION.

.... N'attends pas de mon *affection*
Un lâche repentir d'une bonne action. (III, 154. *Cid*, 871.)

AFFECTIONS, au pluriel, en parlant de l'attachement d'une personne pour une autre :

    Je n'ai rien à vous envoyer que la continuation de mes *affections* à votre service. (X, 452. *Lett.*)

D'AFFECTION, locution adverbiale :

    Il sembloit toutefois parler d'*affection*. (II, 170. *Suiv.* 827.)

AFFERMIR.

Il tourne ses apprêts (*de guerre*) en divertissement :
Il s'en fait un plaisir, où par un long prélude
L'image de la guerre en *affermit* l'étude,
Et ses passe-temps même instruisant ses soldats, etc. (X, 198. *Poés. div.* 62.)
Il te seroit honteux d'*affermir* ton silence
Contre une si pressante et douce violence. (VI, 122. *Vers à Foucquet*, 21.)

Voyez la critique de cette expression, tome VI, p. 115.

S'AFFERMIR.

.... Son cœur s'*affermit* au lieu de s'ébranler. (III, 532. *Pol.* 960.)
Fais-lui, fais-lui savoir le glorieux dessein
De m'*affermir* au trône en lui donnant la main. (VI, 379. *Sert.* 392.)

AFFERMI.

.... Un prince est dans son trône à jamais *affermi*
Quand il est honoré du nom de son ami (*d'ami de Rome*). (V, 550. *Nic.* 881.)

BONHEUR AFFERMI :

Enfin notre *bonheur* est-il bien *affermi* ? (III, 293. *Hor.* 257.)
Aime-le donc, chrétien, comme le seul ami
Qui puisse enfin te faire un *bonheur affermi*. (VIII, 210. *Imit.* II, 692.)

AFFÉTÉ, qui a de l'affèterie :

Du moins ne prétends pas qu'à présent je te loue,
Et qu'un mépris rusé, que ton cœur désavoue,
Me mette sur la langue un babil *affété*. (I, 158. *Mél.* 295.)

Dérobons-nous, mon âme, à l'importunité
Dont nous menace encor son babil *afféte* (II, 318. *Tuil.* 208.)
Epargnez avec moi ces propos *affétés*. (II, 67. *Gal. du Pal.* 923.)

La plupart des éditions modernes portent : *propos affectés.*

.... Sous l'indigne appas d'un coup d'œil *afféte.* (IV, 464. *Rod.* 845.)

AFFÉTÉE, pris substantivement :

Aglante ne me prend que pour une *affétée.* (II, 321. *Tuil.* 278.)

AFFÉTERIE.

Qu'on est importuné de ses *afféteries!* (II, 87. *Gal. du Pal.* 1290.)
Tu ne suis que le cours de cette *afféterie*
Qu'inspire la nature à qui croit ses conseils. (VIII, 540. *Imit.* III, 5782.)

AFFINER, tromper, duper :

.... Une folle jeunesse
Qui se laisse *affiner* à ces traits de souplesse. (I, 190. *Mél.* 792.)
Vous voulez m'*affiner ;* mais c'est peine perdue. (I, 215. *Mél.* 1215 *var.*)

Corneille a ainsi modifié ce vers en 1660 :

Vous pensez me duper et perdez votre peine.

AFFINÉ, trompé, dupé :

Quelque fin que tu sois, tiens-toi pour *affiné.* (II, 256. *Pl. roy.* 627.)

AFFLIGER.

Je crains pour l'une et l'autre en ce dernier effort,
Et serai du parti qu'*affligera* le sort. (III, 286. *Hor.* 90.)

Nos anciens poëtes tragiques employaient ainsi ce mot, avec toute sa valeur primitive, dans le sens de *frapper, abattre, accabler :*

Vous auez violé le deuoir d'hostelage ;
A un homme *affligé* vous auez faict outrage,
Auez celuy meurtry qui vous tendoit les bras. (Garnier, *Cornelie,* III, 246.)

Voltaire s'est encore servi de cette expression en ce sens ; il a dit dans *Mérope* (acte II, scène 1) :

Ecartez des terreurs dont le poids vous *afflige.*

Mais la Harpe a fait à ce sujet la remarque suivante dans son *Cours de littérature :* « Expression inélégante, un poids *accable* plus qu'il n'*afflige.* » C'est justement parce qu'un poids *accable* que ce mot, à le prendre dans son sens d'origine, était fort bon.

AFFLUENCE, sans complément :

Un champ délicieux où règne l'*affluence.* (VIII, 390. *Imit.* III, 2692.)

AVOIR DE L'AFFLUENCE, en parlant d'une pièce de théâtre, attirer la foule.

Ses trois premières représentations ensemble n'*eurent* point tant d'*affluence* que la moindre de celles qui les suivirent dans le même hiver. (I, 135. *Épît.* de *Mél.*)

AFFOIBLIR, actif :

Sa perte m'*affoiblit* et son trépas m'afflige. (III, 142. *Cid*. 646.)
Cette vieille coutume en ces lieux établie,
Sous couleur de punir un injuste attentat,
Des meilleurs combattants *affoiblit* un État. (III, 179. *Cid*. 1408.)
.... La mort des vaincus *affoiblit* les vainqueurs. (III, 294. *Hor*. 293.)

AFFOIBLIR, neutralement, devenir faible :

Je me sens *affoiblir*, quand je vous encourage. (IV, 473. *Rod*. 1076.)
La grâce en *affoiblit* quand il faut qu'on l'attende. (X, 95. *Poés. div*. 17.)
J'*affoiblis*, ou du moins ils se le persuadent. x. (312. *Poés. div*. 20.)

AFFOLER.

FAIRE AFFOLER, rendre fou :

Si ce n'est qu'à dessein ils veuillent tout mêler,
Et soient d'intelligence à me *faire affoler*. (II, 203. *Suiv*. 1492 var.)

Ces deux vers ne se trouvent que dans les premières éditions; Corneille les a changés dans celle de 1664.

AFFRANCHIR, rendre libre, délivrer :

Combats pour m'*affranchir* d'une condition
Qui me donne à l'objet de mon aversion. (III, 185. *Cid*, 1551.)
Si je puis de sa honte *affranchir* mon époux. (III, 352. *Hor*. 1626.)
Allons donc l'*affranchir* de ces frivoles craintes. (IV, 67. *Pomp*. 969.)
.... D'un si rude joug *affranchissons* ces lieux. (V, 576. *Nic*. 1474.).

S'AFFRANCHIR.

.... Pour s'en *affranchir* tout s'appelle vertu. (III, 406. *Cin*. 488.)

AFFRONT.

Sauve-moi de l'*affront* de tomber à leurs pieds. (IV, 507. *Rod*. 1830.)
Les *affronts* à l'honneur ne se réparent point. (III, 132. *Cid*. 3 var.)

Ce vers est ainsi dans les premières éditions, jusqu'à celle de 1656 inclusivement; Corneille y a substitué plus tard :

De si mortels *affronts* ne se réparent point.

FAIRE AFFRONT, voyez FAIRE.

AFFRONTER, attaquer, braver :

Je m'en vais l'*affronter* jusque dans sa maison. (I, 252. *Mél*. scène suppr.)
Celui qui vous la rend en m'obligeant m'*affronte*. (I, 491. *Veuve*, 1792.)
Il m'*affronte*, il l'avoue, il rit quand je soupire. (II, 243. *Pl. roy*. 366.)
.... S'il faut *affronter* les plus cruels supplices. (III, 491. *Pol*. 89.)

AFFRONTER, tromper avec audace :

Maintenant, qu'en dis-tu? N'est-ce pas t'*affronter*? (I, 193. *Mél*. 833.)
Ma fidèle compagne en qui seule aujourd'hui

Mon amour *affronté* rencontre quelque appui. (1, 275. *Clit.* 2 *var.*)

Ces vers ne se trouvent ainsi que dans les premières éditions. En 1660, Corneille a remplacé *mon amour affronté* par *mon amour qu'on trahit*, et il a ensuite supprimé tout le passage.

.... Ils en font auteur un de leurs domestiques,
Qui pensait bien leur plaire, a si mal propos
Instruit ce malheureux, pour *affronter* Carlos. (v, 484. *D. San.* 1592.)

AFFRONTEUR, trompeur, imposteur.

Avec un *affronteur* mesurer mon épée. (1, 168. *Mél. var.* 2.)
Le jour s'en va paroître, *affronteur*, hâte-toi. (1, 276. *Clit.* 20.)

Ce mot était fort employé dans le style familier, tant au masculin qu'au féminin : « Elle y perdit pour sept à huit mille livres de pierreries, que le Duc luy prit quand il vit que c'estoit une *affronteuse*. » (Tallemant des Réaux, *Historiettes*, tome IV, p. 254.)

ÂGE, au féminin :

Outre l'*âge* en tous deux un peu trop *refroidie*. (II, 112. *Gal. du Pal.* 1793.)
Je ne suis pas encor d'*une âge* si *cassée*. (II, 145. *Suiv.* 1 *var.*)

Malherbe, qui le plus souvent fait *âge* du masculin, l'a aussi employé au féminin tant en prose qu'en vers : voyez le *Lexique* de cet auteur. Ménage paraît fort peu fixé quant au genre de ce mot. Dans ses *Remarques* sur les *Larmes de saint Pierre*, de Malherbe, il dit : « Il n'est plus que féminin; » dans ses *Observations sur la langue françoise*, p. 121 (1672) : « Il est aujourd'hui plutôt masculin que féminin. »

L'ÂGE absolument, d'ordinaire *la vieillesse* :

Quand *l'âge* dans mes nerfs a fait couler sa glace. (III, 116. *Cid.* 209.)

L'ÂGE absolument, quelquefois pour *la jeunesse* :

Vous perdez le respect; mais je pardonne à *l'âge*
Et j'excuse l'ardeur en un jeune courage. (III, 139. *Cid.* 593.)

SUR L'ÂGE :

.... Un père un peu *sur l'âge*. (II, 373. *Méd.* 669.)

AVOIR QUELQUE ÂGE :

Je sais que j'*ai quelque âge*.... (X, 145. *Poés. div.* 7 *var.*)

On lit dans Tallemant des Réaux : « Je vis hier une femme.... de *quelque âge*, qui s'est remariée à un jeune homme qui la maltraitte. » (*Historiettes*, tome III, p. 48.) On dit aujourd'hui dans le même sens : *d'un certain âge*.

AGENT, AGENTE, dans un sens favorable ou défavorable :

Suis cet *agent* fatal de tes mauvais destins. (III, 493. *Pol.* 127.)
Elle met ton *agente* au bout de sa finesse. (I, 437. *Veuve*, 744.)
.... Rome à ses *agents* donne un pouvoir bien large. (v, 552. *Nic.* 927.)

AGIR, ayant pour sujet un nom de personne, ou de qualité, de passion humaine :

Ils servent à l'envi la passion d'un homme

Qui n'*agit* que pour soi, feignant d'*agir* pour Rome. (III, 416. *Cin.* 718.)
Ma vertu toute entière *agit* sans s'émouvoir. (III, 445. *Cin.* 1375.)
La force et la vengeance *agiront* à leur tour. (VI, 393. *Sert.* 740.)

Faire agir la constance, la force, le crédit, la justice, etc. :

Fais agir ta constance en ce coup de malheur. (III, 131. *Cid*, 444.)
En vain on *fait agir* la force ou la prudence. (III, 132. *Cid*, 469.)
.... Il me reste un moyen
De *faire agir* pour toi son crédit et le mien. (III, 399. *Cin.* 348.)
Il ne veut point sur lui *faire agir* sa justice. (III, 525. *Pol.* 805.)

Laisser agir, au figuré :

Rends-moi mon Curiace, ou *laisse agir* ma flamme. (III, 338. *Hor.* 1280.)

Agir de :

Sa mère peut *agir de* puissance absolue. (I, 175. *Mél.* 559.)
Il faut *agir de* force avec de tels esprits. (V, 160. *Hér.* 87.)
Agissez donc, Seigneur, *de* puissance absolue. (VI, 77. *Perth.* 1332.)

Agir en :

Agissez donc enfin, Madame, *en* souveraine. (V, 459, *D. San.* 989.)

S'agir :

S'il *s'agissoit* ici de le faire empereur. (V, 206. *Hér.* 1169.)

Agissant.

Il a de la naissance ; et s'il est *agissant*,
S'il suit des favoris la pente trop commune,
Plautine hait en lui ces soins de sa fortune. (VI, 578. *Oth.* 72.)

AGITATION, au figuré :

Vous n'aviez point tantôt ces *agitations*. (III, 420. *Cin.* 819.)
Mille *agitations* que mes troubles produisent,
Dans mon cœur ébranlé tour à tour se détruisent. (III, 521. *Pol.* 725.)

AGNEAU.

Mourir en agneaux :

.... Lions au combat, ils *meurent en agneaux*. (III, 554. *Pol.* 1442.)

AGNITION, reconnaissance :

Il (*Aristote*) préfère la partie du poëme qui regarde le sujet à celle qui regarde les mœurs, parce que cette première contient ce qui agrée plus, comme les *agnitions* et les péripéties. (I, 17. *Disc. du poëme dram.*)

Je sais que l'*agnition* est un grand ornement dans les tragédies : Aristote le dit ; mais il est certain qu'elle a ses incommodités. (I, 71. *Disc. de la trag.*)

Ce mot, que Corneille n'emploie que comme terme technique, avec le sens qu'il a en latin, ne se trouve pas dans les dictionnaires.

AGRANDIR, ayant pour régime soit un nom de personne, soit un nom de chose :

Elle a voulu le perdre, et non pas m'*agrandir*. (v, 576. *Nic.* 1458.)
Puis-je oublier les soins d'*agrandir* votre empire? (vi, 418. *Sert.* 1306.)

S'AGRANDIR, au figuré, ayant pour sujet le mot *nom :*

Seigneur, qui des mortels eût jamais osé croire....
Qu'un nom à qui la guerre a fait trop applaudir
Dans l'ombre de la paix trouvât à *s'agrandir?* (vi, 395. *Sert.* 752.)

AGRÉABLE, joint à un nom avec lequel il forme une apparente contradiction :

Agréable colère! (iii, 119. *Cid,* 262.)

Malherbe (i, 241, 29) a dit : « L'*agréable* tourment. »

AVOIR AGRÉABLE, voyez AVOIR.

AGRÉABLE, substantivement :

Je voudrois que le peuple y eût trouvé autant d'*agréable*. (iv, 284. *Épître de la S. du Ment.*)

AGRÉER, accueillir favorablement :

Si vous le voulez perdre, *agréez* ma retraite. (v, 582. *Nic.* 1608.)

AGRÉER QUE, approuver que :

Vous, Madame, *agréez* pour notre grand héros
Que ses mânes vengés goûtent un plein repos. (vi, 445. *Sert.* 1915.)

AGRÉER, être agréable :

Pour *agréer* ailleurs, il tâchoit à me plaire. (ii, 212. *Suiv.* 1665.)

AGRÉER À :

Ce n'est pas le moyen d'*agréer à* ses yeux. (ii, 97. *Gal. du Pal.* 1468.)
Elles *vous ont agréé* autrefois sur le théâtre. (ii, 333. *Épître de Méd.*)
.... Voyons si ce change à leurs bontés *agrée*. (iii, 317. *Hor.* 816.)

AGRÉMENT.

AVOIR DE L'AGRÉMENT, avoir de la grâce, être agréable :

Sa compagne, ou je meure! *a* beaucoup d'*agrément*. (iv, 228. *Ment.* 1620.)

AGRÉMENT, ornement, enjolivement :

Le portrait plaira-t-il, s'il n'a pour *agrément*
Les larmes d'une amante...? (x, 239. *Poés. div.* 55.)

AGRÉMENTS, dans un sens analogue à celui du dernier exemple :

Les anges qui bercent l'enfant Jésus, et l'ombre de Mariane avec les

Furies qui agitent l'esprit d'Hérode, sont des *agréments* qu'il n'a pas trouvés dans l'Évangile. (III, 480. *Exam. de Pol.*)

AIDE, substantif féminin, secours :

.... Puisqu'il en faut faire une *aide* à ma foiblesse. (IV, 451. *Rod.* 496.)

<small>Voltaire trouve, on ne sait trop pourquoi, cette locution familière.</small>

Si tu cherches une *aide* à traiter d'imposteur
Un roi qui t'a fermé la porte de mon cœur. (VI, 66. *Perth.* 1069.)

<small>Voltaire, dans son édition du *Théâtre de Corneille*, a mis : « un aide. »</small>

AIDER À QUELQU'UN À FAIRE QUELQUE CHOSE :

N'*aide* point à l'envie à se jouer de moi. (V, 473. *D. San.* 1344.)
Pour *aider* à mon frère à vous persécuter. (V, 513. *Nic.* 38.)
A vos heureux destins *aidez* à s'accomplir. (VI, 629. *Oth.* 1256.)
Lui pourrez-vous *aider* à me perdre d'honneur? (VII, 252. *Tit.* 1245.)

AIDER À UN STRATAGÈME :

Par mon commandement la garde en fait de même,
Et se tenant cachée, *aide* à mon *stratagème*. (III, 172. *Cid*, 1270.)
.... Lui-même
Se livre entre mes mains, *aide* à mon *stratagème*. (V, 221. *Hér.* 1484.)

AIGLE, au masculin, en parlant soit d'ornements et de décorations, soit de l'aigle impériale :

Au haut de ces piliers sont d'autres *grands aigles* d'or. (VI, 346. *Tois.*)
.... Que l'*aigle accablé* par ce destin nouveau,
Ne puisse trébucher que sur votre tombeau. (VII, 115. *Att.* 159.)

AIGREUR, au figuré.

<small>Corneille a souvent appliqué ce mot à des sentiments, à des dispositions de l'âme, telles que la *jalousie*, la *haine*, l'*inimitié* :</small>

Ce reste d'intérêt que je prends en sa vie
Donne trop d'*aigreur*, Prince, à votre jalousie. (VI, 333. *Tois.* 1859.)
L'impérieuse *aigreur* de l'âpre jalousie. (VI, 367. *Sert.* 73.)
Dites d'Agésilas la haine insatiable :
C'est elle dont l'*aigreur* auprès de vous m'accable. (VII, 34. *Agés.* 625.)
Plus leur désunion met d'*aigreur* dans leurs haines. (VII, 258. *Tit.* 1380.)
.... Peut-être l'*aigreur* de ces inimitiés
Voudra que je vous perde, ou que vous me perdiez. (VII, 257. *Tit.* 1365.)

<small>Il s'en est servi aussi en parlant de l'impression que cause une peine, un chagrin, une douleur :</small>

Mon épargne depuis en sa faveur ouverte
Doit avoir adouci l'*aigreur* de cette perte. (III, 412. *Cin.* 641.)
Reine, je parle en veuve, et vous parlez en sœur;
Chacune a son sujet d'*aigreur* ou de tendresse. (IV, 93. *Pomp.* 1601.)
.... Comme il est, Seigneur, de la fatalité

Que l'*aigreur* soit mêlée à la félicité. (IV, 100. *Pomp.* 1788.)
J'ai caché si longtemps l'ennui qui me dévore,
Qu'en dépit que j'en aye, enfin il s'évapore :
L'*aigreur* en diminue à te le raconter. (VII, 400. *Pulch.* 491.)

A l'occasion du second passage de *Pompée*, Voltaire blâme cet emploi d'*aigreur*, et dit que le mot propre serait *amertume*.

AIGRIR, au figuré.

AIGRIR QUELQU'UN :

Je parlois pour l'*aigrir*, et non pour me défendre. (III, 456. *Cin.* 1618.)
Mais sans doute, Seigneur, ma présence l'*aigrit*. (V, 567. *Nic.* 1269.)

AIGRIR DES DÉPLAISIRS :

De peur que mon tourment *aigrit ses déplaisirs*. (II, 194. *Suiv.* 1307.)

AILE, au figuré :

Si de tes vieux héros j'anime la mémoire,
Tu relèves mon nom sur l'*aile* de leur gloire. (X, 94. *Poés. div.* 6.)

Le poëte parle ainsi dans une apostrophe à Rome.

EN AVOIR DANS L'AILE.

Expression figurée et proverbiale, tirée de la chasse.

Angélique ! C'est fait, mon frère *en a dans l'aile*,

dit Phylis dans *la Place royale* (II, 275, vers 985) en s'apercevant qu'on a enlevé la maîtresse de Doraste ; il s'agit ici d'une personne frappée d'un malheur imprévu ; cette locution signifie plus fréquemment *devenir amoureux, avoir le cœur pris*.

AILES DU THÉÂTRE, côtés de la scène :

Les quatre autres paroissent deux à deux au milieu de l'air sur les *ailes du théâtre*. (V, 348. *Andr.*)

Chapuzeau parle ainsi dans son *Théâtre françois* (p. 153 et 173) des *ailes du théâtre* et de la manière dont elles étaient occupées d'ordinaire : « Les acteurs ont souvent de la peine à se ranger sur le théâtre, tant les *ailes* sont remplies de gens de qualité qui n'en peuvent faire qu'un riche ornement. — Durant la comédie ils (*les comédiens*) observent un grand silence, pour ne troubler pas l'acteur qui parle, et se tiennent modestement sur des sièges aux *ailes du théâtre* pour entrer juste. »

AILLEURS.

AIMER AILLEURS, tant dans la comédie que dans la tragédie :

J'*aime ailleurs*.... (II, 187. *Suiv.* 1170. — IV, 384. *S. du Ment.* 1818. — VI, 371. *Sert.* 179.)
Sans doute elle *aime ailleurs*. (V, 20. *Théod.* 93.)
Si je n'*aimois ailleurs*.... (V, 336. *Andr.* 479.)
On dit qu'il *aime ailleurs*. (V, 443. *D. San.* 591.)
Il *aimeroit ailleurs!* (V, 461. *D. San.* 1037.)
Je ne suis qu'un tyran, parce que j'*aime ailleurs*. (VI, 32. *Perth.* 290.)
.... Je n'ose penser que le fils d'un grand roi,
Un si fameux héros, *aime ailleurs* que chez moi. (VI, 140. *OEd.* 148.)

ADMIRER AILLEURS, ÊTRE SENSIBLE AILLEURS :

.... Plein de votre idée, il ne m'est pas possible
Ni d'*admirer ailleurs*, ni d'*être ailleurs sensible*. (I, 416. *Veuve*, 334.)

AGRÉER AILLEURS :

Pour *agréer ailleurs* il tâchoit à me plaire. (II, 212. *Suiv.* 1665.)

ASPIRER AILLEURS :

Ainsi j'*aspire ailleurs* pour vaincre mon malheur. (II, 475. *Illus.* 795.)

ÊTRE INQUIÉTÉ D'AILLEURS :

J'ai trop vu d'*ailleurs* son âme *inquiétée*;
Et de quelque couleur que tu couvres ses soins,
Sa nouvelle conquête en occupe le moins. (VI, 490. *Soph.* 424.)

AIMABLE À.

Jusques à cet hymen Rodrigue m'est *aimable*. (III, 111. *Cid.* 114.)
Ce fils si vertueux d'un père si coupable,
S'il ne devoit régner, me pourroit être *aimable*. (V, 165. *Hér.* 218.)

AIMANT, au figuré :

Parez-en ce beau sein, ce chef-d'œuvre des cieux,
Cette honte des lis, cet *aimant* des courages. (X, 33. *Poés. div.* 6.)

Ces vers font partie d'un sonnet publié par Corneille dans ses *Meslanges poetiques*, en 1632. Ils ont été alors écrits par lui sérieusement ; mais quelques années plus tard il critiquait dans *la Veuve* une semblable métaphore : voyez la note 1 de la page 33 du tome X, à laquelle nous venons de renvoyer.

AIMER.

AIMER, absolument :

Il n'est plus temps d'*aimer* alors qu'il faut mourir. (V, 170. *Hér.* 328.)

AIMER, être content de, en parlant d'un fait accompli, d'un état, d'une manière d'être :

Aime, *aime* cette mort qui fait notre bonheur. (III, 339. *Hor.* 1298.)
Je n'*aime* mon bonheur que pour le mériter. (III, 505. *Pol.* 396.)

AIMER UN AUTRE :

Hélas ! elle *aime un autre*, un autre est son époux. (III, 508. *Pol.* 460.)

Cette locution est assurément irréprochable; elle surprend toutefois, accoutumé qu'on est au gallicisme : *en aimer un autre*.

AIMER À :

Puisqu'il *aime à* périr, je consens qu'il périsse. (III, 565. *Pol.* 1684.)
On n'*aime* point *à* voir ceux à qui l'on doit tant. (V, 531. *Nic.* 418.)

AIMER DE :

Ce que je suis m'arrache à ce que j'*aimois d'*être ! (V, 192. *Hér.* 823.)

AIMER MIEUX, préférer :
Et si tu n'*aimes mieux* que l'un et l'autre meure. (v, 232. *Hér*. 1747.)
AIMER AILLEURS, voyez AILLEURS.
AIMER EN D'AUTRES LIEUX :
Aimez en d'autres lieux, et plaignez Hypsipyle. (VI, 297. *Tois*. 1005.)
S'AIMER.
.... Si *vous vous aimez*, craignez de lui déplaire. (v, 551. *Nic*. 904.)
AIMÉ, substantivement :
Qui des deux est l'*aimé*? (VII, 70. *Agés*. 1542.)
Voyez AMANT.

AÎNESSE.
.... Ce vieux droit d'*aînesse* est souvent si puissant
Que pour remplir un trône il rappelle un absent. (v, 571. *Nic*. 1357.)
Est-ce un crime pour moi que l'*aînesse* d'un frère? (VII, 234. *Tit*. 808.)

AINSI.
.... Ne crois pas qu'*ainsi* jamais je t'appartienne. (III, 425. *Cin*. 938.)
Ainsi de ma faveur vous nommez les effets? (v, 25. *Théod*. 197.)
AINSI, suivi du subjonctif, pour former un souhait :
Ainsi vienne bientôt cette heureuse journée! (I, 162. *Mél. var*. 1.)
AINSI QUE, comme :
O gages qu'il néglige *ainsi que* superflus! (I, 196. *Mél*. 881.)
.... Regardant sa gloire *ainsi que* mon ouvrage. (VI, 430. *Sert*. 1597.)
Cet accès libre à tous, cet accueil favorable
Qu'*ainsi qu*'au plus heureux tu fais au misérable. (x, 179. *Poés. div*. 78.)

AIR.
JETER EN L'AIR, au figuré :
Elle a donc bien *jeté* des injures *en l'air*? (I, 483. *Veuve*, 1634.)
EN L'AIR, sans fondement, sans réalité :
Pourquoi, si vous m'aimez, feindre un hymen *en l'air*?(IV,237. *Ment*. 1751.)
Un bien acquis sans peine est un trésor *en l'air*. (IV,381.*S. du Ment*. 1739.)
.... Une offre *en l'air*.... (VI, 415. *Sert*. 1221.)
AIR, apparence :
Ce visage et ce port n'ont point l'*air* de l'école. (IV, 142. *Ment*. 13.)
AIR, ton, manière, en termes d'art ou de style :
.... Voyez cependant de quel *air* on m'écrit. (VI, 374. *Sert*. 240.)

Il est temps que d'un *air* encor plus élevé
Je peigne en ta personne un monarque achevé. (x, 179. *Poés. div.* 71.)
    Si le reste suit du même *air*[1], je ne crois pas avoir rien écrit de mieux.
(x, 490. *Lett.*)

AISE, dans le langage élevé :

Ne dois-je point encore en témoigner de l'*aise* ? (II, 355. *Méd.* 302.)
    .... D'*aise* tout transporté. (v, 491. *D. San.* 1763.)

Ce mot est très-fréquemment employé par nos anciens tragiques.

    Moi que les astres fiers, de notre *aise* jaloux,
    N'ont encor peu resoudre à prendre un autre espoux ! (Hardy, *Arsacome*, III, II.)

AISÉ, commode, facile :

Que vous êtes heureuse ! et qu'un peu de soupirs
Fait un *aisé* remède à tous vos déplaisirs ! (III, 509. *Pol.* 480.)
Il n'est pas bien *aisé* de m'obtenir de moi. (IV, 469. *Rod.* 990.)

AJUSTER.

AJUSTER SES YEUX À SES PAROLES.
Il sait bien *ajuster ses yeux à ses paroles*. (II, 74. *Gal. du Pal.* 1046.)

AJUSTÉ, substantivement :
Elle aime l'*ajusté*, le beau, le précieux. (VIII, 537. *Imit.* III, 5694.)

ALARME.

Quand Tryphon me donna de si rudes *alarmes*. (IV, 452. *Rod.* 528.)

ALARMER (S').

Vous vous alarmez peu d'une telle menace ? (VI, 415. *Sert.* 1217.)

ALENTIR (S').

En lui donnant de l'air son ardeur *s'alentit*. (I, 281. *Clit.* 123.)
.... Chaque jour sa vigueur *s'alentit*. (VIII, 73. *Imit.* I, 732.)

ALENTI.
Non que ma passion s'en soit vue *alentie*. (VI, 417. *Sert.* 1270.)
Alentir a disparu de la langue et s'est confondu avec *ralentir*.

ALFANGE, cimeterre :

Contre nous de pied ferme ils tirent leurs *alfanges*,
De notre sang au leur font d'horribles mélanges. (III, 173. *Cid.* 1297.)

    C'est la leçon adoptée par Corneille en 1664. Dans les éditions antérieures, on lisait
ainsi ces deux vers :

    Contre nous de pied ferme ils tirent les *épées* ;
    Des plus braves soldats les trames sont coupées.

1. Voyez la note 4 de la page indiquée.

Comme plus loin, dans la même scène (vers 1323), il représente les Maures : *Le cimeterre au poing*, il ne peut y avoir aucun doute sur le sens qu'il donne au terme *alfange*. Il est transcrit de l'espagnol *alfanje*, qui dans le *Dictionnaire* de l'Académie royale d'Espagne, publié à Madrid en 1726, est expliqué par *acinax*. On trouve parmi les exemples cités par ce dictionnaire le passage suivant de *Don Quichotte* (tome I, chapitre XLI) : « Llegamos al baxel, y saltando él dentro primero, metio mano á un *alfanje*. » On a rapproché ce mot de l'arabe *al khandjar*, signifiant : « grand couteau, coutelas. » — Dans le passage suivant de *l'Orphelin de la Chine* (acte I, scène III) :

De nos honteux soldats les *alfanges* errantes
A genoux ont jeté leurs armes triomphantes,

alfanje ne pourrait avoir que le sens inadmissible de *troupes, phalanges*, et l'on a bien fait d'y substituer dans les éditions de Voltaire ce dernier mot (*alfanges* peut bien n'être qu'une erreur typographique, une transposition pour *falanges*); mais on aurait dû respecter *le Cid*, et conserver au théâtre la dernière rédaction de Corneille qu'on a remplacée à tort par la leçon des premières éditions. — Voyez sur ce mot *alfange*, A. P. Pihan, *Glossaire des mots français tirés de l'arabe*, et le compte rendu de cet ouvrage, par M. Quatremère, *Journal des savants*, année 1848, p. 41.

ALIÉNATION, vente :

Il y a des héritiers de Telier qui doivent avoir fait vérifier la pièce de l'*aliénation* totale. (x, 436. *Lett.*)

ALLÉE, avenue d'arbres :

Je l'ai trouvé, Seigneur, au bout de cette *allée*,
Où la clarté du ciel semble toujours voilée. (IV, 498. *Rod.* 1611.)

ALLÉGEANCE, soulagement :

Non pas que je soupire après une vengeance
Qui ne peut me donner qu'une fausse *allégeance*. (I, 315. *Clit.* 698.)
.... Sans que je sache où, pour mon *allégeance*,
Adresser ma poursuite, et porter ma vengeance. (I, 461. *Veuve.* 1191.)
Grands Dieux, qui m'enviez cette juste *allégeance* ! (II, 200. *Suiv.* 1437.)
Vains projets, vains discours, vaine et fausse *allégeance* !(II, 245.*Pl. roy.* 417.)
Nérine, mes douleurs auroient peu d'*allégeance*. (II, 392. *Méd.* 1029.)
Où dois-je désormais chercher quelque *allégeance* ? (II, 418. *Méd.* 1586.)
Plus pour votre intérêt que pour mon *allégeance*. (III, 144. *Cid*, 690.)
Porte à ses déplaisirs cette foible *allégeance*. (IV, 90. *Pomp.* 1533.)

ALLÉGEMENT.

Ne me refusez pas ce triste *allégement*. (II, 410. *Méd.* 1412.)
L'unique *allégement* qu'elle eût pu recevoir. (III, 156. *Cid*, 920.)
.... Tout l'*allégement* qu'il en faut espérer. (III, 318. *Hor.* 837.)

ALLÉGRESSE.

Jamais nous ne goûtons de parfaite *allégresse*. (III, 160. *Cid*, 1001.)
Avec une *allégresse* aussi pleine et sincère. (III, 303. *Hor.* 499.)
Sa frayeur a paru sous sa fausse *allégresse*. (IV, 59. *Pomp.* 749.)

ALLEMAND.

Mon usage est si commode....

Que qui ne suit ma méthode
N'est pas bien homme à la mode,...
Passe pour un *Allemand*. (x, 56. *Poés. div.* 36.)

ALLER.

Corneille a employé quelquefois le passé défini du verbe *être* dans le sens de celui du verbe *aller*. On lit dans *Pompée* (iv, 39, *var.* 1), dans les éditions antérieures à 1660 :

Il *fut* jusques à Rome implorer le sénat.

Depuis, ce passage a été modifié ; mais notre poëte a dit encore, en 1665, dans sa tragédie d'*Othon* (vi, 577, vers 51) :

Les mêmes assassins *furent* encor percer
Varron, Turpilian, Capiton et Macer.

ALLER, à l'impératif, pour exciter, encourager :

Allons, mon âme ; et puisqu'il faut mourir,
Mourons du moins sans offenser Chimène....
Allons, mon bras, sauvons du moins l'honneur,
Puisque après tout il faut perdre Chimène. (iii, 123. *Cid*, 329 et 339.)

Scudéry blâme *allons, mon âme* ; l'Académie approuve cette phrase et reproche à Scudéry de n'avoir pas critiqué *allons, mon bras*; enfin Louis Alemand, dans ses *Nouvelles observations ou Guerre civile des François sur la langue* (1688, p. 101), croit clore le débat en disant : « *Allons, mon âme*, est propre pour le conseil et pour la résolution ; mais *allons, mon bras*, est destiné pour l'exécution. » Toute la question, ce nous semble, est de savoir si (ce qui ne fait aucun doute) l'on peut s'adresser à son âme, à son bras, etc. ; car il est bien évident, quoi qu'en dise Voltaire, qu'*allons*, dans une apostrophe de ce genre, ne se prend pas dans la rigueur de sa signification, et n'est autre chose qu'une exclamation, servant à encourager, à exciter. Dans les exemples suivants, d'autres personnes du même mode sont employées de la même manière :

Va, je ne te hais point.... (iii, 157. *Cid*, 963.)
Allez, ne m'aimez plus, ne versez plus de larmes. (iii, 307. *Hor.* 587.)

ALLER, suivi d'un infinitif :

Va marcher sur leurs pas où l'honneur te convie. (iii, 396. *Cin.* 273.)

« Il faudrait *va*, *marche*, prétend Voltaire ; on ne dit pas plus *allons marcher*, qu'*allons aller*. » Cela n'est pas exact ; ici encore Voltaire s'attache trop à la signification primitive du verbe. Ne dit-on pas bien : *je vais courir, je vais marcher*, et même, *je vais aller?* Dans ces phrases, *je vais* n'est qu'un auxiliaire destiné à marquer le futur. Dans notre exemple *va marcher* équivaut à l'impératif *marche*, mais la tournure a plus de vivacité et d'énergie.

ALLER, dans un sens analogue à celui qu'il a dans la phrase : *comment allez-vous, comment va votre santé ?*

.... Je vous vois pensive et triste chaque jour
L'informer avec soin comme *va* son amour. (iii, 109. *Cid. var.* 6.)
Votre amour *va* toujours d'un étrange caprice. (iv, 303. *S. du Ment.* 263.)

ALLER DANS L'EXCÈS, avoir quelque chose d'excessif :

.... Lorsque la valeur ne *va* point *dans l'excès*. (iii, 171. *Cid*, 1239.)

ALLER, se diriger, s'adresser :

Il a brisé ses fers, il sait où *va* sa fuite. (vi, 94. *Perth.* 1719.)

Ne m'apprendrez-vous point où *vont* ses sentiments? (VI, 412. *Sert.* 1164.)
Je sais que c'est ma sœur à qui *va* cet hommage. (VII, 39. *Agés.* 742.)
Mon cœur *va* tout à vous, quand je le laisse aller. (VII, 209. *Tit.* 218.)

ALLER ET VENIR, au figuré :

L'Esprit ne *va*-t-il pas *et vient* comme il lui plaît! (VIII,227.*Imit.*II,1049.)

ALLER À, s'attaquer à, aller jusqu'à :

Tout beau : que votre haine en son sang assouvie
N'*aille* point à sa gloire; il suffit de sa vie. (IV, 64. *Pomp.* 882.)

Cette locution signifie plus ordinairement : *être de nature à, avoir pour objet de :*

Les premières actions *vont* à le faire coupable et les dernières à le justifier. (I, 271. *Exam.* de *Clit.*)

N'ALLER QU'À, dans un sens analogue :

Tous mes soins depuis peu *ne vont qu'à* te trahir. (I, 156. *Mél.* 252.)
.... Se précipitant à de promptes retraites,
Tous leurs soucis *ne vont qu'à* les rendre secrètes. (I, 230. *Mél.* 1464.)
.... Sa fureur *ne va qu'à* briser nos autels. (III, 498. *Pol.* 259.)
.... Mon ambition *ne va qu'à* les forcer,
Ayant dompté leur haine, à vivre et m'embrasser. (IV, 65. *Pomp.* 919.)
.... Mon dessein *ne va qu'à* vous faire justice. (V, 454. *D. San.* 854.)

ALLER, suivi d'un participe présent :

Quel malheur me *va poursuivant!* (X, 40, *Poés. div.* 66.)

Corneille n'a pas employé ailleurs cette tournure condamnée par Vaugelas et vainement défendue par la Mothe le Vayer et Ménage.

ALLER SANS.

Ses discours *vont sans* ordre. (V, 337. *Andr.* 502.)

N'ALLER GUÈRE SANS, N'ALLER POINT SANS :

Cet ornement qui ne *va guère sans* quelque étalage ambitieux. (II, 337. *Exam.* de *Méd.*)
Nos plaisirs les plus doux *ne vont point sans* tristesse. (III, 344. *Hor.* 1407.)
De pareils changements *ne vont point sans* miracle. (III, 569. *Pol.* 1788.)

LAISSER ALLER :

Si je retiens mon bras, je *laisse aller* ma plainte. (IV, 458. *Rod.* 704.)
Laisse aller tes soupirs, laisse couler tes larmes. (V, 199. *Hér.* 1004.)
.... *Laissons* d'Andromède *aller* la destinée. (V, 326. *Andr.* 253.)
Mais que je *laisse aller* d'ambitieux soupirs,
Un ridicule espoir, de criminels desirs! (V, 440. *D. San.* 527.)

Y ALLER :

Quand mon honneur *y va*, rien ne m'est précieux. (III, 184. *Cid*, 1528 *var.*)

Cette expression ayant été blâmée par l'Académie, Corneille, en 1660, modifia ainsi le vers :

Auprès de mon honneur rien ne m'est précieux.

IL Y VA DE est la locution ordinaire :

Il n'*y va* pas *de* tant.... (I, 441. *Veuve*, 837.)
Il y va de ma gloire, il faut que je me venge. (III, 152. *Cid*. 842.)
Il y va de la perte ou du salut du reste. (III, 347. *Hor*. 1491.)
Y va-t-il de l'honneur? *Y va-t-il de* la vie?
— *Il y va de* bien plus. (III, 492. *Pol*. 110.)
Il y va de bien plus. — De quoi, Seigneur? — De tout.
*Il y va d'*épouser sa haine jusqu'au bout. (VII, 257. *Tit*. 1361.)

IL N'EN VA PAS AINSI DE, IL N'EN VA PAS DE MÊME (DE) :

Il n'en va pas ainsi du combat de don Sanche. (III, 97. *Exam*. du *Cid*.)
Il n'en va pas *de même des* machines. (V, 297. *Argum*. d'*Androm*.)
Il n'en va pas *de même* ici. (III, 484. *Exam*. de *Pol*.)

S'EN ALLER, suivi d'un infinitif :

Le jour *s'en va* paroître.... (I, 276. *Clit*. 20.)
Encore un peu, ma foi, je *m'en allois* les vendre. (II, 94. *Gal. du Pal*. 1421.)
Avec la liberté Rome *s'en va* renaître. (III, 394. *Cin*. 226.)
Cette vertu triomphe et tu *t'en vas* régner. (VI, 99. *Perth*. 1822.)

S'EN ALLER, suivi d'un participe passé :

La conjuration *s'en alloit* dissipée,
Vos desseins avortés, votre haine trompée. (III, 426. *Cin*. 953.)

IL S'EN VA NUIT :

.... J'ai hâte, *il s'en va nuit*. (IV, 326. *S. du Ment*. 726.)
J'amène ici ma sœur, parce qu'*il s'en va nuit*. (IV, 340. *S. du Ment*. 976.)

S'EN ALLER SANS DIRE :

.... Cela *s'en va sans dire*. (I, 205. *Mél*. 1043.)

ALLIAGE, mélange, union :

Tu veux loger en nous, et faire un *alliage*,
Par ce grand sacrement, de notre sang au tien! (VIII, 597. *Imit*. IV, 377.)

Alliage se dit au propre en termes de monnaies, du mélange d'un métal très-précieux et très-pur avec un autre de nature et de qualité inférieure; c'est une image heureuse de l'union de l'homme avec Dieu.

ALLIANCE, mariage :

C'est là qu'il les attend pour bénir l'*alliance*. (IV, 494. *Rod*. 1547.)

ALLIANCE, les parents par alliance :

Jule et le grand Auguste ont choisi dans leur sang,
Ou dans leur *alliance*, à qui laisser ce rang. (VI, 614. *Oth*. 880.)

ALLONGER.

Je n'ai point fait de conscience d'*allonger* un peu les vingt et quatre heures aux trois autres (*comédies*). (I, 378. *Au lect. de la Veuve*.)

ALLONGER, terme de grammaire :

Nous prononçons l'*s* de quatre diverses manières : tantôt nous l'aspirons.... tantôt elle *allonge* la syllabe. (I, 7. *Au lecteur*.)

ALLUMER LA RAGE, LA FUREUR, LA HAINE, LE TUMULTE, etc. :

Sans que de deux amants au tyran immolés,
Il te reste aucun fruit que la honte et la rage
Qu'un remords inutile *allume* en ton courage. (III, 446. *Cin*. 1406.)

.... L'excès de ma perte *allume* une fureur
Qui me donne moi-même à moi-même en horreur. (VI, 307. *Tois*. 1234.
Ils *allument* contre eux une implacable haine. (IV, 80. *Pomp*. 1297.)
J'ai prévu ce tumulte, et n'en vois rien à craindre :
Comme un moment l'*allume*, un moment peut l'éteindre.(V, 577.*Nic*.1480.
La fable, qui la couvre (*qui couvre la vérité*), *allume*, presse, irrite
L'ingénieuse ardeur d'en voir tout le mérite. (X, 238. *Poés. div*. 45.)

ALLUMÉ.

Une maîtresse que son devoir force à poursuivre la mort de son amant, qu'elle tremble d'obtenir, a les passions plus vives et plus *allumées* que tout ce qui peut se passer entre un mari et sa femme. (III, 91. *Exam. du Cid*.)

S'ALLUMER DE :

Vous eussiez vu leurs yeux *s'allumer de* fureur. (III, 392. *Cin*. 160 *var*.

Cette expression ne se trouve que dans les premières éditions. En 1660, Corneille a remplacé *s'allumer* par *s'enflammer*.

ALOI.

.... Bien que je sois bas d'*aloi*,
Mon argent, serré dans mes tripes,
N'est point sorti hors de chez moi. (X, 41. *Poés. div*. 90.)
.... Cette marchandise est de trop bon *aloi*. (IV, 145. *Ment*. 99.)

Dans sa comédie des *Mots à la mode*, jouée en 1694, Boursault fait dire à une bourgeoise qui a la manie de se servir de termes récemment inventés :

Cela sent le bourgeois du plus méchant *aloi* (I, III.)

On en conclut dans le *Dictionnaire étymologique de Noël et Carpentier* que ce mot était alors nouveau dans cette acception. C'est une erreur, puisque la *Mascarade des enfants gâtés*, d'où est tiré notre premier exemple, a été publiée dès 1632, à la suite de *Clitandre*.

AMANT, celui qui aime :

Un de mes *amants* vient, qui pourroit nous distraire. (II, 231. *Pl.roy*. 142.)

Une jeune fille honnête ne parlerait pas ainsi aujourd'hui. Tandis que la signification de tant de mots s'affaiblissait, celui-ci prenait peu à peu un sens plus énergique.

AMANT, opposé à *aimé* :

.... J'en fus en six mois autant *aimé* qu'*amant*. (IV, 175. *Ment*. 612.)

Perrot d'Ablancourt a dit d'une manière analogue : « Il semble, à t'ouïr parler, que tu sois l'*amante* plutôt que l'*aimée*. » (Trad. de Lucien, *Dial. de Doris et Galatée*.)

AMAS.

AMAS DE VAPEURS :

.... Un *amas* confus des vapeurs de la nuit. (III, 487. *Pol.* 7.)

AMAS, richesses :

Tout son peuple (*de Paris*) ne craint ni pour ses toits chéris,
Ni pour ses doux *amas*, ni pour sa propre vie. (IX, 626. *Hymn.* 4.)

Voici le texte latin :

> .... *Non opibus suis,*
> *Non tectis pario marmore splendidis,*
> *Civis non timuit sibi.*

AMAS, au figuré ; AMAS DE CARNAGE, D'AMERTUMES, DE GLOIRE, etc. :

Mille songes affreux, mille images sanglantes,
Ou plutôt mille *amas* de carnage et d'horreur. (III, 291. *Hor.* 217.)
.... Un *amas* d'amertumes cachées. (V, 157. *Hér.* 6.)
Ne lui laissez plus voir ce long *amas* de gloire. (V, 556. *Nic.* 1023.)
.... Leur fier *amas* de puissance et de gloire. (VI, 381. *Sert.* 433.)
Borne tous tes désirs à ce qu'il te faut faire,
Ne les porte plus trop vers l'*amas* du savoir. (VIII, 35. *Imit.* I, 88.)
Quels que soient les malheurs dont l'*amas* nous assiége. (IX, 105. *Off. V.* 27.)

AMASSER, absolument :

.... Par mon propre bras elle *amassoit* pour lui. (V, 565. *Nic.* 1209.)

AMATRIQUE.

Nous ne plaçons ici que pour mémoire ce mot qui se trouve dans les premières éditions de la *Lettre apologétique du sieur Corneille*, mais qui n'est évidemment que le résultat d'une faute d'impression. Voyez tome X, p. 406, note 4.

AMBITIEUX, au figuré, joint à un nom de chose :

.... Les princes verront les chaumes préférés
Au faîte *ambitieux* de leurs palais dorés. (III, 159. *Imit.* I, 2373.)

AMBITION, ardeur avec laquelle on poursuit quelque chose :

.... Loin de trembler sous la punition,
Vous y courez tous deux avec *ambition*. (V, 91. *Théod.* 1674.)

AMBITION, objet de l'ambition :

Ce grand nom deviendra l'*ambition* des rois. (III, 324. *Hor.* 990.)

AMBROSIE, nourriture des Dieux.

Vous avez demeuré là dedans quatre jours?
— Quatre jours. — Et vécu? — De nectar, d'*ambrosie* (II, 497. *Illus.* 1169.

On dit plus généralement de nos jours *ambroisie*. Corneille, au reste, s'était servi lui-même de la forme *ambroisie* dans sa première édition (1639); mais il l'a fait disparaître, sans doute parce qu'elle était alors trop nouvelle. Pendant tout le seizième siècle on a dit *ambrosie* :

> Un Dieu mesme perdroit l'*ambrosie* immortelle
> Priué de deïté, s'il estoit infidelle. (Jodelle, *Didon*, II. fol, 261 r°.)

ÂME, vie :

.... La peur de sa mort ne me laisse point d'*âme*. (I, 289. *Clit.* 226.)

ÂME, cœur :

Pour vous rendre son *âme* il vous est venu voir? (VI, 635. *Oth.* 1387.)

DANS L'ÂME, EN L'ÂME :

Ce héros voit la fourbe, et s'en moque *dans l'âme*. (IV, 47. *Pomp.* 485.)
Comme a-t-elle reçu les offres de ma flamme?
— Comme n'osant la croire, et la croyant *dans l'âme*. (IV, 67. *Pomp.* 954.)
.... Ce prodige affreux dont je tremblai *dans l'âme*. (V, 159. *Hér.* 41.)
Il s'imagine qu'elle l'aime encor *dans l'âme*. (V, 273. *Dess. d'Andr.*)
.... Bien qu'il l'abandonne, il l'adore *dans l'âme*. (VI, 414. *Sert.* 1214.)
J'en rougis *dans mon âme*. (V, 531. *Nic.* 425.)
Ceux dont *en l'âme* on craint les justes défiances. (IV, 489. *Rod.* 1436.)

METTRE L'ÂME DE QUELQU'UN AU DÉSESPOIR :

.... Vous avez mis son *âme* au désespoir. (III, 430. *Cin.* 1067.)

A l'occasion des deux hémistiches du *Cid* : « Allons, mon âme.... Allons, mon bras, » dont nous avons déjà parlé au mot ALLER, Voltaire dit : « Nous ne sommes plus au temps où l'on parle à son bras et à son âme. » On pourrait demander s'il est bien vrai qu'en aucun temps de telles apostrophes puissent être interdites au poëte. En tout cas, elles ne l'étaient point du temps de Corneille; il n'a pas inventé ces invocations, il les a trouvées dans le style tragique de ses prédécesseurs et les a habilement employées.

ÂME, personne :

C'est toi, grand cardinal, *âme* au-dessus de l'homme. (X,95. *Poés. div.* 9.)
Ces *âmes* du commun n'ont pour but que l'argent. (I, 176. *Mél.* 586.)
Je suis jeune, il est vrai; mais aux *âmes* bien nées
La valeur n'attend point le nombre des années. (III, 129. *Cid*, 405.)

SON ÂME, l'objet de son amour :

Célidée est *son âme*.... (II, 34. *Gal du Pal.* 305.)
        Se peut-il que Florame
Souffre d'être sitôt séparé de *son âme*? (II, 152. *Suiv.* 494.)

MON ÂME, MA CHÈRE ÂME, expressions de tendresse :

Ne vous entr'appeler que « *mon âme* et ma vie. » (I, 407. *Veuve*, 153.)
.... *Ma chère âme*. (I, 235. *Mél.* 1567.)
Iras-tu, *ma chère âme?*... (III, 305. *Hor.* 533.)

Ce passage ne se lit ainsi que dans les premières éditions. En 1660 Corneille a mis : *Curiace*, au lieu de : *ma chère âme*; mais Mlle Clairon, qui sentait tout l'effet que pouvait produire cette expression, a pris soin de la rétablir. Voyez tome III, p. 252 et p. 305, note *a*. Du reste, ce terme ainsi employé faisait partie avant Corneille du vocabulaire tragique :

O! *mon âme,* tu meurs, hélas! hélas! merci !
Dans peu tu me reuois au royaume noirci. (Hardy, *Aristoclée*, dern. sc.)

ÂME ABATTUE, voyez ABATTU.

ÂME, principe :

Ma passion pour vous, généreuse et solide,
A la vertu pour *âme*, et la raison pour guide. (VII, 381. *Pulch.* 10.)

AMENDER (S'), se corriger; AMENDÉ, corrigé :

Vous êtes *amendé* du voyage de Rome;
Et votre âme en ce lieu, réduite au repentir,
Fait mentir le proverbe en cessant de mentir. (IV, 294. *S. du Ment.* 140.)

Les commentateurs n'ont pas indiqué le proverbe auquel Corneille fait ici allusion : on le trouve dans le *Dictionnaire* de Furetière : « Jamais cheval ni mauvais homme n'*amenda* pour aller à Rome. »
Cliton, du reste, ne conserve pas longtemps ses illusions, et lorsqu'il entend dire à Dorante (IV, 309, vers 363) :

J'ai cru devoir mentir pour sauver un brave homme,

il répond aussitôt :

Et c'est ainsi, Monsieur, que l'on *s'amende* à Rome?
Je me tiens au proverbe.

Dans le troisième acte de *la Comédie des Tuileries*, que nous avons attribué à Corneille, on trouve, sous une autre forme, l'expression de la même idée quant au voyage de Rome :

Au retour d'Italie être encor scrupuleux ! (II, 314, 76.)

AMER, triste, pénible :

Sa perte, que je veux, me deviendroit *amère*. (III, 389. *Cin.* 101.)
.... Mon destin à ce point est *amer*. (VII, 88. *Agés.* 1925.)

AMERTUME DE LA DOULEUR :

Sa douleur sera grande, à ce que je présume;
Mais j'en saurai sur l'heure adoucir l'*amertume*. (IV, 486. *Rod.* 1384.)

AMERTUMES, opposé à *douceurs*, voyez DOUCEURS.

AMIE.

AMIE, maîtresse :

.... Haïr le change et vivre sans *amie*. (II, 509. *Illus.* 1369.)

AMIE, alliée :

J'en obtiendrai pour fruit le nom de son *amie* (*d'amie de Rome*).
(VI, 419. *Sert.* 1326.)

AMI, adjectif :

.... Les destins *amis*
M'ont donné le succès que je m'étois promis. (I, 217. *Mél.* 1241.)

On veut une maison illustre autant qu'*amie*. (v, 229. *Hér*. 1683.)

Comparez x, 98, *Poés. div.* 55.

AMITIÉ, amour :

.... Par les désespoirs d'une chaste *amitié*
Nous aurions des deux camps tiré quelque pitié. (III, 315. *Hor.* 777.)

Amitié, prédilection, en parlant d'une œuvre littéraire, d'un plaisir de l'esprit :

Je ne veux point dissimuler que cette pièce est une de celles pour qui j'ai le plus d'*amitié*. (v, 508. *Exam. de Nic.*)

Ce n'est pas que je sache bien que l'utile a besoin de l'agréable pour s'insinuer dans l'*amitié* des hommes. (VIII, 8. *Au lect. de l'Imit.*)

Voyez Amoureux.

AMOLLIR un coup, l'amortir :

.... Qui si près du mal s'amuse à menacer
Veut *amollir* le coup qu'il ne peut repousser. (v, 28. *Théod.* 254.)

Amollir les cœurs, les âmes, la haine :

Pour *amollir* son cœur je n'ai rien négligé. (III, 566. *Pol.* 1694.)
Qu'on *amollit* par là de cœurs inexorables ! (IV, 158. *Ment.* 330.)
Dis-lui qu'avec le temps on *amollit* leurs âmes. (IV, 214. *Ment.* 1378.)
Une larme d'un fils peut *amollir* la haine. (IV, 459. *Rod.* 728.)

S'amollir, s'attendrir :

.... Courage! ils *s'amollissent*. (III, 310. *Hor.* 663.)

Ces expressions, qui maintenant ne sont plus en usage, remontent aux origines mêmes de notre langue :

« Ils ont tant courtoisement dit le mant l'Empereour et despondu, que auques ont et Michalice le coer *amolyer*. » (*Henri de Hainaut, empereur de Constantinople*, manuscrit cité dans l'*Histoire littéraire de la France*, tome XVII, p. 201.)

Il se set bien *amoloier*,
Par chuer et par soploier. (*Roman de la Rose*, 3146.)
Moult a dur cueur qui n'*amolie*,
Quant il troue qui l'en suplie. (*Ibid.*, 3295.)
Au moins, Cesar, des gouttes de mes yeux
Amolli toy pour me pardonner mieux. (Jodelle, *Cleopatre*, III, f° 239 v°.)
Tu n'auras, si tu sens tant soit peu mes alarmes,
Pour ce marbre *amolir*, que trop, que trop de larmes.
(Jodelle, *Didon*, III, f° 273 v°.)
Amoli toy de pleurs, appaise toy de vœus. (*Ibid.*, III, f° 275 r°.)
L'amour *amollist* tout, fust-ce un rocher sauuage. (Garnier, *Hipp.* II, 463.)
Il nous faut aborder cet homme solitaire,
Et tascher d'*amollir* son naturel seuere. (*Ibid.*, II, 511.)
Ce que j'ay projetté d'un autre sacrifice
O Dieux ! ne tend à fin que je vous *amollisse*.
(Hardy, *les Chastes et loyales amours de Theagene et Cariclée*,
2ᵉ journée, p. 121.)
Je crain que ce courous bien tost ne *s'amolisse*. (*Ibid.*, 5ᵉ journée, p. 315.)

AMO]   DE CORNEILLE.   55

AMORCE, au figuré :

Il a beau déguiser, il a goûté l'*amorce*. (I, 181. *Mél.* 647.)
.... Quand l'âme une fois a goûté son *amorce* (*de l'amour*),
Vouloir ne plus aimer, c'est ce qu'elle ne peut. (III, 322. *Hor.* 924.)
.... Au lieu de goûter ces grossières *amorces*. (III, 458. *Cin.* 1681.)
Les amours d'un vieillard sont d'une foible *amorce*. (II, 162. *Suiv.* 685.)
(*Le pardon*).... est souvent l'*amorce* d'un forfait. (II, 247. *Pl. roy.* 475.)
Permettez cependant qu'à ces douces *amorces*
Je prenne un nouveau cœur et de nouvelles forces. (IV, 81. *Pomp.* 1333.)
Sans flatter leurs desirs, sans leur jeter d'*amorce*. (IV, 464. *Rod.* 852.)
Elle qui de la paix ne jette les *amorces*.... (VI, 487. *Soph.* 343.)
.... L'infidèle appas de leur prédiction
A jeté trop d'*amorce* à notre ambition. (VII, 168. *Att.* 1456.)
.... Le trop de bonté jette une *amorce* au crime. (X, 108. *Poés. div.* 39.)
Que pour lui cette gloire eût eu trop peu d'*amorces*. (V, 452. *D. San.* 829.)
L'hymen où je prétends ne peut trouver d'*amorces*. (VI, 420. *Sert.* 1373)
Porte à d'autres qu'à moi cette *amorce* inutile. (VI, 579. *Oth.* 97.)
Sur ces grands coups d'État tout parle, et je me tais ;
Et sans me hasarder à ces nobles *amorces*,
J'attends l'occasion qui s'arrête à mes forces. (X, 178. *Poés. div.* 53.)

AMORCER, au figuré :

On *amorce* le monde avec de tels portraits. (IV. 329. *S. du Ment.* 765.)
Le premier sang versé rend sa fureur plus forte ;
Il l'*amorce*, il l'acharne, il en éteint l'horreur. (V, 581. *Nic.* 1577.)

AMORTI, atténué, diminué :

L'inimitié qui règne entre nos deux partis
N'y rend pas de l'honneur tous les droits *amortis*. (VI, 396. *Sert.* 760.)
Je vois de votre teint les roses *amorties*. (VII, 343. *Psy.* 1451.)
De mon génie usé la chaleur *amortie*. (X, 187. *Poés. div.* 23.)

AMOUR.

Dans ses premiers ouvrages Corneille a fait ce mot masculin ou féminin, soit en vers soit en prose ; cependant le féminin domine :

Cette *amour* mutuelle n'eût point eu d'obstacle sans Clitandre. (I, 264. *Argum. de Clit.*)
.... Au langage des yeux son *amour* est réduite. (II, 131. *Suiv.* 98.)
... Mon *amour* fatale. (II, 379. *Méd.* 781.)
.... Mon *amour* passée. (II, 415. *Méd.* 1530.)
.... Une *amour* si parfaite. (III, 195. *Cid*, 1762.)
.... Une *amour* infinie. (III, 501. *Pol.* 313.)
.... Cette *amour* parfaite. (III, 519. *Pol.* 689.)
.... Votre *amour* parfaite. (III, 542. *Pol.* 1163.)
.... Cette *amour* si ferme et si bien méritée. (III, 545. *Pol.* 1243.)
Hélas ! que cette *amour* vous est indifférente ! (IV, 233. *Ment.* 1682.)
L'*amour* même d'un roi me seroit importune,

S'il falloit la tenir à si haute fortune, (IV, 314. *S. du Ment.* 455.)
Au nom de cette *amour* autrefois si puissante,
Aidez un peu la mienne à vous faire innocente ! (V, 384. *Andr.* 1487.)
.... Notre *amour* naissant.... (I, 853. *Clit.* 1389.)
.... Mon fidèle *amour*.... (II, 52. *Gal. du Pal.* 637.)

En 1647, Vaugelas dans ses *Remarques* confirmait de son autorité de grammairien les habitudes de Corneille ; car après avoir dit que, hors le cas où *amour* signifie *Cupidon* et celui où il désigne l'amour divin, « il est indifférent de le faire masculin ou féminin, » il ajoute : « Il est vrai pourtant qu'ayant le choix libre, j'userois plutôt du féminin que du masculin, selon l'inclination de notre langue, qui se porte d'ordinaire au féminin plutôt qu'à l'autre genre, et selon l'exemple de nos plus élégants écrivains, qui ne s'en servent guère autrement. » Mais l'usage changea rapidement ; et Ménage dit dans ses *Observations*, publiées en 1672 : « Aujourd'hui dans la prose il n'est plus que masculin, soit qu'on parle de l'amour divin ou de l'amour profane, car en poésie il est toujours hermaphrodite ; mais néanmoins plutôt mâle que femelle. » Corneille, sans doute guidé par son frère, qui devait en ces matières avoir beaucoup d'autorité sur lui, avait prévenu cette décision ; en revoyant ses œuvres dramatiques, il avait changé plusieurs vers de façon à faire *amour* masculin, ou à y substituer un équivalent. Voici quelques traces de ce travail :

Et qui te fait juger son *amour* si parfaite ?
— Une parfaite *amour* a trop de truchements.... (I, 191. *Mél.* 804 *var.*)

En 1660, *ardeur* a remplacé *amour* dans ces deux vers.

Qu'espérez-vous enfin de cette *amour* frivole ? (I, 327. *Clit.* 925 *var.*)

En 1660 : « d'un *amour* si frivole. »

Mais que vous êtes loin de cette *amour* parfaite ! (III, 490. *Pol.* 77 *var.*)

Cette leçon a subsisté jusqu'en 1668 inclusivement ; c'est en 1682 seulement qu'*ardeur* a remplacé *amour*. Ce changement était d'autant plus nécessaire qu'il s'agit ici de l'*amour divin*, qui avait déjà été indiqué par Vaugelas, dans ses *Remarques*, comme étant toujours masculin. Le passage suivant exigeait aussi quelque modification :

Un Dieu qui, nous aimant d'une *amour* infinie,
Voulut mourir pour nous avec ignominie,
Et qui par un excès de cette même *amour*,
Veut pour nous en victime être offert chaque jour.
(III, 564. *Pol.* 1659, et 1661 *var.*)

Corneille, craignant sans doute de gâter ce beau morceau, a laissé subsister « une *amour* infinie ; » mais au lieu de : « par un excès de cette même *amour*, » il a mis en 1660 : « par un effort de cet excès d'*amour*.

De ma première *amour* j'ai l'âme un peu gênée. (IV, 228. *Ment.* 1622 *var.*)

Remplacé en 1664 par : « De mon premier *amour*.... »

Votre *amour* me ravit, je la veux couronner. (IV, 359. *S. du Ment.* 1343 *var.*)

En 1660 : « je veux le couronner. »

Oui je lui dois assez, Seigneur, quoi qu'il en soit,
Pour vous payer pour lui de l'*amour* qu'il vous doit,
Et je vous la promets ferme, pleine, sincère,
Autant qu'Héraclius la rendroit à son père. (V, 230. *Hér.* 1711 *var.*)

Les deux derniers vers ont été modifiés ainsi en 1660 :

Et je vous le promets entier, ferme, sincère,
Autant qu'Héraclius le rendroit à son père.

Corneille dit volontiers *amour maternelle, fraternelle, paternelle*, et sans doute la plus grande facilité de la rime détermine un peu ces choix :

.... Se laissant ravir à l'*amour maternelle*. (III, 285. *Hor.* 59.)
Mais excusez l'ardeur d'une *amour fraternelle*. (III, 287. *Hor.* 115.)
Quand vous ferez agir toute l'autorité
De l'*amour conjugale* et de la *paternelle*. (VII, 46. *Agés.* 921.)

AMOUR DE PÈRE, affection aussi vive que le serait celle d'un père :

.... Je trouve un *amour de père*
En celui qui m'ôta le mien. (V, 223. *Hér.* 1541.)

AMOUR DES GRANDEURS, amour qu'on a pour les grandeurs :

C'est l'*amour* des grandeurs qui vous rend importune. (III, 440. *Cin.* 1261.)

ÊTRE L'AMOUR DU MONDE :

.... Fussiez-vous du monde et l'*amour* et l'effroi. (V, 515. *Nic.* 93.)

PROPRE AMOUR, pour *amour-propre* :

.... A se dépouiller peu (*d'âmes*) savent consentir,
Qui par le *propre amour* vers elles ramenées,
Ne penchent à se revêtir. (VIII, 628. *Imit.* IV, 1013.)

AMOUR, sans article :

Ce qu'*Amour* dans les cœurs peut lui seul imprimer. (I, 152. *Mél.* 176 *var.*)

En 1664 Corneille a ainsi modifié ce commencement de vers : *Ce que l'amour aux cœurs...*; mais il a laissé subsister dans la même pièce :

.... Il trouveroit
En ce mépris d'*Amour* qui le seconderoit. (I, 151. *Mél.* 152.)
.... Ma présence importune
Te laisse à la merci d'*Amour* et de la brune. (I, 162. *Mél.* 346.)

Thomas Corneille n'approuvait pas cette manière de parler. Il dit dans ses notes sur les *Remarques* de Vaugelas (édition de 1697, p. 658) : « J'ai vu si souvent *Amour* et *Nature* employés par de bons poëtes, qu'on ne peut condamner ceux qui ne leur donnent point d'article. Cependant j'avoue qu'il me paroît mieux de dire : *l'amour et la nature*, que : *Amour et Nature*, sans article. »

AMOUREUX.

Celui dont je me suis le plus servi a été le poëte Lucain, dont la lecture m'a rendu si *amoureux* de la force de ses pensées et de la majesté de son raisonnement.... (IV, 14. *Au lect.* de *Pomp.*)
.... Le peuple *amoureux* de tout ce qui me nuit. (V, 158. *Hér.* 27.)
.... L'*amoureux* attrait qui règne en leurs bontés (*de nos rois*)
Leur gagne d'un coup d'œil toutes les volontés. (X, 213. *Poés. div.* 291.)
Un respect *amoureux* y prévient ta venue. (X, 337. *Poés. div.* 66.)

Voyez AMITIÉ.

AMOUREUX, dans le langage mystique :

Ses ordres *amoureux* veulent ainsi t'instruire. (VIII, 247. *Imit.* II, 1457.)
.... Un aveu douloureux,

D'où naisse un déplaisir cuisant, mais *amoureux*. (VIII, 623. *Imit.* IV, 926.)

AMPLE.

PREUVE AMPLE, grande preuve :

Voilà de son amour une *preuve* assez *ample*. (VI, 539. *Soph.* 1599.)

AMPLEMENT.

.... Croire Nicomède *amplement* satisfait. (V, 581. *Nic.* 1570.)

AMUSEMENT, diversion, chose dont on amuse quelqu'un :

La paix souvent n'y sert que d'un *amusement*. (IV, 443. *Rod.* 314.)
Mais ce remède enfin n'est qu'un *amusement*. (V, 323. *Andr.* 186.)
Ce sont *amusements* de légères douleurs. (VI, 81. *Perth.* 1410.)
.... Ces *amusements* de ma captivité. (VI, 157. *OEd.* 527.)
Ce sont *amusements* que dédaigne aisément
Le prompt et noble orgueil d'un vif ressentiment. (VI, 434. *Sert.* 1683.)
L'obstacle est toujours grand de qui l'*amusement*
A de pareils bonheurs forme un empêchement. (VIII, 670. *Imit.* IV, 1877.)

AMUSEMENT, retard :

Donnons jusques au lieu; c'est trop d'*amusement*. (I, 299. *Clit.* 404.)

Voyez AMUSER.

AMUSER, occuper, abuser par une diversion ou une illusion :

.... On croit *amuser* de fausses patiences
Ceux dont en l'âme on craint les justes défiances. (IV, 489. *Rod.* 1435.)
L'amour me parloit trop, j'ai voulu l'*amuser*. (V, 436. *D. San.* 416.)
Il veut que je l'*amuse*, et ne veut rien de plus. (VI, 390. *Sert.* 676.)
.... Si je renonçois au rang de souveraine,
   Voudriez-vous y renoncer?
   — Non, pas sitôt; j'ai quelque vue
Qui me peut encore *amuser*. (VII, 12. *Agés.* 67.)

Un peu plus loin dans la même scène (vers 83), Aglatide complète ainsi sa pensée :

.... Cet *amusement* de mon ambition
   Peut n'être qu'une illusion.

AMUSER LES DESIRS, LA VISITE DE QUELQU'UN, LA FIERTÉ, LA HAINE, LA FUREUR, L'ENNUI :

.... Tandis que l'attente *amuse* vos desirs. (I, 278. *Clit.* 5 *var.*)
Toi, va par quelque adresse *amuser* sa visite. (V, 64. *Théod.* 1104.)
De ce peuple mutin *amuser* la fierté. (V, 584. *Nic.* 1650.)
Dis qu'un usurpateur doit *amuser* la haine
Des peuples mal domptés, en épousant leur reine. (VI, 34. *Perth.* 351.)
Pison peut cependant *amuser* leur fureur. (VI, 646. *Oth.* 1619.)
Il suffit qu'avec toi j'*amuse* mon ennui. (VII, 468. *Sur.* 135.)

AMUSER LE THÉÂTRE :

Tout cela ne regarde plus qu'une action épisodique qui ne doit pas *amuser le théâtre* quand la principale est finie. (I, 140. *Exam.* de *Mél.*)

Amuser a ici à peu près le même sens que dans le terme de jeu : *amuser le tapis*.

S'AMUSER À :

Croit-il qu'en cet affront je *m'amuse* à me plaindre? (II, 354. *Méd.* 277.)
Les foibles déplaisirs *s'amusent* à parler. (IV, 87. *Pomp.* 1463.)

S'AMUSER, tarder :

Mais je *m'amuse* trop, l'orfévre est loin d'ici. (IV, 327. *S. du Ment.* 741.)

AN.

Puissiez-vous dans cent *ans* donner encor des lois,
Et puissent tous vos *ans* être de quinze mois,
    Comme vos commis font les nôtres! (X, 185. *Poés. div.* 4 et 5.)

ANAPESTIQUES (VERS).

Ils ne se sont pas tellement arrêtés aux ïambiques, qu'ils ne se soient servis d'*anapestiques*, de trochaïques, et d'hexamètres même, quand ils l'ont jugé à propos. (V, 310. *Exam. d'Andr.*)

ANCIEN, en trois syllabes :

J'ai su tout ce détail d'un *ancien* valet. (IV, 189. *Ment.* 924.)
Et vous vois maintenant comme *ancien* ami. (VI, 520. *Souh.* 1148.)
(*Jésus*) Donna le pain azyme en la même manière
    Que le donnoient nos *anciens*. (IX, 538. *Hymn.* 8.)

Voyez à la note 2 de la page 520 du tome VI comment Voltaire a modifié le vers de *Sophonisbe*. — *Ancien*, jadis de trois syllabes, puis de deux ou de trois, au gré du poëte, paraît définitivement fixé à deux; on trouve toute l'histoire de ces variations dans le *Traité de versification française* de M. Quicherat (p. 302 et 303).

ANCRER, jeter l'ancre :

Ils abordent sans peur, ils *ancrent*, ils descendent. (III, 173. *Cid*, 1281.)

ANÉANTIR, détruire :

C'est interdire aux vers ce qu'ils ont d'agréable,
Anéantir leur pompe, éteindre leur vigueur. (X, 235. *Poés. div.* 3.)

ANÉANTI.

De notre république à Rome *anéantie*,
On y voit refleurir la plus noble partie. (VI, 367. *Sert.* 49.)

ANÉANTISSEMENT, terme de dévotion :

L'orgueil, contraint à disparoître,
Ne laisse dans ce cœur aucun vain sentiment
Qui ne soit abîmé, pour petit qu'il puisse être,
    Dans cet *anéantissement*. (VIII, 397. *Imit.* III, 983.)

ANGE (Eau d') :

.... Un certain parfumeur vend de fort bonne *eau d'ange*. (1,401. *Veuve*, 50.)

Voyez la note 4 de la page indiquée. Cette eau, dont la mode nous vint probablement de l'Espagne, où elle était appelée *agua de angeles*, était déjà célèbre à Madrid du temps de Cervantès, comme l'a fait remarquer M. Édouard Fournier (*l'Espagne et ses comédiens en France*, p. 8).

ANGOISSE (Cris d') :

L'air résonne des cris qu'au ciel chacun envoie;
Albe en jette d'*angoisse*, et les Romains de joie. (III, 332. *Hor.* 1128.)

C'est avec surprise qu'on lit dans les *Réflexions* d'Andry de Boisregard, publiées en 1689, que ce mot était vieux et qu'on l'a fait revivre, et dans le commentaire de Voltaire qu'on ne le dit plus guère.

ANIMER à :

.... Votre rigueur les condamne à chérir
Ceux que vous *animez* à les faire périr. (III, 434. *Cin.* 1127.)

Animer le cœur, la main :

L'un m'*anime* le cœur, l'autre retient mon bras. (III, 122. *Cid*, 304.)
Le seul amour de Rome a sa main *animée*. (III, 353. *Hor.* 1655.)

Animer de l'horreur contre quelqu'un :

.... Par toute la Grèce *animer* trop d'horreur
Contre une ombre chérie avec tant de fureur. (VI, 137, *OEd.* 55.)

Animer la mémoire de, la faire revivre :

Si de tes vieux héros j'*anime* la mémoire.... (X, 94. *Poés. div.* 5.)

Le poëte s'adresse à Rome.

S'animer contre :

Contre ce cher époux Valère en vain s'*anime*. (III, 353. *Hor.* 1647.)

ANIMOSITÉ.

Je trouve en son chagrin moins d'*animosité*. (II, 376. *Méd.* 724.)

ANNÉE.

Tout tremble, tout fléchit sous tes jeunes *années*. (X, 178. *Poés. div.* 45.)

Ces mots s'adressent à Louis XIV.

ANNOBLIR, ANOBLIR, voyez Ennoblir.

ANTICIPER, activement :

J'*anticipe* l'examen d'*Horace* pour en donner des exemples. (I, 85. *Disc. de la trag. var.*)

Dans l'édition de 1663 Corneille a supprimé le mot et l'idée d'anticipation.

ANTIPATHIE.

Telle est la tyrannie ensemble et le caprice
Du démon aveuglé qui sans discrétion
Verse l'*antipathie* et l'inclination. (v, 20. *Théod.* 90.)
Madame, excusez donc si quelque *antipathie*.... (v, 430. *D. San.* 285.)
.... Leur *antipathie* inspire à leur colère
Des préludes secrets de ce qu'il vous faut faire. (vi, 200. *OEd.* 1593.)
A moins d'une secrète et forte *antipathie*. (vi, 371. *Sert.* 173.)
La vieille *antipathie* entre Rome et Carthage. (vi, 533. *Soph.* 1445.)
J'offre ces mêmes vœux....
Pour ceux dont la malice ou les *antipathies*
M'ont rendu déplaisir, m'ont nui, m'ont offensé. (viii, 633. *Imit.* iv, 1125.)

ANTIPATHIE, être, animal antipathique :

Les panthères, les dragons, les serpents, tous avec leurs *antipathies* à
leurs pieds, y lancent des regards menaçants. (vi, 300. *Tois.*)

ANTIQUAILLES, vieilleries :

Tous ces vieux ornements (*de la fable*), traitez-les d'*antiquailles*.
(x, 240. *Poés. div.* 65.)

ANTIQUAIRE, savant dans la connaissance de l'antiquité :

C'est un homme docte, et en réputation de grand *antiquaire*. (x, 467. *Lett.*)

APAISER LE COURROUX, LA DOULEUR, LA CRAINTE DE QUELQU'UN :

....*Apaisez* son courroux. (iii, 125. *Cid*, 363.)
Apaise, ma Chimène, *apaise* ta douleur. (iii, 130. *Cid*, 443.)
Apaisez donc sa crainte. (iii, 491. *Pol.* 101.)

Voltaire remarque qu'on *apaise* la colère et non la crainte; mais de ce que la première de ces expressions est plus fréquemment employée, s'ensuit-il que la seconde soit défectueuse?

APAISER QUELQU'UN À QUELQU'UN :

.... Dans un digne emploi l'une et l'autre occupée,
Couronne Cléopatre, et *m'apaise* Pompée. (iv, 101. *Pomp.* 1810.)

S'APAISER QUELQU'UN :

Je *m'apaiserois* Rome avec votre supplice. (iv, 66. *Pomp.* 930.)

APAISÉ.

Arrêtez-vous, Seigneur, et d'une âme *apaisée*
Souffrez que je vous livre une vengeance aisée. (iii, 568. *Pol.* 1763.)

APERCEVOIR, suivi d'un infinitif :

.... Je l'*aperçois* venir. (i, 451. *Veuve*, 1034. — ii, 290. *Pl. roy.* 1389.)
.... J'*aperçois* venir
Quelqu'un qui de sa part te vient entretenir. (ii, 19. *Gal. du Pal.* 47.)
.... J'*aperçois* venir le roi d'Athènes. (ii, 370. *Méd.* 609.)

.... Vinius, que j'*aperçois* venir.... (vi, 580. *Oth.* 115.)
.... Écoutons Aspar, que j'*aperçois* venir. (vii, 402. *Pulch.* 536.

APLANIR, au figuré :

Il faut de ces périls m'*aplanir* la sortie. (iv, 461. *Rod.* 776.)

APOSTÉ, en parlant des choses :

Je ne veux plus d'un cœur qu'un billet *aposté*
Peut résoudre aussitôt à la déloyauté. (i, 235. *Mél.* 1 *var.*)

Corneille, dès 1644, a remplacé, en changeant du reste tout ce passage, *aposté* par *supposé.*

APOTHÉOSE.

Mais à parler sans fard de tant d'*apothéoses*,
L'effet est bien douteux de ces métamorphoses. (iii, 553. *Pol.* 1427.)

APPAREIL, les préparatifs d'une cérémonie publique, et parfois la cérémonie elle-même :

.... Pour haut *appareil* d'une pompeuse gloire. (iii, 309. *Hor.* 648.)
.... Changer l'allégresse en un deuil sans pareil,
La pompe nuptiale en funèbre *appareil*. (iv, 507. *Rod.* 1842.)

Ce mot s'emploie en ce sens, au figuré, en mauvaise part :

De sa perte par lui dresser les *appareils*. (vi, 41. *Perth.* 518.)
Que je vois d'*appareils*, Albin, pour ma ruine! (vi, 624. *Oth.* 1149.)
   Hors de toi point d'ami qui donne
   De favorables *appareils*. (viii, 575. *Imit.* iii, 6514.)

Dans ce dernier passage *appareil* signifie l'aide, le secours qu'apporte l'amitié ; on pourrait même être tenté d'y voir un emploi figuré de l'acception dans laquelle le mot *appareil* est usité en chirurgie ; je ne crois cependant pas qu'à cette époque ce sens eût passé dans la langue poétique.

APPAREMMENT, selon les apparences :

Sa haine *apparemment* ne m'en avouera pas. (vii, 35. *Agés.* 655.)

APPAREMMENT, en apparence :

Tant que vivra Galba, le respect de son âge,
Du moins *apparemment*, soutiendra son suffrage. (vi, 620. *Oth.* 1046.)

Il est bien étrange que ce sens, que la fable du Renard et des Raisins a rendu familier même aux enfants, soit tombé si complètement en désuétude.

APPARENCE, extérieur ; ce qui apparaît d'une personne ou d'une chose :

Quelle importune loi que cette modestie,
Par qui notre *apparence* en glace convertie...! (ii, 153. *Suiv.* 505.)
L'*apparence* vous trompe.... (v, 220. *Hér.* 1465.)

APP] DE CORNEILLE. 63

Apparence, vraisemblance :

Ce mariage a si peu d'*apparence*, qu'il est aisé de voir qu'on ne le propose que pour satisfaire à la coutume de ce temps-là. (I, 140. *Exam. de Mél.*)

Quelle *apparence*, pour suivre je ne sais quelle chorographie, de donner un soufflet à l'histoire? (I, 263, *Préf. de Clit.*)

Vous tenez des discours qui sont hors d'*apparence*. (II, 66. *Gal. du Pal.* 906.)
Mais l'*apparence*, ami, que vous puissiez lui plaire? (III, 415. *Cin.* 701.)
.... Ce soupçon n'est pas sans *apparence*. (III, 535. *Pol.* 1041.)

APPARTEMENT.

Ce mot n'est pas fort ancien. Le *Dictionnaire* de Richelet (1680), où il est écrit *apartement*, de même que dans celui de Furetiere (1690), le définit : « Chambre, antichambre et cabinet. » Il semble aujourd'hui un peu vulgaire, sans doute à cause de l'habitude où l'on est de le voir à chaque instant figurer sur les écriteaux; mais au dix-septième siècle il était du style noble, et si bien du bel usage qu'il se disait souvent en parlant des demeures célestes. Dans une antienne de *l'Office de la sainte Vierge*, ce passage : *Maria virgo assumpta est ad æthereum thalamum*, est rendu par :

La vierge Marie est élevée à un céleste *appartement*. (IX, 187.)

On ne doit plus s'étonner après cela de voir ce terme employé dans la tragédie :

Choisissez-lui, Lépide, un digne *appartement*. (IV, 71. *Pomp.* 1068.)
Remettez la princesse à son *appartement*. (VI, 35. *Perth.* 378.)

Racine a employé ce terme encore plus fréquemment que Corneille.

APPARTENIR.

N'appartenir qu'à :

C'est un trait de vertu qui n'*appartient qu'à* vous. (III, 550. *Pol.* 1358.)

APPAS, dans le double sens d'*appât* et *appas*.

Au singulier :

.... Quiconque a su prendre une fille d'honneur
N'a point à redouter l'*appas* d'un suborneur. (I, 148. *Mél.* 95.)
.... Sous le faux *appas*
Des preuves d'un amour qui ne les touchoit pas. (I, 190. *Mél.* 789.)
Son plus charmant *appas*, c'est d'être sa voisine. (II, 232. *Pl. roy.* 160.)
Si ce rare présent n'est un mortel *appas*. (II, 396. *Méd.* 1136.)
.... Pour t'enlever c'étoit un foible *appas*. (II, 511. *Illus.* 1415.)
J'en ignorois l'éclat, l'utilité, l'*appas*. (II, 522. *Illus.* 1675.)
Je la vois; mais mon cœur, d'un saint zèle enflammé,
N'en goûte plus l'*appas* dont il étoit charmé. (III, 542. *Pol.* 1158.)
Je m'y trouve forcé par un secret *appas*. (III, 569. *Pol.* 1769.)
Va, d'un piége si lourd l'*appas* est inutile. (V, 221. *Hér.* 1499.)
Quelque *appas* que lui-même il trouve en Laodice. (V, 564. *Nic.* 1180.)
.... Si jamais ma flamme eut pour vous quelque *appas*. (VI, 406. *Sert.* 1035.)
Elle goûte l'*appas*
De m'ôter ce que j'aime, et me mettre en vos bras! (VII, 157. *Att.* 1207.)

Ton Cléonte, par son trépas,
    Jette un puissant *appas*
A la supercherie. (x, 61. *Poés. div.* 2.)

Au pluriel :

Que Votre Majesté, Sire, n'estime pas
Qu'il faille m'attirer par de nouveaux *appas*. (I, 357. *Clit.* 1480.)
C'est par là que l'on sème aux dames des *appas*. (I, 401. *Veuve*, 39.)
A moins que d'opposer à tes plus forts *appas*
Qu'un homme sans honneur ne te méritoit pas. (III. 155. *Cid.* 887.)
Puisque, pour t'empêcher de courir au trépas,
Ta vie et ton honneur sont de foibles *appas*. (III, 185. *Cid*, 1548.)
C'est trop semer d'*appas*.... (III, 413. *Cin.* 659.)
Les douceurs de l'amour, celles de la vengeance,
La gloire d'affranchir le lieu de ma naissance,
N'ont point assez d'*appas* pour flatter ma raison. (III, 423. *Cin.* 879.)
Le moyen que mes yeux eussent de tels *appas?* (IV, 194. *Ment.* 1023.)
    Ce trésor de beauté divine
Qu'en mes mains pour Vénus a remis Proserpine,
Enferme des *appas* dont je puis m'emparer. (VII, 358. *Psy.* 1819.)
Mille à leurs faux *appas* se laissent enchaîner. (VIII, 67. *Imit.* I, 633.)
    Courir à ces *appas*,
    Et voler à ces mets solides
Que ta main leur prodigue en ces divins repas. (VIII, 665. *Imit.* IV, 1785.)
Sur une vile crèche il pleure comme enfant....
    Et pour finir notre misère,
De la misère même il se fait des *appas*. (IX, 513. *Hymn.* 30.)
.... Ne confondons pas
Avec des droits si sains de profanes *appas*. (x, 238. *Poés. div.* 40.)

On voit que Corneille écrivait *appas* dans tous les sens, tant au singulier qu'au pluriel. Voici comment Furetière définit ce mot dans la première édition de son *Dictionnaire* (1690) : « *Appast*, ce qu'on met à un hameçon pour y attirer le poisson et le prendre.... Nicod dérive ce mot de *pastus*. *Appast* se dit figurément, en choses morales, de ce qui sert à attraper les hommes, à les inviter à faire quelque chose : *La gloire est un grand* appast *pour les braves, qui les fait exposer à toutes sortes de périls. La beauté est un grand* appast *pour engager le cœur des hommes. Cette femme est pleine de charmes et d*'appasts. *La vie solitaire a ses* appasts *et ses charmes.* En ce sens on a accourci le mot et dit *appas*, au lieu d'*appasts*. » Dans la première édition du *Dictionnaire de l'Académie* (1694), ainsi que dans la seconde (1718), le mot est écrit au singulier, dans le sens propre, *appast*, et au pluriel, dans le sens figuré, *appas;* dans la troisième (1740) et la quatrième (1752), *appât* et *appas*. Richelet (1680) n'a qu'une seule orthographe : *apas*, dans les deux sens. Nicot (1606) ne connaît qu'*appast*, dans le sens du latin *sagina, esca, illicium*.

Le pluriel *appas*, bien qu'il s'appliquât surtout, dès le dix-septième siècle, aux charmes de la femme, désignait parfois aussi la beauté, la grâce, la bonne tournure d'un homme. Corneille a dit :

Ah, bon Dieu! si Dorante avoit autant d'*appas*,
Que d'Alcippe aisément il obtiendroit la place! (IV, 165. *Ment.* 464.)

Et la Fontaine :

    Voyons si nos beautés en seront amoureuses,
    Si ses *appas* le mettront en crédit. (*Joconde*, 15.)

Voyez notre *Essai sur la langue de la Fontaine*, Paris, 1853, in-8°, p. 23-27.

APPEL, défi :

J'ai poussé Clarimond à lui faire un *appel*. (II, 198, *Suiv.* 1387.)
Hier nous nous rencontrons ; cette ardeur se réveille,
Fait de notre embrassade un *appel* à l'oreille. (IV, 201. *Ment.* 1137.)

APPENDRE.

Il (*Phryxus*) le sacrifia à Mars, sitôt qu'il fut abordé à Colchos, et lui en *appendit* la dépouille dans une forêt qui lui étoit consacrée. (VI, 246. *Exam. de la Tois.*)

APPÉTIT.

AVOIR L'APPÉTIT OUVERT DE BON MATIN, au figuré :

Vous avez l'*appétit* ouvert de bon matin :
D'hier au soir seulement vous êtes dans la ville....
Et déjà vous cherchez à pratiquer l'amour! (IV, 142. *Ment.* 24.)

APPLAUDIR À QUELQU'UN, À QUELQUE CHOSE :

Loin de trembler pour elle, il lui faut *applaudir*. (III, 284. *Hor.* 21.)
.... Lorsqu'à mes desirs elle a feint d'*applaudir*. (V, 576. *Nic.* 1457.)
Seigneur, n'êtes-vous point d'une humeur bien facile
D'*applaudir* à Cotys sur son manque de foi? (VII, 36. *Agés.* 669.)

S'APPLAUDIR :

Tandis que de leur rang l'inutile fierté
S'*applaudit* d'une vaine et fausse égalité. (VI, 382. *Sert.* 460.)

APPLAUDISSEMENT, au figuré, approbation :

C'est à votre illustre suffrage qu'elle est obligée de tout ce qu'elle a d'*applaudissement*. (IV, 411. *Épître de Rod.*)

APPLIQUE.

Ces belles nuits sans ombre, avec leurs jours d'*applique*. (X, 305. *P. div.* 33.)

Corneille désigne par l'expression de *jours d'applique* des appareils d'illumination. En termes d'arts et métiers on appelle *applique* l'action d'appliquer, d'enchâsser une chose sur une autre ; on nomme *or d'applique* l'or ainsi rapporté, et *pièces d'applique* tout ce qui, en orfévrerie, s'attache au moyen de charnières, rivures, etc.

APPLIQUER.

Délasse en mes écrits ta noble inquiétude,
Et tandis que sur elle *appliquant* mon étude,
J'emploierai pour te peindre et pour te divertir
Les talents que le ciel m'a voulu départir.... (X, 99. *Poés div.* 70.)

S'APPLIQUER SUR, en parlant des paroles faites pour un air :

Son feu ne peut agir quand il faut qu'il *s'applique*
Sur les fantasques airs d'un rêveur de musique. (X, 74. *Poés. div.* 5.)

On a mis mal à propos *s'explique* dans toutes les éditions modernes.

APPORTER, au figuré :
Chimène à vos genoux *apporte* sa douleur. (III, 141. *Cid*, 636.)

APPORTER, dans le sens d'apporter une nouvelle :
En est-ce fait, Julie, et que m'*apportez*-vous? (III, 315. *Hor.* 765.)

APPORTER, employer, mettre :
Depuis plus de quatre ans vous voyez quelle adresse
J'*apporte* à rejeter l'hymen de la princesse. (v, 212. *Hér.* 1300.)
Puis nous verrons quel ordre on y doit *apporter*. (v, 535. *Nic.* 530.)

APPRÉHENDER, craindre :
Qui n'*appréhende* rien, présume trop de soi. (III, 519. *Pol.* 680.)
L'amitié le consent, si l'amour l'*appréhende*. (IV, 480. *Rod.* 1239.)
.... N'*appréhendez* point Rome ni sa vengeance. (v, 568. *Nic.* 1295.)
N'*appréhendez*-vous point que tous vos domestiques
Ne soient déjà gagnés par mes sourdes pratiques? (v, 587. *Nic.* 1707.)

APPRÉHENSION, crainte :
Cette *appréhension* fait naître mon souhait. (III, 192. *Cid*, 1703.)
J'en prends, quoi qu'il en soit, peu d'*appréhension*. (VI, 149. *OEd.* 352.)

APPRENDRE.
   Trois sceptres conquis
Font voir à quelle école il en a tant *appris*. (v, 551. *Nic.* 918.)

APPRENDRE, étudier :
.... Nous avons tous deux *appris* en même école. (IV, 304. *S. du Ment.* 284.)

APPRENDRE À :
N'*apprendras*-tu jamais, âme basse et grossière,
A voir par d'autres yeux que les yeux du vulgaire? (IV, 450. *Rod.* 487.)

APPRENDRE, ayant pour régime direct le nom désignant l'objet (personne ou chose) dont on donne des nouvelles :
.... J'*appris* Crassus mort et les Romains défaits. (VII, 494. *Sur.* 764.)
Crébillon a imité cette tournure :
   .... J'*appris* d'un traître Idamante vainqueur. (*Idoménée*, I, II.)

APPRENDRE, enseigner :
Ce que je vous *apprends* vous l'*apprendrez* à d'autres. (VI, 397. *Sert.* 806.)

S'APPRENDRE.

CE QUI S'EST APPRIS, pour *ce qu'on a appris* :
.... J'ose demander *ce qui s'*en est *appris*. (v, 481. *D. San.* 1536.)

S'APPRENDRE À :
   Par là je m'*appris* à rimer (x, 27. *Poés. div.* 54.)

APPRENTI de, au figuré :

Chers *apprentis de* la vertu. (VIII, 301. *Imit.* III, 876.)

APPRENTISSAGE (Faire son), au figuré, dans le style tragique :

.... Qui sur un époux *fit son apprentissage*,
A bien pu sur un fils achever son ouvrage. (IV, 503. *Rod.* 1751.)

APPRÊTER.

S'apprêter à, suivi d'un nom :

Laonice, vois-tu que le peuple *s'apprête*
Au pompeux appareil de cette grande fête? (IV, 448. *Rod.* 427.)

« *S'apprêter à l'appareil* est.... un barbarisme, » dit Voltaire ; mais il ne dit pas en quoi ce barbarisme consiste ; la phrase est claire, et l'on comprend immédiatement que le peuple se met en devoir de prendre part à la fête.

S'apprêter à, suivi d'un verbe :

Ce grand pouvoir lui pèse, il *s'apprête à* le rendre. (VI, 406. *Sert.* 1041.)

APPRIVOISER les règles :

Savoir les règles, et entendre le secret de les *apprivoiser* adroitement avec notre théâtre, ce sont deux sciences bien différentes. (II, 119. *Épît.* de *la Suiv.*)

Apprivoiser la poésie avec la théologie :

Qu'on pût *apprivoiser* avec elle (*avec la poésie*) la partie la plus sublime et la plus farouche de la théologie.... c'est ce que je ne me serois jamais imaginé faisable. (X, 446. *Lett.*)

Apprivoiser un respect ennemi :

.... Pour *apprivoiser* ce respect ennemi,
Il faut qu'en dépit d'elle elle s'offre à demi. (VI, 611. *Oth.* 823.)

APPROBATION (Avoir de l'), en parlant d'une œuvre littéraire :

Bien que d'abord cette pièce n'eût pas grande *approbation*.... (IV, 286. *Exam.* de *la S. du Ment.*)

APPROCHES, au pluriel, pour *abord, présence* de quelqu'un :

Pour elle, vous savez que j'en fuis les *approches*. (II, 370. *Méd.* 597.)

Les éditions antérieures à 1660 portent : « .... que je fuis ses *approches*. »

Aux premières approches, dès l'abord :

Mon argent fut pour eux le premier criminel ;
Et s'en étant saisis *aux premières approches*,
Ces Messieurs pour prison lui donnèrent leurs poches (IV, 294. *s. du M.* 127)

Approches, abords :

.... Les mauvais desirs demeurent tout-puissants

Sur qui veille si mal à la garde des sens.
Gémis d'en voir souvent les *approches* saisies
Par les vains embarras de tant de fantaisies. (viii, 621. *Imit.* iv, 879.)

MORTELLES APPROCHES :

A voir de tels amis, des personnes si proches,
Venir pour leur patrie aux *mortelles approches*.... (iii, 316. *Hor.* 784.)

Dans un sens analogue :

Elle eût aimé les *approches* de ce monstre, qu'elle eût pris pour un vivant sépulcre. (v. 271. *Dess. d'Andr.*)

APPROCHER, activement.

Aucun d'eux du tyran n'*approche* la personne. (v, 187. *Hér.* 727.)

APPROCHER DE :

J'*approchois de* quinze ans.... (v, 190. *Hér.* 787.)

APPROCHER, absolument :

On ne les sent aussi que quand le coup *approche*. (iii, 421. *Cin.* 822.)

APPROCHER, où nous disons aujourd'hui, à tort : *rapprocher* :

J'ai *approché* de cette histoire celle de la mort d'Annibal, qui arriva un peu auparavant. (v, 503. *Au lect. de Nic.*)

APPROFONDIR UN ABÎME, le rendre plus profond, le creuser plus avant :

.... La gloire qui suit vos plus nobles travaux
Ne fait qu'*approfondir* l'abîme de leurs maux. (vi, 398. *Sert.* 840.)

S'APPROFONDIR, pénétrer plus avant :

La pesanteur du coup souvent nous étourdit :
On le croit repoussé quand il *s'approfondit*. (iv, 474. *Rod.* 1122.)

Ce mot a dans les exemples précédents une énergie singulière, parce qu'il y est employé dans un sens très-rapproché de sa signification primitive. Un des secrets des grands écrivains est de fortifier ainsi les expressions dont ils se servent en les ramenant à leur origine.

APPROUVÉ.

TÉMOINS APPROUVÉS :

..... Se donnent ici pour *témoins approuvés*
De tous ces grands combats qu'ils ont lus ou rêvés! (iv, 187. *Ment.* 867.)

APPUI, figurément.

.... J'espérai qu'en lui
Votre trône tombant trouveroit un *appui*. (iv, 452. *Rod.* 542.)
La vertu trouve *appui* contre la tyrannie. (v, 549. *Nic.* 848.)

.... S'il est assez fort pour me servir d'*appui*. (iv, 464. *Rod.* 853.)
Bien loin de vous prêter l'*appui* dont vous parlez. (v, 518. *Nic.* 158.)
.... Prenez moins d'*appui* sur un cœur usurpé. (vi, 311. *Tois.* 1314.)
Sur ces deux grands *appuis* ma couronne affermie.... (vi, 382. *Sert.* 469.)

APPUYER, figurément :

Un père est toujours père, et sur cette assurance
J'ose *appuyer* encore un reste d'espérance. (iii, 562. *Pol.* 1620.)

ÂPRE, rude, sévère, violent :

.... Au milieu de tant d'*âpres* rigueurs. (iii, 286. *Hor.* 93.)
.... Cette *âpre* vertu ne m'étoit pas connue (iii, 303. *Hor.* 504.)
Aux plus *âpres* tourments un chrétien est en butte. (iii, 490. *Pol.* 82.)
.... L'*âpre* déplaisir.... (iv, 75. *Pomp.* 1169.)
.... L'*âpre* vérité qui vient de m'éclairer. (v, 192. *Hér.* 826.)
.... Le plus noir venin de l'*âpre* médisance. (ix, 329. *Vép. et Compl.* 11.)

APRÈS.

.... *Après* vos exploits, *après* votre naissance,
Après votre pouvoir, voyez notre espérance,
Et n'abandonnez pas à la main d'un bourreau
Ce qu'à nos justes vœux promet un sort si beau. (iii, 543. *Pol.* 1179.)

Voltaire, qui n'avait point critiqué ce vers dans la première édition de son commentaire (1764), dit dans celle de 1774 : « On ne peut dire *après votre naissance, après votre pouvoir*, comme on dit *après vos exploits*. *Voyez notre espérance* est le contraire de ce qu'elle (*Pauline*) entend ; car elle entend : voyez la juste terreur qui nous reste, voyez où vous nous réduisez, vous d'une si grande naissance, vous qui avez tant de pouvoir ! » — L'emploi du mot *après* nous paraît très-naturel dans tout ce passage ; c'est comme s'il y avait : après avoir considéré vos exploits, votre naissance, votre pouvoir, considérez encore tout ce qu'il nous reste à espérer. Les deux derniers des vers que nous venons de rapporter ne laissent aucun doute à ce sujet.

Après, suivi d'un nom accompagné d'un participe passé :

Après son sang, pour moi mille fois répandu. (iii, 142. *Cid*, 644.)
Après mon père mort, je n'ai point à choisir. (iii, 170. *Cid*, 1208.)
Après la mort du Comte, et les Mores défaits. (iii, 184. *Cid*, 1523.)
Après un sceptre acquis.... (iii, 406. *Cin.* 480.)
Après tant d'ennemis à mes pieds abattus. (iii, 439. *Cin.* 1247.)
.... *Après* deux fiers taureaux par ta valeur soumis. (vi, 278. *Tois.* 564.)
... *Après* ce nuage en l'air évaporé. (vi, 336. *Tois.* 1928.)

Après tout :

Après tout cependant, riez de ma foiblesse. (ii, 369. *Méd.* 565.)
.... *Après tout*, que pensez-vous donc faire? (iii, 152. *Cid*, 846.)
Ce n'est pas qu'*après tout* tu doives épouser
Celui qu'un père mort t'obligeoit d'accuser. (iii, 169. *Cid*, 1187.)
.... L'amant qui vous charme et pour qui vous brûlez
Ne vous est, *après tout*, que ce que vous voulez. (iii, 321. *Hor.* 906.)
Il est tard, *après tout*, de m'en vouloir dédire. (iii, 390. *Cin.* 137.)

LEXIQUE DE LA LANGUE [APR

Après tout, c'est ma sœur, oyez sans repartir. (IV, 38. *Pomp.* 271.)
.... Mon cœur, *après tout*, vaut bien une guirlande. (V, 336. *Andr.* 459.)
Quelle crainte, *après tout*, me pourroit y résoudre ? (V, 348. *Andr.* 730.)
Ce n'est pas, *après tout*, que j'en craigne la haine. (V, 456. *D. San.* 913.)
.... Je crois qu'*après tout* ses sœurs la valent bien. (VI, 141. *Œd.* 160.)
.... La chose, *après tout*, n'est pas encor si claire. (VI, 175. *Œd.* 957.)

Racine a aussi employé souvent ce gallicisme.

ALLER, VOLER, S'ENVOLER, ENVOYER APRÈS (QUELQU'UN) :

.... Voyons, qu'en sûreté
Je fasse aller *après* par un autre côté. (I, 458. *Veuve*, 1150.)
.... Allons promptement *après* le ravisseur. (II, 284. *Pl. roy.* 1185.)
O Dieux ! je sens mon âme *après* lui s'envoler. (II, 446. *Illus.* 219.)
.... D'un si fol espoir mon cœur mal défendu
Vole *après* un amant que Chimène a perdu. (III, 135. *Cid*, 519.)
De crainte qu'*après* moi vous n'eussiez envoyé. (III, 458. *Cin.* 1676.)

APRÈS, dans la poursuite, la recherche, l'étude de :

.... Sa haine obstinée *après* cette chimère. (V, 177. *Hér.* 505.)
.... Comme il est ardent *après* la nouveauté. (VI, 71. *Perth.* 1177.)
Amoureux de la gloire, ardent *après* l'estime. (VII, 117. *Att.* 222.)
Sans te gêner l'idée *après* leur caractère (*le caractère des vertus*),
Pour les bien exprimer tu n'auras qu'à portraire. (X, 117. *Poés. div.* 21.)

APRÈS, dans le sens où nous emploierions *d'après* :

.... Vous en jugerez *après* la voix publique. (IV, 162. *Ment.* 397.)
Oh ! le charmant portrait ! l'adorable peinture !
Elle est faite à plaisir. — *Après* le naturel. (IV, 326. *S. du Ment.* 729.)

C'est une ancienne locution : « Toutes les quelles choses se peuuent autant exprimer en traduisant comme un peintre peut représenter l'ame auecques le corps de celuy qu'il entreprent tyrer *après* le naturel. » (J. du Bellay, *Deffence et illustration de la langue françoyse*, livre I, chapitre VI.)

APRÈS, adverbialement, pour *ensuite* :

Après ne me réponds qu'avecque cette épée. (III, 153. *Cid*, 857.)
Je t'enrichis *après* des dépouilles d'Antoine. (III, 449. *Cin.* 1450.)
Tu le justifieras *après*, si tu le peux. (III, 450. *Cin.* 1480.)
Tout ce qu'il fit *après* fut à votre prière. (IV, 63. *Pomp.* 870.)
Recevez de ma main la coupe nuptiale
Pour être *après* unis sous la foi conjugale. (IV, 496. *Rod.* 1592.)

Voyez encore, pour ce dernier emploi d'*après*, le *Lexique* de Racine.

TIRER, TRAÎNER APRÈS SOI, voyez TIRER, TRAÎNER.

ARABESQUE.

A L'ARABESQUE, d'après le mode de décoration des Arabes :

Le palais du Soleil.... a ses colonnes toutes d'oripeau, et son lambris doré, avec divers grands feuillages *à l'arabesque*. (VI, 344. *Tois.*)

ARBORER.

ARBORER DES DRAPEAUX, UN ÉTENDARD, etc. :

De nos vieux ennemis *arborer* les drapeaux. (III, 140. *Cid*, 608.)
Arborer les drapeaux de son généreux frère. (VI, 264. *Tois.* 214.)
N'*arboreront*-ils point l'étendard de Pompée? (VI, 369. *Sert.* 106.)
Au milieu de l'Afrique *arborer* ses lauriers. (III, 136. *Cid*, 543 *var.*)
Charleroi, qui t'attend,...
Sur le nom de son Roi laisse *arborer* tes lis. (X, 204. *Poés. div.* 148.)

Pasquier (*Recherches de la France*, VIII, 3) dit au sujet du mot *arborer* : « Ie n'auois iamais leu *arborer une enseigne*, pour *la planter*, sinon aux ordonnances que fit l'Admiral de Chastillon, exerçant lors la charge de Colonel de l'infanterie : mot dont Vigenelle a usé en l'Histoire de Villehardouin. »
Cette expression n'est point dans Nicot ; mais on la trouve en 1611 dans la première édition du *Dictionarie of the French and English tongues*, de Cotgrave, où elle est expliquée ainsi : *To fix, plant, or sticke downe into the earth; to set, as a tree, upright*.
Notre quatrième exemple, tiré du *Cid*, a donné lieu aux discussions les plus vives. Blâmé d'abord par Scudéry et par l'Académie, il le fut également par Ménage, qui s'exprime ainsi dans ses *Observations* : « On ne dit point *arborer un arbre*, le mot *arborer* ne se prenant que pour des choses que l'on plante figurément en façon d'arbres, comme des étendards. » Louis Alemand, auteur de la *Guerre civile des François sur la langue*, répondit fort judicieusement (p. 151). Selon lui, Corneille veut dire « qu'on met des branches de lauriers dans un lieu élevé, en guise d'étendards, pour marquer une victoire, » et non « qu'on plante des lauriers pour prendre racine. » Depuis, Voltaire a donné la même explication en d'autres termes. Ce qui peut surprendre, c'est que Ménage, qui blâme *arborer des lauriers*, trouve Balzac trop rigoureux d'avoir dit dans son *Socrate chrétien* : « A votre avis, est-il permis à un orateur, et même à un poëte, de dire que Godefroy de Bouillon et tant d'autres héros chrétiens ont été planter leurs lauriers jusque sur les rives de l'Euphrate ? *Planter des lauriers* n'est autre chose, ce me semble, en sa plus noble signification, que de faire des allées ou des palissades ; et cette action appartient à l'agriculture, et non pas à l'art de la guerre. » — Au vers tant critiqué, Corneille, en 1660, a substitué celui-ci :

Du sang des Africains arroser ses lauriers.

ARCHER, en parlant de l'Amour, dans le style comique :

... Ce petit *archer* qui dompte tous les Dieux. (II, 447. *Illus.* 247.)

ARDENT DE :

.... L'œil *ardent* de colère. (III, 496. *Pol.* 222.)

ARDENT APRÈS, VOYEZ APRÈS.

ARDEUR.

Au figuré :

.... Cette *ardeur* que dans les yeux je porte.
Sais-tu que c'est son sang?... (III, 128. *Cid*, 401.)

ARDEUR DE, suivi d'un infinitif :

L'*ardeur* de voir de près un si fameux héros.... (VI, 396. *Sert.* 767.)
Si toutefois sans crime et sans m'en indigner
Je puis nommer amour une *ardeur* de régner. (V, 423. *D. San.* 104.)

Il n'est rien qui ne cède à l'*ardeur de* régner. (v, 531. *Nic.* 410.)

Campistron a dit de même :

On me croit dévoré de l'*ardeur de* régner. (*Andronic*, III, III.)

Comparez : ix, 269, *Ps. pén.* 60; x, 180, *Poés. div.* 81 et 82; x, 238, *Poés. div.* 46.

Ardeurs, au pluriel :

Au propre :

Des contraires saisons le froid ni les *ardeurs*
    Ne respectent que les couronnes
Que l'on compose de mes fleurs. (x, 85 *Poés. div.* 3.)

Au figuré, absolument ou suivi de *de :*

Tout ce que peut le monde offrir à mes *ardeurs*
De mérites, d'appas, de biens et de grandeurs. (II, 193. *Suiv.* 1275.)
Écoutez un peu moins ces *ardeurs* généreuses. (III, 326. *Hor.* 1035.)
.... N'attends pas, grand Roi, que mes *ardeurs* sincères
Appellent au secours l'Apollon de nos pères. (x, 196. *Poés. div.* 29.)
Ainsi sera béni l'homme qui ne s'enflamme
Que des saintes *ardeurs de* ne chercher que moi. (VIII, 672. *Imit.* IV, 1924.)

Comparez : VIII, 665, *Imit.* IV, 1778.

ARDEZ, pour *regardez :*

Ardez, vraiment c'est-mon, on vous l'endurera!
Vous êtes un bel homme, et je dois fort vous craindre!
                          (II, 92. *Gal. du Pal.* 1392.)

C'était devenu une sorte d'exclamation, dont le sens primitif avait peu à peu disparu : « Elle en le repoussant lui dit : *Ardez*, Monsieur, je ne veux point de votre argent. » Tallemant des Réaux, *Historiettes*, tome I, p. 242.)

ARGENT.

Delphes a pu vous faire une fausse réponse;
L'*argent* put inspirer la voix qui les prononce. (VI, 184. *Œd.* 1174.)

ARIDITÉ.

    Le foin sur qui le soleil frappe •
A moins d'*aridité* que le fond de mon cœur. (IV, 267. *Ps. pén.* 17.)

ARME.

Je n'ai point cru devoir mettre les *armes* bas (VI, 422. *Sert.* 1412.)

Donner des armes, au figuré :

Plus d'*armes nous donnons* à qui nous veut trahir. (III, 388. *Cin.* 76.)

Rendre les armes, au figuré, avec un nom de chose pour sujet :

Leur haine à nos douleurs *auroit rendu les armes*. (IV, 474. *Rod.* 1100.)

FAIRE ARMES DE TOUT :
Je *fis armes de tout*, afin de me venger. (II, 281. *Pl. roy.* 1128.)

ARMER, absolument :
L'Égypte pour Pompée *armeroit* à sa vue. (IV, 42. *Pomp.* 366.)
Après avoir *armé* pour venger cet outrage. (IV, 465. *Rod.* 871.)

S'ARMER DE, au figuré :
Armez-vous de constance.... (III, 304. *Hor.* 517.)
Il *s'arme* en ce besoin *de* générosité. (III, 324. *Hor.* 981.)
Armons-nous de courage.... (V, 515. *Nic.* 113.)

ARMÉ, substantivement :
Troupe d'*armés*. (II, 270. *Pl. roy.*, indication des personnages de la scène 1 de l'acte IV.)

Dans l'édition de 1692, Thomas Corneille au mot *armés* a substitué *hommes armés*. Cet emploi du participe *armé* est fort ancien dans notre langue :
La voi. 1. chevalier ki de l'ost est tornés,
Bien a après le dos L^m. *armés*. (*Fierabras*, 5510.)

ARRACHER.

ARRACHER DE, avec un nom de chose pour complément :
Ils m'*arrachent d*'un trône où votre choix m'élève. (VII, 86. *Agés.* 1885.)

ARRACHER DE, avec un nom de personne pour complément :
.... Ces soins importuns, qui m'*arrachoient de* vous. (IV, 79. *Pomp.* 1247.)
J'aimois mon Aristie, il m'*en* vient d'*arracher*. (VI, 403. *Sert.* 971.)

ARRACHER, au figuré :
Je te voudrois moi-même en *arracher* l'envie. (III, 169. *Cid*, 1189.)
Arrache-lui du cœur ce dessein de mourir. (III, 431. *Cin.* 1072.)
Avons-nous dû prévoir cette haine cachée,
Que la foi des traités n'avoit point *arrachée ?* (IV, 483. *Rod.* 1308.)

ARRÊT, ce qui arrête :
.... Leur vol rencontre un *arrêt*
Qui les rejette au rang des âmes les plus basses. (VIII, 301. *Imit.* III, 867.)

ARRÊT, décision judiciaire :
Fais ton *arrêt* toi-même, et choisis tes supplices. (III, 453. *Cin.* 1561.)
.... J'entends mon *arrêt* sans qu'on me le prononce. (V, 196. *Hér.* 936.)
.... Donner un *arrêt* en cornes. (X, 38. *Poés. div.* 4.)
Voyez la note 3 de la page indiquée.

ARRÊTER, retenir :
Cette noire magie, ordinaire aux chrétiens,

L'*arrête* indignement dans vos honteux liens. (v, 43. *Théod.* 602.)

ARRÊTER, fixer :

Je cherche à l'*arrêter* parce qu'il m'est unique ;
Et je brûle surtout de le voir sous vos lois. (IV, 162. *Ment.* 398.)
L'œil se peut-il fixer sur la vérité nue ?
Elle a trop de brillant pour *arrêter* la vue. (x, 238. *Poés. div.* 42.)

ARRÊTER, suspendre, empêcher.

.... Deux mots de ta bouche *arrêtent* sa colère. (III, 133. *Cid*, 486.)
.... Vos lâches conseils, qui seuls ont *arrêté*
Le bonheur renaissant de notre liberté. (III, 421. *Cin.* 839.)
Ma bonté ne peut plus *arrêter* mon devoir. (v, 166. *Hér.* 255.)

ARRÊTER, limiter, borner :

Ils (*les anciens*) *arrêtoient* leurs tragédies autour de peu de familles. (I, 73. *Disc. de la trag.*)
Cette médiocre bonté, capable d'une foiblesse, et même d'un crime, où nos anciens étoient contraints d'*arrêter* le caractère le plus parfait des rois et des princes dont ils faisoient leurs héros. (III, 92. *Exam. du Cid.*)
Quand on *arrête* là les déplaisirs d'une âme. (III, 283. *Hor.* 11.)

ARRÊTER À, suivi d'un infinitif, dans un sens analogue à celui des exemples précédents :

.... Moi dorénavant j'*arrête* mon envie
A ne servir qu'un prince à qui je dois la vie. (I, 349. *Clit.* 1305.)

S'ARRÊTER, S'ARRÊTER À :

Les anciennes tragédies *se sont arrêtées* autour de peu de familles. (I, 15. *Disc. du poëme dram.*)
Ma cruauté se lasse, et ne peut *s'arrêter*. (III, 436. *Cin.* 1163.)
Arrêtez-vous, Seigneur.... (III, 568. *Pol.* 1763.)
Quoi ? vous *vous arrêtez aux* songes d'une femme ! (III, 487. *Pol.* 1.)
.... Sans me hasarder à ces nobles amorces,
J'attends l'occasion qui *s'arrête à* mes forces. (x, 178. *Poés. div.* 54.)
C'est-à-dire l'occasion qui ne va point au delà de mes forces.

ARRÊTER, neutralement :

.... *Arrêtez* donc, Seigneur. (VI, 587. *Oth.* 291.)

ARRÊTÉ, fixé :

La paix avec tous deux en même temps traitée,
Se trouve avec tous deux à ce prix *arrêtée*. (VII, 112. *Att.* 82.)

ÊTRE ARRÊTÉ DES YEUX SUR, pour *avoir les yeux arrêtés sur* :

Être toujours des yeux sur un homme *arrêtée*. (II, 142. *Suiv.* 326.)

ARRHES, dans le style élevé :

Ce présent donc enferme un tissu de cheveux

Que reçut don Fernand pour *arrhes* de mes vœux (v, 490. *D. San.* 1732.)

Avant Corneille ce mot était déjà d'un usage très-fréquent au figuré : « Recevez ce que je vous dis pour *arrhes* de ce que je désire faire pour vous. » (D'Urfé, *l'Astrée*, 1re partie, livre VI, p. 271.)
Notre poète l'a employé au singulier :

L'*arrhe* du paradis, et l'avant-goût des cieux. (VIII, 544. *Imit.* III, 5872.)

Nos anciens auteurs s'en servaient souvent à ce nombre.

ARRIÈRE.

METTRE EN ARRIÈRE, mettre de côté, sacrifier.

Puisqu'il *met* pour autrui son bonheur *en arrière*. (I, 443. *Veuve*, 879.)
Sache pour ton salut *mettre* tout *en arrière*. (VIII, 201. *Imit.* II, 511.)

ARRIVER, survenir :

Vous, par qui seule ici tout ce désordre *arrive*. (v, 586. *Nic.* 1683.)

ARRIVER, impersonnellement :

S'*il arrive* qu'Auguste avec lui la punisse. (III, 419. *Cin.* 786.)

ARRIVÉ, venu :

J'en cache les deux tiers aussitôt qu'*arrivés*. (III, 172. *Cid*, 1263.)

ARRIVÉ, qui a eu lieu, qui s'est accompli :

Tes souhaits *arrivés*, nous t'en verrions dédire. (I, 441. *Veuve*, 831.)

ARROGANCE.

Assez et trop longtemps l'*arrogance* de Rome
A cru qu'être Romain c'étoit être plus qu'homme. (IV, 34. *Pomp.* 193.)

ARROGANT, TE, substantivement :

Va contre un *arrogant* éprouver ton courage. (III, 120. *Cid*, 273.)
L'*arrogante!* à l'ouïr, elle est déjà ma reine. (IV, 54. *Pomp.* 653.)

ARROSER, au figuré :

Du sang des Africains *arroser* ses lauriers (III, 136. *Cid*, 543.)
Dût le peuple en fureur pour ses maîtres nouveaux
De mon sang odieux *arroser* leurs tombeaux. (IV, 493. *Rod.* 1526.)

ART.

ART, absolument :

Qu'on fait d'injure à l'*art* de lui voler la fable !
C'est interdire aux vers ce qu'ils ont d'agréable. (x, 235. *Poés. div.* 1.)
    Ceux-là même qui mettent si haut le but de l'*art*.... (IV, 280. *Ép. de la S. du Ment.*)

L'ART DE LA GUERRE :

Le grand *art de la guerre* attend quelquefois l'âge. (VI, 397. *Sert.* 802.)

Art, habileté, adresse :

Vous avez trouvé l'*art* d'être maître des cœurs. (III, 462. *Cin.* 1764.)
Son faux *art* de clémence.... (IV, 75. *Pomp.* 1173.)

ARTICLE DE FOI, voyez Foi.

ARTIFICE, ruse :

On nous imputeroit ce mauvais *artifice*. (III, 312. *Hor.* 700.)
L'*artifice* pourtant vous y peut être utile. (III, 419. *Cin.* 782.)

ARTIFICIEUX, en bonne part, où il y a de l'art, fait avec art :

Cela n'empêche pas que la tragédie ne fasse connoître par narration, ou par quelque autre manière plus *artificieuse*, ce qu'a fait son héros en plusieurs années. (I, 116. *Disc. des* 3 *unit.*)

Il passe pour constant que le second acte est un des plus pathétiques qui soient sur la scène, et le troisième un des plus *artificieux*. (III, 278. *Exam.* d'*Hor.*)

ARTISAN.

« Ouvrier dans un art mécanique, homme de métier, » dit la première édition du *Dictionnaire de l'Académie* (1694). Les définitions des autres vocabulaires du dix-septième siècle se rapportent toutes à celles-ci ; et cependant les auteurs de ce temps ont employé ce mot dans des sens qui n'y répondent pas : Boileau, dans son *Discours au Roi*, s'en sert en parlant d'un sculpteur ; la Fontaine (livre III, fable x), pour désigner un peintre; et Corneille, dans l'*Épître de la Suite du Menteur*, l'applique aux poëtes, mais il faut remarquer que c'est à la suite du mot *art :*

Vous me direz que je suis bien injurieux au métier qui me fait connoître, d'en ravaler le but si bas que de le réduire à plaire au peuple....
A cela, je vous dirai que ceux-là même qui mettent si haut le but de l'art sont injurieux à l'*artisan*, dont ils ravalent d'autant plus le mérite, qu'ils pensent relever la dignité de sa profession. (IV, 280.)

L'ARTISAN SOUVERAIN, Dieu :

O mère en bonheur sans égale,
De qui *l'artisan souverain*
Daigne souffrir neuf mois la prison virginale. (IX, 83. *Off. V.* 10.)

ASCENDANT.

Terme emprunté de l'astrologie. Il s'applique, au propre, au point du ciel ou au degré du signe qui monte sur l'horizon au moment de la naissance de quelqu'un :

La personne aimée nous a beaucoup plus d'obligation de notre amour, alors qu'elle est toujours l'effet de notre choix et de son mérite, que quand elle vient d'une inclination aveugle, et forcée par quelque *ascendant* de naisssance à qui nous ne pouvons résister. (II, 220. *Ép. de la Pl. roy.*)

Sa vie à ces forfaits par le ciel condamnée
N'a pu se dégager de cet astre ennemi,
Ni de son *ascendant* s'échapper à demi. (VI, 183. *OEd.* 1136.)

Briole, Chavigny, Nogent, et Nantouillet,
Sous divers *ascendants* montrent même souhait. (x, 270. *Poés. div.* 268.)

Ascendant s'emploie fréquemment pour influence, autorité, pouvoir, sans rapport marqué avec son sens primitif :

.... Un foible *ascendant* d'un premier mouvement. (iv, 448. *Rod.* 434.)
Veulent sur tous les rois un si haut *ascendant*. (v, 578. *Nic.* 1521.)

ASILE, refuge :

Assez d'autres États lui prêteront *asile*. (vi, 392. *Sert.* 709.)

Asile, ressource :

Mon fils comédien! — D'un art si difficile
Tous les quatre, au besoin, ont fait un doux *asile*. (ii, 520. *Illus.* 1630.)

ASPECT, regard, vue :

Ils ont quelque raison de tenir pour suspect
Tout ce qui s'est montré tantôt à leur *aspect*. (vi, 202. *OEd.* 1624.)
Le prêtre avoit à peine obtenu du silence,
Et devers l'Orient assuré son *aspect*. (iii, 526. *Pol.* 827.)

C'est-à-dire : avait à peine dirigé sa vue de façon à regarder l'Orient.

Aspect des astres, terme d'astrologie :

Des Astres irrités les *aspects* inhumains
Vouloient pour s'adoucir la pourpre des Romains. (vi, 232. *Dess. de la Tois.*)

ASPIRER, terme de grammaire :

Nous prononçons l'*s* de quatre diverses manières : tantôt nous l'*aspirons* comme en ces mots *peste*, *chaste*.... Au commencement elle *aspire* toujours...; après une consonne elle *aspire* toujours. (i, 7 et 8. *Au lect.*)

Dans les deux derniers exemples nous dirions *elle s'aspire*, au lieu de *elle aspire*.

Aspirer à, prétendre à :

A quels plus grands honneurs faut-il qu'un père *aspire?* (iii, 330. *Hor.* 1092.)
Quiconque, après sa mort, *aspire* à la couronne. (iii, 413. *Cin.* 662.)
Nous devions *aspirer* à sa possession. (iv, 483. *Rod.* 1301.)
Votre dessein est grand ; mais *à* quoi qu'il *aspire*.... (vi, 431. *Sert.* 1605.)

Aspirer jusqu'à :

Mon amour *jusqu'à* vous a-t-il lieu d'*aspirer?* (v, 366. *Andr.* 1053.)

Il y avait dans les éditions antérieures à 1660 :

Votre amour, est-ce un bien où je doive *aspirer?*

Aspirer à, en parlant d'une chose défavorable ou même funeste :

Et monté sur le faîte, il *aspire* à descendre. (iii, 402. *Cin.* 370.)
Je consens, ou plutôt j'*aspire* à ma ruine. (iii, 541. *Pol.* 1139.)

Je fais gloire du crime et j'*aspire au* supplice. (v, 43. *Théod.* 596.)
Elle en prendra pour vous une haine *où* j'*aspire*. (vi, 420. *Sert.* 1354.
.... Ce mortel ennemi
N'ose plus *aspirer* qu'*à* mourir avec lui. (vii, 510. *Sur.* 1124.)

ASSASSIN, substantif :

Il est des *assassins*, mais il n'est plus de Brute. (iii, 405. *Cin.* 438.)

Assassine, substantif féminin, dans le style tragique :

Et vous en avez moins à me croire *assassine*. (v, 560. *Nic.* 1095.)

Assassin, mouche taillée en long :

Encore un *assassin*, vous lui perciez le cœur. (ii, 320. *Tuil.* 239.)

Voyez la note 1 de la page indiquée et le *Dictionnaire* de Furetière (1690). On lit dans une chanson rapportée par Tallemant des Réaux :

Vous auriez beau être frisée,
Par anneaux tombants sur le sein,
Sans un amoureux *assassin*
Vous ne seriez guère prisée. (*Historiettes*, tome IV, p. 334.)

ASSASSINAT.

L'autre tout débonnaire, au milieu du sénat
A vu trancher ses jours par un *assassinat*. (iii, 403. *Cin.* 384.)

ASSASSINER.

.... Pour m'*assassiner* je lui prête mon bras. (iii, 417. *Cin.* 728.)

Assassiner, figurément :

Vous pensez m'obliger d'un feu qui m'*assassine*. (ii, 453. *Illus.* 370.)
.... Cet affreux devoir dont l'ordre m'*assassine*. (iii, 156. *Cid*, 925.)
.... Sans Plautine
L'amour m'est un poison, le bonheur m'*assassine*. (vi, 584. *Oth.* 222.)
Ce penser m'*assassine*.... (vii, 526, *Sur.* 1539.

Assassiner de quelque chose.

Non-seulement dans la comédie, mais dans le haut style :
Je vais l'*assassiner* d'un fatal entretien. (i, 200. *Mél.* 937.)
Ah ! c'est m'*assassiner* d'un discours inutile. (vi, 44. *Perth.* 596.)

ASSEMBLAGE, union, mariage :

C'étoit un grand guerrier, mais dont le sang ni l'âge
Ne pouvoient avec vous faire un digne *assemblage*. (vi, 435. *Sert.* 1706.)

Voyez l'article suivant.

ASSEMBLER, réunir :

Aussi a-t-il (*ce poëme*) les deux grandes conditions que demande Aristote aux tragédies parfaites, et dont l'assemblage se rencontre si rarement chez les anciens ni les modernes ; il les *assemble* même plus fortement et plus noblement que les espèces que pose ce philosophe. (III, 91. *Exam. du Cid*.)

ASSEMBLÉ, en parlant du mariage, de l'union conjugale :
.... La loi de l'hymen qui vous tient *assemblés*. (III, 494. *Pol*. 147.)
Voyez l'article ASSEMBLAGE.

ASSERVIR.

Je sais qu'il vous est doux d'*asservir* tous nos soins. (X, 155. *Poés. div*. 7.)

ASSERVIR À, contraindre à :
Sa probité stupide autant comme farouche
A prononcer leurs lois *asservira* sa bouche. (VI, 608. *Oth*. 770.)

ASSERVI À, SOUS :
.... Albe à Rome *asservie*. (III, 356. *Hor*. 1743.)
... *Sous* tes lois me tenant *asservie*. (III, 428. *Cin*. 1021.)

ASSEZ.

AIMER ASSEZ POUR :
Aime assez ton mari *pour* n'en triompher point. (III, 310. *Hor*. 674.)

C'EST ASSEZ QUE DE :
Non, crois-moi, *c'est assez que d*'éteindre ta flamme. (III, 169. *Cid*, 1201.)

Assez, placé après le mot qu'il modifie :
Aurois-tu du courage *assez* pour l'enlever? (I, 438. *Veuve*, 761.)
César ne peut souffrir la présence d'un traître,
D'un Romain lâche *assez* pour servir sous un roi. (IV, 68. *Pomp*. 983.)
Aucun n'est sage *assez* de sa propre sagesse. (VIII, 97. *Imit*. I, 1148.)

ASSIDU, continuel :

    Les répétitions *assidues* qui se trouvent dans l'original, sont des obstacles assez malaisés à surmonter. (VIII, 9. *Au lect. de l'Imit*.

ASSIDUITÉ, présence assidue :

.... L'*assiduité* près d'un charmant objet. (VII, 441. *Pulch*. 1495.
Il me mandoit que quelque *assiduité* qu'il eût rendue au Palais, il n'avoit pu vous trouver. (X, 481. *Lett*.)

ASSIDUITÉ, continuité :
    Ce qui n'étoit point une règle autrefois l'est devenu maintenant par l'*assiduité* de la pratique. (I, 102. *Disc. des 3 unit*.)

ASSIETTE, terme militaire :

Si dans l'occasion je ménage un peu mieux
L'*assiette* du pays et la faveur des lieux. (VI, 397. *Sert*. 800.)

C'est en assistant à la représentation de cette pièce que Turenne s'écria : « Où donc Corneille a-t-il pu apprendre l'art de la guerre ? » Quel meilleur témoignage pourrait-on invoquer en faveur de la justesse du langage de notre poëte? Voyez la *Notice* de *Sertorius*, au tome IV, p. 354.

Assiette.

Ce mot se dit aussi de la situation du corps, principalement en termes de manége : « Un bon escuyer ne redresse pas tant mon *assiette*, comme faict un procureur ou un Vénitien, à cheual. » (Montaigne, livre III, chapitre VIII.) Il est tout naturel qu'il se soit aussi employé en parlant de l'âme, de l'esprit : « Nous brûlons de désir, a dit Pascal dans les *Pensées*, de trouver une *assiette* ferme. » *Vocabulaire des locutions les plus remarquables.... de Pascal*, à la fin des *Études sur Pascal* de M. Cousin.) Corneille emploie très-fréquemment ce mot en ce sens :

Je me contentai de faire voir l'*assiette* de son esprit sans le pourvoir d'une autre femme. (I, 140. *Exam.* de *Mél.*)

La même expression : l'*assiette de son esprit*, se trouve dans l'*Examen* de *la Place royale* (II, 222).

Surtout, dans les narrations ornées et pathétiques, il faut très-soigneusement prendre garde en quelle *assiette* est l'âme de celui qui parle et de celui qui écoute. (II, 337. *Exam.* de *Méd.*)
.... Je veux bien périr comme vous l'ordonnez,
Et dans la même *assiette* où vous me retenez. (III, 442. *Cin.* 1304.)
Sur l'état de ton cœur ne prends point d'assurance;
Son *assiette*, mon fils, se change en un moment. (VIII, 432. *Imit.* III, 3514.)

ASSISTANCE, secours :

Nous mourrons à vos pieds; c'est toute l'*assistance*
Que vous peut en ces lieux offrir notre impuissance. (IV, 464. *Rod.* 827.)
Vous savez de quel poids et de quelle importance
De ce peu d'étrangers s'est fait voir l'*assistance*. (VI, 270. *Tois.* 338.)

ASSOCIATION à l'empire :

Le patrice Aspar.... lui demanda pour récompense l'*association à cet empire* qu'il lui avoit fait obtenir. (VII, 378. *Au lect.* de *Pulch.*)

ASSOCIER à l'empire :

.... Mon âme n'aspire
Qu'à vous *associer* l'un et l'autre *à l'empire*. (V, 231. *Hér.* 1723.)

Associer, absolument, dans le même sens :

.... Je ne réponds pas d'un long respect en tous,
A moins qu'il *associe* aussitôt l'un de nous. (VII, 437. *Pulch.* 1416.)

ASSOMMÉ.

.... Par nos délicats les faunes *assommés*
Rentreront au néant dont on les a formés. (X, 236. *Poés. div.* 19.)

ASSORTI.

Il est des nœuds secrets, il est des sympathies

Dont par le doux rapport les âmes *assorties*
S'attachent l'une à l'autre.... (IV, 444. *Rod.* 360.)
De mon génie usé la chaleur amortie
A leur gloire immortelle (*de tes lauriers*) est trop mal *assortie*.
(x, 187. *Poés. div.* 24.)

ASSOUPI.

Le dragon *assoupi*, la toison emportée. (II, 380. *Méd.* 814.)

Assoupi, figurément :

Je ne réveille point des soupçons *assoupis*. (VII, 258. *Tit.* 1385.)

ASSOUVIR (S') DE QUELQUE CHOSE :

J'ai de quoi m'*assouvir de* cette ambition. (II, 373. *Méd.* 664.)

S'assouvir, absolument :

J'aurois de quoi me plaire et de quoi m'*assouvir*. (V, 17. *Théod.* 10.)

ASSURANCE, sécurité, sûreté, certitude :

Je pris sur cet oracle une entière *assurance*. (III, 290. *Hor.* 199.)
.... Mon honneur par là cherche son *assurance*. (III, 350. *Hor.* 1552.)
Avez-vous cependant une pleine *assurance*
D'avoir assez de vie ou de persévérance? (III, 488. *Pol.* 25.)

AVOIR, DONNER, PRENDRE ASSURANCE, sans article :

C'est beaucoup hasarder que de *prendre assurance*
Sur une si légère et douteuse espérance. (VII, 480. *Sur.* 425.)
.... Par mon hymen vous *avez assurance*
Que mille vrais Romains prendront votre défense. (VI, 377. *Sert.* 337.)
C'est ce qui nous *donne assurance*
Qu'il a pris Israël en sa protection. (IX, 225. *Off. V.* 33.)

EN ASSURANCE :

Pourras-tu dans son lit dormir *en assurance*? (V, 578. *Nic.* 1500.)
Ils voudront par ce choix se mettre *en assurance*. (VI, 579. *Oth.* 113.)

PAYS D'ASSURANCE :

.... Sitôt que je suis en *pays d'assurance*. (IV, 293. *S. du Ment.* 100.)

ASSURÉMENT, avec certitude :

Celle dont je les tiens en parle *assurément*. (II, 159. *Suiv.* 631.)

ASSURER, fortifier, affermir :

J'aime donc sa victoire, et je le puis sans crime ;
Elle *assure* l'État, et me rend ma victime. (III, 177. *Cid*, 1370.)
.... Il t'*assure* en terre en m'élevant aux cieux. (III, 568. *Pol.* 1746.)

ASSURER QUELQU'UN D'UNE CHOSE, la lui garantir :

Est-ce trop l'acheter que d'une triste vie,

Qui tantôt, qui soudain me peut être ravie,
Qui ne me fait jouir que d'un instant qui fuit,
Et ne peut m'*assurer de* celui qui le suit? (III, 543. *Pol.* 1198.)

Elle *assure* Phinée non-seulement *de* son secours, mais aussi *de* celui de Neptune. (V, 272. *Dess. d'Andr.*)

ASSURER QUELQU'UN QUE :

Il leur promet d'intéresser Pluton et Junon avec lui pour les venger, et les *assure qu'*il a su du Destin qu'Andromède n'auroit jamais de mari en terre. (V, 269. *Dess. d'Andr.*)

Iris les *assure* ensuite *que* le secours de Junon et de Pallas ne leur manquera pas. (VI, 235. *Dess. de la Tois.*)

ASSURER, où nous mettrions *rassurer :*

.... Cette épreuve a su si bien les *assurer,*
Qu'incontinent Créuse a voulu s'en parer. (II, 405. *Méd.* 1303.)
Un oracle m'*assure*, un songe me travaille. (III, 335. *Hor.* 1211.)
..... Tâchons d'*assurer* la Reine qui te craint. (V, 569. *Nic.* 1310.)
Le temps pourra changer; cependant prenez soin
D'*assurer* des jaloux dont vous avez besoin. (V, 579. *Nic.* 1534.)

Bien que Voltaire prétende, au sujet de ce dernier exemple, qu'*assurer des jaloux* ne s'entend point, cette manière de parler a pour elle dans le passé de grandes autorités; Amyot et Montaigne s'en sont servis, et Racine l'a souvent employée même dans ses dernières pièces.

ASSURER SES REGARDS, leur donner de l'assurance :

J'*assure mes regards* pour aller jusqu'à toi. (X, 188. *Poés. div.* 50.)

ASSURER SON ASPECT, voyez ASPECT.

S'ASSURER DE L'AMOUR DE QUELQU'UN :

Au reste *assurez-vous de l'amour* des deux princes :
Plutôt que de vous perdre ils perdront leurs provinces. (IV, 462. *Rod.* 787.)

Cette expression ne pourrait aujourd'hui signifier autre chose que « s'éclaircir, se renseigner pour acquérir la certitude de cet amour; » au dix-septième siècle *s'assurer de* équivalait dans cette locution à *compter sur, se fier à.*

S'ASSURER DES DROITS DE QUELQU'UN, se les assurer :

Il voudra, ce rival, qui que l'on puisse élire,
S'*assurer* par l'hymen *de vos droits* à l'Empire. (VII, 386. *Pulch.* 118.)

Molière emploie *s'assurer de* de la même manière.

S'ASSURER DE, se croire assuré de :

Qui *s'assure de* vaincre est aisément vaincu (VIII, 165. *Imit.* I, 2475.)

S'ASSURER DE QUELQU'UN, l'arrêter :

           Allez dès aujourd'hui,
Soit qu'il résiste ou non, *vous assurer de* lui. (III, 138. *Cid*, 572.)

S'ASSURER SUR QUELQUE CHOSE, prendre confiance, avoir de la sécurité, à cause de quelque chose :

Je ne conseillerois à personne de *s'assurer sur* cet exemple. (I, 48. *Disc. du poëme dram.*)
.... *Assurez-vous sur* ma fidélité. (IV. 446. *Rod.* 394.)
Ainsi n'espérez pas que jamais on *s'assure*
Sur les bouillants transports qu'arrache son parjure. (VI, 37. *Perth.* 415.)
C'est trop *vous assurer sur* l'état d'un faux bruit. (VI, 180. *OEd.* 1071.)
Ne *vous assurez* point *sur* cette conjecture. (VI, 190. *OEd.* 1337.)
.... Ne *t'assure* point *sur* ta haute science. (VIII, 58. *Imit.* I, 480.)

S'ASSURER SUR QUELQU'UN :

Assurez-vous sur lui qu'il en a juste cause. (III, 494. *Pol.* 141.)
Racine a employé la même locution.

S'ASSURER À, avec la même signification :

Si l'on peut en amour *s'assurer aux* serments. (I, 144. *Veuve*, 902.)
Ne *t'assure* non plus *au* changement de lieux. (VIII, 407. *Imit.* III, 3023.)
.... *S'assurant* bien plus *au* rabot qu'à la rime. (X, 101. *Poés. div.* 13.)
On trouve dans Molière plusieurs exemples de cette expression.

S'ASSURER, sans complément, s'affermir :

Par adresse il se fâche après *s'être assuré*. (IV, 72. *Pomp.* 1084.)

ASSURÉ, certain :

Cette règle et cette exception sont générales et *assurées*. (I, 11. *Au lect.*)
....., Voici de retour le fidèle Achorée,
Par qui j'en apprendrai la nouvelle *assurée*. (IV, 46. *Pomp.* 446.)

ASTRE.

De son *astre* opposé telle est la violence
Qu'il me vole partout, même sans qu'il y pense. (VI, 368. *Sert.* 85.)
Voltaire dit qu'on n'a jamais attribué de la violence à un astre. Une fois la croyance à l'astrologie admise, cette expression paraît fort naturelle.
.... De Servilius l'*astre* prédominant. (VI, 381. *Sert.* 439.)

ASTRE, au figuré, en parlant d'une personne :

Il est l'*astre* naissant qu'adorent mes États. (V, 532. *Nic.* 449.)

ATOME, au figuré :

En matière d'État ne fût-ce qu'un *atome*,
Sa perte quelquefois importe d'un royaume. (VII, 114. *Att.* 134.)

ATTACHE, au figuré :

.... Sans perdre d'*attache*, ou d'idée importune,
Attendez en repos les cœurs qui se rendront. (VII, 71. *Agés.* 1559.)

ATTACHER, figurément, lier, unir, fixer :

L'hymen qui nous *attache* en une autre famille. (III, 320. *Hor.* 883.)
Le devoir auprès d'elle eût *attaché* nos vœux. (IV, 483. *Rod.* 1298.)
Quand vous voudrez tous deux *attacher* vos tendresses,
Il est des rois pour elle, et pour vous des princesses. (VII, 478. *Sur.* 357.)

ATTACHER À, joindre à, fixer à :

Voulez-vous l'*attacher à* l'objet de sa haine? (I, 453. *Veuve*, 1072.)
.... Que mon souvenir, jusque dans le tombeau,
Attache à son esprit un éternel bourreau. (II, 351. *Méd.* 228.)
.... Les droits les plus saints deviennent impuissants
Contre cette fierté qui l'*attache à* son sens. (II, 469. *Illus.* 676.)
Tous vouloient *à* leur chaîne *attacher* l'univers. (III, 393. *Cin.* 184.)
Que vous m'êtes cruel, que vous m'êtes injuste
D'*attacher* tout mon cœur *au* seul titre d'Auguste! (VII, 385. *Pulch.* 102.)

ATTACHER À, où nous dirions *rattacher à* :

Si j'en savois le nom, ta juste défiance
Pourroit à ses défauts imputer ma constance,
A son peu de mérite *attacher* mon dédain. (II, 192. *Suiv.* 1267.)

ATTACHER AUPRÈS :

.... Son amour l'*attache auprès* de sa malade. (V. 33. *Théod.* 348.)

S'ATTACHER À :

Il (mon poëme du Cid) passe encore pour le plus beau auprès de ceux
qui ne *s'attachent* pas *à* la dernière sévérité des règles. (III, 91. *Exam. du Cid.*)
Je m'*attache* un peu moins *aux* intérêts d'un homme. (III, 286. *Hor.* 230.)
.... Achillas et Septime
S'attacheront peut-être *à* quelque autre maxime. (IV, 31. *Pomp.* 114.)

ATTACHÉ À :

Trois sceptres *à* son trône *attachés* par mon bras. (V, 515. *Nic.* 105.)
.... Ton âme *attachée à* mes commandements. (VI, 72. *Perth.* 1197.)

ATTEINDRE, au figuré, avec un complément direct :

.... D'une belle ardeur ta jeunesse animée
Par cette grande épreuve *atteint* ma renommée. (III, 161. *Cid*, 1034.)

ATTEINDRE À :

.... De quel front osé-je ébaucher tant de gloire,
Moi dont le style foible et le vers mal suivi
Ne sauroient même *atteindre à* ceux qui t'ont servi? (X, 207. *Poés. div.* 184.)

ATTEINT, au figuré :

Un discours ajusté ne sent point l'âme *atteinte*. (II. 316. *Tuil.* 149.)

Voilà comme ce Dieu bénira par avance
Un cœur pour lui vraiment *atteint* (IX, 207. *Off. V.* 18.)

ATTEINTE, au figuré :

Percé jusques au fond du cœur
D'une *atteinte* imprévue aussi bien que mortelle. (III, 121. *Cid*, 292.)
Enfin je me vois libre, et je puis sans contrainte
De mes vives douleurs te faire voir l'*atteinte*. (III, 150. *Cid*, 794.)
Tant de cette frayeur les profondes *atteintes*
Repoussent fortement toutes les autres craintes! (VI, 136. *OEd.* 29.)

Ce mot s'employait surtout en parlant de l'amour profane ou sacré :

Longtemps à mon sujet tes passions contraintes
Ont souffert et caché leurs plus vives *atteintes*. (I, 468. *Veuve*, 1332.)
Ne pouviez-vous juger que c'étoit une feinte
A dessein d'éprouver quelle étoit votre *atteinte?* (II, 102. *Gal. du Pal.* 1590.)
Allons donc l'affranchir de ses frivoles craintes,
Lui montrer de mon cœur les sensibles *atteintes*. (IV, 67. *Pomp.* 970.)
As-tu vu dans son cœur encor la même *atteinte?* (VII, 260. *Tit.* 1420.)
Les flèches que sur moi ton bras a décochées
De leurs pointes d'acier hérissent tout mon cœur,
Et ta main enfonçant leurs *atteintes* cachées,
      S'est affermie en sa rigueur. (IX, 253. *Off. V.* 7.)

ATTENDRE.

La valeur n'*attend* point le nombre des années. (III, 129. *Cid*, 406.)
Le corps *attend* les ans; mais l'âme est toute prête. (VII, 132. *Att.* 581.)

ATTENDRE DE QUELQU'UN, DE QUELQUE CHOSE :

Elle qui *de* vous seul *attend* son diadème. (IV, 67. *Pomp.* 958.)
Attendez tout aussi *de* ma reconnoissance. (VI, 370. *Sert.* 142.)

ATTENDRE DE, suivi d'un infinitif :

Cher amant, n'*attends* plus *d*'être un jour mon époux. (III, 292. *Hor.* 230.)

ATTENDRE À, tarder à :

.... *A* se déclarer il a bien *attendu*. (VI, 610. *Oth.* 807.)

ATTENDRIR LES SENTIMENTS DE QUELQU'UN :

Ah! n'*attendrissez* point ici mes sentiments. (III, 312. *Hor.* 706.)

ATTENTAT.

Vous dédaignez de voir quels sont mes *attentats*. (X, 145. *Poés. div.* 37.)
De mon génie usé la chaleur amortie
.... défigureroit tes grandes actions
Par l'indigne *attentat* de ses expressions. (X, 187. *Poés. div.* 26.)

ATTENTAT SUR, suivi d'un nom abstrait :

      .... Sa témérité
N'est qu'un pur *attentat sur* mon autorité. (V, 529. *Nic.* 374.)

FAIRE UN ATTENTAT SUR, employé de la même manière :

Tout son peuple a des yeux pour voir quel *attentat*
Font sur le bien public les maximes d'État. (v, 549. *Nic.* 849.)
.... Leur guerre est trop juste après cet *attentat*
Que *fait sur* leur grandeur un tel crime d'État. (v, 578. *Nic.* 1517.)
.... *Fait sur* tout le cœur un secret *attentat*. (VII, 55. *Agés.* 1171.)

COMMETTRE UN ATTENTAT SUR :

Sur votre autorité *commettre un attentat*. (v, 546. *Nic.* 762.)

ATTENTE (REMPLIR L') :

Tout ce qui brille moins *remplit* mal son *attente*. (III, 350. *Hor.* 1564.)
C'est l'*attente* du ciel, il nous la faut *remplir*. (III, 517. *Pol.* 647.)

ATTENTES, au pluriel :

.... Le ciel s'oppose à nos *attentes*. (II, 87. *Gal. du Pal.* 1298.)
Ravi du grand succès qui prévient ses *attentes*. (VI, 530. *Soph.* 1394.)

ATTENTER QUELQUE CHOSE :

Ce ne sont que deux criminels qui cherchent à éviter la punition de leurs crimes, et dont même le premier en *attente* de plus grands pour mettre à couvert les autres. (I, 271. *Exam.* de *Clit.*)
.... Si ma main pour vous n'avoit tout *attenté*. (IV, 456. *Rod.* 633.)
.... N'*attente* rien, barbare. (v, 230. *Hér.* 1703.)
Quoi que pense *attenter* l'orgueil de ton courage. (v, 349. *Andr.* 752.)
Il n'*attentera* rien, tant qu'il craindra pour lui. (v, 583. *Nic.* 1634.)

Le *Dictionnaire de Trévoux* cite un exemple de cet emploi du verbe *attenter* à l'actif dans Vaugelas; on peut en trouver aussi dans les tragédies de Voltaire (voyez *Olymp.* IV, III, et *Sémiramis*, II, 1).

ATTENTER À QUELQUE CHOSE :

.... Ne te mêle point d'*attenter à* ma joie (VI, 63. *Perth.* 1012.)

Dans les deux exemples suivants, le verbe *attenter* a un sens tout particulier et signifie *porter ses prétentions, ses désirs jusqu'à, tendre à* :

.... Si tu n'ordonnois à tous de s'avancer,
Quel homme *attenteroit à* cet excès de gloire? (VIII, 583. *Imit.* IV, 76.)
Attenter à comprendre un si profond secret. (VIII, 607. *Imit.* IV. 580.)
    S'ils *attentoient à* supporter
Des clartés si hors de mesure. (VIII, *Imit.* IV, 1363.)

ATTENTER SUR QUELQUE CHOSE, SUR QUELQU'UN :

Ai-je avec même front que cet ambitieux
Attenté sur le lit du monarque des cieux? (I, 225. *Mél.* 1362.)
On a dix fois *sur* vous *attenté* sans effet. (III, 402. *Cin.* 435.)
Qui conserva le fils *attente sur* le père. (v, 197. *Hér.* 960.)
C'est *attenter sur* nous qu'ordonner de sa vie. (v, 582. *Nic.* 1604.)

ATTENTER, absolument :
L'un voit aux mains d'autrui ce qu'il croit mériter,
L'autre un désespéré qui peut trop *attenter*. (III. 522. *Pol.* 740.)

Voltaire a dit de même dans *la Henriade* (chant II) :
Enfin Guise *attenta*, quel que fût son projet,
Trop peu pour un tyran, mais trop pour un sujet.

ATTENTIONS, au pluriel :
La surprise agréable que fait à l'oreille ce changement de cadences imprévu, rappelle puissamment les *attentions* égarées.(V,310. *Exam.* d'*Andr.*)
Il ne s'emploie plus à ce nombre que pour signifier *soins, prévenances*.

ATTERRER, proprement, renverser par terre :
Vos mouvements irrésolus
Ont trop de flux et de reflus :
L'un m'élève, et l'autre m'*atterre*. (I, 420. *Veuve, var.* 2.)

ATTERRER L'ORGUEIL :
Atterre son orgueil, et montre ta puissance. (II, 399. *Mél.* 1199.)

ATTERRER LES PEUPLES :
Il veut que de ses gens le déluge effroyable
Atterre impunément *les peuples* qu'il accable. (VII, 154. *Att.* 1114.)

ATTESTER.
J'*atteste* les Dieux
Qu'au lieu de t'en haïr, je t'en aimerai mieux. (III, 307. *Hor.* 597.)

ATTIÉDIR, au figuré :
Quels que soient tes ennuis, attends encore un peu,
Sans *attiédir* ton feu. (VIII, 344. *Imit.* III, 1744.)

ATTIÉDI.
.... Une si juste ardeur devroit être *attiédie*. (III, 388. *Cin.* 62.)

ATTIRANT.
Ces charmes *attirants*, ces doux je ne sais quoi. (X, 164. *Poés. div.* 6.)

Ce mot est employé de même dans le *Lutrin* de Boileau (chant IV, vers 214) :
.... La troupe fidèle
Par ces mots *attirants* sent redoubler son zèle.

ATTITRÉ, aposté, suborné :
L'artifice grossier n'a rien qui m'épouvante.
Éduige à fourber n'est pas assez savante ;
Quelque adresse qu'elle aye, elle t'a mal instruit....

— Quoi? je passe à tes yeux pour un homme *attitré?* (vi, *Perth.* 1053.)

Dans cette acception, le mot a signifié d'abord *mis en embuscade.* « Les histoires de France témoignent qu'en l'an 1407 Louys, Duc d'Orleans, frère du Roy Charles VI, le 22. de Nouembre fut tué sur le soir, par des gens *attiltrez* par Jean, Duc de Bourgongne, lequel disputoit la regence auec le susdit Duc d'Orleans. » (*L'Anti-Coton*, au commencement.)

Il ne se disait pas seulement des assassins, mais des faux témoins, des imposteurs à qui on a appris un rôle. « *Attiltrer* et apposter un accusateur, dit Nicot, *accusatorem apponere*, *subornare*. » C'est en ce sens que Corneille a employé ce verbe dans l'exemple cité de *Perthariie*.

« *Titre*, en termes de chasse, dit Furetière dans son *Dictionnaire*, signifie un lieu ou relais où on pose les chieus, afin que quand la bête passera, ils la courent bien à propos. Ainsi on dit : « mettre les chiens en bon *titre*, » pour dire, « les bien poster et « placer pour courre. » Nicot applique le mot *tiltre* aux chiens mêmes ainsi postés, puis il ajoute : « Selon ce, on dit aussi par métaphore : il m'a *attiltré* un homme pour me surprendre.... et gens *attiltrez.* » Au dix-huitième siècle on s'imagina qu'*assassin attitré* signifiait pour ainsi dire *assassin en titre d'office ;* et comme on disait déjà *marchand attitré*, *commissionnaire attitré* en ce sens, l'ancien terme prit dans tous nos lexiques une acception dérivée de celle-ci. L'article *Attitré* est rédigé dans le Dictionnaire de *l'Académie* de 1762, de manière à laisser supposer cette fausse dérivation de sens. Dans ses éditions antérieures, l'Académie n'indique pas l'origine de l'acception, et ne donne pas même *titre* comme terme de chasse. Une fois détournée de son origine, l'expression *assassin attitré* perdit beaucoup de son énergie, et cessa peu à peu d'être employée, comme le constate cette remarque de l'édition de 1835 du *Dictionnaire de l'Académie :* « On dit plus ordinairement *des témoins, des assassins à gages.* »

ATTRAIT, ce qui attire :

.... Qui t'amène ici par ce frivole *attrait*
Aux douceurs de ma mort mêler un vain regret? (v, 86. *Théod.* 1557.)
Moi que souvent le moindre *attrait*
Jusque dans le péché traîne sans répugnance. (viii, 601. *Imit.* iv. 466).
L'amoureux *attrait* qui règne en leurs bontés (*de nos rois*)
Leur gagne d'un coup d'œil toutes les volontés. (x, 213. *Poés. div.* 291.)

Attraits sacrés, dans le style mystique :

De vos *sacrés attraits* les âmes possédées
Ne conçoivent plus rien qui les puisse émouvoir. (iii, 5{1. *Pol.* 1147.)

Dans le vers suivant Hypsipyle, parlant à Médée, oppose, par une sorte de jeu de mots, les *charmes* aux *attraits :*

Je n'ai que des *attraits* et vous avez des *charmes*. (vi, 309. *Tois.* 1285.)

Attraits, ornements qui attirent, qui charment :

.... Toi, forge, Vulcain, mille brillants *attraits,*
Pour orner un palais. (vii, 322. *Psy.* 902.)

AUCUN.

Furetière, définissant ce mot, en 1690, plus exactement que ne fait l'Académie en 1694, en indique ainsi la valeur : « Pronom relatif qui, à l'affirmative, signifie *quelqu'un*, et, à la négative, *personne*. » Puis il en marque, comme avant lui Robert Estienne dans son *Traicté de la grammaire françoise*, Ménage dans son *Dictionnaire étymologique*, la véritable origine : *aliquis unus*, la même que celle de l'italien *alcuno* et de l'espagnol *alguno*, que Ménage rapproche de notre *aucun*. Nicot (1606) traduit le mot par *ullus, quispiam, nonnullus, non nemo, aliquis;* et le pluriel *aucuns* par *plerique.* Voyez le traité *de la Négation,* par A. Schweighæuser, p. 43-47; et l'*Origine et formation de la langue française,* par A. Chevallet, 2ᵉ partie, livre II, chapitre I, p. 136-140.

Aucun, au singulier, sans négation :
J'en crains également l'une et l'autre fortune.
Et le moyen aussi que j'en souhaite *aucune ?* (v, 450. *D. San.* 762.)

Aucun, au singulier, avec un mot ayant une valeur négative :
Pour vous elle renonce à choisir *aucun* autre. (VII, 422. *Pulch.* 1050.)
Et ma bouche muette a dédaigné de rendre
    Réponse *aucune* à leurs discours. (IX, 287. *Ps. pén.* 56.)

Aucun, avec *ne.... pas :*
. . . . Bien que. . . . .
Il *ne* soit *pas* besoin d'*aucune* autre trompette. (x, 195. *Poés. div.* 25.)

Aucune chose, quelque chose :
Ce n'est pas qu'après tout j'en sache *aucune chose.* (VI, 579. *Oth.* 106.)

Aucuns, sans négation :
Mais qu'importe, Seigneur, qu'elle écoute *aucuns* vœux? (v,31. *Théod.*313.)

Aucuns, aucunes, au pluriel, avec un mot négatif :
.... Je n'y remarque *aucunes* raretés. (I, 416. *Veuve,* 332.)
Aucuns ordres ni soins n'ont pu le secourir. (IV, 94. *Pomp.* 1631.)
.... Sans s'inquiéter d'*aucunes* peurs frivoles. (IV, 353. *S. du Ment.* 1229.)

Les éditions antérieures à 1668 ont *mille,* au lieu d'*aucunes :*
    .... Sans s'inquiéter de mille peurs frivoles.

Ce n'est pas que j'aye fui ou négligé *aucunes* occasions. (v, 298. *Argum.* d'*Androm.*)
.... Contre sa fureur il n'est *aucuns* asiles. (v, 323. *Andr.* 171.)
Vous n'auriez jamais fait *aucuns* vœux pour Médée. (VI, 301. *Tois.* 1065.)
.... Quand nous n'en craindrons *aucuns* ordres sinistres. (VI,424.*Sert.*1449.)
Employez-y clairons, harpes, luths, épinettes;
    N'oubliez *aucuns* instruments. (IX, 155. *Off. V.* 12.)
J'étois auprès de lui sans *aucunes* alarmes. (VI, 218. *OEd.* 1985.)

AUCUNEMENT, sans négation, en quelque sorte, en quelque façon, quelque peu, en partie :
J'aimerois beaucoup mieux savoir ce qui se passe,
Et la part qu'a Tircis en votre bonne grâce.
— Meilleure *aucunement* qu'Éraste ne voudroit. (I, 183. *Mél.* 689.)
Pour voir les trois manières ensemble, on les peut *aucunement* remarquer dans les deux gouverneurs d'Arménie et de Syrie que j'ai introduits, l'un dans *Polyeucte,* et l'autre dans *Théodore.* Je dis *aucunement,* parce que la tendresse que l'un a pour son gendre, et l'autre pour son fils,

qui est ce qui les fait paroître comme hommes, agit si foiblement, qu'elle semble étouffée sous le soin qu'a l'un et l'autre de conserver sa dignité. (I, 273. *Exam. de Clit.*)

.... Je l'aime *aucunement*. (II, 154. *Suiv.* 535.)

J'espère qu'elles vous satisferont encore *aucunement* sur le papier. (II, 333. *Épit. de Méd.*)

De sa frayeur première *aucunement* remise. (IV, 176. *Ment.* 654.)

Qui s'avoue insolvable *aucunement* s'acquitte. (IV, 331. *S. du Ment.* 796.)

L'heureux moment approche où votre destinée
Semble être *aucunement* à la nôtre enchaînée. (IV, 466. *Rod.* 904.)

J'ajoute à celle-ci (*à cette comédie*) l'épithète de *héroïque* pour satisfaire *aucunement* à la dignité de ses personnages. (V, 410. *Épit. de D. San.*)

Ainsi il satisfait *aucunement* à cette règle. (V, 415. *Exam. de D. San.*)

Je croirai, puisque tu le veux,
Que maintenant mon mal *aucunement* te touche. (X, 51. *Poés. div.* 12.)

Nicot (1606) traduit *aucunement* par *quodammodo, quadamtenus aliqua ex parte;* mais à la fin du dix-septième siècle on n'employait plus guère ce mot en ce sens, bien que nous lisions encore dans Furetière (1690) : « Il se dit aussi à l'affirmative, pour dire : *en quelque façon*. » Quelques délicats ne vouloient même pas qu'on s'en servît avec la négation, comme le prouve ce passage de la *Guerre civile des François sur la langue* (p. 174 et 175), publiée par Louis Alemand en 1688 : « La vieille Academie employe fort souvent dans ses *Sentimens sur le Cid*, l'adverbe *aucunement* pour dire *en quelque sorte* : « Rodrigue retourne chez Chimene, non plus de nuit que les « tenebres favorisoient *aucunement* sa temerité..., » et dans un autre endroit du mesme ouvrage, ils mettent encore : « Nous serions *aucunement* satisfaits. » Quelque temps après M. Pellisson, ce celebre Academicien, commença à dire, dans son *Histoire de l'Academie*, que ce mot n'étoit guere en usage en ce sens-là, mais qu'il étoit encore bon quand il signifioit *nullement*.... Cet usage cependant a encore changé depuis, comme le prétendent quelques-uns qui croyent qu'*aucunement* est vieux en l'une et en l'autre signification. »

Au commencement de son *Commentaire*, Voltaire regrette, au moins dans la prose, l'ancien emploi d'*aucunement*, si l'on en juge par cette note sur la dédicace de *Médée* : « *Aucunement*, vieux mot qui signifie *en quelque sorte, en partie*, et qui valait mieux que ces périphrases. » Mais plus loin, il le bannit des vers; au sujet du passage de *Rodogune* que nous avons rapporté plus haut, il s'exprime ainsi : « *Aucunement* est un terme de loi qui ne doit jamais entrer dans un vers. » Cette remarque nous apprend qu'à l'époque où elle fut écrite (elle se trouve également dans l'édition de 1664 et dans celle de 1674) *aucunement* était encore en usage au Palais. Jusqu'à la Révolution le Parlement de Paris continua à s'en servir dans le prononcé de ses arrêts : « La Cour ayant *aucunement* égard à la requête de N**, prononce.... »

AUDACE.

Se puisse ainsi mon âme enivrer de ta grâce
Et s'enrichir de tes présents,
Que ma joie à ma langue en confiera l'*audace*
Jusques à la fin de mes ans ! (IX, 137. *Off. V.* 23.)

« *En* confiera l'audace, » c'est-à-dire « confiera l'audace d'*exalter ton nom*, » mots qui se trouvent un peu plus haut.

PRENDRE L'AUDACE DE :

.... Aucun n'*a pris l'audace*
D'assassiner son chef pour monter en sa place. (VI, 366. *Sert.* 37.)

M'aimez-vous ? — Oserois-je *en prendre* encor *l'audace?* (VI, 418. *Sert.* 1298.)

AUDIENCE.

L'ambassadeur romain me demande *audience*. (v, 534. *Nic.* 495.)

Ce mot ne s'emploie plus qu'en ce sens ou comme terme de Palais. Au dix-septième siècle, il avait une acception plus générale. Dans *le Cid*, D. Sanche, racontant que Chimène a refusé de l'écouter lorsqu'il lui a porté l'épée de Rodrigue, s'exprime ainsi :

Sa colère a trahi son amour
Avec tant de transport et tant d'impatience
Que je n'ai pu gagner un moment d'*audience*. (III, 195. *Cid*, 1758.)

AUDITEUR.

En parlant de celui qui assiste à la représentation d'une pièce de théâtre, et que nous appelons plus volontiers aujourd'hui *spectateur*.

J'avoue que l'*auditeur* fut bien facile à donner son approbation à une pièce dont le nœud n'avoit aucune justesse. (I, 138. *Exam. de Mél.*)

Scudéry a employé ce mot de la même manière dans cette phrase de ses *Observations*, rapportée du reste assez inexactement par Corneille : « O raison de l'*auditeur*, que faisiez-vous ? » (X, 401. *Lett. apol.*)

AUGURE.

ACCEPTER L'AUGURE DE QUELQUE CHOSE :

.... La postérité, dans toutes les provinces,
Donnera votre exemple aux plus généreux princes.
— J'en accepte *l'augure*, et j'ose l'espérer. (III, 462. *Cin.* 1775.)

AUJOURD'HUI, à présent :

Vous êtes *aujourd'hui* ce qu'autrefois je fus. (III, 116. *Cid*, 212.)

Voyez JOURD'HUI.

AUPARAVANT, comme préposition :

Auparavant l'adieu.... (I, 185. *Mél.* var. 1.)
.... *Auparavant* son crime. (I, 213. *Mél.* 1176.)
.... *Auparavant* mon amour. (II, 398. *Méd.* 1163 var.)
  Voulez-vous que je le prévienne,
  Et qu'en dépit de la pudeur
D'un amour commandé l'obéissante ardeur
Fasse éclater ma flamme *auparavant* la sienne? (VII, 67. *Agés.* 1458.)

Cet emploi d'*auparavant* était très-habituel dans les ouvrages des prédécesseurs de Corneille. En voici un exemple tiré de la *Climène* du sieur de la Croix (acte IV, scène I) :

Attens encore un peu, Climene, car je veus
Auparavant ta mort te dire un mot ou deus.

Il est étrange que ces façons de parler aient échappé à Vaugelas; après avoir blâmé ceux qui n'emploient pas *auparavant* seulement comme adverbe, il ajoute : « C'est d'ordinaire avec les pronoms personnels qu'ils le font servir de préposition...; car devant les noms je n'ai pas remarqué qu'ils le fassent, ni que l'on dise jamais *auparavant le retour du Roi, auparavant Pâques* ou *auparavant les fêtes de Pâques.* » Thomas Corneille, dans ses *Notes* sur les *Remarques* de Vaugelas, condamne absolument l'emploi d'*auparavant* pour *avant*, et dit que cette manière de parler « blesse tellement les oreilles délicates, qu'il n'y en a point qui n'en soient choquées. » Malgré cette sévère sentence, notre poëte a laissé dans plus d'un endroit subsister cette locution ; il l'a corrigée dans deux des passages que nous avons cités : le premier de *Mélite*, et celui de *Médée*.

Dans la même remarque Vaugelas blâme *auparavant que*; mais Corneille ne se fait pas scrupule de s'écarter sur ce point des prescriptions du célèbre grammairien, bien qu'ici encore l'avis de son frère y soit conforme.

.... Vous arriverez *auparavant* qu'il meure. (I, 347. *Clit*. 1274.)
.... Déjà dans l'esprit je sentois quelque ennui
D'avoir connu Lysandre *auparavant que* lui. (II, 46. *Gal. du Pal*. 504.)
Et l'eût mise en état, malgré tout son appui,
De s'en plaindre à Pompée *auparavant* qu'à lui. (IV, 54. *Pomp*. 652.)
Vous me fûtes promise *auparavant* qu'à lui. (VI, 498. *Soph*. 638.)

Louis Alemand nous apprend que, malgré l'avis de Messieurs de Port-Royal qui ont suivi Vaugelas, « M. Dandilly a fait secte à part, puisqu'il emploie *auparavant*, non-seulement comme préposition, comme *auparavant may*, *auparavant luy*, mais même comme conjonction ; ainsi il dit fort souvent dans sa belle traduction de Joseph : « *au- « paravant que* de descendre dans la citerne, *auparavant qu'*ils se fortifissent davantage, « *auparavant que* l'année fust expirée. » (*Guerre civile des François sur la langue*, p. 189.)

AUPRÈS DE.

Il marque le voisinage, la proximité, le rapprochement, avec plus de force que *près de*.

Déloyal, *auprès d*'eux, crains-tu si peu Médée? (II, 385. *Méd*. 897.)
Reprends *auprès de* moi ta place accoutumée. (III, 461. *Cin*. 1437.)

Corneille a employé ce mot avec un substantif abstrait :

Je sens que je suis mère *auprès de* vos douleurs. (IV, 485. *Rod*. 1354.)

Ce beau vers inspire à Voltaire la remarque suivante : « Cela n'est pas français : il fallait dire : *Vos douleurs me font sentir que je suis mère*. La correction du style est devenue d'une nécessité absolue. On est obligé de tourner quelquefois un vers de plusieurs manières avant de rencontrer la bonne. » Il nous semble que Corneille n'a pas trop mal rencontré.

AUPRÈS DE, aux yeux de, au sentiment de :

Il passe encore (*cet ouvrage*) pour le plus beau *auprès de* ceux qui ne s'attachent pas à la dernière sévérité des règles. (I, 91. *Exam. du Cid*.)

AUPRÈS DE, à côté de, en comparaison de :

Ai-je *auprès de* l'amour écouté mon devoir? (II, 379. *Méd*. 792.)
Auprès de mon honneur, rien ne m'est précieux. (III, 184. *Cid*, 1528.)
Les vôtres (*vos maux*) *auprès d'*eux vous sembleront un songe.
(III, 320. *Hor*. 880.)
*Auprès d'*un tel malheur, pour nous irréparable,
Ce qu'on promet pour l'autre est peu considérable. (VI, 372. *Sert*. 201.)

Racine a employé ce mot de la même manière.

AUPRÈS, suivi d'un substantif sans la préposition *de* :

Lysandre, se retirant d'*auprès* les boutiques. (II, 28. *Gal. du Pal*.)

AURORE (L'), pour désigner les contrées de l'Orient.

Faire couler....
Les trésors de l'*Aurore* aux rives du couchant. (x, 232. *Poés. div.* 4.)

AUSPICES.

SOUS DES AUSPICES :

Qu'on redouble demain les heureux sacrifices
Que nous leur offrirons *sous de meilleurs auspices*. (III, 462. *Cin.* 1778.)
Nous autres, réunis *sous de meilleurs auspices*. (v, 593. *Nic.* 1851.)
Tout est beau, tout est doux *sous de si grands auspices*. (x, 209, *Poés. div.* 233.)

AUSSI, également, pareillement, placé avant le verbe :

Mais ils sont innocents ; *aussi* l'étoit mon frère. (II, 406. *Méd.* 1337.)

Aussi, dans une phrase négative où nous mettrions *non plus* :

Se relever plus forts, plus ils sont abattus,
N'est pas *aussi* l'effet des communes vertus. (III, 569, *Pol.* 1794.)
Ce n'est point mon dessein *aussi* de vous gêner. (VI, 55. *Perth.* 818.)

Cette tournure, fort en usage chez les prédécesseurs de Corneille, a persisté pendant tout le dix-septième siècle.

Mais s'il n'a rien ? — Comme *aussi* n'ay-je. (Jodelle, *l'Eugene*, acte IV, scène II.)
Des Parthes tu n'as plus ny de leurs arcs soucy
D'escarmouches, d'assauts, ne d'allarmes *aussi*.
(Garnier, *Antoine*, acte I, vers 107.)

« Ces foux melancoliques, ces grandes barbes de bouc, qui sont toûjours en querelle pour des choses où ils n'entendent rien, ni moy *aussi*. » (Perrot d'Ablancourt, traduction de Lucien, *la Double accusation*, tome II, p. 470.)

Voyez, dans notre collection, les lexiques de Malherbe, de Mme de Sévigné et de Molière.

Aussi, c'est pourquoi :

Aussi, dans le discours que vous venez d'entendre,
Je parlois pour l'aigrir, et non pour me défendre. (III, 456. *Cin.* 1617.)

AUSSI BIEN, d'ailleurs :

Vous êtes *aussi bien* le véritable roi. (v, 534. *Nic.* 498.)
.... J'ai quelque chose *aussi bien* à vous dire. (v, 555. *Nic.* 1004.)

AUSSI BIEN QUE, de même que :

.... Que tout l'univers, sachant ce qui m'anime,
S'étonne du supplice *aussi bien que* du crime. (III, 457. *Cin.* 1662.)

Aussi.... COMME, voyez COMME.

AUSSITÔT QUE, suivi d'un participe passé.

Caressé maintenant *aussitôt qu*'aperçu. (I, 167. *Mél.* 427.)
Allons, qu'il tombe mort *aussitôt qu*'attaqué. (I, 285. *Clit.* 180.)
L'autre, *aussitôt que* pris, se verra sur la roue. (I, 317, *Clit.* 750.)
J'en cache les deux tiers *aussitôt qu*'arrivés. (III. 172. *Cid*, 1263.)

.... Par cette action dans l'autre confondue,
Recouvrera ma gloire *aussitôt que* perdue. (III, 430. *Cin.* 1066.)

Voltaire, dans ses *Remarques* sur les *Sentiments de l'Académie*, approuve cette tournure ; mais Corneille ne se l'est permise qu'une seule fois depuis la critique que la Compagnie en avait faite, et elle a presque disparu de la langue.

AUTANT.

ÊTRE AUTANT QUE, avoir la même valeur que, être égal à :
Puisque Cid en leur langue *est autant que* seigneur,
Je ne t'envierai pas ce beau titre d'honneur. (III, 170. *Cid,* 1223.)

AUTANT QUE, où nous mettrions plutôt *aussi.... que* :
Votre belle âme est haute *autant que* malheureuse. (III, 551. *Pol.* 1379.)
Autant que l'un fut grand, l'autre sera cruelle. (IV, 450. *Rod.* 480.)
Votre refus est juste *autant que* ma demande. (IV, 480. *Rod.* 1220.)

AUTANT QUE, précédé d'une négation, dans le sens de *en tant que, selon que, suivant que* :
Tu n'as crédit ni rang qu'*autant qu*'elle t'en donne. (III, 452. *Cin.* 1530.)
Il n'est plus mon sujet qu'*autant qu*'il le veut être. (V, 531. *Nic.* 415.)
Autrement vos États à ce prince livrés
Ne seront en ses mains qu'*autant que* vous vivrez. (V, 571. *Nic.* 1365.)

AUTANT QUE, suivi du subjonctif :
Clarice est belle et sage
Autant que dans Paris il en *soit* de son âge. (IV, 173. *Ment.* 578.)

AUTANT QUE, suivi d'*autant* au second membre de phrase :
Autant que j'eus de peine à l'éteindre en naissant,
Autant m'en faudra-t-il à la faire renaître. (II, 71. *Gal. du Pal.* 1003.)
Autant que mon esprit adore vos mérites,
Autant veux-je de mal à vos longues visites. (II, 104. *Gal. du Pal.* 1637.)
 J'ai précipité ma reconnoissance, quand j'ai considéré qu'*autant que* je la différerois pour m'en acquitter plus dignement, *autant* je demeurerois dans les apparences d'une ingratitude inexcusable envers vous. (V, 142. *Épître* d'*Hér.*)
Autant que sa fureur s'est immolé de têtes,
Autant dessus la sienne il croit voir de tempêtes. (V, 158. *Hér.* 13.)

D'AUTANT QUE dans le premier membre de phrase, et *d'autant plus* dans le second :
.... *D'autant que* l'honneur m'est plus cher que le jour,
D'autant plus maintenant je te dois de retour. (III, 162. *Cid,* 1055.)

D'AUTANT PLUS QUE, suivi de *d'autant plus* :
.... Et m'étois persuadé que *d'autant plus que* les passions pour Dieu sont plus élevées et plus justes que celles qu'on prend pour les créatures, *d'autant plus* un esprit qui en seroit bien touché pourroit faire des poussées plus hardies et plus enflammées en ce genre d'écrire. (X, 445. *Lett.*)

D'autant plus, employé absolument :

.... Cinna seul dans sa rage s'obstine
Et contre vos bontés *d'autant plus* se mutine. (III, 432. *Cin.* 1090.)
Le temps presse, et votre heur *d'autant plus* se diffère. (IV, 496. *Rod.* 1596.)

D'autant mieux, absolument :
Il voit la servitude où le Roi s'est soumis,
Et connoît *d'autant mieux* les dangereux amis. (V, 549. *Nic.* 854.)

Autant de fois que, répété :

Autant de fois que me domine
La noire inquiétude ou le pesant chagrin,
Je sens *autant de fois que* de cette doctrine
J'ai quitté la route divine. (VIII, 386. *Imit.* III, 2603.)

N'être qu'autant de, n'être rien que :
Tout cela *n'est qu'autant de* propos superflus. (II, 50. *Gal. du Pal.* 603.)

Autant.... comme, voyez Comme.

Autant vaut, voyez Valoir.

AUTEUR.

C'étoit en menterie un *auteur* très-célèbre. (IV, 309. *S. du Ment.* 376.)
Je vois qu'on m'a trahi, vous m'y voyez rêver,
Et j'en cherche l'*auteur* sans le pouvoir trouver. (III, 453. *Cin.* 1544.)

On dit bien l'*auteur d'une trahison, d'un crime*, etc.; mais il est rare que, comme dans l'exemple précédent, le mot *auteur* se rapporte à toute une phrase représentée par *en*.

AUTHENTIQUES, extraits des *Novelles* placés, dans le Code de Justinien, à la suite des constitutions abrogées ou modifiées :
Je sais le code entier avec les *Authentiques*. (IV, 158, *Ment.* 326.)

AUTORISER à :
A ne vous rien cacher son amour m'*autorise*. (V, 179. *Hér.* 546.)

S'autoriser à :
Je *me suis* à ce choix moi-même *autorisée*. (VI, 153. *OEd.* 426.)

Autorisé.
Parmi les nations ces lois *autorisées*
Feront tant de ruine et de tels châtiments,
Que, etc. (IX, 213. *Off. V.* 25.)

AUTORITÉ, authenticité, valeur :
Il veut même épouser Rodogune à ses yeux....
Soit qu'ainsi sa vengeance eût plus d'indignité,

Soit qu'ainsi cet hymen eût plus d'*autorité*. (iv, 440. *Rod.* 246.)

AVOIR PLEINE AUTORITÉ DE :

.... Le mien (*mon art*), quoique moindre, *a pleine autorité
De* nous faire sortir d'un séjour enchanté. (vi, 314. *Tois.* 1386.)

AUTOUR.

AUTOUR DE, figurément :

Ils (*les anciens*) arrêtoient leurs tragédies *autour de* peu de familles. (I, 73. *Disc. de la trag.*)

AUTOUR, employé comme adverbe :

J'ai laissé tout *autour* une troupe éplorée. (III, 537. *Pol.* 1074.)
Le feu qui le précède et partout lui fait jour
      Se répand tout *autour*. (IX, 115. *Off. V.* 10.)

Dans la traduction en prose : « Le feu marchera devant lui, et embrasera ses ennemis tout *alentour*. »

AUTRE, où nous mettrions *un autre* :

J'obéis avec joie, et je serois jaloux
Qu'*autre* bras que le mien portât les premiers coups. (IV, 33. *Pomp.* 160.)

De même au pluriel, où nous mettrions *d'autres* ou *les autres* :

Et ne m'imposez pas cette indigne foiblesse,
De craindre *autres* périls que ceux de ma princesse. (VI, 136. *OEd.* 34.)
Un moment dans le trône éteint tous *autres* feux. (VII, 266. *Tit.* 1554.)

AUTRE, AUTRE QUE, où nous mettrions aujourd'hui *nul autre, aucun autre, pas un autre,* (*pas*) *d'autre que* :

Autre n'est que Phylis entre leurs mains tombée. (II, 284. *Pl. roy.* 1182.)
.... *Autre que* moi n'a droit de soupirer. (III, 167. *Cid,* 1147.)
Autre n'a mieux que toi soutenu cette guerre ;
Autre de plus de morts n'a couvert notre terre. (III, 305. *Hor.* 547.)
Si pour monter au trône et lui donner la loi
Tu ne trouves dans Rome *autre* obstacle que moi. (III, 451. *Cin.* 1512.)
Comme *autre* qu'un Romain n'a pu l'assujettir,
Autre aussi qu'un Romain ne l'en doit garantir. (IV, 85. *Pomp.* 1415.)
Autre qu'un dieu n'eût pu nous ôter cette proie,
Autre qu'un dieu n'eût pu prendre une telle voie. (V, 363. *Andr.* 1014.)
Moi qui de mes travaux ne vois plus *autre* fruit
      Que le malheur de vous déplaire. (VII, 44. *Agés.* 864.)
Autre que vous, Seigneur, ne peut me relever. (IX, 259. *Off. V.* 86.)
Quand ce peuple accablé de travaux et d'ennui
      Paisiblement sommeille,
      Qu'*autre que* vous ne veille,
Levant les mains au ciel, bénissez-le (*le Seigneur*) pour lui.
                              (IX, 333. *V. et Compl.* 11.)

Nous autres, vous autres, dans le style élevé :

Nous autres, bénissons notre heureuse aventure. (III, 570. *Pol.* 1811.)
Nous autres, réunis sous de meilleurs auspices.... (V, 593. *Nic.* 1851.)
.... *Vous autres*, suivez-moi. (V, 219. *Hér.* 1458.)

L'un et l'autre, voyez Un (l').

Un autre, où nous mettrions *une autre*. Voyez l'*Introduction* de ce *Lexique*.

Voyez aussi, à l'article Aimer (ci-dessus, p. 43), la locution *Aimer un autre*.

AUTRUI, un autre, les autres :

De quel front donnerois-je un exemple aujourd'hui
Que mes lois dès demain puniroient en *autrui ?* (VI, 43. *Perth.* 566.)
Ne t'embarrasse point des actions d'*autrui :*
Laisse là ce qu'*il* dit et ce qu'on dit de *lui*,
A moins qu'à tes soucis sa garde soit commise. (VIII, 396. *Imit.* III, 2794.)

AVANCEMENT, perfectionnement moral et religieux :

.... Pour moi, qui toujours penche plus fortement
Vers l'imperfection que vers l'*avancement*. (VIII, 459. *Imit.* III, 4078.)

AVANCER, activement, hâter, accélérer, causer prématurément :

Par cette extrémité vous *avancez* ma mort. (II, 50. *Gal. du Pal.* 607.)
J'*avance* des succès dont j'attends le trépas (III, 417. *Cin.* 727.)
Il est temps d'*avancer* ce qu'il faut que je fasse. (IV, 495. *Rod.* 1572.)
.... Pour *avancer* tout, hâte cet entretien. (V, 524. *Nic.* 286.)

Avancer, mettre en avant :

Il vous craint; et j'*avance* encor cette parole,
Que s'il perd mon époux, c'est à vous qu'il l'immole. (III, 550. *Pol.* 1351.)
Vous *avancez* des mots que je ne puis comprendre. (VI, 175. *OEd.* 969.)

Avancer sa vie au chemin du salut :

Ces rares serviteurs qui n'ont point d'autre but
Que d'*avancer* leur vie au chemin du salut. (VIII, 589. *Imit.* IV, 218.)

Avancer l'âge de quelqu'un, le faire plus âgé, plus avancé en âge qu'il n'est réellement :

J'ai *avancé* l'âge de Ptolomée, afin qu'il pût agir. (IV, 22. *Exam. de Pomp.*)

Avancer, faire faire des progrès, faire réussir :

Adieu : souvenez-vous que ces mots insensés
L'*avanceront* chez moi plus que vous ne pensez. (I, 168. *Mél.* 444.)
Votre fourbe, inventée à dessein de nous nuire,
Avance nos amours au lieu de les détruire. (I, 245. *Mél.* 1732.)
Il t'en coûteroit trop pour *avancer* ma flamme. (II, 260. *Pl. roy.* 694.)

.... Ma timidité s'efforce d'*avancer*
Ce que hors du péril je voudrois traverser. (II, 376. *Méd.* 719.)
Pour *avancer* l'effet de ce discours fatal. (III, 497. *Pol.* 235.)
Les intérêts du prince *avancent* trop le mien. (VII, 235. *Tit.* 821.)

N'AVANCER RIEN, au figuré, ne faire aucuns progrès :

Il *n'avance rien* davantage par là. (III, 474. *Abrégé du martyre de S. Pol.*)
Je parle, promets, prie, et je *n'avance rien.* (VII, 491. *Sur.* 787.)
.... Jamais sur ce cœur on *n'avancera rien* (VI, 155. *OEd.* 495.)
Loin de charmer les cœurs il n'y sauroit rien voir.
Mais *n'avancez*-vous *rien* sur celui d'Hypsipyle? (VI, 316. *Tois.* 1408.)

AVANCER, neutralement, aller en avant :

Ses vaisseaux en bon ordre ont éloigné la ville,
Et pour joindre César *n'ont avancé* qu'un mille. (IV, 59. *Pomp.* 742.)

S'AVANCER, dans un sens passif :

Notre heur s'accorde mal avecque sa misère,
Et ne peut *s'avancer* qu'en lui disant le sien. (I, 482. *Veuve*, 1625.)

AVANCÉ DANS LA VIEILLESSE.

Comme il étoit déjà assez *avancé dans la vieillesse*, il accepta la condition aisément. (VII, 377. *Au lec. de Pulch.*)

AVANT.

AVANT, employé comme adverbe, avec *plus*, *trop*, *fort* :

Leur exemple m'a enhardi à passer *plus avant.* (I, 7. *Au lect.*)
.... Vraiment, en voulant rire,
Vous passez *trop avant.* (I, 215. *Mél.* 1205.)
.... Je vais *trop avant* et deviens indiscrète. (III, 110. *Cid*, 77.)
Ne borne pas ta gloire à venger un affront,
Porte-la *plus avant.* (III, 164. *Cid*, 1093.)
Il vous auroit donné *fort avant* dans la vue. (IV, 351. *Ment.* 1198.)
Quoi? Tu n'as su pour moi *plus avant* l'engager? (VI, 44. *Perth.* 601.)
Sans nous être tous deux expliqués *plus avant* (VI, 207. *OEd.* 1728.)

AVANT, préposition, suivi d'un nom accompagné d'un participe passé :

Avant ce jour fini, ces mains, ces propres mains
Laveront dans son sang la honte des Romains. (III, 327. *Hor.* 1049.)

Voyez ci-dessus, p. 69, APRÈS, construit de la même manière.

AVANT, AVANT QUE, AVANT QUE DE, devant l'infinitif :

Dans notre ancienne langue, *avant* était très-souvent suivi d'un infinitif, immédiatement et sans *de* : « Le samedy j'auois enuoyé prier le marquis qu'il voulust user d'honesteté enuers les femmes anciennes et les enfans qui sortoient auec nous; de nous prester quarante ou cinquante mulets de ceux de sa munition; ce qu'il fit; et *auant* sortir les fis distribuer aux Sienois. » (Montluc, *Commentaires*, livre III, folio 107 v°.)
« Pensez que vostre maistre ne vous a pas baillé ceste place pour la rendre, mais pour

la sauuer, qu'il ne nous l'a pas donnée pour y viure seulement, mais aussi pour y mourir, s'il est besoing, en combattant. Si vous luy demandiez à vostre départ : « Voulez-« vous que je meure auant la rendre ? » il vous respondra que vous deuez combattre jusques au dernier jour de vostre vie. » (*Ibidem*, folio 110 v°.)

Corneille a employé ce mot de la sorte :

Pour moi je n'en conçois que de mauvais augures.
— Et quels ? — Qu'*avant* mourir, par un vaillant effort,
Il en aura fait deux compagnons de sa mort. (I, 301. *Clit.* 443, *var.*)

En 1660 les deux derniers vers ont été ainsi modifiés :

Et présume plutôt que son bras valeureux,
Avant que de mourir, s'est immolé ces deux.

En faisant ce changement l'intention de Corneille était évidemment de se conformer à la remarque suivante de Vaugelas (édition de 1647, p. 319) : « M. Coëffeteau a toujours écrit *devant que ;* mais *avant que* est plus de la cour et plus en usage. L'un et l'autre devant l'infinitif demande l'article *de*. Par exemple, il faut dire *avant que de* mourir, et *devant que de* mourir, et non pas *avant que* mourir, ni *devant que* mourir, et beaucoup moins encore *avant* mourir, comme disent quelques-uns, en langage barbare. »

Quand on se rappelle que Vaugelas n'a jamais nommé aucun des auteurs dont il critique le langage, et qu'il a écrit dans sa *Préface* (§ XIV) : « Il ne faut pas croire que je me forge des fantômes pour les combattre; je ne reprends pas une seule faute qui ne se trouve dans un bon écrivain, » il est permis de croire qu'en blâmant *avant mourir*, c'est précisément le passage de Clitandre cité plus haut qu'il avait en vue.

Comme la tournure *avant que de* est la plus générale au dix-septième siècle, il est inutile d'en multiplier les exemples, et nous nous contenterons de rapporter les trois suivants :

La loi du combat qu'il propose à Chimène *avant que de* le permettre à don Sanche contre Rodrigue, n'est pas si injuste que quelques-uns ont voulu le dire. (III, 96. *Exam.* du *Cid*.)
Avant que de combattre ils s'estiment perdus. (III, 173. *Cid*, 1288.)
Avant que de payer le droit à la nature. (X, 134. *Poës. div.* 5.)

On comprend combien cette locution *avant que de* est parfois gênante pour un poëte ; aussi Corneille fait-il un très-grand usage d'*avant que*, jusque dans ses dernières pièces.

Ta prière obtient même *avant que* demander. (I, 360. *Clit.* 1559.)
S'il demeure constant, l'amour et la pitié,
Avant que dire adieu, renoueront l'amitié. (II, 48. *Gal. du Pal.* 560.)
Avant que réfléchir sur cette violence. (II, 271. *Pl. Roy.* 914.)
Accordez-moi ma grâce *avant qu'*entrer chez vous, (II, 286, *Pl. roy.* 1212.)
.... *Avant que* sortir, viens, que ton roi t'embrasse (III, 175. *Cid*, 1334.)
*Avant qu'*abandonner mon âme à mes douleurs. (III, 525. *Pol.* 815.)
*Avant qu'*offrir des vœux, je reçois des refus. (III, 551. *Pol.* 1373.)
Avant que l'accepter, je voudrois le connoître. (IV, 163. *Ment.* 422.)
*Avant qu'*être au hasard qu'un autre bras t'immole. (IV, 173. *Ment.* 585.)
Ne m'échappez donc point *avant que* m'introduire (IV, 383, *S. du Ment.* 1794)
Et toutes nous tremblons devant une infortune
Qui toutes nous menace *avant qu'*en frapper une. (V, 323. *Androm.* 189.)
Avant que le souiller il faut qu'on me l'arrache. (V, 459. *D. San.* 934.)
.... *Avant que* partir, donnez-lui mon anneau. (V. 477. *D. San.* 1448.)
*Avant qu'*en décider, pensez-y bien, Madame. (VI, 622. *Oth.* 1113.)
Avant que me soumettre à cette ignominie. (VI, 627. *Oth.* 1202.)

Voici toutefois un passage qui témoigne qu'il tient compte de la règle de Vaugelas ; il y avait dans les premières éditions :

> Je crois que Brute même, à quel point qu'on le prise,
> Voulut plus d'une fois rompre son entreprise,
> Et qu'*avant que* frapper elle lui fit sentir
> Plus d'un remords en l'âme et plus d'un repentir. (III, 421. *Cin.* 829.)

En 1664 Corneille a ainsi modifié le troisième vers :

> Qu'*avant que de* frapper elle lui fit sentir ;

mais nous n'avons pas trouvé d'autres traces de changements analogues.

La locution *avant que* était fort habituellement employée devant l'infinitif par les poëtes antérieurs à Corneille :

> Mais *auant que* mourir, auant que du tout j'aye
> Sangloté mes esprits, las, las! quel si dur homme
> Eust peu voir sans pleurer un tel honneur de Romme? (Jodelle, *Cleop.*, acte I.)
> Je mourray mille morts *auant que* consentir
> A une volupté serue du repentir.
>   (Hardy, *les Chastes et loyales amours de Theagene et Cariclée*,
>   2ᵉ journée, acte III, scène II.)

Quant aux contemporains de Corneille, ils s'en servaient si souvent qu'il est inutile d'en citer des exemples ; mais il faut remarquer qu'*avant de*, généralement en usage aujourd'hui, ne se trouve pas chez les grands écrivains du dix-septième siècle ; il parut bien dans les ouvrages de quelques auteurs du second ordre, mais il y fut aussitôt relevé et critiqué. Le P. Bouhours le note dans la traduction des *Homelies de saint Chrysostome*, de Nic. Fontaine, et dans la *Vie de D. Barthelemy des Martyrs*, de Lemaistre de Saci. Son blâme, consigné dans ses *Doutes sur la langue françoise* (p. 171 et 172), date de 1674, et depuis lors jusqu'en 1726 cette expression se répandit si peu que l'abbé des Fontaines pouvait à bon droit la signaler à son tour comme une nouveauté : « *Avant de* est mieux dit qu'*avant que de*, » remarque-t-il ironiquement dans son *Dictionnaire néologique* (1726), et il donne pour exemples deux passages de la traduction de Virgile du P. Catrou (1716).

Avant que, dans des phrases elliptiques :

Avant que sur Créuse ils agiroient sur moi. (II, 393. *Méd.* 1052.)
Je dois tout à mon père *avant qu*'à ma maîtresse. (III, 123. *Cid*, 342.)
.... On aura mon cœur *avant que* ce portrait. (IV, 340. *S. du Ment.* 988.)
Régnez sur votre cœur *avant que* sur Byzance. (V, 192. *Hér.* 884.)
Il éteindra ma vie *avant que* mon amour. (VI, 157. *OEd.* 544.)
Toi qui me promettois, même aux yeux de Jason,
Qu'on t'ôteroit le jour *avant que* la toison. (VI, 343. *Tois.* 2107.)
.... Servez ma colère *avant que* votre haine. (VII, 162. *Att.* 1326.)

AVANTAGE (Prendre) :

Prenons notre *avantage* avant qu'on nous poursuive. (III, 443. *Cin.* 1329.)
Si mon expérience en *prend* quelque *avantage*. (VI, 397. *Sert.* 801.)

AVANTAGÉ de :

Je t'ai vu dans ce bois moi-même le poursuivre
Avantagé du nombre.... (I, 327. *Clit.* 931.)
Et *de* quoi que sur tous il soit *avantagé*. (VIII, 380. *Imit.* III, 2484.)

AVANT-GOÛT, figurément :

La satisfaction qu'en remportera le spectateur l'obligera à m'accuser d'en avoir trop peu dit dans cet *avant-goût* que je lui donne. (vi, 244. *Dess. de la Tois.*)

L'arrhe du paradis et l'*avant-goût* des cieux. (viii, 544. *Imit.* iii, 5872.)

Voyez aussi viii, 644. *Imit.* iv, 1345.

AVARE, au figuré :

Le bras qui la versoit (*la grâce*) en devient plus *avare*. (iii, 488. *Pol.* 34.)

AVEC, AVECQUE.

Après, ne me réponds qu'*avecque* cette épée. (iii, 153. *Cid*, 857.)
.... Tu crois m'éblouir *avec* cet artifice. (v, 220. *Hér.* 1476.)
.... Hélas ! j'étois jeune, et ce temps est passé ;
Le souvenir en tue, et l'on ne l'envisage
Qu'*avec*, s'il faut le dire, une espèce de rage. (vii, 399. *Pulch.* 446.)
Quand j'ai peint un Horace, un Auguste, un Pompée,
Assez heureusement ma muse s'est trompée,
Puisque, sans le savoir, *avecque* leur portrait
Elle tiroit du tien un admirable trait. (x, 97. *Poés. div.* 39.)

« *Avecque* leur portrait, » c'est-à-dire « en faisant leur portrait. » Le poëte s'adresse à Mazarin.

Sa majesté brillante *avec* de si doux charmes
Peut mettre en un moment vos desseins à l'envers. (x, 107. *Poés. div.* 20.)

Vaugelas (*Remarques*, p. 311-315) veut qu'on se serve toujours d'*avec* devant une voyelle, et donne un tableau des consonnes devant lesquelles on doit user d'*avecque*. Selon Ménage (*Observations*, édition de 1675, p. 596), *avecque* doit précéder tous les mots commençant par une consonne, à l'exception de *quelque* et de *quelconque*. Thomas Corneille, dans ses *Notes* sur Vaugelas, publiées en 1697, dit que, « le plus grand nombre lui paroît pour *avec*, » et qu' « il y en a beaucoup qui évitent de mettre *avecque* en poësie. » Alemand (*Guerre civile*, etc., p. 179 et suivantes) lui oppose, entre autres autorités, celle de son frère ; mais bien à tort, car P. Corneille a plus que tout autre poëte contribué à faire abandonner cette forme du mot. C'est dans le passage d'*Andromède* que nous allons rapporter, c'est-à-dire en 1650, qu'il l'a employée, si nous ne nous trompons, pour la dernière fois.

Cette illustre union par Vénus ordonnée,
Qu'*avecque* tant de pompe il falloit préparer. (v, 356. *Andr.* 868.)

Plus tard Corneille a fait disparaître *avecque* de la plupart des endroits où il l'avait placé, comme on peut le voir par les exemples suivants que nous reproduisons sous leur double forme :

Avecque tout son bien, Mélite le méprise. (i, 174. *Mél.* 552 *var.*)

Quelque riche qu'il soit, Mélite le dédaigne.

.... J'en ai vu fort peu de qui les passions
Fussent d'intelligence *avecque* le visage. (i, 190 *Mél.* 795 *var.*)

Fussent d'intelligence avec tout le visage.

Penses-tu, m'amusant *avecque* des sottises....? (i, 202. *Mél.* 975 *var.*)

Penses-tu m'arrêter par ce torrent d'injures....?

Enfin je reconnois —.... Qu'*avecque* tout son bien....(I, 211. *Mél.* 1145 *var.*)
    Enfin je reconnois.... — Qu'avec tout ce grand bien....

Jamais jusqu'à ce jour la raison en déroute
N'a conçu tant d'erreur *avecque* moins de doute. (I, 357. *Clit.* 1470 *var.*)
    N'a conçu tant d'erreur avec si peu de doute.

.... Je viens de sortir d'*avecque* ma maîtresse. (II, 43. *Gal. du Pal.* 470 *var.*)
    .... Je viens de sortir d'auprès de ma maîtresse.

Dieux! qu'il est malaisé qu'une âme bien atteinte
Conçoive de l'espoir qu'*avecque* de la crainte! (II, 44. *Gal. du Pal.* 470 *var.*)
    Conçoive de l'espoir qu'avec un peu de crainte.

N'ai-je pas tantôt vu Lysandre *avecque* vous? (II, 85. *Gal. du Pal.* 1259 *var.*)
    N'ai-je pas tantôt vu mon perfide avec vous?

C'est *avecque* raison que ma feinte passée.... (II. 101. *Gal. du Pal.* 1557 *var.*)
    Ce n'est pas sans raison....

On ne sort d'avec moi qu'*avecque* mon congé. (II, 253. *Pl. roy.* 571 *var.*)
    Tu perds temps d'y tâcher, si tu n'as mon congé.

    Qu'on est digne d'envie
Quand *avecque* la force on perd aussi la vie,
Sire, et que l'âge apporte aux hommes généreux,
Avecque sa foiblesse, un destin malheureux! (III, 145. *Cid*, 698 et 700 *var.*)
    .... Qu'on est digne d'envie
    Lorsqu'en perdant la force on perd aussi la vie,
    Et qu'un long âge apprête aux hommes généreux,
    Au bout de leur carrière, un destin malheureux!

N'attaquez plus ma gloire *avecque* vos douleurs. (III, 307. *Hor.* 581 *var.*)
    N'attaquez plus ma gloire avec tant de douleurs.

Quand nous avons pu vivre *avecque* plus de gloire (III, 407. *Cin.* 498 *var.*)
    Quand nous avons pu vivre et croître notre gloire.

Avec ordre et raison les honneurs il dispense,
Avecque jugement punit et récompense. (III, 407. *Cin.* 506 *var.*)
    Avec discernement punit et récompense.

Plût aux Dieux que César, *avecque* tous ses soins,
Ou s'en fît plus aimer, ou m'aimât un peu moins! (III, 420. *Cin.* 799 *var.*)
    Plût aux Dieux que César employât mieux ses soins,
    Et s'en fît plus aimer...!

.... A l'ordre commun le ciel fait violence,
La formant compatible *avecque* le silence. (IV, 151. *Ment.* 214 *var.*)
    .... La Nature souffre extrême violence,
    Lorsqu'il en fait d'humeur à garder le silence.

Je t'en crois sans jurer *avecque* tes boutades. (IV, 152. *Ment.* 225 *var.*)
    Je t'en crois sans jurer avec tes incartades.

Avecque vos amis vous avez tout pouvoir. (IV, 153. *Ment.* 236 *var.*)

Avec nous, de tout temps, vous avez tout pouvoir.

Toutes ces corrections datent de l'édition de 1660, à l'exception de trois : celle du vers 474 de *la Galerie du Palais*, qui se lit déjà dans l'édition de 1644; et celles des vers 795 et 1145 de *Mélite*, qui ne sont que de 1663.

AVENIR ou ADVENIR, arriver :

La forme *advenir* nous paraît être la plus ordinaire dans les premières éditions de Corneille; dans sa dernière (1682) il a définitivement adopté *avenir*. Parmi les lexiques du dix-septième siècle celui de Richelet (1680) et celui de l'Académie (1694) donnent *avenir*; ceux de Nicot (1606) et de Furetière (1690) : *advenir*.

Simple! j'ai peur encor que ce malheur m'*avienne*. (I, 312. *Clit.* 637.)
En l'état où je suis, quoi qu'il puisse *avenir*,
Je vous dois tout promettre, et ne puis rien tenir. (V, 62. *Théod.* 1049.)
        Quoi qu'il en *avienne*. (V, 586. *Nic.* 1700.)

AVENU.

Trop heureux accident, s'il avoit prévenu
Le déplorable coup du malheur *avenu*. (I, 231. *Mél.* 1474.)

AVENIR (Tout l'), la postérité :

.... Que sur mon tombeau ce grand titre gravé
Montre à *tout l'avenir* que je l'ai conservé. (VI, 407. *Sert.* 1064.)

AVENTURE.

.... Malgré la rigueur de ma triste *aventure*. (III, 111. *Cid.* 110.)
Nous autres, bénissons notre heureuse *aventure*. (III, 570. *Pol.* 1811.)
.... Sans votre aveu toute mon *aventure*
Passeroit pour un songe ou pour une imposture. (V, 178, *Hér.* 517.)
        .... Peignant leurs *aventures* (*des Romains*),
J'en porterai si haut les brillantes peintures,
Que, etc. (X, 98. *Poés. div.* 57.)

AVENTURIER (Sentir l') :

Il tient que les combats *sentent l'aventurier*. (VII, 154. *Att.* 1112.)

AVÉRER un indice :

Mais dis-moi, ton indice est-il bien assuré?
— J'en réponds sur ma tête, et l'ai trop *avéré*. (V, 29. *Théod.* 270.)

AVERSAIRE, voyez ci-dessus, p. 34, Adversaire.

AVERSION, en parlant des personnes :

Combats pour m'affranchir d'une condition
Qui me donne à l'objet de mon *aversion* (III, 185. *Cid*, 1552.)

Aversion, en parlant des choses :

Moi qui ai une *aversion* naturelle contre les panégyriques. (X, 473. *Lett.*

AVERSIONS, au pluriel :
Et les *aversions*, entre eux deux mutuelles,
Les font d'intelligence à se montrer rebelles, (v, 160. *Hér.* 77.)

AVERTI.
.... Soyez *averti*
Qu'on se rend criminel à prendre son parti (II, 138. *Cid*, 579.)

AVERTISSEMENT.
Cet *avertissement* marque une défiance. (IV, 460. *Rod.* 755.)

AVEU, permission, autorisation :
.... Sans votre congé mon sang n'ose sortir;
Comme il vous appartient, votre *aveu* se doit prendre. (III, 351. *Hor.* 1587.)
.... Quoique par vous-même autrefois exilée,
Sans ordre et sans *aveu* je me suis rappelée. (VII, 226. *Tit.* 628.)

Voyez AVOUER.

AVEUGLEMENT, au propre :
Mes yeux, jusqu'à présent couverts de mille nues,
S'en vont les distiller en larmes continues,
Larmes qui donneront pour juste châtiment
A leur aveugle erreur un autre *aveuglement*. (I, 199. *Mél. var.*)

AVEUGLEMENT, au figuré :
A mon *aveuglement* rendez un peu de jour. (III, 122. *Cid*, 312 *var.* 9.)
Dans son *aveuglement* pensez-vous qu'il persiste? (III, 531. *Pol.* 934.)
Vous pour qui je m'aveugle avec tant de lumières,
Si vous êtes sensible encore à mes prières,
Daignez servir de guide à mon *aveuglement*, (VI, 90. *Perth.* 1625.)

AVEUGLEMENTS, au pluriel :
Si nous étions réduits à nos *aveuglements*. (VIII, 356. *Imit.* III, 1976.)

AVEUGLÉMENT.
J'accepte *aveuglément* cette gloire avec joie. (III, 303. *Hor.* 492.)

AVEUGLER.
Je veille, déloyal : ne crois plus m'*aveugler;*
Au milieu de la nuit je ne vois que trop clair (II, 510. *Illus.* 1383)
Remarquez la rime d'*aveugler* avec *clair.*

AVEUGLÉ DE :
Mes sens, d'aise *aveuglés*, ont fait cette escapade. (I, 309. *Clit.* 594.)

AVIDITÉ.
.... Sous un faux semblant de libéralité,
Soûler et ma vengeance et ton *avidité*. (II 389. *Méd.* 972.)

L'AVIDITÉ DES RESSENTIMENTS :

.... Ce que par vos ordres elle perd de moments
Enfin l'*avidité* de mes ressentiments. (VII, 176. *Att.* 1668.)

AVIS.

PRENDRE LES AVIS DE :

De Maxime et *de* toi j'ai *pris les* seuls *avis.* (III, 450. *Cin.* 1467.)

PASSER À L'AVIS DE QUELQU'UN :

Ils ont nommé un gentilhomme de leurs amis, *à l'avis* duquel *j'ai passé* pour pacifier les choses. (X, 480. *Lett.*)

DONNER AVIS DE QUELQUE CHOSE :

Je vous *en donne avis*, de peur d'une surprise. (III, 397. *Cin.* 285.)

AVISER À, songer à, pourvoir à :

C'est à moi de choisir, c'est à vous d'*aviser*
A quel choix vos conseils doivent me disposer. (IV, 29. *Pomp.* 43.)
Une seconde fois *avisez*, s'il vous plaît,
A traiter Laodice en reine comme elle est. (V, 543. *Nic.* 725.)

AVISÉ, dans le style élevé :

Maxime, en voilà trop pour un homme *avisé*. (III, 445. *Cin.* 1372.)

AVOCATE.

Soyez donc notre *avocate*, tournez vers nous ces yeux qui ne sont que miséricorde. (IX, 339. *Vépr. et Compl. D. Antienne de la sainte Vierge.*)

Anciennement ce mot était d'un usage fréquent, soit comme substantif, soit comme adjectif, dans le langage ordinaire.

    Enuers Cesar estre mes *aduocates*. (Jodelle, *Cleopatre*, acte III, folio 242 v°.)
    Faut-il qu'enuers une ame outre mesure ingrate
    Je face de rechef la priere *aduocate?* (Jodelle, *Didon*, acte III, folio 271 v°.)

Dès le temps de Corneille l'emploi de ce féminin commençait déjà à se restreindre. On lit dans le *Dictionnaire de Richelet* (1680) : « *Avocate*. Celle qui prend nos intérêts ; quelques-uns croient qu'il faut dire en ce sens *avocat*, et non pas *avocate*. « Je « veux prendre la vérité pour mon avocat. » (D'Ablancourt, traduction de Lucien, in-4°, 2° édition, tome I, p. 279.) Il est certain que c'est ainsi que M. d'Ablancourt croyoit qu'il falloit parler, et je le sais d'original. Cependant il semble que l'usage veuille que dans cette phrase on dise *avocate*. » C'est pourquoi ceux qui ont eu soin de la nouvelle édition de Lucien après la mort de M. D'Ablancourt ont écrit : « Je veux prendre « la vérité pour mon *avocate*. » Voyez Lucien, imprimé en trois volumes in-12, tome I, p. 218. »

Richelet parle ici en connaissance de cause, car il est l'éditeur de cette réimpression du Lucien de d'Ablancourt, et l'on doit lui savoir gré de sa remarque, et de ses efforts pour se rattacher à la tradition, mal à propos interrompue. Louis Alemand (p.185-187) n'est pas de son avis : il admet *avocate* avec un nom de personne, mais non pas avec un nom de chose, comme *vérité*. Aujourd'hui *avocat* ne s'emploie plus guère au féminin que dans le langage religieux et le style mystique.

AVOIR.

AVOIR, ayant pour complément un nom sans article :

.... Je n'*ai* point *regret* qu'une heure auprès de vous
Me coûte en votre absence et des soins et des veilles. (x, 140. *Poés. div.* 3.)
.... Souvent à l'erreur j'abandonne ma foi,
Et crois seul *avoir droit* d'aspirer à vous plaire. (x, 164. *Poés. div.* 4.)

Voyez AFFAIRE, ASSURANCE, BESOIN, LIEU, MANQUE, PAROLE, PATIENCE, SOIN, TRAIT, etc.

J'*ai tendresse* pour toi, j'*ai passion* pour elle. (v, 569. *Nic.* 1311.)

« Il faut pour l'exactitude : *j'ai de la tendresse, j'ai de la passion,* » dit Voltaire, et il a raison au point de vue de l'usage de son temps; mais peut-être la tournure qu'il relève ici n'avait-elle rien de choquant à l'époque où Corneille l'employait; rien n'est plus variable que la façon de se servir de l'article; Vaugelas nous apprend dans ses *Remarques* (p. 170) qu'au moment où il écrivait, la ville disait : *il a esprit, il a esprit et cœur*, mais que la cour reçut mal cette locution, et que les bons écrivains la condamnèrent tout d'abord.

AVOIR, suivi d'un adjectif ou d'un participe :

Dieu n'*a* pas toujours *agréable*
Tout ce qu'un dévot trouve aimable. (VIII, 233. *Imit.* II, 1163.)

Molière a dit dans le même sens : *avoir pour agréable.* Voyez le *Misanthrope*, acte I, scène I.

La haine que pour vous elle *a si naturelle*,
A mon occasion encor se renouvelle. (v, 512. *Nic.* 15.)
L'un meurt la tête en bas, et l'autre l'*a coupée.* (IX, 549. *Hymn.* 6.)

Il s'agit de saint Pierre et de saint Paul.

AVOIR, avec des noms abstraits pour sujets :

Ah! Sire, un tel honneur *a* trop d'excès pour moi. (III, 345. *Hor.* 1441.)
Si tu l'aimes encor, ce sera ton supplice.
— Je n'en murmure point, il *a* trop de justice. (III, 461. *Cin.* 1742.)
Lorsque l'obéissance *a* tant d'impiété,
La révolte devient une nécessité. (IV, 472. *Rod.* 1061.)
Oronte, je ne sais, dans son funeste sort,
Qui m'afflige le plus, ou sa vie, ou sa mort;
L'une et l'autre *a* pour moi des malheurs sans exemple. (IV, 507. *Rod.* 1839.)
Je ris d'un désespoir qui n'*a* que des paroles. (v, 201. *Hér.* 1056.)
Si cet orgueil *a* quelque crime. (VII, 94. *Agés.* 2099.)
.... Cette indifférence *a* de l'inquiétude. (VII, 492. *Sur.* 701.)

AVOIR LES DISCOURS, AVOIR LE CŒUR DE QUELQU'UN :

Elle *avoit mes discours*, mais vous *aviez mon cœur.* (IV, 237. *Ment.* 1768.)

N'AVOIR PAR OÙ :

Lui font-ils présumer qu'à mon tour méprisée,
Ma rage contre lui n'*ait par où* s'assouvir? (II, 352. *Méd.* 239.)

AVOIR SUR QUI :
.... En te perdant j'*ai sur qui* m'en venger. (IV, 450. *Rod.* 481.)

AVOIR DE QUOI :
Un si glorieux titre *a de quoi* me ravir. (VI, 386. *Sert.* 551.)

AVOIR DE, tenir de, tirer de :
L'amour certes sur vous a bien peu de puissance.
— Les princes *ont* cela *de* leur haute naissance. (IV, 42. *Pomp.* 370.)

AVOIR, auxiliaire, exprimé devant un premier participe, et sous-entendu devant un second :
Mon âme, encor pour vous de même ardeur pressée,
Vous *eût tendu* la main au mépris de Persée,
Et *cru* plus glorieux qu'on m'eût vue aujourd'hui
Expirer avec vous que régner avec lui. (V, 387. *Andr.* 1580.)
D'une troupe importune il m'*a débarrassée*,
Et d'eux tous sur vous trois *détourné* ma pensée. (V, 424. *D. San.* 133.)
J'*ai vu* la place vide, et *cru* la bien remplir. (V, 426. *D. San.* 192.)
Vous l'*avez honoré* sans vous déshonorer,
Et *satisfait* ensemble, en trompant mon attente,
La grandeur d'une reine et l'ardeur d'une amante. (V, 436. *D. San.* 388.)
Je l'*ai vu* par votre ordre, et *voulu* par avance
Pénétrer le secret de son indifférence. (VII, 492. *Sur.* 693.)

AYE, AIT :
Des deux formes de la troisième personne du présent du subjonctif *aye* et *ait*, la première est presque exclusivement employée par Corneille.

.... Je ne vous quitte point,
Seigneur, que mon amour n'*aye* obtenu ce point. (III, 440. *Cin.* 1260.)
Tous présument qu'il *aye* un grand sujet d'ennui. (III, 441. *Cin.* 1283.)
A bien considérer cette pièce, je ne crois pas qu'il y en *aye* sur le théâtre où l'histoire soit plus conservée et plus falsifiée tout ensemble. (IV, 19. *Exam.* de *Pomp.*)
Bien qu'elle *aye* lieu de regarder, etc. (VI, 131. *Exam.* d'*OEd.*)

Il ne faudrait pas croire que ce fût là l'effet des habitudes des imprimeurs de Corneille, car dans ses lettres autographes *aye* est la seule forme qu'on rencontre.

Ce n'est pas qu'il n'y *aye* des pièces.... (X, 454. *Lett.*)
Les mêmes qui croient que Th. a Kempis n'est pas l'auteur du livre contesté demandent qu'on leur montre que J. Gersen *aye* été au monde. (X, 464. *Lett.*)
Je ne doute point que tôt ou tard elle n'*aye* son effet. (X, 477. *Lett.*)
Quelque approbation qu'*aye* emportée notre nouvelle Jocaste....Je suis ravi que Mlle de Beauchâteau *aye* si bien réussi.... Il n'est rien arrivé que je ne lui *aye* prédit à elle-même. (X, 483. *Lett.*)

Lorsque l'on trouve *ait* au lieu d'*aye*, rien ne permet de deviner ce qui a fait préférer cette forme. On lit, il est vrai, dans l'avis *Au lecteur* de *Pulchérie* :

Bien que cette pièce *aye* été reléguée dans un lieu où on ne vouloit

plus se souvenir qu'il y eût un théâtre, bien qu'elle *ait* passé par des
bouches pour qui on n'étoit prévenu d'aucune estime.... (vii, 378. *Au
lect. de Pulch.*)

Et dans l'édition originale d'*Othon* publiée en 1665 :

Et tel est en aimant l'amour d'une princesse,
Que quelque amour qu'elle *aye* et qu'elle *ait* pu donner. (vi, 611, vers 819.)

On pourrait conclure de ces deux passages qu'on mettait *aye* devant une voyelle et *ait* devant une consonne; mais les choses ne se passaient pas avec autant de régularité, et dans les exemples, tirés des lettres autographes, que nous avons cités plus haut, il en est quatre qui renversent cette théorie. En voici un cinquième, extrait du *Discours des trois unités* :

Un acteur occupant une fois le théâtre, aucun n'y doit entrer qui n'*aye*
sujet de parler à lui, ou du moins qui n'*ait* lieu de prendre l'occasion
quand elle s'offre. (i, 109.)

Aye, en vers, devant un consonne :

Quoi que j'*aye* pu faire,
Je crois n'avoir rien fait qui vous doive déplaire. (iv, 181. *Ment.* 441 *var.*)

Voltaire, qui, contre son usage, a adopté pour *le Menteur*, non le texte définitif de Corneille, mais celui de l'édition originale, fait remarquer, à l'occasion de ce passage, que « le mot *aye* ne peut entrer dans un vers, à moins qu'il ne soit suivi d'une voyelle avec laquelle il forme une élision. » Corneille avait prévenu cette critique : dès 1660, il avait entièrement changé ce passage.

Avoir la fortune diverse, voyez Fortune; Avoir de la naissance,
voyez Naissance; Avoir du nom, voyez Nom; Avoir (N') trait qui
ne, voyez Trait.

AVORTER, au figuré :

Ces petits souverains qu'il fait pour une année,
Voyant d'un temps si court leur puissance bornée,
Des plus heureux desseins font *avorter* le fruit. (iii, 407. *Cin.* 515.)
 .... Par quel amour de mère
Pressez-vous tellement ma douleur contre un frère?
Prenez-vous intérêt à la faire éclater?
— J'en prends à la connoître et la faire *avorter*. (iv, 490. *Rod.* 1454.)
 .... Le peuple est crédule;
Mais avant qu'à ce conte il se laisse emporter,
Il vous est trop aisé de le faire *avorter*. (v, 159. *Hér.* 52.)

« On fait avorter des desseins, et non pas des contes, » dit Voltaire. Cela est vrai, mais ce conte étant une fourberie, la métaphore nous paraît très-légitime.

Dieu, pour le réserver à ses puissantes mains,
Fait *avorter* exprès tous les moyens humains. (v, 200. *Hér.* 1034.)
 .... Voyant mes efforts *avorter* sans effets,
Quels pleurs n'ai-je versés, et quels vœux n'ai-je faits? (v, 372. *Andr.* 1212.)
 Une disgrâce particulière fit *avorter* toute sa bonne fortune. (v, 415.
Exam. de *D. San.*)

Ce qui l'a fait *avorter* au théâtre, a été l'événement extraordinaire qui me l'avoit fait choisir. (vi, 17. *Exam. de Perth.*)

Il s'agit du sujet de *Pertharite.*

Lui qui sait qu'aussitôt ces tumultes *avortent.* (vi. 639. *Oth.* 1477.)

AVORTÉ, au figuré :

Mon forfait *avorté* se lit dans ma disgrâce. (i, 334. *Clit.* 1045.)
Vos desseins *avortés*, votre haine trompée. (iii, 426. *Cin.* 954.)
Et peut-on voir mensonge assez tôt *avorté*
Pour rendre à la vertu toute sa pureté? (v, 562. *Nic.* 1133.)

AVORTON, au figuré :

Vaine compassion des douleurs d'Angélique,
Qui penses triompher d'un cœur mélancolique,
Téméraire *avorton* d'un impuissant remords,
Va, va porter ailleurs tes débiles efforts. (ii, 277. *Pl. roy.* 1027.)

AVOUER, approuver, autoriser :

.... Ton feu, loin d'*avouer* ta plainte,
Si Rodrigue est vainqueur, l'accepte sans contrainte. (iii, 181. *Cid.* 1461.)
Les Dieux n'*avoueront* point un combat plein de crimes (iii, 317. *Hor.* 828.).
Je ne sais si Phorbas *avouera* votre histoire,
Mais qu'il l'*avoue* ou non, j'aurai peine à vous croire. (vi, 181. *OEd.* 1097.)

AVOUER DE :

Ce prince *avoueroit*-il un amour indiscret
    D'un tel manquement de parole? (vii, 23. *Agés.* 353.)
D'un si bel avenir *avouez* vos devins,
Avancez les succès, et hâtez les destins. (vii, 114. *Att.* 151.)
.... Sans doute son cœur nous *en avouera* bien. (v, 469. *D. San.* 1219.)
Le Roi me pourroit-il en refuser l'aveu,
Si vous *en avouez* l'audace de mon feu? (vi, 138. *OEd.* 100.)
        Allez voir ce jeune soleil,
    Cerises, je vous *en avoue.* (x, 35. *Poés. div.* 2.)

AVOUER POUR :

Mon père ne peut plus l'*avouer pour* sa fille. (iii, 340. *Hor.* 1327.)
J'irai par mon suffrage affermir cette erreur,
L'*avouer pour* mon frère et *pour* mon empereur. (v, 166. *Hér.* 247.)

S'AVOUER DE QUELQU'UN, s'en autoriser :

Avouez-vous de moi par tous les coins du monde. (ii, 484. *Illus.* 969.)

B

BADAUD.

Paris est un grand lieu plein de marchands mêlés....
Il y croît des *badauds* autant et plus qu'ailleurs. (IV, 144. *Ment.* 76.)

BAGAGE.

PLOYER BAGAGE, au propre, préparer tout pour un départ, pour une fuite :

Allez *ployer bagage*, et pour grossir la somme,
Joignez à vos bijoux les écus du bonhomme. (II, 494. *Illus.* 1121.)

Au figuré, se sauver, s'enfuir :

Tout est perdu, Cliton, il faut *ployer bagage*. (IV, 376. *S. du Ment.* 1645.)

BAGATELLE.

Une passion si belle
N'est pas une *bagatelle*
Dont on se joue à son gré. (X, 162. *Poés. div.* 10.)

Ce qu'elle vous veut dire est une *bagatelle*. (VII, 42. *Agés.* 812.)
Bagatelle est le titre de la LIIIe des *Poésies diverses*. (X, 158.)

BAIE, BAYE, tromperie, fausse nouvelle, fausse promesse.

Du temps de Corneille on écrivait *baye*.

On leur fait admirer les *bayes* qu'on leur donne. (IV, 159. *Ment.* 342.)
.... Pour me donner des passe-temps si doux,
J'ai donné cette *baye* à bien d'autres qu'à vous. (IV, 196. *Ment.* 1064.)

« Ce faict et ayant quelque temps manié ces joyaux les uns après les autres, fit dessus quelques lignes à sa mode; puis en la présence de la damoiselle enveloppa le tout dans ce linge, et ayant murmuré ne sçay quelles secrettes *bayes* et faict quelques autres signes et caracteres, bailla ce pacquet à la damoiselle. » (*Facetieuses Nuits de Straparole*, Nuit X, fable 1, tome II, p, 224.)

« Sa Majesté fit regarder combien il y auoit que ces nouuelles estoient venues, et trouuerent qu'il y auoit quatre jours. Alors le Roy dict qu'il pensoit que c'estoit une *baye* et nouuelle de banquiers. » (Montluc, *Commentaires*, livre IV, folio 124 r°.)

Enuoyez donc vers elle, et faites qu'on essaye
De retenir sa vie auecques quelque *baye*,
Quelque vaine promesse.... (Garnier, *Antoine*, IV, 357.)

BAIGNER (SE) DANS, SE BAIGNER À, figurément :

Qu'un jeune audacieux triomphe de leur gloire,
Se baigne dans leur sang.... (III, 144. *Cid*, 686.)
Songe aux fleuves de sang où ton bras *s'est baigné*. (III, 434. *Cin.* 1132.)
Qu'un frère pour régner *se baigne au* sang d'un frère. (VII, 530. *Sur.* 1641.)

BAIGNÉ DE PLEURS :

Chimène est au palais, *de pleurs* toute *baignée*. (III, 148. *Cid.* 765.)

BAILLER, donner :

Il *baille* une lettre à Cliton. (1, 175. *Mél. var.* 4.)

Dans cette indication de mise en scène, *bailler* a été remplacé par *donner* dès l'édition de 1644.

Pymante lui *baille* quelque échappatoire. (1, 266. *Argum. de Clit.*)
L'ayant *baillé* à ses veneurs à ramener. (1, 269. *Argum. de Clit.*)
Lycaste, en leur *baillant* chacun un masque. (1, 285. *Clit.* note 4.)

Dans l'édition de 1660, il y a *présentant*, au lieu de *baillant*.

Je démêle aisément toutes ses fictions;
Ainsi qu'il me les *baille*, ainsi je les renvoie. (1, 408. *Veuve.* 173 *var.*)

En 1660, Corneille a substitué au dernier vers le suivant :

Il ne me prête rien que je ne lui renvoie.

Mais insensiblement je *baille* ici le change. (x, 76. *Poés. div.* 53.)

Un recueil de 1671 remplace *baille* par *donne* dans ce vers de l'*Excuse à Ariste.*

Qu'il en jouît et *baillât* quittance en sa place. (x, 434. *Lett.*)
Pour l'argent qu'il faudra débourser, je donnerai ordre à Courbé qu'il vous en *baille.* (x, 436. *Lett.*)

BAIN.

Le plonge en un *bain* d'eaux et d'herbes inconnues. (II, 344. *Méd.* 70.)

BAISEMAIN, au pluriel, compliments :

Florice, à ce défaut, fais-lui mes *baisemains.* (II, 73. *Gal. du Pal.* 1036.)

BAISER.

Viens *baiser* cette joue.... (III. 161. *Cid.* 1037.)
Et *baise* avec respect ce vase qu'il me rend. (IV, 90. *Pomp.* 1536.)

BAISSER LES YEUX SUR :

Montons, de grâce, au trône ; et de là beaucoup mieux
Sur le choix d'un époux nous *baisserons les yeux.* (V, 420. *D. San.* 40.)

Baissé.

L'âme doit se roidir, plus elle est menacée,
Et contre la fortune aller tête *baissée.* (II, 355. *Méd.* 310.)

BALADIN.

Le *Dictionnaire de Richelet* de 1680 donne à ce mot au figuré la signification de *sot, ridicule*, et cite pour exemple : « C'est un franc *baladin.* » C'est en ce sens que Corneille l'a employé dans le vers suivant :

Mon *baladin* muet se retranche en un coin. (1, 409. *Veuve*, 195.)

BALANCE.

EMPORTER LA BALANCE, au figuré :

L'amour sur le respect *emporte la balance.* (1, 304. *Clit.* 494.)

L'AUTRE BALANCE, pour *l'autre plateau de la balance :*

Souffrez Rome et le Roi dedans *l'autre balance ;*
Le peu qu'ils ont gagné vous fait assez juger
Qu'ils n'y mettront jamais qu'un contre-poids léger. (v, 556. *Nic.* 1028.)

METTRE EN BALANCE, mettre dans la balance, peser :

Quand on rend la justice, on *met* tout *en balance.* (III, 178. *Cid*, 1386.

ESPRIT, RECONNOISSANCE EN BALANCE, en suspens :

Notre longue amitié, l'amour, ni l'alliance,
N'ont pu mettre un moment mon *esprit en balance.* (III, 302. *Hor.* 464.)
Voilà ce qui retient mon *esprit en balance.* (VI, 372. *Sert.* 205.)
..... Je vous dois tant, que ma *reconnoissance*
Ne peut être sans honte un moment *en balance.* (VI, 373. *Sert.* 230.)

Voyez la fin de l'article suivant, et le *Lexique* de Racine.

BALANCER, mettre en balance, en suspens :

Il se juge en autrui, se tâte, s'étudie,
Examine en secret sa joie et ses douleurs,
Les *balance*, choisit, laisse couler des pleurs. (IV, 60. *Pomp.* 784.)
Réduite à *balancer* son esprit agité
Entre l'idolâtrie et l'impudicité. (v, 51. *Théod.* 769.)
Contre un tel attentat rien n'est à *balancer.* (v, 197. *Hér.* 965.)
.... Les esprits qu'un juste effroi *balance....* (VI, 644. *Oth.* 1573.)
　　　　.... Vous me fîtes roi
　　Lorsqu'on *balança* ma couronne
　　Entre Léotychide et moi. (VII, 47. *Agés.* 960.)

BALANCÉ.

.... A ce peu de mots je crois que sa pensée
Entre vos deux amants n'est pas fort *balancée.* (III, 108. *Cid*, 42.)
.... Je sens tout mon cœur *balancé* nuit et jour
　　Entre l'orgueil du diadème
　　Et les doux espoirs de l'amour. (VII, 59. *Agés.* 1272.)
Non, si vous avez eu pour moi quelque pensée
Qui sur ce faux rapport puisse être *balancée,*
Cessez d'être en balance.... (IV, 192. *Ment.* 974.)

BALCON.
　　　　　　D'un *balcon*, chez mon frère,
J'ai vu.... Que ne peut-on, Madame, vous le taire? (VI, 653. *Oth.* 1769.)

Ce mot vient de l'italien *balcone* : « Vous mettrez sur les entablemens et niueau des terrasses (au droict des fenestres qui seront au dessous) des petits *balcons*, ainsi qu'on les appelle en Italie, qui sont petites saillies qui se projectent hors des murs en terrasse, accompagnées de baleustres et appuis, auecque tel ornement que l'on veult. » (Philibert de l'Orme, *Architecture*, livre VIII, chapitre XX, folio 258 v°, édit. de 1567.)

BALLE.

GARDER LES BALLES :

Locution proverbiale tirée du jeu de paume, et qui équivaut à *garder le mulet, garder les manteaux*, etc.

Et moi, durant ce temps, je garderai les *balles*. (II, 252. *Pl. roy.* 566.)

BALUSTRE.

Clôture de petits piliers qui entourait les lits ou les alcôves des princes et des grands. Il s'employait au figuré comme les mots *alcôve* et *ruelle*.

Votre *balustre* (celui de la Reine) leur inspire (*aux filles attachées à son service*) le mépris des vanités et le dégoût du monde. (IX, 64. *Dédicace de l'Off. V.*)

Ma veine, qui charmoit alors tant de *balustres*,
N'est plus qu'un vieux torrent qu'ont tari douze lustres. (x, 187. *Poés. div.* 31.)

BANDE, troupe, compagnie :

.... Pour faire servir, on n'attend que ma *bande*. (II, 35. *Gal. du Pal.* 326.)
C'est toi que veut pour chef leur généreuse *bande*. (III, 164. *Cid*, 1086.)
Il faut donner un chef à votre illustre *bande*. (v, 185. *Hér.* 680.)

« Une *bande* ne se dit que des voleurs, » suivant Voltaire. Cela n'est pas exact ; *bande* se dit de toutes les troupes irrégulières, *bande de révoltés, d'insurgés*, etc., et dans les deux derniers vers cités l'épithète jointe à ce mot en modifie la signification. M. Aimé Martin prétend que d'ailleurs ce terme « n'était pas déshonoré du temps de Corneille. » En effet, on trouve dans le *Dictionnaire de l'Académie* de 1694 une *bande* d'archers, une *bande* de gens de guerre, prévôt des *bandes*; mais hors de ces locutions consacrées et en quelque sorte officielles, *bande* avait déjà un sens défavorable, comme le prouvent ces vers du *Baron de la Crasse* de Poisson (scène IV) :

Monsieur, on vous demande :
C'est un comedien. Parbieu, voicy la *bande*.
— Dites *troupe*. L'on dit *bande* d'Egyptiens,
Et *bande* offenseroit tous les comediens.

BANDEAU ROYAL :

.... Je serois moins roi qu'un objet de pitié,
Si le *bandeau royal* m'ôtoit votre amitié. (v, 574. *Nic.* 1426.)

BANDOLIER.

On a vu des Césars, et même des plus braves,
Qui sortoient d'artisans, de *bandoliers*, d'esclaves. (VII, 159. *Att.* 1245.)

« Ce mot de *bandolier*, dit Bouchet (xv° serce, p. 108, édition de Rouen, 1635), vient de *vando*, qui ne signifie en espagnol que faction, et *vandero* (sic), homme de faction, le gascon (où ce mot de *bandolier* est le plus usurpé) mettant en lieu de l'*v* le *b*, comme il fait quand il dit : *Vel est aliud vivere quam bibere*. »
Cette étymologie est exacte, mais le mot qui correspond à *bandolier* en espagnol est *bandolero*, et non *vandero*; et quant à *vando*, il se prononce bien ainsi, mais il est écrit *bando* dans le *Dictionnaire de l'Académie espagnole*, où l'on trouve aussi *banda* avec le même sens.

BANNIR, éloigner, écarter :

.... Seigneur, étant seuls, je parle avec franchise.
Bannissant les témoins, vous me l'avez permise. (VI, 398. *Sert.* 830.)

CORNEILLE. XI 8

BANNIR, avec un nom abstrait pour sujet :
Sitôt que j'ai paru, mon abord l'a *bannie*. (II, 460. *Illus.* 522.)

BANNI, figurément :
Il rappelle un amour à grand'peine *banni*. (III, 536. *Pol.* 1044.)
Rappelez la vertu par leurs conseils *bannie*. (IV, 38. *Pomp.* 274.)

BANNI, substantivement :
J'aime en Sertorius ce grand art de la guerre
Qui soutient un *banni* contre toute la terre. (VI, 380. *Sert.* 406.)

BANNISSEMENT, signifiant non pas l'action de bannir, mais le temps même de l'exil, de l'éloignement :
Ah! mon frère, l'amour n'est guère véhément
Pour des fils élevés dans un *bannissement*. (IV, 459. *Rod.* 730.)

BANQUEROUTE (FAIRE), au figuré :
.... J'ai fait *banqueroute* à ce fatras de lois. (IV, 141. *Ment.* 4.)
Je fais, par cet hymen, *banqueroute* à tous autres. (IV, 194. *Ment.* 1017.)

Cette locution était fort usitée; Maynard a dit :
Iris n'a plus rien qui me touche,
J'ai fait *banqueroute* à ses lois.
La Fontaine a employé ce mot dans le même sens.

BAPTÊME.
Celle (*l'ardeur*) qui vous pressoit de courir au *baptême*. (III, 488. *Pol.* 37

BARBE GRISE :
Que tout y soit bien ajusté (*dans mes vers*),...
Rien n'y sente la *barbe grise*. (X, 158. *Poés div.* 18.)
Tête chauve et *barbe grise*
Ne sont pas viande pour vous. (X, 168. *Poés. div.* 3.)

BARRE, barrière, séparation :
Le Bourguignon d'ailleurs sépare leurs provinces,
Et serviroit pour nous de *barre* à ces deux princes. (VII, 161. *Att.* 1282.)

On chercherait peut-être vainement un autre exemple de ce mot ainsi employé, mais on sait que *Bar*, qui entre dans la composition de plusieurs noms de localités avait jadis ce sens.

BAS, adjectif.

OEIL BAS, œil baissé, comme tête basse, oreille basse :
L'*œil bas*, le pied timide, et le corps chancelant. (V, 73. *Théod.* 1281.)
A leurs noms, un grand froid, un front triste, un *œil bas*
M'ont fait voir aussitôt qu'ils ne lui plaisoient pas. (VI, 584. *Oth.* 215.)

BAS, méprisable, commun :

La victime est trop *basse*.... (IV, 92. *Pomp.* 1578.)
N'apprendras-tu jamais, âme *basse* et grossière,
A voir par d'autres yeux que les yeux du vulgaire? (IV, 450. *Rod.* 487.)

BAS LIEUX, bas monde :

.... Nous avons vu le souverain des Dieux,
Au mépris de Junon, aimer en ces *bas lieux*. (II, 372. *Méd.* 640.)
.... En ces *bas lieux* nous traînons nos supplices. (VIII, 497. *Imit.* III, 4870.)
L'œil qui d'un sain regard contemple ces *bas lieux*
Voit ta magnificence aux plus *bas lieux* gravée. (IX, 85. *Off. V.* 5.)

Jodelle a dit dans le même sens :

> Mais qui sçait mieux en ce *bas ci*
> Que vous, Monsieur, qu'il est ainsi? (*L'Eugene*, I, 1.)

BAS, adverbe.

METTRE BAS, au propre, baisser, poser :

Ses trois vaisseaux en rade *avoient mis voile bas*. (IV, 46. *Pomp.* 456.)
Je n'ai point cru devoir *mettre* les armes *bas*. (VI, 422. *Sert.* 1412.)

METTRE BAS, au figuré, déposer, se dépouiller de :

Je vous obéirai, Seigneur, sans complaisance,
Et *mets bas* le respect.... (III, 403. *Cin.* 407.)
Mettant leur haine *bas*.... (IV, 83. *Pomp.* 1367.)
.... Croyez-moi, *mettez bas* l'artifice! (VI, 606. *Oth.* 722.)
Je ne demande point la pleine liberté,
Puisqu'elle en *a mis bas* l'intrépide fierté. (VI, 614. *Oth.* 900.)
Il en frémit de rage, et devenu timide,
Il *met bas* cet orgueil contre vous intrépide. (X, 195. *Poés. div.* 14.)

À BAS :

J'envoirai tout *à bas*, puis après on verra. (II, 92. *Gal. du Pal.* 1391.)
Il le veut élever, il le peut mettre *à bas*. (III, 526. *Pol.* 848.)
.... Leur secours, nous rehaussant le bras,
Auroit bientôt jeté la tyrannie *à bas*. (VI, 377. *Sert.* 320.)

BAS, pour À BAS :

La tyrannie est *bas*.... (IV, 52. *Pomp.* 572.)
Unissons-nous ensemble, et le tyran est *bas*. (VI, 402. *Sert.* 939.)
.... Je n'aspirerois au bonheur de vous plaire
Qu'après avoir mis *bas* un si grand adversaire. (IV, 79. *Pomp.* 1266.)

Voyez l'exemple de *Polyeucte*, cité huit lignes plus haut.

.... On voit *bas* les frondeurs. (X, 126. *Poés. div.* 13.)

BAS, À BAS, elliptiquement :

Curiosité *bas*, prenons toujours la bourse. (IV, 298. *S. du Ment.* 184.)
Salvidien *à bas* a soulevé Lépide. (III, 437. *Cin.* 1202.)

Bas, tout bas, sans élever la voix :

Cliton, *bas.* (iv, 293. *S. du Ment.*, après le vers 103.)
Isabelle, à Clarice, *tout bas.* (iv, 149. *Ment.*, après le vers 184.)
Il continue, après avoir lu *tout bas* le billet. (iv, 180. *Ment.*, au vers 717.

BASQUE (de l'habit) :

Cliton, le tirant par la *basque.* (iv, 148. *Ment.*, après le vers 167.)

BASSESSE, action basse :

Celles de ma naissance ont horreur des *bassesses.* (iv, 464. *Rod.* 847.)
Le maître qui prit soin d'instruire ma jeunesse
Ne m'a jamais appris à faire une *bassesse.* (v, 541. *Nic.* 664.)

Bassesse, condition basse, obscure :

Votre grand Marius naquit dans la *bassesse.* (vi, 386. *Sert.* 570.)

Bassesses, trivialités :

La lecture fera prendre mes naïvetés pour des *bassesses.* (i, 135. *Au lect. de Mél.*)

BASSE-TAILLE, sculpture peu saillante, ornements qui ont peu de relief, bas-relief :

Les bases et les piédestaux sont enrichis de *basses-tailles.* (vi, 299. *Tois.*)
On voit peintes en *basse-taille* toutes les amours de ce dieu. (vi, 346. *Tois.*)

BASTANT de, suffisant pour, capable de :

.... Des raisons de si peu d'importance
N'ont rien qui soit *bastant* d'ébranler ma constance. (i, 181. *Mél.* 644 *var.*)
Mais la mort d'un amant seroit-elle *bastante*
De toucher tant soit peu l'esprit de l'inconstante? (ii, 82. *Gal. du P.* 1201 *var.*)
Me croyez-vous *bastant de* nuire à votre feu ? (ii, 462. *Illus.* 555 *var.*)

C'est un mot apporté à la fois d'Italie et d'Espagne, qui, après avoir été fort à la mode, a ensuite disparu de la langue. Corneille s'en est servi trois fois dans ses premières pièces ; mais il l'a ensuite supprimé, dans *Mélite* et dans *la Galerie du Palais*, dès 1644; dans *l'Illusion*, en 1660.
La Fontaine (*Oraison de saint Julien*, vers la fin) et Saint-Simon (*Mémoires*, tome III, p. 352) ont dit dans le même sens : *bastant pour.*
La seule trace que ce mot ait laissée dans notre langue est l'exclamation *baste*, pour *il suffit.*

BATAILLE (Donner), voyez Donner.

BATAILLON.

Va jusqu'en l'Orient pousser tes *bataillons.* (iii, 85. *Hor.* 49.)

BÂTIR, figurément :

.... Sur de grands exploits *bâtir* sa renommée. (iii, 115. *Cid.* 190.)
.... *Bâtissant* en l'air sur le malheur d'autrui. (iii, 336. *Hor.* 1229.)

BATTANT.

Furetière définit ainsi ce mot dans son *Dictionnaire* (1690) : « Volet d'un comptoir de marchand ou de banquier qui se lève et se baisse ; » et il cite le passage suivant de Corneille :

Aussi votre tapis est tout sur mon *battant*. (II, 92. *Gal. du Pal.* 1395.)

BATTERIE (Changer de), expression proverbiale empruntée à l'art militaire :

Sans changer de discours, *changeons de batterie*. (IV, 236. *Ment.* 1729.)

BATTRE, fouler, parcourir :

Il a caché son nom en *battant* la campagne. (II, 445. *Illus.* 205.)
.... C'est pour acquérir un nom bien relevé,
D'être dans une ville à *battre* le pavé. (II, 471. *Illus.* 707.)
.... Les sentiers qu'il *a* pour nous *battus*. (VIII, 30. *Imit.* 1, 6.)
Vois les sentiers qu'ils *ont battus*. (VIII, 100. *Imit.* 1, 1202.)

Battre les raisons de quelqu'un :

Et montre cependant des grâces peu vulgaires
A *battre ses raisons* par des raisons contraires. (II, 191. *Suiv.* 1242.)

BAYE, voyez Baie.

BÉATITUDE.

Ce mot appartient au style mystique. Corneille avait fait dire à un amant qui n'osait croire à l'amour de sa maîtresse :

.... L'excès de ma *béatitude*
Est le seul fondement de mon incertitude. (I, 430. *Veuve*, 619 *var.*)

Il y substitua en 1644 :

.... L'excès du bonheur qui m'accable
Me surprend, me confond, me paroît incroyable.

Nous retrouvons plus tard ce mot de *béatitude* dans les déclarations d'amour de Tartuffe ; mais c'est parce que Molière a soin de lui conserver son langage habituel.

De vous dépend ma peine ou ma *béatitude*. (Acte III, scène III.)
.... Mon cœur de vos vœux fait sa *béatitude*. (Acte IV, scène v.)

BEAU, adjectif.

Beau, noble, élevé :

Le *beau* feu qu'en leurs cœurs ses beautés ont fait naître.
(III, 106. *Cid*, scène 1, supprimée en 1660.)
Là, si tu veux mourir, trouve une *belle* mort. (III, 164. *Cid*, 1088.)
Ou qu'un *beau* désespoir alors le secourût. (III, 326. *Hor.* 1022.)

Il est beau de :

Il est beau de mourir maître de l'univers. (III, 405. *Cin.* 440.)

Le plus beau, substantivement :

> Combien en trompe un tel espoir !
> Et combien en laisse-t-il choir
> Dans *le plus beau* de leur carrière ! (VIII, 149. *Imit.* I, 2172.)

Avoir beau :

> Crois que dorénavant Chimène *a beau* parler,
> Je ne l'écoute plus que pour la consoler. (III, 172. *Cid*, 1255.)
> .... Rome *a beau* tonner. (V, 513. *Nic.* 57.)
> J'*ai beau* faire et *beau* dire afin de l'irriter. (V, 225. *Hér.* 1577.)
> Un volage, ma sœur, *a beau* faire et *beau* dire. (VI, 320. *Tois.* 1532.)

Racine s'est souvent servi de cette locution.

Tout beau.

Cette expression, fréquente dans Corneille, s'employait pour arrêter quelqu'un, le retenir, le faire taire : « Et voulant interrompre lors que M. Galiot opinoit, Monsieur de Sainct-Pol me fit signe de la main, et me dict : *Tout beau, tout beau*, ce qui me fit taire. » (Montluc, *Commentaires*, livre II, folio 42 v°.)

> *Tout beau, tout beau*, ma sœur, tu veux m'épouvanter. (I, 287. *Clit.* 203.)
> *Tout beau*, ma passion, c'est déjà trop paroître. (II, 91. *Gal. du Pal.* 1381.)
> *Tout beau ;* peut-être ta colère
> Au lieu de ton rival, en veut à ton beau-frère. (II, 293. *Pl. roy.* 1366.)
> .... *Tout beau*, ne les pleurez pas tous. (III, 325. *Hor.* 1009.)
> *Tout beau*, ma passion, deviens un peu moins forte. (III, 390. *Cin.* 125.)
> .... *Tout beau*, Pauline, il entend vos paroles. (III. 544. *Pol.* 1215.)
> *Tout beau :* que votre haine en son sang assouvie
> N'aille point à sa gloire ; il suffit de sa vie. (IV, 64. *Pomp.* 881.)
> *Tout beau, tout beau*, Carlos ! d'où vous vient cette audace ? (V, 426. *D. San.* 190.)
> *Tout beau*, Flaminius ! Je n'y suis pas encore. (V, 572. *Nic.* 1388.)

Par malheur, les chasseurs se servent de cette locution en parlant aux chiens couchants, lorsqu'ils veulent les empêcher de pousser les perdrix qu'ils ont arrêtées ; cela a suffi pour la faire considérer comme triviale et déplacée dans le style élevé.

BEAUCOUP, pour *beaucoup de gens :*

> Saint Polyeucte est un martyr dont, s'il m'est permis de parler ainsi, *beaucoup* ont plutôt appris le nom à la comédie qu'à l'église. (III, 475. *Abrégé du martyre de saint Polyeucte.*)

« Ce mot, étant employé pour *plusieurs*, ne doit pas être mis tout seul, » dit Vaugelas, mais, malgré cet arrêt, la tournure condamnée est restée encore en usage de nos jours, au moins dans le style familier.

BEAU-FRÈRE, BEAU-PÈRE.

Corneille, dans ses tragédies, indique simplement et sans périphrase ces degrés de parenté :

> Le choix d'Albe et de Rome ôte toute douceur
> Aux noms jadis si doux de *beau-frère* et de sœur. (III, 306. *Hor.* 566.)
> Est-ce ainsi que d'un gendre un *beau-père* est l'appui ? (III, 529. *Pol.* 911.)
> Le destin se déclare et nous venons d'entendre
> Ce qu'il a résolu du *beau-père* et du gendre. (IV, 27. *Pomp.* 2.)

BEAUTÉS, au pluriel, dans le sens d'*attraits* :

.... Ceux qui flattant ses *beautés*,
Ont assez de malheur pour en être écoutés. (I, 201. *Mél.* 961.)
Elles dont les *beautés* captivent mille amants. (I, 416. *Veuve*, 327.)
Jusque-là tes *beautés* ont possédé ses vœux. (II, 296. *Pl. roy.* 1420.)
Le beau feu qu'en leurs cœurs ses *beautés* ont fait naître.
                    (III, 106. *Cid*, scène I, suppprimée en 1660.)
.... L'empire inhumain qu'exercent vos *beautés*. (III, 430. *Cin.* 1055.)
          J'apporte à vos *beautés*
Un cœur nouveau venu des universités. (IV, 158. *Ment.* 323.)
Le sort, qui jusqu'ici nous a donné le change,
Immole à ses *beautés* le monstre qui nous venge. (V, 362. *Andr.* 1007.)

Ce pluriel, blâmé mal à propos par quelques grammairiens, se rencontre à chaque instant chez nos auteurs classiques.

BEAUTÉ, belle femme, belle personne :

Va le voir de ma part, Timagène, et lui dire
Que pour cette *beauté* je lui cède l'empire. (IV, 433. *Rod.* 92.)

Dans le passage suivant l'expression est employée, non sans recherche, avec la double valeur de nom de personne et de nom de qualité :

Là je menai l'objet qui fait seul mon destin ;
De cinq autres *beautés* la sienne fut suivie. (IV, 155. *Ment.* 277.)

BELGIQUE, adjectif, dans le sens où l'on dit maintenant *belge* :

C'est par cette valeur qu'il tient de votre sang
Que le lion *belgique* a vu percer son flanc. (X, 195. *Poés. div.* 12.)

Boileau a dit de même dans l'*Ode sur la prise de Namur* :

    En vain au lion *belgique*
    Il voit l'aigle germanique
    Uni sous les léopards.

BELLE-MÈRE (voyez ci-dessus BEAU-FRÈRE, BEAU-PÈRE).

Il n'a fait qu'obéir à la haine ordinaire
Qu'imprime à ses pareils le nom de *belle-mère*. (V, 564. *Nic.* 1172.)

BÉNIGNITÉ.

Les dictionnaires actuels signalent ce mot comme peu usité ; il a été employé par Montaigne, par Pascal et par Corneille.

Nous saluons Créon, dont la *bénignité*
Nous promet contre Acaste un lieu de sûreté. (II, 346. *Méd.* 107.)
De ta *bénignité* tout découle sur nous. (VIII, 381. *Imit.* III, 2508.)

BÉNIN.

Un astre plus *bénin* vient d'éclairer tes jours. (V, 85. *Théod.* 1545.)
Des dieux les moins *bénins* l'éternelle puissance. (V, 379. *Andr.* 1403.)
.... Leurs *bénins* regards envoyés au rivage

Avecque notre encens ont reçu notre hommage. (v, 389. *Andr.* 1631.)
Ma paix est avec l'humble, avec le cœur *bénin*. (viii, 395. *Imit.* iii, 2782.)
Bénin sauveur de la nature. (ix. 167. *Off. V.* 1.)

Les auteurs du *Dictionnaire de Trévoux* de 1771 s'expriment ainsi, avec Furetière (1690) : « Ce mot se dit principalement des remèdes et des influences célestes; » puis ils ajoutent, en partie d'après Richelet (1680) : « On le dit aussi des princes, mais rarement des particuliers, excepté dans un sens ironique, lorsqu'ils souffrent des injures avec bassesse. »

Le vrai est que plusieurs des mots qui expriment la douceur, comme *débonnaire*, *bénin*, *bon*, prennent bien vite dans notre langue une nuance défavorable et maligne, qui les rapproche de ceux qui servent à indiquer la niaiserie et la sottise.

BENOÎT, TE, pour *bénit*, *bénite* :

.... La *benoîte* cinquantaine. (x, 158. *Poés. div.* 10.)

BERNER, au figuré, plaisanter, mystifier :

Mais s'il nous trouve ensemble, il pourra soupçonner
Que nous prenons plaisir tous deux à le *berner*. (ii, 186. *Suiv.* 1148.)

BESOIN.

AVOIR BESOIN :

.... Son feu....
N'*a* pas moins *besoin* de me plaire
Que j'en ai de lui voir approuver mes soupirs. (vii, 61. *Agés.* 1311.)

SANS BESOIN, sans nécessité :

Mais porter dès l'abord les choses à l'extrême,
Madame, et *sans besoin* faire des mécontents.... (vi, 421. *Sert.* 1387.)

S'IL EST BESOIN, s'il est nécessaire :

Aimez-les et mourez, *s'il est besoin*, pour eux. (iv, 496. *Rod.* 1582.)

AU BESOIN, *quand le besoin se fait sentir*, et, par extension, *dans les circonstances graves, dans le péril* :

Dieu fait part, *au besoin*, de sa force infinie. (iii, 519. *Pol.* 677.)
Celui qui n'a pas craint les Mores, ni mon père,
Va combattre don Sanche, et déjà désespère!
Ainsi donc *au besoin* ton courage s'abat! (iii, 183. *Cid*, 1479.)
Mais que mon jugement, *au besoin*, m'abandonne. (iii. 435. *Cin.* 1149.)

BÊTE (FAIRE DE LA), comme *faire la bête* :

J'*ai fait* autrefois *de la bête*.
J'avois des Philis à la tête. (x, 26. *Poés. div.* 39.)

Suivant Furetière, « on dit.... qu'un homme *a fait la bête* quand il a fait quelque méchante affaire, de sa tête et malgré les conseils de ses amis. »

BIEN, substantif.

LE BIEN DE, l'avantage, l'agrément, le bonheur de :

Trop heureux que mon sang puisse te satisfaire,

Je le veux tout donner au seul *bien de* te plaire. (I, 447. *Veuve*, 968.)
.... Laisse-moi *le bien* d'expirer à ta vue. (II, 51. *Gal. du Pal.* 622.)
Puisse d'un prompt succès votre grande entreprise
Combler nos ennemis d'un mortel désespoir,
Et me donner bientôt *le bien de* vous revoir! (II, 403. *Méd.* 1292.)
Mon âme auroit trouvé dans *le bien de* te voir
L'unique allégement qu'elle eût pu recevoir. (III, 156. *Cid*, 919.)
Si *le bien de* vous voir m'étoit moins précieux.... (V, 534. *Nic.* 485.)
Pour rendre à l'Aragon *le bien de* sa présence. (V, 482. *D. San.* 1550.)

Vouloir, faire du bien à quelqu'un :

L'inégalité des conditions met un obstacle au *bien* qu'elles *lui veulent* durant quatre actes et demi. (V, 415. *Exam.* de *D. San.*)
Nous lui devons beaucoup, et l'allions reconnoître,
L'honorer en soldat, et *lui faire du bien*. (V, 456. *D. San.* 899.)

Bien, possession, propriété :

Rome est à vous, Seigneur, l'empire est votre *bien*. (III, 405. *Cin.* 451.)

BIEN, adverbe.

Être bien, être à sa place, être convenable :

La fable en nos écrits, disent-ils, n'*est* pas *bien;*
La gloire des païens déshonore un chrétien. (X, 237. *Poés. div.* 31.)

Être bien avec quelqu'un :

Il aura su qu'Alcippe *étoit bien avec vous*. (IV, 188. *Ment.* 891.)

Bien, avec *du, de la, des*, dans le sens de *beaucoup de :*

Corneille, qui avait écrit dans *Mélite* (I, 228, vers 1422) :

Avoient *bien de* la peine à m'émouvoir à faux,

a substitué, en 1660, *beaucoup de peine* à *bien de la peine*. Il n'est pas aisé d'en deviner la raison, car on se perd au milieu des distinctions subtiles établies par les grammairiens au sujet de ces deux expressions, qui, particulièrement dans le vers cité, nous paraissent tout à fait équivalentes.

Bien, joint à certains verbes auxquels il donne plus de force et ajoute un sens analogue à celui de *certes, assurément, sans doute :*

Elle peut *bien* souffrir en son libérateur
Ce qu'elle a *bien* souffert en son premier auteur. (III, 357. *Hor.* 1757.)

Seulement, il faut que la construction de la phrase ne laisse aucun doute sur le sens du mot *bien;* ainsi Corneille a eu raison de modifier, en 1660, cet endroit de *Polyeucte* (III, 524, vers 792) :

Qui trahit *bien* les Dieux auroit pu vous trahir.

et de mettre :

Qui trahit tous nos Dieux....

Un peu bien, voyez Peu (un).

QUAND BIEN, pour *quand bien même :*

.... *Quand bien* ce délai devroit tout hasarder,
Ma parole est donnée, et je la veux garder. (II, 395. *Méd.* 1111.)

BIEN VOULOIR, voyez VOULOIR.

BIENHEUREUX, en parlant des choses :

.... Du don qu'il me fait
Voudrez-vous retarder le *bienheureux* effet? (III, 424. *Cin.* 912.)
Ce *bienheureux* moment n'est pas encor venu. (III, 546. *Pol.* 1277.)
.... Ce choix *bienheureux* n'a rien qui ne vous plaise. (VII, 9. *Agés.* 4.)

BIENSÉANCE.

Le caractère d'Angélique sort de la *bienséance.* (II, 222. *Exam.* de *la Pl. Roy.*)

Il semble que la *bienséance* y soit un peu forcée (*dans ce que le poëte a fait pour conserver l'unité de lieu*). (III, 482. *Exam.* de *Pol.*)

IL EST DE BIENSÉANCE DE :

.... A notre sexe *il est de bienséance*
De ne pas trop vous en presser. (VII, 17. *Agés.* 194.)

BIGEARRE, voyez BIZARRE.

BILE.

ÉCHAUFFER LA BILE À, passionner :

... Ce qu'on a pour eux d'amour
A plus d'un *échauffe la bile.* (X, 127. *Poés. div.* 8.)

BISQUE.

C'étoit en menterie un auteur très-célèbre,
Qui sut y raffiner de si digne façon,
Qu'aux maîtres du métier il en eût fait leçon ;
Et qui tant qu'il vécut, sans craindre aucune risque,
Aux plus forts d'après lui put donner quinze et *bisque.* (IV, 310. *S. du Ment.* 380.)

Cette expression est fort bien expliquée dans le *Dictionnaire* de Furetière (1690) : « *Bisque*, terme de jeu de paume, est un coup que l'on donne gagné au joueur qui est plus foible, pour égaler la partie par cet avantage, et qu'il prend quand il veut, une fois en chaque partie.... On dit proverbialement à un homme sur qui on se vante d'avoir de l'avantage en quelque chose que ce soit, qu'on lui donneroit quinze et *bisque.* » Aujourd'hui on offrirait simplement de lui *rendre des points.*

BIVOUAC.

.... Comme s'ils étoient en pays dangereux,
L'ombre de Saint-Germain est un *bivouac* pour eux. (X, 199. *Poés. div.* 84.)

L'Achevé d'imprimer des *Victoires du Roi*, où nous trouvons ce mot, est du 28 novembre 1667. Il y avait alors fort peu de temps qu'il s'était introduit dans la langue.

Richelet, qui l'avait oublié en 1680 dans le corps de son *Dictionnaire*, lui consacre l'article suivant dans ses *Remarques sur la lettre B* :

« *Bihouac, biouac, bivouac,* s. m. L'un et l'autre de ces mots se disent et s'écrivent, mais les deux premiers semblent les plus usités. Le mot de *bihouac* ou de *biouac* vient, selon quelques-uns, de l'allemand. C'est une garde de nuit et une faction de l'armée entière, qui faisant un siége ou se trouvant en présence de l'ennemi, sort tous les soirs de ses tentes et de ses barraques et vient par escadrons et bataillons border les lignes de circonvallation ou se poster à la tête du camp pour y passer la nuit sous les armes, pour assurer ses quartiers, empêcher les surprises et s'opposer aux secours. » Cet avis « l'obligea de redoubler la garde des lignes et même de faire le *bihouac* toutes les nuits. » (De la Chapelle, *Relation de la campagne de Fribourg*, p. 155.) « Être au *biouac*, se trouver au *biouac*, monter à cheval pour le *biouac*, passer la nuit au *biouac*. » (Gaia, *Arts de la guerre*, 1re partie, chapitre xix.)

Furetière, qui en 1690 admet ce terme, remarque encore qu'il « est nouveau. »

BIZARRE.

Corneille a écrit *bigearre* dans les premières éditions de *la Galerie du Palais* (II, 62, vers 824) :

Cette *bigearre* humeur n'est jamais sans soupçons ;

et dans l'*Excuse à Ariste* (x, 75, vers 7) :

De sa *bigearre* quinte il se fasse des lois.

En 1647, Vaugelas semble préférer *bizarre* : « Tous deux en sont bons, dit-il, mais *bizarre* est tout à fait de la cour, en quelque sens qu'on le prenne. » Depuis lors cette dernière forme a prévalu, et Corneille l'a substituée à *bigearre* dans *la Galerie du Palais*, en 1660.

BIZARREMENT.

Les premiers acteurs y achèvent *bizarrement*. (II, 222. *Exam.* de *la Pl. Roy.*)

BIZARRERIE.

Que sait-on si l'amour, dont la *bizarrerie*
Se joue assez souvent du fond de notre cœur,
N'aura point fait au sien même supercherie? (VII, 32. *Agés.* 573.)

BLÂME, reproche, tache :

Une fausse louange est un *blâme* secret. (I, 158. *Mél.* 283.)
L'un, aveuglé d'amour, ne jugea point de *blâme*,
A ravir la beauté qui lui ravissoit l'âme. (I, 480. *Veuve*, 1575 var.)
Après m'avoir chéri quand je vivois sans *blâme*,
Qui m'aima généreux me haïroit infâme. (III, 155. *Cid.* 889.)

BLÂMER.

Loin de *blâmer* les pleurs que je vous vois répandre,
Je crois faire beaucoup de m'en pouvoir défendre. (III, 323. *Hor.* 951.)

BLÂMER DE QUELQUE CHOSE, D'AVOIR FAIT QUELQUE CHOSE :

Chacun vous *blâmeroit* de peu de jugement. (II, 66. *Gal. du Pal.* 908.)
Je ne la puis du moins *blâmer* d'un mauvais choix. (III, 506. *Pol.* 419.)
Je ne puis te *blâmer* d'avoir fui l'infamie. (III, 155. *Cid*, 906.)
.... Le Roi, plus piqué contre vous que contre elle....
Blâmera vos frayeurs et nos légèretés
D'avoir osé douter de la foi des traités. (IV 463. *Rod.* 813.)

Ceux qui ont *blâmé* l'autre (*la comédie de* Mélite) *de* peu d'effets auront ici de quoi se satisfaire. (I, 261. *Préf. de Clit.*)

BLÂMER, avec deux compléments directs :

Tout ce qu'on le *blâmoit* (mais c'étoient tours d'école),
C'est qu'il faisoit mal sûr de croire à sa parole. (IV, 221. *Ment. var.* 1.)

BLANC, adjectif :

Vous vous êtes fait tout *blanc* d'Aristote et d'autres auteurs. (X, 402. *Lett. Apologét.*)

La métaphore est empruntée à l'escrime, où *se faire blanc de son épée* est la faire tourner vivement autour de son corps, de façon à se garantir de toute atteinte.

BLANCHI, devenu blanc :

.... Ces cheveux *blanchis* sous le harnois. (III, 145. *Cid,* 711.)

BLANCHI DANS, vieilli dans :

Attale ce grand roi, *dans* la pourpre *blanchi*. (III, 428. *Cin.* 995.)
.... Homme *dans* la vertu *blanchi*. (VIII, 79. *Imit.* I, 835. *var.*)

BLANCHI, avec l'auxiliaire *être* :

.... Ne suis-je *blanchi* dans les travaux guerriers,
Que pour voir en un jour flétrir tant de lauriers? (III, 118. *Cid,* 239.)

BLANQUE, jeu de hasard :

.... C'étoit une *blanque* à de bons bénéfices. (X, 75. *Poés. div.* 26.)

Voyez la note 6 de la page indiquée.

BLESSER, au figuré, en parlant de l'amour, de la pitié, etc. :

Oui, sans doute, Clarice a son âme *blessée*. (I, 470. *Veuve,* 1376.)
Sa richesse l'attire, et sa beauté le *blesse*. (II, 130. *Suiv.* 73.)
.... La seule Daphnis avoit su me *blesser*. (II, 201. *Suiv.* 1460.)
Cherchez un autre nom pour l'objet qui vous *blesse*. (IV, 152. *Ment.* 222.)
Vous voulez rendre compte à l'objet qui vous *blesse*
De la bonté d'Octave et de votre foiblesse. (III, 422. *Cin.* 861.)
Fuyez un ennemi qui sait votre défaut,
Qui le trouve aisément, qui *blesse* par la vue,
Et dont le coup mortel vous plait quand il vous tue. (III, 492. *Pol.* 105.)
La main qui me *blessoit* a daigné me guérir. (IV, 485. *Rod.* 1366.)
.... La pitié qui me *blesse*
Sied bien au plus grand cœur, et n'a point de foiblesse. (III, 491. *Pol.* 86.)

BLESSÉ, en parlant de l'amour, de la douleur, du ressentiment :

Il possédoit mon cœur, mes desirs, ma pensée;
Je ne lui cachois point combien j'étois *blessée*. (III, 496. *Pol.* 198.)
D'une vive douleur elle paroît *blessée*. (VI, 647. *Oth.* 1650.)
Un vif ressentiment dont il le croit *blessé* (IV, 443. *Rod.* 322.)

Blesser les yeux, la vue, au figuré :

Ce grand prince vous sert, et vous servira mieux
Quand il n'aura plus rien qui lui *blesse les yeux*. (v, 568. *Nic.* 1294.)
L'assassin de Laïus doit me *blesser la vue*. (vi, 201. *OEd.* 1602.

Blesser les oreilles :

.... Ce mot peut *blesser les oreilles*. (vi, 385. *Sert.* 521.)

Blesser l'honneur de quelqu'un :

.... J'agis à force ouverte,
Sans *blesser son honneur*, sans pratiquer sa perte. (v, 560. *Nic.* 1108.)

Se blesser le cerveau de quelque chose :

Ce malheureux jaloux *s'est blessé le cerveau*
D'un festin qu'hier au soir il m'a donné sur l'eau. (iv, 187. *Ment.* 879.

BLOCUS, dans le style élevé :

Tandis que le *blocus* laissé devant Utique
Répond de cette place à notre république. (vi, 530. *Soph.* 1397.)

BOIS.

Infâme bois, en parlant de la croix :

Vois comme tout nu sur la croix,
Victime pure et volontaire,
Les deux bras étendus sur cet *infâme bois*,
Jadis pour tes péchés je m'offris à mon Père. (viii, 625. *Imit.* iv, 961.

Bois, statue, idole de bois :

Allons fouler aux pieds ce foudre ridicule
Dont arme un *bois* pourri ce peuple trop crédule. (iii, 520. *Pol.* 714.)

Charger de bois.

Antoine Oudin, dans ses *Curiosités françoises*, publiées en 1640, traduit cette locution par : « donner des coups de bâton. »

Que le galant alors soit frotté d'importance !
— Crois-moi qu'il se verra, pour te mieux contenter,
Chargé d'autant *de bois* qu'il en pourra porter. (ii, 465, *Illus.* 608.)

BOITEUX.

.... Tout simple et doucet, sans chercher de finesse,
Attendant le *boiteux*, je consolois Lucrèce. (iv, 290. *S. du Ment.* 32.)

Cette locution se trouve dans les *Curiosités françoises* d'Oudin, publiées trois ans avant *la suite du Menteur*; l'auteur l'explique par : « l'occasion qui vient lentement, l'issue de l'affaire. » Suivant Voltaire, le *boiteux* est le *Temps*, « parce que les anciens figuraient le Temps sous l'emblème d'un vieillard boiteux qui avait des ailes, pour faire voir que le mal arrive trop vite et le bien trop lentement. »

BON, adjectif.

Bon, en parlant des qualités d'une personne :

.... Il est trop *bon* mari pour être assez *bon* père. (v, 555. *Nic.* 992.)

Bon sujet, sujet fidèle, dévoué :

Je viens en *bon sujet* vous rendre le repos. (v, 590. *Nic.* 1785.)

Bon, généreux, noble :

Pour un léger ombrage,
C'est trop indignement traiter un *bon* courage. (II, 462. *Illus.* 558.)
Elle a le cœur trop *bon* pour se voir avec joie
Le rebut du tyran dont elle fut la proie. (III, 415. *Cin.* 689.)
Je vous le disois bien, elle a le cœur trop *bon*. (IV, 302. *S. du Ment.* 241.)
J'ai le cœur aussi *bon*, mais enfin je suis homme. (III, 302. *Hor.* 468.)
Votre sang est trop *bon*, n'en craignez rien de lâche. (III, 308. *Hor.* 615.)
Tout s'oppose à l'effort de ton injuste amour,
Qui veut d'un si *bon* sang souiller un si beau jour. (III, 355. *Hor.* 1698.)
Quel forfait trouvez-vous en sa *bonne* conduite? (III, 329. *Hor.* 1083.)

Bon, exact, rigoureux :

Puisqu'on fait *bonne* garde aux murs et sur le port. (III, 141. *Cid*, 631 *var.*)
On vous rendra *bon* compte et des deux rois et d'elles. (VII, 139. *Att.* 737.)

Bon, heureux, favorable :

.... Ne nous brouillons point avec nos *bons* destins. (VI, 420. *Sert.* 1348.)

Faire bon visage à quelqu'un :

Si je l'entretins hier et *lui fis bon visage.* (III, 289. *Hor.* 163.)

Faire une dette bonne, la garantir, s'en porter caution :

Je prends sur moi sa dette, et je vous *la fais bonne*. (v, 428. *D. San.* 238.)

La garder bonne à quelqu'un, conserver du ressentiment à son égard :

Mais Cloris, qui s'en tait, vous *la gardera bonne*. (I. 246. *Mél.* 1755.)

Il est bon que, il est bon de :

Il est bon qu'un mari nous cache quelque chose. (III, 494. *Pol.* 142.)
Il est bon cependant *de* la faire saisir. (v, 208. *Hér.* 1202.)

Il fait bon, suivi d'un infinitif :

.... En de certains temps *il fait bon* s'expliquer. (VI, 599. *Oth.* 567.)

Trouver bon que :

Trouvez bon qu'avec vous mon cœur s'ose expliquer. (IV, 77. *Pomp.* 1212.)

Comme bon vous semble :

Usez-en *comme bon vous semble*. (VI, 72. *Agés.* 1591.)

À QUOI BON?

Éclatez mes douleurs : *à quoi bon* vous contraindre? (III, 336. *Hor.* 1243.)

BONNE BOUCHE, voyez BOUCHE.

BON, substantivement.

LES BONS, les gens de bien :

Remplir *les bons* d'amour et les méchants d'effroi.
(III, 114. *Cid*, 176; et x, 179. *Poés. div.* 63.)

BON, adverbialement.

TENIR BON, tenir ferme, persévérer, demeurer :

Si je n'eusse point fui par la mort de Pélie,
Si j'*eusse tenu bon* dedans la Thessalie,
Il n'eût point vu Créuse.... (II, 357. *Méd.* 334.)

IL FAIT BON VOIR :

Il vous *fait* fort *bon voir*, mon frère, à cajoler. (I, 240. *Mél.* 1665.)

BONACE, calme de la mer.

On trouve souvent ce mot dans les premières pièces de Corneille :

Comme cette beauté, pour lui toute de glace,
Sur les bords de la mer contemploit la *bonace*. (II. 391. *Méd.* 1010.)

Il est ordinairement employé au figuré :

Que j'aime ce péril, dont la vaine menace
Promettoit un orage et se tourne en *bonace*. (I, 300. *Clit.* 414.)
.... D'un tel orage, en *bonace* réduit,
Célidan a la peine, et Philiste le fruit? (I, 491. *Veuve*, 1801.)
Un orage si prompt, qui trouble une *bonace*,
D'un naufrage certain nous porte la menace. (III, 131. *Cid*, 450.)
Je changeai d'un seul mot la tempête en *bonace*. (IV, 177. *Ment.* 673.)

Bonace, bonnace est souvent employé comme adjectif dans nos anciens tragiques, et ils l'appliquent également, dans son sens d'adjectif, à l'état des flots tranquilles :

Prens encor que les eaux se rendissent *bonnaces*
En ton departement, crains tu point les menaces
Du Dieu porte-trident, irrité contre toi? (Jodelle, *Didon*, II, fol. 261 recto.)

Aujourd'hui cet adjectif, devenu très-familier, s'écrit *bonasse*, et ne se dit plus que des personnes trop faibles, trop indulgentes.

BOND.

FAUX BOND, au figuré, changement, infidélité, inconstance :

Après un tel *faux bond*, un change si soudain,
A volage, volage, et dédain pour dédain. (I, 243. *Mél.* 1693.)

BOND (PRENDRE AU), voyez PRENDRE.

BONHEUR.

L'orgueil de tant de forts sous mon roi s'humilie :
Suze ouvre enfin la porte au *bonheur* d'Italie,
Dont elle voit qu'il tient les intérêts si chers. (x, 110. *Poés. div.* 60.)

TENIR À BONHEUR :

Les plus grands y *tiendront* votre amour *à bonheur*. (III, 505. *Pol.* 392.)

BONHEURS, au pluriel :

Vanité de choisir pour souverains *bonheurs*
De la chair et des sens les damnables caresses. (VIII, 33. *Imit.* I, 53.)
.... Vous le voyez, cet illustre monarque,
A vos temples ouverts conduire ses vainqueurs
Pour y bénir le ciel de vos propres *bonheurs*. (x, 213. *Poés. div.* 296.)
   Tu peux, mortel, à pleines mains
   Puiser des *bonheurs* souverains
  En cette inépuisable source. (x, 221. *Poés. div.* 13.)
Ils diront à l'envi les *bonheurs* que la paix
Va faire à gros ruisseaux pleuvoir sur tes sujets. (x, 330. *Poés. div.* 87.)

BONHOMME, en parlant d'un homme avancé en âge :

Voilà donc le *bonhomme* enfin à sa seconde,
C'est-à-dire qu'il prend la poste à l'autre monde. (IV, 292. *S. du Ment.* 67.)
Les comtes font traîner ce *bonhomme* en prison. (V, 485. *D. San.* 1596.)

LE BONHOMME, le paysan :

Ainsi font deux soldats qui sont chez *le bonhomme* :
Quand l'un veut tout tuer, l'autre rabat les coups. (IV, 342. *S. du Ment.* 1030.)

BORD.

BORD, en terme de marine, le bord d'un vaisseau :

Achillas à son *bord* joint son esquif funeste. (IV, 47. *Pomp.* 478.)

BORDS, rivages :

.... Voyant nos *bords* et notre flotte en armes. (IV, 46. *Pomp.* 465.)
Après de tels succès il (*l'Espagnol*) craint pour tous ses *bords*.
           (x, 197. *Poés. div.* 52.)

BORD, ce qui borde quelque chose.

SUR LES BORDS DE, au propre :

Sur les bords du perron soudain elle s'avance. (V, 96, *Théod.* 1799.)

SUR LE BORD DE, SUR LES BORDS DE, AUX BORDS DE, figurément :

Oui, votre intelligence à demi découverte,
Met votre Suréna *sur le bord de* sa perte. (VII, 507. *Sur.* 1058.)
Sur les bords de la tombe où tu me vois courir. (VI, 169. *OEd.* 816.)
.... Nous voyant tous *sur les bords du* tombeau. (VI, 139. *OEd.* 123.)

Vous devriez pourtant régler mieux ce courage,
N'en pousser point l'effort jusqu'*aux bords de* la rage. (vi, 60. *Perth.* 940.)
Quand nous sommes *aux bords d*'une pleine victoire,
Quel besoin avons-nous d'en partager la gloire? (vi, 388. *Sert.* 633.)

BORDEL.

>   Paris entier, ayant lu son cartel,
>   L'envoie au diable, et sa muse au *bordel.* (x, 79. *Poés. div.* 11.)

Il ne faut pas oublier que ces vers sont de 1637; néanmoins, bien qu'à cette époque on ne fût pas très-exigeant sur les bienséances, Claveret a reproché à Corneille d'avoir « fait imprimer ce rondeau que les honnêtes femmes ne sauroient lire sans honte. » Voyez tome III, p. 22.

BORNE, au figuré :

Mets enfin quelque *borne* au mal qui me possède. (iii, 113. *Cid,* 142.)
Cette grandeur sans *borne* et cet illustre rang. (iii, 402. *Cin,* 359.)
Vous n'avez point de *borne,* et votre affection
Passe votre promesse et mon ambition. (v, 573. *Nic.* 1401.)
Ainsi, par des succès que nous n'osions attendre,
Ton État voit sa *borne* au milieu de la Flandre. (x, 206. *Poés. div.* 174.)

Le poëte s'adresse à Louis XIV; il s'agit des victoires de 1667.

BORNER, au propre et au figuré, limiter, restreindre :

Quoi? je verrai, Seigneur, qu'on *borne* vos États.... (v, 540. *Nic.* 629.)
Si vous m'aimez, Seigneur, nos mers et nos montagnes
Doivent *borner* vos vœux, ainsi que nos Espagnes. (vi, 419. *Sert.* 1330.)

Borner sa gloire à :

Ne *borne* pas *ta gloire à* venger un affront. (iii, 164. *Cid,* 1092.)

Borné à :

.... Nous vous ferons voir tous nos desirs *bornés*
A vous donner en nous des sujets couronnés. (iv, 486. *Rod.* 1377.)

Borné de :

La puissance sur moi que je vous ai donnée....
— *D*'aucune exception ne doit être *bornée.* (ii, 164. *Suiv.* 714.)
Voyant *d*'un temps si court leur puissance *bornée.* (iii, 407. *Cin.* 514.)

BOSSU, en parlant d'un terrain inégal :

>   Les myrtes et les jasmins qui le composoient (*le jardin*) sont devenus des rochers affreux, dont les masses, inégalement escarpées et *bossues,* suivent si parfaitement le caprice de la nature, qu'il semble qu'elle ait plus contribué que l'art à les placer ainsi des deux côtés du théâtre. (v, 352. *Andr.*)

Ce mot a conservé ce sens dans quelques locutions proverbiales; on dit encore dans la basse Normandie : « Jamais lard ni cuit ni cru n'a fait le cimetière bossu. »

BOUCHE.

À LA BOUCHE, AVOIR EN BOUCHE :

.... Le blasphème *à la bouche*. (III, 534. *Pol.* 997.)
Avoir toujours *en bouche* angles, lignes, fossés. (IV, 159. *Ment.* 339.)

BONNE BOUCHE :

Vous en tenez, Monsieur : Lucrèce est la plus belle ;
Mais laquelle des deux? J'en ai le mieux jugé,
Et vous auriez perdu si vous aviez gagé.
— Cette nuit à la voix j'ai cru la reconnoître.
— Clarice sous son nom parloit à sa fenêtre ;
Sabine m'en a fait un secret entretien.
— *Bonne bouche !* j'en tiens ; mais l'autre la vaut bien. (IV, 235. *Ment.* 1724.)

Dans les *Curiosités françoises* d'Oudin, les locutions : *Il lui garde pour la bonne bouche*, et *pour faire bonne bouche*, sont expliquées par : « pour la fin, pour se venger à la fin, » et c'est à ces façons de parler que nous avions rattaché d'abord l'exclamation *bonne bouche* (voyez la note 4 de la page indiquée) ! mais le même lexicographe explique *avoir bonne bouche* par : « ne rien confesser, » et c'est aussi dans ce dernier sens que Saliat, traducteur d'*Hérodote* (1556), emploie cette locution, rendant ainsi presque littéralement le grec εὔστομα κεῖσθω (livre II, chapitre CLXXI, éd. de M. Talbot, p. 195). Tout bien examiné, nous pensons donc que dans le vers cité du *Menteur* il faut comprendre : *bouche close !*

BOUCHE, au figuré.

En parlant d'une plaie :

.... Sa valeur, en cet état réduite,
Me parloit par sa plaie et hâtoit ma poursuite ;
Et pour se faire entendre au plus juste des rois,
Par cette triste *bouche* elle empruntoit ma voix. (III, 144. *Cid*, 680.)

En parlant des canons :

.... Les canons quittant leurs usages farouches,
Ne servent plus ici que d'éclatantes *bouches*,
Pour rendre grâce au ciel de cet heureux accord. (X, 106. *Poés. div.* 11.)

BOUCHE, embouchure :

Vers la *bouche* du fleuve ils ont osé paroître. (III, 140. *Cid*, 609.)

C'est le terme géographique dans toute sa rigueur technique. Boileau a dit de même dans son *Art poétique* (chant III, vers 138) :

Par sept *bouches* l'Euxin reçoit le Tanaïs.

BOUCLIER.

FAIRE DE SON CORPS BOUCLIER À QUELQU'UN :

Quand tout percé de coups, sur un monceau de morts,
Je *lui fis* si longtemps *bouclier de mon corps*. (V, 428. *D. San.* 220.)

BOUE, figurément :

Ces âmes que le ciel ne forma que de *boue*. (IV, 37. *Pomp.* 265.)
.... Son sang que le ciel n'a formé que de *boue*. (V, 421. *D. San.* 40.)

BOUFFI, enflé, figurément :

Je ne suis qu'un néant *bouffi* de vanité. (VIII, 460. *Imit.* III, 4109.)

BOUILLANT, ardent, impétueux :

Ma *bouillante* fureur ne cherche qu'un objet. (II, 81. *Gal. du Pal.* 1187.)
.... Je sens refroidir ce *bouillant* mouvement. (III, 387. *Cin.* 19.)
Madame, écoutez moins des transports si *bouillants*. (V, 92. *Théod.* 1710.)

Tout bouillant de :

On l'a pris *tout bouillant* encor *de* sa querelle. (III, 138. *Cid*, 574.)

L'Académie a blâmé cette expression, mais Voltaire l'a vivement défendue.

BOUILLONS.

Ce mot se dit au propre des bulles qui se produisent à la surface d'un liquide échauffé ou agité :

Mais tâchons de gagner jusqu'au premier village,
Où ces *bouillons* de sang se puissent arrêter. (I, 294. *Clit.* 315.)
.... Mon funeste avis ne serviroit de rien
Qu'à confondre mon sang dans les *bouillons* du sien. (II, 376. *Méd.* 716.)
Sire, mon père est mort; mes yeux ont vu son sang
Couler à gros *bouillons* de son généreux flanc. (III, 143. *Cid*, 660.)

Corneille a employé très-souvent ce mot au figuré :

Modère ces *bouillons* d'une âme colérée. (I, 281. *Clit.* 117.)
Modérez les *bouillons* de cette violence. (II, 354. *Méd.* 281.)
L'impétueux *bouillon* d'un courroux féminin,
Qui s'échappe sur l'heure et jette son venin,
Comme il est animé de la seule impuissance,
A force de grossir, se crève en sa naissance. (I, 327. *Clit.* 947 *var.*)
  Rompez, dissipez les *bouillons*
  De ces ardeurs séditieuses. (VIII, 439. *Imit.* III, 3665.)

Voyez Bouillonner.

BOUILLONNER, former des bouillons :

  .... Le sang qui *bouillonne*
Forme un si gros torrent, que lui-même il s'étonne. (VII, 179. *Att.* 1733.)

Bouillonner, figurément :

Tel Sophocle à cent ans charmoit encore Athènes;
Tel *bouillonnoit* encor son vieux sang dans ses veines. (X, 312. *Poés. div.* 28.)

BOULEVARD.

Nous nous barricadons, et dans ce premier feu
Nous croyons gagner tout à différer un peu.
Comme à ce *boulevard* l'un et l'autre travaille,
D'une chambre voisine on perce la muraille. (IV, 176. *Ment.* 661 *var.*)

En 1660 Corneille, ajoutant *mais* au commencement du vers, a remplacé *boulevard* par *rempart*. Il n'est peut-être pas inutile de remarquer que ces deux expressions sont synonymes, tant les mots perdent vite à Paris leur sens habituel. De ce que les anciens remparts sont devenus une promenade, il ne s'ensuit pas qu'on doive appeler *boulevard* toutes les larges allées ou rues plantées d'arbres, même lorsqu'elles n'ont jamais servi de fortifications. C'est pourtant ce qui arrive aujourd'hui, et nos nouveaux dictionnaires sont contraints d'admettre cette étrange acception.

BOULEVERSER, abattre, renverser, mettre en désordre :

Je l'ai vu....
Bouleverser les murs d'un seul de ses regards. (VII, 132. *Att.* 572.)
L'empire est à donner, et le sénat s'assemble
Pour choisir une tête à ce grand corps qui tremble,
Et dont les Huns, les Goths, les Vandales, les Francs
Bouleversent la masse et déchirent les flancs. (VII, 382. *Pulch.* 28.)

BOURDE, tromperie, menterie.

DONNER UNE BOURDE :

Quand il est nuit sans lune, et qu'il fait temps couvert,
Connoît-on les couleurs ? Tu *donnes une bourde*. (IV, 368. *S. du Ment.* 1513.)

DONNEUR DE BOURDES :

Appelez-moi grand fourbe et grand *donneur de bourdes*. (IV, 194. *Ment.* 1014.)

BOURGEOIS, citoyen :

.... Ne savez-vous plus qu'il n'est princes ni rois
Qu'elle (*Rome*) daigne égaler à ses moindres *bourgeois* ? (V, 518. *Nic.* 166.)

BOURGEOISIE (DROIT DE) :

Le *droit de bourgeoisie* à nos peuples donné. (VI, 387. *Sert.* 579.)

BOURREAU.

Faisant passer Photin par les mains d'un *bourreau*. (IV, 90. *Pomp.* 1524.)

Ménage remarque dans ses *Observations*, qu'on emploie *bourreau*, même en parlant d'une femme, et il donne pour exemple ce vers du *Cid* :

Va, je suis ta partie, et non pas ton *bourreau*. (III, 157. *Cid*, 940.)

BOURREAU, meurtrier :

.... Toi-même des tiens devenu le *bourreau*. (III, 435. *Cin.* 1139.)
Le cœur de Pulchérie est trop haut et trop franc
Pour craindre ou pour flatter le *bourreau* de son sang. (V, 163. *Hér.* 152.)

BOURRELLE, féminin de *bourreau* :

Bourrelle de mon sang, honte de ma famille. (II, 380. *Méd.* 801 *var*.)

En 1660 Corneille a remplacé *bourrelle* par *prodigue*. — *Bourrelle* était fort employé par nos anciens tragiques, soit comme adjectif, soit comme substantif :

Que plus tost cette terre au fond de ses entrailles
M'engloutisse à présent, que toutes les tenailles
De ces *bourrelles* Sœurs, horreur de l'onde basse,
M'arrachent les boyaux.... (Jodelle, *Cleopatre*, I.)

BOU]   DE CORNEILLE.   133

BOURRER des vers, faire des vers avec de la bourre, avec du remplissage :

.... Pour un cavalier c'est bien *bourré des vers*
        A tort et à travers. (x, 40. *Poés. div.* 43.)

Voyez le *Lexique de Malherbe*, au mot Bourre.

BOURSE, argent, richesse :

La *bourse* de César fit plus que sa harangue. (iv. 32. *Pomp.* 146.)

BOUT, extrémité :

Faut-il combattre encor mille et mille rivaux,
Aux deux *bouts* de la terre étendre mes travaux? (iii, 196. *Cid.* 1784.)
Que cent peuples unis des *bouts* de l'univers
Passent pour la détruire (*Rome*) et les monts et les mers!
                                    (iii, 339. *Hor.* 1309.)

Au bout :

Fais-en un bon usage (*de la grâce*), et la gloire est *au bout*
                                    (x. 221, *Poés. div.* 30.)

Jusques au bout, jusqu'au bout, jusqu'à la fin :

Voyons si ta constance ira *jusques au bout*. (iii, 453. *Cin.* 1559.)
Vous êtes généreux; soyez-le *jusqu'au bout*. (iii, 550. *Pol.* 1349.)
Sa vertu *jusqu'au bout* ne s'est point démentie. (v, 199. *Hér.* 1011.)

Au bout de, après :

Son nom, *au bout de* six cents ans, vient encore de triompher en France. (iii, 77. *Épît* du *Cid*.)

Mettre quelqu'un au bout de :

Ne m'apprendras-tu point ce que fait ta maîtresse?
— Elle *met* ton agente *au bout de* sa finesse. (i, 437. *Veuve*, 744.)

Venir à bout de quelque chose :

Pour *en venir à bout*, c'est trop peu que de vous. (iii, 186. *Cid*, 1564.)
.... *En viendrons*-nous *à bout*?... (iv, 211. *Ment.* 1315.)
        .... Sois sûr que je te devrai tout
Si l'ardeur de ton zèle *en* peut *venir à bout*. (v, 219. *Hér.* 1454.)

Venir à bout de quelqu'un :

Par là *de* nos mutins le feu Roi *vint à bout*. (iv, 64. *Pomp.* 875.)

De l'un à l'autre bout, d'un bout à l'autre :

Il (*Dieu*) remplit l'univers *de l'un à l'autre bout*. (v, 41. *Théod.* 550.)

De bout en bout, du commencement à la fin :

Quoi? Jouer nos amours ainsi *de bout en bout!* (iv, 388. *S. du Ment. var.* 1.)

À chaque bout de champ, voyez Champ.

Pousser à bout, voyez Pousser.

BRAISE, au figuré, flamme, feux.

Nos anciens poëtes employaient ce mot dans les sujets les plus sérieux :

C'est Amor qui souffle et atise
La brese qu'il t'a ou cuer mise. (*Roman de la Rose*, 6423.)
La peur que i'ay que ce sottard
Decœuure la *braise* qui m'ard. (Jodelle, *l'Eugene*, I, 1.)
Les miens (*mes yeux*) n'en peuuent plus, consommez de la *braise*
Que vomist ma poitrine ainsi qu'une fournaise. (Garnier, *Antoine*, v, 191.)
Voyez-vous pas sortir, comme d'une fournaise,
Les soupirs de ma bouche aussi chauds comme *braise* ?
(Garnier, *Hippolyte*, III, 81.)

Les mêmes poëtes employaient *braisiller* au figuré dans un sens analogue :

Lors que son hoste Amour de ses flammes mordantes
Peu à peu deuoroit ses entrailles ardentes,
Braisillant dans son cœur, comme on voit hors la braise
Les charbons s'allumans saillir dans la fournaise. (Jodelle, *Didon*, 1.)

Corneille ne s'est jamais servi de ce verbe ; mais il a souvent fait usage du nom *braise*. Ce n'a guère été, il est vrai, que dans quelques-unes de ses premières comédies et seulement dans les éditions originales ; dès 1644, il a modifié, comme on va le voir, pour supprimer le mot *braise*, les divers passages que nous allons citer pour exemples. Déjà de son temps l'emploi figuré de ce terme paraissait trivial ; cependant, encore aujourd'hui, nous nous servons sans scrupule de *brasier*, d'*embraser*, d'*embrasement*, et ces expressions passent même pour fort relevées ; mais *braise* se dit trop souvent à la cuisine pour qu'il soit supporté au salon.

Vienne cet heureux jour ! mais jusque-là, mauvaise,
N'avoir point de baisers à rafraîchir ma *braise* ! (I, 368. *Clit. var.*)

Cette scène a été supprimée.

Hier devant tous les Dieux je t'en donnai ma foi,
Et pour la maintenir j'éteindrai bien ma *braise*. (I, 468. *Veuve*, 1335 var.)

Et pour la maintenir tout me sera possible.

Perfide ! à mes dépens tu soûles donc ta *braise* ? (I, 497. *Veuve*, 1915 var.)

Perfide ! à mes dépens tu veux donc des maîtresses ?

.... Je songe peu, dans l'excès de ma *braise*.... (II, 153. *Suiv.* 510 var.)

.... Je songe peu, dans l'excès de ma flamme....

Je le viens de trouver, ravi, transporté d'aise
D'avoir eu les moyens de déclarer sa *braise*. (II, 160. *Suiv.* 638 var.)

Je viens de le trouver, tout ravi dans son âme
D'avoir eu les moyens de déclarer sa flamme.

Parmi tant de malheurs, vous me comblez d'une aise
Qui redouble mes maux aussi bien que ma *braise*. (II, 193. *Suiv.* 1278 var.)

Qu'avec des mots si doux vous m'êtes inhumaine !
Vous me comblez de joie et redoublez ma peine.

Si je feins un peu de *braise*.... (x, 56. *Poés. div.* 25.)

Ce vers n'a pu être modifié ; il se trouve dans une chanson publiée en 1632 à la suite de *Clitandre*, chanson que Corneille n'a jamais fait réimprimer.

BRANDON, au propre, débris enflammé :

Un feu subtil s'allume, et ses *brandons* épars
Sur votre don fatal courent de toutes parts. (II, 405. *Méd.* 1307.)

BRANLE, agitation :

Ainsi de notre espoir la Fortune se joue :
Tout s'élève ou s'abaisse au *branle* de sa roue. (II, 518. *Illus.* 1590.)

C'est depuis longtemps le terme consacré chez nos poëtes pour exprimer le mouvement de la roue de la Fortune :

> Instable en nos prosperitez,
> Instable en nos aduersitez,
> De nous elle se ioüe,
> Qui tournons sans cesse agitez
> Au *branle* de sa roüe. (Garnier, *Cornelie*, III, 379.)

Boileau a dit de même (*Épître* V, vers 134) :

> Qu'à son gré désormais la Fortune me joue,
> On me verra dormir au *branle* de sa roue.

BRANLER.

Ne mets point ton espoir sur un frêle roseau
Qui penche au gré du vent, qui *branle* au gré de l'eau. (VIII, 212. *Imit.* II, 720.)

BRAS, figurément, en parlant du courage, de la vaillance d'un guerrier :

Commandez que son *bras*, nourri dans les alarmes,
Répare cette injure à la pointe des armes. (III, 139. *Cid*, 589.)
.... J'ose dire encor qu'un *bras* si renommé,
Peut-être auroit moins fait, si le cœur n'eût aimé. (V, 186. *Hér.* 713.)
Pleure, pleure ce *bras* qui t'a si bien servi. (VI, 96. *Perth.* 1769.)

BRAS, opposé à *cœur* :

J'ai toujours même cœur; mais je n'ai point de *bras*
Quand il faut conserver ce qui ne vous plaît pas. (III, 183. *Cid*, 1483.)

BRAS, opposé à *tête*, voyez TÊTE.

LE BRAS DE LA JUSTICE :

Dérober un coupable au *bras de la justice.* (III, 351. *Hor.* 1600.)

LE BRAS DES DIEUX VENGEURS :

.... Quand les dieux vengeurs laissent tomber leur *bras.* (VI, 158. *Œd.* 563.)

SUR LES BRAS, AVOIR SUR LES BRAS :

Vous voyez *sur mes bras* de nouveaux ennemis. (IX, 323. *Off. V.* 6.)

Vois l'état où je suis; j'ai deux rois *sur les bras.* (V, 384. *Méd.* 888 *var.*)

En 1660 Corneille a ainsi modifié ce vers :

> Veux-tu que je m'expose aux haines de deux rois?

TENDRE LES BRAS À QUELQUE CHOSE, y donner les mains :

.... Je *tendis les bras à* mon enlèvement
Pour soustraire ma main à son commandement. (II, 511. *Illus.* 1399.)

Corneille se serait peut-être servi de la tournure généralement adoptée, si le mot *main* ne s'était pas trouvé dans le vers suivant.

BRASIER, au propre :

.... Leurs habits charmés, malgré nos vains efforts,
Sont des *brasiers* secrets attachés à leur corps. (II, 405. *Méd.* 1316.)
Ce *brasier*, que le charme ou répand ou modère,
A négligé Cléone, et dévoré mon père. (II, 412. *Méd.* 1461.)

Il s'agit des feux allumés par la robe que Médée a donnée à Créuse.

BRASIER, au figuré, flamme, passion :

Son *brasier* est trop grand, rien ne peut l'amortir. (II, 34. *Gal. du Pal.* 307.)

Voyez BRAISE.

BRASSER, pratiquer, tramer, au figuré :

Corneille s'est servi deux fois de ce verbe dans *la Veuve;* mais en 1644 il l'a fait disparaître :

Que son frère, ébloui par cette accorte feinte,
De ce que nous *brassons* n'ait ni soupçon ni crainte. (I, 406. *Veuve,* 126 *var.*)

De nos prétentions n'ait ni soupçon ni crainte.

Alcidon, averti de ce que vous *brassez,*
Va rendre en un moment vos desseins renversés. (I, 431. *Veuve,* 641 *var.*)

De vos prétentions Alcidon averti,
Vous fera, s'il m'en croit, un dangereux parti.

On ne devine pas bien ce qui a engagé Corneille à supprimer ce mot. De son temps il était d'un usage habituel. Perrot d'Ablancourt en faisait un fréquent emploi dans ses traductions et n'était repris par personne : « L'Empereur ne sçavoit rien de ce qu'on *brassoit* contre sa famille. » (Trad. de Tacite, *Annales,* livre V, tome I, p. 343.) « Il a esté obligé de prendre des gardes et d'assurer sa vie par le supplice de ceux qui luy estoient suspects, et qui *brassoient* quelque trahison contre luy. » (Trad. de Lucien, tome II, p. 130.) Enfin, en 1694, l'Académie inscrivait ce terme dans son *Dictionnaire* sans y joindre aucune note défavorable.

Anciennement *brasseur* s'employait au figuré dans un sens analogue à celui de *brasser :* « Plato vouloit qu'il y eust des *brasseurs* de mariage, qui sceussent par art cognoistre les qualitez des personnes qui se marient. » (Bouchet, livre I, 3ᵉ *serée,* p. 80.)

BRAVACHE.

Non, il les faut ravoir des mains de ce *bravache.* (I, 252. *Mél. var.*)

BRAVADE, dans le style élevé :

Les *bravades* enfin sont des discours frivoles. (IV, 57. *Pomp.* 713.)
La *bravade* est aisée, un mot est bientôt dit. (VII, 124. *Att.* 407.)

FAIRE BRAVADE, braver :

Ce bélître insolent me *fait* encor *bravade.* (II, 462. *Illus.* 565.)

BRAVE HOMME, homme d'honneur, homme brave :

Le Comte eut de l'audace ; il l'en a su punir :
Il l'a fait en *brave homme*, et le doit maintenir. (III, 179. *Cid*, 1424.)
.... Nous verrons ainsi qui fait mieux un *brave homme*
Des leçons d'Annibal, ou de celles de Rome. (v. 523. *Nic.* 275.)

BRAVER.

.... Ces vastes montagnes....
N'ont eu remparts si forts ni si haut élevés
Que ton vol, chère sœur, après moi n'ait *bravés*. (x, 116. *Poés. div.* 4.)

Braver, absolument :

.... Si le cœur t'en dit, au lieu de tant *braver*,
J'apprendrai seul à seul, dans peu, de tes nouvelles. (I. 466. *Veuve*, 1302.)
C'est peu pour lui de vaincre, il veut encor *braver*. (III, 332. *Hor.* 1130.)

BRÈCHE.

Faire brèche à, faire des brèches sur :

S'il *fait* la moindre *brèche à* la foi conjugale. (II, 512. *Illus.* 1433.)
.... Gardez-vous aussi d'oublier votre faute ;
Et comme elle *fait brèche au* pouvoir souverain,
Pour la bien réparer, retournez dès demain. (v. 534. *Nic.* 505.)
Un million de traits, un million de flèches
    Tomberont à vos deux côtés,
Sans que flèches ni traits *fassent* aucunes *brèches*
    Sur ce que gardent ses bontés (IX, 331. *Vép. et Compl. D.* 27.)

BREVET.

Furetière explique en ces termes, dans son *Dictionnaire* (1690), un exemple de ce mot qui se lit dans Corneille : « Se dit.... de certains billets, caractères ou oraisons que donnent des charlatans et des affronteurs pour guérir de plusieurs maladies, ou pour faire des choses extraordinaires. Ainsi Corneille a dit dans *l'Illusion comique* (II, 442, vers 170) :

    Et pour gagner Paris, il vendit par la plaine
    Des *brevets* à chasser la fièvre et la migraine.

On les appelle en grec *phylacteria*, en latin *servatorium, amuletum*. »

BRICOLE, tromperie, mauvaise excuse, mauvais expédient :

    Tenir à demi sa parole,
  C'est une méchante *bricole*. (x, 159. *Poés. div.* 34.)
    Cette méchante *bricole*
   Vous fait beaucoup hasarder. (x, 162. *Poés. div.* 5.)

C'est une expression figurée tirée des jeux de paume et de billard. Voyez Bricoler.

BRICOLER.

« Pousser une balle, une bille, un boulet obliquement pour le faire aller en un certain endroit par réflexion. On dit aussi au figuré, de ceux qui ne vont point droit dans les affaires, qu'ils ne font que fuir et *bricoler*, c'est-à-dire amuser et tromper. » (*Dictionnaire de Furetière*, 1690.)

Ne sait-il pas encor les plus rusés détours
Dont votre esprit adroit *bricola* vos amours? (IV, 322. *S. du Ment.* 634.)

Lorsque notre âme s'est purgée
De cette sottise enragée
Dont le fantasque mouvement
Bricole notre entendement.... (x, 25. *Poés. div.* 10.)

BRIDE, au figuré :

Retiens un peu la *bride* à tes bouillants desirs. (I, 369. *Clit. var.*)
.... Pour tenir en *bride* un peuple sans raison. (VII, 443. *Pulch.* 1551.)
Il les dompte (*ses desirs*), il les rompt, il les tourne, il les guide,
Et donne ainsi pour *bride*
La raison aux plaisirs. (VIII, 42. *Imit.* I, 217.)

Que les hommes en terre apprennent à se taire,
Et donnent une *bride* à la témérité. (VIII, 569. *Imit.* III, 6385.)

BRIGADE.

Le péril approchoit; leur *brigade* étoit prête (III, 171. *Cid*, 1249.)

Ce vers a fourni à Scudéry une belle occasion d'étaler ses connaissances militaires; il voulait astreindre notre poëte à une rigueur de langage tout administrative, et ne lui permettait pas de faire sa brigade de plus de cinq cents hommes; mais l'Académie décida qu' « en termes de poésie on prend *brigade* pour troupe, de quelque façon que ce soit. »

Corneille, ainsi justifié, a dit dans *la Toison d'or* (VI, 267, vers 261) :

Je sais que sa *brigade*, à peine descendue,
Rétablit à nos yeux la bataille perdue.

BRIGAND, BRIGANDE, adjectif :

Traître, qui te fais fort d'une troupe *brigande*,
Je te choisirai bien au milieu de la bande. (II, 485. *Illus.* 977.)

Nos anciens poëtes tragiques se servaient souvent ainsi de ce mot :

Nos bleds, ta fertile fange,
De *brigandes* mains pillez,
Lairront nos champs despouillez. (Garnier, *Antoine*, II, 499.)

BRIGANDAGE.

Elle (*Rome*) admiroit l'amas des affreux *brigandages*
D'où tiroient leurs grands noms ses plus grands personnages.
(x, 214. *Poés. div.* 301.)

BRIGUE.

FORMER DES BRIGUES :

Combien pour le répandre (*le sang romain*) a-t-il formé de *brigues?*
(III, 392. *Cin.* 169.)

BRIGUER QUELQU'UN :

De vos hauts faits pour vous laissez parler l'éclat.

Qu'il sera glorieux que sans *briguer* personne,
Ils fassent à vos pieds apporter la couronne! (VII 394. *Pulch.* 345.)

BRIGUER, absolument :

Elle-même *a brigué* pour me voir souverain. (VII, 407. *Pulch.* 675.)

BRILLANT, adjectif, au figuré :

J'attendois votre nom après ces qualités :
Les éloges *brillants* que vous daigniez y joindre
Ne me permettoient pas d'espérer rien de moindre. (VI, 384. *Sert.* 513.)

BRILLANT, substantivement :

Leur gloire a son *brillant* et ses règles à part. (II, 508. *Illus.* 1363.)
Sur mon théâtre ainsi tes vertus ébauchées
Sèment ton grand portrait par pièces détachées;
Les plus sages des rois, comme les plus vaillants,
Y reçoivent de toi leurs plus dignes *brillants.* (x, 188. *Poés. div.* 58.)

Ces vers s'adressent à Louis XIV.

L'œil se peut-il fixer sur la vérité nue?
Elle a trop de *brillant* pour arrêter la vue. (x, 238. *Poés. div.* 42.)
.... L'heureux *brillant* de mes jeunes rivaux. (x, 311. *Poés. div.* 5.)

FAUX BRILLANT, faux éclat :

     .... La plus belle couronne
N'a que de *faux brillants* dont l'éclat l'environne. (v, 158. *Hér.* 2.)
En vain l'ambition qui presse mon courage,
D'un *faux brillant* d'honneur pare son noir ouvrage. (VI, 365. *Sert.* 9.)

BRISÉES.

Qu'au reste les veneurs, allant sur leurs *brisées,*
Ne forcent pas le cerf, s'il est aux reposées. (I, 303. *Clit.* 461.)

Ce mot se dit au propre des branches d'arbres que les veneurs rompent pour reconnaître l'endroit où se tient la bête ; de là les expressions figurées : « marcher sur les *brisées* de quelqu'un ; reprendre ses *brisées,* » etc.

BRISER, au propre, absolument :

La machine brisée à grands coups de tonnerre
Sur le peuple tremblant roule, et *brise* à son tour. (IX, 611. *Hymn.* 10.)

BRISER, au figuré :

.... Que si près du port, contre toute apparence,
Un orage si prompt *brisât* notre espérance. (III, 159. *Cid,* 990.)
Rome n'a point de lois que tu n'oses *briser.* (IV, 99. *Pomp.* 1748.)
Pour *briser* en vainqueur cet hymen, s'il s'achève. (VI, 409. *Sert.* 1122).

BRISER, interrompre :

Brise là ce discours dont mon amour s'irrite. (I, 423. *Veuve,* 467.)

Brisons là ce discours : je l'aperçois venir. (II, 140. *Suiv.* 272.)

En ce sens, *briser* s'emploie d'ordinaire absolument :

.... *Brisons* là, s'il vous plaît. (I, 215. *Mél.* 1205.)

Brisé, au figuré :

Soutenir un état chancelant et *brisé.* (VII, 114. *Att.* 147.)

BRISURE.

Ta virginité sainte est la porte sacrée
  Dont ce Dieu fit le digne choix
  Pour faire au monde son entrée,
Comme pour en sortir il le fit de la croix.
Il entre dans tes flancs, il en sort sans *brisure.* (IX, 46. *Louanges*, 715.)

BRODERIE, au singulier :

.... Des guerriers si bien mis,
Tant d'habits, comme au bal, chargés de *broderie.* (X, 200. *Poés. div.* 97.)

BRONCHER, figurément :

Après ce mauvais pas où vous avez *bronché*,
Le reste encor longtemps ne peut être caché. (IV, 208. *Ment.* 1263.)

BROSSER, parcourir les forêts, les lieux couverts de broussailles ou de *brossailles*, comme on écrivait encore souvent au dix-septième siècle :

Vous me retarderiez, Monsieur : homme qui vive
Ne peut à mon égal *brosser* dans ces buissons. (I, 310. *Clit. var.* 1.)

 « Il est aisé de juger que le respect qu'on porte au dieu Mars, à qui elle (*la forêt*) est consacrée, fait qu'on n'ose ni couper aucunes branches, ni même *brosser* au travers. » (VI, 330. *Tois.*)

Garnier a dit de même :

  . . . . *Brossez* dans ce bocage. (*Antigone*, V, 129.)

BROUILLER, confondre :

Là ma douleur trop forte *a brouillé* ces images. (III, 407. *Pol.* 241.)

BROUILLER, au figuré, troubler :

Quel accident nouveau te *brouille* ainsi le sens? (I, 200. *Mél.* 932 *var.*)

En 1660 Corneille a remplacé dans ce vers *brouille* par *trouble*.

Mille sottes frayeurs lui *brouillent* la cervelle. (I, 148. *Mél.* 90.)
Vois-tu, je ne sais quoi me *brouille* la cervelle. (II, 269. *Pl. roy.* 882.)
C'étoient discours en l'air inventés par ma flamme,
Pour *brouiller* ton esprit et celui de sa femme. (VI, 75. *Perth.* 1288.)
Leur mollesse a plus fait que le fer ni la flamme :
Elle a frappé mes sens, elle *a brouillé* mon âme. (V, 87. *Théod.* 1584.)

.... Le manque d'amour fait le manque de cœur ;
Il abat le courage, il détruit la vigueur,
Relâche les desirs, *brouille* la connoissance. (VIII, 285. *Imit.* III, 529.)

   Léontine avec tant de ruse,
   Ou me favorise ou m'abuse.
  Qu'elle *brouille* tout notre sort. (V, 222. *Hér.* 1521.)

.... Ces discours en l'air que l'orgueil vous inspire
Veulent persuader ce que vous n'osez dire,
Brouiller la populace.... (VI, 66. *Perth.* 1081.)

Je n'ai qu'à dire un mot pour *brouiller* bien des choses. (VI, 628. *Oth.* 1226.)

BROUILLER LA FANTAISIE, voyez FANTAISIE.

BROUILLER, écrire, composer précipitamment :

Ma sœur, un mot d'avis sur un méchant sonnet
Que je viens de *brouiller* dedans mon cabinet. (I, 170. *Mél.* 472.)
 C'est une bagatelle, que j'ai *brouillée* ce matin. (X, 482. *Lett.*)

BROUILLER, désunir :

Ah! ne me *brouillez* point avec la République. (V, 537. *Nic.* 564.)

BROUILLER QUELQU'UN DE QUELQUE CHOSE :

   .... Fuyons de sa présence,
Qu'il ne nous *brouille* encor de quelque confidence. (II, 203. *Suiv.* 1498 *var.*)

En 1660 Corneille a mis :

 Qu'il ne m'embrouille encor de quelque confidence.

SE BROUILLER, se troubler :

Cliton la vit pâmer, et *se brouilla* de sorte
Que la voyant si pâle, il la crut être morte. (I, 233. *Mél.* 1519.)

L'édition de 1660 porte seule *se troubla*, au lieu de *se brouilla*.

Le ciel fait cette grâce (*d'exceller à mentir*) à fort peu de personnes :
Il y faut promptitude, esprit, mémoire, soins,
Ne *se brouiller* jamais, et rougir encor moins. (IV, 190. *Ment.* 936.)

SE BROUILLER L'ESPRIT DE :

.... Si nous n'aimions point à *nous brouiller l'esprit*
Ni *de* ce que l'on fait ni *de* ce que l'on dit! (VIII, 70. *Imit.* I, 668.)

BROUILLÉ DE :

.... Tous mes sens *brouillés d'*un désordre nouveau,
Au lieu de ma maîtresse, adorent mon bourreau. (I, 335. *Clit.* 1059 *var.*)

En 1660 Corneille a ainsi modifié ces deux vers :

 Honteux restes d'amour qui *brouillez* mon cerveau!
 Quoi? puis-je en ma maîtresse adorer mon bourreau?

BROUILLERIE, trouble :

Sur quelque *brouillerie*, en la ville excitée :

Il a voulu lui-même apaiser les débats
Qu'avec nos citoyens ont eus quelques soldats. (IV, 76. *Pomp.* 1186.)

BROUILLON, BROUILLONNE.

N'est-ce pas une chose étrange....
.... Que cette troupe *brouillonne*
M'arrache de ce cabaret? (X, 41. *Poés. div.* 72.)

BRUINE, petite pluie froide :

C'est lui seul qui répand la neige à pleines mains....
La *bruine* à son choix s'épart sur les humains. (IX, 219. *Off.* V. 19.)
Incommodes brouillards, importunes *bruines*,
    Bénissez le Seigneur. (IX, 143. *Off.* V. 25.)

BRUIRE DE, retentir de :

Puisse tout l'univers *bruire de* votre estime! (II, 484. *Illus.* 958.)

BRUIT.

Bruit, éclat, retentissement :

        Tout autre que moi
Au seul *bruit* de ton nom pourroit trembler d'effroi. (III, 129. *Cid*, 412.)
Horace, ne crois pas que le peuple stupide
Soit le maître absolu d'un renom bien solide :
Sa voix tumultueuse assez souvent fait *bruit;*
Mais un moment l'élève, un moment le détruit. (III, 355. *Hor.* 1713.)
Votre sévérité, sans produire aucun fruit,
Seigneur, jusqu'à présent a fait beaucoup de *bruit*. (III, 437. *Cin.* 1200.)
.... Ces grands cœurs enflés du *bruit* de leurs combats. (V, 530. *Nic.* 381.
.... Elle-même, hélas! de ce grand nom charmée,
S'attache au *bruit* heureux que fait sa renommée. (VI, 368, *Sert.* 82.)
.... Je vous demandois quel *bruit* fait par la ville
De Pompée et de moi l'entretien inutile. (VI, 423. *Sert.* 1429.

Bruit, nouvelle :

J'ai fait semer ce bruit.... (V, 184. *Hér.* 651.)
Le seul *bruit* de ce prince au palais arrêté
Dispersera soudain chacun de son côté. (V, 203. *Hér.* 1093.)

« *Le bruit d'un prince arrêté!* quelle expression! » s'écrie Voltaire, qui ne semble pas en comprendre parfaitement le sens.
Dans le passage suivant, *bruit* est employé deux fois dans le même vers, la première dans le sens de *nouvelle*, la seconde dans le sens de *rumeur sans fondement :*

D'un avis si douteux j'attends fort peu de fruit;
Et ce grand *bruit* enfin peut-être n'est qu'un *bruit*. (V, 465. *D. San.* 1120.)

Faux bruit :

Crains-tu si peu le blâme et si peu les *faux bruits?* (III, 158. *Cid*, 964.)
Un *faux bruit* s'y coula touchant la mort du Roi. (IV, 431. *Rod.* 46.)

Bruit, réputation :

Elle vous fait tandis cette galanterie,
Pour s'acquérir le *bruit* de fille bien nourrie. (II, 168. *Suiv.* 794.)
Mais dans votre Poitiers quel *bruit* avoit Dorante? (IV, 221. *Ment. var.* 1.)
On veut être savant, on en cherche le *bruit*. (VIII, 44. *Imit.* 1, 250.)

Ce sens est ancien. Mathurin Cordier donne de ces mots : « Par son sçauoir il a acquis grand *bruit*, » la traduction suivante : *Magnam sua doctrina famam consecutus est;* et il rend ce proverbe français : « il ha beau dormir tard qui ha le *bruit* de se leuer matin, » par cette belle périphrase : *Virtutis nomen haud facile exstinguitur.*
Le double sens de *bruit* avait exercé la verve naïve de nos aïeux : « Si ne laissois ie pas à auoir besoin de conseil et de m'esmayer qui estoit l'Aduocat de Poictiers qui auoit le plus grand *bruit*. On m'enseigna vn, qui à la vérité auoit le plus grand *bruit* de Poictiers, estant logé au marché de la ville, près d'une Eglise où il y auoit de grosses cloches et vne femme qui parloit bien haut. » (Bouchet, livre I, 9ᵉ *serée*, p. 278.)
Bruit dans le sens de réputation était encore généralement en usage à l'époque où Corneille s'en servait. Perrot d'Ablancourt a dit dans sa traduction des *Annales* de Tacite : « Ils en vouloient sur tout à Lentulus, que l'âge et la gloire acquise dans les armes rendoient inflexible aux demandes des soldats, et qui avoit le *bruit* de fortifier l'esprit de Drusus. » (Livre I, tome I, p. 32.)

Fourber à grand bruit, voyez Fourber.

BRÛLER, figurément :

.... Un juste courroux dont je me sens *brûler*. (III, 455. *Cin.* 1603.)
.... Si Rome savoit de quels feux vous *brûlez*. (V, 518. *Nic.* 157.)

Brûler pour :

.... Quoique je l'aimasse et qu'il *brûlât pour* moi. (III, 454. *Cin.* 1575.)

Brûler de, désirer ardemment de :

Il *brûle d'*être à Rome.... (VI, 370. *Sert.* 151.)

BRUTAL, adjectif, qui tient de la brute :

Domptez avec le mors, domptez avec la bride
Ces esprits durs et fiers, ces naturels *brutaux*,
Qui refusent, Seigneur, de vous prendre pour guide :
Hommes, mais après tout, moins hommes que chevaux. (IX, 251. *Ps. pén.* 46.)
Tel porte jusqu'aux cieux leur vertu sans égale,
Et tel l'ose nommer sacrilége et *brutale*. (III, 316. *Hor.* 788.)
Apprenez en deux mots leur *brutale* insolence. (III, 525. *Pol.* 825.)
Il fallut satisfaire à son *brutal* desir. (IV, 452. *Rod.* 537.)

Brutal, substantivement :

Albin, comme est-il mort? — En *brutal*, en impie. (III, 534. *Pol.* 993.)
.... Ce *brutal* espère
Mieux qu'il ne trouve un fils que je découvre un frère. (V, 224. *Hér.* 1559.)

BRUTALITÉ, caractère de la brute :

Esprit lâche et grossier, quelle *brutalité*
Te fait juger en moi tant de crédulité? (V, 221, *Hér.* 1497.)

BRUTALITÉ, férocité :

C'est gloire de passer pour un cœur abattu
Quand la *brutalité* fait la haute vertu. (III, 336. *Hor.* 1242.)

BUCÉPHALE, nom du cheval d'Alexandre, employé d'une manière générale, en guise de nom commun :

.... La peur l'enfermoit dans la chambre aux fagots.
La peur? — Oui, vous tremblez : la vôtre est sans égale.
— Parce qu'elle a bon pas, j'en fais mon *Bucéphale;*
Lorsque je la domptai, je lui fis cette loi. (II, 497. *Illus.* 1162.)

BURIN.

.... Il (*l'original du portrait*) étoit gravé d'un *burin* tout de flamme. (X, 131. *Poés div.* 9.)

BURINÉ, gravé, au figuré :

Mais, hélas! qui pourroit gauchir sa destinée?
Son immuable loi dans le ciel *burinée*.... (I, 164. *Mél. var.* 3.)

BUT, figurément, ce qu'on se propose :

C'étoit là tout mon *but*.... (V, 178. *Hér.* 533.)
Il suit toujours son *but* jusqu'à ce qu'il l'emporte. (V, 581. *Nic.* 1575.)
Il prend l'honneur du ciel pour *but* de sa victoire. (X, 107. *Poés. div.* 14.)

BUT À BUT, locution proverbiale tirée du jeu, *également* :

Aimons-nous *but à but*, sans soupçon, sans rigueur. (IV. 374. *S. du M.* 1611.)

BUTIN, au figuré, proie :

.... Tu veux que moi-même
Je retienne ta main! qu'il vive, et que je l'aime!
Que je sois le *butin* de qui l'ose épargner! (III, 426. *Cin.* 959.)
Ce rare et cher objet qui fait seul mon destin,
Du soldat insolent est l'indigne *butin*. (V, 66. *Théod.* 1130.)

BUTINER SUR QUELQU'UN, tirer du gain, du profit de quelqu'un :

Dans son plus beau travail tout ce qu'elle (*la nature*) examine,
C'est combien sur un autre un tel emploi *butine*. (VIII, 535. *Imit.* III, 5671.)

BUTTE.

Ce mot se dit au propre d'une élévation au milieu de laquelle on place le but où l'on tire : « Monseigneur de Bayart, nous sommes icy *en bute* fort belle; s'il y avoit des hacquebutiers du costé de dela cachez, ilz nous escarmoucheroient à leur aise. » (*Le Loyal serviteur*, chapitre LIV.)

EN BUTTE À, au figuré :

Auteur des maux de tous, il est à tous *en butte*. (IV, 30. *Pomp.* 65.)
A quels nouveaux malheurs m'expose-t-elle *en butte!* (V, 212. *Hér.* 1288.)
.... Suréna, mis *aux* Romains *en butte*. (VII, 494. *Sur.* 757.)

PRENDRE EN BUTTE :

.... Daigne son courroux (*du ciel*), me *prenant* seul *en butte*,
M'exempter par ma mort de pleurer votre chute! (vi. 487. *Sophon.* 367.)

ÊTRE LA BUTTE DE, comme *être en butte à* :

Il n'est pas naturel de craindre et fuir l'honneur....
Et d'*être des* malheurs *la butte* et la victime. (viii, 252. *Imit.* ii, 1575.)

C

CABINET, pièce où l'on se retire pour étudier ou pour méditer :

Ma sœur, un mot d'avis sur un méchant sonnet
Que je viens de brouiller dedans mon *cabinet*. (i, 170. *Mél.* 472.)
Viens dans mon *cabinet* consoler mes ennuis. (iii, 137. *Cid*, 555.)
 Il fera de tous vos exemples autant d'inépuisables sources, qui répandront sur tout le royaume les vertus qui font leur asile de votre *cabinet*. (ix, 64. *A la Reine Off. V.*)
Ami, veux-tu savoir, touchant ces deux sonnets
  Qui partagent nos *cabinets*,
  Ce qu'on peut dire avec justice? (x, 128. *Poés. div.* 2.)
 Les désordres de notre France.... ont resserré dans mon *cabinet* ce que je me préparois à lui donner. (x, 449. *Lett.*)

De là figurément le CABINET DU CŒUR :

Il (*Moïse*) fit de l'oraison son recours ordinaire :
Entre, entre à son exemple au *cabinet du cœur*. (viii, 454. *Imit.* iii, 3992.)

 Voyez, dans notre tome VI, p. 364, note 2, à la fin, comment de Visé définit « ce que l'on appelle *cabinets* chez les grands. »

CABINET, petit meuble à tiroir où l'on serrait de menus objets et principalement des bijoux.

 C'était une des ambitions féminines des bourgeoises du dix-septième siècle. Dans l'*Amour médecin*, Sganarelle, après avoir vainement cherché les causes de la maladie de sa fille, termine en lui disant : « Est-ce que ta chambre ne te semble pas assez parée, et que tu souhaiterois quelque *cabinet* de la foire Saint-Laurent ? » (Acte I, scène ii.) Corneille a employé plusieurs fois ce mot avec cette signification :

Allez au *cabinet* me querir un mouchoir :
J'en ai laissé les clefs autour de mon miroir. (ii, 149. *Suiv.* 435.)
De riches vêtements au jour de votre gloire,
D'ambre, aloès et myrrhe embaumés à la fois,
Seront tirés pour vous des *cabinets* d'ivoire
 Par les filles des plus grands rois. (ix, 99. *Off. V.* 39.)

CÂBLE.

Ils gagnent leurs vaisseaux, ils en coupent les *câbles*. (iii, 174. *Cid*, 1313.)

 Corneille écrit *châble* : voyez la note 2 de la page indiquée. Cette forme était alors fort en usage. Ménage s'exprime ainsi à ce sujet dans ses *Observations sur la langue françoise* : « Les bateliers de la rivière de Seine prononcent *chable*, et ils appellent les petits chables *chableaux*. Ailleurs on prononce plus ordinairement *cable*. On peut dire l'un et l'autre ; *chable* me semble plus françois, et *cable* plus élégant. » Encore aujourd'hui les blanchisseuses des environs de Paris disent qu'elles *cueillent le chable* lorsqu'elles retirent les cordes, sur lesquelles elles font sécher le linge, des pieux ou *essuies* auxquelles elles sont attachées.

CADÉDIOU.

Le même que *cadédis*, jurement gascon ; c'est l'abrégé de *cap de Diou!*

Cadédiou! ses valets feroient quelque insolence. (II. 472. *Illus.* 745.)

CADET, au figuré, fait après, postérieur quant au temps, en parlant d'ouvrages de l'esprit.

.... Ce choix montreroit qu'*Othon* et *Suréna*
Ne sont pas des *cadets* indignes de *Cinna*. (X, 311. *Poés. div.* 14.)

CAJOLER, absolument :

Il vous fait fort bon voir, mon frère, à *cajoler*. (I, 240. *Mél.* 1665.)

CAJOLER SA PENSÉE, la caresser, s'y complaire :

.... Notre âme blessée,
Sans prendre garde à rien, *cajole sa pensée*. (II, 30 *Gal. du Pal.* 222.)

CAJOLER AVEC QUELQU'UN :

.... Bien que tout le jour il *cajole avec* toi. (II, 157. *Suiv.* 584.)

Molière l'a employé de même :

Tudieu ! comme *avec* lui votre langue *cajole!* (*L'École des femmes*, V, IV.)

CAJOLER, dans le style élevé :

.... *Cajoler* Médée, et gagner la toison. (II, 343. *Méd.* 36 ; VI, 279. *Tois.* 584.)
Peut-être en ce moment qu'ici tu me *cajoles*. (V, 66. *Théod.* 1127.)

CAJOLEUR.

A la différence de *cajoler*, il n'a été employé par Corneille que dans ses comédies :

.... D'un *cajoleur* la nouvelle conquête
T'imprime, à mon regret, ces erreurs dans la tête. (I, 211. *Mél.* 1148.)
..... Que c'est un *cajoleur* étrange ! (I, 408. *Veuve*, 186.)

CALAMITÉ, malheur :

.... Qu'une femme enfin dans la *calamité*
Me fasse des leçons de générosité. (III, 551. *Pol.* 1377.)
Il te guide et protége en ta *calamité*. (IX, 183. *Off. V.* 18.)

CALOMNIER QUELQU'UN DE QUELQUE CHOSE :

.... Sévère aussitôt, courant à sa vengeance,
M'iroit *calomnier de* quelque intelligence. (III, 557. *Pol.* 1500.)

CAMP, voyez CHAMP.

CAMPAGNE. Battre la campagne, voyez Battre.

Campagne, en termes de guerre, le temps que dure une expédition militaire :

> Encore une *campagne*, et nos seuls escadrons
> Aux aigles de Sylla font repasser les monts. (vi, 389. *Sert.* 635.)
> Perpignan, sa plus belle et dernière *campagne*. (x, 115, *Poés. div.* 114.)
> Il s'agit de Louis XIII.

Quitter la campagne :

> S'il est plus fort que nous, ce n'est plus en Espagne,
> Où nous forçons les siens de *quitter la campagne*. (vi, 370. *Sert.* 134.)

C'est une locution consacrée dans le langage militaire, comme celle de *tenir la campagne*, qui lui est opposée. Voltaire prétend qu'elle ne doit jamais entrer dans le tragique, et il se fonde sur ce que Scarron en a fait un emploi trivial. Mais combien n'y a-t-il pas de mots dans notre langue qui peuvent s'accommoder aux divers styles?

CAMPER (Se).

Au propre, c'est établir son camp; au figuré, c'est simplement se placer, s'établir. Corneille s'est servi de ce mot, au figuré, dans la tragédie :

> Ce monstre à voix humaine, aigle, femme et lion,
> *Se campoit* fièrement sur le mont Cythéron. (vi, 144. *OEd.* 236.)

CANAILLE, vile populace, homme vil :

> Connoît-on à l'habit aujourd'hui la *canaille?* (iv, 293. *S. du Ment.* 92.)

Corneille a employé ce terme au pluriel, comme appellation injurieuse, dans sa première tragédie :

> Quoi? vous continuez, *canailles* infidèles! (ii, 408. *Méd.* 1369.)

Cette expression n'était pas encore à cette époque définitivement exclue du style noble. Bossuet, dans la Passion prêchée à Metz entre 1652 et 1656, disait : « Cette face, autrefois si majestueuse, qui ravissoit en admiration le ciel et la terre, il la présente droite et immobile aux crachats de cette *canaille*. » Dans la Passion prêchée en 1661 aux Carmélites de la rue Saint-Jacques, le mot *canaille* avait disparu. Voyez *Études sur les Sermons de Bossuet*, par V. Vaillant, 1ᵉʳ tableau après la page 192.

CANAL, en parlant de l'ouverture d'une plaie, de la rupture d'une veine :

> Blessures, hâtez-vous d'élargir vos *canaux*. (i, 291. *Clit.* 263.)
> L'impétueuse ardeur de ces transports nouveaux
> A son sang prisonnier ouvre tous les *canaux;*
> Son élancement perce ou rompt toutes les veines,
> Et ces *canaux* ouverts sont autant de fontaines. (vii, 180. *Att.* 1756 et 1758.)

CANTON, certaine partie d'un pays ou d'une ville, quartier :

> Vous connoissez le nom de cet objet charmant
> Qui fait de ces *cantons* le plus bel ornement? (iv, 220. *Ment.* 1456.)
> Quitte pour lui le monde, et laisse aux criminelles
> Ce triste *canton* de rebelles. (viii, 176. *Imit.* ii, 6.)

Terre, fais voir ta joie et tes *cantons* fertiles. (IX, 115. *Off. V.* 3.)

CANTONNER (SE), se retrancher, se fortifier dans un canton :
Il *se* voulut jadis *cantonner* contre un père. (VII, 246. *Tit.* 1096.)

CAPABLE, susceptible, en parlant des choses :

> Demeure affreuse des coupables,
> Lieux maudits, funeste séjour,
> Dont jamais avant mon amour
> Les sceptres n'ont été *capables* (II, 398. *Méd.* 1164.)

On lisait dans les éditions antérieures à 1660 :

> Dont auparavant mon amour
> Les sceptres étoient *incapables*.

CAPITAL.

CRIME CAPITAL, crime qui mérite le dernier supplice :

.... Cinna vous impute à *crime capital*
La libéralité vers le pays natal. (II. 405. *Cin.* 463.)

CAPITAL, chose capitale, principale.

FAIRE SON CAPITAL DE QUELQUE CHOSE, y subordonner tout le reste :

Elle (*leur tendresse*) semble étouffée sous le soin qu'a l'un et l'autre de conserver sa dignité, *dont* ils *font* tous deux *leur capital.* (I, 273. *Exam. de Clit.*)
Quoi? votre amour toujours *fera son capital*
Des attraits de Plautine et du nœud conjugal! (VI, 603. *Oth.* 671.)

CAPRICE.

Ami, veux-tu savoir, touchant ces deux sonnets....
Ce qu'on peut dire avec justice?...
L'un sent un long effort, et l'autre un prompt *caprice.* (X, 128. *Poés. div.* 6.)

Voyez ci-après le dernier exemple de l'article CAPRICE.

METTRE DANS SON CAPRICE :

Pour moi, j'écoutois tout, et *mis dans mon caprice*
Qu'on ne devinoit rien que par votre artifice. (IV, 290. *S. du Ment.* 17.)

Cela « ne peut signifier, dit Voltaire, *je mis dans ma tête, dans ma fantaisie, dans mon imagination, dans mon esprit ;* on n'a pas le *caprice* comme on a une faculté de l'âme. » La critique paraît juste; cependant on peut dire, pour atténuer la faute, si faute il y a, que dès le dix-septième siècle les Dictionnaires traduisent *caprice* par *fantaisie*, et que le tort du poëte aurait été d'étendre un peu trop la synonymie. Au reste le mot n'était pas bien ancien. Il « étoit nouveau, dit Furetière, du temps d'Henry Estienne, et il lui sembloit fort étrange. »

CAPRICE, en parlant d'une œuvre littéraire où l'on n'a pas observé les règles de l'art (voyez le *Dictionnaire de Furetière*) :

Je dirai peu de chose de cette pièce : c'est une galanterie extravagante

qui a tant d'irrégularités qu'elle ne vaut pas la peine de la considérer, bien
que la nouveauté de ce *caprice* en aye rendu le succès assez favorable pour
ne me repentir pas d'y avoir perdu quelque temps.... Les *caprices* de cette
nature ne se hasardent qu'une fois. (II, 432 et 433. *Exam. de l'Illus.*)

On trouve dans les *OEuvres* de Saint-Amant plusieurs pièces intitulées : *Caprice*.

CAPTIEUX, SE.

La preuve *captieuse* et faite en même temps
Produira sur-le-champ l'effet que j'en attends. (I, 251. *Mél. var.*)
Et toi, crédule amant, que charme l'apparence,
Et dont l'esprit léger s'attache avidement
Aux attraits *captieux* de mon déguisement. (IV, 487. *Rod.* 1394.)

M. Aimé Martin, après avoir dit dans son *Étude de la langue de Corneille* (p. XI) :
« Corneille créa le mot *captieux*, » ajoute en note, après le passage de *Rodogune* que
nous venons de citer : « *Captieux*, mot excellent, mot nouveau et *probablement* créé
par Corneille, car on ne le trouve ni dans Nicot, ni dans aucun dictionnaire de cette
époque. » Nous remarquons d'abord que la création de Corneille, présentée tout
à l'heure comme certaine, n'est plus ici que probable ; ensuite que la note, fût-elle juste,
aurait dû être placée, non après les vers de *Rodogune*, pièce représentée seulement
en 1644, mais à la suite de l'exemple tiré de la première édition de *Mélite*, ce qui ferait
déjà remonter à l'année 1629 la création du mot *captieux*. Il est beaucoup plus ancien
et n'appartient pas à Corneille. M. Littré cite dans son *Dictionnaire* des exemples tirés
de Juvénal des Ursins et de Coquillard ; nous en trouvons un dans une lettre de
Henri IV, datée du 13 juin 1607, et imprimée dans les *Négociations* de Jeannin : « Telles
lettres seront apres sujetes au desaueu desdites Prouinces, ou à une interprétation *captieuse*, aduenant qu'elles voulussent à l'auenir se dispenser de l'obseruation d'icelle. »
Ce terme d'ailleurs, quoi qu'en ait dit M. Aimé-Martin, avait déjà été recueilli dans
nos anciens dictionnaires. En 1571 on le trouve dans les *Epithètes* de Delaporte au
mot *Projet*; en 1606, il figure dans Nicot, non à son rang, mais au mot *Subtilité*; et
en 1611, il paraît à sa place alphabétique dans le *Dictionnaire de Cotgrave*.

CAPTIF, adjectif, employé figurément :

TENIR SA LANGUE CAPTIVE :

Tiens ta langue captive.... (III, 448. *Cin.* 1429.)

TENIR L'ATTENTE DE QUELQU'UN CAPTIVE :

.... Ma douleur est trop vive
Pour y *tenir* longtemps *mon attente captive*. (VII, 269. *Tit.* 1620.)

VŒUX CAPTIFS :

Mais que servent pour moi tous ces préparatifs,
Si mon cœur est esclave, et tous ses *vœux captifs*? (VII, 463. *Sur.* 12.)

CAPTIF, CAPTIVE, au figuré, pour *amant, amante* :

Je t'eusse par ma mort dérobé ta *captive;*
Et comme pour toi seul l'amour veut que je vive,
J'ai voulu, mais en vain, me conserver pour toi. (III, 429. *Cin.* 1025.)
Dans son champ de victoire, il se dit mon *captif*. (IV, 44. *Pomp.* 400.)
.... Votre *captif* ne vous tient plus *captive*. (VI, 92. *Perth.* 1659.)

Racine s'est servi souvent de cette expression en ce sens.

CAPTIF, substantivement, dans le même sens :

Je connois mes défauts; mais après tout, je pense
Être pour vous encor un *captif* d'importance. (x, 147. *Poés. div.* 56.)

CAPTIVER, au propre :

Ni grilles ni verrous ne tiennent contre moi.
Cessez, indignes fers, de *captiver* un roi. (II, 400. *Méd.* 1220.)
O honte! mes regrets permettent que je vive,
Et ne secourent pas ma main qu'elle *captive*. (II, 414. *Méd. var.* 1.)
.... Après leur trépas tous ces grands cœurs revivent;
Et pour ne plus souffrir des fers qui les *captivent*,
Chacun reprend sa place et remplit son devoir. (VII, 150. *Att.* 1038.)

Cet emploi de ce mot est ancien :

Vous auez esleué jusques au ciel qui tonne
La Romaine grandeur par l'effort de Bellonne,
Maistrisant l'uniuers d'une horrible fierté,
L'uniuers *captiuant* veuf de sa liberté. (Garnier, *Antoine*, IV, 9.)
Dressas-tu cest empire augmenté par les tiens,
Logeas-tu dans ces murs nos ancestres Troyens,
Afin qu'à l'auenir quand ta Rome maistresse
Tiendroit ceste rondeur sous sa main vainqueresse,
Que trois de tes nepueux, piquez d'impieté,
Captiuassent ainsi nous et nostre Cité? (Garnier, *Porcie*, IV, 273.)

CAPTIVER, au figuré, maîtriser :

Possédez-les (*les grandeurs*), Seigneur, sans qu'elles vous possèdent.
Loin de vous *captiver*, souffrez qu'elles vous cèdent. (III, 405. *Cin.* 458.)

C'est surtout dans le langage de la galanterie que ce mot est d'un fréquent usage au figuré :

Cet unique vaillant, la fleur des capitaines,
Qui dompte autant de rois qu'il *captive* de reines. (II, 474. *Illus.* 770.)
Dans Rome, où je naquis, ce malheureux visage
D'un chevalier romain *captiva* le courage. (III, 495. *Pol.* 170.)

Les dictionnaires actuels ne l'admettent plus que dans ce sens et dans quelques locutions consacrées, telles que *captiver l'attention, la bienveillance*, etc.

SE CAPTIVER.

Ce qui le plus me désespère,
C'est cet amant parfait et si digne de plaire
Qui *se captive* sous ses lois. (VII, 389. *Psy.* 1334.)

CAPTIVITÉ, au figuré, dans le sens de la galanterie, comme *chaîne, liens, fer*, etc. :

Elle se pense belle, et cette vanité
L'assure imprudemment de ma *captivité*. (I, 436. *Veuve*, 730.)

De même au pluriel :

D'un amour si parfait les chaînes sont si belles,
Que nos *captivités* doivent être éternelles. (V, 169. *Hér.* 322.)

CAQUET.

RABATTRE LE CAQUET DE QUELQU'UN :

Antrement je saurois te rendre ton paquet.
— Et moi pareillement *rabattre ton caquet*. (I, 228. *Mél. var.* 5.)

Corneille, qui met à juste titre au nombre des motifs du succès de cette comédie « le style naïf qui faisoit une peinture de la conversation des honnêtes gens, » refit ces deux vers qui lui étaient échappés, et qui, fort convenables s'ils eussent été échangés entre un valet et une soubrette, étaient déplacés dans la bouche des personnages qui les disaient. Voici la nouvelle rédaction (1660) :

    Autrement je saurois t'apprendre à discourir.
    — Et moi, de ces frayeurs de nouveau te guérir.

CAR.

Je fais ce que tu veux, mais sans quitter l'envie,
De finir par tes mains ma déplorable vie ;
Car enfin n'attends pas de mon affection
Un lâche repentir d'une bonne action. (III, 154. *Cid*, 871.)

Dans *Pompée*, Corneille s'est servi de *car* dès le commencement d'une période, dans une première phrase incidente, à peu près comme les Grecs employaient γάρ, et les Latins, *nam, namque* :

César, *car* le destin que dans tes fers je brave,
Me fait ta prisonnière et non pas ton esclave ;
Et tu ne prétends pas qu'il m'abatte le cœur
Jusqu'à te rendre hommage, et te nommer seigneur :
De quelque rude trait qu'il m'ose avoir frappée, etc. (IV, 68. *Pomp.* 985.)

Le mot *car*, que Corneille a admis, comme nous venons de le voir, dans son premier chef-d'œuvre, était alors fort attaqué et avait grand besoin de quelques partisans illustres. La Bruyère nous le rappelle en ces termes dans ce curieux chapitre où il passe en revue les termes utiles que nous avons perdus : « Quelle persécution le *car* n'a-t-il pas essuyée ? et s'il n'eût pas trouvé de la protection parmi les gens polis, il étoit honteusement banni de la langue à qui il a rendu de si longs services sans qu'on sût quel mot lui substituer. »

A la tête de ses ennemis les plus acharnés figurait Gomberville, qui se vantait de ne pas l'avoir employé une seule fois dans les cinq volumes de son roman de *Polexandre*; mais il paraît que son ouvrage n'a pas même ce singulier mérite, et Pellisson affirme y avoir trouvé en trois endroits le mot que l'auteur avait cru proscrire.

La même chose arriva à un autre écrivain, dont nous parle Vaugelas dans les *Nouvelles remarques*; il s'était efforcé, sans doute par gageure, de ne point mettre *car* dans le premier volume d'un de ses livres, et cependant la conjonction condamnée sut encore s'y glisser une fois. S'il faut en croire Louis Alemand, c'est à Coeffeteau et à son *Histoire romaine* que se rapporte cette anecdote. Voyez les *Nouvelles remarques de M. de Vaugelas sur la langue françoise*, ouvrage posthume avec des observations de M. ****, *avocat au Parlement*, Paris, 1690, p. 452.

Du reste, quoi qu'en aient dit quelques médisants, jamais l'Académie n'eut l'idée de bannir *car*; Louis Alemand fait remarquer avec raison qu'elle s'en est servie dans les *Sentiments sur le Cid*; on l'y trouve dès les premières pages.

Saint-Évremont lui-même, dans sa comédie des *Académistes*, nous montre les confrères de Gomberville opposés à son sentiment. Celui-ci commence ainsi son attaque :

    Que ferons-nous, Messieurs, de *car* et de *pourquoi* ?

et Desmarets lui répond aussitôt :

    Que deviendroit sans *car* l'autorité du Roi ?

en faisant allusion à la formule des ordonnances : *car tel est notre bon plaisir.*

On trouve dans la *Requête des Dictionnaires* un récit du même genre, où Conrart remplit le rôle que nous venons de voir jouer à Desmarets.

Voiture à son tour montrait que *car* était presque indispensable pour terminer une lettre en finissant ainsi celle qu'il adressait à Mlle de Rambouillet, en faveur de ce mot qu'elle avait pris sous sa protection : « Je vous assure que vous me devez cette grâce, *car je suis....* »

Cette faveur des précieuses a peut-être plus contribué à nous conserver cette particule que son utilité même. Nous devons leur savoir d'autant plus de gré de l'appui qu'elles lui ont donné que, s'il faut en croire Vaugelas, les délicats qui la proscrivaient se fondaient surtout sur cette locution proverbiale : *la raison en est car*, par laquelle, à la cour, on répondait en plaisantant, lorsqu'on n'avait pas de motif sérieux à alléguer. Or, on connaît l'antipathie des précieuses pour les proverbes.

La locution *car enfin* que nous venons de trouver chez Corneille était une de celles qu'elles répétaient à satiété. On lit dans *le Parnasse réformé*, par Guéret (2ᵉ édit, 1669, p. 43) : « Le monde est plein de faiseurs de dissertations, de composeurs de nouvelles, d'auteurs de lettres galantes et de billets doux. Voilà l'occupation la plus ordinaire de ceux qui font aujourd'hui profession d'écrire ; ils abandonnent leurs plumes à des bagatelles ; ils travaillent, disent-ils, à des bijoux, et avec deux feuilles de papier pleines de *car enfin*, de *sans mentir* et *en vérité* ils ont l'orgueil de s'élever au-dessus des plus fameux orateurs. »

Au dix-huitième siècle, les querelles auxquelles cette conjonction avait donné lieu étaient encore assez présentes à l'esprit de tous pour qu'on pût, avec quelque à-propos, publier un *Éloge de car*, bien que le mot n'eût plus nul besoin d'être protégé ni défendu.

CARACOL.

Persée revole en haut sur son cheval ailé, et, après avoir fait un *caracol* admirable au milieu de l'air, il tire du même côté qu'on a vu disparoître la princesse. (v, 268. *Dess. d'Andr.*, et 361. *Andr.*)

Ce mot, tiré de l'espagnol *caracol*, « limaçon, » est indiqué comme masculin (c'est le genre qu'il a en espagnol) par le Cotgrave de 1611, le Richelet de 1680, le Furetière de 1690 et l'Académie de 1694. Richelet rapporte même l'exemple suivant où Vaugelas le fait de ce genre : « Les Thessaliens faisant promptement *le caracol*, revinrent à la charge. » (Trad. de *Quinte-Curce*, livre III, chapitre II.) Toutefois, il remarque que l'usage contraire commençait à s'établir : « Quelques-uns, dit-il, font *caracol* féminin, et l'écrivent avec un *e* à la fin ; mais tous ceux qui parlent bien le font masculin, et l'écrivent sans *e* final. » Il y a dans Furetière une observation du même genre. *Caracol* s'emploie encore quelquefois en architecture. On dit un *escalier en caracol* pour un escalier en hélice, en limaçon ; dans cette acception il a conservé son ancien genre.

CARACOLER.

Il (*Louis XIV*) leur montre (*à ses soldats*) à doubler leurs files et leurs rangs,
A changer tôt de face aux ordres différents,
Tourner à droite, à gauche, attaquer et défendre,
Enfoncer, soutenir, *caracoler*, surprendre. (x, 199. *Poés. div.* 74.)

CARACTÈRE, signe gravé ou écrit, lettre, écriture :

Voyez ce qu'en mourant me laissa votre mère.
— J'en baise en soupirant le sacré *caractère*. (v, 239. *Hér.* 1884.)

De même au figuré :

L'hymen n'efface point ces profonds *caractères*. (III, 321. *Hor.* 899.)

CARDINAL (Palais) :

.... L'univers entier ne peut rien voir d'égal
Aux superbes dehors du *Palais Cardinal* (IV, 171. *Ment.* 560.)

Nous avons dit dans la note *a* de la page indiquée que ces mots *Palais Cardinal* furent inscrits sur la porte de l'hôtel de Richelieu et que Balzac n'approuva pas cette inscription. Voici la critique qu'il en fit : « Ce n'est pas moi, mon Révérend Père ; c'est la Dame Grammairienne, que vous vîtes en Saintonge, qui ne se peut accommoder avec le *Palais Cardinal*. Elle soutient que ce ne seroit pas une plus grande incongruité de dire le *Palais Roi* et le *Palais Empereur*, pour le *Palais Royal* et le *Palais Impérial*. Ce n'est, dit-elle, ni parler Grec, ni parler Latin, ni parler François ; et qui vit jamais dans le monde un Palais qui fût Cardinal, ou un Cardinal qui fût Palais ? Je n'ai garde de prendre parti, et de me déclarer en cette rencontre. Je ne veux point de querelle avec la Dame, et encore moins avec le public, qui seroit offensé contre moi si je croyois qu'il se fît en France des incongruités en lettres d'or, et par l'ordre des supérieurs. » (Tome II, p. 606, *Dissertation ou réponse à quelques questions. Au R. P. dom André de Saint-Denis.*) — A ne considérer que la grammaire de son temps, Balzac avait raison ; mais l'alliance de mots qu'il blâme pouvait se défendre par l'analogie. L'inscription imitait une tournure dont, pour certains mots, la langue a gardé l'usage ou du moins de nombreux exemples, et qui consiste à faire suivre certains noms communs, surtout de lieux, tels que *rue, place, église, palais*, et bon nombre de noms propres, du substantif qui leur sert de complément, sans faire précéder ce dernier d'une préposition et en lui donnant la valeur d'un génitif. Ainsi la *rue Saint-Jacques*, l'*église Notre-Dame, Bois-le-Comte, Choisy-le-Roi, Château-Thierry*, et, pour finir par un exemple presque identique avec la locution blâmée, *Palais Bourbon*. Voyez A. de Chevallet, *Origine et formation de la langue française*, 2ᵉ partie, livre II, chapitre III, p. 469-471.

CARESSE.

CARESSES, marques de bienveillance, d'estime :

Les *caresses* dont vous les honorez (*les gens de lettres*) sont les marques les plus indubitables et les plus solides de ce qu'ils valent. (v, 142. *Épît. d'Hér.*)

Les faveurs du tyran emportent tes promesses ;
Tes feux et tes serments cèdent à ses *caresses*. (III, 425. *Cin.* 934.)

LES CARESSES DU CIEL, ses faveurs :

Le ciel, qui se repent sitôt de ses *caresses*,
Verra plus de constance en moi qu'en ses promesses. (v, 346. *Andr.* 690.)
Est-ce ainsi qu'à nos maux le ciel trouve une fin?
Est-ce ainsi qu'Andromède en reçoit les *caresses?* (v, 356. *Andr.* 874.)

CARESSER.

CARESSER LES BEAUTÉS, faire sa cour aux dames :

Nous vîmes hier au bal, entre autres nouveautés,
Tout plein d'honnêtes gens *caresser les beautés*. (I, 408. *Veuve*, 180.)

CARESSER, encourager, combler de marques de bienveillance :

Quoiqu'un peuple l'adore et qu'un roi le *caresse*. (III, 169. *Cid*, 1194.)
.... L'innocent tribut de ces affections
Que doit toute la terre aux belles actions,
N'a rien qui déshonore une jeune princesse.
En cette qualité, je l'aime et le *caresse*. (v, 421. *D. San.* 62.)

Perrot d'Ablancourt, traduisant un passage de Tacite, où il s'agit de Titus, a employé *caresser* dans un sens analogue : « Il paroissoit actif et vigilant, aimoit à monter à cheval et à se faire voir aux soldats, se mêloit parmi eux dans leurs marches et leurs travaux, et *caressoit* tout le monde, sans rien perdre de sa dignité. » (*Histoires*, livre V, chapitre 1, tome III, p. 389.)

CARESSER À COUPS DE PISTOLES, voyez COUP.

CARFOUR, pour CARREFOUR :

Richelet (1680) donne les deux formes : *carrefour* et *carfour*, en faisant remarquer toutefois que ce mot est ordinairement de trois syllabes; Corneille l'a fait de deux :

Comment? — De ce *carfour* j'ai vu venir Philandre. (I, 177. *Mél.* 591.)
Théante approche-t-il? — Il est en ce *carfour*. (II, 186. *Suiv.* 1151.)

Molière a employé la même forme.

CARNAGE, au pluriel.

Remets dans ton esprit, après tant de *carnages*,
De tes proscriptions les sanglantes images. (III, 435. *Cin.* 1137.)

CARREAUX.

Ce mot se disait des traits carrés qu'on lançait avec des arbalètes; l'usage s'en est conservé dans la poésie en parlant du foudre de Jupiter :

.... Pour qui gardes-tu tes *carreaux* embrasés
Si de pareils tyrans n'en sont point écrasés? (VII, 534. *Sur.* 1723.)

CARREFOUR, voyez CARFOUR.

CARRIÈRE, au figuré :

.... C'est mal de l'honneur entrer dans la *carrière*
Que dès le premier pas regarder en arrière. (III, 303. *Hor.* 487.)
Sa faveur me couronne entrant dans la *carrière*. (III, 544. *Pol.* 1228.)

CAS.

FAIRE PEU DE CAS DE :

.... De sa propre gloire il *fait* trop *peu de cas*. (III, 345. *Hor.* 1433.)

CASAQUE.

Je n'aurois besoin que du texte de votre libelle, et des contradictions qui s'y rencontrent, pour vous convaincre de l'un et de l'autre de ces défauts, et imprimer sur votre *casaque* le quatrain outrageux que vous avez voulu attacher à la mienne. (X, 400. *Lett. apol.*)

Ce mot de *casaque* est fourni à Corneille par ce quatrain même, que nous avons reproduit dans la note 4 de la page indiquée.

CASSER.

N'EN CASSER QUE D'UNE DENT, dans le style très-familier, ne pas obtenir tout ce qu'on désire, tout ce qu'on souhaite :

Faites moins la sucrée, et changez de langage,
Ou vous *n'en casserez*, ma foi, *que d'une dent*. (IV, 216. *Ment.* 1415.)

CASSÉ, absolument, affaibli par l'âge :
Tout *cassé* que je suis, je cours toute la ville. (III, 160. *Cid*, 1010.)

CASTOR, chapeau de castor :
Voyez, je vous ferai meilleur marché qu'un autre,
Des gants, des baudriers, des rubans, des *castors*. (II, 28. *Gal. du Pal.* 195.)

CATASTASE.

Le *Dictionnaire de Trévoux* définit ainsi ce terme technique : « C'est la troisième partie des tragédies anciennes, dans laquelle les intrigues qui se sont nouées dans l'épitase se soutiennent, continuent et augmentent jusqu'au dénoûment, qui se fait dans la catastrophe. »

.... Nous savons que c'est que de péripétie,
Catastase, épisode, unité, dénoûment. (IV, 388. *S. du Ment.* var.)

CAUSE.

Le ciel règle souvent les effets sur les *causes*. (IV, 92. *Pomp.* 1594.)

Ce mot s'emploie en parlant des personnes :
La *cause* de nos maux doit-elle être impunie? (V, 584. *Nic.* 1656.)

CAUSE, motif :
Assurez-vous sur lui qu'il en a juste *cause*. (III, 494. *Pol.* 141.)

LA CAUSE PUBLIQUE, l'intérêt public :
.... Son trop d'amour pour *la cause publique*
Par ses mains à son père ôte une fille unique. (III, 346. *Hor.* 1455.)
Sous *la cause publique* il vous cachoit sa flamme. (III, 418. *Cin.* 750.)

À CAUSE QUE :
On nous a dédit l'un et l'autre *à cause que* nous avons trouvé à propos que l'offensant demandât pardon à l'offensé. (X, 480. *Lett.*)

« *A cause de*, *à cause que*, dit M. J. Planche dans son *Dictionnaire de la langue oratoire et poétique*, se trouvent très-rarement dans Fléchier et dans Massillon et jamais dans les poëtes. » Nous n'avons rencontré qu'un seul exemple de *à cause que* dans les vers de Corneille :

Sa naissance inconnue est peut-être sans tache :
Vous la présumez basse *à cause* qu'il la cache. (V, 421. *D. San.* 50.)

CAUSER.

ME CAUSER, pour *causer avec moi* :
.... Lysis m'aborde, et tu *me* veux *causer!* (II, 249. *Pl. roy.* 496.)

CAUSEUR, substantivement :
Laissez-moi ce *causeur* à gouverner une heure. (II, 139. *Suiv.* 254.)
.... Ce *causeur* vouloit l'entretenir. (II, 156. *Suiv.* 567.)

CAVALIER.

Entre des *cavaliers* une offense reçue
Ne se contente point d'une si lâche issue. (I, 466. *Veuve*, 1295.)
Dis-moi, me trouves-tu bien fait en *cavalier?* (IV, 142. *Ment.* 7.)
Dorante est-il le seul qui, de jeune écolier,
Pour être mieux reçu s'érige en *cavalier?* (IV, 187. *Ment.* 860.)
Ce n'est pas là, Dorante, agir en *cavalier*. (IV, 385. *S. du Ment.* 1839.)

Ce mot *cavalier* était encore assez nouveau à l'époque où Corneille écrivait ses comédies. Nicot (1606) donne *cavalerie*, mais non *cavalier;* on ne trouve dans son *Dictionnaire* que *chevalier*, qui y est ainsi défini : «*Chevalier* signifie proprement quiconque est à cheval ou va à cheval : *eques*; en laquelle generale signification il est usité tant en françois qu'en espagnol; mais plus estroittement il est prins pour celuy qui est armé et decoré par le Roy (ou autre ayant droit de ce faire) des armes et ornemens de chevalier. » Garnier emploie encore fréquemment *chevalier* dans le premier des deux sens indiqués par Nicot :

Ils souffrent subiuguez, comme un cheual dompté
Souffre dessus son dos le *cheualier* monté. (*Porcie*, III, 121.)

Les cheuaux courageux ne maschent point le mors,
Suiets au *cheualier* qu'auecque grands effors. (*Cornelie*, IV, 145.)

En 1611, nous trouvons dans le *Dictionnaire de Cotgrave* le mot *cavalier*, avec les acceptions d'homme qui va à cheval, de militaire appartenant à la cavalerie, de galant et de gentilhomme. On le rencontre déjà avec ces dernières significations dans les *Aventures du baron de Fœneste* (IV, chapitre VI) : « Vous me faites souuenir d'un dialogue qui fut entre le Roy Henri IV et Chalus de Limousin qui auoit escallé une maison, raui une fille, et tué quatre ou cinq personnes de qui elle estoit heritiere. Estant prisonnier, le Roy voulut parler à luy, pour s'enquerir ses menées et entreprises du Limousin, qui auoient causé son voyage. Chalus en decela quelques nouuelles, qui firent trancher la teste à deux de ses compagnons, et dela prit occasion de parler de son principal affaire, en ces termes : « Sire, Vostre Maiesté est trop galante et *caualliere*, « et a trop senti les poinctures de ce petit Dieu que le fils de Venus a mis au cœur de « ses esclaues. — Oui-da, respond le Roy; mais vous auez à craindre que ma cour de « Parlement ne soit pas assez *cavalliere* et mon chancelier assez galand. » Ce qui arriua, car il fut roué dans huit iours. »

Les gentilshommes italiens, qui avaient d'abord été traités par nous de *chevaliers*, devinrent tous des *cavaliers;* du reste, le titre variait suivant l'opinion de chacun, de telle sorte que Marini était pour Costar le *Chevalier Marin* et pour Sarrasin le *Cavalier Marin*.

Avec le temps le *chevalier des échecs* lui-même perdit le titre dont il était en possession immémoriale, pour devenir *cavalier;* le *Dictionnaire de l'Académie* lui maintint son ancien nom jusqu'en 1762; mais, dès l'édition de 1752, le *Dictionnaire de Trévoux* fait remarquer qu'en ce sens on ne dit plus *chevalier*, « si ce n'est peut-être en quelque province. »

Corneille, non content d'avoir fait dans les passages que nous avons reproduits, un emploi naturel et légitime de ce titre de *cavalier*, semble avoir supposé que saint Polyeucte, comme Dorante, gagnerait à en être revêtu, et dans l'*Abrégé* de son *Martyre* (III, 476) nous trouvons cette phrase :

Polyeucte et Néarque étoient deux *cavaliers* étroitement liés ensemble d'amitié; ils vivoient en l'an 250.

La tyrannie de cet usage détermina aussi Corneille, dès 1637, dans son édition in-8° du *Cid*, à mettre *cavalier* dans tous les endroits où l'on avait d'abord imprimé *chevalier*, dans l'édition in-4°; et après quelques hésitations, il adopta partout la leçon *cavalier* dans son texte définitif. Voyez III, 110 (82 et 88); 130 (427); 178 (1401); 179 (1428).

Nous devons constater que du moins il n'a jamais travesti les *chevaliers romains* en *cavaliers* :

Dans Rome, où je naquis, ce malheureux visage
D'un *chevalier romain* captiva le courage. (III, 495. *Pol.* 170.)

Aujourd'hui le mot *cavalier* est resté un terme d'équitation, d'art militaire ou de jeu d'échecs, mais il n'a plus guère d'autre emploi, et il a surtout cessé d'être un terme élégant et à la mode. Jean-Jacques Rousseau, après avoir écrit dans la *Nouvelle Héloïse* : « N'aperçus-je pas les *cavaliers* se rassembler autour de ta chaise ? » ajoute aussitôt en note : « *Cavaliers*, vieux mot qui ne se dit plus. On dit *hommes*. J'ai cru devoir aux provinciaux cette importante remarque, afin d'être au moins une fois utile au public. » Voyez le *Dictionnaire de l'Académie* de 1835.

CE.

CE, avec *dire* :

Tu m'aimes, *ce* dis-tu?... (II, 280. *Pl. roy.* var. 5.)

En 1660 Corneille a mis : « Tu m'adores, dis-tu ? »

.... En un mot, le péril est pressant,
Ç'ai-je *dit*; tu peux tout, et ton frère est absent. (II, 492. *Illus.* 1100 var.)

A partir de 1660 : « Ai-je dit.... »

L'amour n'est, *ce dit*-on, qu'une union d'esprits. (V, 455. *D. San.* 871.)

Corneille n'a pas modifié ce dernier passage, qui lui a sans doute échappé. C'est probablement son frère qui l'a déterminé à proscrire cette tournure, car Thomas Corneille a fait la note suivante sur la remarque où Vaugelas la rejette dans le style bas : « Je ne crois pas que l'on puisse dire en aucun style *ce dit-il*, et *ce dit-on*, si ce n'est qu'on affecte exprès de le mettre dans la bouche d'un homme que l'on peint d'un caractère à ne devoir pas savoir parler purement. »

Dans un de nos exemples, *ce* est séparé de *dire* par l'auxiliaire et le sujet. En voici un autre, tiré des *OEconomies royales* de Sully (chapitre XVIII, tome II, p. 184), où le verbe a son régime indirect entre lui et le démonstratif : « Aussi m'a-t-on dit, *ce* vous *dit-il*, que quand il se voit ainsi mal mené, il demeura tout interdit. »

CE QU'IL PEUT L'ÊTRE, autant qu'il peut l'être :

.... Pompée est vengé *ce qu'il peut l'être* ici. (IV, 96. *Pomp.* 1668.)

Voltaire regrettait cette tournure.

CE PEU :

.... De toute la gloire acquise à ses travaux
Faire un illustre hommage à *ce peu* que je vaux. (V, 512. *Nic.* 6.)

CE, supprimé devant *que* :

Apprends-moi cependant *qu'*est devenu ton maître.
(IV, 375. *S. du Ment.* 1634.)

Racine a fait souvent la même ellipse.

C'EN ÉTOIT TROP DIT :

Je m'emportois sans doute, et *c'en étoit trop dit*. (V, 322. *Androm.* 156.)

C'EST À VOUS À QUI :

Corneille a employé dans le même morceau, et à très-peu de distance l'un de l'autre, les deux tours : *c'est à vous à qui* et *c'est à vous que*.

C'est à vous à qui je dédie cet ouvrage.... *C'est à vous que* ce compliment s'adresse. (V, 291. *Épît. d'Andr.*)

C'EST MON, voyez MON.

Ce jourd'hui, voyez Jourd'hui.

Qu'est-ce-ci, voyez Ci.

CÉDER.

CÉDER QUELQUE CHOSE, CÉDER QUELQU'UN :
Que *cédé*-je à mon frère en cédant vos États? (v, 571. *Nic.* 1349.)
Sans regret il vous quitte ; il fait plus, il vous *cède*. (III, 549. *Pol.* 1320.)

CÉDER À :
Je sais ta passion, et suis ravi de voir
Que tous ses mouvements *cèdent à* ton devoir. (III, 130. *Cid*, 424.)
Nous n'avons point d'amis qui ne *cèdent au* nombre. (VI, 439. *Sert.* 1806.)

CÉLÈBRE, en parlant des choses :
Je n'ajouterai rien aux *célèbres* témoignages qu'elle (*la voix publique*) vous rend. (IV, 12. *Épit. de Pomp.*)

CÉLÉBRER, dire la messe :
Si j'ai tant de langueur et tant d'aridité
Alors que je *célèbre* ou que je communie. (VIII, 603. *Imit.* IV, 494.)

CELER, cacher, dissimuler :
Je ne vous puis *celer* que son ordre m'étonne. (III, 397. *Cin.* 293.)
Je ne t'*ai* point *celé* que c'est ce qui m'amène. (III, 504. *Pol.* 369.)

SE FAIRE CELER, faire dire qu'on est absent quoiqu'on soit au logis :
Je puis bien m'empêcher d'en être importunée,
Feindre un peu de migraine, ou *me faire celer*. (II, 226. *Pl. roy.* 19.)

Racine s'est servi de cette locution dans *les Plaideurs* (vers 193).

CELUI, au pluriel, employé absolument, sans relation à un substantif ou à un autre pronom exprimé, et signifiant à lui seul *gens*, *personnes* :
L'amour dompte aisément l'esprit le plus farouche ;
C'est à *ceux* de notre âge un puissant ennemi. (I, 350. *Clit.* 1327.)

CELUI-CI, CELLE-CI.

CELLE-CI pour cette *lettre* :

« *Celle-ci* pour *lettre* est bas, dit Vaugelas ; néanmoins plusieurs ont accoutumé d'en user en commençant une lettre ainsi : « Je vous écris *celle-ci*. »
Corneille s'est servi de cette locution :

Mon très-révérend Père, j'espérois de jour en jour aller à Paris, suivant ce que vous a dit M. Ballard, et là vous remercier de vive voix de *celle* qui (*pour* qu'il) vous a plu m'écrire. (X, 470. *Lett.*)

Voyez CETTUI-CI.

CENDRE, au figuré, restes, débris :

.... De son vain orgueil les *cendres* rallumées
Poussent déjà dans l'air de nouvelles fumées. (IV, 35. *Pomp.* 221.)

A l'occasion de ce passage de la traduction des *Homélies de saint Jean Chrysostome sur saint Matthieu*, par Paul-Antoine de Marsilly (de Saci) : « Quoique les corps après la mort soient réduits en *cendre* et en *poussière* » (2ᵉ édit., 1666, tome II, p. 148), le P. Bouhours s'exprime ainsi dans les *Doutes.... proposez....* par un gentilhomme de Province (1674) : « Ces deux mots dans leur propre signification ne disent pas tout à fait la même chose; mais ils sont synonymes au sens de l'auteur, et *poussière* n'ajoute assurément rien à *cendre*. » Ménage, au contraire (au chapitre III de ses *Observations sur la langue françoise*, 2ᵉ partie), défend cette expression et accumule les autorités et les exemples. Il cite entre autres ce passage de *l'Imitation de Jésus-Christ* : *Loquar ad Dominum meum, cum sim pulvis et cinis?* ainsi traduit par Corneille :

Seigneur, t'oserai-je parler,
Moi qui ne suis que *cendre* et que poussière? (VIII, 306. III, 966.)

CENT, pour un nombre indéterminé :

Ni sur l'éclat d'un nom *cent* et *cent* fois vainqueur. (V, 515. *Nic.* 90.)
Vous nous épargneriez *cent* mortelles alarmes. (VI, 174. *OEd.* 934.)
Mon âme a secoué le joug de *cent* remords. (VI, 365. *Sert.* 12.)
.... Quand *cent* troubles m'agitent. (VII, 490. *Sur.* 649.)

CENTUPLE (Rendre le) :

Dieu, qui *rend le centuple* aux bonnes actions,
Pour comble donne encor les persécutions. (III, 559. *Pol.* 1537.)

CEPENDANT.

Ce mot ne s'emploie plus guère aujourd'hui que comme conjonction, dans le sens de *pourtant, néanmoins, mais;* autrefois c'était d'ordinaire un adverbe, signifiant *pendant ce temps, en attendant :*

Mercredi j'en attends de certaines nouvelles.
Cependant vous faut-il quelques autres dentelles? (II, 25. *Gal. du Pal.* 126.)
Va donc, je t'attendrai. — Cette touffe d'ormeaux
Vous pourra *cependant* couvrir de ses rameaux. (I, 311. *Clit.* 624.)
Ne perdons point de temps, courons chez la sorcière,
Délivrer par sa mort mon âme prisonnière.
Vous autres *cependant* enlevez ces deux corps. (II, 414. *Méd.* 1511.)
Prends un an, si tu veux, pour essuyer tes larmes.
Rodrigue, *cependant* il faut prendre les armes. (III, 197. *Cid*, 1822.)
Allez, et *cependant* au pied de nos autels
J'irai rendre pour vous grâces aux Immortels. (III, 296. *Hor.* 345.)
Jusqu'au-devant des murs je vais le recevoir;
Rappelle *cependant* tes forces étonnées. (III, 503. *Pol.* 361.)
Que ces longs cris de joie étouffent vos soupirs,
Et puissent ne laisser dedans votre pensée
Que l'image des traits dont mon âme est blessée!
Cependant, qu'à l'envi ma suite et votre cour
Préparent pour demain la pompe d'un beau jour. (IV, 101. *Pomp.* 1807.)
J'apprends qu'on vous a vu *cependant* à Florence. (IV, 292. *S. du Ment.* 79.)

Sans perdre plus de temps, souffrez que j'aille apprendre
Pour en venir à bout quel chemin il faut prendre.
Ne vous attristez point *cependant* en prison. (IV, 322. *S. du Ment*. 645.)
Quoique ce soit un bien que l'un et l'autre attende,
De crainte de le perdre aucun ne le demande;
Cependant je possède.... (IV, 449. *Rod*. 449.)
Souffrez que je lui parle un moment sans témoins.
Disposez *cependant* vos amis à bien faire. (V, 185. *Hér*. 683.)
.... Une occasion plus prompte et plus brillante
A surpris *cependant* votre amour chancelante. (V, 452. *D. San*. 814.)

Parfois *cependant* exprimait, non pas seulement, comme aujourd'hui, une opposition plus ou moins marquée, mais un changement complet de propos :

Sachez que s'il échappe il y va de vos têtes.
— Si nous manquons, Seigneur, les voilà toutes prêtes.
Admirez *cependant* le foudre et ses efforts. (I, 341. *Clit*. 1163.)
Je vous suis. *Cependant*, que mon heur est extrême,
Ami, que je chéris à l'égal de moi-même,
D'avoir su justement venir à ton secours
Lorsqu'un infâme glaive alloit trancher tes jours ! (I, 349. *Clit*. 1297.)

Enfin, même lorsque ce mot sert seulement à indiquer une opposition, il paraît conserver à cette époque un peu de sa valeur étymologique.

Madame *cependant* en est toute ravie,
Et de s'en voir parée elle brûle d'envie. (II, 397. *Méd*. 1145.)
Apprends-moi *cependant* ce qu'ils ont fait au temple. (III, 525. *Pol*. 821.)
Que *cependant* Félix m'immole à ta colère. (III, 541. *Pol*. 1135.)
Que nous veut *cependant* Blanche toute étonnée ? (V, 482. *D. San*. 1557.)

CEPENDANT QUE :

Corneille, si prompt d'ordinaire à faire disparaître de ses œuvres les locutions condamnées par Vaugelas et par son frère Thomas, y a constamment maintenu, malgré leur défense, *cependant que*, et a toujours continué à s'en servir tant en vers qu'en prose :

Je ne puis souffrir chez Sophocle que ce fils la poignarde de dessein formé *cependant qu*'elle est à genoux devant lui et le conjure de lui laisser la vie. (I, 80. *Disc. de la trag*.)
Ce Philandre est bien crédule de se persuader d'être aimé d'une personne qu'il n'a jamais entretenue, dont il ne connoît point l'écriture, et qui lui défend de l'aller voir, *cependant qu*'elle reçoit les visites d'un autre. (I, 138. *Exam*. de *Mél*.)
Il vous fait fort bon voir, mon frère, à cajoler,
Cependant qu'une sœur ne se peut consoler. (I, 241. *Mél*. 1666.)
Tout ce qu'elle a d'orgueil se réserve pour moi,
Cependant qu'un rival, ses plus chères délices,
Redouble ses plaisirs en voyant mes supplices. (I, 303. *Clit*. 473.)
Elle prend sur mon cœur des droits imaginaires,
Cependant que le sien sent tout ce que je feins. (I, 436. *Veuve*, 733.)
Elle me tient les mains, *cependant qu*'il me vole. (II, 257. *Pl. roy*. 638.)
Le flux les apporta ; le reflux les remporte,
Cependant que leurs rois engagés parmi nous,

Et quelque peu des leurs, tous percés de nos coups,
Disputent vaillamment et vendent bien leur vie. (III, 174. *Cid*, 1319.)
Cependant que Félix donne ordre au sacrifice,
Pourrai-je prendre un temps à mes vœux si propice? (III, 504. *Pol.* 365.)
D'une fausse clémence il fera vanité :
Heureux de l'asservir en lui donnant la vie,
Et de plaire par là même à Rome asservie !
Cependant que forcé d'épargner son rival,
Aussi bien que Pompée il vous voudra du mal. (IV, 34. *Pomp.* 179.)

Je les ai faits les plus courts que j'ai pu (*les a parte*), et je me les suis permis rarement sans laisser deux acteurs ensemble qui s'entretiennent tout bas, *cependant que* d'autres disent ce que ceux-là ne doivent pas écouter. (IV, 137. *Exam. du Ment.*)
Vous saurez seulement qu'en ce lieu de délices
On servit douze plats, et qu'on fit six services,
Cependant que les eaux, les rochers et les airs
Répondoient aux accents de nos quatre concerts. (IV, 156. *Ment.* 283.)
Cependant, qu'au logis mon père se délasse,
J'ai voulu par devoir prendre l'heure du sien. (IV, 202. *Ment.* 1162.)

Leur entretien est plus supportable au premier acte, *cependant que* Dorante écrit. (IV, 285. *Exam. de la S. du Ment.*)
Cependant que pour vous je vais tout obtenir,
Pour soulager ses maux allez l'entretenir. (V, 62. *Théod.* 1065.)

Je fais qu'elle lui donne Héraclius pour fils, qui est dorénavant élevé auprès de lui sous le nom de Martian, *cependant qu*'elle retient le vrai Martian auprès d'elle. (IV, 145. *Au lect. d'Hér.*)
Cependant qu'en ce lieu nous attendrons le Roi,
Soyez-y juste juge entre les Dieux et moi. (V, 321. *Andr.* 104.)

Cléopatre, *cependant qu*'ils prennent leurs places, parle à l'oreille de Laonice. (IV, 495. *Rod.*)

Cependant qu'elle (*Vénus*) s'avance.... (V, 261. *Dess. d'Andr.*)
Mais elle-même, hélas ! de ce grand nom charmée,
S'attache au bruit heureux que fait sa renommée,
Cependant qu'insensible a ce qu'elle a d'appas,
Il me dérobe un cœur qu'il ne demande pas. (VI, 368. *Sert.* 83.)
Tout son cœur est ailleurs; Sertorius l'avoue,
Et fait auprès de vous l'officieux rival,
Cependant que la Reine.... (VI, 393. *Sert.* 732.)
Aussi se sont-ils embarrassés tous, et ont trébuché, *cependant que* nous nous sommes élevés. (IX, 68. *Off. V.*)

Thomas Corneille, dans l'édition qu'il a donnée, en 1692, du *Théâtre* de son frère, a substitué partout, dans la prose, et en certains endroits dans les vers, *pendant que* ou *tandis que* à *cependant que*. Voyez tome IV, p. 137, note 5, et p. 495, note 1 ; et tome VI, p. 393, note 1.

CERCUEIL, figurément :

Mais quoique ce combat me promette un *cercueil*. (III, 298. *Hor.* 377.)
Ce frère et ton espoir vont entrer au *cercueil*. (V, 199. *Hér.* 1001.)

CÉRÉMONIE.

A chaque occasion de la *cérémonie*. (III, 526. *Pol.* 829.)
César en sait l'usage (*du divorce*) et la *cérémonie*. (IV, 45. *Pomp.* 421.)

CERTAIN, dans le sens de *sûr*, *assuré*, quoique placé avant son substantif :

Mercredi j'en attends de *certaines* nouvelles. (II, 25. *Gal. du Pal.* 125.)

Au CERTAIN, d'une manière sûre :

Il ne t'est pas aisé de juger *a certain*
Quel esprit meut ton âme, ou ta langue, ou ta main.
(VIII, 339. *Imit.* III. 1634.)

CERVELLE, au figuré, tête, esprit, raison :

Vous avez tout le corps bien plein de vérités,
Il n'en sort jamais une. — Ah! *cervelle* ignorante ! (IV, 205. *Ment.* 1205.)
Passer pour esprit foible et pour *cervelle* usée ! (IV, 225. *Ment.* 1542.)

Molière (*les Femmes savantes*, acte II, scène VI) a dit : « *Cervelle* indocile ; » et la Fontaine (*Fables*, livre II, fable XIV) : « Quelque sage *cervelle*. »

EN CERVELLE, en réflexion, en peine, en inquiétude :

Suivant Henri Estienne, cette locution vient de l'italien. Dans les *Dialogues du nouveau langage françois italianizé* (1579, p. 85 et 86), Celtophile raconte à Philausone que lors de son premier voyage en Italie « en un certain lieu, à tous les mauuais pas (desquels il y auoit grand nombre) le postillon crioit : *La Signoria vostra stia in ceruello* ; » et un peu plus loin il ajoute : « Mais dite-moy, ceste façon de parler : *tenir quelcun en ceruelle*, leur est-elle fort fréquente ? PHILAUSONE. Ouy, et mesme on en use souuent en escriuant. CELTOPHILE. Je croy qu'ils ont opinion que nous ne pouuons bien exprimer la mesme chose sans sortir de nos limites. PHILAUSONE. Il n'y a rien plus vray. CELTOPHILE. Et toutesfois, s'ils considerent bien, ils trouueront que *tenir quelcun en ceruelle*, c'est en bon françois *le faire penser à soy*; quelquesfois aussi ce qu'on dit *luy donner bien à penser.* » Tel est en effet le sens des mots : *en cervelle*, dans les exemples que nous allons citer; seulement, malgré l'analogie de sens de ces mots mêmes dans les deux langues, on remarquera, à prendre dans son exemple chacune des locutions où il figurent, une différence assez notable de signification. En italien, elles n'expriment point l'idée de *peine*, d'*inquiétude*. *Tenere in cervello* veut dire « contenir, retenir dans le devoir; » *stare in cervello*, « se modérer, se posséder. »

TENIR EN CERVELLE :

Je ne te *tiendrai* point plus longtemps *en cervelle*. (I, 192. *Mél.* 824.)

METTRE EN CERVELLE :

Ta curiosité te *met* trop *en cervelle*. (I, 212. *Mél.* 1152.)
Sur mes premiers soupçons, le Roi *mis en cervelle*,
Devint préoccupé d'une haine mortelle. (I, 366. *var.* de *Clit.*, sc. VI.)

ÊTRE EN CERVELLE DE, être en peine, inquiet, tourmenté de :

.... Pour vous dire tout, cet amant infidèle
Ne m'aime pas assez pour *en être en cervelle*. (II, 141. *Suiv.* 298.)
Amarante m'en vient d'apprendre une nouvelle
Qui ne me permet plus que j'*en sois en cervelle*. (II, 159. *Suiv.* 626.)

ENTRER EN CERVELLE, concevoir de l'inquiétude :

De peur que nous voyant il *entrât en cervelle*,
J'avois mis tout exprès Cléonte en sentinelle. (II, 186. *Suiv.* 1149. *var.*)

Dès 1644 ces deux vers ont été modifiés ainsi :

De peur que nous voyant il conçût quelque ombrage,
J'avois mis tout exprès Cléon sur le passage.

Séparons-nous, de peur qu'il *entrât en cervelle*,
S'il avoit découvert un si long entretien. (I, 406. *Veuve*, 142.)

Ce passage est le dernier des œuvres de Corneille où l'on trouve, conservée dans le texte définitif, la locution *en cervelle*, si prodiguée dans ses premières pièces.

CETTUI-CI.

« *Cettui-ci* commence à n'être plus guère en usage, » disait Vaugelas en 1647. — On le trouve trois fois dans *Clitandre*, mais il ne reparaît dans aucune autre pièce de Corneille.

..... *Cettui-ci* dépêché,
C'est de toi maintenant que j'aurai bon marché. (I, 289. *Clit.* 227.)
Cettui-ci fut toujours vêtu de ses couleurs. (I, 289. *Clit.* 236.)
Cettui-ci qui me vient faire quelque message. (I, 305. *Clit.* 506.)

CHÂBLE, voyez CÂBLE.

CHACUN (Un).

Cette locution était déjà vieille du temps de Corneille ; aussi ne l'a-t-il employée que dans ses premières pièces, d'où il a même pris soin de la faire disparaître presque partout :

Un chacun à soi-même est son meilleur ami. (I, 173. *Mél.* 537. *var.*)

Ce texte est celui des premières éditions ; en 1660 Corneille a changé ainsi ce vers :

Chacun en son affaire est son meilleur ami ;

et peut-être a-t-il eu tort, car un archaïsme ne messied pas dans une maxime qui affecte une forme proverbiale.

Un chacun fait à l'œil des remarques aisées. (I, 207. *Mél. var.* 1.)

L'endroit où était ce vers a été entièrement modifié en 1660.

Pour moi, j'aime *un chacun*, et sans rien négliger,
Le premier qui m'en conte a de quoi m'engager. (II, 228. *Pl. roy.* 63.)

CHACUN, où nous mettrions *chacune*. Voyez l'*Introduction* de ce *Lexique*.

CHAGRIN, mécontentement, déplaisir, ennui :

Quelques-uns réduisent le nombre des vers qu'on y récite à quinze cents, et veulent que les pièces de théâtre ne puissent aller jusqu'à dix-huit, sans laisser un *chagrin* capable de faire oublier les plus belles choses. J'ai été plus heureux que leur règle ne me le permet, en ayant pour l'ordinaire donné deux mille aux comédies et un peu plus de dix-huit cents aux tragédies, sans avoir sujet de me plaindre que mon auditoire ait montré trop de *chagrin* pour cette longueur. (I, 30. *Disc. du poëme dram.*)

CHAGRIN, INE.

ÂME CHAGRINE :

.... Tout ce qu'on prévoit, tout ce qu'on s'imagine,
Forme un nouveau poison pour une *âme chagrine*. (VII, 468. *Sur.* 114.)

CHAÎNE, au figuré :

Un captif insolent d'avoir brisé sa *chaîne*. (V, 590. *Nic.* 1784.)
Cette âme, d'avec soi tout à coup divisée,
Reprend de ces remords la *chaîne* mal brisée. (VI, 365. *Sert.* 14.)

CHAIR (LA), par opposition à l'*esprit*, dans le langage religieux :

Honteux attachements de *la chair* et du monde. (III, 539. *Pol.* 1107.)

HACHER MENU COMME CHAIR À PÂTÉS.

Grâce au conte du *Chat botté*, cette expression proverbiale est connue de tout le monde. Corneille en a fait un singulier usage dans les vers suivants :

J'ai dix langues, Cliton, à mon commandement.
— Vous auriez bien besoin de dix des mieux nourries,
Pour fournir tour à tour à tant de menteries ;
Vous les *hachez menu comme chair à pâtés*. (IV, 205. *Ment.* 1203.)

CHALANDISE, concours des chalands qui vont acheter en une même boutique :

Ainsi, faute d'avoir de belle marchandise,
Des hommes comme vous perdent leur *chalandise*. (II, 96. *Gal. du Pal.* 1454.)

CHALEUR, ardeur, vivacité, emportement causés par une passion quelconque :

Le moindre mot que j'en eusse laissé dire.... eût rompu toute la *chaleur* de l'attention. (III, 101. *Exam. du Cid.*)
Madame, croyez-moi, vous serez excusable
D'avoir moins de *chaleur* contre un objet aimable. (III, 152. *Cid*, 838.)
L'irréparable effet d'une *chaleur* trop prompte
Déshonoroit mon père et me couvroit de honte. (III, 154. *Cid*, 873.)
J'excuse ta *chaleur* à venger ton offense. (III, 172. *Cid*, 1253.)
C'est d'un nouveau chrétien la première *chaleur*. (III, 531. *Pol.* 936.)
Ta vertu met ta gloire au-dessus de ton crime ;
Sa *chaleur* généreuse a produit ton forfait. (III, 357. *Hor.* 1761.)
Ayez l'œil sur le Roi dans la *chaleur* des armes. (IV, 86. *Pomp.* 1449.)
.... C'est malgré moi qu'à moi-même rendue,
J'écoute une *chaleur* qui m'étoit défendue. (IV, 470. *Rod.* 1016.)
Souffrez que pour la gloire une *chaleur* égale
D'une amante aujourd'hui vous fasse une rivale. (VI, 164. *ŒEd.* 699.)

On le trouve employé au pluriel dans les mêmes acceptions :

Ne vous exposez point, pour gagner un moment,
Aux premières *chaleurs* de son ressentiment. (IV, 185. *Ment.* 840.)

Vous pardonnerez donc ces *chaleurs* indiscrètes. (IV, 490. *Rod.* 1467.)
Seigneur, vous pardonnez aux *chaleurs* de son âge. (V, 540. *Nic.* 635.)
Modérez ces *chaleurs* de votre esprit jaloux. (VI, 320. *Tois.* 1526.)

CHAMBRE, dans la tragédie :

.... Seule dans ma *chambre* enfermant mes regrets. (III, 512. *Pol.* 563.)
Faites-le retirer en la *chambre* prochaine. (V, 198. *Hér.* 992.)

Cet hémistiche *en la chambre prochaine, dans la chambre prochaine*, revient souvent chez nos tragiques. Voyez tome V, 100 (*Théod.* 1880); tome VI, 540 (*Soph.* 1616); et dans Racine, *Thébaïde*, vers 968 ; *Bérénice*, vers 1247 ; et *Esther*, vers 824.

CHAMP.

METTRE AUX CHAMPS, figurément et proverbialement, irriter quelqu'un, le mettre en colère :

Deux mots de vérité vous *mettent* bien *aux champs!* (II, 242. *Pl. roy.* 363.)

DONNER LES CHAMPS aux écoliers, ou leur donner *campos*, c'était leur donner congé et les laisser aller en promenade.

De là, la locution proverbiale contenue dans les vers suivants :

Je chasse un fugitif avec trop de raison,
Et lui *donne les champs* quand il rompt sa prison. (II, 245. *Pl. roy.* 408.)

À CHAQUE BOUT DE CHAMP, à chaque instant :

A chaque bout de champ, vous mentez comme un diable.
(IV, 197. *Ment.* 1078.)

CHAMPS, champ de bataille :

Ai-je vaincu pour vous dans les *champs* de Pharsale ? (IV, 62. *Pomp.* 829.)
.... Le prince aux *champs* de Mars,
Chaque jour, chaque instant, s'offre à mille hasards. (V, 159. *Hér.* 63.)

CHAMP, lice :

Il suffit qu'une fois il entre dans la lice....
Laissez un *champ* ouvert où n'entrera personne. (III. 180. *Cid*, 1434.)
Faites ouvrir le *champ* : vous voyez l'assaillant. (III. 180. *Cid*. 1439.)

Il y avait ici dans les premières éditions *camp*, au lieu de *champ*, et Corneille, en écrivant d'abord ainsi ce mot, n'avait fait que se conformer à l'usage général de son temps. Nous lisons dans le *Dictionnaire de Nicot* (1606) : « *Champ de bataille*, c'est le *champ clos* où le défi de deux combattants se démêle ; on l'écrit et prononce à présent *camp*, à l'italienne ou espagnole, car l'un et l'autre dit *campo*, mais les François de jadis l'écrivoient et prononçoient *champ*. » Lorsqu'on revint à l'ancienne coutume et qu'on se remit à dire *champ clos*, la prononciation qui avait été adoptée pendant quelques années se maintint néanmoins dans certaines locutions, et laissa dans la langue des traces ineffaçables ; nous disons encore *juge du camp*.

CHAMPÊTRE (HABIT) :

.... Fussent-ils cachés sous un *habit champêtre*. (VI, 191. *OEd.* 1349.)

CHAMPTOURNÉ, voyez CHANTOURNÉ.

CHANCE (Conter sa) :

Antoine Oudin, qui, dans ses *Curiositez françoises* (1640) traduit cette locution par : « *Dire ses raisons* ou *déduire ses affaires*, » la signale comme *vulgaire;* aussi Corneille, qui avait d'abord fait dire dans *le Menteur* à une jeune fille bien élevée :

Il continue encore à te *conter sa chance* (IV, 191, *Ment.* 945 *var.*)

a-t-il mis en 1660 :

Sa fleurette pour toi prend encor même style.

CHANCELER.

Faites-le souvenir qu'il fait seul tous nos vœux,...
Qu'il feroit d'un faux pas *chanceler* sa couronne. (x, 217. *Poés. div.* 346.)

CHANDELLE.

.... Le jeu, comme on dit, n'en vaut pas les *chandelles*. (IV, 143. *Ment.* 46.)

CHANGE.

Ménage, dans ses *Observations sur les Poésies de Malherbe*, dit à propos de ce vers

Et qu'aux appâts du *change* une âme ne s'envole
(*OEuvres de Malherbe*, tome I, p. 241, vers 33) :

« *Change* pour *changement* ne me déplaît pas en vers. » Ce mot revient très-fréquemment dans les poésies de Corneille :

C'est la première fois que ces vieux ennemis,
Le *change* et la raison, sont devenus amis. (I, 187. *Mél.* 754 *var.*)
.... Peut-être déjà (tant elle aime le *change !*)
Quelque autre nouveauté le supplante et nous venge. (I, 201. *Mél.* 967.)
Nous leur ferons bien voir que leur *change* indiscret
Ne vaut pas un soupir, ne vaut pas un regret. (I, 203. *Mél.* 1013.)
.... Oui, Tircis, plein de rage
De voir que votre *change* indignement l'outrage. (I, 216. *Mél.* 1228.)
Après un tel faux bond, un *change* si soudain,
A volage, volage, et dédain pour dédain. (I, 243. *Mél.* 1693.)
.... Ta seule jalousie
A mis à ce vieillard ce *change* en fantaisie. (II, 202. *Suiv.* 1474.)
N'appelle point amour un *change* inévitable. (II, 382. *Méd.* 849.)
C'est par là que je fuis, et que je t'abandonne,
Pour courir à l'exil que ton *change* m'ordonne. (II, 417. *Méd.* 1570.)
Mon honneur offensé sur moi-même se venge;
Et vous m'osez pousser à la honte du *change !* (III, 163. *Cid*, 1062.)
Quoi? vous appelez crime un *change* raisonnable ? (III, 289. *Hor.* 155.)
.... Voyons si ce *change* à leurs bontés agrée. (III, 317. *Hor.* 816.)
Ma perte n'est pour vous qu'un *change* avantageux. (III, 560. *Pol.* 1561.)
.... J'aime trop Phinée, et le *change* est un crime. (V, 336. *Andr.* 482.)
Que direz-vous d'un *change* et si prompt et si grand? (V, 369. *Andr.* 1140.)
.... Mes ardents souhaits de voir punir son *change*
Assurent ma conquête à quiconque me venge. (VI, 37. *Perth.* 391.)
    J'élirois plutôt le tombeau

Que ma volage humeur se dispensât au *change*. (x, 51. *Poés. div.* 24.)

C'est-à-dire, se permît de changer.

Donner le change, prendre le change.

En vénerie, on dit qu'un cerf *donne le change* lorsqu'il parvient à faire perdre sa trace aux chiens et à leur faire poursuivre un autre animal, et l'on dit des chiens qui se laissent tromper par ce manège, qu'ils *prennent le change*. Ces expressions *donner le change*, *prendre le change*, sont devenues, au figuré, d'un usage très-fréquent :

Encore une remise; et que tandis Florange
Ne craigne aucunement qu'on lui *donne le change*. (I, 450. *Veuve*, 1020.)
Le sort, qui jusqu'ici nous *a donné le change*,
Immole à ses beautés le monstre qui nous venge. (v, 362. *Andr.* 1006.)
Presque insensiblement nous *avons pris le change*. (IV, 333. *S. du Ment.* 832.)
    Elle (*la grâce*) *prend* aussitôt *le change*,
Et leur cède le cœur qui les veut retenir. (VIII, *Imit.* III. 5529.)

Rendre le change.

Furetière remarque qu'on dit proverbialement *rendre le change* à quelqu'un, lui *donner son change*, pour dire lui répliquer fortement, lui rendre la pareille. Cette expression figurée dont il n'indique pas l'origine, nous paraît appartenir à un ordre d'idées tout différent ; il ne s'agit plus ici de chasse, mais de change d'argent, et ces locutions sont si naturelles, qu'aujourd'hui qu'elles ne sont plus en usage, on dit fort bien encore, par une métaphore du même genre : « Je lui ai rendu *ou* donné la monnaie de sa pièce. »

Tu m'*as rendu mon change*, et m'as fait quelque peur. (I, 355. *Clit.* 1443.)
.... En mots exprès je lui *rendois son change*. (I, 449. *Veuve*, 999.)
Quand il a de l'esprit, il sait *rendre le change*. (IV, 352. *S. du Ment.* 1205.)
Approchez, Liriope, et *rendez*-lui *son change*. (v, 339. *Andr.* 542.)
.... C'est trop nous aimer que voir d'un œil jaloux
Qu'elle nous *rend le change*, et s'aime plus que nous. (VI, 148. *OEd.* 332.)

CHANGEMENT.

.... Son cœur léger ne court au *changement*
Qu'avec la vanité d'y courir justement. (v, 384. *Andr.* 1497.)

CHANGER quelque chose :

Mais nous pouvons *changer* un destin si funeste. (III, 394. *Cin.* 221.)
Puisqu'il *change* mon cœur, qu'il veut *changer* l'État. (III, 460. *Cin.* 1724.)

Changer de :

On peut *changer* d'amant, mais non *changer* d'époux. (III, 288. *Hor.* 146.)
Est-il donc vrai, Madame ? et *changeons*-nous *de* sort ? (v, 238, *Hér.* 1861.)
J'*ai changé de* couleur, je me suis écriée. (v, 527. *Nic.* 340.)

Changer de style, proverbialement, changer de langage :

Si dans votre prison vous avez fait l'amant,
Je ne vous y servois que d'un amusement.
A peine en sortez-vous que vous *changez de style*. (IV, 382. *S. du Ment.* 1765.)

    Muse, *changeons de style* et quittons la satire. (Boileau, *satire* VII, 1.)

CHANGER D'HUMEUR :

.... Comme avec le temps il pourroit vous séduire,
Et vous, *changeant d'humeur*, me forcer à vous nuire. (v, 38. *Théod.* 480.)

CHANGER DE VISAGE, voyez VISAGE.

CHANGER DE NOM À QUELQU'UN, changer le nom de quelqu'un :

Votre cour, obstinée à *lui changer de nom*,
Murmuroit tout autour : « Don Sanche d'Aragon. » (v, 483. *D. San.* 1571.)

CHANGER DE.... EN :

.... Ne la *changez* pas *de* fière *en* furieuse. (VII, 263. *Tit.* 1488.)

CHANGER UNE CHOSE À UNE AUTRE, voyez À (p. 11).

CHANGER QUELQU'UN, le faire changer :

Quoi? Madame, la perdre est-ce gagner Placide?
Croyez-vous que sa mort *le change* ou l'intimide? (v, 45. *Théod.* 636.)
Je vous le dis encor, rien ne peut *me changer* (VI. 21. *Perth.* 2.)

CHANGER, neutralement :

Mais il n'est pas moins vrai que cet ordre des cieux
Change selon les temps comme selon les lieux. (III, 409. *Cin.* 548.)
Nous ferons bien *changer* ce courage indompté. (v, 547. *Nic.* 790.)

CHANGÉ DE :

Je serai bien *changée* et d'âme et *de* courage. (I, 547. *Nic* 796.)

SE CHANGER :

Faites, Dieux tout-puissants, que Philiste *se change* (I, 441. *Veuve*, 827.)
Quoi? votre cœur *se change*, et désobéira? (IV, 188. *Ment.* 900.)

CHANTOURNÉ, évidé suivant un profil déterminé :

Trois vases qui portent, l'un des orangers, et les deux autres diverses fleurs en confusion, *chantournées* et découpées à jour. (VI, 266. *Tois.*)

Dans les éditions publiées du vivant de Corneille, ce mot est écrit : *champtourné*.

CHAPEAU (COUP DE), voyez COUP.

CHAPITRE.

C'est en plein chapitre qu'on réprimandait les religieux, ce qui s'appelait *chapitrer*; aussi *chapitre* s'est-il dit pour la réprimande elle-même :

Je serois plus sévère, et tiens qu'à juste titre
Vous lui pouvez tantôt en faire un bon *chapitre*. (IV, 360. *S. du Ment.* 1370.)
Je veux avoir le *chapitre* (c'est-à-dire être chapitré),
Si j'en dispute avec toi. (X, 49. *Poés. div.* 11.)

CHAQUE.

On dit bien *chaque jour*, mais non *chaque moment;* Corneille a fait passer la seconde expression à la faveur de la première :

Annoncez *chaque* jour son digne salutaire,
    Annoncez-le *chaque* moment. (ix, 111. *Off. V.* 8.)

CHARGE, fonction :

Il y va de ma *charge*, il y va de ma vie. (iii, 535. *Pol.* 1018.)

CHARGEANT, fatigant, accablant :

Je ne vous en chargeai qu'afin de me défaire
D'un entretien *chargeant* et qui m'alloit déplaire. ii, 49. (*Gal. du Pal.* 590.)

CHARMANT.

Le charmant, substantivement :

.... Nous verrons après s'il n'est point de milieu
    Entre *le charmamt* et l'utile. (vii, 59. *Agés.* 1286.)

CHARME.

Ce mot conserve souvent chez Corneille sa valeur première d'*enchantement,* de *prestige,* même lorsqu'il est employé figurément :

Il vous faudroit du *charme* au lieu de cette ruse,
Pour me persuader que qui promet refuse. (ii, 205. *Suiv.* 1521.)
Il se tait, et ces mots semblent être des *charmes.* (iii, 317. *Hor.* 819.)
Un grand cœur à ses maux applique d'autres *charmes.* (iv, 87. *Pomp.* 1462.)
Cette noire magie, ordinaire aux chrétiens,
L'arrête indignement dans vos honteux liens ;
Votre *charme* après lui se répand sur Flavie :
De l'un il prend le cœur, et de l'autre la vie. (v, 43. *Théod.* 603.)
Sa vertu ni vos droits ne sont pas de grands *charmes*,
A moins que pour appui je leur prête mes armes. (vii, 150. *Att.* 1021.)
Trêve, mes tristes yeux, trêve aujourd'hui de larmes !
Armez contre un tyran vos plus dangereux *charmes* (vii, 167. *Att.* 1438.)
Sa présence aux travaux mêle de si doux *charmes*,
Qu'ils apprennent sans peine à dormir sous les armes. (x, 199. *Poés. div.* 81.)
    Cependant j'ai quelques *charmes*
    Qui sont assez éclatants
    Pour n'avoir pas trop d'alarmes
    De ces ravages du temps. (x, 166. *Poés. div.* 13.)

Corneille parle de lui-même.

Voyez Attraits.

CHARMER, au figuré :

.... L'excès des plaisirs qui me viennent *charmer*
Mêle dans ces douceurs je ne sais quoi d'amer. (i, 491. *Veuve*, 1785.)
Voilà de vos chrétiens les ridicules songes ;

Voilà jusqu'à quel point vous *charment* leurs mensonges. (III, 543 *Pol.* 1200.)
Charmé de deux beaux yeux, mon vers *charma* la cour. (x, 77. *Poésie div.* 63.)

Charmé, au propre, en parlant de la robe envoyée par Médée à Créuse :

Hélas! vous recevez, par ce présent *charmé*,
Le déplorable prix de m'avoir trop aimé. (II, 413. *Méd.* 1475.)
...., Leurs habits *charmés*, malgré nos vains efforts,
Sont des brasiers secrets attachés à leurs corps. (II, 405. *Méd.* 1315.)

CHARMEUR, EUSE, substantivement :

Éloignez quelque temps ce dangereux *charmeur*. (I, 425, *Veuve*, 497.)
Juge un peu quel désordre aux yeux de ma *charmeuse*. (II, 473. *Illus.* 757.)

Charmeur, adjectivement :

On en veut aussitôt apprendre davantage,
Voir si son entretien répond à son visage,
S'il est civil ou rude, importun ou *charmeur*. (II, 30. *Gal. du Pal.* 215.)
.... « Quiconque aime l'époux,
Cria-t-il, de sa voix trouve l'accent si doux,
Que de ses tons *charmeurs* l'amoureuse tendresse,
Sitôt qu'il les entend, le comble d'allégresse. » (VIII, 680. *Imit.* IV, 2085.)
Je violente mon humeur
D'abandonner ce lieu *charmeur*. (x, 41. *Poés. div.* 76.)

CHARNEL, substantivement :

Que je vois de *charnels* porter haut leurs desseins ! (VIII, 436. *Imit.* III, 3607.)

CHAROGNE.

Satisfait par sa mort, mon esprit se modère,
Et va sur sa *charogne* achever sa colère. (I, 337. *Clit. var.* 1.)

Ce mot, venant, dans la première édition de *Clitandre*, à la fin d'une scène remplie d'affectation et de recherche, avait certes de quoi surprendre ; aussi Corneille, dès 1644, l'a supprimé et a refait ainsi le vers :

Et va par ce spectacle assouvir sa colère.

CHATOUILLEMENT, au figuré :

Ton damnable artifice en vain me sollicite :
Mon cœur, inébranlable aux plus cruels tourments,
A presque été surpris de tes *chatouillements*. (v, 87. *Théod.* 1582.)
.... Pour l'indigne attrait d'un faux *chatouillement*,
Pour un bien passager, un plaisir d'un moment,
Amoureux d'une vie ingrate et fugitive,
Ils acceptent pour l'âme une mort toujours vive. (VIII, 326. *Imit.* III, 1390.)
Souvent même l'esprit de ces pèlerinages
N'est qu'un *chatouillement* de curiosité. (VIII, 588. *Imit.* IV, 184.)

CHATOUILLER, au figuré :

L'aise de voir la terre *à* son pouvoir soumise
Chatouilloit malgré lui son âme avec surprise. (IV, 60. *Pomp.* 778.)

.... Heureux....
Qui pour ne rien souffrir qui lui pèse ou le souille,
Fuit ce qui le *chatouille!* (VIII, 125. *Imit.* I, 1684.)

L'emploi de ce mot au figuré est fort ancien dans notre langue. Ménage, qui ne l'aimait pas et qui, dans ses *Observations sur les Poésies de Malherbe*, blâme *chatouiller mon âme* (voyez les *OEuvres de Malherbe*, tome I, p. 157, vers 29), est forcé toutefois d'avouer qu'il est en usage, et que Balzac, dans son VIIIe entretien, a dit : « *Chatouiller l'esprit*. » Lorsque Racine plaçait ce mot dans ces beaux vers, souvent cités, de la première scène d'*Iphigénie* (81 et 82) :

Ces noms de roi des rois et de chef de la Grèce
Chatouilloient de mon cœur l'orgueilleuse foiblesse,

il n'introduisait donc pas dans la langue, comme on a paru le croire, un sens figuré nouveau ; il renouvelait au contraire, par l'heureux choix des expressions, une métaphore qui commençait à vieillir.

CHATOUILLÉ, au figuré :

.... *Chatouillé* d'ailleurs par l'espoir, qui le flatte,
De faire avec plus d'heur la guerre à Mithridate. (VI, 370. *Sert.* 149.)

CHATOUILLEUX, EUSE.

L'éclat de ces faveurs dont vous enveloppez
De votre faux secret le *chatouilleux* mystère. (VII, 58. *Agés.* 1236.)
De peur que l'image de cette nudité ne fit une impression trop *chatouilleuse* dans l'esprit de l'auditeur. (III, 481. *Exam. de Pol.*)

CHAUD, ardent, au figuré :

J'eus le sang un peu *chaud* et le bras un peu prompt. (III, 125. *Cid*, 351 var.)
Près d'un esprit si *chaud* et si fort emporté
Suréna dans ma cour est-il en sûreté? (VII, 523. *Sur.* 1475.)

CHAUD, substantivement :

Un bœuf piqué du taon, qui brisant nos closages,
Hier, sur le *chaud* du jour, s'enfuit des pâturages. (I, 309. *Clit.* var. 3.)

CHAUDEMENT.

Le Roi, que le Romain poussera vivement,
De peur d'offenser Rome agira *chaudement*. (V, 527. *Nic.* 354.)

Voltaire dit à l'occasion de ce passage « que cet adverbe est proscrit du style noble. » Sa sentence, comme d'ordinaire, constate surtout l'usage de son temps.

CHAUSSER LE COTHURNE, figurément :

.... Quitte pour *chausser le cothurne* un peu plus bas. (V, 406. *Épit. de D. San.*)

CHEF, tête :

Puissent briser mon *chef* les traits les plus sévères

Que lancent des grands Dieux les plus âpres colères. (II, 387. *Méd.* 937.)
    .... Le mortel affront
Qui tombe sur mon *chef* rejaillit sur mon front. (III, 119. *Cid, var.* 1.)
Je veille sur les miens, mes soucis les conservent,
Comme le *chef* a soin des membres qui le servent. (III, 139. *Cid*, 598.)
Immolez donc ce *chef* que les ans vont ravir,
Et conservez pour vous le bras qui peut servir. (III, 146. *Cid*, 727.)
Le *chef*, au lieu de fleurs, couronné de lauriers. (III, 177. *Cid*, 1372.)
L'ordre mal concerté, l'occasion mal prise
Peuvent dessus ton *chef* renverser l'entreprise. (III, 386. *Cin.* 30 *var.*)

Corneille, en 1660, a remplacé ce dernier vers par celui-ci :

    Peuvent sur son auteur renverser l'entreprise.

En faisant ce changement, il avait assurément pour but de faire disparaître, non le mot *chef*, mais *dessus*, employé comme préposition.

De quel nom, après tout, pensez-vous que je nomme
Ce coup où vous tranchez du souverain de Rome,
Et qui sur un seul *chef* lui fait bien plus d'affront
Que sur tant de milliers ne fit le roi de Pont? (IV, 62. *Pomp.* 839.)

Scudéry avait été ainsi blâmé par l'Académie d'avoir critiqué cette expression dans le premier passage du *Cid* que nous avons cité : « L'observateur est trop rigoureux de reprendre ce mot de *chef*, qui n'est point tant hors d'usage qu'il dit. » Le temps a donné raison à Scudéry, car *chef*, pour *tête*, a presque entièrement disparu de la langue.

CHEFS, officiers :

Cette ardeur, qui des *chefs* passe aux moindres soldats,
Anime tous les cœurs, fait agir tous les bras. (x, 209, *Poés. div.* 231.)

CHEFS-D'ŒUVRES, au pluriel, avec une *s* à la fin du composé :

Étaler à l'envi des *chefs-d'œuvres* si beaux. (x, 120. *Poés. div.* 92.)
Je les vois effacer ces *chefs-d'œuvres* antiques. (x, 120. *Poés. div.* 97.)

Voyez la note 1 de la page indiquée.

CHEMIN.

Ouvrez-moi seulement les *chemins* d'Arménie. (v, 587. *Nic.* 1712.)

CHEMIN, au figuré :

Ce sont pour l'apaiser les *chemins* les plus courts. (II, 141. *Suiv.* 292.)
.... Vous m'avez du crime enseigné le *chemin*. (III, 455. *Cin.* 1600.)
Cher frère, c'est pour moi le *chemin* du trépas. (IV, 504. *Rod.* 1773.)
.... Trouver à l'empire un *chemin* glorieux. (v, 187. *Hér.* 733.)
.... Prenant à l'empire un *chemin* éclatant. (v, 207. *Hér.* 1181.)
    .... Pour ôter l'Espagne à nos tyrans
Nous prenons, vous et moi, des *chemins* différents. (VI, 387. *Sert.* 592.)
    .... Vois quel est ce digne effort
    Qui peut mettre ta conscience
      Au *chemin* d'une bonne mort. (VIII, 145. *Imit.* I, 2075.)
.... Le plus sûr *chemin* pour aller vers les cieux,

C'est d'affermir nos pas sur le mépris du monde. (VIII, 32. *Imit.* 1, 43.)
Les illustres *chemins* à l'immortalité. (x, 130. *Poés. div.* 22.)

CHEMIN DE, avec un infinitif :

Ce n'est pas le *chemin de* rentrer dans son âme. (v, 381. *Andr.* 1424.)
Vous vous mettez fort mal au *chemin de* régner. (v, 545. *Nic.* 753.)
Ramène en ce grand jour au *chemin de* te plaire
Ceux qu'à toi ce grand jour oblige à recourir. (IX, 509. *Hymn.* 15.)
.... Laissez-vous conduire à qui sait mieux que vous
Les *chemins de* vous faire un sort illustre et doux. (VII, 451. *Pulch.* 1724.)

S'ÉCARTER DU GRAND CHEMIN, figurément.

Il est bien malaisé de trouver quelque chose de nouveau, sans *s'écarter* un peu *du grand chemin.* (v, 505. *Exam.* de *Nic.*)

CHER, adverbe.

VENDRE CHER, au figuré :

.... Qu'il m'est *cher vendu* de connoître mes fers ! (II, 271. *Pl. roy.* 916.)
C'est un ordre des Dieux qui jamais ne se rompt,
De nous *vendre* un peu *cher* les grands biens qu'ils nous font.
                                            (III, 409. *Cin.* 560 *var.*)

CHERCHER.

Page, *cherchez* Rodrigue, et l'amenez ici. (III, 134. *Cid,* 500.)

CHERCHER À :

Et vous, ne *cherchez* point à former de discords. (v, 538. *Nic.* 586.)

SE CHERCHER :

Ne *nous chercher* en rien alors que tout nous quitte. (VIII, 220. *Imit.* II, 903.)

CHÈREMENT, à haut prix :

.... Que j'estimerai *chèrement* ces caresses,
        Qui m'auront tant coûté ! (I, 456. *Veuve,* 1131.)

CHÈREMENT, tendrement :

.... Ne sois point rebelle à mon commandement,
Qui te donne un époux aimé si *chèrement.* (III, 195. *Cid,* 1772.)
Cela pourroit bien être : il m'aimoit *chèrement.* (III, 501. *Pol.* 323.)
Cela peut être encore : ils s'aimoient *chèrement.* (VI, 371. *Sert.* 159.)

CHÉRIR, avec un nom de chose pour complément :

L'occasion est belle, il nous la faut *chérir.* (III, 301. *Hor.* 454.)
Qui *chérit* son erreur ne la veut pas connoître. (III, 529. *Pol.* 914.)

CHÉTIF, de peu d'importance, en parlant des personnes :

Un *chétif* centenier des troupes de Mysie. (v, 163. *Hér.* 173.)

Tout *chétif* que je suis, je dois vous avouer
Qu'en me plaignant du sort j'ai de quoi m'en louer. (v, 475. *D. San.* 1395.)
.... Un *chétif* vieillard le saisit et l'embrasse. (v, 483. *D. San.* 1573.)

Chétif, en parlant des choses, petit, mince, exigu, de peu de valeur :

Dans quelque urne *chétive* en ramasser la cendre. (IV, 50. *Pomp.* 562.)
Toi qui l'as honoré sur cette infâme rive
D'une flamme pieuse autant comme *chétive*. (IV, 88. *Pomp.* 1482.)
Sous des langes *chétifs* on lui serre les bras. (IX, 513. *Hymn.* 28.)

CHÉVAL échappé (Faire le), locution proverbiale :

Toi-même, qui *fais* tant *le cheval échappé*,
Nous te verrons un jour songer au mariage. (I, 148. *Mél.* 108.)

CHEVALIER, voyez Cavalier.

CHEVET, traversin :

Allons sur le *chevet* rêver quelque moyen
D'avoir de l'incrédule un plus doux entretien. (IV, 198. *Ment.* 1083.)

CHEVEU.

Touche ces *cheveux* blancs à qui tu rends l'honneur. (III, 161. *Cid*, 1036.)

Cheveux gris, voyez Gris.

Prendre aux cheveux, figurément :

.... Cette occasion *prise* comme *aux cheveux*. (I, 246. *Mél.* 1741.)

CHEZ.

De chez :

Mais quoique, par ce triste et prudent souvenir,
De chez Antiochus elle l'ait fait bannir. (v, 525. *Nic.* 302.)

« Expression trop basse, *de chez lui, de chez nous*, » dit Voltaire. Il nous est impossible de deviner ce qu'il peut y avoir de bas dans l'emploi que Corneille a fait ici de ce tour.

Chez, dans, dans l'esprit de :

Châtier en autrui ce qu'on souffre *chez* soi. (III, 535. *Pol.* 1028.)
Pour un fourbe *chez* vous la pitié trouve place! (VI, 67. *Perth.* 1092.)
.... Cette dureté
Passera *chez* Sylla pour magnanimité. (VI, 406. *Sert.* 1032.)

Chez, figurément, avec un nom abstrait :

.... Vous serez fameux *chez* la postérité. (III, 406. *Cin.* 475.)

CHICHE, dans le haut style :

.... Prends ce que sur toi j'en verse de ruisseaux (*de grâces*)

Pour guides vers la source à qui tu dois leurs eaux.
Qui monte jusque-là ne m'en trouve point *chiche*. (VIII, 311. *Imit.* III, 1066.)

CHOC, en parlant de la rencontre de deux troupes ennemies :

Telle contre son fils, pour le roi des Latins,
Camille dans le *choc* se jetoit animée. (x, 63. *Poés. div.* 17.)

CHOIR, FAIRE CHOIR, LAISSER CHOIR, au propre et au figuré :

Si je ne fusse *chu*, je l'eusse mené loin. (IV, 370. *S. du Ment.* 1539.)
Tout va *choir* en ma main ou tomber en la vôtre. (IV, 437. *Rod.* 180.)
.... Je verrai du ciel bientôt *choir* ton supplice. (v, 200. *Hér.* 1032.)
.... Je crois que tu sais que quand l'aigle romaine
Vit *choir* ses légions aux bords du Trasimène,
Flaminius son père en étoit général. (v, 525. *Nic.* 308.)
.... Sa tête, qu'à peine il a pu dérober,
Toute prête de *choir*, cherche avec qui tomber. (IV, 30. *Pomp.* 88.)
L'empire est prêt à *choir*, et la France s'élève. (VII, 114. *Att.* 142.)
.... L'infâme couteau
Qui *fait choir* les méchants sous la main d'un bourreau. (III, 354. *Hor.* 1682.)
Quand même sur ma tête il *feroit choir* l'empire. (v, 39. *Théod.* 512.)
.... Leur troupe pressée
Fait choir Ménale et Clyte aux pieds du grand Persée. (v, 391. *Andr.* 1680.)
Fais choir sur eux de nouvelles couronnes. (v, 394. *Andr.* 1737.)
.... Quand sur Lysander j'aurai *fait choir* l'orage. (VII, 54. *Agés.* 1150.)
Que n'ai-je eu cent rivaux en la place d'un père,
Sur qui, sans t'offenser, *laisser choir* ma colère? (II, 472. *Illus.* 738.)
Vous *laissez choir* ainsi ce glorieux courage? (III, 135. *Cid*, 521.)
Deux coquins, me trouvant tantôt en sentinelle,
Ont *laissé choir* sur moi leur haine naturelle. (IV, 368. *S. du Ment.* 1510.)
Puisse le ciel tous deux vous prendre pour victimes,
Et *laisser choir* sur vous les peines de mes crimes! (IV, 506. *Rod.* 1820.)
Il *laisse choir* souvent de cruelles vengeances
Sur qui promet son cœur sans l'aveu de ses yeux. (VII, 19. *Agés.* 264.)

CHOISIR.

Rome *a choisi* mon bras, je n'examine rien. (III, 303. *Hor.* 498.)
C'est à vous de *choisir* mon amour ou ma haine. (IV, 470. *Rod.* 1023.)

CHOISIR D'UNE CHOSE OU D'UNE AUTRE, avec un nom ou l'infinitif :

S'il faut grâce pour moi, *choisissez de* mes crimes :
Les voilà tous, Madame.... (v, 564. *Nic.* 1160.)
Choisis de leur donner ton sang ou de l'encens. (III, 561. *Pol.* 1578.)
*Choisissez d'*être reine ou *d'*être Laodice. (v, 547. *Nic.* 804.)

CHOISIR, absolument :

Devine, si tu peux, et *choisis*, si tu l'oses. (v, 217. *Hér.* 1408.)
Qui *choisit* mal pour soi, *choisit* mal pour autrui. (VII, 29. *Agés.* 490.)

Choisi.

En termes trop *choisis*.... (VI, 592. *Oth.* 403.)

Choisi, substantivement :

N'es-tu pas ce cher bien-aimé,
Ce *choisi* d'entre mille et mille? (VIII, 661. *Imit.* IV, 1707. *var.*)

CHOIX.

Si le ciel en mon *choix* eût mis mon hyménée. (III, 508. *Pol.* 465.)
.... Écouter trop d'avis, et se tromper au *choix*. (IV, 73. *Pomp.* 1092.)
Ma haine avoit le *choix*.... (IV, 84. *Pomp.* 1403.)

Choix, objet du choix :

Vous êtes le *choix* de ce grand génie qui n'a fait que des miracles. (X, 410. *Disc. ac.*)

Le choix, l'élite :

.... Il est fort peu d'endroits
Dont il n'ait le rebut aussi bien que *le choix*. (IV, 145. *Ment.* 80.)

CHÔMER.

Je pense, à vous voir tant d'attraits,
Qu'Amour vous a formée exprès
Pour faire que sa fête en *chomme*. (X, 174. *Poés. div.* 3.)

Voyez la note 1 de la page indiquée.

CHOPPER.

.... Toi dont la trahison
A fait si lourdement *chopper* notre raison,
Approche, scélérat.... (I, 358. *Clit.* 1496 var.)

Corneille, en 1660, a remplacé *chopper* par son synonyme, plus usité, *trébucher* :

A fait si lourdement trébucher ma raison.

CHOQUER.

Ce mot s'employait souvent jadis au propre, avec un complément direct : « Je demeure à la queue, ayant gaigné un fossé qui bordoit un pré, à la faveur duquel les gens de cheval ne me pouvoient *choquer*. » (Montluc, *Commentaires*, livre I, folio 7, recto.)

L'âme doit se roidir, plus elle est menacée,
Et contre la fortune aller tête baissée,
La *choquer* hardiment, et sans craindre la mort
Se présenter de front à son plus rude effort. (II, 355. *Méd.* 311.)

Choquer, au figuré.

Les deux visites que Rodrigue fait à sa maîtresse ont quelque chose qui *choque* cette bienséance. (III, 94. *Exam. du Cid.*)
En faveur des chrétiens s'il *choquoit* son courroux. (III, 556. *Pol.* 1485.)
Ou si ce nom vous *choque* ailleurs qu'en Arménie. (V, 550. *Nic.* 875.)

Ah! rien de votre part ne sauroit me *choquer*. (v, 583. *Nic.* 1614.)
Soit qu'il plaise à mes yeux, soit qu'il me *choque* en l'âme. (vi, 607. *Oth.* 745.)

CHOQUER (SE) s'employait aussi au propre :

Tant qu'on ne *s'est choqué* qu'en de légers combats. (iii, 285. *Hor.* 69.)

CHOROGRAPHIE, description d'un pays, d'une contrée :

Quelle apparence, pour suivre je ne sais quelle *chorographie*, de donner un soufflet à l'histoire? (i, 263. *Préf.* de *Clit.*)

CHOSE.

Au dix-septième siècle, ce mot avait, même dans la haute poésie, une fort grande étendue d'emploi :

Seigneur, quand par le fer les *choses* sont vidées. (iv, 29. *Pomp.* 49.)
.... Cédons au torrent qui roule toutes *choses*. (iv, 34. *Pomp.* 190.)
Le ciel sur nos souhaits ne règle pas les *choses*. (iv, 92. *Pomp.* 1593.)

« *C'est chose glorieuse*. L'on parloit et l'on écrivoit encore ainsi, dit Vaugelas, du temps du cardinal du Perron, de M. Coëffeteau et de M. de Malherbe ; mais tout à coup cette locution a vieilli, et l'on dit maintenant : *c'est une chose glorieuse*, et point du tout : *c'est ou ce seroit chose glorieuse*. » Corneille s'est cependant servi de cette tournure en 1660, dans l'*Examen de Polyeucte* :

Ce sont *choses* dont il faut instruire le spectateur en les faisant apprendre par l'un des acteurs à l'autre. (iii, 483.)

IL N'EST CHOSE QUE, voyez ÊTRE.

MÊME CHOSE, LA MÊME CHOSE, AUTRE CHOSE :

.... Venir, voir et vaincre est *même chose* en moi. (iv, 81. *Pomp.* 1336.)
Je reverrai, Seigneur, encor *la même chose*,
Dès qu'il vous aura plu me redonner la paix. (ix, 325. *Off. V.* 33.)
N'avez-vous, Nicodème, à lui dire *autre chose?* (v, 543. *Nic.* 720.)

SE CROIRE QUELQUE CHOSE, dans le style élevé :

Pour être plus qu'un roi, tu *te crois quelque chose*. (iii, 427. *Cin.* 990.)

Chez nos anciens auteurs, le pronom qui suit *quelque chose* se rapportait ordinairement au mot *chose*, et non pas à la locution prise dans son ensemble, et il se mettait par conséquent au féminin. « Qui ne se moqueroit de celuy qui voulant faire *quelque chose*, ignoreroit l'instrument auec lequel il *la* voudroit parfaire? » (Bouchet, 10ᵉ *serée*, p. 308.)
Corneille a dit ainsi :

Je vous voulois tantôt proposer *quelque chose*;
Mais il n'est plus besoin que je vous *la* propose,
Car *elle* est impossible. (iv, 191. *Ment.* 961.)

Plus tard, du reste, il a changé d'avis, car on trouve dans l'*Examen de Polyeucte* publié en 1660 :

J'estime toutefois qu'il ne nous est pas défendu d'y ajouter *quelque chose*, pourvu qu'*il* ne détruise rien de ces vérités dictées par le Saint-Esprit. (iii, 480.)

L'Académie, dans ses *Observations* sur les *Remarques de Vaugelas*, assimile *quelque chose* à l'*aliquid* des Latins. C'est sans doute l'analogie qu'on a cherché à établir entre les deux locutions qui a fait placer un *de* après *quelque chose*, en souvenir du génitif qui suit *aliquid*. On a ainsi banni les tournures suivantes, qui semblent très-françaises et très-naturelles :

> Non pour en tirer plus de vanité, mais seulement pour vous offrir *quelque chose* un peu moins indigne de vous être offert. (III, 259. *Épître d'Horace*.)

> Le stratagème d'Exupère, avec toute son industrie, a *quelque chose* un peu délicat. (V, 150. *Exam. d'Hér.*)

CHUTE, au propre :

> .... La *chute* du ciel ne pourroit l'ébranler (*ma fidélité*). (III, 461. *Cin.* 1748.)

CHUTE, au figuré :

> Vous eussiez pu tomber, mais tout couvert de gloire :
> Votre *chute* eût valu la plus haute victoire. (IV, 62. *Pomp.* 822.)

CI.

QU'EST-CE-CI, correspondant à *qu'est-ce-là*, qui s'est seul conservé :

Il y a dans le théâtre de Corneille deux scènes qui s'ouvrent très-vivement par cette locution :

> *Qu'est-ce-ci*, mes enfants? écoutez-vous vos flammes
> Et perdez-vous encor le temps avec des femmes? (III, 311. *Hor.* 679.)
> *Qu'est-ce-ci*, Fabian? quel nouveau coup de foudre
> Tombe sur mon bonheur et le réduit en poudre? (III, 551. *Pol.* 1367.)

ENTRE CI ET LÀ, d'ici là :

> *Entre ci et là* les choses pourront changer de face. (X, 465. *Lettr.*)

Voyez le *Lexique de Mme de Sévigné*, au mot CI.

CID.

> .... Deux rois tes captifs feront ta récompense.
> Ils t'ont nommé tous deux leur *Cid* en ma présence :
> Puisque *Cid* en leur langue est autant que seigneur.... (III, 170. *Cid*, 1222.)

Corneille tire ce nom et l'origine qu'il lui donne de Guillem de Castro :

> DON SANCHO.
> El mio *Cid* le ha llamado,
> REY MORO.
> En mí lengua es mi señor.

Cid, forme vulgaire, est une corruption de *Seyid*, seigneur, du verbe *sad*, aoriste, *iesid*, être maître. Tous les princes de la famille royale des Almohades et plusieurs de la famille des Almoravides portaient ce titre d'honneur.

CIEL.

> Trône, à t'abandonner je ne puis consentir;
> Par un coup de tonnerre il vaut mieux en sortir;
> Il vaut mieux mériter le sort le plus étrange.

Tombe sur moi le *ciel*, pourvu que je me venge ! (IV, 493. *Rod.* 1532.)

« On sait bien que le *ciel* ne peut tomber sur une personne, dit Voltaire ; mais cette idée, quoique très-fausse, était reçue du vulgaire ; elle exprime toute la fureur de Cléopatre, elle fait frémir. » Voyez ci-dessus l'article CHUTE, 1er exemple.

CIMETERRE, voyez ALFANGE.

CIVIL et CIVILITÉ, dans le sens de *poli, politesse.*

Ce sont là de ces mots destinés à exprimer nos petites conventions sociales moderne comme dans cet exemple :

Votre humeur sociable et vos *civilités*. (X, 156. *Poés. div.* 40.)

Et l'on est un peu surpris de les trouver dans le style élevé :

Laissez-nous admirer l'illustre Abigaïl ;
Laissez-nous voir sa grâce et son discours *civil*
Arrêter un torrent de fureurs légitimes. (IX, 32. *Louanges*, 456.)
Le sang peut lui devoir quelque *civilité*. (VI, 152. *OEd.* 416.)
Nous ne nous combattrons que de *civilité*. (III, 516. *Pol.* 636.)
Ce qu'a fait pour Carlos sa générosité,
Méritoit de don Sanche une *civilité*. (V, 474. *D. San.* 1352.)
   .... Vous me faites un crime
Dont la *civilité* me force de juger
Que vous ne m'accusez qu'afin de m'obliger. (V, 325. *Andr.* 238.)
.... Votre espoir trop prompt prend trop de vanité
Des termes obligeants de ma *civilité*. (IV, 477. *Rod.* 1150.)
       Après quelques *civilités*, Persée.... commande aux vents de rendre Andromède au lieu même d'où ils l'ont enlevée. (V, 268. *Dess. d'Andr.*)
Souffrez que je réponde à vos *civilités*. (VI, 397. *Sert.* 792.)

CLAIR, évident :

Quelque secret mystère est caché là-dessous.
Allons, pour en tirer la vérité plus *claire*,
Seules dedans ma chambre examiner l'affaire. (II, 69. *Gal. du Pal.* 969.)
Vous déguisez en vain une chose trop *claire*. (III, 289. *Hor.* 159.)
La plus *claire* apparence a peine à l'engager. (VIII, 49. *Imit.* I, 238.)

CLAIRET, vin rouge clair :

« Durant ung jour entier y eut deuant la maison de la ville deux fontaines qui iectoient vin *cleret* et blanc. » (*Le Loyal serviteur*, chapitre LXI.)

Nous rimerons au cabaret
En faveur du blanc et *clairet*. (X, 28. *Poés. div.* 86.)

CLAIRVOYANT, au figuré :

Les mystères de cour souvent nous sont si cachés,
Que les plus *clairvoyants* y sont bien empêchés. (V, 554. *Nic.* 978.)

CLARTÉ au propre :

Cette obscure *clarté* qui tombe des étoiles
Enfin avec le flux nous fit voir trente voiles. (III, 172. *Cid*, 1273.)

Si quelquefois les Dieux, pour des beautés mortelles,
Quittent de leur séjour les *clartés* éternelles. (v, 325. *Andr.* 241.)

LA REINE DES CLARTÉS, l'Aurore :

.... Ce visible Dieu, que tout le monde adore,
Pour marcher devant lui ne trouvoit point d'Aurore....
Où pouvoit être alors *la reine des clartés ?* (II, 449. *Illus.* 303.)

LA CLARTÉ DU JOUR, la vie :

O frère, plus aimé que *la clarté du jour !* (IV, 500. *Rod.* 1653.)

CLARTÉ, CLARTÉS, figurément :

Du cloître et de la cour précieuse *clarté*. (x, 122. *Poés. div.* 1.)

Ce vers s'adresse à saint Bernard.

Étrange aveuglement ! — Eternelles *clartés !* (III, 547. *Pol.* 1286.)
Quoi qu'il en soit, Madame, allez trouver Phorbas :
Tirez-en, s'il se peut, les *clartés* qu'on n'a pas. (VI, 179. *OEd.* 1044.)
Vous avez des *clartés* que mon insuffisance.... (VI, 390. *Sert.* 677.)
Prêtez-moi des *clartés* pour bien voir aujourd'hui
De laquelle ils auront ou plus ou moins d'appui. (VII, 112. *Att.* 99.)
Il me faut des *clartés*, et non de nouveaux doutes. (VII, 119. *Att.* 274.)
Un mari qui content d'être au-dessus des rois,
Me donne des *clartés*, et dispense mes lois. (VII, 443. *Pulch.* 1548.)
   A l'éclat de tes propres *clartés*
Tu te reconnoîtras sous des noms empruntés. (x, 98. *Poés. div.* 63.)

Voyez le *Lexique* de Molière.

CLIMAT, région, contrée :

J'en fais souvent reproche à ce *climat* heureux (*la France*)(x,118.*Poés.div.*39)
.... Un *climat* fécond en glorieux exploits. (x, 194. *Poés. div.* 3.)
J'ose dire, Seigneur, que par tous les *climats*
Ne sont pas bien reçus toutes sortes d'États. (III, 408. *Cin.* 535.)
Jusqu'au fond du *climat* ses lions en rugissent. (x, 202. *Poés. div.* 121.)

CLINQUANT.

Le palais du Soleil.... a ses colonnes toutes de *clinquant*. (VI, 345, note 2.)

Cette phrase se trouve dans le *Dessein* de *la Toison d'or*. Corneille, en la faisant réimprimer dans la pièce, a substitué *oripeau* à *clinquant*.

CLORE.

   .... Cette heure infortunée
Par vos derniers soupirs *clora* ma destinée. (v, 568. *Nic.* 1284.)

CLOSAGE.

Ce mot, qui appartient à l'ancien français, ne se trouve ni dans les dictionnaires du dix-septième siècle ni dans ceux du patois normand.

Un bœuf piqué du taon, qui brisant nos *closages*,

Hier, sur le chaud du jour, s'enfuit des pâturages. (I, 309. *Clit. var.* 3.)

CŒUR, au figuré, courage :

        Rodrigue, as-tu du *cœur?* (III, 119. *Cid,* 261.)
          .... Ils ont perdu le *cœur*
De se plus hasarder contre un si grand vainqueur. (III, 140. *Cid,* 611.)
.... Le ciel réservoit à notre auguste roi
D'avoir plus de conduite et plus de *cœur* que toi. (X, 201. *Poés. div.* 112.)

AU CŒUR, dans le cœur :

Il porte assez *au cœur* le portrait d'Amarante. (II, 136. *Suiv.* 194.)
.... Bien que j'en sentisse *au cœur* mille regrets. (II, 158. *Suiv.* 608.)
.... Le nouvel éclat de votre dignité
Lui doit bien mettre *au cœur* une autre vanité. (III, 114. *Cid,* 172 *var.*)

En 1660, Corneille a remplacé ce vers par celui-ci :

    Lui doit enfler le cœur d'une autre vanité.

Une telle vertu n'appartenoit qu'à nous.
L'éclat de son grand nom lui fait peu de jaloux,
Et peu d'hommes *au cœur* l'ont assez imprimée
Pour oser aspirer à tant de renommée. (III, 301. *Hor.* 451.)
Quel sang épargnera ce barbare vainqueur,
Qui ne pardonne pas à celui de sa sœur,
Et ne peut excuser cette douleur pressante,
Que la mort d'un amant jette *au cœur* d'une amante? (III, 348. *Hor.* 1504.
Ramenez cet ingrat tremblant à mes genoux,
Le repentir *au cœur,* les pleurs sur le visage. (VI, 39. *Perth.* 447)
Juge que de chagrins *au cœur* d'une princesse. (VII, 124. *Att.* 393.)
      J'aurai, Seigneur, toute ma vie
Votre éloge à la bouche, et votre amour *au cœur.* (IX, 303. *Vép. et Compl.* 2.)

Nos anciens poètes tragiques ont employé fréquemment cette tournure, que l'école romantique a remise à la mode :

    Il me faudra passer mon âge en servitude.
    — Hélas! j'en ai *au cœur* grande sollicitude. (Garnier, *Troade,* III, 459.)

CŒUR GROS DE SOUPIRS :

.... Les yeux égarés et le regard farouche,
Le *cœur gros de soupirs,* les sanglots à la bouche,
Il déteste sa vie et ce complot maudit. (III, 433. *Cin.* 1106.)
Le *cœur gros de soupirs* et frémissant d'horreur. (IV, 461. *Rod.* 770.)
      Avec combien de repentirs
      Voudroit un *cœur gros de soupirs*
      Pouvoir lors haïr ce qu'il aime! (VIII, 144. *Imit.* I, 2061.)

Mairet a dit dans sa *Sophonisbe,* jouée en 1629 :

    Le *cœur gros de soupirs* et les yeux pleins de larmes (acte III, scène IV);

et Racine a fort heureusement placé la même locution dans un beau passage de *Phèdre* (acte III, scène III, vers 843) :

    Je verrai le témoin de ma flamme adultère

Observer de quel front j'ose aborder son père,
Le *cœur gros de soupirs* qu'il n'a point écoutés.

Cœur étonné :

Je n'en sais que penser, et mon *cœur étonné*
D'un secret que jamais il n'auroit soupçonné,
Inconstant et confus dans son incertitude,
Ne se résout à rien qu'avec inquiétude. (IV, 40. *Pomp.* 339.)

Cœur de femme :

Dedans ce *cœur de femme* il a su s'affermir. (VI, 79. *Perth. var.* 1.)

Cette expression ne se trouve que cette seule fois dans Corneille, qui d'ailleurs, en modifiant ce passage en 1660, l'a fait disparaître. L'école romantique l'a employé à satiété.

Être le cœur de quelqu'un, l'objet de sa tendresse :

J'avois encor tes vœux, j'*étois* encor *ton cœur*. (II, 380. *Méd.* 808.)
Il *fut* ainsi que vous *le cœur* d'un roi Louis. (X, 32. *Poés. div.* 8.)

Mon cœur, terme de tendresse :

Mon cœur, ainsi le Roi, te refusant, t'oblige. (I, 319. *Clit.* 770 var.)

Corneille a mis en 1660 :

C'est ainsi que le Roi, te refusant, t'oblige.

Parler à cœur ouvert, parler avec sincérité, avec franchise :

Pauline a l'âme noble et *parle à cœur ouvert*. (III, 508. *Pol.* 463.)

Parler du cœur, dans le même sens :

Non, il *parloit du cœur*; je connois sa franchise. (I, 286. *Clit.* 189.)

Cœur, courage, grandeur d'âme, générosité, noblesse de sentiments :

Un orgueil noble et juste, et digne d'une reine
Qui soutient avec *cœur* et magnanimité
L'honneur de sa naissance et de sa dignité. (IV, 58. *Pomp.* 727.)
Vous avez de l'esprit, si vous n'avez du *cœur*. (V, 556. *Nic.* 1033.)

Voltaire s'écrie au sujet de ce dernier vers : « Il ne doit pas traiter son frère de poltron, puisque ce frère va faire une action très-belle. » M. Aimé-Martin a fort bien remarqué que Nicomède ne traite pas ici son frère de poltron, mais lui reproche son peu de patriotisme.

.... J'aurois conservé ce maître de votre âme,
Si le ciel, qui vous traite avec tant de rigueur,
M'en eût donné la force aussi bien que le *cœur*. (IV, 91. *Pomp.* 1564.)
Comte, c'est un effort à dissiper la gloire
Des noms les plus fameux dont se pare l'histoire,
Et que le grand Auguste ayant osé tenter,
N'osa prendre du *cœur* jusqu'à l'exécuter. (VI, 47. *Perth.* 650.)

GENS DE CŒUR :

.... Tu ferois pour vivre un lâche et vain effort,
Si tant de *gens de cœur* font des vœux pour ta mort. (III, 436. *Cin.* 1172.)

AVOIR LE CŒUR BON, signifiant *avoir le cœur noble*, et non pas *avoir bon cœur :*

A lui faire présent mes efforts seroient vains ;
Elle *a le cœur* trop *bon ;* mais ses gens ont des mains. (IV, 199. *Ment.* 1104.)
DOR. Porte-lui cette lettre, et reçois.... CLIT. Sans compter?
DOR. Cette part de l'argent que tu viens d'apporter.
CLIT. Elle n'en prendra pas, Monsieur, je vous proteste.
LISE. Celle qui vous l'envoie en a pour moi de reste.
CLIT. Je vous le disois bien, elle *a le cœur* trop *bon.* (IV, 302. *S. du Ment.* 241.
.... Ce fils, quel qu'il soit, que tu ne peux connoître,
A le cœur assez *bon* pour ne vouloir pas l'être. (V, 218. *Hér.* 1432.)

CŒUR, centre, milieu :

L'avidité de leur ambition dévoroit déjà le *cœur* d'un royaume dont ils pensoient avoir surpris les frontières. (IV, 412. *Épît. de Rod.*)

CŒUR D'ACIER, voyez ACIER.

COI (DE PIED), sans bouger, en silence :

Attends là *de pied coi* que je t'en avertisse. (II, 270. *Pl. roy.* 899 *var.*)

En 1660, Corneille a ainsi modifié ce vers :

Attends, sans faire bruit, que je t'en avertisse.

COIFFE.

Il les en voit sortir, mais à *coiffe* abattue. (IV, 183. *Ment.* 785.)

« *Coife*, morceau de taffetas rond, plissé par derrière, et ourlé tout autour, dont les dames et les bourgeoises se couvrent la tête, qu'elles tournent autour de leur visage et nouent un peu au-dessous du menton » (Richelet, 1680.) — L'Académie de 1694, qui définit le mot : « espèce de couverture de tête, qui est de toile ou de soie, etc., » donne pour exemples : *abaisser, lever ses coiffes.*

COIN.

Envoyez des soldats à chaque *coin* des rues. (V, 203. *Hér.* 1099.)

COLÈRE, substantif :

Non, non, ce cher objet à qui j'ai pu déplaire,
Ne peut pour mon supplice avoir trop de *colère.* (III, 148. *Cid.* 762.)

Voltaire, qui dit ici : « On n'a point de colère pour un supplice, c'est un barbarisme, » et qui, à propos de ce vers de *Cinna* (III, 428. 1017) :

Sans emprunter ta main pour servir ma *colère*,

remarque qu' « on ne sent point de colère pour la mort d'un père mis au nombre des proscrits il y a trente ans, » détruit lui-même la force de ses objections par cette phrase qui termine la note sur *Cinna* que nous venons de citer : « En poésie, *colère* peut signifier *indignation, ressentiment, souvenir des injures, désir de vengeance*. »

En colère.

Cette expression est aujourd'hui du langage familier ; du temps de Corneille elle avait encore toute son énergie dans le style élevé, et notre poëte était fort autorisé à dire :

.... Pourrons-nous braver une reine *en colère ?* (iv, 463. *Rod.* 823.)

Racine a employé aussi cette locution.

Colères, au pluriel :

Puissent briser mon chef les traits les plus sévères
Que lancent des grands Dieux les plus âpres *colères !* (ii, 387. *Méd.* 938.)
Pressé de toutes parts des *colères* célestes. (iv, 30. *Pomp.* 85.)
Les nymphes de la mer ne lui sont pas si chères
Qu'il veuille s'abaisser à suivre leurs *colères*. (v, 324. *Andr.* 217.)

Ces deux derniers passages sont suivis chacun d'une note de Voltaire, qui dit que *colère* n'admet jamais de pluriel. Cela nous paraît contestable, et Corneille, en tout cas, n'a fait que se conformer à l'usage de son temps.

COLÈRE, adjectif :

Il est fier et *colère*.... (vii, 155. *Att.* 1143.)

Il en est un peu de ce mot comme de la locution *en colère ;* il s'est affaibli et est devenu familier.

COLÉRER (Se).

« Il est vieux, » dit l'Académie en 1694. Aussi Corneille, qui avait écrit dans *Mélite* (tome I, p. 222, vers 1319 *var.*) :

Ne *te colère* point contre mon insolence,

a-t-il mis en 1660 :

N'entre point en courroux contre mon insolence.

Mais il a laissé dans *Clitandre* (tome I, p. 281, vers 117) :

Modère ces bouillons d'une âme *colérée*.

COLLET d'ouvrage, voyez Ouvrage.

COLORER, au figuré, donner une belle apparence à quelque chose :

.... Mon nom lui sert à *colorer* ses feintes. (i, 280. *Clit.* 98.)
Sous ce détour discret un refus se *colore*. (i, 489. *Veuve*, 1751.)
.... C'est pour *colorer* un trop juste refus
Que vous faites parler cette ombre de Phryxus. (vi, 276. *Tois.* 511.)
     D'ailleurs il falloit *colorer* et excuser en quelque sorte la guerre que Pompée et les autres chefs romains continuoient contre Sertorius (vi, 361. *Au lect.* de *Sert.*)
.... Pour en *colorer* l'emportement honteux. (vi, 367. *Sert.* 71.)

Racine affectionnait aussi cette expression : voyez le *Lexique* de la langue de cet auteur :

Coloré, dans le même sens :

Cette offre peut-elle être un refus *coloré ?* (vi, 276. *Tois.* 519.)

COMBAT, au propre :

Et le *combat* cessa faute de combattants. (III, 175. *Cid*, 1328.)

Ce vers est devenu proverbe.

COMBAT, au figuré, lutte des passions, des sentiments opposés :

Que je sens de rudes *combats*! (III, 122. *Cid*, 301.)
O rigoureux *combat* d'un cœur irrésolu! (III, 437. *Cin*. 1188.)
Votre amour en tous deux fait ce *combat* d'esprits. (III, 412. *Cin*. 631.)

DONNER DES COMBATS, voyez DONNER.

RENDRE COMBAT, voyez RENDRE.

COMBATTRE, au figuré, neutre et actif :

Pour vaincre un point d'honneur qui *combat* contre toi,
Laisse faire le temps, ta vaillance et ton roi. (III, 198. *Cid*, 1840.)
.... Je sens qu'en dépit de toute ma colère
Rodrigue dans mon cœur *combat* encor mon père. (III, 151. *Cid*, 814.)
Ce qu'on se doit *combat* ce qu'on se veut donner. (VII, 384. *Pulch*. 84.)

COMBIEN.

.... Vos yeux sont témoins
De *combien* chaque jour il y donne de soins. (VI, 269. *Tois*. 312.)

COMBIEN QUE.

« Conjonction hors d'usage. On dit en sa place : *encore que*, *quoique*, ou *bien que*. » (Richelet, 1680.)

Il y avait dans les premières éditions du *Cid* (tome III, p. 166, vers 1133 *var.*) :

Et *combien que* pour lui tout un peuple s'anime.

En 1660, Corneille a refait ainsi ce vers :

Et quoi qu'on die ailleurs d'un cœur si magnanime.

COMBINATION.

La diverse *combination* de ces deux manières d'agir forme quatre sortes de tragédies, à qui notre philosophe attribue divers degrés de perfection. (I, 67. *Disc. de la Trag.*)

On ne trouve dans nos anciens lexiques de la langue usuelle ni *combiner*, ni *combinaison*, ni *combination*; le dictionnaire français-anglais de Cotgrave (1611) donne *combinage*, expliqué en anglais par *a combination*, qui est, on le voit, un terme tout français; quoiqu'il n'ait pas été admis par les dictionnaires, il était d'un usage journalier dans les sciences lorsque Corneille s'en est servi. « Comme il y a autant de sortes de temperamens qu'il y a de *combinations* des quatre qualitez possibles, de mesme nous ferons de differentes formules des préparations du Tabac, pour en vser en sternutatoire, afin de satisfaire à tous ceux qui en voudront vser. » (*Traité du Tabac en sternutatoire*, par Louis Ferrant, Bourges, 1655, in-4°, p. 25.) — Quant à la forme actuelle *combinaison*, on la trouve, mais avec un sens tout technique et spécial, dans le *Dictionnaire des arts et des sciences* (1694).

COMBLE, au figuré, le plus haut point où une chose puisse aller :

Dieux! ce *comble* manquoit à mon affliction. (I, 465. *Veuve*, 1278.)

Indiscrète vengeance, imprudentes chaleurs,
Dont l'impuissance ajoute un *comble* à mes malheurs.
(II, 97. *Gal. du Pal.* 1464.)
S'il ne m'obéit point, quel *comble* à mon ennui! (III, 133. *Cid*, 487.)
D'où viendroit ce repos dans un *comble* d'ennui? (III, 187. *Cid*, 1599.)
Le *comble* souverain de ses prospérités. (III, 409. *Cin.* 552.)
On descend, et pour *comble* à sa noire aventure,
On donne à ce héros la mer pour sépulture. (IV, 49. *Pomp.* 533.)
Allons, amis, allons, dans ce *comble* de joie,
Rendre grâces au ciel de l'heur qu'il nous envoie. (V, 378. *Andr.* 1371.)
Ce jour est donc pour moi le grand jour des malheurs,
Puisque vous apportez un *comble* à mes douleurs. (VI, 205. *OEd.* 1675.)
.... Me féliciter
Sur ce *comble* de gloire où je viens de monter? (VII, 215. *Tit.* 354.)

COMBLER DE, au figuré : *combler de gloire, de bienfaits*, etc. :

Ce choix pouvoit *combler* trois familles *de* gloire. (III, 297. *Hor.* 355.)
Tu trahis mes bienfaits, je les veux redoubler;
Je t'*en* avois *comblé*, je t'en veux accabler. (III, 459. *Cin.* 1708.)
Phocas, ravi de joie à cette illusion,
Me *combla de* faveurs avec profusion. (V, 183. *Hér.* 622.)

COMBLER D'HEUR ET DE JOURS, voyez HEUR.

COMBLER DE, en mauvaise part :

Puisse d'un prompt succès votre grande entreprise
Combler nos ennemis *d'*un mortel désespoir! (II, 403. *Méd.* 1291.)
Qu'il *comble d*'épouvante et Grenade et Tolède. (III, 170. *Cid*, 1226.)
Vous verrez Rome même en user autrement;
Et *de* quelque malheur que le ciel l'ait *comblée*,
Excuser la vertu sous le nombre accablée. (III, 328. *Hor.* 1063.)
J'étois lasse d'un trône où d'éternels malheurs
Me *combloient* chaque jour *de* nouvelles douleurs. (IV, 453. *Rod.* 566.)
Je n'appelle plus Rome un enclos de murailles,
Que ses proscriptions *comblent de* funérailles. (VI, 402. *Sert.* 930.)

En mauvaise et en bonne part :

Leur fière impétuosité (*des eaux*),
Qui *comble* tout *d*'horreurs, *comble* Sion *de* joie. (IX, 103. *Off. V.* 14.)

Bossuet a pris également *comblé de* en bonne et en mauvaise part dans la même phrase : « Horace *comblé* tout ensemble, et *d*'honneur pour avoir vaincu les Curiaces, et *de* honte pour avoir tué sa sœur. » (*Discours sur l'histoire universelle*, 3ᵉ partie chapitre VI.)

COMBLÉ DE :

Ce bonhomme *en* paroît l'âme toute *comblée* (*de* joie). (V, 489. *D. San.* 1717.)
Je partage les maux *dont* je la vois *comblée*. (VI, 427. *Sert.* 1526.)
Les apôtres en pleurs, et *comblés de* tristesse,
Regrettoient ce maître adoré. (IX, 577. *Hymn.* 1.)

COMÉDIE (Roi de) :

Je doutois qu'il pût être une âme assez hardie
Pour ériger Carlos en *roi de comédie*. (v, 469. *D. San.* 1230.)

COMMANDEMENT.

AVOIR QUELQUE CHOSE À SON COMMANDEMENT :

Vous savez donc l'hébreu? — L'hébreu? parfaitement :
J'*ai* dix langues, Cliton, *à mon commandement*. (IV, 205. *Ment.* 1200.)

COMMANDEMENTS, au pluriel :

Par vos *commandements* Chimène vient vous voir. (III, 112. *Cid*, 136.)
Cet amour qui m'expose à vos ressentiments
N'est point le prompt effet de vos *commandements*. (III, 454. *Cin.* 1572.)
  Sans ses *commandements* (de *Foucquet*) je n'aurois jamais fait l'*OEdipe*.
(VI, 126. *Au lect.* d'*OEd.*)

COMMANDER QUELQU'UN :

Ne saurois-tu juger que si je nomme un roi,
C'est pour *le commander*, et combattre pour moi? (IV, 450. *Rod.* 494.)
Ce titre en eux me choque, et je ne sais pourquoi
Un roi *que je commande* ose se nommer roi. (VII, 110. *Att.* 24.)

COMMANDER À, figurément :

Commander à ses pleurs en cette extrémité,
C'est montrer, pour le sexe, assez de fermeté. (III, 283. *Hor.* 13.)

COMMANDER, absolument :

C'est aux rois d'obéir alors qu'elle (*Rome*) *commande*. (v, 538. *Nic.* 591.)
Moi qui *commande* ailleurs, puis-je servir sous vous? (VI, 403. *Sert.* 947.)
Qui n'a fait qu'obéir saura mal *commander*. (VII, 402. *Pulch.* 548.)

COMMANDÉ DE :

  Saint Maur, *commandé* par saint Benoît *de* secourir saint Placide qui
se noyoit.... (VIII, 64, note 1.)

COMME, dans le sens de *comment* :

Je ne sais tantôt plus *comme* vivre avec vous. (II, 155. *Suiv.* 548 *var.*)

En 1660, *comme* a été remplacé, dans ce vers de *la Suivante*, par *comment*.

Je sais *comme* traiter les gens de votre sorte. (II, 461. *Illus.* 554.)
  Je ne puis comprendre *comme* il (*Sénèque*) lui fait achever (*à Médée*) ces
enchantements en place publique. (II, 334. *Exam. de Méd.*)
J'ai su par son rapport, et je n'en doutois pas,
Comme de vos deux fils vous portez le trépas. (III, 346. *Hor.* 1450.)
Un cœur né pour servir sait mal *comme* on commande. (IV, 77. *Pomp.* 1197.)
Ma sœur, à peine sais-je encor *comme* il se nomme.
           (IV, 316. *S. du Ment.* 499.)

Parle, Blanche, et dis-nous *comme* il voit ce malheur.
(v, 483. *D. San.* 1567.)
Avez-vous oublié *comme* il faut secourir? (vi, 180. *OEd.* 1067.)
Voyez encore, tome X, p. 184, *Poés. div.*, vers 10.
Dans les phrases interrogatives, Corneille emploie *comme* de la même manière :
.... Ah! ma sœur!
Comme as-tu pu sitôt tromper ton ravisseur? (ii, 296. *Pl. roy.* 1413.)
Eh bien! dès qu'il m'a vu, *comme* a-t-il pris la fuite? (ii, 455. *Illus.* 410.)
Albin, *comme* est-il mort? (iii, 533. *Pol.* 993.)
Comme a-t-elle reçu les offres de ma flamme? (iv, 67. *Pomp.* 953.)

Vaugelas a blâmé Malherbe (voyez le *Lexique* de cet auteur) pour certains emplois de *comme*, dans le sens de *comment* : « *Comment* et *comme* sont deux, et il y a bien peu d'endroits où l'on se puisse servir indifféremment de l'un et de l'autre.... On peut pourtant dire quelquefois *comme* et *comment* : par exemple, *vous savez comme il faut faire*, et *comment il faut faire*. M. de Malherbe disoit toujours *comme*, en quoi il n'est pas suivi ; car il n'y a point de doute que lorsque l'on interroge, ou que l'on se sert du verbe *demander*, il faut dire *comment*, et non pas *comme*. Ce seroit fort mal dit : *demandez-lui comme cela se peut faire*, mais *demandez-lui comment*, et *comme êtes-vous venu?* au lieu de dire *comment êtes-vous venu?* et ainsi des autres. » (*Remarques*, p. 334.)
Malherbe a été plus suivi que Vaugelas ne l'aurait cru ; Corneille n'est pas le seul poëte qui l'ait imité en cela, et les exemples de cette tournure sont encore plus fréquents chez Molière : voyez le *Lexique* de cet auteur.

C'est *comme* il faut m'aimer. (v, 426. *D. San.* 181.)

C'est-à-dire, « telle est la manière dont il faut m'aimer. » C'est toujours *comme* pour *comment*. — Voyez encore viii, 427. *Imit.* iii, 3430.

Comme, en qualité de :

Agis *comme* tyran et prends cette victime. (vi, 75. *Perth.* 1296.)
Le Seigneur, *comme* juste qu'il est, a haché la tête des pécheurs. (ix, 230. *Off. V.*)

C'est-à-dire, « en qualité de Dieu juste, comme étant juste. » Dans le latin que ces mots traduisent, il y a simplement : *Dominus justus concidit*, etc.

Dans un sens analogue :
.... Ce qui vous anime
C'est sa grâce qu'en vous n'affoiblit aucun crime ;
Comme encor toute entière, elle agit pleinement. (iii, 519. *Pol.* 695.)
Mon secours, sans cela, *comme* de nul effet,
Ne vous auroit rendu qu'un service imparfait. (i, 481. *Veuve*, 1597.)

Comme, en quelque sorte, pour ainsi dire :

Tous nos havres en étoient *comme* assiégés. (iv, 413. *Épît. de Rod.*)

Comme, selon que :

Viens querir mon portrait avec des confitures :
Comme pourra Dorante en user bien ou mal,
Nous résoudrons après touchant l'original. (iv, 320. *S. du Ment.* 589.)

Comme, quand, lorsque, vu que, d'autant que :

.... *Comme* il s'est vu seul contre trois adversaires,

Près d'être enfermé d'eux, sa fuite l'a sauvé. (III, 325. *Hor.* 1004.)
Comme l'intention seule en forme le prix. (IV, 147. *Ment.* 139.)

.... *Comme* à l'échauffer j'appliquerai mes soins,
Pour peu qu'à de tels coups cet amant soit sensible,
Mon entreprise est sûre, et sa perte infaillible. (V, 527. *Nic.* 358.)

Voltaire a fait la remarque suivante à l'occasion de ce dernier passage : « Cette phrase et ce tour qui commencent par *comme* sont familiers à Corneille. Il n'y en a aucun exemple dans Racine. »

AUTANT COMME, autant que :

Qui l'idolâtre *autant comme* elle vous méprise. (I, 283. *Clit.* 142.)
Moi, dont ce faux éclat n'éblouit jamais l'âme,
Qui connois ton mérite *autant comme* ta flamme. (I, 445. *Veuve*, 915 *var.*)

En 1660, Corneille a ainsi changé ces deux vers :

Mais comme son éclat n'éblouit point mon âme,
Que je vois d'un autre œil ton mérite et ta flamme.

J'évite l'apparence *autant comme* le crime. (II, 238. *Pl. roy.* 285.)
Imprudente, effrontée, *autant comme* traîtresse. (II, 282. *Pl. roy.* 1145.)
.... Tulle vous plaint *autant comme* il vous aime. (III, 346. *Hor.* 1468 *var.*)

En 1660 :

.... Je vous en plains *autant que* je vous aime.

Qu'il fasse *autant* pour soi *comme* je fais pour lui. (III, 529. *Pol.* 912.)
Toi qui l'as honoré sur cette infâme rive
D'une flamme pieuse *autant comme* chétive. (IV, 88. *Pomp.* 1482.)

Chacun s'y fait de mise,
Et vaut communément *autant comme* il se prise. (IV, 145. *Ment.* 82.)
Vous en prendrez *autant comme* vous en verrez. (IV, 309. *S. du Ment.* 373.)

As-tu bien *autant* de bonté
Comme tu me fais voir de charmes? (IV, 337. *S. du Ment.* 920.)
.... Elle aimera ce gage *autant comme* le sien. (IV, 342. *S. du Ment.* 1028.)

.... Êtes-vous satisfait?
— *Autant comme* on peut l'être.... (IV, 370. *S. du Ment.* 1548.)
Je dois *autant* à l'un *comme* l'autre me doit. (IV, 371. *S. du Ment.* 1576.)
Ce beau feu vous aveugle *autant comme* il vous brûle. (IV, 469. *Rod.* 979.)
Tendresse dangereuse *autant comme* importune. (IV, 492. *Rod.* 1511.)
Je suis aimé d'Eudoxe *autant comme* je l'aime. (V, 169. *Hér.* 318.)
Tous les rois ne sont rois qu'*autant comme* il vous plaît. (V, 550. *Nic.* 886.)
Faites effort à plaire *autant comme* on vous plaît. (VI, 318. *Tois.* 1475.)
Sa probité stupide *autant comme* farouche
A prononcer leurs lois asservira sa bouche. (VI, 608. *Oth.* 769.)

Cette locution a été condamnée par Vaugelas (*Remarques*, p. 242), et l'on voit que Corneille semble avoir eu la velléité de la faire disparaître ; mais il est évident qu'il l'affectionnait, qu'il la trouvait commode, et qu'il n'a pu se résoudre à y renoncer.

AUSSI.... COMME, aussi.... que ; AUSSI BIEN COMME, aussi bien que :

On peut voir quelque chose *aussi* beau *comme* toi. (I, 158. *Mél.* 304 *var.*)

En 1668 :

On peut voir quelque chose *aussi* parfait *que* toi.

J'échappe néanmoins en ce pas hasardeux
D'*aussi* près de la mort *comme* je l'étois d'eux. (I, 300. *Clit.* 412 *var.*)

En 1682 :

D'*aussi* près de la mort *que* je me voyois d'eux.

Je vois d'un œil égal croître le nom d'autrui,
Et tâche à m'élever *aussi* haut *comme* lui. (II, 118. *Épît.* de *la Suiv.*)
Tant qu'a duré la guerre on m'a vu constamment
Aussi bon citoyen *comme* fidèle amant. (III, 293. *Hor.* 266 *var.*)

En 1660 :

Aussi bon citoyen *que* véritable amant.

A l'occasion de ce vers :

Il n'est rien de *si* beau *comme* Caliste est belle,

par lequel commence un sonnet de Malherbe (tome I, p. 132, *poés.* XXXI), Ménage s'est exprimé ainsi : « Cette façon de parler n'est pas naturelle. Il falloit : *Il n'est rien de si beau que Caliste.* Il a dit ailleurs :

Ma foi seule, *aussi* pure et belle
Comme le sujet en est beau (tome I, p. 168, *poés.* XLVII, vers 51 et 52),

qui est un normanisme. Après *aussi*, il faut *que*, et non pas *comme*. » Ménage cite ensuite, de mémoire sans doute, en remplaçant *parfait* par *fidèle*, le vers qui précède, « de l'admirable tragédie des *Horaces*, » comme il l'appelle.

Peut-être que tu mens *aussi bien comme* lui. (IV, 212. *Ment.* 1340.)
Aussi bien comme vous je pensois être prise. (IV, 351. *S. du Ment.* 1186.)
Je vous irai moi-même en demander justice.
— N'oubliez pas alors que je la dois à tous,
Et même à Théodore, *aussi bien comme* à vous. (V, 32. *Théod.* 338.)

AUSSITÔT COMME :

Je lui regarde aux mains *aussitôt comme* aux yeux.
(IV, 339. *S. du Ment.* 968 *var.*)

En 1660, Corneille a ainsi modifié ce vers :

Je lui regarde aux mains un peu plus tôt qu'aux yeux.

On a imprimé par erreur, dans notre édition, *plutôt*, au lieu de *plus tôt*.

COMME QUOI, voyez QUOI.

COMMENCER DE :

Je cesse d'espérer et *commence de* vivre. (II, 300. *Pl. roy.* 1506.)
Que la sorcière en vous *commence de* souffrir. (II, 415. *Méd.* 1535.)
Commencez d'espérer. (II, 440. *Illus.* 121.)
Albe, où j'ai *commencé de* respirer le jour. (III, 284. *Hor.* 29.)
Conservez-vous, Seigneur, en lui laissant un maître
Sous qui son vrai bonheur *commence de* renaître. (III, 412. *Cin.* 618.)
Vous aviez *commencé* tantôt *d'*y consentir. (V, 235. *Hér.* 1801.)
.... *Commencez d'*apprendre
Que les rois sont jaloux du souverain pouvoir. (VII, 93. *Agés.* 2060.
Quand je l'enhardirai, *commence de* trembler. (VII, 160. *Att.* 1260.)

Vaugelas (*Remarques*, p. 424) proscrit absolument *commencer de*, « comme disent les Gascons, et plusieurs autres provinciaux, et même quelques Parisiens, soit par contagion, ou pour adoucir la langue, » et il n'hésite pas à préférer *il commença à avouer*, malgré la cacophonie, à *il commença d'avouer;* mais le P. Bouhours s'exprime ainsi dans ses *Remarques nouvelles* (p. 391) : « J'avoue que j'ai cru longtemps que c'étoit une faute de dire : *il commence de se bien porter*, tant j'ai déféré toujours à l'autorité de M. de Vaugelas ; mais j'avoue aussi que j'ai changé de sentiment, en lisant plusieurs bons livres de notre langue, où j'ai trouvé *commencer de.* » Ce passage est suivi d'une longue suite d'exemples de *commencer de*, tirés des prosateurs du dix-septième siècle. Après les avoir rapportés, le savant jésuite, tout en reconnaissant que *commencer de* n'est « ni mauvais ni barbare, » dit qu'il ne voudrait pas s'en servir; toutefois, s'il conserve quelque scrupule en ce qui concerne la prose, il ne lui en reste aucun quant au droit qu'ont les poëtes d'employer cette façon de parler. L'Académie, dès 1694, admet indifféremment *commencer à* et *commencer de*.

SE COMMENCER :

Quand le mot qui suit *se commence* par une consonne. (I, 7. *Au lect.*)

COMMERCE, figurément, fréquentation :

Fières sœurs, si jamais notre *commerce* étroit
Sur vous et vos serpents me donna quelque droit. (II, 350. *Méd.* 211.)
.... Le sang de mon époux
A rompu pour jamais tout *commerce* entre nous. (IV, 83. *Pomp.* 1376.)
Vois l'humble, le dévot, le simple, et n'entreprends
De faire qu'avec eux un long et plein *commerce*. (VIII, 62. *Imit.* I, 549.)
Laissons, Seigneur, laissons pour les petites âmes
Ce *commerce* rampant de soupirs et de flammes. (VI, 375. *Sert.* 286.)
Avez-vous en ces lieux quelque *commerce ?* — Aucun. (VI, 479. *Soph.* 169.)

Cette acception du mot *commerce*, au moins quand on le joignait à l'adjectif *bon*, était assez nouvelle, si l'on s'en rapporte au passage suivant *de la Conversation* de Mlle de Scudéry (tome I, p. 257), sur la tyrannie de l'usage : « Ne voyez-vous pas, dit Dorinice, qu'au lieu de ces mots que l'usage avoit introduits, et qu'un autre usage a bannis, on voit naître de notre temps *le grand air, le bel air, le bon air, le savoir faire*, le fameux *faire attention*, si suivi, et quelquefois si mal placé; l'expression de *manége*, qui a quitté la chevalerie pour devenir une expression figurée des courtisans adroits; celle d'un *bon commerce*, qu'on a dérobée aux marchands pour exprimer que ceux à qui on l'applique sont gens avec qui on peut vivre commodément. »

COMMETTRE, confier :

Reprenez le pouvoir, que vous m'avez *commis*,
Si donnant des sujets il ôte les amis. (III, 434. *Cin.* 1123.)
Tu m'as *commis* ton sort, je t'en rendrai bon conte. (III, 386. *Hor.* 559.)
Au nom de l'Empereur dont vous tenez la place....
— J'ai son pouvoir en main; mais, s'il me l'a *commis*,
C'est pour le déployer contre ses ennemis. (III, 530. *Pol.* 919.)
La Reine, à la gêner prenant mille délices,
Ne *commettoit* qu'à moi l'ordre de ses supplices. (IV, 441. *Rod.* 268.)
Je cachai quelques jours ce qu'il m'avoit *commis*. (V, 182. *Hér.* 606.)
    Plus eux-mêmes cessent d'entendre
Les secrets qu'on leur a *commis*. (V, 222. *Hér.* 1518.)
Pour moi, je l'avouerai, que jamais ma vaillance
A mon bras contre trois n'a *commis* ma défense. (VI, 191. *OEd.* 1354.)
Ton plus parfait éloge, exprès tu l'as *commis*
Aux accents imparfaits que hasarde l'enfance. (IX, 85. *Off.* V. 9.)

COMMETTRE QUELQU'UN À FAIRE UNE CHOSE, le charger de la faire :

Louez, pures intelligences,
Le Dieu qui vous *commet à* gouverner les cieux. (IX, 147. *Off. V.* 2.)

COMMETTRE UNE CHOSE AVEC UNE AUTRE, les mettre en conflit, en opposition, en contradiction :

Qu'eussé-fait, Pollux, en cette extrémité
Qui *commettoit* ma vie *avec* ma loyauté ? (II, 347. *Méd.* 132.)

COMMETTRE DEUX PERSONNES L'UNE CONTRE L'AUTRE, les brouiller, les irriter :

Si elle se fût déclarée pour Antiochus, qu'elle aimoit, son ennemie, qui avoit seule le secret de sa naissance, n'eût pas manqué de nommer Séleucus pour aîné, afin de *les commettre l'un contre l'autre.* (IV, 425. *Exam.* de *Rod.*)

COMMETTRE, faire :

L'amour que j'ai pour vous *a commis* cette offense. (V, 534. *Nic.* 483.)

SE COMMETTRE AVEC QUELQU'UN :

Deux de ses rivaux sont trop jaloux de leur rang pour *se commettre avec* lui. (V, 407. *Épît.* de *D. San.*)

COMMIS À, employé à, chargé de :

.... Pour la conquérir (*la Toison d'or*) qui s'ose hasarder
Trouve un affreux dragon *commis* à la garder. (VI, 278. *Tois.* 560.)

COMMISSION, mandement de l'autorité :

Félix, qui avoit la *commission* de l'Empereur pour faire exécuter ses édits contre les chrétiens.... (III, 479. *Exam.* de *Pol.*)

COMMISSIONS, messages, emplettes :

.... Je viens de sortir d'auprès de ma maîtresse ;
Quelques *commissions* dont elle m'a chargé
M'obligent maintenant à prendre ce congé. (II, 43. *Gal. du Pal.* 471.)

COMMODE À, propre à :

C'est un malheur *commode* à faire cent jaloux. (X, 140. *Poés. div.* 6.)

COMMUN, qui appartient à plusieurs.

Souvent, chez Corneille, ce mot, employé dans cette acception, est placé, contrairement à l'usage ordinaire, avant son substantif :

Prenez bien plutôt part à la *commune* joie. (III, 167. *Cid,* 1145.)
Vous marcherez vers Rome à *communes* enseignes. (VI, 377. *Sert.* 345.)

Il a écrit au contraire *d'une voix commune,* où nous dirions : « d'une commune voix : »

.... D'une voix *commune* ils refusent une aide

Qui fait trouver le mal plus doux que le remède. (vi, 160. *OEd.* 615.)
.... Un visage *commun*, et fait comme le mien. (i. 236. *Mél.* 1578.)

Commun, ainsi placé, voudrait dire aujourd'hui « vulgaire, bas; » ici, il signifie simplement *ordinaire*. Il a le même sens dans le vers suivant :

Jason ne fit jamais de *communes* maîtresses. (ii, 342. *Méd.* 21.)

COMMUN À, dans le sens de *commun parmi*, *ordinaire à* :

Le divorce, aujourd'hui si *commun aux* Romains,
Peut rendre en ma faveur tous ces obstacles vains. (iv, 44. *Pomp.* 419.)

LE COMMUN, substantivement, l'ordinaire :

Le rang de l'offensé, la grandeur de l'offense
Demandent des devoirs et des submissions
Qui passent *le commun* des satisfactions. (iii, 125. *Cid.* 360.)

HOMME DU COMMUN :

Ne traitez pas Alcandre en *homme du commun*. (ii, 437. *Illus.* 47.)

COMMUNICATION, fréquentation, commerce, liaison :

.... Les parfaites connoissances qui.... feront remarquer aux plus grossiers même, dans la continuation de mes petits travaux, combien il s'y sera coulé du vôtre, et quels nouveaux ornements le bonheur de votre *communication* y aura semés. (x, 411. *Dis. ac.*)

COMMUNIER, activement :

Ton zèle autant de fois saura mystiquement
D'une invisible main *communier* ton âme. (viii, 642. *Imit.* iv, 1296.)

Saint Faustin et Jovite martyrs, ayant baptisé dans la prison un soldat..., une colombe leur apporte la sainte hostie pour le *communier*. (viii, 659, note 1.)

COMPAGNIE (BONNE) :

Nous y devons dîner fort *bonne compagnie*. (ii, 20. *Gal. du Pal.* 62.)
Je vais vous y remettre en *bonne compagnie*. (v, 546. *Nic.* 780.)

Dans le premier de ces vers, les mots *bonne compagnie* paraissent avoir le sens que nous leur donnons aujourd'hui ; dans le second, ils signifient « nombreuse compagnie. » Furetière cite l'exemple suivant : « Ce prince est entré dans les terres de son ennemi avec *bonne compagnie*, c'est-à-dire avec une grande armée. »

COMPARABLE.

On te voyoit dès lors, à toi seul *comparable*,
Faire éclater partout ta conduite adorable. (x, 179. *Poés. div.* 61.)

COMPARAISON.

.... Laissez votre sang hors de *comparaison*. (iii, 321. *Hor.* 910.)
.... Pour moi dont la perte est sans *comparaison*. (v, 345. *Andr.* 660.)

Faire comparaison :

.... Quand votre mépris en *fit comparaison.* (v, 324. *Andr.* 218.)
.... Ai-je peu de raison
Quand de mes yeux aux siens je *fais comparaison?* (vii, 229. *Tit.* 698.)

COMPAROÎTRE.

Regarde avec quel front tu pourras *comparoître*
Devant le tribunal de ton souverain maître. (viii, 153. *Imit.* I, 2250.)

COMPASSER, au figuré, disposer, arranger :

.... L'heureux malheur qui vous a menacés
Avec tant de justesse *a* ses temps *compassés....* (i, 314. *Clit.* 676.)

COMPATIBLE avec.

Dans nos deux premiers exemples, Corneille l'a dit des personnes :

Le sujet est simple.... Comme il ne m'a fourni aucunes femmes, j'ai été obligé de recourir à l'invention pour en introduire deux, assez *compatibles* l'une et l'autre *avec* les vérités historiques à qui je me suis attaché. (vi, 358. *Au lect.* de *Sert.*)
Ne vous figurez point qu'une telle moitié
Soit jamais *compatible avec* notre amitié. (vi, 526. *Soph.* 1296.)
Un sceptre *compatible avec* un joug si rude
N'a rien à me donner que de la servitude. (vi, 545. *Soph.* 1731.)

Compatible à :

Ah! que n'est mon bonheur plus *compatible au* vôtre! (vii, 122. *Att.* 358.)

COMPATIR, être compatible :

Une étroite amitié l'un à l'autre nous joint;
Mais enfin nos desirs ne *compatissent* point (vii, 121. *Att.* 328.)

COMPLAISANCE (Entrer en) :

J'*entre* bien *en complaisance*
Tant que dure une heure ou deux. (x, 55. *Poés. div.* 13.)

COMPLAISANT à :

.... Jamais son abord ne trouble nos plaisirs,
Tant elle est *complaisante à* nos chastes desirs. (ii, 135. *Suiv.* 184.)
Je n'ai pour un esprit *complaisant à* sa rage,
Jusques à supporter sans réplique un outrage. (ii, 370. *Méd.* 601.)

Cette tournure est fréquente dans Molière. Les prosateurs l'employaient aussi bien que les poëtes : « Impérieuse envers ses enfants, mais *complaisante à* son mari. » (Perrot d'Ablancourt, traduction de Tacite, *Annales*, livre V, chapitre I, tome I, p. 340.)

COMPLICE, adjectivement :

Je lui prête à regret un silence *complice.* (ii, 375. *Méd.* 710.)
Eh bien! il va périr; ta haine en est *complice.* (v, 200. *Hér.* 1031.)

COMPLIMENT.

Curiace partant pour aller combattre, parle ainsi au vieil Horace :

Quel adieu vous dirai-je ? et par quels *compliments*.... (III, 312. *Hor.* 705.)

Ce mot étonne ici, comme celui de *civilité* (voyez plus haut) en pareille occurrence.

Compliment de roi :

.... Ne m'obligez pas à faire à ses appas
Un *compliment de roi* qui ne lui plairoit pas. (VII, 502. *Sur.* 960.)

Il paraît qu'il en est des *compliments de roi* comme des jeux de princes, qui ne plaisent qu'à ceux qui les font.

COMPOSER, s'accommoder, capituler :

.... Me voyant pris, il fallut *composer*. (IV, 177. *Ment.* 663.)

COMPROMETTRE DE, compromettre :

Il me seroit honteux qu'il (*mon nom*) y passât (*à la postérité*) avec cette tache, et qu'on pût à jamais me reprocher d'avoir *compromis de* ma réputation. (III, 84. *Avert.* du *Cid*.)

L'Académie, qui, dans ce sens, n'emploie le mot qu'activement, l'explique ainsi : « Exposer (sa dignité, son autorité) à recevoir quelque déchet, quelque diminution. » Elle ne construit, de même que Furetière, *compromettre* avec *de* que dans son premier sens, dans son sens juridique.

COMPTABLE DE :

Comptable se dit au propre de tous ceux qui gèrent les affaires d'autrui et sont tenus de rendre des comptes. Corneille l'a employé très-souvent au figuré :

Il est *de* tout son sang *comptable* à sa patrie. (III, 326. *Hor.* 1027.)
Les rois *de* leurs faveurs ne sont jamais *comptables*. (V, 434. *D. San.* 345.)
Comptable de moi-même au nom de souveraine. (V, 435. *D. San.* 374.)
Le pouvoir absolu n'a rien de redoutable
Dont à sa conscience un roi ne soit *comptable*. (VI, 43. *Perth.* 568.)
.... N'avez-vous pas un absolu pouvoir,
Seigneur ? — Oui ; mais j'*en* suis *comptable* à tout le monde :
Comme dépositaire il faut que j'en réponde. (VII, 255. *Tit.* 1339.)

COMPTE, CONTE.

Sur l'orthographe du mot, voyez tome I, p. 150, note 1 *a*.

Avoir son compte, avoir ce qu'on désire :

Puisque j'*aurai mon compte*, il m'importe fort peu
Si la coquette agrée ou néglige son feu. (I, 485. *Veuve*, 1669.)

Trouver son compte dans :

Je *trouve* mieux que lui *mon compte dans* sa ruse. (I, 482. *Veuve*, 1612.)

Voir son compte :

Éraste après deux ans n'y *voit* pas mieux *son conte*. (I, 201. *Mél.* 964.)

FAIRE TROP DE COMPTE, FAIRE PEU DE COMPTE DE :

Que Votre Majesté, Sire, épargne ma honte,
D'un si foible service elle *fait trop de conte*. (III, 171. *Cid*, 1230.)
Je t'*en* vois cependant *faire si peu de conte*. (III, 184. *Cid*, 1513.)

NE FAIRE PLUS DE COMPTE DE :

Quand je m'en veux défaire, il est parfait amant;
Quand je veux le garder, il *n'en fait plus de conte*. (II, 71. *Gal. du Pal.* 992.)

À CE COMPTE, d'après cela, suivant ce que vous dites :

A ce compte, c'est fait... (I, 413. *Veuve*, 285.)
Ton humeur, *à ce compte*, est un peu tyrannique. (I, 492. *Veuve*, 1812.)
Amarante, *à ce compte*, est hors de ta pensée? (II, 199. *Suiv.* 1409.)
Je les ai subornés contre vous, *à ce conte?* (V, 558. *Nic.* 1051.)
Je serois donc Thébain, *à ce conte?* (VI, 207. *OEd.* 1735.)

A BON COMPTE :

.... Tu seras contraint d'avouer à ta honte
Que si je suis un fou, je le suis *à bon conte*. (I, 150 *Mél.* 134 *var.*)

Dès 1644, Corneille a remplacé ces deux vers par ceux-ci :

.... Tu seras forcé toi-même à reconnoître
Que si je suis un fou, j'ai bien raison de l'être.

AU BOUT DU COMPTE, locution proverbiale, à la fin, en dernier lieu :

Voilà bien des détours pour dire, *au bout du conte*,
Que c'est contre ton gré que l'amour te surmonte. (I, 173. *Mél.* 531.)

« Il n'est qu'un homme, *au bout du compte*, c'est-à-dire capable de peu et de beaucoup, de tout et de rien. » (Pascal, Rapport de M. Cousin, p. 198.)

COMPTER, figurément :

Comptes-tu mon esprit entre les ordinaires? (II, 234. *Pl. roy.* 201.)

COMPTER À MALHEUR, À INFORTUNE :

.... *Compte à* grand *malheur* celui de leur déplaire (VIII, 411. *Imit.* III, 3110.)
.... Autant de vérités.
— J'en suis fâché pour vous, Monsieur, et surtout d'une,
Que je ne *compte* pas *à* petite *infortune*. (IV, 295. *S. du Ment.* 148.)

COMPTER À RIEN, voyez RIEN.

SE COMPTER POUR :

Je ne *me compte* point *pour* un de vos sujets. (III, 298. *Hor.* 382.)

CONCERT, au sens propre :

J'avois pris cinq bateaux pour mieux tout ajuster.
Les quatre contenoient quatre chœurs de musique,
Capables de charmer le plus mélancolique.
Au premier, violons; en l'autre, luths et voix;

Des flûtes, au troisième; au dernier, des hautbois,
Qui tour à tour dans l'air poussoient des harmonies
Dont on pouvoit nommer les douceurs infinies....
.... Les eaux, les rochers et les airs
Répondoient aux accents de nos quatre *concerts*. (IV, 156. *Ment.* 284.)

Autrefois les instruments de musique étoient groupés par familles, composées chacune de manière à former un système harmonique complet. A cet effet, les instruments d'une même famille étaient de diverses proportions, afin de fournir les parties de dessus, haute-contre, taille et basse, comme cela existe encore pour la famille du violon, la seule qui se soit maintenue jusqu'à nos jours, bien qu'elle ait subi de notables modifications. Il y avait des hautbois, des flûtes, des trompettes de différentes grandeurs, et chacune de ces familles pouvait suffire à elle seule pour produire une harmonie complète.

Avant la constitution ou l'organisation de l'orchestre tel qu'il existe aujourd'hui, et dans lequel tous les instruments se mêlangent indistinctement pour former un ensemble harmonieux, on aimait à entendre réunis les instruments d'une sonorité homogène ; il y avait des compositions exécutées seulement par des hautbois ou par des flûtes, etc..., et ces exécutions étaient désignées par le nom de *concert*. Ainsi saint Évremont, dans sa comédie des *Opéra*, en parlant de la pastorale en musique de Perrin et Cambert, dit (acte II, scène IV) : « On y entendit des *concerts* de flûtes, ce que l'on n'avoit pas entendu sur aucun théâtre depuis les Grecs et les Romains.

Dans le passage de Corneille cité plus haut, il y a donc *quatre chœurs de musique*, ce qui veut dire quatre groupes de musiciens : l'un composé seulement de violons, l'autre de chanteurs accompagnés de joueurs de luth ; dans le troisième il n'y avait que des flûtes, et dans le quatrième que des hautbois, ce qui fait *quatre concerts*.

Il paraît que dans les fêtes ou occasions solennelles, les concerts ainsi disposés étaient ordinairement au nombre de quatre. On trouve dans la *Muse historique* de Loret la description d'une fête donnée au duc de Mantoue par le cardinal Mazarin, le 15 septembre 1655. Cette description finit par les vers suivants :

> Enfin l'on fit *quatre concerts*,
> Tous admirables, *tous divers*,
> Et tels que Monsieur de Mantoue,
> Y songeant tous les jours, avoue,
> Tant autre part qu'en son hôtel,
> Qu'il n'ouït jamais rien de tel.

Les mots : *tous divers*, ne sont pas un simple remplissage amené par la rime ; ils désignent la variété des groupes d'instruments qui se trouvaient là, comme dans la fête décrite par Corneille.

CONCERT, figurément, accord :

Ce *concert* éclatant et merveilleux de rares qualités. (VI, 125. *Au lect. d'OEd.*)

CONCERTER, se dit au propre de l'accord qu'on établit entre les instruments :

Le dévot roi David, sautant devant ton arche,
Publioit tes bienfaits reçus par ses aïeux ;
Des instruments divers le son mélodieux,
Concerté par son ordre, en régloit la démarche. (VIII, 586. *Imit.* IV, 156.)

Il s'emploie plus habituellement au figuré :

Mais j'aurois souhaité qu'en cette occasion
L'amour *concertât* mieux avec l'ambition. (VII, 392. *Pulch.* 288.)
Pardonnez-moi ce mot qui sent le révolté.
Avec le cœur peut-être il est mal *concerté*. (X, 388, *Poés. div.* 24.)

CONCEVOIR.

Heureux en son amour, si l'ardeur qui l'anime
N'en *conçoit* les tourments que pour se plaindre en rime,
Et si d'un feu si beau la céleste vigueur
Peut enflammer ses vers sans échauffer son cœur. (x, 149. *Poés. div.* 100.)

CONCLURE DES DESSEINS, voyez DESSEIN.

CONCOURIR, voyez CONCURRER.

CONCURRENCE, concours de deux actions, de deux entreprises, de deux intérêts :

Ces deux desseins formés en même temps, et continués tous deux jusqu'au bout, font une *concurrence* qui n'empêche pas cette unité. (II, 122. *Exam. de la Suiv.*)
Vous voyez toutefois qu'en cette *concurrence*
Un monarque entre nous met quelque différence. (III, 116. *Cid*, 213.)
Je suis cette bonté qu'on ne peut épuiser,
Mais qui ne peut souffrir aucune *concurrence*. (VIII, 312. *Imit.* III, 1103.)

En termes littéraires, Corneille a appelé *concurrences* ce que nous appellerions *rencontres* (*d'idées, d'expressions*) :

Que si l'on remarque des *concurrences* dans mes vers, qu'on ne les prenne pas pour des larcins. (I. 264. *Préf. de Clit.*)

CONCURRER.

Cette maxime est nouvelle et assez sévère, et je ne l'ai pas toujours gardée ; mais j'estime qu'elle sert beaucoup à fonder une véritable unité d'action, par la liaison de toutes celles qui *concurrent* dans le poëme. (I, 42. *Disc. du Poëme dram.*)
Je souhaiterois qu'on l'observât inviolablement (*cette règle qui veut que le premier acte contienne le fondement de toutes les actions*), quand on fait *concurrer* deux actions différentes, bien qu'ensuite elles se mêlent ensemble. La conspiration de Cinna, et la consultation d'Auguste avec lui et Maxime, n'ont aucune liaison entre elles, et ne font que *concurrer* d'abord, bien que le résultat de l'une produise de beaux effets pour l'autre (I, 44. *Disc. du Poëme dram.*)

On ne trouve *concurrer*, non plus que *concourir*, ni dans Nicot, di dans Cotgrave, qui admettent cependant le substantif *concurrence* et le substantif et adjectif *concurrent*. Toutefois *concurrer* existait avant l'époque où ils rédigèrent leurs dictionnaires, mais il était sans doute assez peu usité. Montaigne a dit : « Si d'autres plus fortes qualitez n'y *concurroient* ; » et un peu plus loin, dans le même chapitre : « L'authorité y *concurre* quant et la raison. » (*Essais*, livre II, chapitre XVII, édition de 1652 ; dans celle de J. Petitpas, 1611, il y a *concure*.) Quand plus tard, ce verbe devenant plus commun, on préféra *concourir* à *concurrer*, les mots *concurrence*, *concurrent* et *concurremment*, moins faciles à franciser, ont conservé leur forme latine, et cette irrégularité est venue se joindre à tant d'autres du même genre que renferme notre langue.

CONDAMNER à, destiner à (par une contrainte tyrannique) :

.... Seigneur, le Roi *condamne*
Ma main à Pacorus, ou la vôtre à Mandane.(VII, 524. *Sur*. 1505.)

CONDIGNITÉ.

..... Pour l'obtenir (*l'éternité*), les gênes temporelles
N'avoient point de *condignité*. (VIII, 443. *Imit.* III, 3756.)

Ce terme et celui de *condigne* sont propres à la théologie (voyez la note 2 de la page citée); cependant Tallemant des Réaux a employé ce dernier en plaisantant dans une de ses *historiettes* : « Le petit b..... étoit là puni d'un supplice *condigne*. » (tome II, p. 322.)

CONDITION, rang :

En vous ôtant un gendre, on vous en donne un autre,
Dont la *condition* répond mieux à la vôtre. (III, 560. *Pol.* 1560.)

CONDITION, clause :

Enfin l'offre s'accepte, et la paix désirée
Sous ces *conditions* est aussitôt jurée. (III, 295. *Hor.* 324.)

CONDUCTEUR.

Voici le *conducteur* de notre intelligence. (II, 499. *Illus.* 1205.)

CONDUIRE.

..... Ne te lasse donc point d'illuminer mon âme,
Ni de prêter ta vie à *conduire* ma flamme. (X, 98. *Poés. div.* 66.)

Le poète s'adresse au cardinal Mazarin.

Ne te lasse donc point d'enfanter des merveilles,
De prêter ton exemple à *conduire* nos veilles. (X, 130. *Poés. div.* 20.)

CONDUITE, action, fonction de conduire :

Il acquiert la confiance du tyran par là, et se fait remettre entre les mains la garde d'Héraclius, et sa *conduite* au supplice. (V, 151. *Exam. d'Hér.*)

Si je le veux rejoindre, il s'offre à ma *conduite*. (VI, 94. *Perth.* 1720.)

CONDUITE, sage conduite, prudente direction :

..... Le ciel réservoit à notre auguste roi
D'avoir plus de *conduite* et plus de cœur que toi. (X, 201. *Poés. div.* 112.)

Ces vers terminent une apostrophe à l'Espagne.

PRENDRE LA CONDUITE DE QUELQU'UN, s'emparer de son esprit, le diriger :

Si de nous voir dans Rome il n'est point alarmé,
Nos communs ennemis, qui *prendront sa conduite*,
En préviendront pour lui la dangereuse suite. (VI, 585. *Oth.* 233.)

Par une singulière inadvertance, M. Godefroy explique dans ce passage *prendre la conduite de quelqu'un* par : *se conduire d'après lui.*

Conduites, au pluriel, directions, voies :
Le ciel choisit souvent de secrètes *conduites*
Qu'on ne peut démêler qu'après de longues suites. (vi, 186. *OEd.* 1217.)

CONFÉRENCE, réunion, entretien pour discuter une affaire :
Sans vouloir de lieu neutre à cette *conférence*. (vi, 370. *Sert.* 130.)
J'ai besoin avec vous d'un peu de *conférence*. (vii, 391. *Pulch.* 254.)

CONFÉRER, contribuer :
A cet heureux progrès l'un et l'autre *confère*,
Et l'âme a plus de force ayant l'aide du corps. (viii, 110. *Imit.* I, 1396.)

Conférer, s'entretenir :
Il veut sur nos débats *conférer* avec moi. (vi, 369. *Sert.* 123.)

CONFESSER, avouer :
Il voit bien qu'il a tort, mais une âme si haute
N'est pas sitôt réduite à *confesser* sa faute. (iii, 138. *Cid,* 578.)
.... Il faut le *confesser,*
Tant de précaution commence à me lasser. (vi, 421. *Sert.* 1391.)

Confesser la dette, voyez Dette.

Se confesser à un prêtre :
.... Dès le lendemain tu reprends les foiblesses
Dont tu te viens de *confesser*. (viii, 137. *Imit.* I, 1919.)

Se confesser coupable, traître :
Je ne veux plus, Seigneur, *me confesser coupable*. (ii, 372. *Méd.* 654.)
Qui *se confesse traître* est indigne de foi. (v, 559. *Nic.* 1089.)

CONFIANCE (En), avec confiance et sécurité, sans réticence :
Vous puis-je *en confiance* expliquer ma pensée? (iv, 434. *Rod.* 107.)
Expliquez-vous, Seigneur, parlez *en confiance*. (vii, 406. *Pulch.* 645.)

CONFIDEMMENT, en confidence :
Je vous en ai tantôt parlé *confidemment*. (vi, 426. *Sert.* 1492.)

Confidemment, avec confiance :
.... Attila me traite assez *confidemment*. (vii, 153. *Att.* 1091.)
Voyez l'article suivant.

CONFIDENCE, confiance, association aux secrets, communication de pensées :
.... Puisqu'un même sort te donne dans la France

Du plus grand des héros l'illustre *confidence.* (x, 320. *Poés. div.* 71.)
J'avois mis mes secrets en bonne *confidence!* (VI, 72. *Perth.* 1199.)

DE CONFIDENCE, confidemment, avec confiance :

Parmi ses hauts projets il manque de prudence,
Puisqu'il traite avec toi *de* telle *confidence.* (II, 130. *Suiv.* 82.)
Toi qu'à présent Daphnis traite *de confidence.* (II, 183. *Suiv.* 1082.)
S'il ne vous traite ici *d'*entière *confidence.* (III, 494. *Pol.* 137.)

Confiance et *confidence* sont au fond un seul et même mot ; le premier date des origines mêmes de la langue, le second a été emprunté au latin beaucoup plus récemment. — En 1694, l'Académie explique ainsi *confidence :* « Participation aux secrets d'autrui ; » et elle donne, entre autres exemples, le vers suivant de Quinault :

M'est-il permis *d'entrer dans votre confidence?* (*Phaéton,* I, 11.)

CONFIDENT, adjectivement :

Maxime est comme moi de ses plus *confidents.* (III, 397. *Cin.* 295.)

CONFIDENT, CONFIDENTE, substantivement :

Apprends, ma *confidente,* apprends à me connoitre. (IV, 449. *Rod.* 443.)

CONFIER.

SE CONFIER EN QUELQU'UN DE QUELQUE CHOSE :

Sous l'appui du Très-Haut quiconque se retire,
   Et *de* tout *se confie en lui,*
Sous sa protection jusqu'au bout il respire. (IX, 329. *Off. V.* 2.)

CONFITURES (HOMMES à), hommes qui ont besoin de reprendre des forces, de se réconforter :

Nous avons le cœur bon, et, dans nos aventures
Nous ne fûmes jamais *hommes à confitures.* (IV, 325. *S. du Ment.* 708.)

CONFONDRE.

CONFONDRE, ne point distinguer, unir, mêler :

.... Dans vos intérêts n'en *confondez* point d'autres. (IV, 52. *Pomp.* 614.)
Va, je ne *confonds* point ses vertus et ton crime. (V, 165. *Hér.* 206.)
.... *Confondant* ces mots de trésor et d'époux,
Je crus les bien entendre, expliquant tout de vous. (V, 191. *Hér.* 792.)

CONFONDRE QUELQU'UN, le réduire à ne savoir que dire, que penser :

Ce seroit bien, Seigneur, de tout point *me confondre.* (V, 574. *Nic.* 1424.)

CONFONDRE, étonner, réduire à l'impuissance :

   .... Ces héros dont la gloire
Semble épuiser la fable et *confondre* l'histoire. (X, 188. *Poés. div.* 48.)

CONFONDRE, mettre en désordre, rendre vain :

   C'est en vain qu'on me dresse un piége,

C'est en vain qu'on veut m'assiéger ;
Vous romprez les filets, vous *confondrez* le siége. (IX, 327. *Off. V.* 19.)

CONFONDRE LA MÉMOIRE, la troubler, l'offusquer :

.... Si la quantité d'intrigues et de rencontres n'accable et ne *confond leur mémoire.* (I, 271. *Préf. de Clit.*)

SE CONFONDRE, se mêler :

Ils paroissent armés, les Mores *se confondent.* (III, 173. *Cid,* 1286.)

SE CONFONDRE, se troubler, se déconcerter :

A ces hauts sentiments s'il me falloit répondre,
J'aurois peine, Madame, à ne *me* point *confondre.* (VII, 395. *Pulch.* 354.)

CONFORT, consolation :

Vain et triste *confort!* soulagement léger! (II, 411. *Méd.* 1428.)

Ce mot a vieilli en ce sens, mais il s'est conservé en anglais (*comfort*), où il a pris, outre l'acception que nous venons d'indiquer, celle de *bien-être, aisance, abondance des objets utiles et commodes,* par opposition à ce qui est d'absolue nécessité ou de luxe ; et il nous revient avec cette signification nouvelle.

CONFORTER, au propre, fortifier :

Acceptez cependant quelque peu de douceurs
Fort propres en ces lieux à *conforter* les cœurs :
Les sèches sont dessous, celles-ci sont liquides. (IV, 325. *S. du Ment.* 702.)

CONFORTER, au figuré, fortifier moralement :

Ainsi Dieu *conforta* cette âme désolée. (VIII, 165. *Imit.* I, 2496.)
Je suis toujours ce Dieu qui console et *conforte.* (VIII, 415. *Imit.* III, 3172.)
Ta pitié le conseille, et ta voix le *conforte.* (VIII, 558. *Imit.* III, 6157.)

Réconforter a été pris peu à peu dans les mêmes acceptions que le verbe simple, qui n'est plus guère en usage.

CONFUS, indistinct, incertain, troublé :

Que de soucis flottants, que de *confus* nuages! (III, 521. *Pol.* 721.)
La nature tremblante, incertaine, étonnée,
D'un nuage *confus* trouble sa destinée. (V, 215. *Hér.* 1368.)
Tu ne flattes mon cœur que d'un espoir *confus.* (II, 60. *Gal. du Pal.* 787.)
L'un et l'autre fait voir un mérite si rare,
Que le souhait *confus* entre les deux s'égare. (IV, 448. *Rod.* 432.)
A mes *confus* regrets soyez donc moins sévère. (V, 193. *Hér.* 855.)
Allez, et demeurez dans cette erreur *confuse.* (VI, 56. *Perth.* 851.)
Ma naissance *confuse* a quelque incertitude. (VI, 185. *OEd.* 1198.)
L'obscur pressentiment d'une injuste disgrâce
Combat avec effroi sa *confuse* menace. (VI, 214. *OEd.* 1890.)
.... Les *confus* remords d'un innocent forfait. (V, 218. *OEd.* 1979.)

ROUGEUR CONFUSE, causée par la confusion :

.... Cette *rougeur confuse,*
Quoique vous vous taisiez, clairement vous accuse. (I, 324. *Clit.* 861.)

Confus, embarrassé :

.... Je suis plus *confus*, Seigneur, de vos bontés. (III, 461. *Cin.* 1743.)
.... Qui, sans se flatter, en secret s'examine
Est de son ignorance heureusement *confus*. (VIII, 37. *Imit.* I, 118.)

Confus, substantivement :

Vous ferez comme lui le surpris, le *confus*. (V, 583. *Nic.* 1626.)

CONFUSÉMENT.

Les perles avec l'or *confusément* mêlées. (II, 369. *Méd.* 581.)
Cet horrible débris d'aigles, d'armes, de chars,
Sur ses champs empestés *confusément* épars. (IV, 27. *Pomp.* 8.)
.... Par un si grand bruit semé *confusément*. (V, 176. *Hér.* 472.)

CONFUSION (En), en abondance et sans ordre :

Trois vases qui portent, l'un des orangers, et les deux autres diverses fleurs *en confusion*. (VI, 266. *Tois.*)

CONGÉ, permission :

J'en prendrai dès ce soir le *congé* de Mélite. (I, 195. *Mél.* 868.)
.... Sans votre *congé* mon sang n'ose sortir. (III, 351. *Hor.* 1586.)
.... Je ne puis plus rien que par notre *congé*. (III, 423. *Cin.* 896.)
Le secret est à vous, et je serois ingrat
Si sans votre *congé* j'osois en faire éclat. (V, 178. *Hér.* 516.)
Et qui, du même bras qui m'étoit engagé,
Entreprend trois combats, même sans mon *congé*. (V, 445. *D. San.* 655 *var.*)
.... Pardonnez à mon impatience,
Si l'ardeur de le voir et de l'entretenir
Avant votre *congé* l'ose faire venir. (V, 490. *D. San.* 1740.)

Prendre un congé, quitter un instant ses occupations habituelles pour faire une promenade ou une course.

Dans *la Galerie du Palais* (II, 43, 472), un amant s'exprime ainsi :

.... Le temps me presse,
Et je viens de sortir d'auprès de ma maitresse ;
Quelques commissions dont elle m'a chargé
M'obligent maintenant à *prendre ce congé*.

Prendre congé d'une personne, faire ses adieux à une personne, la prévenir de son départ :

Il ne lui permit pas de *prendre congé d'elle*. (VI, 371. *Sert.* 158.)

CONGRATULATION, voyez le second exemple de l'article suivant.

CONGRATULER.

Ce n'est pas vous que j'en dois *congratuler* : c'est le Parnasse entier. (X, 435. *Lettr.*)

Curiace paroît dans cette même salle pour l'en *congratuler* (*congratuler la famille des Horaces de l'élection des trois frères*). Dans le roman, il auroit fait cette *congratulation* au même lieu où l'on en reçoit la nouvelle. (I, 85. *Disc. de la Trag.*)

CONGRATULER à, latinisme :

Certes il y a de quoi *congratuler* à la pureté de notre théâtre, de voir qu'une histoire qui fait le plus bel ornement du second livre des *Vierges* de saint Ambroise, se trouve trop licencieuse pour y être supportée. (V, 9. *Épît. de Théod.*)

En 1660, lorsque Corneille a publié l'*Examen de Théodore*, il a reproduit presque textuellement ce passage; les premiers mots seulement sont modifiés : « J'ai de quoi *congratuler* à la pureté de notre scène de voir..., etc. »

Ces mots *congratulation* et *congratuler* ont vieilli. On ne s'en sert plus guère, dit l'Académie, qu'en plaisantant. Voyez CONJOUISSANCE.

CONGRÛMENT, savamment, pertinemment :

.... Nous savons que c'est que de péripétie,
Catastase, épisode, unité, dénoûment,
Et quand nous en parlons, nous parlons *congrûment*.
(IV, 388. *S. du Ment.* var. 1.)

CONJOINT, uni :

Il faut pour cela ou n'introduire qu'une femme, comme dans *Polyeucte*, ou que les deux qu'on introduit ayent tant d'amitié l'une pour l'autre, et des intérêts si *conjoints*, qu'elles puissent être toujours ensemble comme dans l'*Horace*. (I, 118. *Disc. des 3 unit.*)

CONJONCTURE.

J'y veux mettre d'accord l'amour et la nature,
Être père et mari dans cette *conjoncture*. (V, 569. *Nic.* 1136.)

Ce mot qui, selon Borel, s'est montré dans notre langue du temps de Catherine de Médicis, a été longtemps à s'acclimater. Vaugelas (*Remarques*, p. 356 et 357) nous apprend qu'à l'époque du cardinal du Perron et de Malherbe, « on n'osait pas encore s'en servir librement. » Il paraît que certaines personnes essayaient de le franciser en disant *conjointure*, ce que le même grammairien blâme fort.

CONJOUISSANCE, action de se réjouir ensemble, félicitation :

Quand cette reconnoissance arrive, elle ne produit qu'un sentiment de *conjouissance*, de voir arriver la chose comme on le souhaitoit. (I, 70. *Disc. de la Trag.*)

Il n'est point vraisemblable qu'ils s'écartent eux deux pour cette *conjouissance*. (I, 85. *Disc. de la Trag.*)

Conjouissance et *se conjouir*, regrettés par Vaugelas et par la Bruyère, ont été remplacés, ainsi que *congratuler* et *congratulation*, par *féliciter* et *félicitation*, qui, adoptés avec engouement à la cour, se placèrent partout où ils pouvaient entrer.

CONJUGAL, placé avant son substantif :

Souffre une folle ardeur qui ne vivra qu'un jour,

Et qui n'affoiblit point le *conjugal amour.* (II, 514. *Illus.* 1488.)
S'il y daigne écouter un *conjugal amour,*
Sur votre aveuglement il répandra le jour. (III, 546. *Pol.* 1265.)

CONNIVER à :

.... *Conniver* en lâche *à* ce nom qu'on me vole. (v, 207. *Hér.* 1171.)

CONNOISSANCE, action de connaître, ce qu'on connaît :

En vain nous résistons à son impatience,
Elle par haine aveugle, et moi par *connoissance.* (v, 175. *Hér.* 442.)
Carlos est généreux, il connoît sa naissance ;
Qu'il se juge en secret sur cette *connoissance.* (v, 459. *D. San.* 994.)

FAIRE CONNOISSANCE :

Je cherchai donc chez elle à *faire connoissance.* (IV, 175. *Ment.* 609.)

CONNOÎTRE, employé dans des occasions où nous nous servirions aujourd'hui de *reconnaître* :

Ceux-là *(ces collets)* sont assez beaux, mais de mauvais service :
En moins de trois savons on ne les *connoît* plus. (II, 24. *Gal. du Pal.* 115.)
De peur d'*être connu,* je défends à mes gens
De paroître en ces lieux avant qu'il en soit temps. (II, 274. *Pl. roy.* 975.)
Mais j'entrevois quelqu'un dans cette obscurité,
Et si c'étoit lui-même, il pourroit me *connoître.* (IV, 189. *Ment.* 917.)
.... Je le *connois* moins, tant plus je le contemple. (IV, 307. *S. du Ment.* 335.)
Je vous tiens pour brave homme et vous *connois* fort bien.
(IV, 308. *S. du Ment.* 345 *var.*)

Corneille a mis ici en 1660 :

Je vous tiens pour brave homme, et vous *reconnois* bien.

Encor que déguisée, où pourroit me *connoître.* (IV, 344. *S. du Ment.* 1077.)
Quel désordre eût-ce été, Lyse, s'il m'eût *connue?*(IV, 351. *S. du Ment.* 1197.)
Aussitôt qu'il me voit, il daigne me *connoître.* (IV, 90. *Pomp.* 1525.)
Parlez, parlez, Madame, et faites voir à tous
Que vous avez des yeux pour *connoître* un époux. (VI, 65. *Perth.* 1058.)
Dans l'une et l'autre armée on s'en fait une loi,
Comme si toutes deux le *connoissoient* pour roi. (III, 317. *Hor.* 826.)

CONNOÎTRE, reconnaître (la puissance, les bienfaits, etc.) :

Il veut....
.... qu'en Jérusalem un plus entier hommage
Le respecte, l'exalte, et le *connoisse* mieux. (IX, 271. *Off. V.* 87 et 88.)

CONNOÎTRE MAL, méconnaître :

Ah! Seigneur, excusez si, vous *connoissant mal....* (v, 523. *Nic.* 265.)
Ce peuple en sa fureur peut les *connoître mal.* (v, 585, *Nic.* 1681.)

NE POINT SE CONNOÎTRE À :

Je *ne me connois point à* combattre d'injures. (II, 99. *Gal. du Pal.* 1517.)

SE CONNOÎTRE, savoir qui l'on est :

De grâce, dites-moi, *vous connoissez*-vous bien? (v, 471. *D. San.* 1275.)

NE PAS SE CONNOÎTRE, méconnaître sa position.

.... Martian *se connoîtroit* si peu
Que d'oser.... (vi, 627. *Oth.* 1223.)

M. Louis Quicherat a fort bien établi, dans son *Traité de versification* (2ᵉ édition, p. 344), que, contrairement à l'opinion commune, *oi* s'est toujours prononcé *ai* dans *connoître*. Corneille, qu'il a peu cité, offre de nombreux exemples très-propres à confirmer son assertion.

N'a-ce pas été lui qui te l'a fait *connoître* ?
— Il voudroit que le jour en fût encore à naître. (I, 210. *Mél.* 1119.)
.... Si le ciel m'eût fait naître
D'un malheur assez grand pour ne vous pas *connoître*. (I, 416. *Veuve*, 330.)
Qui que ce soit des deux que mon sang ait fait naître,
Ou laisse-moi le perdre, ou fais-le-moi *connoître*. (v, 216. *Hér.* 1380.)
Je ne prends point de part aux intérêts d'un traître ;
Et puisqu'il est ainsi, le ciel fait bien *connoître*
Que son juste courroux a soin de me venger. (I, 466. *Veuve*, 1284.)
.... Ta sincérité se fait assez *connoître*.
Je m'obstinois tantôt dans le parti d'un traître. (I, 498. *Veuve*, 1939.)
Et que sous l'étrivière il puisse tôt *connoître*,
Quand on se prend aux miens, qu'on s'attaque à leur maître !
(II, 32. *Gal. du Pal.* 253.)
Mes pareils à deux fois ne se font point *connoître*,
Et pour leurs coups d'essai veulent des coups de maître. (III, 129. *Cid,* 409.)
Peut-être avec le temps nous pourrons-nous *connoître*.
Apprends-moi cependant qu'est devenu ton maître.
(IV, 375. *S. du Ment.* 1633.)
Donne-moi pour le moins le temps de la *connoître*.
Pour me faire chrétien, sers-moi de guide à l'être. (III, 558. *Pol.* 1523.)
.... Il pourroit *me connoître* :
Entrons donc chez Lucrèce, allons à sa fenêtre. (IV, 189. *Ment.* 917.)
On pourroit me *connoître*.
Je vous puis cette nuit parler par ma fenêtre. (IV, 344. *S. du Ment.* 1077)

Dans le passage suivant du *Cid*, *connoi* rimait avec *moi :*

Vous me parlez en vain de ce que je *connoi :*
Je vous ai vu combattre et commander sous moi. (III, 115. *Cid. var.* 4.)

En 1660, Corneille a ainsi modifié cet endroit :

Il verroit.... — Je le sais, vous servez bien le Roi :
Je vous ai vu, etc.

Mais il a maintenu dans toutes ses éditions ces vers d'*Héraclius* :

.... A quel dessein vient-il parler à moi,
Lui que je ne vois point, qu'à peine je *connoi?* (v, 180, *Hér.* 580.)

Voltaire dit à ce sujet que dès le temps de Corneille on prononçait *connais;* mais que « *connoi* pour *connais* est une liberté qu'ont toujours eue les poëtes et qu'ils ont conservée. »

CONQUÉRIR.

C'est mon trône, c'est moi qu'on prétend *conquérir*. (VI, 434. *Sert.* 1679.)
Mais quoique sa valeur (*du Cid*) t'ait *conquise* aujourd'hui.
(III, 197. *Cid*, 1816.)
Le Roi adresse ces paroles à Chimène.

CONQUÉRIR, absolument :

Il (*Attila*) aime à *conquérir*, mais il hait les batailles. (VII, 154. *Att.* 1109.)

CONQUÊTES, au figuré, en parlant des progrès que fait un amant auprès de sa belle.

J'en reçus des faveurs secrètes, mais honnêtes ;
Et j'étendis si loin mes petites *conquêtes*,
Qu'en son quartier souvent je me coulois sans bruit,
Pour causer avec elle une part de la nuit. (IV, 175. *Ment.* 614.)

CONQUÊTER, conquérir :

Choisissez en quels lieux il vous plaît de régner :
Ce bras tout aussitôt vous *conquête* un empire. (II, 455. *Illus.* 417.)

Ce mot était déjà vieux lorsque Corneille l'a employé ; il l'a probablement préféré ici à *conquérir* parce qu'il est plus emphatique et par suite plus plaisant dans la bouche de Matamore.

CONSCIENCE.

FAIRE CONSCIENCE DE, se faire un cas de conscience de :

De six pièces de théâtre qui me sont échappées, en ayant réduit trois dans la contrainte qu'elle (*l'antiquité*) nous a prescrite, je n'ai point *fait de conscience* d'allonger un peu les vingt et quatre heures aux trois autres. (I, 378. *Au lect. de la Veuve.*)
De peur que ton esprit formât cette croyance,
De l'aborder sans toi je *faisois conscience*. (II, 187, *Suiv.* 1166.)
.... Nous *ferions conscience*
D'abuser plus longtemps de votre patience. (II, 140. *Suiv.* 277.)

PARLER À SA CONSCIENCE, interroger sa conscience, en invoquer, en écouter le témoignage :

Je parle seulement de ce qu'a vu le Roi,
Seigneur ; et qui voudra *parle à sa conscience*. (V, 428. *D. San.* 233.)

M. Godefroy explique ici *parler à sa conscience* par « parler selon sa conscience. » Mais il suffira de relire avec quelque attention la scène d'où ces vers sont tirés pour s'assurer que cette interprétation est inexacte.

CONSEIL, résolution ; PRENDRE UN CONSEIL, SUIVRE UN CONSEIL :

Quoi ? tous deux ! et sitôt que le *conseil est pris*. (III, 397. *Cin.* 292.)
C'est dans notre destin le seul *conseil à prendre*. (IV, 437. *Rod.* 167.)
Hasardons : je ne vois que ce *conseil à prendre*. (V, 28. *Théod.* 263.)

Tâchons, sans plus tarder, à revoir Exupère,
Pour *prendre* en ce désordre *un conseil* salutaire. (v, 189, *Hér.* 77 .)
En ce piteux état quel *conseil* dois-je *suivre?* (v, 215. *Hér.* 1363.)
Tes *conseils* réparoient la honte de tes armes. (x, 201. *Poés. div.* 110.)

Ce vers est tiré d'une apostrophe à l'Espagne.

CONSEIL, bon conseil, sagesse, voyez X, 123, *Poes. div.* 7.

CONSEILLER.

Qui fait le *conseiller* n'est plus ambassadeur :
Il excède sa charge, et lui-même y renonce. (v, 553. *Nic.* 946.)

CONSENTIR À, acquiescer, déférer à, approuver, tomber d'accord de :

.... Sa modestie, *à* laquelle je ne veux ni déplaire, ni *consentir* tout à fait. (x, 94. *(Au lect.)*
Hélas! tout ce discours ne sert qu'à me confondre.
Je n'y puis *consentir*, et ne sais qu'y répondre. (IV, 381. *S. du Ment.* 1758.)

CONSENTIR DE :

Je *consens de* périr à force de t'aimer. (II, 526. *Illus. var.*)
           .... Jusqu'à ne pas connoître
A quel prix je *consens de* l'accepter pour maître. (IV, 433. *Rod.* 96.)
Votre bonheur est sûr, s'il *consent d'*être heureux. (VII, 255. *Tit.* 1318.)

CONSENTIR, activement.

Cette construction est très-ordinaire chez nos anciens auteurs : « Il ne voulut pas qu'un badin fust affranchy à la clameur du peuple, encores que son maistre le *consentist.* » (Bouchet, livre II, 13ᵉ *serée*, p. 28.)

Faisant sans mon aveu ce que je ne voulois pas *consentir*. (I, 2. *Au lect.* 1.)
Un père qui ne se montre que pour *consentir* ou contredire le mariage de ses enfants. (I, 43. *Disc. du Poëme dram.*)
Trop heureux accident si la terre entr'ouverte
Avant ce jour fatal eût *consenti* ma perte. (I, 231. *Mél.* 1476.)
       .... Mon indulgence, au dernier point venue,
Consentoit à tes yeux l'hymen d'une inconnue. (IV, 225. *Ment.* 1550.)
Il est à l'un de nous, si l'autre le *consent*. (IV, 460, *Rod.* 746.)
Le *consentiras-tu*, cet effort sur ma flamme? (IV, 465. *Rod.* 883.)
L'amitié le *consent*, si l'amour l'appréhende. (IV, 480. *Rod.* 1239.)
S'il *consent* l'union de notre sang au sien. (V, 389. *Andr.* 1622.)
Junon *consentira* notre bonne fortune. (v, 390. *Andr.* 1644.)
Consens-tu qu'on diffère, honneur? le *consens-tu*? (v, 443. *D. San.* 603.)
N'est-ce point que le ciel ne *consent* qu'avec peine
Cette triste union d'un sujet à sa reine? (v, 460. *D. San.* 1009.)
Cependant on me dit qu'il *consent* l'hyménée. (VI, 429. *Sert.* 1561.)
Je tiens tout fort douteux, tant qu'il dépend des hommes,
Et n'ose m'assurer que nos amis jaloux
Consentent l'union de deux trônes en nous. (VI, 494. *Soph.* 550.)

.... Oui : déjà l'hyménée
Auroit avec Plautine uni ma destinée,
Si ces rivaux d'Etat n'en savoient divertir
Un maître qui sans eux n'ose rien *consentir*. (VI. 578. *Oth.* 64.)
De vous avec Othon il *consent* l'hyménée. (VI, 598. *Oth.* 554.)
.... Tâchez de pressentir
Ce qu'en votre faveur il pourroit *consentir*. (VII, 30. *Agés.* 521.)
Partez, je le *consens*. (V, 477. *D. San.* 1444.)

Outre ces passages, dans lesquels Corneille a toujours conservé la locution *consentir quelque chose*, on en trouve, dans les premières éditions de ses pièces, quelques autres où elle n'avait pas été maintenue :

Avec leurs trahisons ta lâcheté conspire,
Puisque tu sais leur crime et *consens* leur bonheur. (I, 439. *Veuve*, var. 1.)
Du moins César l'eût fait, s'il l'avoit *consenti*. (IV, 94. *Pomp.* 1628 var. 2.)

Les deux vers de *la Veuve* ont été supprimés dans l'édition de 1660. Le vers de *Pompée* y a été ainsi modifié :

Il faudroit qu'à nos vœux il eût mieux consenti.

CONSENTIR QUE :

Cette chère beauté *consent que* je la voie ! (III. 504. *Pol.* 374.)
Eh bien ! si tu le veux, je te le restitue.
Cet empire, et *consens* encor *que* ta fierté
Impute à mes remords l'effet de ma bonté. (V, 164, *Hér.* 191.)
.... Ne point *consentir que* des destins meilleurs
Vous exilent d'ici pour commander ailleurs ? (VI, 138. *OEd.* 103.)
Peut-être es-tu toi-même ennemi de ton père,
Et *consens que* ta sœur par ce présent fatal
S'assure d'un amant qui seroit ton rival. (VI, 337. *Tois.* 1968.)
Jamais ils n'auroient pu choisir entre eux un maître.
— Mais *consentiront*-ils *qu'*un Romain puisse l'être ? (VI, 382. *Sert.* 454.)
Sylla même *consent*, pour calmer tant de haines,
Qu'un feu qui fut si beau rentre en sa dignité. (VI, 432. *Sert.* 1637.)

CONSÉQUENCE (DE), de considération, important ; il se dit des personnes et des choses :

Pour lui faire en discours montrer son éloquence,
Il lui faudroit des gens de plus *de conséquence*. (IV, 312. *S. du Ment.* 404.)
.... Si la chose étoit *de conséquence*. (I, 299. *Clit.* 402.)

CONSERVER, garantir, sauver :

.... Par où l'un périt un autre *est conservé*. (III, 403. *Cin.* 392.)

CONSERVER, ne pas perdre, ne pas oublier :

.... O siècles, ô mémoire,
Conservez à jamais ma dernière victoire ! (III, 459. *Cin.* 1698.)

CONSIDÉRER.

La route en est mal sûre, à tout *considérer*. (V, 573. *Nic.* 1389.)

CONSIDÉRER, avoir égard à :

Mon bras, dont ses mépris forçoient la retenue,
N'eût plus *considéré* César ni sa venue. (IV, 54. *Pomp.* 650.)

CONSIDÉRER, estimer :

Votre père y commande (*dans Mélitène*), et l'on m'y *considère*.
(III, 514. *Pol.* 602.)

SE CONSIDÉRER, s'estimer, avoir égard à soi-même :

Mais elle seule enfin s'aime et *se considère*. (IV, 459. *Rod.* 736.)
Mais où trouvera-t-on une âme si purgée,
Qu'elle aime à servir Dieu sans *se considérer?* (VIII. 239. *Imit.* II. 1307.)

SE CONSIDÉRER, dans le sens passif, être considéré, examiné :

S'il est juste d'ailleurs que tout *se considère*. (IV, 32. *Pomp.* 141.)

CONSISTER À :

L'art d'en montrer le prix *consiste à* le cacher. (X, 238. *Poés. div.* 47.)

CONSOLER, avec un nom abstrait :

Je ne viens pas ici *consoler* tes douleurs. (III. 167. *Cid*, 1143.)
Voyez la bonne pièce avec ses révérences!
Comme ses déplaisirs sont déjà *consolés*.... (IV, 230. *Ment.* 1651.)

CONSOMMER.

Nos anciens poëtes l'employaient pour *consumer*, tant au propre qu'au figuré :

Les miens (*mes yeux*) n'en peuvent plus, *consommez* de la braise
Que vomist ma poitrine ainsi qu'une fournaise. (Garnier, *Antoine*, V, 193.

.... L'amour *consomme* enclos
L'humeur de ma poitrine et desseche mes os. (Garnier, *Hippolyte*, III, 323.)

Corneille a longtemps suivi leur exemple; mais, après la publication des *Remarques* de Vaugelas, il a modifié, dans son théâtre, tous les passages où ce mot n'était pas employé dans sa véritable acception :

En peux-tu recevoir (*du plaisir*) de l'entretien d'un homme
Qui t'explique si mal le feu qui le *consomme?* (I, 432. *Veuve*, 659 var.)

En 1660, ces deux vers ont été remplacés par les suivants :

Je t'explique si mal le feu qui me *consume*,
Qu'il me force à rougir d'autant plus qu'il s'allume.

Quelque forte que soit l'ardeur qui nous *consomme*,
On s'ennuie aisément de voir toujours un homme.
(II, 49. *Gal. du Pal.* 585 var.)

Pour douce que nous soit l'ardeur qui nous *consume*,
Tant d'importunité n'est point sans amertume (1660).

Je n'aime plus Rodrigue, un simple gentilhomme :
Une ardeur bien plus digne à présent me *consomme*. (III, 189. *Cid.* 1634 var.)

Je n'aime plus Rodrigue, un simple gentilhomme :
Non, ce n'est plus ainsi que mon amour le nomme (1648).

Mon cœur, quelque grand feu qui pour toi le *consomme*,
Ne veut ni le vainqueur ni l'esclave de Rome. (III, 292. *Hor.* 231 *var.*)

>Jamais, jamais ce nom ne sera pour un homme
>Qui soit ou le vainqueur ou l'esclave de Rome (1655).

Lorsque le mot *consommer* se trouvait dans le corps du vers au lieu d'être à la rime, la modification devenait beaucoup plus facile ; ainsi dans les passages suivants, notre poëte n'a eu qu'à changer *consommer* en *consumer* :

Corinthe *consommée* affranchira le reste. (II, 353. *Méd.* 266 *var.*)

Ensuite en 1647 :

>Corinthe *consumée* affranchira le reste.

Enfin en 1660 :

>Corinthe *consumé* garantira le reste.

J'ai pitié de moi-même, et jette un œil d'envie
Sur ceux dont notre guerre a *consommé* la vie. (III, 302. *Hor.* 476 *var.*)
Consommez avec lui toute cette foiblesse. (III, 304. *Hor.* 528 *var.*)

Aux *Poésies diverses* nous lisons, dans une pièce publiée pour la première fois en 1660 :

.... Moi qu'un si beau feu *consomme*. (X, 174. *Poés. div.* 13.)

Dans une autre, publiée en 1667 :

.... Ce feu qui sans cesse eux et moi nous *consume*. (X, 189. *Poés. div.* 71.)

Voyez le *Lexique de Mme de Sévigné*, tome I, p. 195.

« *Consumer*, dit Vaugelas (*Remarques*, p. 301), achève en détruisant et anéantissant le sujet, et *consommer* achève en le mettant dans sa dernière perfection et son accomplissement entier. »

Mais ne présume pas que la vertu de l'homme
Produise d'elle-même une telle ferveur :
C'est de ce maître aimé la céleste faveur
Qui la fait naître en nous, l'y nourrit, l'y *consomme*. (VIII, 251. *Imit.* II, 1560.)

CONSPIRER, concourir à un même but :

Avec tous nos desirs sa volonté *conspire*. (II, 175. *Suiv.* 926.)
Mes vœux avec les siens *conspirent* aujourd'hui. (III, 350. *Hor.* 1549.)
.... Il faut qu'avec lui notre union *conspire*. (IV, 460. *Rod.* 752.)
Avec nos intérêts ce grand devoir *conspire*. (VII, 251. *Tit.* 1211.)

CONSPIRER, activement :

Celle qui nous oblige à *conspirer* sa mort. (III, 419. *Cin.* 788.)
Prince, qui que je sois, j'ai *conspiré* sa mort. (V, 214. *Hér.* 1329.)
Voilà contre un ingrat tout ce que je *conspire*. (VII, 504. *Sur.* 1022.)

CONSTAMMENT, avec constance :

.... Préparons-nous à montrer *constamment*
Ce que doit une amante à la mort d'un amant. (III, 337. *Hor.* 1249.)

CONSTITUER.

Se constituer en rente :

Octavian *se constituant en rente* envers feu mon grand-père. (X, 434. *Lettr.*)

CONSTITUTION, en parlant d'une pièce de théâtre :

Voici une pièce d'une *constitution* assez extraordinaire. (v, 505. *Exam.* de *Nic.*)

CONSULTER, délibérer, examiner :

Je n'ai point *consulté* pour vous donner mon âme. (II, 37. *Gal. du Pal.* 369.)
Je ne *consulte* point pour suivre mon devoir. (III, 151. *Cid*, 820.)
Je n'ai point *consulté* pour suivre mon devoir. (III, 302. *Hor.* 462.)
J'ai trop par vos avis *consulté* là-dessus ;
Ne m'en parlez jamais, je ne *consulte* plus. (III, 438. *Cin.* 1220.)
Consultez avec lui quel est votre devoir. (IV, 54. *Pomp.* 644.)
On a souffert Cinna et Maxime, qui en ont consumé davantage (*de mots* ou *de vers*) à *consulter* avec Auguste. (x, 491. *Lettr.*)

CONSULTER À :

Corneille avait dit dans les premières éditions de *Pompée* :

Il se juge en autrui, se tâte, s'étudie,
Consulte à sa raison sa joie et ses douleurs. (IV, 60. *Pomp.* 783 *var.*)

En 1660, il a remplacé ce dernier vers par le suivant :

Examine en secret sa joie et ses douleurs.

Voyez le *Lexique de Mme de Sévigné*, tome I, p. 196, 4°.

CONSULTER QUELQU'UN DE QUELQUE CHOSE :

Consultez-en, Seigneur, la Reine votre mère. (v, 521. *Nic.* 240.)

SE CONSULTER, dans le sens passif :

La voix de la raison jamais ne *se consulte*. (III, 407. *Cin.* 510.)

CONSUMER, détruire :

.... Bien qu'à tous moments on te boive et te mange,
On ne *consume* point ni ton sang ni ton corps. (VIII, 597. *Imit.* IV, 374.)

C'est une apostrophe à Jésus-Christ.

CONSUMER, user, employer :

Voyez ci-dessus le 6° exemple de CONSULTER.

CONSUMER, en parlant du temps :

Il se *consume* un temps notable entre la fin de l'une (*scène*) et le commencement de l'autre. (I, 395. *Exam. de la Veuve.*)
La diversité des lieux où les choses se sont passées, et la longueur du temps qu'elles ont *consumé* dans la vérité historique, m'ont réduit à cette falsification. (IV, 19. *Exam. de Pomp.*)

Dans ses premiers ouvrages notre poète emploie très-fréquemment *consommer* au lieu de *consumer*. Voyez CONSOMMER.

CONTE (FAIRE LE) DE QUELQUE CHOSE, raconter quelque chose :

.... J'en avois tant de honte
Que je mourois de peur qu'on vous *en fît le conte*. (II, 491. *Illus.* 1070.)

Conte, dans le style tragique :

Tu fais après cela des *contes* superflus. (v, 210. *Hér.* 1245.)
Ne me fais point ici de *contes* superflus. (v, 221. *Hér.* 1502.)
.... C'est un *conte*
Dont Phorbas au retour voulut cacher sa honte. (vi, 197. *Œd.* 1477.)

Conte. voyez ci-dessus **Compte**.

CONTEMPLER, regarder avec attention :

Le peuple qui vous voit, la cour qui vous *contemple*. (v, 535. *Nic.* 511.)
.... Souffrez que je vous *contemple*
Comme un cœur au-dessus du mien. (vii, 80. *Agés.* 1739.)

CONTEMPTIBLE, méprisable :

Verras-tu rien de vil, rien de foible en ses grâces,
Rien de *contemptible* à ton cœur? (viii, 236. *Imit.* ii, 1232.)

Vaugelas, qui prend volontiers la défense des mots de vieille souche française, contre les emprunts nouveaux et, à son gré, inutiles, faits au latin, dit, dans ses *Remarques* (p. 490), que « *méprisable*, qui est si bon, ne coûte pas plus à dire. » *Contemptible* s'est cependant propagé même dans le style familier : « Pour sa personne, c'est une des plus *contemptibles* qu'on puisse trouver. » (Tallemant des Réaux, *Historiettes*, tome III, p. 231.) — « Ce M. d'Enrichemont est une *contemptible* créature. » (*Ibidem*, tome III, p. 388.)

CONTENT, satisfait :

Périssant glorieux, je périrai *content* (iii, 552. *Pol.* 1410.)
.... L'heureux trépas que j'attends
Ne vous sert que d'un doux passage
Pour nous introduire au partage
Qui nous rend à jamais *contents*. (iii, 541. *Pol.* 1154.)

Vœux contents, desirs contents :

.... Pour rendre à jamais nos premiers *vœux contents*.
Étouffez l'ennemi du pardon que j'attends. (i, 235. *Mél.* 1565.)
Ne déguisons plus rien, cher Philiste : il est temps
Qu'un aveu mutuel rende nos *vœux contents*. (i, 430. *Veuve*, 606.)
Je vous laisse à juger s'il prendra bien son temps,
Et si tous vos *desirs* seront bientôt *contents*. (iii, 108. *Cid.* 52.)
.... S'il peut me céder ce trône où je prétends,
J'immolerai ma haine à mes *desirs contents*. (vi, 368. *Sert.* 92.)

CONTENTEMENTS, au pluriel :

Maintenant que le sort, attendri par nos plaintes,
Comble notre espérance et dissipe nos craintes,
Que nos *contentements* ne sont plus traversés
Que par le souvenir de nos malheurs passés.... (i, 238. *Mél.* 1609.)
Ils tiennent le passé dans quelque indifférence,
N'osant se hasarder à des ressentiments

Qui donneroient du trouble à leurs *contentements*. (I, 246. *Mél.* 1754.)
.... Rien plus ne s'oppose à nos *contentements*. (I, 354. *Clit.* 1424.)
Je te veux faire part de mes *contentements*. (I, 444. *Veuve*, 901.)
.... Que tout se dispose à leurs *contentements*. (III, 107. *Cid*, *var.* 3.)
Allez donc : ce qu'ici vous perdez de moments,
Sont autant de larcins à vos *contentements*. (IV, 486. *Rod.* 1374.)
Voici l'heureux essai de nos *contentements*. (IV, 496. *Rod.* 1598.)
Otez-nous cet obstacle à nos *contentements*. (V, 45. *Théod.* 629.)
.... Mon trépas n'aura que d'aimables moments,
S'il vous ôte un obstacle à vos *contentements*. (V, 367. *Andr.* 1093.)

Voyez les *Lexiques* de Malherbe, de Racine, etc. Malherbe a employé ce pluriel, même en prose.

CONTENTER (SE) QUE :

.... *Contentez-vous*, madame,
Que je vois pleinement les desirs de votre âme. (V, 46. *Théod.* 655.)

SE CONTENTER À MOINS DE :

Permettez qu'un Persan n'ose vous imiter,
Que sur votre partage il craigne d'attenter
   Qu'il *se contente à moins de* gloire. (VII, 80. *Agés.* 1745.)

CONTER.

Conte-lui dextrement le naturel des femmes. (IV, 214. *Ment.* 1377.)

Voltaire a dit à cette occasion : « On ne compte pas le naturel, on le peint, on le décrit. » Cela peut sembler juste à la rigueur, mais la tournure est fort claire, fort intelligible, et paraît, par conséquent, devoir être autorisée. Le vers suivant renferme une expression à peu près semblable, mais il est vrai que *conter les travaux* fait passer plus facilement *conter les vertus* :

Conte-moi tes vertus, tes glorieux travaux. (III, 452. *Cin.* 1524.)

EN CONTER, faire sa cour. conter fleurette :

Phylis, à qui j'*en conte*, a beau faire la fine. (II, 232. *Pl. roy.* 159.)
.... Sais-tu que ce fils qu'il m'avoit tant vanté
Est ce même inconnu qui m'*en a* tant *conté*? (IV, 186. *Ment.* 852.)

Corneille a employé cette expression dans la tragédie :

.... Qui veut vivre aimé n'a qu'à vous *en conter*? (VI, 28. *Perth.* 190.)

EN CONTER DE :

Ne m'*en conte* point tant *de* ma perfection. (I, 157. *Mél.* 279.)

CONTESTER, absolument, débattre, ne pas tomber d'accord :

Tandis que leur amour en cet adieu *conteste*,
Achillas à son bord joint son esquif funeste. (IV, 47. *Pomp.* 477.)

CONTEUR.

.... Ce dissimulé n'est qu'un *conteur* à gages. (I, 408. *Veuve*, 170.)

Des hommes comme vous ne sont que des *conteurs.*
Vraiment c'est bien à moi d'avoir des serviteurs! (II, 88. *Gal. du Pal.* 1307.)

Dans ce dernier exemple, *conteur* désigne un homme qui fait sa cour, qui *en conte ;* la Fontaine a employé ce mot de la même manière dans *la Fiancée du roi de Garbe :*

Elle en aimoit fort une à qui l'on en contoit;
Et le *conteur* étoit un certain gentilhomme.

CONTINUER QUELQUE CHOSE À QUELQU'UN :

Vous, *continuez-lui* ce service fidèle. (IV, 61. *Pomp.* 802.)
.... Je n'empêche point qu'on ne *vous continue*
Votre toute-puissance au point qu'elle est venue. (VI, 606. *Oth.* 733.)

CONTOURNÉ, au propre :

.... La frange d'or en fleuron *contournée.* (IX, 101. *Off. V.* 59.)

CONTRAINTE (TENIR EN) :

Mais un autre intérêt *tient* ma joie *en contrainte.* (III, 297. *Hor.* 363.)
.... C'est par là qu'on *tient* ses voisins *en contrainte.* (V, 550. *Nic.* 879.)
Ainsi je les *tiendrai* l'un et l'autre *en contrainte.* (VII, 111. *Att.* 65.)

SE TENIR DANS LA CONTRAINTE DE :

Quiconque voudra bien, etc.... ne trouvera pas étrange que j'aie mieux aimé divertir les yeux qu'importuner les oreilles, et que *me tenant dans la contrainte de* cette méthode, j'en aye pris la beauté. (I, 262. *Préf. de Clit.*)

SE FAIRE DES CONTRAINTES :

Et n'étoit que pour toi je *me fais ces contraintes....* (II, 157. *Suiv.* 581.)

CONTRAIRE, avant le substantif :

.... L'inclination jamais n'a démenti
Ce sang qui t'avoit fait du *contraire* parti. (III, 449. *Cin.* 1444.)
J'ai cru dans sa naissance et votre dignité
Pareille aversion et *contraire* fierté. (VI, 429. *Sert.* 1560.)
Des *contraires* saisons le froid ni les ardeurs
 Ne respectent que les couronnes
  Que l'on compose de mes fleurs. (X, 85. *Poés. div.* 3.)

Cet adjectif se plaçait alors fort habituellement ainsi, même dans la prose.

AU CONTRAIRE DE contrairement à :

Le premier acteur les va chercher, et leur donne place dans le poeme, *au contraire de* ce qui arrive ici. (III, 98. *Exam. du Cid.*)

CONTRARIÉTÉ, au pluriel :

Plus on voit aux avis de *contrariétés,*
Plus à faire un bon choix on reçoit de clartés. (VI, 647. *Oth.* 1643.)

CONTRE, près de, à côté de :

Il (*le ciel*) vous sollicita de courir à mon roi

Pour voir *contre* vos murs la liberté renaître. (x, 114. *Poés. div.* 109.)

Voyez la note 1 de la page indiquée.

Vous vendez dix rabats *contre* moi deux galands. (II, 93. *Gal. du Pal.* 1404.)

C'est-à-dire, *pendant que je vends deux galands;* cette locution, encore fort usitée parmi le peuple de Paris, ne se trouve que dans les dictionnaires.

LÀ CONTRE, contre cela :

Que dites-vous *là contre?*... (I, 198. *Mél.* 903.)

CONTRE-COUP, au figuré :

Ce péril mutuel qui conserve leurs jours
D'un *contre-coup* égal va croître leurs amours. (I, 308. *Clit.* 580.)

CONTREDIRE, activement :

Un père qui ne se montre que pour consentir ou *contredire* le mariage de ses enfants. (I, 48. *Disc. du Poëm. dram.*)
En l'état où je suis, les maux dont je soupire
M'ôtent la liberté de te rien *contredire.* (VII, 212. *Tit.* 296.)
Il est des naturels farouches, intraitables.
Qui tirent vanité de *contredire* tout. (VIII, 194. *Imit.* II, 372.)

Plusieurs éditions portent *contredire à tout.* Voyez la note 1 de la page indiquée.

CONTREDIRE À :

Quand j'aurois sur ce point des avis différents,
Je ne puis *contredire au* choix de mes parents. (II, 295. *Pl. roy.* 1401.)
Je suis prêt d'obéir; et loin d'*y contredire,*
Je laisse entre ses mains et vous et votre empire. (V, 430. *D. San.* 273.)

« Je n'avois pas la hardiesse de *contredire à* des gens qui font tant les vénérables. » (Perrot d'Ablancourt, traduction de Lucien, tome II, p. 447.)

CONTREDIT, contradiction :

.... Je sais ce qu'il m'a dit,
Et ne veux plus du tout souffrir de *contredit.* (II. 90. *Gal. du Pal.* 1348.)
Vous l'allez emporter sur tous sans *contredit.* (VII, 392. *Pulch.* 275.)
C'est Lucrèce, ce l'est sans aucun *contredit.* (IV, 151. *Ment.* 203.)

Ce mot s'employait fréquemment, au singulier et au pluriel, comme terme de procédure.

CONTRE-ÉCHANGE.

Elle-même le dupe, et par un *contre-échange*
En écoutant ses vœux reçoit ceux de Florange. (I, 432. *Veuve,* 647 *var.*)

En 1644, Corneille a ainsi modifié le premier vers :

Elle-même le dupe, et lui rendant son change.

CONTREFAIRE.

Contrefaites le triste.... (III, 175. *Cid,* 1337 *var.*)

L'Académie, tout en déclarant, contre l'assertion de Scudéry, que cette expression est

usitée, la signale comme trop basse dans la bouche d'un roi. Corneille, en 1660, la changea et mit :
>   Montrez un œil plus triste....

CONTREFAIT, simulé :
>   .... Sa haute vertu, par d'illustres effets
>   Y dissipa soudain ces vices *contrefaits*. (vi, 616. *Oth.* 956.)

CONTRE-POIDS, au figuré :
>   .... Toujours balancé d'un *contre-poids* égal,
>   J'ai honte de me voir insensible ou perfide. (i, 173. *Mél.* 526.)
>   Secrets tyrans de ma pensée,
>   Respect, amour, de qui les lois
>   D'un juste et fâcheux *contre-poids*
>   La tiennent toujours balancée. (i, 420. *Veuve*, 395.)

CONTRE-POISON, au figuré :
>   Il n'est point de *contre-poisons*
>   Contre le noir venin des langues médisantes. (ix, 179. *Off. V.* 9.)

On lit aussi dans une pièce de vers qui, selon nous, doit être attribuée à Corneille :
>   Et je n'espérerois aucune guérison,
>   Si l'âge étoit chez vous mon seul *contre-poison*. (x, 388, *Poés. div.* 28.)

CONTRE-TEMPS, inopportunité :
>   .... D'un tel *contre-temps* il fait tout ce qu'il fait,
>   Que quand il tâche à plaire, il offense en effet. (iv, 145. *Ment.* 95.)
>   Quittez ces *contre-temps* de froide raillerie. (v, 432. *D. San.* 313.)

CONTRIBUER, activement :
>   .... Mon reste d'amour, en cet enlèvement,
>   Ne peut *contribuer* que mon consentement. (ii, 273. *Pl. roy.* 964.)
>   .... Ce qu'il *contribue* à notre renommée
>   Toujours en moins de rien se dissipe en fumée. (iii, 355. *Hor.* 1715.)
>   L'obscurité que fait en celle-ci (*en cette comédie de* la Suite du Menteur) le rapport à l'autre (*au* Menteur) a pu *contribuer* quelque chose à sa disgrâce. (iv, 285. *Exam.* de *la S. du Ment.*)
>   Nous n'y *contribuons* qu'un importun mélange
>   De foiblesse, d'erreur, et d'instabilité. (viii, 478. *Imit.* iii, 4485.)

Furetière (1690) ne donne aucun exemple de ces tours actifs, mais l'Académie (1694) en cite plusieurs, et dit que *contribuer* s'emploie à l'adjectif dans ses divers sens.

CONVAINCRE, prouver coupable :
>   Quand vous la *convaincrez*, je saurai la punir. (v, 31. *Théod.* 330.)

CONVAINCRE DE :
>   Un aveu si public qu'en feroit ma colère
>   Enfleroit trop l'orgueil de ton âme légère.
>   Et me *convaincroit* trop *de* ce desir abjet
>   Qui m'a fait soupirer pour un indigne objet. (i, 169. *Mél.* 455.)

C'est pour cela qu'il lui fait rendre une fausse lettre qui le *convainc de* légèreté. (II, 221. *Exam. de la Pl. roy.*)

CONVERTIR EN, au figuré, changer en :

Il sut ainsi que vous *convertir en* fumée
L'orgueil des ennemis, et rabattre leurs coups. (X, 32. *Poés. div.* 10.)

CONVIER À, inviter à un repas, à un festin, et, par extension, *engager à, inviter à*, en général :

Va marcher sur leurs pas où l'honneur te *convie.* (III, 396. *Cin.* 273.)
Quel sujet si pressant à sortir vous *convie?* (III, 492. *Pol.* 109.)

Il se construit souvent avec *en* :

Soyons unis, Cinna, c'est moi qui t'*en convie.* (III, 459. *Cin.* 1701.)
Mais, Monsieur, sans le voir accepter un époux,
Par quelque haut récit qu'on *en soit conviée,*
C'est grande avidité de se voir mariée. (IV, 161. *Ment.* 377.)
L'amour te le commande, et l'honneur t'*en convie.* (V, 357. *Andr.* 902.)

Racine emploie cette expression aussi souvent que Corneille; Voltaire, dans ses remarques, fait observer qu'elle disparaît, et la regrette. M. Aimé-Martin répond qu'elle est encore en usage et cite le *Dictionnaire de l'Académie.* Cela prouve seulement qu'elle est maintenue et autorisée ; néanmoins on s'en sert fort peu.

CORAL (corail), au propre et au figuré :

Ces mers où se durcit la perle et le *coral.* (VIII, 240 *Imit.* II, 1315.)
Sur cet amas brillant de nacre et de *coral,*
Qui sillonne les flots de ce mouvant cristal. (VI, 292. *Tois.* 886.)
.... Une grande conque de nacre, semée de branches de *coral* et de pierres précieuses, portée par quatre dauphins, et soutenue par quatre vents en l'air, vient insensiblement s'arrêter au milieu de ce même fleuve. (VI, 292. *Tois.*)
Belle âme, viens aider à sortir à mon âme ;
Reçois-la sur les bords de ce pâle *coral.* (I, 290. *Clit. var.* 4.)

Cette forme *coral* est la plus habituelle chez nos anciens auteurs : « Or y a de riches dames, damoiselles, bourgeoises, qui sont de leur compaignie, qui achaptent patenostres de *coral*, de gest, ou d'ambre. » (*Les XV joyes de mariage*, 8ᵉ joye, p. 100.)

Ce beau *coral*, ce marbre qui soupire,
Et c'est ebene ornement d'un sourci. (Ronsard, *Amours*, I, XXIII, tome I, p. 14.)

« Ils.... pendent à lors au manche dudit couteau cinq ou six graines de *coral.* » (*Anti-Coton*, p. 75.)

Thomas Corneille a dit à l'occasion de la CCCXL*ᵉ remarque* de Vaugelas (édition de 1697, p. 595) : « M. Ménage (*Observations*, tome I, p. 293) marque.... qu'il faut prononcer *métal, cristal,* et *coral,* et non pas *métail, cristail* et *corail.* Pour ce dernier, il dit qu'il n'a point de pluriel. Quoiqu'il soit peu en usage, on ne laisse pas de dire *coraux.* Je crois que *corail* au singulier est plus usité que *coral;* mais je ne voudrois jamais dire *métail* ni *cristail.* »

CORNES (DE LA LUNE) :

Endymion n'étoit qu'un sot :
Il devoit dès le premier mot
Renvoyer à leur ciel les *cornes* argentées. (X, 154. *Poés. div.* 4.)

ARRÊT EN CORNES, voyez ARRÊT.

CORNU, CONSÉQUENCES CORNUES, ridicules, folles, extravagantes :

    Vous avez.... avancé des maximes de théâtre de votre seule autorité, dont toutefois, quand elles seroient vraies, vous ne pourriez tirer les conséquences cornues que vous en tirez. (x, 402. *Lettr. apol.*)

CORPS.

RÉPONDRE CORPS POUR CORPS DE, locution proverbiale :

    .... S'il vous mentoit alors,
A présent il dit vrai; j'*en réponds corps pour corps*. (IV, 215. *Ment.* 1396.)

Corps, figurément :

L'empire est à donner, et le sénat s'assemble
Pour choisir une tête à ce grand *corps* qui tremble. (VII, 382. *Pulch.* 26.)

CORRUPTIBLE (LE), substantivement :

Défais-toi donc, mon fils, de tout *le corruptible*. (VIII, 529. *Imit.* III, 5531.)

CORSAIRE, ravisseur :

    .... Peut-être déjà ce *corsaire* effronté
Triomphe insolemment de sa fidélité. (I. 463. *Veuve.* 1245.)

CÔTÉ.

Vous, ses premiers sujets, qu'attache à son *côté*
La splendeur de la race ou de la dignité. (x, 211. *Poés. div.* 263.)
Il s'agit de Louis XIV.

Un million de traits, un million de flèches
    Tomberont à vos deux *côtés*. (IX, 331. *Off. V.* 26.)

CHACUN DE SON CÔTÉ :

Une mère aveuglée, un frère inexorable,
    Chacun de son côté, prennent sur mon devoir
Et sur mes volontés un absolu pouvoir. (I, 479. *Veuve,* 1549.)

D'AUTRE CÔTÉ :

Quoi? dans leur dureté ces cœurs d'acier s'obstinent!
— Oui, mais *d'autre côté* les deux camps se mutinent. (III, 317. *Hor.* 808.)

DU CÔTÉ DE, en faveur de :

Tous mes vœux sont déjà *du côté* d'Aristie. (VI, 373. *Sert.* 234.)

DU CÔTÉ DE, quant à :

    Je laisse le théâtre françois en meilleur état que je ne l'ai trouvé, et *du côté* de l'art et *du côté* des mœurs. (VI, 5. *Au lect. de Perth.*)

COTHURNE (CHAUSSER LE), voyez CHAUSSER.

COTRET, fagot, et aussi morceau de bois, bâton :

.... Nous verrons ce soir, si je le tiens,
Danser sous le *cotret* sa noblesse et ses biens (II, 465. *Illus.* 620.)

COUCHE, lit :

Sur un lit de gazon de foiblesse étendu,
Il sembloit déplorer ce qu'il avoit perdu....
Son sang à gros bouillons sur cette *couche* verte.... (IV, 498. *Rod.* 1620.)

COUCHE, lit conjugal :

Bérénice est toujours digne de votre *couche*. (VII, 222. *Tit.* 543.)

COUCHE, enfantement :

Vierge devant ta *couche*, et vierge après ta *couche*. (IX, 8. *Louanges*, 15.)

COUCHE D'UN PREMIER HYMEN, premier lit :

Au nom de notre amour, sauvez deux jeunes fruits
Que *d'un premier hymen* la *couche* m'a produits. (II, 349. *Méd.* 184.)

COUCHER.

COUCHER AU MONUMENT, étendre dans le tombeau :

.... Votre fourbe maudite,
Dont je fus à regret le damnable instrument,
A *couché* de douleur Tircis *au monument*. (I, 218. *Mél.* 1258.)

COUCHER L'ESPRIT, appliquer l'esprit :

C'est ce qui ne me tombera jamais en la pensée qu'une pièce de si longue haleine, où il faut *coucher l'esprit* à tant de reprises.... se puisse faire par aventure. (I, 263. *Préf.* de *Clit.*)

COUCHER DE, expression métaphorique tirée du jeu :

Vous *couchez d'*imposture, et vous osez jurer,
Comme si je pouvois vous croire, ou l'endurer ! (IV, 196. *Ment.* 1059.)
J'aurai mille beaux mots tous les jours à te dire ;
Je *coucherai de* feux, *de* sanglots, *de* martyre. (IV, 301. *S. du Ment.* 224.)

Voyez aux pages indiquées les notes relatives à ces deux passages.

COUCHER, comme dans la locution **COUCHER PAR ÉCRIT** :

Le témoignage du jésuite Théophilus Renaudus est très-élégant et bien *couché*. (X, 467. *Lettr.*)

COULER, s'introduire :

Mille agitations que mes troubles produisent
Dans mon cœur ébranlé tour à tour se détruisent ;
Aucun espoir n'y *coule* où j'ose persister. (III, 521. *Pol.* 727.)

COULER, introduire :

Tu sais adroitement *couler* ta flatterie. (IV, 326. *S. du Ment.* 723.)

Je ne sais quel malheur aujourd'hui me menace,
Et *coule* dans ma joie une secrète glace. (iv, 442. *Rod.* 300.)
De tant de questions les dangereux mystères
Produiroient moins de trouble et de renversement,
Et ne *couleroient* pas dans les règles austères
    Des plus saints monastères
    Tant de relâchement. (viii, 45. *Imit.* 1, 261.)

Couler quelque moment en douceur, le passer agréablement :

Ne t'effarouche point : je ne cherche, à vrai dire,
Que quelque connoissance où l'on se plaise à rire,
Qu'on puisse visiter par divertissement,
Où l'on puisse *en douceur couler quelque moment.* (iv, 143. *Ment.* 36.)

Laisser couler, laisser passer, laisser échapper :

.... Ce nouvel amant déjà trop vous néglige,
Laissant ainsi *couler* la belle occasion,
De vous conter l'excès de son affection. (i, 166. *Mél.* 399.)

Se couler, se glisser, au propre :

Quitte-moi, je te prie, et *coule-toi* sans bruit. (ii, 267. *Pl. roy.* 847.)

Se couler, se glisser, au figuré :

Ils (*les imprimeurs*) n'auront pas suivi ce nouvel ordre si ponctuellement, qu'il ne s'y *soit coulé* bien des fautes. (i, 12. *Au lect.*)
Un faux bruit *s'y coula* touchant la mort du Roi. (iv, 431. *Rod.* 46.)
    Beaucoup de bonnes âmes sont assez simples pour ne s'apercevoir pas des imperfections de cette version, que d'autres mieux éclairées y rencontrent du premier coup d'œil, et qui ne *s'y couleroient* pas en si grand nombre, si Dieu m'avoit donné plus d'esprit. (viii, 25. *Au lect. de l'Imit.*)
Vois quel excès de crainte en mon âme *se coule.* (viii, 387. *Imit.* iii, 2624.)

COULEUR.

Couleurs d'une dame, celles qu'elle affectionne et qu'on porte en son honneur :

Aux *couleurs*, au carrosse il ne doute de rien ;
Tout étoit à Lucrèce.... (iv, 184. *Ment.* 787.)

Couleurs, figurément, dans le même sens :

Le mal n'a point d'excuse ; il n'est espoir, surprise,
Intérêt, amitié, faveur, crainte, malheurs,
    Dont le pouvoir nous autorise
A rien faire ou penser qui porte ses *couleurs.* (viii, 90. *Imit.* 1, 1037.)

Couleur, teint :

L'emploi de ce mot en ce sens est fort ancien dans une autre langue.

    . . . . La dolor
    Me faisoit muer la *color.* (*Roman de la Rose*, 1881.)

Remarque sa *couleur*, son maintien, sa parole. (I, 176. *Mél.* 576.)
J'ai couru sur le lieu, sans force et sans *couleur*. (III, 143. *Cid*, 667.)
Au bruit de vos soupirs, tremblante et sans *couleur*,
Je viens savoir de vous mon crime ou mon malheur.
(IV, 378. *S. du Ment.* 1663.)
Vous changez de *couleur*.... (III, 166. *Cid*, 1124.)
Voyez comme déjà sa *couleur* est changée! (III, 176. *Cid*, 1342.)
Ne l'avez-vous pas vu tout changé de *couleur?* (IV, 336. *S. du Ment.* 889.)

COULEURS, expressions qui servent à peindre une chose :

.... Je ne trouve point de *couleurs* assez noires
Pour en représenter les tragiques histoires. (III, 393. *Cin.* 193.)

COULEURS, marques, stigmates :

Mais ferois-je périr celui qui l'a sauvée?
Celui par qui Marcelle est pleinement bravée,
Qui m'a rendu ma gloire, et préservé mon front
Des infâmes *couleurs* d'un si mortel affront? (V, 81. *Théod.* 1470.)

COULEUR, prétexte, apparence :

Vous pourriez, sous *couleur* de rendre un bon office,
Mettre quelque autre en peine avec cet artifice. (I, 212. *Mél.* 1163.)
Cette vieille coutume en ces lieux établie,
Sous *couleur* de punir un injuste attentat,
Des meilleurs combattants affoiblit un État. (III, 178. *Cid*, 1407.)
Et tout ce qui pourra sous quelque autre *couleur*
Autoriser ta haine et flatter ta douleur. (V, 164. *Hér.* 195.)
.... Je lui donne une fidèle escorte,
Qui sous cette *couleur* de lui servir d'appui,
Le met hors du royaume, et me répond de lui. (VI, 87. *Perth.* 1537.)
Vous piller un peu moins, sous *couleur* d'amitié. (VI, 273. *Tois.* 431.)
L'impatiente ardeur d'en voir le doux climat
Sous ces fausses *couleurs* ne fait que trop d'éclat. (VI, 290. *Tois.* 851.)
Sous une autre *couleur*.... (VI, 371. *Sert.* 156.)
Je sers sa passion, et sous cette *couleur*
Je m'ouvre dans son âme une infaillible voie
A m'en faire à mon tour servir avec chaleur. (VII, 36. *Agés.* 683.)
Dessous cette *couleur* il parle, il sollicite. (IV, 303. *S. du Ment.* 260.)
Et trouve occasion, dessous cette *couleur*,
De venger le mépris qu'on fait de sa valeur. (V, 437. *D. San.* 439.)
Vengeons-nous à loisir de toutes ces langueurs
Où sa fausse *couleur* avoit réduit nos cœurs. (I, 430. *Veuve*, 610.)
Ses hommages partout ont de fausses *couleurs*. (V, 447. *D. San.* 711.)
.... Ils n'adorent en toi,
Que de fausses *couleurs* qui te peignent en roi. (VI, 78. *Perth.* 1358.)
Tu n'en peux voir (*de l'amitié*) sans moi qu'une fausse *couleur*,
Qui n'est ni d'aucun prix, ni d'aucune durée. (VIII, 467. *Imit.* III, 42 [2.)
Mon extrême indulgence a donné par malheur
A vos rébellions quelque foible *couleur*. (II, 207. *Suiv.* 1564.)

Vous cherchez, Ptolomée, avecque trop de ruses,
De mauvaises *couleurs* et de froides excuses. (IV, 65. *Pomp.* 910.)
Certes, pour m'obéir avec plus de chaleur,
Vous donnez à mon ordre une étrange *couleur*. (IV, 358. *S. du Ment.* 1308.)
.... Pour donner *couleur* à vos détractions,
Vous lisez fort avant dans mes intentions. (II, 177. *Suiv.* 971.)
Et moi, non sans *couleur*, encor qu'injustement,
Je fus conduit par eux en cet appartement. (IV, 294. *S. du Ment.* 129.)
Mais on l'a pris pour moi dans une nuit si noire :
On s'excuse du moins avec cette *couleur*. (IV, 370. *S. du Ment.* 1551.)
 La seule *couleur* qui pourroit y servir de prétexte, c'est que la pièce ne seroit pas achevée, si on ne savoit ce que devient Théodore après être échappée de l'infamie. (V, 14. *Exam. de Théod.*)
Quelle qu'en soit pourtant la cause ou la *couleur*,
Vous pouviez l'embrasser avec moins de chaleur. (V, 452. *D. San.* 819.)
Mais si tu veux trahir, trouve du moins, ingrat,
De plus belles *couleurs* dans les raisons d'État. (VI, 34. *Perth.* 350.)
.... De quelque *couleur* que tu couvres ses soins,
Sa nouvelle conquête en occupe le moins. (VI, 490. *Soph.* 425.)
 La représentation de cette tragédie n'a pas eu grand éclat, et sans chercher des *couleurs* à la justifier, je veux bien ne m'en prendre qu'à ses défauts. (V, 10. *Exam. de Théod.*)
.... Je ne puis souffrir qu'il soit banni par moi ;
Car enfin les *couleurs* ne font rien à la chose :
Sous un prétexte faux je n'en suis pas moins cause. (VII, 523. *Sur.* 1481
L'action la plus belle a diverses *couleurs*. (VII, 50. *Agés.* 1046.)
Il n'est point de *couleurs* pour toi que tu refuses. (VIII, 193. *Imit.* II, 351.)
Tu dis qu'il est fâcheux de voir la calomnie
De la vérité même emprunter les *couleurs*. (VIII, 487. *Imit.* III, 4670.)

M. Aimé-Martin s'exprime ainsi à propos du vers 1551 de *la suite du Menteur* : « Cette expression, qui paraît de l'invention de Corneille, n'a pas fait fortune, quoiqu'elle ait été employée par Racine, et dans un de ses chefs-d'œuvre :

  J'inventai des *couleurs*; j'armai la calomnie. (*Esther*, acte II, scène 1, vers 493.)

L'emploi de ce mot en ce sens n'était point, comme le croyait M. Aimé-Martin, une invention de Corneille. Garnier s'en est servi souvent :

  O deloyales mains, qui sous *couleur* d'amour
  Le receustes pour faire un si malheureux tour ! (*Cornelie*, acte III, 240.)

Si cette acception du mot *couleur* ne s'est pas maintenue dans le langage poétique, ce n'est pas qu'elle soit obscure ou archaïque, c'est au contraire parce qu'elle est si naturelle qu'elle est devenue bien vite familière et même basse : *c'est une couleur*, pour *c'est une tromperie*; *monter une couleur* pour *chercher à faire une dupe*, appartiennent presque à l'argot.

COUP.

.... Chacun, seul témoin des grands *coups* qu'il donnoit. (III, 174. *Cid*, 1303.)
Septime et trois des siens, lâches enfants de Rome,
Percent à *coups* pressés les flancs de ce grand homme. (IV, 48. *Pomp.* 506.)

Coup, atteinte, au figuré :

O d'un injuste affront les *coups* les plus cruels !

Vous faites différence entre deux criminels ! (II, 363. *Méd.* 455.)
A l'honneur de tous deux il porte un *coup* mortel. (III, 119. *Cid*, 268.)

ROMPRE LE COUP, métaphore tirée de l'escrime :

Je conçois mal, Seigneur, ce qu'il faut que j'en pense;
Mais j'en *romprai le coup*, s'il y faut ma présence. (V, 555. *Nic.* 996.)

RABATTRE LES COUPS, voyez RABATTRE.

(ÊTRE) AUX COUPS, EN VENIR AUX COUPS, se battre, être aux mains, en venir aux mains :

N'as-tu point ici vu deux cavaliers *aux coups?* (I, 299. *Clit.* 396.)
O Dieux! ils *sont aux coups!* (II, 100. *Gal. du Pal.* 1527.)
.... S'il falloit encor que l'on *en vînt aux coups,*
Je combattrois pour elle en soupirant pour vous. (III, 293. *Hor.* 269.)

GRAND COUP, action d'éclat :

Votre bras dans Pharsale a fait de plus *grands coups.* (IV, 81. *Pomp.* 1311.)

CARESSER À COUPS DE PISTOLES :

Alors qu'on vous *caresse à* grands *coups de pistoles,*
J'obtiens tout doucement paroles pour paroles. (IV, 377. *S. du Ment.* 1653.)

SE BATTRE À COUPS DE SENTENCES :

Il semble que leurs acteurs (*d'Euripide et de Sénèque*) ne viennent quelquefois sur la scène que pour *s'y battre à coups de sentences.* (II, 121. *Exam. de la Suiv.*)

COUP D'EFFORT :

Mes vaisseaux à la rade, assez proches du port,
N'ont que trop de soldats à faire un *coup d'effort.* (II, 374. *Méd.* 688.)

COUP D'ESSAI, COUP DE MAÎTRE :

Ne cherche point à faire un *coup d'essai* fatal. (III, 130. *Cid*, 431.)
.... Par des *coups d'essai* vos États agrandis
Des drapeaux ennemis font d'illustres spectacles. (III, 473. *Épît. de Pol.*)
.... Ce songe rempli de noires visions
N'est que le *coup d'essai* de ses illusions. (III, 489. *Pol.* 60.)
Où trouvera-t-elle des éloges dignes de cette main qui fait trembler tous nos ennemis, et dont les *coups d'essai* furent signalés par la défaite des premiers capitaines de l'Europe? (IV, 411. *Épît. de Rod.*)
Pour ne vous faire pas de réponse trop rude
Sur ce beau *coup d'essai* de votre ingratitude. (V, 576. *Nic.* 1460.)
.... Que ton *coup d'essai*, si digne de mémoire,
Doit enhardir ta plume à redoubler ta gloire. (X, 130. *Poés. div.* 3.)

J'espérerai que vous m'honorerez non-seulement de ce que vous ajouterez à ce grand *coup d'essai*, mais aussi de cette paraphrase de Jérémie. (X, 448. *Lettr.*)

Ce sont les péchés de ma jeunesse et les *coups d'essai* d'une muse de province. (X, 449. *Lettr.*)

Mes pareils à deux fois ne se font point connoître,
Et pour leurs *coups d'essai* veulent des *coups de maître*. (III, 129, *Cid*, 410.)
Ce sont des *coups d'essai*, mais si grands que peut-être
Le Capitole a droit d'en craindre un *coup de maître*. (v, 551. *Nic.* 920.)
.... Obligez, Monsieur, votre valet :
Quand vous voudrez jouer de ces grands *coups de maître*,
Donnez-lui quelque signe à les pouvoir connoître. (IV, 178. *Ment.* 697.)
Je ne hasarde pas volontiers.... ces agréments surnaturels et miraculeux.... Ces grands *coups de maître* passent ma portée. (VI, 469. *Au lect.* de *Soph.*)

Coup de chapeau :

(Lysandre sort de chez Célidée, et passe sans s'arrêter, leur donnant seulement un *coup de chapeau.*)
Hippolyte. Peut-être l'avenir.... Tout beau, coureur, tout beau !
On n'est pas quitte ainsi pour un *coup de chapeau*. (II, 38 et 39. *Gal. du Pal.*)

Coup de vent, au figuré :

Du premier *coup de vent* il me conduit au port. (III, 544. *Pol.* 1229.)

Coup de foudre, au propre et au figuré :

Ces foudres....
Paroissent quelque temps se jouer dans la nue....
Mais enfin le *coup* tombe.... (x, 203. *Poés. div.* 137.)
Soutiens-moi, Fabian ; ce *coup de foudre* est grand. (III, 506. *Pol.* 407.)
Qu'est-ce-ci, Fabian ! Quel nouveau *coup de foudre*
Tombe sur mon bonheur, et le réduit en poudre ? (III, 551. *Pol.* 1367.)
Il n'en faudroit pas tant, Seigneur, pour vous résoudre
A lancer sur ma tête un dernier *coup de foudre*. (VII, 264. *Tit.* 1504.)

Coup de tonnerre, au figuré :

Trône, à t'abandonner je ne puis consentir :
Par un *coup de tonnerre* il vaut mieux en sortir. (IV. 493. *Rod.* 1530.)

Coup de malheur :

Je vais voir mes parents, que ce *coup de malheur*
A mon occasion accable de douleur. (II, 289. *Pl. roy.* 1265.)
Fais agir ta constance en ce *coup de malheur*. (III, 131. *Cid*, 444.)

Coup d'État, action politique :

Sur ces grands *coups d'État* tout parle, et je me tais. (x, 178. *Poés. div.* 52.)

Tirer à coups perdus ; à coup perdu, au propre et au figuré :

Il leur montre à doubler leurs files et leurs rangs...,
Tourner à droite, à gauche, attaquer, se défendre...,
Tirer à coups perdus, et par toute l'armée
Faire l'oreille au bruit et l'œil à la fumée. (x, 199. *Poés. div.* 77.)
Il s'agit d'exercices militaires, de petite guerre.

Je pense vous avoir mandé que je me sens des bénédictions du mariage, et *tire* maintenant *à coup perdu* aussi bien que vous. (x, 437. *Lettr.*)

À CE COUP, pour cette fois :

Certes, Rome *à ce coup* pourroit bien se vanter
D'avoir eu juste lieu de me persécuter. (IV, 61. *Pomp.* 811.)
A ce coup ma prière a pénétré les cieux. (IV, 206. *Ment.* 1232.)
Tout de bon *à ce coup* vous êtes converti. (IV, 326. *S. du Ment.* 673.)
Cette locution se trouve chez nos anciens poëtes tragiques :

C'est *à ce coup*, ô ciel, ô mer, que la tempeste
Doit iustement vanger ma foi contre ma teste. (Jodelle, *Didon*, II, fol. 261, recto.)

TOUT D'UN COUP :

Ne soyez point jaloux qu'un roi de votre race
Égale *tout d'un coup* votre plus noble audace. (x, 194. *Poés. div.* 6.)

ENCORE UN COUP :

Va-t'en, *encore un coup*, je ne t'écoute plus. (III, 159. *Cid.* 992.)
Allons, *encore un coup*, le donner à Chimène. (III, 189. *Cid.* 1642.)
Non, mais, *encore un coup*, ne la revoyez point. (III, 505. *Pol.* 403.)
Je vous le disois bien. *Encore un coup*, mon père,
Si jamais mon respect a pu vous satisfaire.... (III, 532. *Pol.* 961.)
Je veux *encore un coup* montrer un cœur de père,
Je veux *encore un coup* pour toi me hasarder. (IV, 227. *Ment.* 1586.)
Madame, *encore un coup*, cet homme est-il à vous? (V, 520. *Nic.* 202.)
Madame, *encore un coup*, pensez-y mûrement. (V, 551. *Nic.* 902.)
Vivez, *encore un coup :* c'est moi qui vous l'ordonne. (VI, 167. *ŒEd.* 775.)
Madame, *encore un coup*, souffrez que je vous aime. (VI, 598. *Oth.* 541.)
Allez, *encore un coup*, allez en d'autres lieux
Épargner par pitié cette gêne à mes yeux. (VII, 82. *Agés.* 1797.)
Je la trouve (*l'occasion*) et j'en prends le glorieux emploi,
Afin d'ouvrir ma scène *encore un coup* pour toi. (x, 178. *Poés. div.* 56.)
Voyez encore x, 191, *Poés. div.* 87.

COUPEAU, sommet :

« *Coupeau* ou *coupet* d'une montaigne, dit Nicot, *supercilium montis, cacumen, jugum, summitas.* »
Dont autrefois le Sphinx, ce monstrueux oiseau,
Avoit pour son repaire envahi le *coupeau.* (x. 246. *Poés. div.* 2.)
Tiens-y-toi solitaire, et tel qu'un passereau
Qui d'un arbre écarté s'est choisi le *coupeau.* (VIII, 655. *Imit.* IV, 1593.)

COUPER LA RACINE, au figuré :

.... On s'imagine
Guérir un mal si grand sans *couper la racine.* (III, 414. *Cin.* 678.)

COUPER LA PAROLE :

La honte de paroître en un tel équipage
Coupe ici *ma parole* et l'étouffe au passage. (I, 342. *Clit.* 1178.)

SE COUPER LE BRAS, figurément, se priver de son meilleur secours :
Je m'en consolerai quand je verrai Phocas
Croire affermir son sceptre en *se coupant le bras*. (v, 218. *Hér.* 1422.)

POINT COUPÉ, voyez POINT.

COUPLE, substantif féminin.

Il se dit en vénerie du lien dont on attache deux chiens de chasse :

Le Prince étonné commande à ses veneurs de garrotter Pymante avec les *couples* de leurs chiens. (I, 269, *Arg.* de *Clit.*)
Garrottez ce maraud : les *couples* de vos chiens
Vous y pourront servir, faute d'autres liens. (I, 341. *Clit.* 1155.)

COUPLE, masculin, en parlant de deux personnes unies par une volonté commune :

.... Un soupçon véritable
Que m'ont donné les corps d'un *couple* détestable. (I, 316. *Clit.* 722.)

COUR.

EN COUR :

Que te dit-on *en cour* de cette jalousie
Dont pour moi toutes deux eurent l'âme saisie? (II, 456. *Illus.* 445.)

Vaugelas dit que cette façon de parler.... est insupportable : « .... C'est bien assez que l'on souffre *en cour*, sur les paquets. » (*Remarques*, édition de 1647, p. 457.) Il était dans ce dernier cas opposé à *en ville*, qui s'est conservé jusqu'à nous. Thomas Corneille, dans ses *Notes* sur Vaugelas (édition de 1697, p. 772), soutient qu'on dit toujours, et très-bien : *écrire en cour, être bien en cour*.

FAIRE LA COUR, en parlant des respects qu'un homme rend à un autre à cause de son rang :

Héraclius vivroit pour te *faire la cour?*
Rends-lui, rends-lui son sceptre, ou prive-le du jour. (v, 198. *Hér.* 973.)

FAIRE LA COUR, en parlant des soins par lesquels on cherche à plaire à une femme :

Votre frère son fils, depuis peu de retour....
— Je le sais, ma princesse, et qu'il vous *fait la cour*. (v, 512. *Nic.* 18.)

« *Faire la cour*, dans cette acception, est banni du style tragique, » dit Voltaire à l'occasion de ce passage. La remarque est juste ; mais il ne faut pas oublier que le style de cette pièce se rapproche souvent de celui de la haute comédie.

SAVOIR LA COUR, voyez SAVOIR.

COURAGE.

Dans les plus anciens textes français, *son cœur et son courage* est une phrase consacrée qui répond à *cor et anima* : « Tels reis ne fud nuls devant lui ki si se turnast vers Deu *de tut sun quer e de tut sun curage* e de tute sa force, sulunc la lei Moysi.... *Similis illi non fuit ante eum rex qui reverteretur ad Dominum, in omni corde suo et in tota anima sua....juxta omnem legem Moysi....* » (*Les* IV *livres des Rois*, p. 429.) Peu à peu les deux mots *cœur* et *courage* se confondirent et s'employèrent indifféremment l'un pour l'autre :

On gaigne par bienfaicts les *cœurs* les plus sauuages.
— On ne sçauroit flechir les resolus *courages*. (Garnier, *Cornelie*, IV, 418.)

Dans les œuvres de Corneille, on trouve souvent *courage* dans le sens de cœur. On lisait dans les premières éditions de *Mélite* :

.... Ces traits de sa plume ici me sont restés,
Qui dépeignant au vif son perfide *courage*,
Remplissent de bonheur Philandre, et moi de rage. (I, 198, *var*. 4.)

Corneille a ainsi modifié ce passage à partir de 1660 :

.... Ces traits de sa plume osent encor parler,
Et laissent en mes mains une honteuse image,
Où son *cœur* peint au vif remplit le mien de rage.

Dans *la Suite du Menteur*, Dorante, reconnaissant Cléandre, dit à part :

Ce seroit lâcheté, quoi qu'il puisse arriver,
De perdre un si grand *cœur* quand je puis le sauver. (IV, 307. *S. du Ment.* 330.)

Un peu plus loin, il consulte Cliton au sujet de sa conduite en cette circonstance, et se sert du mot *courage* :

N'est-il pas vrai, Cliton, que c'eût été dommage
De livrer au malheur ce généreux *courage*? (IV, 308. *S. du Ment.* 352.)

Dans le passage suivant de *l'Imitation*, les deux mots *cœur* et *courage* sont des synonymes aussi exacts qu'il est possible :

L'homme ne voit que le visage,
Mais Dieu voit jusqu'au fond du *cœur*;
L'homme des actions voit la vaine splendeur,
Mais Dieu connoît leur source, et voit dans le *courage*
Ou leur souillure ou leur candeur. (VIII, 207. *Imit.* II, 634 et 636.)

Aux *Vêpres et Complies des dimanches, cor* est traduit, dans un même verset latin, par *cœur* en prose, et par *courage* en vers : « *Dedisti lætitiam in* corde *meo;* vous avez répandu la joie en mon *cœur.* » (IX, 324.)

Et sa parfaite joie a mis dans mon *courage*
De quoi me soutenir contre l'oppression. (IX, 325. *Vépr. et Compl.* 27.)

Voici encore deux endroits où *courage* correspond exactement à *cœur* :

Tu t'offris par hasard, je t'acceptai de rage;
Je te donnai son bien, et non pas mon *courage*. (II, 282. *Pl. roy.* 1130.)
Hélas! que ton *courage*
M'apprête de rigueurs à souffrir sous ta loi! (X, 51. *Poés. div.* 17.)

Enfin, dans cet exemple, tiré du compliment *à Mazarin*, Corneille a employé ensemble *âme* et *courage* d'une façon qui rappelle jusqu'à un certain point la vieille locution citée en tête de cet article :

Ton *âme* et ton *courage*, épars dans mes écrits. (X, 97. *Poés. div.* 48.)

Pour bien comprendre le passage suivant, il faut donner au mot *courage* le sens de *noblesse de cœur*, de *générosité* :

Elle le passe en biens, il l'égale en noblesse,
Et cherche, ambitieux, par sa possession,

A relever l'éclat de son extraction.
Il a peu de fortune et beaucoup de *courage;*
Et hors cette espérance, il hait le mariage. (II, 130. *Suiv.* 77.)

<small>Du reste, ce mot revient si souvent dans Corneille que nous avons cru devoir classer ici par ordre alphabétique, d'abord les adjectifs ou participes auxquels il se trouve joint, et ensuite les différentes locutions où il figure :</small>

COURAGE ABATTU :

Jusques à quand tardes-tu,
O Dieu tout bon, à descendre
Dans mon *courage abattu?* (VIII, 373. *Imit.* III, 2342.)

COURAGE AMOUREUX :

Qu'a pu faire de moindre un *courage amoureux?* (II, 368. *Méd.* 552.)
Que ne puis-je l'y voir! mon *courage amoureux....*
— Faites quelques souhaits qui soient moins dangereux. (V, 521. *Nic.* 229.)

COURAGE APAISÉ :

Pour montrer sans les voir son *courage apaisé*
Je te dirai, Nérine, un moyen fort aisé. (II, 377. *Méd.* 751.)

COURAGE BAS :

C'est aux *courages bas*, c'est aux amants vulgaires,
A faire agir pour eux l'autorité des pères. (V, 366. *Andr.* 1074.)

<small>Ici, de même que dans plusieurs des exemples suivants, *courage*, comme souvent *cœur* et *âme*, désigne la personne même.</small>

J'aurois en ma faveur le *courage* bien *bas*,
Si je fuyois des maux que vous ne fuyez pas. (VI, 136. *OEd.* 35.)

COURAGE BLESSÉ :

L'ingrat, par son divorce en faveur d'Émilie,
M'a livrée aux mépris de toute l'Italie.
Vous savez à quel point mon *courage* est *blessé.* (VI, 375. *Sert.* 267.)

BON COURAGE :
                    Pour un léger ombrage,
C'est trop indignement traiter un *bon courage.* (II, 462. *Illus.* 558.)
Ah! Pauline, en effet, tu m'as trop obéi;
Ton *courage* étoit *bon*, ton devoir l'a trahi.
Que ta rébellion m'eût été favorable! (III, 502. *Pol.* 332.)

DE BON COURAGE, de bon cœur :

Il me cède à mon gré Doris *de bon courage.* (I, 469. *Veuve*, 1367.)
Je fais ici, Monsieur, l'amour *de bon courage;*
Au lieu de m'y troubler, allez en faire autant. (IV, 376. *S. du Ment.* 1646.)

BRAVES COURAGES :

Ce cavalier, au reste, a tous les avantages
Que l'on peut remarquer aux plus *braves courages.* (I, 478. *Veuve*, 1528.)

GÉNÉREUX COURAGE :

Le bien ne touche point un *généreux courage*. (I, 210. *Mél.* 1128.)
Seigneur, qu'est devenu ce *généreux courage?* (III, 506. *Pol.* 409.)
Mais que fait et que dit ce *généreux courage?* (IV, 48. *Pomp.* 513.)
Philippe, d'autre part, montrant sur le rivage
Dans une âme servile un *généreux courage*. (IV, 50. *Pomp.* 558.)

GLORIEUX COURAGE :

Vous laissez choir ainsi ce *glorieux courage*,
Et la raison chez vous perd ainsi son usage? (III, 135. *Cid.* 521.)

GRAND COURAGE :

La prudence et les soins de Votre Majesté, les bons conseils qu'elle a pris, les *grands courages* qu'elle a choisis pour les exécuter.... (III, 473. *Épît. de Pol.*)
Je considère plus; je sais mes avantages,
Et l'espoir que sur eux forment les *grands courages*. (III, 543. *Pol.* 1184.)
Ce *grand courage*, qui n'avoit encore vu la guerre que dans des livres, effaça tout ce qu'il y avoit lu des Alexandres et des Césars, sitôt qu'il parut à le tête d'une armée. (IV, 411. *Épît. de Rod.*)
.... Ainsi les *grands courages*
Savent en généreux repousser les outrages. (V, 433. *D. San.* 333.)
Seigneur, que vous dirai-je après des avantages
Qui sont même trop grands pour les plus *grands courages?* (V, 573. *Nic.* 1400.)
La parole suffit entre les *grands courages;*
D'un homme tel que vous la foi vaut cent otages. (VI, 369. *Sert.* 125.)
Des plus nobles d'entre eux et des plus *grands courages*
N'avez-vous pas les fils dans Osca pour otages? (VI, 373. *Sert.* 217.)
.... Ce franc aveu sied bien aux *grands courages*. (VI, 396. *Sert.* 773.)

COURAGE INFLEXIBLE :

Il aime ses enfants, ce *courage inflexible*. (II, 387. *Méd.* 945.)

COURAGE INSENSIBLE À :

Ou tu te plains à faux, ou puissamment épris,
Ton *courage* demeure *insensible aux* mépris. (I, 303. *Clit.* 476.)

INVINCIBLE COURAGE :

Par son ordre on voyoit d'*invincibles courages*
D'Alger et de Tunis arrêter les pillages. (X, 196. *Poés. div.* 41.)

COURAGE IRRITÉ :

Je vais chercher Nérine, et par son entremise
Obtenir de Médée avec dextérité
Ce que refuseroit son *courage irrité*. (II, 370. *Méd.* 596.)

JEUNE COURAGE :

.... J'excuse l'ardeur en un *jeune courage*. (III, 139. *Cid*, 594.)
Il est assez nouveau qu'un homme de son âge

Ait des charmes si forts pour un *jeune courage*. (vi, 380. *Sert.* 398.)
J'aime cette hauteur en un *jeune courage*. (vii, 95. *Agés.* 2106.)

Noble courage :

Une majesté douce épand sur son visage
De quoi s'assujettir le plus *noble courage*. (iv, 67. *Pomp.* 950.)

Orgueilleux courage :

Je me plais à braver cet *orgueilleux courage :*
Chaque jour pour l'aigrir je vais jusqu'à l'outrage ;
Son âme impérieuse et prompte à fulminer
Ne sauroit me haïr jusqu'à m'abandonner. (v, 20. *Théod.* 71.)

Courage perfide :

Ce fils, qui devoit être inceste et parricide,
Doi avoir un cœur lâche, un *courage perfide*. (vi, 179. *OEd.* 1038.)

Courage rebelle :

Me dis-tu que Tircis brûle pour cette belle?
— Il en meurt. — Ce *courage* à l'amour si *rebelle ?*
— Lui-même. (i, 179. *Mél.* 612.)

Sensible courage :

Surtout de Vinius le *sensible courage*
Feroit tout pour me perdre après un tel outrage. (vi, 579. *Oth.* 89.)

Abattre le courage :

.... Le remords de sorte *abattoit son courage,*
Que même il n'osoit plus nous montrer son visage. (v, 73. *Théod.* 1279.)

Aigrir le courage :

Vous dirai-je les noms de ces grands personnages
Dont j'ai dépeint les morts pour *aigrir les courages ?* (iii, 394. *Cin.* 206.)
Je pardonne au chagrin d'un si long esclavage,
Qui peut avec raison vous *aigrir le courage*. (vi, 483. *Soph.* 240.)

Amollir le courage :

Tu vas tâcher pour lui d'*amollir son courage ?* (ii, 74. *Gal. du Pal.* 1057.)
Voyez Amollir.

Apaiser le courage :

Apaisez ce courage irrrité.... (iv, 476. *Rod.* 1134.)

Balancer un courage :

Du moins ces deux objets *balancent ton courage ?* (ii, 40. *Gal. du Pal.* 413.)

Calmer le courage :

.... Si tu peux *calmer le courage* d'Ægée. (ii, 366. *Méd.* 517.)
Et quel Dieu si propice a *calmé son courage ?* (ii, 396. *Méd.* 1117.)

CHANGER DE COURAGE et CHANGER LE COURAGE :

Nous changeons bien d'habits, mais non pas de visages ;
Nous *changeons* bien d'habits, mais non pas *de courages*. (II, 326. *Clit.* 918.)
Garde, pour châtiment de cet injuste outrage,
Qu'Amarante pour toi ne *change de courage*. (II, 134. *Suiv.* 162.)
Oh ! qu'il feroit bon voir que cette humeur volage
Deux fois en moins d'une heure eût *changé de courage !* (II, 268. *Pl. roy.* 870.)
Vous pouvez espérer qu'il *change de courage ?* (III, 528. *Pol.* 889.)
.... Depuis quand, Seigneur, *changez-vous de courage ?* (V, 70. *Théod.* 1208.)
Les bienfaits ne font pas toujours ce que tu penses ;
D'une main odieuse ils tiennent lieu d'offenses....
Il m'en fait chaque jour, sans *changer mon courage*. (III, 388, *Cin.* 77.)

Dans notre ancienne langue on disait *les courages se changent*, le *courage se change ;* on lit dans un passage du *Roman de la Rose* relatif à la fontaine où Narcisse s'est miré et qui a la propriété de rendre amoureux de ceux dont on aperçoit l'image dans ses eaux :

Ici *se changent li corage*. (Vers 1591.)

Mais quoy? le naturel des femmes est volage,
Et à chaque moment *se change leur courage*. (Garnier, *Antoine*, I, 145.)

CHARMER LE COURAGE, CHARMER UN COURAGE :

Je veux que Célidée *ait charmé son courage*,
L'amour le plus parfait n'est pas un mariage. (II, 18. *Gal. du Pal.* 13.)
Si l'amour vit d'espoir, et s'il meurt avec lui,
Rodrigue ne peut plus *charmer votre courage*. (III, 187. *Cid*, 1601.)
De tous deux Rodogune *a charmé le courage*. (IV, 436. *Rod.* 155.)
Ah ! pour gagner ce temps on *charmoit mon courage*
D'une fausse promesse, et puis d'un faux message. (V, 72. *Théod.* 1243.)
Prince, vous savez mal combien *charme un courage*
Le plus frivole espoir de reprendre un volage. (VI, 297. *Tois.* 996.)

CONNOÎTRE LE COURAGE :

Sans jamais l'avoir vu, je *connois son courage :*
Qu'importe après cela quel en soit le visage?
Tout le reste m'en plaît, si le cœur en est haut. (IV, 359. *S. du Ment.* 1329.)
Je *connois son courage*, et vous répondrai bien
Qu'étant sourde à vos vœux, elle n'écoute rien. (V, 21. *Théod.* 97.)

CRUAUTÉ DU COURAGE :

Montrez-lui votre rouge teint,
Où la nature a peint,
Comme sur une vive image,
La *cruauté de son courage*. (X, 35. *Poés. div.* 8.)

DANS LE COURAGE.

SE METTRE DANS LE COURAGE DE QUELQU'UN :

Qu'il *se mette* à loisir, s'il peut, *dans son courage :*
Un moment de ma vue en efface l'image. (II, 139. *Suiv.* 261.)

DÉPLAISIR CACHÉ DANS LE COURAGE :

Monsieur, Monsieur, un mot. L'air de votre visage

Témoigne un *déplaisir caché dans le courage.* (II, 166. *Suiv.* 762.)

Voyez ci-après : En mon courage, Lire dans le courage, Voir dans le courage, etc.

Déchirer le courage :

O honte! ô crève-cœur! ô désespoir! ô rage!
Qui venez à l'envi *déchirer mon courage.* (I, 497. *Veuve*, var. 2.)
Qu'un rigoureux combat *déchire mon courage!* (II, 82. *Gal. du Pal.* 1209.)

Découvrir son courage :

Ainsi pour cette veuve il a su m'enflammer,
Après m'avoir donné par où m'en faire aimer.
— Mais il lui faut enfin *découvrir ton courage.* (I, 403. *Veuve,* 85.)

Cette expression se trouve dans le *Roman de la Rose* (vers 2697) :

> Or te lo, et veil que tu quieres
> Ung compaignon sage et celant,
> A qui tu die ton talent,
> Et *desqueuures* tout *ton corage.*

Douter du courage :

Si vous pouviez encor *douter de mon courage,*
Je ne vous guérirois ni d'erreur ni d'ombrage. (IV, 182. *Ment.* 757.)

Ébranler, tourner le courage :

Sache avec tant d'adresse *ébranler son courage,*
Que tu viennes à bout de sa fidélité. (I, 176. *Mél.* 580.)

Tel est le texte à partir de 1668; les éditions précédentes portent :
Tâche si dextrement de *tourner son courage.*

En mon, ton, son courage :

.... Dès qu'un père parle, il porte *en mon courage*
Toute l'impression qu'il faut pour obéir (VII, 20. *Agés.* 287.)
                .... La honte et la rage
Qu'un remords inutile allume *en ton courage.* (III, 447. *Cin.* 1406.)
Si vous l'aimez, Monsieur, croyez qu'*en son courage*
Elle vous aime assez pour vous laisser ce gage. (IV, 342. *S. du Ment.* 1021.)

Cette expression revient souvent chez nos anciens auteurs :

> Grand duel en a *en son corage.* (*Roman du Renart*, éd. Méon, t. III, vers 28435.)
> Elle est trop lie *en son corage.* (*Roman de la Rose*, vers 244.)
> Ho! j'en appelle *en mon couraige.* (*Patelin*. éd. Génin, vers 1483.)

Enflammer le courage :

Notre séjour à Rome *enflamma son courage :*
Là j'eus de son amour le premier témoignage. (IV, 43. *Pomp.* 390.)

Enfler le courage :

L'orgueil de ma naissance *enfle* encor *mon courage.* (IV, 480. *Rod.* 1228.)
.... Si ce qu'est Placide *enfloit votre courage.* (V, 38. *Théod.* 483.)
C'est ce crime du sort qui m'*enfle le courage.* (VI, 596. *Oth.* 494.)

ENTRER DANS LE COURAGE :

.... L'Amour, qui ne put *entrer dans son courage*,
Voulut obstinément loger sur son visage. (I, 147. *Mél.* 77.)
Me prépare le ciel de nouveaux châtiments,
Si jamais un tel crime *entre dans mon courage!* (I, 155. *Mél.* 245.)

ÉPROUVER LE COURAGE :

Vous pourrez à loisir *éprouver son courage*. (I, 425. *Veuve*, 512.)

FARDER SON COURAGE :

Aussi que ce vieillard me *farde son courage*,
Je ne le saurois croire. (II, 196. *Suiv. var.* 3.)

FOND DU COURAGE :

Je devine à peu près le *fond de ton courage*. (I, 350. *Clit.* 1318 *var.*)

En 1660 :

Tu me fais assez lire au *fond de ton courage*.

.... Moi qui connois le *fond de son courage*,
Et qui n'ai jamais vu de fard en son langage,
Je tiendrois à bonheur que Votre Majesté
M'acceptât pour garant de sa fidélité. (I, 358. *Clit.* 1489.)
.... Pour mieux te montrer le *fond de mon courage*,
J'aime autant son esprit que tu fais son visage. (II, 19. *Gal. du Pal.* 29.)

FORCER LE COURAGE :

.... Je ne suis pas femme à *forcer son courage*;
Je sais ce que la force est en un mariage. (II, 111. *Gal. du Pal.* 1761.)

GAGNER LE COURAGE :

Ne pourra-t-il jamais *gagner votre courage?* (V, 480. *D. San.* 1525.)

GRANDEUR DE COURAGE :

La tendresse et les passions, qui doivent être l'âme des tragédies, n'ont aucune part en celle-ci; la *grandeur de courage* y règne seule. (V, 505. *Exam.* de *Nic.*)
La *grandeur de courage* de Nicomède nous laisse une aversion de la pusillanimité. (V, 508. *Exam.* de *Nic.*)
.... Sans examiner par quel destin jaloux
La *grandeur de courage* est si mal avec vous.... (V, 548. *Nic.* 834.)
La noblesse du sang, la *grandeur de courage*,
Font avec son mérite un illustre assemblage. (VII, 216. *Tit.* 387.)

LIRE DANS LE COURAGE :

Si l'on peut par tes yeux *lire dans ton courage*,
Ce qu'ils montrent de joie à tel point me surprend,
Que je n'en puis trouver de sujet assez grand. (I, 188. *Mél.* 768.)
Il voit dedans ton cœur, tu *lis dans son courage*. (II, 185. *Suiv.* 1113.)

MAÎTRE, MAÎTRESSE D'UN COURAGE :

N'attendez rien de moi, que ce qu'ose la rage,
Quand elle est une fois *maîtresse d'un courage.* (VI, 334. *Tois.* 1879.)

PÉNÉTRER LE COURAGE, PÉNÉTRER LE FOND DU COURAGE :

Si tu pouvois aussi *pénétrer mon courage,*
Et voir jusqu'à quel point ma passion m'engage. (I, 433. *Veuve,* 671.)
Que tu *pénètres* mal *le fond de mon courage!* (IV, 486. *Rod.* 1387.)

PRENDRE, AVOIR DU POUVOIR SUR UN COURAGE :

Je le prends toutefois comme un précieux gage
Du *pouvoir* que mes yeux *ont pris sur ton courage.* (I, 186. *Mél.* 731.)
.... Vous pouvez juger si je le puis haïr,
Lorsque sa trahison m'est un clair témoignage
Du *pouvoir* absolu que j'*ai sur son courage.* (I, 213. *Mél.* 1180.)

RÉGNER SUR UN COURAGE :

Quand l'Amour une fois *règne sur un courage.* (I, 293. *Clit.* 313.)
La douleur trop longtemps *règne sur son courage.* (I, 481. *Veuve,* 1595.)
Bien que ses yeux encor *règnent sur mon courage,*
Le bonheur de Florance à la quitter m'engage. (II, 199. *Suiv.* 1413.)

RENTRER EN (DANS) LE COURAGE :

Le zèle de vos Dieux *rentre en votre courage.* (III, 560. *Pol.* 1568.)

SOUMETTRE SON COURAGE AUX LOIS DE QUELQU'UN :

.... César, *à vos lois soumettant son courage,*
Vous va faire régner sur le Gange et le Tage. (IV, 53. *Pomp.* 621.)

TOUCHER UN COURAGE :

Il faut si peu que rien à *toucher mon courage.* (I, 166. *Mél.* 414.)
Célidée est son âme, et tout autre visage
N'a point d'assez beaux traits pour *toucher son courage.*
          (II, 34. *Gal. du Pal.* 306.)
Il nous mena tous deux pour *toucher son courage.* (IV, 39. *Pomp.* 293.)
Ah! Seigneur, c'est tout perdre, et livrer à sa rage
Tout ce qui de plus près *touche votre courage.* (V, 582. *Nic.* 1592.)
Cet espoir y pourra *toucher* plus d'*un courage.* (VII, 54. *Agés.* 1149.)

TOURNER LE COURAGE, voyez ci-dessus, ÉBRANLER LE COURAGE.

VOIR DANS LE COURAGE :

Otez ce nom d'amant : le fard de son langage
Ne m'empêcha jamais de *voir dans son courage.* (I, 486. *Veuve,* 1692.)

Nous avons vu que nos anciens auteurs donnaient déjà au mot *courage* les sens que nous trouvons chez Corneille ; Racine à son tour les a presque tous consacrés en les plaçant dans ses chefs-d'œuvre. Néanmoins tant d'imposantes autorités n'ont pu nous conserver cette expression poétique.

COURANT (S'ABANDONNER AU) DE, au figuré :

Ces mêmes préceptes, bien ou mal observés, doivent faire leur effet, bon ou mauvais, sur ceux même qui, faute de les savoir, *s'abandonnent au courant des* sentiments naturels. (I. 29. *Disc. du Poëme dram.*)

COURANTE, sorte de danse :

Je puis vers la prison apprendre une *courante?*
— Oui, tu peux te résoudre encore à te crotter. (IV, 318. *S. du Ment.* 556.)

Dans les vers qui précèdent, *apprendre une courante* signifie : *courir, se sauver.* Mascarille dit en son langage, dans un sens analogue : « Ma franchise va *danser la courante* aussi bien que mes pieds. » (*Les Précieuses ridicules*, scène XIII.)

COURBE, terme de charpenterie, pièce de bois coupée en arc dont on se sert pour faire des cintres :

Faîtes, lattes, chevrons, montants, *courbes*, filières. (II, 473. *Illus.* 750.)

COURBER, neutralement :

Quatre monstres marins *courbent* sous ce fardeau. (VI, 292. *Tois.* 882.)
L'Etat est florissant, mais les peuples gémissent;
Leurs membres décharnés *courbent* sous mes hauts faits. (VI, 255. *Tois.* 31.)

COURIR.

COURIR À :

Au tombeau comme *au* trône on me verra *courir*. (V, 207. *Hér.* 1198.)
.... Ces prisonniers même avec lui conjurés
Sous cette illusion *couroient à* leur vengeance. (V, 237. *Hér.* 1839.)

COURIR À, suivi d'un verbe à l'infinitif :

Qu'avec chaleur, Philippe, on *court à* le venger,
Lorsqu'on s'y voit forcé par son propre danger! (IV, 90. *Pomp.* 1539.)
Si je ne puis fléchir, je *cours à* me venger. (V, 382. *Andr.* 1446.)

COURIR À QUELQUE CHOSE COMME AU FEU, voyez FEU.

COURIR, suivi d'un infinitif :

.... *Courent* parmi la ville
Émouvoir les soldats et le peuple imbécile. (VI, 434. *Sert.* 1673.)

COURIR APRÈS :

Non, il ne *courra* plus *après* l'ombre du frère,
S'il voit monter la sœur dans le trône du père. (V, 159. *Hér.* 61.)

COURIR, couler :

.... Nous faisons *courir* des ruisseaux de leur sang. (III, 173. *Cid*, 1291.)
Cette affreuse sueur qui *court* sur son visage. (IV, 506. *Rod.* 1807.)

COURIR, circuler :

Puisque déjà ce bruit jusqu'à vous *a couru*. (V, 76. *Théod.* 1322.)

Il prétend que cette comédie est à lui, et se plaint des imprimeurs qui
l'ont fait *courir* sous le nom d'un autre. (IV, 137. *Exam. du Ment.*)
.... L'on fera *courir* quelque mauvaise excuse. (VI, 56. *Perth.* 835.)
Ils ont de rang en rang fait *courir* votre nom. (VI, 630. *Oth.* 1272.)
A ce terrible aspect la Reine s'est troublée,
La frayeur a *couru* dans toute l'assemblée. (VI, 160. *OEd.* 602.)

LAISSER COURIR LE TEMPS, ne pas se préoccuper :

    .... *Laissons courir le temps,*
Et malgré ses abus, vivons toujours contents. (I, 444. *Veuve*, 893.)

COURIR, activement :

Tout cassé que je suis, je *cours* toute la ville. (III, 160. *Cid*, 1010.)
J'ouvrirai devant toi le pré des Ecritures,
Afin qu'à cœur ouvert tes saints ravissements
Y *courent* le sentier de mes commandements. (VIII, 523. *Imit.* III, 5427.)
.... Les petits enfants, sitôt qu'on m'aperçoit,
Me *courent* dans la rue et me montrent au doigt. (IV, 305. *S. du Ment.* 302.)

Nous trouvons dans les commentaires de Blaise de Montluc une phrase toute semblable : « Ces pooures gens s'enfuirent tous à leur logis ; les soldats les *couroyent* par les rues. » (Livre IV, folio 146, recto.)

COURIR D'HALEINE, voyez HALEINE.

COURONNE, royauté :

Tous ces crimes d'Etat qu'on fait pour la *couronne*. (III, 456. *Cin.* 1609.)

COURONNE, pour désigner celui qui la porte, le souverain :

De quel œil voulez-vous, Seigneur, qu'elle me donne
Une main refusée à plus d'une *couronne*? (VII, 497. *Sur.* 826.)

COURONNEMENT, en terme de broderie, la portion qui termine l'ouvrage et qui en forme le bord :

Voici bien votre fait, n'étoit que la dentelle
Est fort mal assortie avec le passement ;
Cet autre (*collet*) n'a de beau que le *couronnement*. (II, 24. *Gal. du Pal.* 120.)

COURONNEMENT, au figuré, en mauvaise part :

.... Pour *couronnement* d'une action si noire. (VI, 577. *Oth.* 50.)

COURONNER.

COURONNER ROI :

En te *couronnant* roi je t'aurois donné moins. (III, 450. *Cin.* 1472.)

COURONNER, figurément :

Bientôt à cet effort fais succéder un autre
Qui *couronne* ton sexe, et fasse honte au nôtre. (X, 130. *Poés. div.* 7.)

COURONNER, figurément, en mauvaise part, mettre le comble :

.... Loin de t'excuser, tu *couronnes* ton crime. (III, 453. *Cin.* 1558.)

COURRATIER, courtier, entremetteur :

.... Si jamais je trouve ici ce *courratier*,
Je lui saurai, Madame, apprendre son métier. (i, 452. *Veuve*. 1049.)

On trouve dans Cotgrave les trois formes *courratier*, *courretier* et *courtier*. Nicot ne donne que les deux dernières : « Semble, dit-il à l'article COURRETIER, qu'il vienne de *courre* ou *courir*, pource que telles gens courent tantost à l'une des parties, tantost à l'autre, pour moyenner. » Le premier sens qu'il donne à *courtier* est le suivant : « Un *courtier* et faiseur de messages, qui va et vient à la poste et volonté d'autruy, *emissarius*. »

Ce mot se disait aussi des gens qui courent pour placer des marchandises, et l'on appelait en particulier les maquignons *courtiers de chevaux* : « Un grand Seigneur s'en allant à l'estable de ce marchand, marchande un des plus beaux cheuaux qui y fust. Le *courratier* va dire alors qu'il en auoit tant refusé d'un tel gentil-homme. » (Bouchet, livre I, xie *Serée*, p. 346.)

COURRE.

.... Les droits les plus saints deviennent impuissants
A l'empêcher de *courre* après son propre sens. (ii, 469. *Illus*. 676. *var*.)

Vaugelas fit remarquer qu'il ne convenait d'employer *courre* que dans certaines locutions consacrées ; et Corneille, en 1660, changea ainsi le second vers :

Contre cette fierté qui l'attache à son sens.

COURROUX, au pluriel :

.... A de tels *courroux* l'âme en vain se confie. (vii, 238. *Tit*. 915.)
Ces *courroux* affectés que l'artifice donne
Font souvent trop de bruit pour abuser personne. (vii, 528. *Sur*. 1605.)

COURS, au figuré :

J'ai fait la sourde oreille, et refusé d'entendre
Ce que de l'imposture osoit l'indigne *cours*. (ix, 257. *Off. V*. 54.)

COURTAUD DE BOUTIQUE, garçon de boutique :

.... Chacun rit de voir les *courtauds de boutique*
Grossissant à l'envi leur chienne de musique. (iv, 305. *S. du Ment*. 303.)

COURTISER.

Pensez-y, belle Marquise :
Quoiqu'un grison fasse effroi,
Il vaut bien qu'on le *courtise*,
Quand il est fait comme moi. (x, 166. *Poés. div*. 31.)

COUSIN.

« *Cousin*, remarque Féraud, n'est pas du beau style, et l'on ne dirait pas aujourd'hui dans une tragédie, comme P. Corneille dit dans celle d'*Horace* :

Chacun, jetant les yeux dans un rang ennemi,
Reconnoît un beau-frère, un *cousin*, un ami. » (iii, 295. *Hor*. 318.)

Carpentier, qui, dans son *Gradus français*, se range à cette opinion, ajoute qu'il faut alors, dans le style soutenu, avoir recours à une périphrase, et propose pour modèle ces vers des *Rosecroix* de Parny (tome IV, p. 144, Paris, 1830) :

> Paul et Jenny, *des deux frères enfans*,
> Dont l'âge heureux alloit toucher quinze ans.

De pareils expédients n'eussent probablement pas été du goût de Corneille.

Voyez Beau-frère, Beau-père, Belle-mère.

COUTEAU.

L'abandonnerez-vous à l'infâme *couteau*
Qui fait choir les méchants sous la main d'un bourreau? (III, 354. *Hor.* 1681.)
.... Toi-même, des tiens devenu le bourreau,
Au sein de ton tuteur enfonças le *couteau*. (III, 435. *Cin.* 1140.)

Racine a employé souvent ce mot dans des circonstances analogues ; il a une énergie qu'il doit précisément à ce qu'il a d'ordinaire et de peu recherché ; il y a bien des circonstances où *glaive*, *fer*, *acier* seraient moins forts et moins tragiques.

COUTUME (Avoir de) :

C'est le désert où Médée *a de coutume* de se retirer pour faire ses enchantements. (VI, 315. *Tois.*)

Vaugelas (*Remarques*, p. 241) admet *il avoit accoutumé, il avoit de coutume, il avoit coutume*, « lesquels il faut placer différemment, selon le conseil de l'oreille ; » et Thomas Corneille dit, dans sa note sur cette remarque : « M. Ménage ne condamne pas *avoir coutume*, mais il tient qu'*avoir de coutume* est plus usité. »

COUTUMIER, ÈRE, accoutumé, ordinaire :

.... Mes yeux, éclairés des célestes lumières,
Ne trouvent plus aux siens leurs grâces *coutumières*. (III, 542. *Pol.* 1160.)
Cette honte pour nous est assez *coutumière*. (V, 337. *Andr.* 491.)

La Bruyère et Voltaire regrettaient ce mot. André Chénier écrivait aussi, à l'occasion d'un vers de Malherbe (tome I, p. 10, vers 158) : « Je regrette beaucoup ce mot-là, surtout après l'usage qu'en a fait Corneille dans *Polyeucte*. » Voyez le *Commentaire de Chénier*, dans l'édition de *Malherbe* de MM. de Latour (p. 11, note 1).

COUVRIR.

Se couvrir de quelqu'un, s'en garantir :

.... Deux lustres de guerre assurent nos climats
Contre ces souverains de tant de potentats,
Et leur laissent à peine, au bout de dix années,
Pour *se couvrir de nous*, l'ombre des Pyrénées. (VI, 381. *Sert.* 450.)

Couvert, au figuré :

Couvert ou de louange ou d'opprobre éternel. (V, 214. *Hér.* 1334.)

Voltaire, qui admet *couvert de gloire*, trouve que *couvert de louange* n'est pas français ; peut-être n'a-t-il pas assez remarqué qu'au dix-septième siècle ce mot *louange*, employé ainsi au singulier, était beaucoup plus que de son temps rapproché du mot *gloire*; il signifiait non-seulement les éloges, mais la réputation, la renommée, comme le latin *laus* et notre mot *los*. On lit dans Nicot : « *Louange* qu'on acquiert par bien faire, *gloria*. »

Le vers suivant est encore blâmé par Voltaire :
Il tient en ma faveur leur naissance *couverte*. (v, 227. *Hér.* 1652.)

« Ce n'est pas le mot propre, dit ici le commentateur ; *couvert* ne veut pas dire *incertain, obscur.* » Non, mais il veut dire *caché*, et c'est bien là le sens que la phrase demande.

Ecouta-t-il Jason, quand sa haine *couverte*
L'envoya sur nos bords se livrer à sa perte ? (II, 361. *Méd.* 405.)

À COUVERT :

Il n'est pas de ces rois qui loin du bruit des armes,
Sous des lambris dorés donnent ordre aux alarmes,
Et traçant en repos d'ambitieux projets,
Prodiguent, *à couvert*, le sang de leurs sujets. (x, 210. *Poés. div.* 240.)

À COUVERT DE :

Vous qui mettez sa tête *à couvert de* la foudre. (III, 354. *Hor.* 1680.)
C'est attendre l'issue *à couvert de* l'orage. (VII, 410. *Pulch.* 733.)

CRACHAT.

Le vinaigre, le fiel, le roseau, les *crachats*
   Joignirent l'insulte au trépas. (IX, 514. *Hymn.* 7.)

Ici le mot *crachat*, bas et ignoble, ajoute à la grandeur du tableau et à son effet déchirant. Bossuet, prêchant la passion à Metz, entre 1652 et 1656, n'hésite pas non plus à l'employer : « Cette face, autrefois si majestueuse, qui ravissoit en admiration le ciel et la terre, il la présente droite et immobile aux *crachats* de cette canaille. » En 1661, prêchant devant les Carmélites de la rue Saint-Jacques, il supprima ce passage ; en 1662, parlant devant le Roi, il le transforma ainsi : « Il donne lui-même ces mains qui ont opéré tant de miracles, tantôt aux liens, tantôt aux clous, et présente ce visage, autrefois si majestueux, à toutes les indignités dont s'avise une troupe furieuse. » Tout est ici exprimé dans un magnifique langage, aussi noble que puissant, et cependant on regrette un peu l'énergie brutale de la première rédaction.

CRACHER.

Je te ferai *cracher* cette langue traîtresse. (I, 425. *Veuve*, 515.)

CRAINDRE À :

Si du sang d'une fille il *craint* à se rougir. (v, 57. *Théod.* 909 *var.*)

Cette tournure n'est que dans l'édition originale ; à partir de 1660, Corneille a mis *craint de*.

Dans le vers suivant de *Rodogune*, *craindre* est suivi de deux compléments, dont l'un est un substantif, et l'autre un verbe à l'infinitif :

Oui, je *crains* leur hymen, et d'être à l'un des deux. (IV, 444. *Rod.* 353.)

Cette tournure, blâmée par les grammairiens, est fort claire et très-concise. Voyez le *Lexique de Mme de Sévigné*, tome I, p. XLIII-XLV.

Pour l'emploi ou la suppression du mot *ne* après le verbe *craindre* ou après la locution *de crainte que*, voyez NE.

CRAYON, premier dessin, ébauche, esquisse, au figuré :

Je les peins dans le meurtre à l'envi triomphants,
Rome entière noyée au sang de ses enfants....
Sans pouvoir exprimer par tant d'horribles traits
Qu'un *crayon* imparfait de leur sanglante paix. (III, 394. *Cin.* 204.)

CRAYONNER, au figuré, dessiner, peindre :

.... Je me trouve encor la main qui *crayonna*
L'âme du grand Pompée et l'esprit de Cinna. (VI, 122. *Vers à Foucquet*, 35.)
Qu'aura de beau la guerre, à moins qu'on y *crayonne*
Ici le char de Mars, là celui de Bellone? (X, 239. *Poés. div.* 57.)

CRÉANCIER, ÈRE, au figuré :

Je ne veux plus devoir à des gens comme vous :
Je vous trouve, Philis, trop rude *créancière*.
Pour un baiser prêté, qui m'a fait cent jaloux,
Vous avez retenu mon âme prisonnière. (X, 152. *Poés. div.* 2.)

CRÉATURE, personne dont on a fait la fortune, qui vous doit ce qu'elle est :

En voudrois-tu jurer? — Oui, Monsieur, et j'en jure
Par le Dieu des menteurs, dont il est *créature*. (IV, 321. *S. du Ment.* 608.)
C'est faire au nom d'un prince une trop longue injure :
Je ne veux que celui de votre *créature*. (V, 474. *D. San.* 1358.)
Elle (*Rome*) s'indigneroit de voir sa *créature*
A l'éclat de son nom faire une telle injure. (V, 518. *Nic.* 159.)
Je ne veux que le nom de votre *créature*. (VI, 386. *Sert.* 550.)
Puisque vous le voulez, soyez ma *créature*. (VI, 386. *Sert.* 562.)
On perdoit de Néron toutes les *créatures*. (VI, 577. *Oth.* 54.)
.... De ces consulats, et de ces préfectures,
Je puis, quand il me plaît, faire des *créatures*. (VI, 597. *Oth.* 518.)

J'ai cru qu'il y auroit quelque incivilité de vous prier de solliciter contre un gentilhomme qui est *créature* de Monsieur le Maréchal. (X, 480. *Lettr.*)

On lit dans les *Dialogues du nouueau langage François italianizé* d'Henri Estienne (p. 411 et 412) : « Dite moy donc si, auant que vous partissiez de France, on vsoit de ce mot *creature*, comme on en vse auiourdhuy : car notez qu'on dit : *vn tel est creature d'vn tel seigneur*, quand on veut donner à entendre qu'il a esté auancé en biens et honneurs par vn tel seigneur : pour le moins, qu'il est paruenu par le moyen de luy et par sa faueur. — l'attendois tousiours quand vous viendriés à ceste nouuelle signification que vous m'auiez promis m'apprendre. Or ie vous respon que ie n'ay aucune souuenance de l'auoir ouy dire pour signifier cela. — Je croirois aisément qu'alors il n'y auet que certains Romipetes qui en vsassent ainsi ; mais maintenant c'est un mot que tous les courtisans ont à la bouche. — Pourquoy dites vous que vous croiriez facilement qu'alors il n'y auoit que certains Romipetes qui en vsassent ? — Pour ce que ce mot a esté premierement dict à Romme des Cardinaux : l'vn estre *creature* d'vn tel Pape, l'autre d'vn tel. »

Le passage suivant des *Commentaires* de Blaise de Montluc (livre VII, fol. 249 recto) confirme celui d'Estienne ; on voit que le mot qui nous occupe était encore nouveau à cette époque : « Leur bien et honneur est auoir des seruiteurs qu'ils appellent *creatures*. »

CRÉDIT, considération, influence, réputation :

Certes, vous m'allez mettre en *crédit* par la ville. (IV, 193. *Ment.* 982.)
.... Quand il a dessein de se mettre en *crédit*,
Plus il y fait d'effort, moins il sait ce qu'il dit. (IV, 333. *S. du Ment.* 829.)
Mais pour peu qu'il m'aimât, du moins il m'auroit dit
Que je garde en son âme encor même *crédit*. (VII, 228. *Tit.* 670.)

Chez cette race nouvelle,
Où j'aurai quelque *crédit*,
Vous ne passerez pour belle
Qu'autant que je l'aurai dit. (x, 166. *Poés. div.* 26.)

À CRÉDIT, gratuitement, inutilement :

Quiconque aime de la sorte
Se donne au diable *à crédit*. (x, 173. *Poés. div.* 10.)

CRÉDIT, créance, confiance :

Quelque peu de *crédit* que chez vous il (*un songe*) obtienne,
Je crois que ta frayeur égaleroit la mienne,
Si de telles horreurs t'avoient frappé l'esprit. (III, 494. *Pol.* 157.)
Donnez-vous à l'erreur encor quelque *crédit?* (v, 213. *Hér.* 1322.)
Je crois sur sa parole, et lui dois tout *crédit*. (VI, 391. *Sert.* 680.)
   .... Souviens-toi qu'une âme forte
   Donne malaisément *crédit*
A ces bruits indiscrets où la foule s'emporte. (VIII, 49. *Imit.* 1, 316.)

CREUX, adjectif :

DU PLUS CREUX DE, AU PLUS CREUX DE :

L'envieux qui verra *du plus creux de* l'abîme
Le ciel ouvert aux saints, et fermé pour son crime. (VIII, 156. *Imit.* I, 2322)
Au plus creux de l'abîme elle a fait trébucher
Ces astres si brillants de gloire et de lumière. (VIII, 334. *Imit.* III, 1544.)

CREUX, substantif, cavité, fond, profondeur :

Au *creux* de quelque roche.... (I, 302. *Clit.* 445.)
Quand Maurice peut tout du *creux* de son cercueil. (v, 168. *Hér.* 292.)

CRÈVE-CŒUR.

O honte! ô *crève-cœur!* ô désespoir! ô rage! (I, 296. *Clit.* 345 *var.*)

En 1660, Corneille a substitué *déplaisir* à *crève-cœur.*
Jadis ce terme s'employait fort bien dans le style tragique, comme le *crepacuore* des Italiens :

Le courroux m'eust l'exil de l'amour fait sentir :
Veu qu'un tel *creuecœur* s'est aigri dans mon ame,
Que moindre que mon ire on eust pensé ma flame.
            (Jodelle, *Didon*, III, fol. 271, recto.)

CREVER.

Oui, j'enrage, je *crève*, et tous mes sens troublés
D'un excès de douleur succombent accablés. (I, 198. *Mél.* 917 *var.*)

En 1648, Corneille a remplacé *je crève* par *je meurs.*

Il faut donc que je m'évertue....
Dussé-je en *crever* à vos yeux. (x, 159. *Poés. div.* 40.)

SE CREVER :

Terre, *crève-toi* donc, afin de m'engloutir. (I, 297. *Clit. var.* I.)

En 1660, Corneille a ainsi modifié ce vers :

> Ouvre du moins ton sein, terre, pour m'engloutir.

CRI.

Elle jeta des *cris*, elle versa des pleurs. (II, 342. *Méd.* 11.)
Nous nous levons alors, et tous en même temps
Poussons jusques au ciel mille *cris* éclatants. (III, 173. *Cid*, 1284.)
Tout le peuple à grands *cris* demande Nicomède. (V, 580. *Nic.* 1564.)

CRIER, se plaindre :

Mais entendez *crier* Rome à votre côté. (III, 421. *Cin.* 847.)

Crier, avec un nom de chose pour sujet :

.... Le sang de mes parents
Qui ne *crie* en mon cœur que la mort des tyrans. (V, 197. *Hér.* 942.)

Crier vengeance, crier à la vengeance :

Son sang *criera vengeance*, et je ne l'orrai pas ! (III, 151. *Cid*, 832.)
Mon amour, et ma haine, et la cause commune
Crieront à la vengeance.... (VII, 137. *Att.* 698.)

Crier miracle, crier au miracle :

Les sœurs *crient miracle*, et chacune ravie
Conçoit pour son vieux père une pareille envie. (II, 344. *Méd.* 73.)
La santé dans ces murs tout d'un coup répandue
Fait *crier au miracle....* (VI. 217. *OEd.* 1955.)

Crier, activement, appeler à haute voix :

Il *(le Prince) crie* ses gens, et enfin deux veneurs paroissent. (I, 269. *Argum.* de *Clit.*)
Maynard l'a chaque jour *criée* à haute voix (*la Libéralité*).
(X, 118. *Poés. div.* 35.)

Corneille fait constamment *criera*, *crieront* de deux syllabes, et, dans ses vers, il écrit, remplaçant l'e par un accent circonflexe, *crîra*, *crîront* : il a pris soin d'écrire ces mots comme nous venons de le faire ; mais, comme on a pu le voir par l'exemple de *Médée*, il lui est arrivé, conformément à l'usage de son temps, de faire *crient* dissyllabe.

CRIME.

Crime d'État :

Tous ces *crimes d'État* qu'on fait pour la couronne. (III, 456. *Cin.* 1609.)

Cette expression a une fois amené Corneille à dire, par analogie, *crime de théâtre* :

S'il ne prend pas le procédé de France, il faut considérer qu'il est Romain, et dans Rome, où il n'auroit pu entreprendre un duel contre un autre Romain sans faire un *crime d'État*, et que j'en aurois fait un *de théâtre*, si j'avois habillé un Romain à la françoise. (III, 280. *Exam.* d'*Hor.*)

AVOIR QUELQUE CRIME, avec un nom de chose pour sujet :

Si cet orgueil *a quelque crime*,
Il n'en faut accuser que votre trop d'estime. (VII, 94. *Agés.* 2099.)

FAIRE UN CRIME POUR QUELQU'UN DE :

Puisqu'on *fait pour* Camille *un crime de* sa flamme. (VI, 627. *Oth.* 1206.)

CROIRE MOINS DE CRIME À, avec un infinitif :

.... J'ai cru moins de crime à paroître infidèle. (V, 476. *D. San.* 1410.)

TENIR À CRIME, voyez TENIR.

CRISE, le moment périlleux, décisif :

Seigneur, il en est temps, le mal est à sa *crise*,
Il est temps d'exercer votre compassion. (IX, 269. *Off. V.* 55.)

CROIRE, activement, ajouter foi à, obéir à :

Il *croit* cette âme basse, et se montre sans foi;
Mais s'il *croyoit* la sienne, il agiroit en roi. (IV, 43. *Pomp.* 379.)
.... Mon cœur imprudent
A trop *cru* les transports d'un desir trop ardent. (V, 534. *Nic.* 482.)

CROIRE, absolument, avoir la foi :

Je vois, je sais, je *crois*, je suis désabusée. (III, 567. *Pol.* 1727.)

EN CROIRE :

Ne vous alarmez point, elle ne m'*en croit* pas. (VI, 31. *Perth.* 274.)
En crois-tu mes soupirs? *en croiras*-tu mes larmes? (V, 228. *Hér.* 1664.)

EN FAIRE CROIRE, dire des mensonges :

A qui vous veut ouïr vous *en faites* bien *croire.* (IV, 159. *Ment.* 345.)

EN DONNER À CROIRE, voyez DONNER.

TROP CROIRE DE QUELQU'UN, en trop présumer :

Rome *a trop cru de* moi; mais mon âme ravie
Remplira son attente, ou quittera la vie. (III, 298. *Hor.* 383.)

CROIRE MOINS DE CRIME À, voyez CRIME.

CROIRE QUE, dans une phrase affirmative, suivi du subjonctif :

La plus belle des deux, je *crois que* ce soit l'autre. (IV, 151. *Ment.* 206.)
Voyez la note 1 de la page indiquée.

CROIS-MOI QUE, CROYEZ-MOI QUE :

Si tes feux en son cœur produisoient même effet,
Crois-moi que ton bonheur seroit bientôt parfait. (I, 153. *Mél.* 204.)
*Croyez-moi qu'*Alcidon n'en sait guère en amour. (I, 448. *Veuve*, 990.)
*Crois-moi qu'*un homme de ta sorte.... (X, 25. *Poés. div.* 11.)

Je l'ai cru s'éteindre, pour *j'ai cru qu'il s'éteignait* :

Hélas! qu'il étoit grand quand *je l'ai cru s'éteindre*,
Votre amour! et qu'à tort ma flamme osoit s'en plaindre! (v, 344. *Andr.* 654.)

Se croire, avoir confiance en soi :

Tout est illustre en eux, quand ils daignent *oire*. (iv, 42. *Pomp.* 374.)
.... Je vous tiens pour mort, si sa fureur *se croit*. (iv, 336. *S. du Ment.* 897.)
Voyez la note 1 de la page indiquée.
Ne *nous croyons* pas trop; souvent nos connoissances
        Ne sont enfin qu'illusions. (viii, 198. *Imit.* ii, 461.)

Se croire quelque chose :

Pour être plus qu'un roi, tu *te crois quelque chose*. (iii, 427. *Cin.* 990.)

CROISSANT, armes des Turcs :

Par l'ordre de son roi, les armes de la France
De la triste Hongrie avoient pris la défense,
Sauvé du Turc vainqueur un peuple gémissant
Fait trembler son Asie et rougir son *croissant*. (x, 196. *Poës. div.* 40.)

CROISURE, terme de versification :

    La diversité de la mesure et de la *croisure* des vers que j'y ai mêlés me donne occasion de tâcher à les justifier. (v, 308. *Exam.* d'*Andr.*)

CROÎTRE.

Corneille a fait rimer cet infinitif avec *être*, *disparoître*, *naître*, *renaître* et *maître* :

Au-dessous des Césars, je suis ce qu'on peut *être* :
A moins que de leur rang le mien ne sauroit *croître*. (v, 17. *Théod.* 12.)
Leur plus légère idée a peine à *disparoître*;
Le soin de l'effacer souvent l'obstine à *croître*. (viii, 364. *Imit.* iii, 2149.)
C'est par lui que la grâce avance à gros torrents,
    Et que sur les vices mourants
S'affermit la vertu que lui-même il fait *naître*;
C'est par lui que la foi plus fortement agit,
    Que l'espérance a de quoi *croître*. (viii, 608. *Imit.* iv, 619.)
La victoire aura droit de le faire *renaître*.
— Si ma haine est trop foible, elle la fera *croître*. (vi, 411. *Sert.* 1158.)
Et détruit, d'autant plus que plus on le voit *croître*,
Ce que l'on doit d'amour aux vertus de son *maître*. (vi, 575. *Oth.* 13.)

    On trouve, dans les œuvres de Molière, de Racine, de la Fontaine, et même de Voltaire, des rimes du même genre. Ce n'est pas là une licence poétique, c'est la consécration d'une manière de prononcer fort usitée autrefois. Dans sa grammaire, publiée en 1645, Antoine Oudin dit, en parlant d'*oi* : « Il se prononce *ai* ou comme l'*e* fort ouvert, aux imparfaits des verbes : *j'aimois*, *je ferois*, *j'aimais*, *je ferais*, et en ces deux : *soit* et *croit*. » En 1668, le P. Chifflet, dans son *Essay d'une parfaite grammaire*, témoigne en ces termes de la même prononciation : « Plusieurs ajoustent aux *ai*, *craire*, *craistre*, *fret*, *sait*, pour *croire*, *croistre*, *froid*, *soit* et *soient* du verbe *estre*. » Toutefois Louis Alemand nous apprend, dans ses *Nouvelles Observations ou Guerre civile des François sur la langue* (p. 472 et suivantes), qu'on était fort loin en 1688 de suivre une règle uniforme à ce sujet, et que plusieurs personnes cherchaient à différencier par la prononciation *je crois* venant du verbe *croire* de *je crois* venant du verbe *croître*. « Ce que je sçay, dit-il, c'est que pour un prédicateur ou pour un avocat qui dira en public *croire, je crois, tu crois, il croit*, etc..., il y en aura dix, vingt et trente qui diront toujours *crere, je crais, tu crais, il crait*, sans qu'il faille s'arrêter à la prétendue équivoque que *je crais, tu crais, il crait* font avec les mêmes personnes du même temps du verbe *croître*, qui se prononce de la même manière, puisque le plus grand nombre prononce encore *je crois, tu crois, il croît*, dans la signification de *croître*. »

Malgré tous ces dissentiments, la prononciation *crêtre* s'affermit de plus en plus. C'est la seule qu'indique en 1771 le *Dictionnaire* de Trévoux.

Croître, activement :

Le verbe *croître* donne lieu à une autre difficulté, qui a également beaucoup partagé les grammairiens. Peut-on le prendre activement? Corneille n'a pas hésité à se servir ainsi de ce verbe fort souvent, et non-seulement il l'a maintenu dans toutes ses éditions, mais même il lui est arrivé plusieurs fois, comme on va le voir, de le substituer, en 1660, à d'autres mots employés dans les éditions antérieures :

.... Tout ce que j'ai fait contre mon ennemie
Sert à *croître* sa gloire avec mon infamie. (I, 308. *Clit*. 558.)

Avant 1660 :

Augmente son honneur dedans mon infamie.

Ce péril mutuel qui conserve leurs jours
D'un contre-coup égal va *croître* leurs amours. (I, 308. *Clit*. 580.)
J'ai su *croître* sa flamme en la contredisant. (I, 427. *Veuve*, 538.)
Comme si tu pouvois en *croissant* tes malheurs
Diminuer les siens, et l'ôter aux voleurs. (I, 463. *Veuve*, 1241.)
Croissez de jour en jour vos feux et son martyre. (II, 193. *Suiv*. 1286.)
Loin de me soulager, vous *croissez* mes tourments. (II, 408. *Méd*. 1359.)
J'ai déjà massacré dix hommes cette nuit;
Et si vous me fâchez, vous en *croîtrez* le nombre. (II, 483. *Illus*. 941.)
Pour *croître* mes douleurs faut-il que je te voie? (II, 490. *Illus*. 1045.)
M'ordonner du repos, c'est *croître* mes malheurs. (III, 146. *Cid*, 740.)
Pour *croître* ta colère, et pour hâter ma peine. (III, 154. *Cid*, 862.)
Dans leur sang répandu la justice étouffée
Aux crimes du vainqueur sert d'un nouveau trophée :
Nous en *croissons* la pompe.... (III, 178. *Cid*, 1383.)
.... La plus belle mort souille notre mémoire,
Quand nous avons pu vivre, et *croître* notre gloire. (III, 407. *Cin*. 498.)

Avant 1660 :

Quand nous avons pu vivre avecque plus de gloire.

Ce malheur toutefois sert à *croître* sa gloire. (III, 501. *Pol*. 309.)
Pour *croître* mes malheurs et me voir ta captive. (IV, 69. *Pomp*. 1002.)
.... Cet intérêt qu'on prend pour sa mémoire
Fait notre sûreté comme il *croît* notre gloire. (IV, 90. *Pomp*. 1542.)
Ne *croissez* point ma plaie, elle est assez ouverte. (IV, 379. *S. du Ment*. 1681.)

Avant 1660 :

N'aigrissez point ma plaie, elle est assez ouverte.

Vous m'avez fait trembler pour *croître* mon bonheur.
                                   (iv, 387. *S. du Ment.* 1896.)
C'est donc trop peu pour moi que des malheurs si proches,
Si vous ne les *croissez* par d'injustes reproches. (v, 344. *Andr.* 643.)
Sa haine opiniâtre à *croître* mes malheurs. (vi, 156. *OEd.* 511.)
   .... Ta déroute eût signalé son bras,
Si le destin jaloux, qui l'avoit arrêtée,
Pour en *croître* l'affront ne l'eût précipitée. (x, 208. *Poés. div.* 198.)

Lorsqu'on a parcouru tous ces exemples, qu'on a vu Racine employer cette tournure dans *Bajazet* (vers 925), dans *Iphigénie* (vers 1111), dans *Esther* (vers 946), qu'on lit dans la traduction de Tacite de Perrot d'Ablancourt : « Je vois bien que je *croîtrai* le nombre de vos chefs, qui sont tous morts de votre faute ou de votre main » (*Hist.* iv, tome III, p. 378), et surtout qu'on s'assure que l'Académie, dans toutes les éditions de son Dictionnaire, admet cet emploi actif du verbe *croître*, sans même l'interdire aux prosateurs, il est, je pense, bien permis de ne se point préoccuper outre mesure des scrupules de Vaugelas et de Ménage. Ce dernier d'ailleurs n'était pas à ce sujet très-ferme dans ses convictions, car, après avoir approuvé cette construction dans sa remarque sur le vers 28 du poëme lxxiv de Malherbe (tome I, p. 237), il l'a condamnée dans ses *Observations sur la langue françoise*, et est ensuite revenu à son premier avis, du moins à ce qu'assure Louis Alemand (p. 475).

Croître, neutralement, pousser :

Il y *croît* (à Paris) des badauds autant et plus qu'ailleurs. (iv, 144. *Ment.* 76.)

Croître, grandir :

Ton nom ne peut plus *croître*, il ne lui manque rien. (iii, 305. *Hor.* 549.)
.... J'ai vu leur honneur *croître* de la moitié. (iii, 323. *Hor.* 965.)
Malgré tous mes respects, je vois de jour en jour
Croître sa résistance autant que mon amour. (vi, 42. *Perth.* 550.)

CROIX, terme de dévotion, affliction :

Aussi le corps se plaint, le corps gémit sans cesse,
     Accablé sous les moindres *croix*. (viii, 129. *Imit.* i, 1763.)
.... Si tu peux enfin t'affranchir d'une *croix*,
Ce n'est que faire place à d'autres *croix* plus rudes,
Qui te viennent sur l'heure accabler de leur poids. (viii, 249. *Imit.* ii, 1504.)
Qui des saints a vécu sans *croix*, sans infortune? (viii, 249. *Imit.* ii, 1510.)

CROTESQUE, voyez Grotesque.

CROTTER (Se).

Je puis vers la prison apprendre une courante?
— Oui, tu peux te résoudre encore à *te crotter*. (iv, 319. *S. du Ment.* 557.)

CROTTES, au pluriel, en parlant de la boue des rues :

.... Celle (*l'écarlate*) qui souvent accompagne nos bottes,
      Tombant dans le mépris,
   Près de celle qu'on traîne aux *crottes*,
      Perd son lustre et son prix. (x, 39. *Poés. div.* 33.)

L'Académie de 1694 met ce mot au pluriel dans tous les exemple analogues : « Aller par les *crottes;* courir, trotter par les *crottes;* les rues sont pleines de *crottes.* » Elle ne l'emploie au singulier qu'en parlant de la crotte qui est restée sur les vêtements : « Il y a de la *crotte* sur votre habit. »

CROULÉ.
Quand nous verrions partout les roches ébranlées,
Et jusqu'au fond des mers les montagnes *croulées,*
  Nous n'aurions point lieu de trembler. (IX, 103. *Off. V.* 7.)

CROUPISSANT, en parlant du sommeil :

  .... Moi que souvent le moindre attrait
Jusque dans le péché traîne sans répugnance,
Et qu'une lenteur morne, un sommeil *croupissant*
Tiennent enveloppé de tant de nonchalance. (VIII, 602. *Imit.* IV, 468.)

CROYABLE, qu'on peut croire :
J'entre en des sentiments qui ne sont pas *croyables.* (III, 534. *Pol.* 1009.)

Croyable de quelque chose, en parlant d'une personne :
Si l'humble saint François *en* peut être *croyable.* (VIII, 521. *Imit.* III, 5373.)

CROYANCE, ce qu'on croit, action de croire :
Que ne m'est-il permis d'en croire autant de vous?
— Votre *croyance* est libre. — Il me la faudroit vraie. (II, 174. *Suiv.* 917.)

Mettre en sa croyance :
Tu te flattes, César, de *mettre en ta croyance*
Que la haine ait fait place à la reconnoissance. (IV, 83. *Pomp.* 1373.)

Donner croyance, ajouter foi :
Puis-je à de tels discours *donner* quelque *croyance?* (III, 108. *Cid, var.*)
Donnez moins de *croyance* à votre passion. (III, 440. *Cin.* 1255.)
Je sais ce qu'est un songe, et le peu de *croyance*
Qu'un homme doit *donner* à son extravagance. (III, 487. *Pol.* 5.)
Alcippe, une autre fois *donnez* moins de *croyance*
Aux premiers mouvements de votre défiance. (IV, 182. *Ment.* 769.)

Gagner la croyance de quelqu'un, sa confiance :
Ceux *dont* il a *gagné la croyance* et l'appui. (VI, 368. *Sert.* 103.)

Avoir de la croyance sur quelqu'un, avoir du crédit, de l'autorité sur quelqu'un :
Si j'*avois eu sur* vous un peu plus de *croyance,*
L'amour m'auroit livré ce précieux dépôt. (VI, 279. *Tois.* 578.)

Croyance, opinion :
Tournez sur Vinius toute la défiance
Dont veut ternir ma gloire une injuste *croyance.* (VI, 641. *Oth.* 1506.)

Croyance, foi religieuse :
Peut-être qu'après tout ces *croyances* publiques.... (III, 553. *Pol. var.* 1.)

CRU.

Réponse crue, vive, désobligeante :
.... J'excuse aisément ta réponse un peu *crue*. (I, 444. *Veuve*, 883.)

CRUCHE.

Une autre eau dans la *cruche* à sa voix obéit. (IX, 502. *Hymn.* 14.)

C'est la traduction de ce vers :

Aquæ rubescunt hydriæ.

Dix ans après la publication de l'ouvrage de Corneille d'où nous extrayons ce passage, Bouhours s'exprimait ainsi dans ses *Remarques nouvelles* (édition de 1675, in-4°, p. 58) : « Le nouveau traducteur de l'*Ecclésiaste* (*de Saci*) dit : « Avant que l'hydrie se brise sur la fontaine, » pour rendre ces paroles : « *Antequam conteratur hydria super fontem.* C'est traduire mot à mot, et aussi fidèlement qu'un traducteur d'Horace a traduit *ad amphoram*, « à son amphore. » Mais j'ai peur que le traducteur de l'*Ecclésiaste* et le traducteur d'Horace ne soient un peu trop fidèles, et que pour s'attacher scrupuleusement au latin, ils n'abandonnent le françois. La fidélité d'un traducteur ne va pas jusque-là, et je crois que quand ces traducteurs auroient mis *cruche*, au lieu d'*hydrie*, et *bouteille*, au lieu d'*amphore*, leur traduction n'en serait pas moins exacte. »

CRUEL à :

Qu'Alidor seul te rende *à* tout autre *cruelle*. (II, 227. *Pl. roy.* 42.)
Soyez en ma faveur moins *cruelle à* vous-même. (III, 400. *Cin.* 353.)
C'est cette vertu même *à* nos desirs *cruelle*. (III. 510. *Pol.* 517.)
Que vous louiez alors en blasphémant contre elle. (III, 510. *Pol.* 517.)
La généreuse ardeur de sujette fidèle
Me rendit pour mon prince *à* moi-même *cruelle*. (V, 182. *Hér.* 612.)
.... Je doute, en courant à la mort,
Lequel m'est plus *cruel*, ou de vous, ou du sort. (V, 344. *Andr.* 653.)
Vous voyez à quel point sa haine m'est *cruelle*. (V, 567. *Nic.* 1267.)
Que vous m'êtes *cruel*, en faveur d'un infâme,
De vouloir, malgré moi, lire au fond de mon âme! (VI, 38. *Perth.* 431.)
Ciel, si vous ne voulez qu'elle règne en ces lieux,
Que vous m'êtes *cruel* de la rendre à mes yeux! (VII, 243. *Tit.* 1050.)

Racine emploie souvent aussi cette tournure. Voyez le *Lexique* de ce poëte.

Cruelle, substantivement :

.... Adorable *cruelle*,
Est-ce ainsi qu'on reçoit un amant si fidèle? (I, 293. *Clit.* 301.)

CUEILLIR.

Cependant qu'un ami, par tes lâches menées,
Cueillira les faveurs qu'elle t'a destinées. (II, 271. *Pl. roy. var.* 2.)

Cette forme de futur *cueillira* était préférée à *cueillera* par Vaugelas et par d'autres grammairiens ; mais Ménage tient, « avecque toute la France, » comme il dit, pour *cueillera.* Voyez, dans la 1ʳᵉ partie de ses *Observations* (2ᵉ édition, p. 174-178), sa longue dissertation à ce sujet.

CUISANT, au figuré :

.... Hélas! il m'abandonne
Aux *cuisants* déplaisirs que ma douleur me donne. (II, 79. *Gal. du Pal.* 1154.)
Des pleurs effacent-ils un mépris si *cuisant?* (II, 263. *Pl. roy.* 755.)
.... Puisque dans un mal si doux et si *cuisant*
Votre vertu combat et son charme et sa force. (III, 112. *Cid*, 128.)
.... L'on doit mettre au rang des plus *cuisants* malheurs
La mort d'un ennemi qui coûte tant de pleurs. (III, 387. *Cin.* 40.)
Je sens au fond du cœur mille remords *cuisants.* (III, 420. *Cin.* 803.)
Mon plus *cuisant* chagrin est de ne vous voir pas. (VI, 80. *Perth.* 1394.)
Quel caprice, Philon, l'amène jusqu'ici
M'expliquer elle-même un si *cuisant* souci? (VII, 237. *Tit.* 878.)
.... La guerre civile
.... Dont la paix éteint les *cuisantes* ardeurs. (X, 126. *Poés. div.* 11.)

CURÉE, au figuré :

Il fuit et le reproche et les yeux du sénat,
Dont plus de la moitié piteusement étale
Une indigne *curée* aux vautours de Pharsale. (IV, 30. *Pomp.* 58.)

CURIEUX, substantivement :

Je laisse aux *curieux* à examiner le reste de cette comédie de Térence. (II, 14. *Exam. de la Gal. du Pal.*)

CYPRÈS, au figuré :

J'irai sous mes *cyprès* accabler ses lauriers. (III, 169. *Cid*, 1196.)

D

DAM (À TON), à ton préjudice.

Adieu; soûle *à ton dam* ton curieux désir. (I, 130. *Mél.* 1453 *var.*)

Cette locution ayant vieilli, comme le remarque Ménage dans ses *Observations* sur la XIIᵉ poésie de Malherbe (vers 217, tome I, p. 55), Corneille, en 1660, a mis au commencement de ce vers : *Contente à tes périls.*

DAMES.

L'Espagne.... qui voit des Pyrénées
Donner ce grand spectacle (*celui de la guerre feinte*) aux *dames* étonnées.
(X, 200. *Poés. div.* 94.)

DANGEREUX.

.... Comme s'ils étoient en pays *dangereux,*

L'ombre de Saint-Germain est un bivouac pour eux.
(x, 199. *Poés. div.* 83.)

DANS.

DANS LE TRÔNE, VOYEZ TRÔNE.

DANS LA COUR, à la cour :

Il avoit fait merveille aux guerres de Castille,
D'où quelque sien voisin, depuis peu de retour,
L'avoit vu plein de gloire, et fort bien *dans la cour.*
(v, 491. *D. San.* 1760. *var.*)

A partir de 1664, Corneille a remplacé *dans la cour* par *en la cour*; et Thomas Corneille, dans l'édition de 1692, a mis : *à la cour*. Du reste, la locution *dans la cour* a été conservée, comme on va le voir, dans plusieurs endroits de l'édition de 1682 :

Votre vertu, Madame, est au-dessus du crime.
Souffrez donc que pour lui je garde un peu d'estime :
La sienne *dans la cour* lui fait mille jaloux. (v, 560. *Nic.* 1101.)
.... Quoi qu'il me prépare à souffrir *dans sa cour.* (vi, 157. *OEd.* 543.)
Mais d'ailleurs Tirésie a dit que dans ce jour
Nous pourrons voir ce prince, et qu'il vit *dans la cour.* (vi, 190. *OEd.* 1328.)

Molière a dit de même :

Le nom que *dans la cour* vous avez d'honnête homme.
(*Misanthrope*, acte I, scène II.)

DANS, suivi d'un nom abstrait :

Dans le pouvoir sur moi que ses regards ont eu,
Je n'ose m'assurer de toute ma vertu. (III, 502. *Pol.* 347.)
L'un des deux est ton fils, l'autre est ton empereur.
Tremble *dans* ton amour, tremble *dans* ta fureur. (v, 218. *Hér.* 1410.)
J'en mourrai du moment qu'il recevra sa foi,
Mais *dans* cette douceur qu'ils tiendront tout de moi. (VII, 400. *Pulch.* 488.)
.... Laissez-moi partir *dans* cette fermeté,
Qui fait de tels jaloux, et qui m'a tant coûté. (VII, 527. *Sur.* 1575.)

DANS, devant un nom de personne ou un pronom, où nous mettrions plutôt EN :

.... *Dans* eux n'examine
Que la grandeur des maux dont ils sont les auteurs. (VIII, 123. *Imit.* I, 1639.)
.... Admirant *dans* toi l'esprit et le courage,
De la Bastille au Louvre il te fit un passage. (x, 318. *Poés. div.* 51.)

DANSER SOUS LE COTRET, VOYEZ COTRET.

DAVANTAGE.

N'attendez pas de moi des plaintes *davantage.* (II, 519. *Illus.* 1601.)

DAVANTAGE QUE :

Puisqu'un mot de sa bouche opère *davantage*
Que tout l'esprit humain ne sauroit concevoir. (VIII, 683. *Imit.* IV, 2141.)

C'est ainsi qu'ont parlé, non-seulement tous les écrivains du dix-septième siècle, mais encore Voltaire, J. J. Rousseau et beaucoup d'autres auteurs de leur temps. Cela n'embarrasse nullement les grammairiens, qui condamnent sans hésiter cette locution. Ils suivent en cela Andry de Boisregard, puriste à courte vue, qui, venu après Vaugelas, Bouhours et Ménage, a cru raffiner en condamnant des phrases sur lesquelles ils n'avaient point laissé de remarques parce que tout le monde les trouvait à bon droit irréprochables. Voyez les *Réflexions sur l'usage présent de la langue françoise.* Paris, 1689, p. 147 et suivantes.

DE, au sens passif :

.... L'admiration *de* tant d'hommes parfaits....
N'est pas grande vertu si on ne les imite. (v, 540. *Nic.* 642.)

C'est-à-dire l'admiration pour tant d'hommes parfaits.

DE, pour marquer le rapport que les Latins indiquaient par l'ablatif et que nous exprimons d'ordinaire aujourd'hui par la préposition *par* :

Je te rends convaincu *de* ta seule écriture. (I, 290. *Clit.* 246.)
Que souvent notre esprit trompé *de* l'apparence,
Règle ses mouvements avec peu d'assurance! (I, 356. *Clit.* 1461 *var.*)

Cette leçon est celle de la première édition (1632) ; les suivantes portent : « trompé par l'apparence. »

D'une vaine parure, inutile à sa peine,
Elle peut acquérir de quoi faire la reine. (II, 378. *Méd.* 765.)
Enfin je n'ai pas mal employé la journée,
Que la bonté du Roi, *de* grâce, m'a donnée. (II, 417. *Méd.* 1574.)
Avouez franchement que pressé *de* la faim,
Vous veniez bien plutôt faire la guerre au pain. (II, 498. *Illus.* 1175.)
Instruisez-le *d*'exemple, et rendez-le parfait,
Expliquant à ses yeux vos leçons par l'effet.
— Pour s'instruire *d*'exemple, en dépit de l'envie,
Il lira seulement l'histoire de ma vie. (III, 114. *Cid*, 183 et 185.)
Ce qu'il ne peut *de* force, il l'entreprend *de* ruse. (III, 489. *Pol.* 54.)
Est-ce trop l'acheter que *d*'une triste vie? (III, 543. *Pol.* 1195.)
Que dis-tu, malheureux? qu'oses-tu souhaiter?
— Ce que *de* tout mon sang je voudrois acheter. (III, 546. *Pol.* 1274.)
.... L'âme, *de* ton souffle indignement souillée. (VIII, 461. *Imit.* III. 4123.)

Dans une édition de 1670, *par* a remplacé *de*: voyez à la page indiquée, la note 2.

Toi seul y peut suffire, et dans toutes les âmes
Allumer *de* toi seul les plus célestes flammes. (X, 196. *Poés. div.* 34.)

AGIR DE FORCE, DE PUISSANCE ABSOLUE, voyez AGIR.

DE NÉCESSITÉ, voyez NÉCESSITÉ.

COURIR D'HALEINE, voyez HALEINE.

DE, dans le sens du latin, *de, ab, ex* :

.... David, ton oracle est rempli
Et quand tu prédisois *du* maître du tonnerre
Que *d*'un trône de bois il régneroit sur terre,

Ta voix étoit fidèle et l'ordre est accompli. (IX, 510. *Hymn.* 10 et 11.)
Au sujet du maître du tonnerre ; du haut d'un trône de bois.

.... O maîtresse du monde,
Qui *de* ce grand pouvoir sur la terre et sur l'onde,
Malgré l'effort des temps, retiens sur nos autels
Le souverain empire et des droits immortels. (X, 94. *Poés. div.* 2.)
C'est une apostrophe à la ville de Rome.

Quand j'aurai peint encor tous ces vieux conquérants....
On en verra sortir un tout qui te ressemble,
Et l'on rassemblera *de* leur pompeux débris
Ton âme et ton courage, épars dans mes écrits. (X, 97. *Poés. div.* 47.)
De dedans leurs débris, en les tirant de leurs débris.

DE, dans un sens analogue à celui d'*avec*:
Il sembloit toutefois parler *d*'affection. (II, 170. *Suiv.* 827.)
Jamais *de* telle ardeur on n'en jura la mort. (III, 391. *Cin.* 147.)
Mais sa mort vous fait peur? Seigneur, les destinées
D'un soin bien plus exact veillent sur vos années. (III, 404. *Cin.* 433 *var.*)
D'une fureur pareille ils courent à l'autel. (III, 557. *Pol.* 855.)
Tu t'offris par hasard, je t'acceptai *de* rage. (II, 282. *Pl. roy.* 1129.)
Furieux de ma perte, et combattant *de* rage,
Au milieu de tous trois je me faisois passage. (IV, 176. *Ment.* 649.)
(*Ils*) m'ont jeté *de* roideur sur un monceau de tuiles.
(IV, 369. *S. du Ment.* 1518 *var.*)
Pour venger mes parents *d*'un bras victorieux. (V, 187. *Hér.* 734.)
Il veilla comme vous *d*'un soin infatigable. (X, 32. *Poés. div.* 7.)

TRAITER DE MÉPRIS, DE RIGUEUR, D'ENTIÈRE CONFIDENCE, voyez TRAITER.

D'UN TEL CONTRE-TEMPS, voyez CONTRE-TEMPS.

DONNER D'UN POIGNARD DANS :
.... Je veux pour signal que cette même main
Lui *donne*, au lieu d'encens, *d'un poignard dans* le sein. (III, 395. *Cin.* 236.)

DE, où nous mettrions plutôt *à* :
.... J'ai tant d'intérêt *de* connoître ce fils
Que j'ose demander ce qui s'en est appris. (V, 481. *D. San.* 1535.)
J'ai cru qu'il y auroit quelque incivilité *de* vous prier de solliciter contre un gentilhomme qui est créature de Monsieur le Maréchal. (X, 480. *Lettr.*)

Voyez AIMER DE, COMMENCER DE, EFFORCER DE (S'), RÉSOUDRE DE (SE), etc.

DE, devant l'infinitif :
Ainsi sera béni l'homme qui ne s'enflamme
Que des saintes ardeurs *de* ne chercher que moi.
(VIII, 672. *Imit.* IV, 1924.)
Ta fureur est bien sans seconde

De t'obstiner encore à rejeter des lois
   Que reçoivent le vent et l'onde. (x, 109. *Poés. div.* 53.)

DE, donnant à un infinitif une valeur analogue à celle du gérondif en *do* des Latins.

Voyez ci-dessus À, p. 7 et 8.

Et (*je*) montrerois une âme et trop basse et trop noire,
De ménager mon sang aux dépens de ma gloire. (II, 78. *Gal. du Pal.* 1134.)
D'un juste désespoir l'effort est légitime,
Et *de* le détourner je croirois faire un crime. (II, 519. *Illus.* 1605.)
Dis que de leur parti toi-même tu te rends,
De te remettre au foudre à punir les tyrans. (III, 428. *Cin.* 1012.)
C'est un excès d'honneur que vous me voulez rendre;
Et je croirois faillir *de* m'en vouloir défendre. (IV, 334. *S. du Ment.* 852.)
Que ferois-tu pour moi *de* me laisser la vie? (V, 198. *Hor.* 971.)
Je trahirois, Madame, et vous, et vos États,
De voir un tel secours, et ne l'accepter pas. (VI, 387. *Sert.* 596.)
S'il vous a secouru contre la tyrannie,
Il en est bien payé *d'*avoir sauvé sa vie. (VI, 388. *Sert.* 626.)

DE, ayant pour complément une préposition interrogative :

   .... Vos yeux sont témoins
De combien chaque jour il y donne de soins. (VI, 269. *Tois.* 312.)

DE.... À, comme dans la locution DE VOUS À MOI :

   .... *D'*un sujet *au* roi, c'est crime qu'un mystère. (VII, 512. *Sur.* 1174.)

DE, répondant à *sur, quant à, d'après* :

Je forme des soupçons *d'*un trop léger sujet. (III, 287. *Hor.* 117.)
   .... *De* mon inclination,
   Je mourrai fille ou vivrai reine. (VII, 42. *Agés.* 808.)

DE, après *il importe* :

Qu'*importe de* mon cœur, si je sais mon devoir? (VI, 375. *Sert.* 279.)

DE, entre, après *choisir* :

Si le ciel lui donnoit à *choisir de* deux rois. (VII, 81. *Agès.* 1762.)
Si j'avois comme vous *de* deux rois à *choisir*. (VII, 70. *Agés.* 1537.)

DE GAGE, pour gage :

Prends-en ma foi *de gage*.... (II, 167. *Suiv.* 777.)

Ici *de* répond si bien à *pour*, que toutes les éditions antérieures à la nôtre ont, depuis celle de Thomas Corneille (1692), substitué *pour* à *de*.

DE, dans le sens de *depuis* :

   Le Seigneur veuille garder ton entrée et ta sortie, *de* cette heure jusqu'à tout jamais! (IX, 182. *Off. V.*)
Et toi qu'ont vu nos yeux en tressaillir de joie.

Enfant, qui l'as connu *du* ventre maternel,
.... Tu seras son prophète. (IX, 159. *Off. V.* 34.)
De deux mille ans et plus, je ne tremblai si fort. (II, 479. *Illus.* 867.)

DE, dans le sens de *dès :*

Ils vivent retirés et sortent rarement....
Parlent peu, dorment peu, se lèvent *du* matin. (VIII, 171. *Imit.* 1, 2613.)

DE DEUX, sorte d'exclamation dont on se sert pour signaler, en les comptant, les fautes, les bévues, etc., de quelqu'un :

Bon : en voici déjà *de deux* en même jour,
Par devoir d'honnête homme, et par effet d'amour.
(IV, 330. *S. du Ment.* 777.)

C'est Cliton qui dit ces mots ; il parle des mensonges de son maître.

QUE DE, avec ellipse d'un nom ou de *celui, celle :*

Le saint martyr, sans autre baptême *que de* son sang, s'en alla prendre possession de la gloire. (III, 478. *Abr. du mart. de S. Pol.*)

QUE DE, après *ce n'est pas trop, ce que c'est,* etc.

Allez, *ce n'est pas trop* pour lui *que de* vous-même. (IV, 54. *Pomp.* 641.(
Quoi ? vous ne voyez pas que sa fausse justice
Ne sait plus *ce que c'est que d*'un juste supplice. (VI, 200. *OEd.* 1578.)

Le *que* se supprime souvent dans cette tournure :

Il ne sait *ce que c'est d*'honorer à demi. (III, 333. *Hor.* 1165.)
Ce devroit être aussi notre unique pensée
De nous fortifier chaque jour contre nous. (VIII, 43. *Imit.* 1, 225.)

DE, exprimé devant un premier complément et sous-entendu devant un second :

Sois désormais le Cid : qu'à ce grand nom tout cède ;
Qu'il devienne l'effroi *de* Grenade et Tolède. (III, 170. *Cid,* 1226 *var.*)

L'Académie a dit à ce sujet dans ses *Observations :* « Il falloit répéter le *de*, et dire : de *Grenade et de Tolède.* » Corneille, docile à cette critique, a mis en 1660 :

Qu'il comble *d*'épouvante et Grenade et Tolède.

De riches vêtements au jour de votre gloire,
D'ambre, aloès et myrrhe embaumés à la fois. (IX, 99. *Off. V.* 38.)

C'était surtout quand *de* précédait plusieurs verbes à l'infinitif que l'on se contentait souvent de l'exprimer devant le premier :

C'est assez de constance en un si grand danger
Que *de* le voir, l'attendre, et ne point s'affliger. (III, 288. *Hor.* 126.)
 Afin *de* rendre l'occasion plus illustre, et donner un prétexte à Sévère de venir en cette province. (III, 479. *Exam.* de *Pol.*)
Il s'agit de Pompée, et nous aurons la gloire
D'achever de César ou troubler la victoire. (IV, 29. *Pomp.* 46.)
Je remets à ton choix *de* parler ou te taire. (IV, 157. *Ment.* 310.)
Et ce sont des Romains dont l'unique souci

Est *de* combattre, vaincre, et triompher ici. (vi, 431. *Sert.* 1620.)
C'est à moi *de* m'en taire, et ne pas avilir
L'honneur de ces lauriers que tu viens de cueillir. (x, 187. *Poés. div.* 21.)
  J'ai besoin *de* me tenir neutre et poursuivre comme j'ai commencé. (x, 464. *Lettr.*)
  Mes deux héroïnes ont le même caractère *de* vouloir épouser par ambition un homme pour qui elles n'ont aucun amour, et le dire à lui-même. (x, 490. *Lettr.*)

DE, omis devant l'infinitif, après *plaire*, voyez PLAIRE.

DE, omis après *quelque chose* et après *rien*, voyez CHOSE et RIEN.

DE, omis devant *autre :*

Moi qui de mes travaux ne vois plus *autre* fruit
 Que le malheur de vous déplaire. (vii, 44. *Agés.* 864.)

Thomas Corneille, en 1692, et Voltaire après lui, ont changé *autre* en *d'autre*.

DE, explétif, devant un nom :

Ah! si mon fou *de* frère en pouvoit faire autant. (i, 203. *Mél.* 1010.)
Ma perfide marâtre, et mon tyran *de* père
Auroient-ils contre moi choisi ton ministère? (v, 78. *Théod.* 1383.)
C'est moi qui tyrannise un superbe *de* frère. (v, 363. *Andr.* 1031.)
Si vos tyrans *d'*appas retiennent ma franchise. (vii, 145. *Att.* 889.

DE, entre un quantième et le nom d'un mois :

Le *Martyrologe romain* en fait mention sur le 13° *de* février.... Le seu Surius.... en rapporte la mort assez au long sur le 9° *de* janvier. (iii, 475. *Abrégé du mart. de S. Pol.*)

ESPÉRER DE, voyez ESPÉRER.

DE, partitif :

Ne faites point *de* grâce à leurs folles excuses. (ix, 197. *Off. V.* 19.)

Voici des emplois remarquables du *de* partitif avec le singulier :

Après l'assassinat d'un monarque et d'un frère,
Peut-il être *de* sang qu'elle épargne ou révère? (ii, 395. *Méd.* 1098.)
Et ne permettez pas que cette illusion
Aux mutins contre nous prête *d'*occasion. (vi, 74. *Perth.* 1262.)
Chacun se porte au bien....
Mais il en est *de* faux ainsi que *de* solide. (viii, 534. *Imit.* iii, 5631.)

DES, où nous mettrions *de :*

Fais éclater ta joie en *des* pompeux spectacles. (vi, 262. *Tois.* 178.)
Ainsi la vive foi, par *des* sacrés prodiges,
Ainsi le zèle ardent luit dans l'obscurité. (ix, 622, *Hymn.* 13.)
  .... Cette flamme
  Que tu veux feindre au dehors,
  Par *des* inconnus ressorts
  Entrera bien dans ton âme. (x, 53. *Poés. div.* 21.)

Des, omis après *ce sont* :

Ce sont formalités que pour vous dégager
Les juges, disent-ils, sont tenus d'exiger. (IV, 347. *S. du Ment.* 1127.)
Ce sont grâces d'en haut rares et singulières. (V. 386. *Andr.* 1543.)

DÉBATTRE, absolument, discuter :

Je l'empêche, on *débat*, et je fais tellement
Qu'enfin il se réduit à son bannissement. (II, 346. *Méd.* 127.)
Amusez-le du moins à *débattre* avec vous. (V, 583. *Nic.* 1622.)

DÉBAUCHER UNE PERSONNE À QUELQU'UN :

Si Mélite a failli *me l'ayant débauché*,
Dieux, par là seulement punissez son péché! (I, 203. *Mél.* 1005.)

DÉBAUCHER UNE ÂME :

Je me connois en monde, et sais mille ressorts
Pour *débaucher une âme* et brouiller des accords. (II, 35. *Gal. du Pal.* 320.)

DÉBILE, figurément :

.... Mes ressentiments n'ont qu'un *débile* effort. (II, 166. *Suiv.* 756.)
Je brave, vain Amour, ton *débile* pouvoir. (II, 300. *Pl. roy.* 1503.)
.... Que peut contre moi ta *débile* vaillance? (II, 416. *Méd.* 1558.)
.... Souvent trop de gloire est un *débile* appui. (VII, 507. *Sur.* 1064.)
Son coup (*le coup de la tentation*) est pour les uns rude, ferme, pressant;
Pour les autres *débile*, et mol, et languissant. (VIII, 84. *Imit.* I, 933.)

DÉBILITER, au figuré :

Crois-tu qu'aimant Daphnis, le titre de son père
Débilite ma force, ou rompe ma colère? (II, 194. *Suiv.* 1318.)

Perrot d'Ablancourt a employé de même ce verbe dans sa traduction de Tacite :
« Il (*Tibère*) crut véritablement que ce deuil ralentiroit l'ardeur des soldats, et qu'un
souvenir si funeste leur *débiliteroit* le courage. » (*Annales*, livre I, chapitre LXII, tome I,
p. 71.)
Il ne se prend plus guère maintenant que comme terme technique de médecine.

DÉBIT, les choses qu'on raconte, ce qu'on débite :

On leur fait admirer les bayes qu'on leur donne,
Et tel, à la faveur d'un semblable *débit*,
Passe pour homme illustre et se met en crédit. (IV, 159. *Ment.* 343.)

DÉBITER.

Un homme de mon âge a cru légèrement
Ce qu'un homme du tien *débite* impudemment. (IV, 225. *Ment.* 1540.)

La signification défavorable qu'a ici *débiter* est la plus habituelle. Corneille a pourtant aussi employé ce mot en bonne part :

Je vous demande pardon si je vous *débite* avec tant de franchise ma
pensée sur les présents que vous m'avez faits. (X, 464. *Lettr.*)

CORNEILLE. XI   17

DÉBONNAIRE.

L'autre (*César*), tout *débonnaire*, au milieu du sénat,
A vu trancher ses jours par un assassinat. (III, 403. *Cin.* 383.)
Hâtez-vous de montrer en prince *débonnaire*
Cet effet de pitié si longtemps attendu. (IX, 171. *Off. V.* 25.)

Ce mot est ainsi défini dans le *Dictionnaire* de Trévoux : « Doux, bienfaisant; c'est là proprement l'idée que présente ce mot...; mais il n'est d'usage que dans le style noble ou sérieux en parlant des princes; partout ailleurs il se prend en mauvaise part ou en plaisantant. » Corneille s'en sert, comme l'on voit, dans son sens le plus noble.

DÉBORDEMENT.

Ses fleuves teints de sang, et rendus plus rapides
Par le *débordement* de tant de parricides. (IV, 27. *Pomp.* 6.)
.... Du corps tout usé la traînante langueur
Dans le *débordement* de cette plénitude
Souvent trouve un trésor de nouvelle vigueur. (VIII, 590. *Imit.* IV, 241.)

DÉBORDEMENTS, au pluriel, en parlant des mœurs, de la conduite :

Pour ses *débordements* j'en ai chassé Julie (*de ma maison*).
(III, 455. *Cin.* 1589.)

DÉBRIS, au singulier.

DÉBRIS D'UN NAUFRAGE, restes d'un bâtiment naufragé :

.... Ramassant sous lui le *débris d'un naufrage*,
Je lui dresse un bûcher à la hâte et sans art. (IV, 88. *Pomp.* 1494.)

DÉBRIS, ruine, ruines, écroulement, au propre :

L'un, écrasé subitement
Sous le *débris* d'un bâtiment,
A fini ses jours et ses vices. (VIII, 150. *Imit.* I, 2181.)
De ses murailles fracassées (*de Sion*)
Le *débris* est si cher à vos vrais serviteurs,
Que, etc. (IX, 269. *Off. V.* 58.)
A peine de Hesdin les murs sont renversés,
Que sur l'affreux *débris* des bastions forcés
Tu reçois le bâton de la main de ton maître. (X, 114. *Poés. div.* 102.)

Ces vers s'adressent au maréchal de la Meilleraie.

DÉBRIS, dans le même sens, au figuré :

Qui de la créature embrasse les appas
Trébuchera comme elle, et suivra pas à pas
D'un si fragile appui le *débris* infaillible. (VIII, 210. *Imit.* II, 686.)

Voyez encore x, 97. *Poés. div.* 47.

DEÇÀ, corrélatif de DELÀ :

Cours *deçà*, cours *delà*.... (VIII, 65. *Imit.* I, 590.)

DEÇÀ, par ici :

Voyez *deçà*, Messieurs; vous plaît-il rien du nôtre? (II, 28. *Gal. du Pal.* 193.)

DÉCAMPER.

Le Parthe a *décampé*, pressé par d'autres guerres. (IV, 441. *Rod.* 283.)

Voltaire trouve que le mot *décamper* est « une expression trop négligée. » C'est le terme propre, le terme technique, dont l'emploi habile et discret donne parfois aux vers une énergique simplicité.

DÉCEPTIF, trompeur, propre à tromper :

Enfin, tu ne vois là poudres, racines, eaux,
Dont le pouvoir mortel n'ouvrit mille tombeaux :
Ce présent *déceptif* a bu toute leur force. (II, 391. *Méd.* 997.)

Nos anciens tragiques affectionnaient cette expression ; on la trouve surtout fréquemment dans les pièces de Garnier :

Que ce bandeau royal est vn heur *deceptif!* (*Antigone*, v, 248.)
Nous entrons en sa tente, où de voix *deceptiues*
Nous viennent receuoir les Troades captiues. (*Troade*, v, 189.)

Le même poëte employait aussi volontiers *déceveur :*

J'ay le cœur trop hardy pour estre faict la proye
D'vn songe *deceueur :* cela seul ne m'effroye. (*Hippolyte*, I, 233.)

DÉCEVOIR, tromper :

Quelque soupçon frivole en ce point te *déçoit ;*
J'aurai perdu la vie avant que cela soit. (I, 445. *Veuve*, 905.)
Ne me présente plus les traits qui m'ont *déçue*. (II, 263. *Pl. roy.* 74.)
Votre simplicité n'a point été *déçue*. (II, 364. *Méd.* 478.)
De pas un, que je sache, il n'a *déçu* l'attente. (II, 438. *Illus.* 73.)
Vous verrez cette crainte heureusement *déçue*. (III, 108, *Cid*, 57.)

Molière a dit de même dans *les Femmes savantes* (IV, VI, 6) :

Peut-être verrez-vous votre crainte *déçue*.

Sire, un peu trop d'ardeur malgré moi l'a *déçue*. (III, 194. *Cid.* 1745.)
Que feront nos amis si vous êtes *déçue ?* (III, 398. *Cin.* 309.)
.... Mes vœux ont-ils été *déçus ?* (III, 523. *Pol.* 768.)
Photin, ou je me trompe, ou ma sœur est *déçue*. (IV, 35. *Pomp.* 213.)
Je ne *déçois* jamais, et ne puis *décevoir*. (VIII, 686. *Imit.* IV, 2200.)

Ce verbe avait autrefois une signification plus étendue qu'aujourd'hui. L'Académie, depuis sa seconde édition (1718), ne donne plus à *décevoir* que le sens de « *séduire*, tromper par quelque chose de spécieux et d'engageant* ; » mais, dans sa première (1694), il lui donne en outre, et d'abord, le sens général de *tromper*, qu'il a dans plusieurs de nos exemples, particulièrement dans le premier du *Cid* et dans celui de Molière.

DÉCHARGER, au figuré :

J'aime à te voir ainsi *décharger* ton courroux. (II, 32. *Gal. du Pal.* 255.)

DÉCHARNER, ôter la chair :

Regardez-le marcher ; ce visage si grave,
Dont le rare savoir tient la nature esclave,

N'a sauvé toutefois des ravages du temps
Qu'un peu d'os et de nerfs qu'*ont décharnés* cent ans. (II, 438. *Illus.* 84.)

DÉCHIRER, au propre, mettre en pièces :

.... Si par nos taureaux il se fait *déchirer*,
Voulez-vous que je l'aime, afin de le pleurer? (VII, 317. *Tois.* 1450.)
Il (*le peuple*) vient de *déchirer* Métrobate et Zénon. (V, 580. *Nic.* 1565.)

Déchirer, au figuré, diffamer :

Vous devez cette grâce à votre propre gloire ;
En m'arrachant la mienne, on la va *déchirer*. (V, 56. *Théod.* 893.)

DÉCISION.

Donner quelque décision si, décider, de façon ou d'autre, si :

Le temps pourra *donner quelque décision*
Si la pensée est belle, ou *si* c'est vision. (V, 542. *Nic.* 689 et 690.)

DÉCLIN, dans un sens technique, en termes d'armurier :

Avec mon pistolet le cordon s'embarrasse,
Fait marcher le *déclin :* le feu prend, le coup part. (IV, 176. *Ment.* 643.)

Ce mot manque dans les anciens dictionnaires, même dans celui des arts et des sciences de 1694. Le *Dictionnaire* de Trévoux, qui ne l'a pas non plus dans sa première édition (1704), l'a plus tard ainsi défini : « Ressort d'une arme à feu par lequel le chien s'abat sur le bassinet. »

DÉCONFIT, défait, vaincu :

Je te dirai : « Je meurs, je suis dans les abois,
Je brûle.... — Et tout cela de ce beau ton de voix ?
Ah ! si tu m'entreprends deux jours de cette sorte,
Mon cœur est *déconfit*, et je me tiens pour morte. (IV, 301. *S. du Ment.* 228.)

Dès le temps de Corneille, ce mot ne s'employait déjà plus qu'en plaisantant.

DÉCOUPER les airs, le vide des airs, les fendre, en parlant des oiseaux :

Quatre nains emplumés le soutiennent sur l'eau (*un trône*) ;
Et *découpant les airs* par un battement d'ailes,
Lui servent de rameurs et de guides fidèles. (VI, 292. *Tois.* 884.)
Hôtes vagues des airs, qui *découpez leur vide*. (IX, 145. *Off. V.* 51.)

DÉCROÎTRE, au sens moral :

Je sens à tes regards *décroître* ma colère. (II, 386. *Méd.* 913.)

Les dictionnaires ne donnent que des exemples du sens physique.

DÉDALE, au figuré, embarras d'où l'on ne sait comment sortir :

Voilà de quoi tomber en un nouveau *dédale*.
O ciel ! qui vit jamais confusion égale ? (II, 203. *Suiv.* 1481.)

DEDANS.

Corneille, comme tous ses contemporains, employait très-fréquemment *dedans* en guise de préposition; du reste, Vaugelas, qui condamnait cet emploi du mot, le permettait aux poëtes; mais bientôt les grammairiens n'admirent plus aucune exception. « *Dedans* et *dessous* ne sont plus du bel usage, dit Ménage dans son observation sur le vers 57 de la XVIIIe poésie de Malherbe (tome I, p. 71); et c'est ce qui m'a obligé de changer ce vers de ma première églogue :

<blockquote>Que dessous vos épis se lassent vos faucilles,</blockquote>

en celui-ci :

<blockquote>Que les épis nombreux tombent sous vos faucilles. »</blockquote>

Notre grand poëte tragique ne fut pas sourd à l'avis des grammairiens; mais ici pour lui la tâche était grande; il ne s'agissait pas d'un seul vers à changer, et il recula parfois devant des modifications trop profondes. On va voir néanmoins, par les exemples qui suivent, qu'il s'efforça souvent, en ce point encore, de se conformer aux règles nouvelles qui s'introduisaient dans la langue.

<blockquote>.... Ta flamme n'excite
Dedans cette maîtresse aucun embrasement. (1, 172. Mél. 509 var.)</blockquote>

En 1663, Corneille a mis :

<blockquote>.... Ta flamme n'excite
Au cœur de cette belle aucun embrasement.</blockquote>

<blockquote>.... Mais dedans ses discours
Parle-t-il d'épouser? — Oui, presque tous les jours. (1, 174. <i>Mél. var.</i> 1.</blockquote>

<blockquote>Mais dit-il les grands mots? parle-t-il d'épouser?
— Presque à chaque moment....</blockquote>

<blockquote>Auparavant l'adieu reçois de ma constance
Dedans ce peu de vers l'éternelle assurance. (1, 185. Mél. var. 1.)</blockquote>

Dès 1652 :

<blockquote>Ce sonnet que pour vous vient de tracer ma flamme
Vous fera voir à nu jusqu'au fond de mon âme</blockquote>

<blockquote>Ils tiennent le passé dedans l'indifférence. (1, 246. Mél. 1752 var.)</blockquote>

<blockquote>Ils tiennent le passé dans quelque indifférence.</blockquote>

<blockquote>Bien que dedans tes yeux tes sentiments se lisent.... (1, 247. Mél. 1775 var.)</blockquote>

<blockquote>Encor que dans tes yeux tes sentiments se lisent...</blockquote>

<blockquote>Passe pour villageois dedans ce lieu fatal. (1, 297. Clit. 379 var.)</blockquote>

<blockquote>Passe pour villageois dans un lieu si fatal.</blockquote>

<blockquote>Le ciel, qui contre moi soutient mon ennemie,
Augmente son honneur <i>dedans</i> mon infamie. (1. 307. <i>Clit. var.</i> 3.)</blockquote>

<blockquote>.... Tout ce que j'ai fait contre mon ennemie
Sert à croître sa gloire avec mon infamie.</blockquote>

<blockquote>Vois dedans ces refus une marque certaine
Que contre Rosidor toute prière est vaine. (1, 319. <i>Clit.</i> 773 <i>var.</i>)</blockquote>

<blockquote>On voit dans ces refus....</blockquote>

<blockquote>Ne me presse donc plus dedans mon désespoir. (1. 466. Veuve, 1289 var.)</blockquote>

En 1663 :

<blockquote>Ne me presse donc plus dans un tel désespoir.</blockquote>

Mais *dedans* sa fureur, quoique rien ne l'apaise,
Si je t'avois tout dit, c'est pour en mourir d'aise.
— Je n'en veux point qui porte une si dure loi.
— *Dedans* son désespoir elle parle de toi. (I, 483. *Veuve*, 1635 et 1638 *var.*)

En 1660 :

Cela s'en va sans dire. — Ainsi rien ne l'apaise?
— Si je te disois tout, tu mourrois de trop d'aise.

En 1663 :

Dans ce grand désespoir elle parle de toi.

On l'éloigna de moi, vu le peu d'avantage
Qui se trouva pour lui *dedans* mon mariage. (I, 490. *Veuve*, 1763 *var.*)

On l'éloigna de moi par ce maudit usage
Qui n'a d'égard qu'aux biens pour faire un mariage.

Son humeur se maintient *dedans* l'indifférence. (II, 43. *Gal. du Pal.* 461 *var.*)

Son humeur se maintient dans cette indifférence.

Ce changement remonte à 1644 ; en 1660, le passage tout entier a été profondément modifié.

Dedans son entretien recherchez vos plaisirs. (II, 101. *Gal. du Pal.* 1555 *var.*)

En 1663 :

Dans ses doux entretiens recherchez vos plaisirs.

Il a *dedans* l'esprit mêmes desseins que toi. (II, 130. *Suiv.* 67 *var.*)

Il roule en son esprit mêmes desseins que toi.

Il ont l'esprit troublé *dedans* cette famille. (II, 184. *Suiv.* 1094 *var.*)

L'égarement d'esprit règne sur la famille.

Rends-moi *dedans* le sein dont tu m'as arrachée. (II 511. *Illus.* 1406 *var.*)

Remets-moi dans le sein dont tu m'as arrachée.

Je vous ai vu pour elle autant d'indifférence
Que si *dedans* nos murs vous aviez pris naissance. (III, 285. *Hor.* 64 *var.*)

Que si d'un sang romain vous aviez pris naissance.

Dedans le champ d'autrui largement ils moissonnent.
(III, 407. *Cin.* 518 *var.*)

Dans le champ du public....

Mais ma main aussitôt *dedans* mon sein plongée.... (III, 430. *Cin.* 1062 *var.*)

Mais ma main aussitôt contre mon sein tournée....

Aussi *dedans* la place où je m'en vais descendre
J'abandonne mon sang à qui voudra l'épandre. (III, 439. *Cin.* 1233 *var.*)

Eh bien ! s'il est trop grand, si j'ai tort d'y prétendre,
J'abandonne mon sang à qui voudra l'épandre.

Je vous aimai, Sévère ; et si *dedans* mon âme
Je pouvois étouffer les restes de ma flamme.... (III, 510. *Pol.* 497 *var.*)

Je vous l'ai trop fait voir, Seigneur ; et si mon âme
Pouvoit bien étouffer les restes de sa flamme....

J'en ai fait mon ami, j'ai part *dedans* sa gloire.
(IV, 336. *S. du Ment.* 908 *var.*)

J'en ai fait mon ami, je prends part à sa gloire.

Il vous eût fort avant donné *dedans* la vue. (IV, 351. *S. du Ment.* 1198 *var.*)

Il vous auroit donné fort avant dans la vue.

.... Que vous égaliez *dedans* vos sentiments
Ces maîtres de la terre aux vulgaires amants. (V, 34. *Théod.* 365 *var.*)

.... Que vous égaliez par vos durs traitements....

J'ai toujours *dedans* l'âme un reste de scrupule. (V, 40. *Théod.* 523 *var.*)

Je sens toujours dans l'âme un reste de scrupule.

Malgré tant de retouches, qui, sauf celles que nous avons datées, sont toutes de 1660, Corneille a laissé subsister cette tournure bien plus fréquemment qu'il ne l'a supprimée, et, chose plus remarquable, il lui est même arrivé de s'en servir dans de nouveaux ouvrages, après l'avoir effacée dans les anciens. Nous avons noté, dans l'édition de 1682, soixante-dix-sept passages où elle a été conservée; il nous a paru complétement inutile de les rapporter tous ici. Nous nous sommes borné aux suivants, qui présentent cela de curieux qu'ils sont postérieurs à 1658 :

Ah! Seigneur, quelque bras qui puisse vous punir,
Il n'effacera rien *dedans* mon souvenir. (VI, 198. *OEd.* 1528.)
Me donner la Princesse, et pour dot la toison,
Ce n'est que l'assurer *dedans* votre maison. (VI, 301. *Tois.* 1047.)
Tout mon bien est encor *dedans* l'incertitude. (VI, 376. *Sert.* 309.)

Voyez encore X, 119, *Poés. div.* 62.

DEDANS, au sens du latin *intra :*

Dedans répondait souvent autrefois à l'*intra* des Latins. « *Intra octo dies te inuisam*, ie vous iray veoir *dedans* huit iours, c'est à dire entre cy et huit iours deuant qu'il soit huit iours. » (Cordier, *de Corrupti sermonis emendatione*, chapitre L, p. 271, § 8.) Voiture s'en est servi en ce sens dans son placet en vers à Mme la duchesse d'Aiguillon; mais, suivant Ménage (*Observations sur la langue françoise*, p. 526), c'est « une faute épouvantable, car *dedans*, en la signification d'*intra*, ne se dit plus que par des villageois. »
Corneille, qui, en 1633, avait employé cette expression, l'a changée bien avant la date de la critique que nous venons de citer. Il avait mis d'abord :

Un tel *dedans* le mois d'une telle s'accorde! (I, 401. *Veuve*, 53 *var.*)

Il y substitua dès 1648 :

Aglante avec Philis *dans* un mois se marie,

ce qui, dans notre langage actuel, ne serait pas un équivalent parfait, car *dedans le mois* indiquerait pour nous que le mariage aura lieu à une époque indéterminée comprise dans le mois, et *dans un mois* signifierait qu'il aura lieu au bout d'un mois. Thomas Corneille, répétant en d'autres termes l'observation de Ménage, n'établit, au moins dans ses exemples, aucune différence entre les deux tournures : « On fait encore une faute bien plus grande, lorsqu'on dit *dedans* pour signifier l'*intra* des Latins, comme *je partirai dedans huit jours*, pour *dans huit jours.* »

LE DEDANS, au figuré, le cœur, l'âme :

.... Quoique le dehors soit sans émotion,
Le *dedans* n'est que trouble et que sédition. (III, 510. *Pol.* 504.)

```
.... Si mon âme cède à mes feux trop ardents,
Sauve tout le dehors du honteux esclavage
        Qui t'enlève tout le dedans. (VI, 320. Tois. 1519.)
.... Nous qui jugeons tout sur la foi de nos yeux,
Et laissons le dedans à pénétrer aux Dieux,
Nous craignons votre exemple.... (VI, 400. Sert. 872.)
Votre exemple à la fois m'instruit, et m'autorise :
Je juge, comme vous, sur la foi de mes yeux,
Et laisse le dedans à pénétrer aux Dieux. (VI, 400. Sert. 892.)
D'abord qu'elle a tout su, son visage étonné
Aux troubles du dedans sans doute a trop donné. (VI, 504. Soph. 780.)
    Vois ton dedans, et considère
    Le fond de ton intention. (VIII, 207. Imit. II, 628 var.)
```

AU DEDANS :

La haine que les cœurs conservent au dedans. (III, 132. Cid, 471.)

DÉDIRE, désavouer, démentir :

Mon pied, qui me dédit, contre moi se rebelle. (I, 221. Mél. var. I.)
Tout le morceau où se trouve ce vers a été changé en 1660.
Si mon débile bras ne dédit point mon cœur,
J'arrêterai le tien.... (I, 340. Clit. 1144.)
    .... Nous allons voir s'il dédira sa mère. (I, 451. Veuve, 1035.)
Par là j'ai sur son âme assuré mon empire,
Et l'ai mis en état de ne m'oser dédire. (II, 492. Illus. 1078.)
Il ne vouloit que vous ; mais pouvoit-il dédire
Ces guerriers dont le bras a sauvé votre empire ? (VI, 288. Tois. 792.)
    .... Votre cœur
Dédira-t-il sa voix qui parle en ma faveur ? (VI, 345. Tois. 2138.)
Que sert la volonté d'un chef qu'on peut dédire ? (VI, 479. Soph. 156.)
    .... Voyons s'il est homme à nous oser dédire. (VI, 603. Oth. 670.)
        .... Des souhaits
Que le réveil admire et ne dédit jamais. (VII, 401. Pulch. 528.)
Il renonce à l'espoir, dédit sa passion. (VII, 518. Sur. 1339.)
        Bien que ton cœur désavoue
        Ce que ta langue lui dit,
        C'est en vain qu'il la dédit :
        L'amour ainsi ne se joue. (X, 53. Poés. div. 15.)
    On nous a dédit l'un et l'autre. (X, 480. Lettr.)

Furetière dit que ce verbe ne s'emploie guère qu'avec une négation. On voit que nos exemples sont loin de confirmer cette remarque.

DÉDIRE DE :

Mon cœur vous en dédit : un secret mouvement,
Qui le penche vers vous, malgré moi vous dément. (V, 472. D. San. 1303.)
Le grand maître a parlé, voudrez-vous l'en dédire ? (VI, 599. Oth. 557.)
Pison n'en voudra pas dédire ma promesse. (VI, 619. Oth. 1018.)
    .... S'il en dédit un père,

Peut-être ai-je une sœur qu'il n'*en dédira* pas. (vii, 20. *Agés.* 296.)
Régnez; j'*en dédirai* mon cœur, s'il en soupire. (vii, 435. *Pulch.* 1338.)

SE DÉDIRE DE :

.... Ceux qui connoissent la personne qu'ils veulent perdre, et *s'en dédisent* par un simple changement de volonté. (i, 68. *Disc. de la Trag.*)
Les deux premiers (*Cléopatre et Phocas*) reçoivent la peine de leurs crimes et succombent dans leurs entreprises sans *s'en dédire.* (i, 69. *Disc. de la Trag.*)
Mais s'il *se dédisoit d*'un outrage forcé.... (vi, 375. *Sert.* 268.)
Souvent on *se dédit de* tant de complaisance. (vii, 272. *Tit.* 1683.)

SE DÉDIRE, absolument :

Le reste fera encore quelque sorte d'estime de cette pièce, soit par coutume de l'approuver, soit par honte de *se dédire*. (i, 136. *Épît.* de *Mél.*)

DÉDUIRE UN SUJET, le développer :

Il ne faut pas moins d'adresse à réduire un grand sujet, qu'à en *déduire* un petit. (i, 261. *Préf.* de *Clit.*)

DÉFAILLIR, manquer :

Aidez mes foibles pas; les forces me *défaillent.* (i, 217. *Mél.* 1239.)
Sans vos instructions, je sais trop comme il faut
Couler tout doucement sur ce qui vous *défaut.* (ii, 145. *Suiv. var.* 1.)

Le passage auquel ce vers appartenait a été entièrement modifié en 1660.

DÉFAIRE.

Il a droit de régner sur les âmes communes,
Non sur celles qui font et *défont* les fortunes. (vii, 151. *Att.* 1050.)

DÉFAIRE, mettre en déroute :

Il *défit* trois préteurs, il gagna dix batailles. (vi, 381. *Sert.* 437.)

DÉFAIRE DE, débarrasser de (par le meurtre) :

Je t'ai *défait d*'un père, et *d*'un frère, et *de* moi. (iv, 506. *Rod.* 1818.)

SE DÉFAIRE DE QUELQU'UN, s'en débarrasser (en le faisant mourir) :

Si tu prétends régner, *défais-toi de* tous deux. (v, 201. *Hér.* 1054.)

SE DÉFAIRE DE QUELQU'UN, s'en débarrasser (en le quittant, en l'éloignant) :

Je *me défais de* toi, j'y cours, je le rejoins. (iv, 201. *Ment.* 1139.)

SE DÉFAIRE D'UNE CHOSE, en transporter le droit ou la possession à un autre :

Il le peut à son choix garder (*l'empire*), ou *s'en défaire*. (iii, 405. *Cin.* 453.)

Vous *vous défaites* bien *de* quelques droits d'aînesse;
Mais *vous défaites*-vous *du* cœur de la princesse? (v, 556. *Nic.* 1015.)

SE DÉFAIRE, se tuer, mourir :

C'est gloire de mourir pour ce maître des Dieux
Qui s'est privé pour vous de l'usage des yeux.
Si pour lui *se défaire* est un vrai sacrifice,
Se refaire pour lui, le nommez-vous un vice? (II, 320. *Tuil.* 261.)

DÉFAIRE, neutralement, se défaire, se détacher :

Attache-le d'un nœud qui jamais ne *défait*. (I, 248. *Mél. var.* 2.)

DÉFAIT DE, délivré, débarrassé de :

Que vous peut offenser sa flamme ou sa retraite,
Puisque vous n'aspirez qu'à vous *en* voir *défaite?* (v, 462. *D. San.* 1058.)

DÉFAITE, échec (subi par une armée) :

Encore une *défaite*, et dans Alexandrie
Je veux que cette ingrate en ma faveur vous prie. (IV, 81. *Pomp.* 1321.)

Il se dit figurément en parlant d'une fille qui se décide à quitter le célibat :

.... Fille qui vieillit tombe dans le mépris :
C'est un nom glorieux qui se garde avec honte;
Sa *défaite* est fâcheuse à moins que d'être prompte. (IV, 164. *Ment.* 438.)

DÉFAUT, côté faible :

Fuyez un ennemi qui sait votre *défaut*. (III, 492. *Pol.* 104.)

SE TROUVER EN DÉFAUT, au figuré, métaphore tirée de la chasse, perdre la piste, la trace, ne plus savoir où l'on en est :

J'en lus hier la moitié (*de ce livre*); mais son vol est si haut
Que presque à tous moments je *me trouve en défaut*.
(II, 28. *Gal. du Pal.* 188.)

À DÉFAUT, AU DÉFAUT (DE), faute de :

Sévère, *à mon défaut*, fera ta récompense. (III, 539. *Pol.* 1102.)
.... Mérite mes pleurs *au défaut de* mon cœur. (III, 444. *Cin.* 1360.)
Moi-même, *à leur défaut*, je serai la conquête
De quiconque à mes pieds apportera ta tête. (v, 200. *Hér.* 1047.)
.... *A ce défaut* vous aurez son estime. (v, 593. *Nic.* 1847.)

DÉFENDRE, absolument :

Comme il trouve avec nous peu de gloire à prétendre,
Et qu'au lieu d'attaquer il a peine à *défendre*. (VI, 370. *Sert.* 146.)

SE DÉFENDRE DE, s'interdire de :

Je ne puis m'empêcher de demander qui sont les maîtres de cet usage, et qui peut l'établir sur le théâtre, que ceux qui l'ont occupé avec gloire depuis trente ans, dont pas un ne *s'est défendu de* mêler des stances dans quelques-uns des poëmes qu'ils y ont donnés. (v, 310. *Exam.* d'*Andr.*)

DÉFENSE, moyens de défense :

Ces remparts que la Grèce et tant de dieux ligués
En deux lustres à peine ont pu voir subjugués,
Eurent moins de *défense*, et l'art en leur structure
Avoit moins secouru l'effort de la nature. (x, 206. *Poés. div.* 169.)

C'est une comparaison de la ville de Lille à celle de Troie.

DÉFÉRENCE, avec un complément :

Prince, je dois beaucoup à cette *déférence*
De votre ambition et de votre espérance. (IV, 467. *Rod.* 927.)

FAIRE DÉFÉRENCE À :

.... Mais ce qui me surprend,
C'est de voir que Pompée ait pris le nom de Grand,
Pour *faire* encore *au* vôtre entière *déférence*. (VI, 370. *Sert.* 129.)

DÉFÉRER, activement, accorder :

En lui *déférant* tout, veuillez vous souvenir
Que les événements régleront l'avenir. (IV, 56. *Pomp.* 699.)
.... Nous devons ce titre à votre nouveau grade ;
Et pour le peu de temps qu'il pourra vous durer,
Il me coûtera peu de vous le *déférer*. (VI, 437. *Sert.* 1756.)

DÉFÉRER (À), neutralement, avoir de la déférence (pour), et au figuré, céder (à), obéir (à), prendre en considération :

Votre haine pour moi fut toujours assez forte
Pour *déférer* sans peine à l'habit que je porte. (I, 325. *Clit.* 894.)
Mon déplaisir mortel *défère* à ta puissance. (II, 414. *Méd.* 1506.)
Ce que j'ai fait pour lui vaut bien qu'il *me défère*. (IV, 337. *S. du Ment.* 912.)
        C'est trop *déférer aux* personnages, et considérer trop peu l'action.
(v, 405. *Épît. de D. San.*)
N'espérez pas, Seigneur, que mon sort déplorable
Me puisse à votre amour rendre plus favorable,
Et que d'un si grand coup mon esprit abattu
Défère à ses malheurs plus qu'à votre vertu. (v, 55. *Théod.* 862.)
Avez-vous reconnu par votre expérience
Qu'il faille *déférer* à son impatience? (VI, 26. *Perth.* 140.)
A vous moins *déférer* je croirois faire un crime ;
Et mon âme....— Ah! c'est trop *déférer*, et trop peu. (VII, 84. *Agés.* 1817.)
Je *vous défère* assez pour n'en vouloir rien lire. (VII, 91. *Agés.* 2008.)
Il (*l'homme*) tombe dans le trouble et dans l'inquiétude
        Avec la même promptitude
        Qu'il *défère* à sa passion. (VIII, 54. *Imit.* I, 411.)

Voyez encore x, 221, *Poés. div.* 39.

DÉFIER (SE), avec ellipse du pronom :

Je ne veux point douter que sa vertu romaine

N'embrasse avec chaleur l'intérêt de la Reine :
Annibal, qu'elle vient de lui sacrifier,
L'engage en sa querelle, et m'en fait *défier;*
Mais, Seigneur, jusqu'ici j'aurois tort de m'en plaindre. (v, 513. *Nic.* 42.)

DÉFIGURER, changer la figure, les traits, au propre et au figuré :

Mais ce que j'ai souffert m'a trop *défigurée*
    Pour rappeler un tel espoir. (vii, 358. *Psy.* 1809.)
Que doit penser Ovide....
Quand tu prends tant de peine à le *défigurer?* (x, 124. *Poés. div.* 2.)

Le poëte s'adresse à d'Assoucy, auteur de *l'Ovide en belle humeur.*

DÉGAGER LA VIE DE QUELQU'UN :

.... Trois fois sa valeur, d'un noble effet suivie,
Au péril de son sang a *dégagé ma vie.* (vi, 270. *Tois.* 346.)

DÉGAGER LA PROMESSE, LA PAROLE, LA FOI :

.... Ce miracle enfin *dégage sa promesse.* (ix, 225. *Off. V.* 40.)
    Qu'il (Dieu) nous secoure en cet ennui :
    Saint Paul nous l'a promis pour lui;
    Il *dégagera sa parole.* (viii, 85. *Imit.* 1, 951.)
.... Qu'il achève et *dégage sa foi.* (iii, 431. *Cin.* 1075.)
Son divin salutaire a paru dans le monde,
Et *dégagé la foi* des révélations. (ix, 119. *Off. V.* 10.)

DÉGAGER DE :

D'un serment solennel qui peut nous *dégager?* (iii, 289. *Hor.* 158.)
C'est assez dignement répondre à tes bienfaits
Que d'avoir *dégagé* ton fils *de* tes forfaits. (v, 219. *Hér.* 1438.)
Qui l'a mieux *dégagé de* ses destins contraires? (v, 565. *Nic.* 1196.)
.... Vos seuls intérêts me mettent en danger.
— Je vais périr, Madame, ou vous *en dégager.* (v, 584. *Nic.* 1654.)
Jusqu'à ce que ma main *de* ses fers le *dégage.* (v, 587. *Nic.* 1724.)
De son trop de vertu sachons le *dégager.* (vi, 68. *Perth.* 1117.)
    .... *D*'un choix abjet son bras l'a *dégagée.* (vi, 436. *Sert.* 1718.)
Othon près d'un tel maître a su se ménager,
Jusqu'à ce que le temps ait pu l'*en dégager.* (vi, 616. *Oth.* 952.)
De ce petit chagrin le ciel m'a *dégagée.* (vii, 42. *Agés.* 804.)

SE DÉGAGER DE QUELQU'UN, rompre la promesse faite à quelqu'un :

Je vais *me dégager du* père de Clarice. (iv, 177. *Ment.* 685.)

SE DÉGAGER, absolument, dans le sens passif :

Si la foi sans rougir pouvoit *se dégager.* (vii, 21. *Agés.* 312.)

DÉGAGÉ DE :

Le style n'est pas plus élevé ici que dans *Mélite,* mais il est plus net et plus *dégagé des* pointes dont l'autre est semée. (i, 397. *Exam. de la Veuve.*)
Voyez aussi ii, 14.

DÉGÉNÉRER DE QUELQU'UN :

Dégénérons, mon cœur, *d*'un si vertueux père. (III, 336. *Hor.* 1239.)

DÉGLACER (SE), cesser d'être glacé :

J'ai le corps si glacé, que je ne puis courir.
Destin, qu'à ma valeur tu te montres contraire!
C'est ma reine elle-même, avec mon secrétaire!
Tout mon corps *se déglace* : écoutons leurs discours. (II, 479. *Illus.* 879.)

Nous n'avons pas trouvé ce mot dans les dictionnaires.

DÉGOUTTER, tomber, couler goutte à goutte :

Lysarque et vos archers depuis ce lieu funeste
Se laissèrent conduire aux traces de mon sang,
Qui durant le chemin me *dégouttoit* du flanc. (I, 315. *Clit.* 692.)
Tout menaçoit en elle, et des restes de sang,
Par un prodige affreux, lui *dégouttoient* du flanc. (VI, 160. *OEd.* 600.)
Il n'avoit que six mois; et lui perçant le flanc,
On en fit *dégoutter* plus de lait que de sang. (V, 159. *Hér.* 40.)
Le fils tout *dégouttant* du meurtre de son père. (III, 393. *Cin.* 201.)

Ce vers, très-justement admiré, n'était point toutefois, lorsque Corneille l'a écrit, aussi neuf qu'on le suppose généralement ; c'était alors un lieu commun tragique, fort en usage, et dont nous trouvons deux beaux exemples dans Garnier :

Mes filles que i'auois, en qui la chasteté
Egale conspiroit auecques la beauté....
Ont esté le butin des soudars sanguinaires,
Encores *degoutans* des meurtres de leurs freres. (*Troade*, acte V, 271.)
Estrangers, citoyens, pesle-mesle visez
A moy, qui ay produict ces freres diuisez,
Qui les ay engendrez de mon enfant leur frere
Encore *degoutant* du meurtre de son pere. (*Antigone*, II, 136.)

Dégout s'employait autrefois dans un sens analogue :

Et du haut des maisons tomboit vn tel *degout*
Que les chiens alterez pouuoient boire debout. (Régnier, *Satire* X, vers 413.)

DÉGRADER DE :

.... (*Rome*) vous *dégraderoit* peut-être dès demain
Du titre glorieux de citoyen romain. (V. 518. *Nic.* 161 et 162.)
Il n'est plus de ma race après son attentat :
Ce crime l'*en dégrade....* (V, 393. *Andr.* 1702.)

DÉGUISER, au propre, porter à se déguiser :

.... Leur déguisement d'autre côté m'étonne :
Jamais un bon dessein ne *déguisa* personne. (I, 345. *Clit.* 1238.)

DÉGUISER, figurément :

Vous *déguisez* en vain une chose trop claire. (III, 289. *Hor.* 159.)

Je ne puis *déguiser* que j'ai peine à vous suivre. (III, 518. *Pol.* 674.)
.... A ne rien *déguiser*. (VI, 423. *Sert.* 1431.)

Déguiser, figurément, avec un nom de chose pour sujet :
En vain un peu d'amour me *déguise* en forfait
Du bien que je me veux le généreux effet. (II, 277. *Pl. roy.* 1035.)
D'un naufrage affecté l'histoire sans raison
Déguisoit le secours amené pour Jason. (VI, 335. *Tois.* 1913.)

Déguiser, absolument :
Ce n'est plus avec vous qu'il faut que je *déguise*.
(V, 179. *Hér.* 545 ; et VI, 269. *Tois.* 305.)

Se déguiser :
.... Son feu mal éteint ne *se* peut *déguiser*. (VI, 42. *Perth.* 541.)

Déguisé :
.... Mon feu désabusé
Ne tient plus le parti de ce cœur *déguisé*. (I, 281. *Clit.* 104.)
Ton amour, *déguisé* d'un soin officieux,
D'un objet importun veut délivrer ses yeux. (II, 382. *Méd.* 847.)
L'un perd exprès au jeu son présent *déguisé*. (IV, 145. *Ment.* 91.)
.... Je prends tous ces biens pour des maux *déguisés*. (IV, 442. *Rod.* 310.)

DEHORS.

Le dehors, les dehors, l'extérieur de quelque chose :
.... Je vais disposer ma cohorte
A garder cependant *les dehors* de la porte. (V, 85. *Théod.* 1540.)
(*Moïse*) Fit une arche au désert d'incorruptible bois,
Et vêtit ses *dehors* d'une dorure exquise. (VIII, 583. *Imit.* IV, 86.)

Pour le singulier, *le dehors*, employé figurément en parlant du visage et de l'expression de la physionomie, par opposition au *dedans*, qui dans ce cas désigne l'âme et les passions dont elle est agitée, voyez ci-dessus, p. 263 et 264, Le dedans.

Le dehors, les dehors, l'apparence :
Un coup d'œil par hasard sur un autre tombé,
Le plus foible *dehors* de cette complaisance
Que se permet pour tous la même indifférence :
Tout cela fait pour lui (*pour l'amour*) de grands crimes d'État.
(X, 156. *Poés. div.* 25.)

Prenez, mangez, c'est mon vrai corps
Qu'on livrera pour vous aux rages de l'envie,
Et qui d'un pain visible emprunte *les dehors*. (VIII, 579. *Imit.* IV, 11.)

Voyez encore X, 212, *Poés. div.* 282.

Au dehors, figurément :
C'est ainsi qu'on déguise un violent dépit ;
C'est ainsi qu'une feinte *au dehors* l'assoupit. (IV, 489. *Rod.* 1434.)

DÉITÉ, dans le sens soit païen, soit chrétien :

Le ciel s'ouvre, et fait voir un éloignement où paroît une *déité* dans une étoile. (v, 261. *Dessein d'Andr.*)

.... Quelque *déité* vient, ce semble, ici-bas. (v, 329. *Andr.* 326.)

    L'esprit, de lumière en lumière
    Montant dans ton infinité,
    S'y transforme en ta *déité*. (VIII, 647. *Imit.* IV, 1400.)

DELÀ, voyez DEÇÀ.

DÉLECTABLE.

LE DÉLECTABLE, substantivement, par opposition à *l'utile* :

Quoique *l'utile* n'y entre que sous la forme *du délectable*, il ne laisse pas d'y être nécessaire. (I, 17. *Disc. du Poëme dram.*)

DÉLÉGATION, cession par laquelle un débiteur substitue un autre débiteur pour être payé à sa place :

Il en jouissoit (*de rentes*) avant le payement et *délégation* qu'il en a faite à mon grand-père. (x, 434. *Lettr.*)

DÉLIBÉRER DE, pour *délibérer sur* :

N'*en délibérons* plus, cette pitié l'emporte. (III, 412. *Cin.* 621.)
.... Je puis dire enfin que jamais potentat
N'eut à *délibérer* d'un si grand coup d'Etat. (IV, 29. *Pomp.* 48.)

DÉLICAT, adjectif, au figuré :

La pièce est *délicate*, et ceux qui l'ont tissue
A de si longs détours font une digne issue. (v, 543. *Nic.* 711.)
.... Seigneur, la matière est un peu *délicate*. (VI, 154. *OEd.* 465.)
.... Plus l'amour est fort, plus il est *délicat* (*facile à offenser*.)
                                              (x, 156. *Poés. div.* 28.)

DÉLICAT, substantivement :

Va chez ces *délicats* qui n'ont soin que d'unir
Le choix des voluptés aux moyens d'y fournir. (VIII, 325. *Imit.* III, 1358.)

De même quand il est question du jugement des œuvres littéraires :

J'aime mieux qu'on me reproche d'avoir fait mes femmes trop héroïnes.... que de m'entendre louer d'avoir efféminé mes héros par une docte et sublime complaisance au goût de nos *délicats*, qui veulent de l'amour partout. (VI, 469. *Au lect. de Soph.*)

Voyez encore x, 236, *Poés. div.* 19.

DÉLICES, substantif féminin au pluriel :

J'en fais toute ma gloire et toutes mes *délices*. (VI, 407. *Sert.* 1065.)
Il étoit sous Néron de toutes ses *délices*. (VI, 601. *Oth.* 606.)

Il n'y a dans Corneille aucun exemple de *délice* employé au singulier et au masculin.

Au reste, il ne se trouve pas non plus dans Cotgrave (1611), ni dans la première édition de Richelet (1680), et il a été condamné par Vaugelas ; Ménage reconnaît qu'il ne se dit guère ; mais Furetière (1690) et l'Académie (1694) l'admettent.

DÉLIER LES SCÈNES, les laisser détachées :

.... Il seroit plus à propos qu'il se plaignît dans sa maison, où le met l'Espagnol, pour laisser aller ses sentiments en liberté ; mais en ce cas il faudroit *délier les scènes* comme il a fait. (III, 99. *Exam.* du *Cid.*)

DÉLOGER SANS TROMPETTE, locution proverbiale :

Ainsi donc *sans trompette* il fallut *déloger*. (IV, 293. *S. du Ment.* 98.)

DÉLUGE.

DÉLUGE ARDENT, en parlant de l'éruption d'un volcan :

Irez-vous au sénat ? — Non, il peut s'assembler
Sur ce *déluge ardent* qui nous a fait trembler. (VII, 219. *Tit.* 462.)

DÉLUGE, avec un complément : DÉLUGE DE PLEURS, DE FEUX, DE FLAMME, DE GENS :

La beauté dont Aglante idolâtre les charmes
D'un *déluge de pleurs* accompagne ses larmes. (II, 322. *Tuil.* 317.)

Il y a dans les premières éditions de *Médée* (II, 353, *var.* 3) :

Mon erreur volontaire, ajustée à mes vœux,
Arrêtera sur elle un *déluge de feux*.

Il est vrai que, dans sa révision de 1660, notre poëte a mis :

De mon juste courroux les implacables vœux
Dans ses odieux murs arrêteront tes feux ;

mais c'étoit sans doute pour éviter la ressemblance frappante qui existait entre la rédaction primitive et ces vers écrits plus tard par lui :

Que le courroux du ciel allumé par mes vœux
Fasse pleuvoir sur elle un *déluge de feux !* (III, 339. *Hor.* 1314.)
     .... Tant de serpenteaux
D'un *déluge de flamme* attaquèrent les eaux. (IV, 156. *Ment.* 288.)
Il veut que *de ses gens* le *déluge* effroyable
Atterre impunément les peuples qu'il accable. (VII, 154. *Att.* 1114.)

DEMAIN (À), voyez À, ci-dessus, p. 2.

DÉMANGEAISON, au figuré :

Vaine *démangeaison* de la guerre civile
Qui partagiez naguère et la cour et la ville. (X, 126. *Poés. div.* 9.)

DÉMARCHE, au pluriel, dans le sens propre :

Pouvez-vous regretter ces *démarches* pompeuses,
Ces fastueux dehors, ces grandeurs soucieuses ? (X, 212. *Poés. div.* 281.)

Démarche, marche :

Le dévot roi David, sautant devant ton arche,
Publioit tes bienfaits reçus par ses aïeux;
Des instruments divers le son mélodieux
Concerté par son ordre en régloit la *démarche* (VIII, 586. *Imit.* III, 156.)

DÉMÊLER, débrouiller :

Leurs pas *démêleront* les détours les plus sombres. (IX, 161. *Off. V.* 48.)

Démêler d'avec, distinguer de, discerner de :

.... C'est mal *démêler* le cœur *d'avec* le front,
Que prendre pour sincère un changement si prompt. (IV, 487. *Rod.* 1401.)

Se démêler d'avec quelqu'un, rompre tout lien d'affection avec lui, s'en éloigner :

Florame en est de même, il meurt de lui parler;
Et s'il peut *d'avec* moi jamais *se démêler*,
C'en est fait, je le perds. (II, 142. *Suiv.* 332.)

Se démêler de, se dégager de :

Ce que lui fait oser l'inexorable envie
D'affronter les périls au mépris de sa vie,
Lorsque *de* sa grandeur il peut *se démêler* (X, 207. *Poés. div.* 191.)

Il s'agit de Philippe, frère de Louis XIV.

Démêlé, éclairci, expliqué :

Écoutez en deux mots l'histoire *démêlée*. (IV, 182. *Ment.* 761.)

DÉMENTI, en avoir le démenti, dans le style élevé :

Carthage la força d'accepter ce parti;
Mais à présent Carthage *en a le démenti*. (VI, 526. *Soph.* 1284.)
Mes conseils agiront, comme sous Théodose.
— Nous *en* pourrons tous deux *avoir le démenti*. (VII, 404. *Pulch.* 603.)

DÉMENTIR, au figuré :

Parle, et je reprendrai ma vigueur épuisée
Jusques à *démentir* les ans qui l'ont usée. (X, 181. *Poés. div.* 98.)

DÉMETTRE (Se) de quelque chose sur quelqu'un, s'en remettre à lui :

Aussi faut-il *sur* toi (*sur le Seigneur*) pleinement *s'en démettre* (*des soucis*).
(VIII, 348. *Imit.* III, 1819.)

DEMEURANT (Au) :

Sa veine, *au demeurant*, me semble assez hardie. (II, 22. *Gal. du Pal.* 101.)

C'est le seul exemple de cette locution qu'on trouve dans Corneille; Vaugelas, qui la regrettait, a constaté qu'on ne s'en servait plus à l'époque où il écrivait ses *Remarques* (1647).

DEMEURE, séjour qu'on fait avec quelqu'un :
Sa *demeure* avec nous au zèle se mesure. (VIII, 216. *Imit.* II. 809.)

FAIRE SA DEMEURE, habiter :
Où *fait*-il *sa demeure?*—Au pied de cette roche. (VI, 177. *OEd.* 1005.)

SANS DEMEURE, sans retard :
Voyons donc ce que c'est, *sans* plus longue *demeure.* (I, 204. *Mél.* 1039.)
.... Oui, *sans* plus de *demeure*,
Pour l'intérêt des Dieux je consens qu'elle meure. (V, 45. *Théod.* 631.)
Viens, mon Dieu, viens *sans demeure.* (VIII, 374. *Imit.* III, 2355.)

DEMEURER MORT, PRISONNIER :
.... Sans la valeur de ce jeune guerrier,
Martian *demeuroit* ou *mort* ou *prisonnier.* (V, 159. *Hér.* 68.)

DEMEURER À, s'en tenir à :
Au choix de ses États elle (*la Reine*) veut *demeurer.* (V, 430. *D. San.* 280.)

DEMI.

DEMI-JOUR :
Ce composé se dit d'ordinaire d'une faible clarté; Corneille l'a employé dans le sens de *demi-journée* :
.... En un *demi-jour* comptez déjà pour trois. (IV, 349. *S. du Ment.* 1164.)

À DEMI, à moitié :
Ces dévots *à demi*, sur qui la chair plus forte
Domine encore en quelque sorte. (VIII, 55. *Imit.* I, 424.)

DEMOISELLE, fille de condition :
J'en trouve, à dire vrai, la rencontre si belle,
Que je voudrois l'aimer si j'étois *demoiselle.* (IV, 311. *S. du Ment.* 392.)
C'est Lyse, une femme de chambre, qui parle.

DÉMON, génie, esprit bon ou mauvais :
Un plus puissant *démon* veille sur vos années. (III, 404. *Cin.* 434.)
Dis-moi, quel bon *démon* a mis en ton pouvoir
De rendre à ce héros ce funèbre devoir? (IV, 88. *Pomp.* 1483.)
O ciel! quel bon *démon* devers moi vous envoie,
Madame?... (V, 224. *Hér.* 1555.)
Mais quel mauvais *démon* devers nous le conduit? (V, 195. *Hér.* 917.)
Vois cette âme intrépide, à qui tu dois l'honneur
D'avoir eu la Victoire en tous lieux pour compagne,
Avec le grand *démon* d'Espagne
De l'un et l'autre État concerter le bonheur. (VI, 232. *Desseins de la Tois.*)
Leur chef nous a paru le *démon* des combats. (VI, 270. *Tois.* 344.)
Respecteroit en lui (*dans le sénat*) le *démon* de l'empire.
(VII, 420. *Pulch.* 1002.)

DÉMORDRE, absolument, quitter prise, se départir de son dessein :

Tu *démordras*, parjure, et ta déloyauté
Maudira mille fois sa fatale beauté. (I, 168. *Mél. var.* 2.)

DÉNATURÉ, qui a perdu les sentiments naturels à tous les hommes :

L'amour étouffe en vous la voix de la nature;
Et je pourrois aimer des fils *dénaturés!* (IV, 483. *Rod.* 1325.)

ÉVÉNEMENTS DÉNATURÉS :

Horace ne veut pas que nous y hasardions les *événements* trop *dénaturés*, comme de Médée qui tue ses enfants. (III, 273. *Exam.* d'*Hor.*)

DÉNIER, nier :

Qu'il accuse par là César de tyrannie,
Qu'il approuve sa mort, c'est ce que je *dénie*. (III, 405. *Cin.* 450.)
Je ne *dénierai* point, puisque vous les savez,
De justes sentiments dans mon âme élevés. (IV, 503. *Rod.* 1753.)

DÉNIER, employé absolument, avec la même signification :

A quoi bon démentir? à quoi bon *dénier?* (I, 215. *Mél.* 1217.)

Tel est le texte de 1660 ; il y avait dans les éditions antérieures :

La chose étant si claire, à quoi bon la nier?

tournure qui, au premier abord, semble plus moderne, et qu'on préférerait à coup sûr de nos jours.

DÉNIER LA DETTE, voyez DETTE.

DÉNIER DE, DÉNIER QUE :

Pour n'être que Carlos, vous parlez bien en maître,
Et tranchez bien du prince en *déniant de* l'être. (V, 470. *D. San.* 1246.)
Je ne puis *dénier que* la règle des vingt et quatre heures presse trop les incidents de cette pièce. (III, 96. *Exam. du Cid.*)

DÉNIER, refuser (ce qu'on devrait accorder) :

Puis-je, sans étouffer la voix de la nature,
Dénier mon secours aux tourments qu'il endure? (II, 225. *Pl. roy.* 6.)
Me le *dénieras*-tu (*ton portrait*), ma sœur, pour un moment?
(IV, 356. *S. du Ment.* 1279.)
Elle a trop de connoissance de votre bonté pour craindre que vous veuilliez.... lui *dénier* la continuation des grâces dont vous lui avez été si prodigue. (IV, 411. *Épît.* de *Rod.*)

Voyez encore III, 475, *Abrégé du mart. de S. Pol.*

SE DÉNIER, se refuser à soi-même :

.... Je me *dénie*
L'honneur qui ne m'est dû que dans mon Arménie. (V, 546. *Nic.* 763.)

Se dénier, passivement :

Toute liberté donc à mon choix *se dénie!* (I, 479. *Veuve*, 1560.)

DÉNOUER (Se), au figuré, en parlant de la langue :

.... Ses gens ont des mains;
Et bien que sur ce point elle les désavoue,
Avec un tel secret leur langue *se dénoue.* (IV, 200. *Ment.* 1106.)

DENT (N'en casser que d'une), voyez Casser.

DÉPART.

Faire un départ de, quitter, partir de :

.... Laissons d'illustres marques
En quittant, s'il le faut, ce haut rang des monarques :
Faisons-en avec gloire *un départ* éclatant. (IV, 447. *Rod.* 413.)

DÉPARTIR, partager, distribuer, accorder :

.... Auteur de la victoire,
Ainsi qu'il vous plaira, *départez-*en la gloire. (II, 394. *Méd.* 1082.)

Voyez encore x, 117, *Poés. div.* 27.

Il est vrai que du ciel la prudence infinie
Départ à chaque peuple un différent génie. (III, 409. *Cin.* 546.)

C'est toi qui règles les États,
C'est toi qui *départs* les couronnes. (VI, 347. *Tois.* 2180.)

Le témoignage du Seigneur est fidèle, et *départ* la sagesse aux plus petits. (IV, 88. *Off. V.*)

Aux pauvres cependant il *départ*, il prodigue
Son bien sans s'émouvoir. (IX, 309. *Vépr. et Compl.* 29.)

Se départir de, quitter, abandonner, renoncer à :

Que s'il ne *se départ*
D'une place chez nous par surprise occupée,
Je ne le trouve point sans une bonne épée. (I, 454. *Veuve*, 1082.)

Je sens toujours dans l'âme un reste de scrupule....
Mais mon cœur soupçonneux ne *s'en* peut *départir.* (V, 40. *Théod.* 325.)

Ne *vous départez* point *d*'une si belle audace. (V, 523. *Nic.* 268.)

DÉPAYSER, figurément :

Comme j'ai entièrement *dépaysé* les sujets pour les habiller à la françoise.... (IV, 132. *Au lect.* du *Ment.*)

DÉPÊCHER, absolument, se hâter :

Dépêche, ta longueur m'est un second martyre. (I, 437. *Veuve,* 756.)
Dépêche seulement, et cours vers ma rivale. (II, 392. *Méd.* 1045.)
Dépêche, Octavian.... (V, 230. *Hér.* 1703.)

DÉPÊCHER DE, se hâter de :

Dépêchons seulement *d'aller* vers ces amants. (I, 490. *Veuve*, 1781.)

DÉPÊCHER, tuer promptement :

Rosidor *(après avoir tué Géronte).* Cettui-ci *dépêché,*
C'est de toi maintenant que j'aurai bon marché. (I, 289. *Clit.* 227.)

DÉPENDRE DE, suivi d'un verbe à l'infinitif :

Ma guérison *dépend de* parler à Mélite. (I, 234. *Mél.* 1543.)

DÉPIT (EN) DE, malgré :

.... Lorsqu'*en dépit d*'eux on en a voulu d'autres,
Je ne le cèle point, j'ai joint mes vœux aux vôtres. (III, 323. *Hor.* 971.)
Ce perfide tantôt, *en dépit de* lui-même,
L'arrachant de vos bras, le traînoit au baptême. (III, 525. *Pol.* 809.)
.... J'ose m'assurer qu'*en dépit de* mon crime,
Mon sang leur servira d'assez pure victime. (III, 447. *Cin.* 1421.)

Voltaire prétend, dans sa remarque sur ce dernier passage, que « l'on ne peut pas dire *en dépit de mon crime,* comme on dit *malgré mon crime,* parce qu'un crime n'a point de dépit. » Il ne faut pas se montrer si rigoureux pour l'emploi de ces locutions prépositives : aucune d'elles ne conserve en toute circonstance sa signification primitive ; *malgré* a un sens tout à fait analogue à *en dépit de,* et si on voulait ainsi remonter en puriste à l'étymologie, on n'oserait pas plus dire *malgré mon crime* qu'*en dépit de mon crime.*

EN DÉPIT QUE J'EN AIE, QU'IL EN AIT :

.... Il faudra que sur l'heure,
En dépit qu'il en ait, il les rende ou qu'il meure. (I, 252. *Mél. var.*)
Tu me forces à rire *en dépit que j'en aie.* (II, 231. *Pl. roy.* 138.)

AVOIR DÉPIT QUE :

J'*ai dépit que* le sang me lie avec Philiste. (I, 478. *Veuve,* 1540.)

FAIRE DÉPIT À :

Bien que cette croyance à quelque erreur m'expose,
Pour *lui faire dépit,* j'en croirai quelque chose. (I, 184. *Mél.* 700.)
J'offre ces mêmes vœux....
Pour ceux *à* qui j'*ai fait* ou *dépit* ou scandale. (VIII, 634. *Imit.* IV. 1131.)

Tallemant des Réaux a dit de même : « Le feu Roi, peut-être pour *faire dépit au* cardinal de Richelieu, qui affectionnoit Mondory, tira le Noir et sa femme de la troupe du Marais. » (*Historiettes,* tome VII, p. 173.)

DÉPITER QUELQU'UN DE, avec un infinitif :

Philandre, tu n'es pas encore où tu prétends ;
Assure, assure-toi que Cloris *te dépite*
De les ravoir jamais que des mains de Mélite. (I, 253. *Mél. var.*)

Dans cette locution, que nous ne rencontrons que dans les éditions de *Mélite* antérieures à 1660, *dépiter* semble avoir un sens analogue à *défier.*

DÉPLAISIR.

.... Je doute comment vous portez cette mort.
— Sire, avec *déplaisir*, mais avec patience. (III, 346. *Hor.* 1459.)

Si c'est une règle de ne le point ensanglanter (*le théâtre*), elle n'est pas du temps d'Aristote, qui nous apprend que pour émouvoir puissamment, il faut de grands *déplaisirs*, des blessures et des morts en spectacle. (III, 273. *Exam. d'Hor.*)

Madame, on me trahit, et la main qui me tue
Rend sous mes *déplaisirs* ma constance abattue. (III, 437. *Cin.* 1194.)

Les foibles *déplaisirs* s'amusent à parler,
Et quiconque se plaint cherche à se consoler. (IV, 87. *Pomp.* 1463.)

Jugez à quelle rage ira son *déplaisir*. (V, 84. *Théod.* 1530.)

Heureux si, sans attendre un fâcheux droit d'aînesse,
Pour un trône incertain j'en obtiens la princesse,
Et puis par ce partage épargner les soupirs
Qui naîtroient de ma peine ou de ses *déplaisirs*. (IV, 433. *Rod.* 90.)

Tirez-moi de ce trouble, ou souffrez que je meure,
Et que mon *déplaisir*, par un coup généreux,
Épargne un parricide à l'une de vous deux. (IV, 502. *Rod.* 1701.)

C'est le seul *déplaisir* qu'en mourant je reçois. (IV, 506. *Rod.* 1814.)

Il a de grands *déplaisirs*, et qui semblent vouloir quelque pitié de nous. (V, 408. *Épît. de D. San.*)

On voit par ces exemples qu'autrefois le mot *déplaisir* avait d'ordinaire un sens beaucoup plus fort qu'aujourd'hui, qu'il s'appliquait à de profonds chagrins, à de grandes afflictions. Dans le vers tiré de *Pompée*, le poëte y a joint une épithète pour en affaiblir la signification.

DÉPLORABLE, en parlant des personnes :

Tout ce qu'elle peut obtenir de la justice de son roi, c'est un combat où la victoire de ce *déplorable* amant lui impose silence. (I, 69. *Disc. de la Trag.*)

Officieux ami d'un amant *déplorable*. (II, 257. *Pl. roy.* 633.)

Déplorable Angélique, en malheurs sans seconde. (II, 285. *Pl. roy.* 1202.)

Que j'ai pitié de toi, *déplorable* princesse! (II, 375. *Méd.* 694.)

Ah! *déplorable* prince! ah! fortune cruelle! (II, 404. *Méd.* 1293.)

Ce *déplorable* chef du parti le meilleur,
Que sa fortune lasse abandonne au malheur. (IV, 28. *Pomp.* 15.)

Ah! *déplorable* prince! — Ah! destin trop contraire! (II, 436. *Rod.* 142.)

Persée, demeuré seul avec ce *déplorable* père (*le père d'Andromède*), l'assure qu'il la va secourir. (V, 265. *Dess. d'Andr.*)

Cette *déplorable* mère se fait voir toute furieuse. (V, 267. *Dess. d'Andr.*)

Ce *déplorable* prince, craignant qu'il (*son fils*) ne demeurât exposé aux fureurs de ce rebelle, le fit aussitôt enlever par D. Raymond de Moncade, son confident. (V, 411. *Argum. de D. San.*)

.... Si je vois en vous ce *déplorable* frère,
Quelle faveur du ciel voulez-vous que j'espère? (VI, 186. *OEd.* 1209.)

Est-il sur terre un père, un roi plus *déplorable*? (VI, 344. *Tois.* 2117.)

Prenez quelque pitié d'un amant *déplorable*;

Faites-la partager à cette inexorable. (VII, 234. *Tit.* 815.)

On voit par plusieurs des passages qui précèdent que *déplorable* se joignait aux noms de personnes, même en prose; postérieurement à Corneille on ne l'a plus guère employé ainsi qu'en vers; on en trouve de nombreux exemples dans les tragédies de Racine, et l'on en rencontre encore dans celles de Crébillon et de Voltaire. Dès 1694, l'Académie, contrairement à l'usage dont nous venons de citer de si nombreux exemples, veut qu'on ne le dise que des choses.

Garnier applique aux personnes *gémissable* et *déplorable* :

Ne cognoissois-tu pas, *gémissable* Porcie,
Que ie ne puis sans toy longuement estre en vie? (*Porcie*, V, 27.)
O esperance vaine! ô enfant *deplorable*,
Que ie m'attendois voir à mon Hector semblable! (*Troade*, II, 529.)

Une fois, dans une de ses premières pièces il est vrai, Corneille s'est servi de *déplorable* dans une apostrophe, d'une façon qui nous paraît aujourd'hui assez étrange :

Déplorable! le ciel te veut favoriser
D'une bonne fortune, et tu n'en peux user. (I, 454. *Veuve*, 1089.)

Voyez l'article suivant.

DÉPLORER.

A l'occasion de l'emploi du mot *déplorable,* M. Lemaire, dernier éditeur de la *Grammaire des grammaires,* fait la remarque suivante : « On ne dit pas *déplorer quelqu'un*, et par cette raison plusieurs critiques ont blâmé l'application de l'adjectif dérivé faite à un nom de personne. » Il aurait fallu mettre : « Les dictionnaires ne disent pas *déplorer quelqu'un;* » car nos poètes s'en sont servis, et fort à propos :

.... Alors qu'on les *déplore* ils s'estiment heureux. (III, 316. *Hor.* 801.)
Je soupire comme elle, et *déplore* mes frères. (III, 341. *Hor.* 1344.)

Déploré, participe :

Je vous aurois peut-être alors considéré
Plus que ne m'a permis un sort si *déploré*. (V, 452. *D. San.* 812.)
Ces méchants endurcis, ces pécheurs *déplorés*. (VIII, 685. *Imit.* IV, 2187.)

Nicot donne pour exemple : « La santé *déplorée, id est,* hors d'espoir. » — Voyez le *Lexique de Mme de Sévigné.*

DÉPLOYER, au figuré :

Béni soit le Seigneur, béni soit le secours
Que sa faveur départ, que sa bonté *déploie*. (IX, 195. *Off. V.* 18.)
    Père et maître de la lumière,
Qui de tes seuls trésors tires celle des jours;
Qui commenças par elle à *déployer* leur cours. (IX, 319. *Vépr. et Compl.* 3.)
.... Ta France en va voir les merveilleux efforts (*des Muses*)
Déployer à l'envi leurs plus rares trésors. (X, 186. *Poés. div.* 14.)
Si le destin jaloux....
    .... ne l'eût précipitée (*ta fuite*),
Et sur ton nom fameux *déployé* sa rigueur
Jusques à t'envier un si noble vainqueur. (X, 208. *Poés. div.* 199.)

DÉPÔT, lieu où l'on dépose quelque chose, figurément :

.... (*Toi*) de qui les écrits sont d'illustres *dépôts*
Où luit de leur vertu (*de la vertu des héros*) la plus brillante marque.
(X, 138. *Poés. div.* 3.)

DÉPOUILLER, activement :

Mais pourquoi lui donner encor des noms si doux,
Puisque l'ayant cru mort, il sembla ne revivre
Que pour les *dépouiller* afin de nous poursuivre? (IV, 453. *Rod*, 556 *var*.)

En 1660, Corneille a ainsi modifié le premier hémistiche du dernier vers : « Que pour s'en dépouiller. »

DÉPOUILLER L'HOMME, dépouiller les faiblesses humaines :

.... *J'ai dépouillé l'homme*, et Dieu m'a secouru. (v, 87. *Théod*. 1586.)

DÉPRENDRE (SE) DE, se détacher de, surtout dans le style mystique :

Quitte, résigne-toi, *déprends-toi de* toi-même. (VIII, 451. *Imit*. III, 3906.)
Oh! que l'homme à la mort porte de confiance,
Quand il n'a dans le monde aucun attachement,
Qu'il *s'est dépris de* tout!... (VIII, 531. *Imit*. III, 5565.)

DEPUIS.

DEPUIS QUE.

Cette locution s'employait très-fréquemment au dix-septième siècle, tant en vers qu'en prose, dans le sens de *dès que*, ou même de *quand* : « *Depuis qu*'un bienfait est au-dessus de la récompense, la haine et l'ingratitude prennent la place de la reconnoissance et de l'amitié. » (Perrot d'Ablancourt, traduction de Tacite, *Annales*, livre IV, chapitre XVIII, tome I, p. 276.) Elle revient souvent dans les ouvrages de Corneille :

.... *Depuis qu*'on joue à surprendre un ami,
Un trompeur en moi trouve un trompeur et demi. (I, 476. *Veuve*, 1497.)
Depuis qu'on leur fait prendre un peu de jalousie,
Ils ont bientôt quitté ces traits de fantaisie. (II, 55. *Gal. du Pal*. 685 *var*.)

A partir de l'édition de 1660 :

Quand on leur sait donner un peu de jalousie....

Ce n'est plus obéir *depuis qu*'on examine. (II, 164. *Suiv*. 718.)
Depuis qu'un vrai mérite a pu nous enflammer,
Sa présence toujours a droit de nous charmer. (III, 515. *Pol*. 615.)
Ah! *depuis qu*'une femme a le don de se taire,
Elle a des qualités au-dessus du vulgaire. (IV, 151. *Ment*. 209. *var*.)

En 1660 :

Monsieur, quand une femme a le don de se taire....

.... Un amant fâcheux, soit de jour, soit de nuit,
Toujours à contre-temps à nos yeux se produit;
Et *depuis qu*'une fois il commence à déplaire,
Il ne manque jamais d'occasion contraire. (IV, 351. *S. du Ment*. 1193.)
Il n'est rien qui ne cède à l'ardeur de régner;
Et *depuis qu*'une fois elle nous inquiète,
La nature est aveugle et la vertu muette. (V, 531. *Nic*. 411.)
.... *Depuis qu*'un amant à vous voir se hasarde

Il ne voit plus qu'une ombre alors qu'il nous regarde. (v, 337. *Andr.* 494 *var.*)

Ces vers ne se trouvent que dans l'édition de 1651 ; on lit dans les suivantes :

.... Pour peu qu'on vous voie et qu'on vous considère,
Vous ne nous laissez point de conquêtes à faire.

Et *depuis qu*'on le souille (*un si grand projet*) ou d'espoir de salaire,
Ou de chagrin d'amour, ou de souci de plaire,
Il part indignement d'un courage abattu. (VI, 48. *Perth.* 663.)
Et *depuis qu*'un esprit refuse de l'entendre,
    Quoi qu'il pense comprendre,
      Il n'en peut bien juger. (VIII, 40. *Imit.* I, 171.)
    Et *depuis qu*'elle (*la demeure du cabinet, de la cellule*) est mal gardée,
    Ce n'est plus qu'une triste idée
Qui n'enfante qu'ennuis et qu'importunité. (VIII, 119. *Imit.* I, 1557.)
Elle (*la grâce*) n'en souffre point l'injurieux mélange (*des attraits du dehors*),
Et *depuis qu*'avec elle on pense les unir,
    Elle prend aussitôt le change,
Et leur cède le cœur qui les veut retenir. (VIII, 529. *Imit.* III, 5528.)

Voyez encore VIII, 427, *Imit.* III, 3429.

Du DEPUIS, pour *depuis, depuis ce temps* :

Votre âme *du depuis* ailleurs s'est engagée. (v, 234. *Ment.* 1701 *var.*)

Vaugelas condamne absolument cette locution. Corneille ne s'en est servi qu'une fois ; et même il a ainsi modifié, en 1660, le vers où il l'avait employée :

Pour une autre déjà votre âme inquiétée.

DERECHEF, encore, de nouveau :

Sabine y peut mettre ordre, ou *derechef* j'atteste
Le souverain pouvoir de la troupe céleste. (III, 328. *Hor.* 1059.)

DERECHEF, avec ellipse d'un verbe, je le dis, le demande, etc., de nouveau :

Derechef, ne prends soin que de ta guérison. (I, 318. *Clit.* 768.)
Derechef, jugez mieux de la même vertu. (v, 79. *Théod.* 1390.)
Mais *derechef*, je veux ne rien approfondir. (VII, 119. *Att.* 292.)

DÉRÉGLEMENTS, actions contraires à la règle qu'on s'est imposée, qu'on doit s'imposer :

Les princes ont cela de leur haute naissance :
Leur âme dans leur sang prend des impressions
Qui dessous leur vertu rangent leurs passions.
Leur générosité soumet tout à leur gloire :
Tout est illustre en eux, quand ils daignent se croire ;
Et si le peuple y voit quelques *déréglements*,
C'est quand l'avis d'autrui corrompt leurs sentiments. (IV, 43. *Pomp.* 375.)

DÉRÉGLEMENT, infraction aux règles de la poétique :

Cet horrible *déréglement* qui mettoit Paris, Rome et Constantinople sur le même théâtre. (I, 138. *Exam. de Mél.*)

DÉROBER à, soustraire à, enlever à :

Un enfant exposé, dont le mérite éclate,
Et de qui par pitié j'*ai dérobé* les jours
Aux ongles des lions, *aux* griffes des vautours. (vi, 206. *OEd.* 1703.)
Un souris par mégarde *à* ses yeux *dérobé*. (x, 156. *Poés. div.* 23.)

C'est-à-dire, *dérobé aux yeux d'un amant, pour être donné à ceux d'un autre.*

Dérober de, éloigner de, séparer de :

Tu me vois sans Florame : un amoureux ennui
Assez adroitement m'*a dérobé de* lui. (ii, 155. *Suiv.* 556.)
Ta passion, qui souffre une trop dure loi,
Pour la gouverner seul te *déroboit de* moi? (ii, 187. *Suiv.* 1164.)

Se dérober, absolument :

Dérobons-nous ce soir pour lui rendre visite. (i, 484. *Veuve,* 1647.)

Se dérober de quelqu'un :

Cependant le jeune prince D. Sanche, qui se croyait fils d'un pêcheur, dès qu'il en eut atteint seize *(seize ans)*, *se dérobe de* ses parents. (v, 412. *Argum.* de *D. San.*)
Il *se déroba d'*elle, ou plutôt prit la fuite. (vi, 161. *OEd.* 651.)

DÉROUILLER (Se), au propre, avec ellipse du pronom personnel :

Un violent amour pour des choses si rares
Transforme en généreux les cœurs les plus avares....
Fait *dérouiller* les clefs des plus secrets trésors. (x, 120. *Poés. div.* 96.)

Dérouiller le vice, l'enlever, le faire disparaître comme la rouille :

Tu sais....
.... combien est puissante à *dérouiller le vice*
L'aigreur des tribulations. (viii, 519, *Imit.* iii, 5333.)

Cette expression, fort belle d'ailleurs, est quelque peu équivoque; *dérouiller le vice* pourrait signifier, dans certains cas, « le polir, faire d'un vice grossier un vice élégant et raffiné. »

DERRIÈRE, adverbialement, en arrière, au figuré :

J'ai tâché de le suivre *(Lucain)....* Si je suis demeuré bien loin *derrière,* tu en jugeras. (iv, 15, *Au lect.* de *Pomp.*)

DES, pour *de les,* voyez ci-dessus, De, p. 256 et 257.

DÈS.

Dès ici, dès ici-bas :

Voilà....
.... ce qu'aura pour récompense
Dès ici l'homme qui le craint. (ix, 207. *Off. V.* 20.)
.... Il couronne ta foi,
Et joint *dès ici-bas* tant de gloire à ta grâce.... (ix, 31. *Louanges,* 429.)

DÉSACCOUTUMÉ DE :

Non que je sois encor bien *désaccoutumé*
Des douceurs que prodigue un cœur vraiment charmé. (x, 387. *Poés. div.* 11.)

Ce passage est tiré d'une pièce que nous avons cru devoir rejeter à l'*Appendice*, mais que nous pensons cependant être de Corneille.

DÉSANIMÉ.

De sorte qu'à présent deux corps *désanimés*
Termineront l'exploit de tant de gens armés. (1, 300. *Clit.* 419.)

Charles Nodier, qui cite ce passage dans son *Examen critique des Dictionnaires*, définit ainsi le mot : « *Inanimé* se dit de ce qui ne jouit pas d'une existence réfléchie, de sensibilité ; *désanimé* se dirait de ce qui l'a perdue. » — Notre exemple est cité aussi, et cité seul dans *l'Archéologie française* de Ch. Pougens, qui en rapproche le vers suivant du Dante (*Purgatorio*, xv, 135) :

Quando disanimato il corpo giace.

DÉSARMER, DÉSARMER DE, au figuré :

.... Vous pouvez d'un mot *désarmer* sa colère. (IV, 78. *Pomp.* 1226.)
.... Je vous ai laissé *désarmer* mon courroux. (IV, 502. *Rod.* 1717.)
.... Nos submissions *désarmant* leurs dédains,
Toutes ont pour adieu battu l'onde des mains. (v, 389. *Andr.* 1637.)
Un profond repentir *désarme* ses rigueurs. (x, 108. *Poés. div.* 33.)
.... *Désarme* d'éclairs ta divine éloquence. (VIII, 262. *Imit.* III, 59.)

DÉSARMÉ DE :

Ne pourrai-je surprendre un regard favorable.
Un regard *désarmé de* toutes ces rigueurs (v, 516. *Nic.* 121.)
.... Le front *désarmé de* ce regard terrible
Qui dans nos escadrons guide un bras invincible. (VI, 396. *Sert.* 769.)

DÉSARROI, désordre, confusion :

La peur renverse tout, et dans ce *désarroi*
Elle saisit si bien les ombres et leur roi,
Que se précipitant à de promptes retraites,
Tous leurs soucis ne vont qu'à les rendre secrètes. (1, 230. *Mél.* 1461 *var.*)

Corneille, en 1660, a substitué *effroi* à *désarroi :*

Ma voix met tout en fuite, et dans ce vaste *effroi*
La peur saisit si bien les ombres et leur roi....

Un curieux poëme en langue romane intitulé *Fœmina* « quia, sicut fœmina docet in-
« fantem loqui maternam (linguam), sic docet iste liber juvenes rhetorice loqui galli-
« cam », nous apprend qu'au treizième siècle *arroy* s'appliquait aux chevaliers disposés en bon ordre, tandis que *route* se disait des écuyers :

Aray dit homme des chivalers,
Route dit homme des esquiers.

(Voyez l'*Histoire littéraire de la France*, tome XVII, p. 633-635.)

DÉSAVANTAGE, au pluriel :

J'apprends plus contre vous par mes *désavantages*

Que les plus beaux succès qu'ailleurs j'aye emportés,
Ne m'ont encore appris par mes prospérités. (vi, 396. *Sert.* 774.)

DÉSAVEU (Faire un) de :
Ma fille, il ne faut point rougir d'un si beau feu,
Ni chercher les moyens d'*en faire un désaveu*. (iii, 195. *Cid*, 1764.)

DÉSAVOUER que, nier que :
On ne peut *désavouer qu'*en cette dernière posture il remplit assez mal la dignité d'un si grand titre. (i, 272. *Exam. de Clit.*)

Désavouer de :
Non, non : vous le verrez demain au sacrifice,
Par le choix que j'attends couvrir son injustice,
Et par la peine due à son propre forfait
Désavouer ma main *de* tout ce qu'elle a fait. (vi, 213. *OEd.* 1864.)
D'un choix que vous m'aviez vous-même tant loué
Votre cœur et vos yeux vous ont *désavoué*. (vii, 28. *Agés.* 484.)

Se désavouer de :
Et *se désavouant d'*un aveugle secours,
Sitôt qu'il se connoît, il en veut à mes jours. (v, 197. *Hér.* 961.)
C'est-à-dire, *désavouant le secours qu'il a donné, démentant ce qu'il a fait.*

DESCENDRE.
France, ton grand roi parle, et ces rochers se fendent,
La terre ouvre son sein, les plus hauts monts *descendent :*
Tout cède.... (x, 232. *Poés. div.* 10.)
Et monté sur le faîte, il aspire à *descendre*. (iii, 402. *Cin.* 370.)
Tyran, *descends* du trône, et fais place à ton maître. (v, 165. *Hér.* 234.)
Descendons, a-t-il dit, en un combat égal. (v, 391. *Andr.* 1674.)

Descendre, en parlant des pleurs qui descendent des yeux sur le visage :
Ses pleurs ne se sauroient empêcher de *descendre*. (ii, 70. *Gal. du Pal.* 981.)

Descendre au tombeau, chez Pluton :
.... Ces cheveux blanchis sous le harnois....
Descendoient au tombeau tous chargés d'infamie. (iii, 145. *Cid*, 714.)
.... Quand tu les verrois *descendre chez Pluton*,
Ne désespère point, du vivant de Caton. (iv, 47. *Pomp.* 475.)

Descendre à, jusqu'à, s'abaisser à, au figuré :
A-t-elle pu *descendre à* la moindre prière? (ii, 366. *Méd.* 510.)
C'est à toi d'élever tes sentiments aux miens,
Non à moi de *descendre à* la honte des tiens. (iii, 341. *Hor.* 1354.)
Quoi? je pourrois *descendre à* ce lâche artifice? (iv, 464. *Rod.* 843.)

L'amour que j'ai pour vous hait ces molles bassesses
Où d'un sexe craintif *descendent* les foiblesses. (VI, 81. *Perth.* 1412.)
Si je *suis descendu jusqu'à* vous abuser. (VI, 188. *OEd.* 1271.)
C'est avoir beaucoup fait que d'avoir *jusque-là*
Fait *descendre* l'orgueil des héros de Sylla. (VI, 370. *Sert.* 132.)

DESCENDRE, absolument, dans le même sens :

Son hymen toutefois ne vous fait point *descendre*. (VI, 152. *OEd.* 405.)
Mes sœurs, en l'épousant, n'auront point à *descendre*. (VI, 152. *OEd.* 410.)
L'horreur de voir une autre au rang qui vous est dû,
Et le juste chagrin d'*avoir* trop *descendu*
Presseront en secret cette âme de se rendre. (VI, 623. *Oth.* 1124.)

DESCENDRE EN SOI-MÊME, FAIRE DESCENDRE DANS LE CŒUR :

Apprends à te connoître et *descends en toi-même*. (III, 452. *Cin.* 1517.)
A chaque occasion le ciel *y fait descendre* (*dans mon cœur*)
Un sentiment contraire à celui qu'il doit prendre. (III, 442. *Cin.* 1293.)

DESCENTE, action de descendre :

Quand il falloit calmer toute une populace,
Le sénat n'épargnoit promesse ni menace,
Et rappeloit par là son escadron mutin
Et du mont Quirinal et du mont Aventin,
Dont il auroit vu faire une horrible *descente*.... (V, 579. *Nic.* 1551.)

Voyez encore x, 242, *Poés. div.* 3.

DESÇU (AU) DE, à l'insu de :

L'une *au desçu* des siens te montre son ardeur. (I, 180. *Mél.* 641.)
Le Roi, qui ne pourroit refuser sa requête,
Lui veut *à son desçu* faire couper la tête. (I, 366. *Clit. var.*)
Géron, qui depuis peu fait ici tant de tours,
Au desçu d'un chacun a traité ces amours. (I, 411. *Veuve*, 236.)

Corneille n'a employé *au desçu de* que dans ses trois premières pièces. Dans *Mélite* et dans *la Veuve*, il l'a toujours maintenu ; il a effacé en 1660, dans *Clitandre*, le morceau où se trouvait l'exemple cité. — Les locutions *au desçu de* et *à l'insu de* existaient en même temps ; on les trouve toutes deux dans Cotgrave (1611) ; Nicot (1606) ne donne que la première des deux, et de plus *insciemment* et *sans mon sceu*.

Comme vn simple paisant qui de fortune trouue
Des louueaux en vn bois *au desceu de* la louue. (Garnier, *Cornelie*, III, 161.)

« On crut que l'accusation avoit été intentée *au deçu du* prince et pendant sa maladie. »(Perrot d'Ablancourt, traduction de Tacite, *Annales*, livre VI, chapitre XLVII, tome I, p. 403.)

DÉSEMBARRASSER, tirer d'embarras, délivrer :

Son œil m'a répondu de sa pudicité,
Et dedans son cristal mon aiguille enfoncée,
Attirant ses deux mains, m'a *désembarrassée*. (I, 333. *Clit. var.* scène I.)

En 1660, Corneille a supprimé ces vers et tout le morceau auquel ils appartiennent. —

Ce mot était fort employé avant le temps de Corneille ; en voici un exemple tiré de Sully : « Apres que vous luy eustes conseillé en amy de se *desembarrasser* de ses mauuaises affaires, lesquelles, comme vous le sçauiez très bien, iroient touiours en empirant.... il vous bailla des articles et conditions. » (Sully, *OEconomies royales*, tome I, chapitre XLV, édition de 1664, p. 184.) — Voyez aussi le *Lexique de Malherbe*. — Furetière (1690) et l'Académie (1694) donnent ce mot comme équivalent à *débarrasser ;* mais dès lors il n'était plus guère en usage, non plus que *désembellir*, *désemplumer*, *désenterrer*, et autres mots de forme analogue, fort usités jadis.

DÉSENFLER, au figuré :

Fais que contre toi-même un saint zèle t'enflamme
    D'une juste indignation
Pour étouffer soudain ce qui naît dans ton âme
    De superbe et d'ambition ;
Désenfle-la si bien qu'elle soit toujours prête
    A voir que chacun sur ta tête
Par un dernier mépris ose imprimer ses pas. (VIII, 331. *Imit.* III, 1502.)

DÉSERTÉ, abandonné :

J'ai vu mes temples *désertés*. (VII, 350. *Psy.* 1600.)

DÉSESPÉRER, absolument :

Celui qui n'a pas craint les Mores, ni mon père,
Va combattre don Sanche, et déjà *désespère !* (III, 183. *Cid*, 1478.)

L'Académie, dans ses *Sentiments* sur le Cid, est d'avis qu'il eût été plus à propos d'ajouter à *désespérer* ou *de la victoire* ou *de vaincre*. Corneille n'a point fait droit à cette observation.

DÉSESPÉRÉ, substantivement :

L'un voit aux mains d'autrui ce qu'il croit mériter,
L'autre un *désespéré* qui peut trop attenter. (III, 522. *Pol.* 740.)

DÉSESPOIRS.

De mille *désespoirs* mon cœur est assailli. (II, 245. *Pl. roy.* 423.)
.... Par les *désespoirs* d'une chaste amitié,
Nous aurions des deux camps tiré quelque pitié. (III, 315. *Hor.* 777)
.... Tu verras mes feux, changés en juste horreur,
Armer mes *désespoirs*, et hâter ma fureur. (V, 383. *Andr.* 1478.)
    Le démêlé de Scipion avec Massinisse, et les *désespoirs* de ce prince, sont de ce nombre. (VI, 460. *Au lect.* de *Soph.*)

Les grammairiens rangent ce substantif parmi ceux qui n'ont point de pluriel. Corneille, comme l'on voit, l'a plusieurs fois employé à ce nombre, même en prose. Voltaire, dans une note relative à notre second exemple, trouve que ce pluriel « fait un très-bel effet, » et demande avec raison « pourquoi l'on ne pourrait pas dire *mes désespoirs*, comme on dit *mes espérances*. »

DÉSHONORER, avec un nom de chose pour complément :

De la main de ton père un coup irréparable
Déshonoroit du mien la vieillesse honorable. (III, 154. *Cid*, var. 1.)

Toi, d'*avoir* par sa mort *déshonoré* ta main. (III, 344. *Hor.* 1414.)
Je n'ose m'éblouir d'un peu de nom fameux,
Jusqu'à *déshonorer* le trône par mes vœux. (VI, 386. *Sert.* 548.)

DÉSHONORÉ, se rapportant à un nom de chose :

Par cet illustre soin mes vers *déshonorés*
Perdront ce noble orgueil dont tu les vois parés. (X, 135. *Poés. div.* 9.)

DESIR (JEUNE) :

Si ton *jeune desir* eut beaucoup d'imprudence,
Ma fille, j'y devois opposer ma défense. (II, 409. *Méd.* 1389.)

DESIRER QUELQUE CHOSE À QUELQU'UN :

Vivez heureux ensemble, et mourez comme moi,
C'est le bien qu'à tous deux Polyeucte *desire*. (III, 548. *Pol.* 1311.)

DÉSISTER DE, dans le sens de *se désister de* :

Ta volonté suffit ; va-t'en donc et *désiste*
De plus m'offrir une aide à mériter Caliste. (I, 280. *Clit.* 89.)
Quand on a commencé d'en suivre la bannière,
  Il ne faut plus *en désister*. (VIII, 556. *Imit.* III, 6122.)
 Il n'y a pas grand artifice à finir un poëme, quand celui qui a fait obstacle aux desseins des premiers acteurs, durant quatre actes, *en désiste* au cinquième. (I, 105. *Disc. des 3 unit.*)

On trouve dans Nicot les exemples suivants : « *Desister de* demander à triompher ; *desister de* l'accusation qu'on a instituée contre aucun. »

DÉSOLÉ, abandonné :

Mon palais près du vôtre est un lieu *désolé*. (VII, 48. *Agés.* 981.)

DESSEIN, DESSEINS, projet, plan d'une œuvre de littérature ou d'art.

Le *Dessein de la tragédie d'Andromède*, que nous avons pour la première fois réuni aux œuvres de Corneille, n'est autre chose qu'une sorte de livret où le poëte expose au public le plan de son ouvrage, ainsi qu'il le déclare lui-même en ces termes :

J'ai dressé ce discours.... pour servir à soulager la plupart de mes spectateurs, qui.... se placent dans les loges les plus éloignées, où beaucoup de vers, échappant à leur oreille, ne leur laissent pas bien comprendre la suite de mon dessein. (V, 278.)

En terminant les *Desseins de la Toison d'or*, opuscule du même genre, qui était également demeuré inconnu jusqu'ici, Corneille dit :

Voilà quelques légères idées de ce que l'on verra dans cette pièce (VI, 243.)

Le sens de ce mot dans ces titres ne sauroit donc être un instant douteux. Toutes ses acceptions figurées peuvent être aisément rapportées à cette signification première.

FAIRE DESSEIN DE, FAIRE UN DESSEIN :

J'userois envers toi d'une sotte prudence,

Si je *faisois dessein de* te dissimuler
Ce qu'aussi bien mes yeux ne sauroient te celer. (I, 188. *Mél.* 765.)
Bien qu'il *eût fait dessein* sur une autre personne,
Faites-lui retenir ce qu'un hasard lui donne. (II, 293. *Pl. roy.* 1354.)
Elle oppose ses pleurs au *dessein* que je fais. (III, 488. *Pol.* 15.)
Si tu *faisois dessein de* m'éblouir les yeux
Jusqu'à prendre tes dons pour des dons précieux. (V, 162. *Hér.* 119.)
J'*avois fait ce dessein* avant que de l'aimer. (III, 456. *Cin.* 1628.)
Quel *dessein faisiez*-vous sur cet aveugle inceste? (V, 186. *Hér.* 703.)

« On ne peut dire *faire un dessein*, cela n'est pas français, dit Voltaire dans une longue note sur ce dernier passage.... On ne *fait* point *des desseins*, on *fait des projets*. » — Cela se disait pourtant fort bien du temps de Corneille; on trouve dans la première édition du *Dictionnaire de l'Académie : faire un dessein, faire dessein de voyager*, et dans la traduction de Lucien par Perrot d'Ablancourt (tome III, p. 306) : « J'*ai fait dessein de* mettre ici ce qu'elle a de plus remarquable. »

SAVOIR LES DESSEINS DE QUELQUE CHOSE :

Vous *saurez les desseins de* tout ce que j'ai fait. (V, 179. *Hér.* 547.)

PRENDRE LES DESSEINS DE QUELQUE CHOSE :

.... Quelque peu de vraisemblance qu'il y aye à y faire (*dans une place publique*) parler des rois, et à y voir Médée *prendre les desseins de* sa vengeance. (II, 333. *Exam.* de *Méd.*)

Ce dernier exemple est remarquable; il nous montre que l'hémistiche suivant de Racine :

Le dessein en est pris.... (*Andromaque*, acte III, scène I, vers 715)

n'appartient pas exclusivement à la haute poésie, mais est emprunté au langage ordinaire.

CONCLURE DES DESSEINS :

« Amis, leur ai-je dit, voici le jour heureux
Qui doit *conclure* enfin nos *desseins* généreux. » (III, 392. *Cin.* 164.)

« Le mot *dessein*, dit Voltaire, ne convient pas à *conclure*. Il me semble qu'on conclut une affaire, un traité, un marché, que l'on consomme un dessein, qu'on l'exécute, qu'on l'effectue. Peut-être que le verbe *remplir* eût été plus juste et plus poétique que *conclure*. » La critique a peut-être quelque fondement, mais la correction proposée ne nous paraît pas heureuse.

DESSERRER, au figuré :

Apprends de cet exemple à *desserrer* les nœuds
Par qui l'affection, par qui le sang te lie. (VIII, 222. *Imit.* II, 953.)

DESSERVIR, rendre de mauvais offices à quelqu'un :

.... S'il est vrai qu'un homme tel que moi,
Quand il est mécontent, peut *desservir* son roi,
Pourquoi me forcez-vous à l'être? (VII, 47. *Agés.* 942.)

Dans ses *Doutes sur la langue françoise* (p. 33), le P. Bouhours dit que *desservir*, bien qu'il ait été employé par Balzac (tome II, p. 161), est un assez méchant mot, parce qu'il est un peu vieux; mais il a depuis rajeuni; Diderot s'en est servi : « Seriez-vous bien aise qu'on le *desservît* et qu'il fût expulsé? » (*Jacques le fataliste*, tome I, p. 216), et on l'emploie encore fort bien de notre temps.

DESSILLER LA PAUPIÈRE, dans le sens d'ouvrir les yeux :

Ce n'est que de vos yeux que part cette lumière.
— Ce n'est que de mes yeux ! *dessillez la paupière,*
Et d'un sens plus rassis jugez de leur éclat. (I, 233. *Mél.* 1508.)

DESSOUS, préposition :

En vain *dessous* mes lois il revient se ranger. (I, 242. *Mél.* 1685.)
.... Me trouvant enfin *dessous* un toit rustique. (I, 315. *Clit.* 693.)
Le voir toujours languir *dessous* ma dure loi ! (I, 423. *Veuve*, 461.)
.... Attendant sa mort, je vis *dessous* sa loi. (I, 434. *Veuve*, 694.)
Afin de vous ôter désormais toute crainte
Que *dessous* mes discours se cache aucune feinte. (I, 490. *Veuve*, 1772.)
.... Mon cœur désormais vit *dessous* votre empire. (II, 37. *Gal. du Pal.* 358.)
Folle, il n'aima jamais que toi *dessous* les cieux. (II, 89. *Gal. du Pal.* 1332.)
Si le seul Alidor te plaît *dessous* les cieux,
Conserve-lui ton cœur, mais partage tes yeux. (II, 229. *Pl. roy.* 95.)
Et *dessous* ses couleurs j'adorois mon supplice. (II, 282. *Pl. roy.* 1134.)
Il faut l'ensevelir *dessous* sa propre cendre. (II, 353. *Méd.* 270 *var.*)

En 1660, Corneille a ainsi modifié ce vers :

C'est assez mériter d'être réduit en cendre.

Où suivre l'inhumaine, et *dessous* quels climats
Porter les châtiments de tant d'assassinats ? (II, 418. *Méd.* 1587.)
Si *dessous* sa valeur ce grand guerrier s'abat,
Je puis en faire cas, je puis l'aimer sans honte. (III, 136. *Cid*, 532.)
              .... *Dessous* les cieux
Auprès de mon honneur rien ne m'est précieux. (III, 184. *Cid*, 1527.)
         .... Tout l'univers tremblant *dessous* ses lois. (III, 324. *Hor.* 989.)
Rome est *dessous* vos lois par le droit de la guerre. (III, 404. *Cin.* 421.)
Par qui le monde entier, rangé *dessous* ses lois. (III, 408. *Cin.* 531 *var.*)

En 1660, Corneille a mis :

Par qui le monde entier, asservi sous ses lois.

C'est le second et dernier passage où il a changé cette tournure.

Mais ce même devoir qui le vainquit dans Rome
Et qui me range ici *dessous* les lois d'un homme. (III, 510. *Pol.* 514.)
Leur âme dans leur sang prend des impressions
Qui *dessous* leur vertu rangent leurs passions. (IV, 42. *Pomp.* 372.)
Les sables et les bancs cachés *dessous* les eaux
Rendent l'accès mal sûr à de plus grands vaisseaux. (IV, 47. *Pomp.* 483.)
         .... S'il tomboit *dessous* votre puissance. (IV, 64. *Pomp.* 893.)
Est-il *dessous* le ciel père plus malheureux ? (IV, 222. *Ment.* 1491.)
Dessous cette couleur il parle, il sollicite. (IV, 303. *S. du Ment.* 260.)
Je veux bien avec vous que *dessous* votre empire
Toute notre jeunesse en vain brûle et soupire. (V, 33. *Théod.* 359.)
             .... Un funeste hasard
A fait *dessous* sa main rencontrer ce poignard. (V, 99. *Théod.* 1858.)
.... Le mettre en état, *dessous* sa bonne foi,

De régner en ma place ou de périr pour moi. (v, 205. *Hér.* 1141.)
Nous te suivons, Déesse, et *dessous* tes auspices
Nous franchirons sans peur les plus noirs précipices. (v, 376. *Andr.* 1334.)
Et trouve occasion, *dessous* cette couleur,
De venger le mépris qu'on fait de sa valeur. (v, 437. *D. San.* 439.)
.... Si les Dieux irrités
Nous font jamais rentrer *dessous* sa tyrannie. (VII, 74. *Agés.* 1633.)
Il tient *dessous* ses pieds l'hérésie étouffée. (x, 107. *Poés. div.* 16.)

On sait que Vaugelas, et tous les autres grammairiens après lui, ont décidé que ce mot, de même que *dessus, dedans*, ne peut s'employer que comme adverbe, et non comme préposition. Corneille, sans obéir entièrement à leur décision, n'a plus employé que bien rarement dans ses derniers ouvrages le tour qu'il blâmait, mais il ne l'a pas fait disparaître des premiers, ou du moins ce n'a été, comme on le voit, que par exception.

AVOIR LE DESSOUS :

Soit que Rome y succombe, ou qu'Albe *ait le dessous*,
Cher amant, n'attends plus d'être un jour mon époux. (III, 292. *Hor.* 229.)

Expression simple, naturelle, qu'on s'étonne de voir reléguée par Voltaire dans la poésie burlesque. Corneille s'est servi également de la locution *avoir le dessus* : voyez l'article suivant.

AU-DESSOUS :

Et que tout mon courage, après de si grands coups,
Parvienne à des succès qui n'aillent *au-dessous*. (III, 351. *Hor.* 1578.)
.... Même le sort est *au-dessous* de lui. (v, 487. *D. San.* 1672.)

On se sert plus habituellement de la métaphore contraire pour rendre l'idée exprimée dans ce dernier passage, et l'on dit : *il est au-dessus du sort, de la fortune*, c'est-à-dire, il est supérieur au sort, à la fortune.

DESSUS, préposition :

Une amitié si longue est fort mal assurée
Dessus des fondements de si peu de durée. (I, 149. *Mél.* 122.)
Ne t'imagine pas que *dessus* ta parole
D'une fausse douleur un ami te console. (I, 144. *Mél.* 25 *var.*)

Ne t'imagine pas qu'ainsi sur ta parole (1660).

Et rends *dessus* le champ ta vengeance exemplaire. (I, 165. *Mél.* 394 *var.*)

Rends, sans plus différer, ta vengeance exemplaire (1660).

Souffre donc qu'un baiser cueilli *dessus* ta bouche
M'assure entièrement que mon amour te touche. (I, 185. *Mél. var.* 1.)

En 1652, Corneille a fait disparaître tout ce passage.

Enfin je reconnois.... — Qu'avecque tout son bien
Un jaloux *dessus* moi n'obtiendra jamais rien. (I, 211. *Mél.* 1146 *var.*)

Enfin je reconnois.... — Qu'avec tout ce grand bien
Un jaloux sur mon cœur n'obtiendra jamais rien (1663).

Passant *dessus* le ventre à sa troupe mutine,
J'irai d'entre ses bras enlever Proserpine. (I, 227. *Mél.* 1403.)
Fuis, fuis, que *dessus* toi ma vengeance n'éclate. (I, 327. *Clit.* 942.)

Tu n'as plus à débattre avec mes passions
L'empire souverain *dessus* mes actions. (I, 335. *Clit.* 1064.)
Je puis tout sur ma langue, et rien *dessus* mon cœur. (I, 429. *Veuve*, 594.)
Quelqu'un a-t-il à voir *dessus* mes actions? (I, 431. *Veuve*, 625.)
Puisse *dessus* ma tête éclater à tes yeux
Ce qu'a de plus mortel la colère des cieux! (I, 447. *Veuve*, 953.)
Tu fais bien d'échapper; *dessus* toi ma douleur,
Faute d'un autre objet, eût vengé ce malheur. (I, 461. *Veuve*, 1193.)
Tu vois qu'un désespoir *dessus* mon front exprime
En mille traits de feu mon ardeur et ton crime. (II, 53. *Gal. du Pal.* 649.)
Dessus tous mes desirs vous êtes absolue. (II, 68. *Gal. du Pal.* 949.)
Mon amour, par ses yeux plus forte devenue,
L'eût bientôt emporté *dessus* ma retenue. (II, 153. *Suiv.* 498.)
Il s'en pâme de joie, et *dessus* ma parole,
De tant d'affronts reçus son âme se console. (II, 169. *Suiv.* 817.)
Si je puis tant soit peu dissimuler ma joie,
Et que *dessus* mon front son excès ne se voie.... (II, 176. *Suiv.* 954.)
Cesse de m'éclaircir *dessus* un tel secret. (II, 264. *Pl. roy.* 787 var.)

    Cesse de m'éclaircir sur ce triste secret (1660).

Agissez pleinement *dessus* mes volontés. (II, 267. *Pl. roy.* 836.)
J'aurai l'œil de si près *dessus* ses actions,
Que je m'éclaircirai de ses intentions. (II, 269. *Pl. roy.* 875.)
Ma main *dessus* sa bouche y saura trop pourvoir. (II, 274. *Pl. roy.* 971.)
Et *dessus* mon regret mes desirs triomphants
Ont encor le secours du soin de mes enfants. (II, 348. *Méd.* 171.)
.... Leur maître Vulcain poussoit par leur haleine
Un long embrasement *dessus* toute la plaine. (II, 361. *Méd.* 414.)
Vous me verrez suivi de mille bataillons
Jusque *dessus* ces murs planter mes pavillons. (II, 401. *Méd.* 1236 var.)

    Sur ces murs renversés planter mes pavillons (1660).

C'est vous, petits ingrats, que malgré la nature
Il me faut immoler *dessus* leur sépulture. (II, 415. *Méd.* 1534.)
Je ne veux point régner que *dessus* votre cœur. (II, 455. *Illus.* 420.)
Chaque jour, chaque instant entasse pour ma gloire
Laurier *dessus* laurier, victoire sur victoire. (III, 115. *Cid, var.* 4.)

    Chaque jour, chaque instant, pour rehausser ma gloire
    Met lauriers sur lauriers, victoire sur victoire (1660).

    O cieux! à combien de soupirs
    Faut-il que mon cœur se prépare,
S'il ne peut obtenir *dessus* mon sentiment
Ni d'éteindre l'amour, ni d'accepter l'amant? (III, 186. *Cid*, 1579 var.)

    Si jamais il n'obtient sur un si long tourment.... (1660).

L'ordre mal concerté, l'occasion mal prise,
Peuvent *dessus* ton chef renverser l'entreprise. (III, 386. *Cin.* 30 var.)

    Peuvent sur son auteur renverser l'entreprise (1660).

Nous avons un vaisseau tout prêt *dessus* la rive. (III, 443. *Cin.* 1330 *var.*)
   Nous avons pour partir un vaisseau sur la rive (1660).
.... Les glaives qu'il tient pendus,
Dessus ces illustres coupables.... (III, 540. *Pol.* 1122 *var.*)
   Sur les plus fortunés coupables (1660).
Peut-être qu'après tout ces croyances publiques
Ne sont qu'inventions de sages politiques
Pour contenir un peuple ou bien pour l'émouvoir,
Et *dessus* sa foiblesse affermir leur pouvoir. (III, 553. *Pol. var.* 1.)
   Ces quatre vers ont été supprimés à partir de 1660.
Pressé de toutes parts des colères célestes,
Il en vient *dessus* vous faire fondre les restes. (IV, 30. *Pomp.* 86.)
Il peut aller, s'il veut, *dessus* son monument
Recevoir ses devoirs et son remercîment. (IV, 37. *Pomp.* 251.)
Oh! combien d'allégresse une si triste guerre
Auroit-elle laissé *dessus* toute la terre! (IV, 65. *Pomp.* 922.)
Dessus mes volontés vous êtes souveraine. (IV, 82. *Pomp.* 1350.)
.... Tant de faveurs *dessus* lui répandues
Sur un indigne objet ne sont pas descendues. (IV, 380. *S. du Ment.* 1701.)
Rodogune a paru, sortant de sa prison,
Comme un soleil levant *dessus* notre horizon. (IV, 441. *Rod.* 282.)
On lit *dessus* leur front l'allégresse de l'âme. (IV, 494. *Rod.* 1540.)
Autant que sa fureur s'est immolé de têtes,
Autant *dessus* la sienne il croit voir de tempêtes. (V, 158. *Hér.* 14.)
.... Ce grand nom sans peine a pu vous enseigner
Comment *dessus* vous-même il vous falloit régner. (V, 193. *Hér.* 850.)
Venger Héraclius *dessus* son fils unique. (V, 218. *Hér.* 1424.)
Je n'ai que ma douleur qui m'aveugle et me guide :
Dessus toute mon âme elle seule préside. (V, 345. *Andr.* 663.)
Que de nouveau, ce monstre entré *dessus* vos terres
Fasse à tous vos sujets d'impitoyables guerres. (V, 347. *Andr.* 722.)
Détournons sa fureur *dessus* une autre proie. (V, 358. *Andr.* 923.)
.... De libérateur de vos rares beautés
M'élever en tyran *dessus* vos volontés. (V, 366. *Andr.* 1069.)
Cet empire absolu qu'ils ont *dessus* nos âmes
Eteint, comme il leur plaît, et rallume nos flammes. (V, 369. *Andr.* 1146.)
Que craindrons-nous, amis? nous avons dieux pour dieux,
Oracle pour oracle; et la faveur des cieux,
D'un contre-poids égal *dessus* nous balancée,
N'est pas entièrement du côté de Persée. (V, 377. *Andr.* 1338.)
Je suis ravi de voir qu'au milieu de vos flammes,
De si dignes respects règnent *dessus* vos âmes. (V, 379. *Andr.* 1400.)
Je m'impose à vos yeux la plus dure des gênes,
Et fais *dessus* moi-même un illustre attentat,
Pour me sacrifier au repos de l'État. (V, 423. *D. San.* 95.)
Je ne sais point répondre autrement pour un roi
A qui *dessus* son trône on veut faire la loi. (V, 540. *Nic.* 626.)

J'irai *dessus* ses pas aux deux bouts de la terre,
Chercher des ennemis à te faire la guerre. (vi, 31. *Perth.* 259.)
Votre félicité sera mal assurée
Dessus un fondement de si peu de durée. (vi, 54. *Perth.* 808.)
Mais *dessus* ce vieillard plus je porte les yeux
Plus je crois l'avoir vu jadis en d'autres lieux. (vi, 194. *OEd.* 1423.)
Ils brûlent d'en chercher *dessus* quelque autre rive. (vi, 268. *Tois.* 301.)

Voyez encore tome X, p. 52, *Poés. div.*, vers 34; p. 119, *ibid.*, vers 68; p. 130, *ibid.*, vers 11; p. 209, *ibid.*, vers 227.

Nous avons signalé les efforts de Corneille pour faire disparaître de ses œuvres *dedans* servant de préposition, et nous avons vu un peu plus haut qu'il a été beaucoup moins scrupuleux pour *dessous*. Les variantes qui accompagnent la plupart de nos premiers exemples de *dessus* prouvent qu'il avait eu d'abord l'intention de suivre pour ce mot le conseil des grammairiens; mais la suite montre qu'il a fini, et assez vite, par se lasser et n'en plus tenir compte. On a pu voir, dans les nombreuses citations qui précèdent, que les pièces où notre poète s'est le plus appliqué, en 1660, à corriger les vers où *dessus* figurait comme préposition, sont *le Cid*, *Cinna* et *Polyeucte*.

DESSUS, substantif, suscription :

En fermant le paquet j'écrirai le *dessus*. (iv, 207. *Ment.* 1244.)

Voyez le *Lexique de Mme de Sévigné*, tome I, p. 273.

AVOIR LE DESSUS, avoir l'avantage :

Ils savent oublier quand ils *ont le dessus*. (v, 585. *Nic.* 1665.)
.... Sur notre Arménie Orode *eut le dessus*. (vii, 466. *Sur.* 84.)

AVOIR LE DESSUS DE, l'emporter sur :

Si *de* nos ennemis Rodrigue *a le dessus*,
Il est mort à nos yeux des coups qu'il a reçus. (iii, 176. *Cid.* 1339.)

Voltaire a blâmé cette expression, comme nous l'avons vu blâmer déjà plus haut *avoir le dessous*; elle est, dit-il, « trop populaire. »

PRENDRE LE DESSUS DE, triompher de, vaincre, surmonter :

Et *prennent le dessus de* ces conseils prudents,
Dont on cherche l'effet quand il n'en est plus temps. (iv, 644. *Oth.* 1575.)
Comme le vrai mérite a ses prérogatives,
Qui *prennent le dessus des* haines les plus vives. (vi, 396. *Sert.* 762.)
Il *a pris le dessus de* toutes leurs rigueurs. (vi, 548. *Soph.* 1809.)

AU-DESSUS DE, au figuré :

J'ai le cœur *au-dessus des* plus fières disgrâces. (iii, 127. *Cid.* 394.)
Ta vertu met ta gloire *au-dessus de* ton crime. (iii, 357. *Hor.* 1760.)
De pareils serviteurs sont les forces des rois,
Et de pareils aussi sont *au-dessus des* lois. (iii, 357. *Hor.* 1754.)
Ce prince d'un sénat maître de l'univers,
Dont le bonheur sembloit *au-dessus du* revers. (iv, 51. *Pomp.* 576.)
Et suis trop *au-dessus de* cette indignité. (v, 198 *Hér.* 969.)
Votre vertu, Madame, est *au-dessus du* crime. (v, 560. *Nic.* 1099.)
Bien que votre valeur étonne l'univers,
Qu'elle mette vos noms *au-dessus de* mes vers. (x, 209. *Poés. div.* 224.)

DESTIN.

Courtrai, sans en verser (*sans verser de sang*), eût changé de *destin*.
(x, 205. *Poés. div.* 159.)
C'est-à-dire, fût, de ville espagnole, devenu ville française.

Bons destins, sort propice :
S'y voyant sans emploi, sa grande âme inquiète
Veut bien de don Garcie achever la défaite,
Et contre les efforts d'un reste de mutins,
De toute sa valeur hâter nos *bons destins*. (v, 422. *D. San.* 84.)

Trancher le destin de quelqu'un, le tuer :
.... C'est dans votre festin
Que ce soir par votre ordre on *tranche son destin*. (vi, 369. *Sert.* 108.)

Faire son destin soi-même, décider de son sort (en se tuant) :
Pour braver Massinisse, elle a quelque raison
De refuser de lui le secours du poison ;
Mais ce refus pourroit n'être qu'un stratagème
Pour *faire*, malgré nous, *son destin elle-même*. (vi, 544. *Soph.* 1688.)

Destin, projet :
Comme à mon ennemi je t'ai donné la vie,
Et malgré la fureur de ton lâche *destin*,
Je te la donne encor comme à mon assassin. (iii, 459. *Cin.* 1703.)

Voltaire a substitué *dessein* à *destin*; ce dernier mot, en effet, ne nous est plus familier en ce sens, qui n'est plus même indiqué par les dictionnaires du dix-septième siècle ; mais la façon dont ils expliquent le verbe *destiner* ne laisse aucun doute sur cette acception du substantif. La première définition que Furetière donne du verbe, en 1690, dans son *Dictionnaire*, est : « Projeter de faire quelque chose, en disposer dans sa pensée. Les hommes *destinent* de faire beaucoup de choses, dont la mort empêche l'exécution. » En 1694, l'Académie dit à son tour : « *Destiner*, v. n. Projeter, se proposer de faire quelque chose. J'*ai destiné* de faire cela.

DESTINER pour :

Le ciel, le juste ciel, ennemi des ingrats,
Qui *pour* ton châtiment *a destiné* mon bras,
T'apprendra qu'à moi seul Hippolyte est gardée. (ii, 99. *Gal.du Pal.* 1520.)
C'est à ce grand héros que le sort t'a donnée,
C'est *pour* lui que le ciel te *destine* aujourd'hui. (v, 360. *Andr.* 960.)
.... Pour moi, que le ciel *destinoit pour* un roi,
Digne de la Castille, et digne encor de moi,
J'avois mis cette bague en des mains assez bonnes. (v, 493. *D. San.* 1803.)

Destiné pour :

.... Du même poignard *pour* César *destiné*
Je perce en soupirant son cœur infortuné. (iv, 31. *Pomp.* 99.)
.... Ce soir, *destiné pour* la cérémonie,
Fera voir pleinement si ma haine est finie. (iv, 486. *Rod.* 1375.)
Il vous en plut, Seigneur, réserver une fille,

Et résoudre dès lors qu'elle auroit pour époux
Ce prince *destiné pour* régner après vous. (v, 159. *Hér.* 56.)

Cette tournure est employée à chaque instant par les auteurs du dix-septième siècle ; la Fontaine a dit (livre III, fable XII) :

> Dans une ménagerie
> De volatiles remplie
> Vivoient le cygne et l'oison :
> Celui-là *destiné pour* les regards du maître,
> Celui-ci pour son goût....

DÉSU (Au), voyez Desçu (Au).

DÉSUNIR, au figuré :

Unissant nos maisons, il *désunit* nos rois. (III, 290. *Hor.* 174.)
S'il vous *a désunis*, sa mort va vous rejoindre. (III, 548. *Pol.* 1307.)
Le devoir *désunit* l'amitié la plus forte. (VI, 642. *Oth.* 1529.)

Désunir de, désunir d'avec :

Vengez-vous de celui dont la plume faussaire
Désunit d'un seul trait Mélite *de* Tircis,
Cloris *d'avec* Philandre.... (I, 244. *Mél. var.* 3.)

En 1660, Corneille a entièrement modifié ce passage.

Désunir de, délivrer, tirer de :

Par un juste supplice osez me *désunir*
De la nécessité d'aimer et de punir. (VI, 200. *OEd.* 1575 et 1576.)

Cette tournure a été critiquée ; c'est, comme on l'a dit avec raison, une expression bien *grande et hardie*, *étrange* même, pour dire une chose fort simple : « Otez-moi la nécessité d'aimer et de punir. » Voyez l'*Appendice* à la *Notice d'OEdipe* (tome VI, p. 118).

Désuni.

.... Laissez à l'amour conserver par pitié
De ce tout *désuni* la plus digne moitié. (VI, 138. *OEd.* 80.)

DÉTACHÉ, au figuré :

Peux-tu voir tant de pleurs d'un œil si *détaché?* (III, 563. *Pol.* 1641.)
Oh! que tous ces besoins ont de cruelles gênes
    Pour un esprit bien *détaché!* (VIII, 133. *Imit.* I, 1829.)

DÉTERMINÉMENT, d'une manière déterminée, précisément :

Un empêchement, qu'on ne peut encore *déterminément* prévoir. (III, 93. *Exam. du Cid.*)

DÉTESTER, neutralement, jurer, blasphémer :

L'un en gémit, l'autre en *déteste.* (X, 161. *Poés. div.* 26.)

Détester, activement, maudire, blâmer, condamner :

Tous accusent leurs chefs, tous *détestent* leur choix. (III, 316. *Hor.* 790.)
Il *déteste* sa vie et ce complot maudit. (III, 433. *Cin.* 1107.)

DÉTOURNER sur, au figuré :

Ah! perfide. *Sur* moi *détourne* ton courroux!(II, 100. *Gal. du Pal.* 1528.)
Ce zèle *sur* mon sang *détourna* votre perte. (V, 182. *Hér.* 608.)
De nos têtes *sur* eux *détournez* cette foudre. (VI, 582. *Oth.* 174.)

DÉTRACTION, médisance, invective :

Penses-tu, m'amusant avecque des sottises,
Par tes *détractions* rompre mes entreprises? (I, 202. *Mél. var.* 1.)

Corneille a mis en 1660 :

Penses-tu m'arrêter par ce torrent d'injures?

.... Pour donner couleur à vos *détractions*
Vous lisez fort avant dans mes intentions. (II, 177. *Suiv.* 971.)

DÉTRUIRE, en parlant des personnes :

Jason m'a trop coûté pour le vouloir *détruire*. (II, 358. *Méd.* 358.)
J'attendrai du hasard qu'il ose le *détruire?* (III, 389. *Cin.* 98.)
Et si sous votre choix j'ai voulu les réduire,
C'est pour vous faire honneur, et non pour les *détruire*. (V, 440. *D.San.* 506.)
Elle rassemble en soi vos attraits divisés :
On vous connoîtra moins si vous la *détruisez*. (V, 355. *Andr.* 845.)
Je les connois, Madame, et j'ai vu cet ombrage
Détruire Antiochus et renverser Carthage. (V, 578. *Nic.* 1524.)
.... Vous ne croirez point, ma sœur, qu'il vous mérite,
Qu'il n'ait vengé ma mort, et *détruit* Pertharite. (VI, 24. *Perth.* 92.)
Je n'ai rien oublié de ce qui peut séduire
Un vrai ressentiment qui voudroit vous *détruire*. (VI, 42. *Perth.* 540.)
Vous ne m'avez sauvé que pour mieux me *détruire*. (VI, 275. *Tois.* 498.)
Elle qui ne cherchoit tantôt qu'à te *détruire?* (VI, 287. *Tois.* 757.)
N'éclaire point leur fuite après qu'ils m'ont *détruit*. (VI, 346. *Tois.* 2153.)
Comme je ne veux point *détruire* ton Aæte,
Ne *détruisez* pas mes héros. (VI, 348. *Tois.* 2188 et 2189.)
Non, elle ne peut pas tout à fait nous *détruire*. (VI, 426. *Sert.* 1502.)
Par quel motif de haine obstinée à vous nuire,
Nous avez-vous forcés vous-même à vous *détruire?* (VI, 521. *Soph.* 1182.)
Sitôt qu'il nous veut perdre, un coup d'œil nous *détruit*. (VI, 601. *Oth.* 620.)
Vous *détruisez* tous mes amis. (VII, 47. *Agés.* 949.)
Je passe à vos amis qu'il m'a fallu *détruire*. (VII, 49. *Agés.* 1006.)
Car enfin elle est belle, elle peut tout séduire,
Et vous forcer vous-même à me vouloir *détruire*. (VII, 162. *Att.* 1310.)

L'emploi de ce mot dans cette acception est fort ancien dans notre langue :

Tant que t'*aie destruit*, jamès ne funerai. (*Doon de Maience*, vers 7580.)

Que diroit-il luy mesme au logis de Pluton,
Si moy qu'il a touiours plus aimé que sa vie,
Si moy, qui suis son cœur, qui fus sa chère amie,
Le quittois, l'estrangeois, et possible sans fruit,
Pour flater laschement Cesar, qui le *destruit?* (Garnier, *Antoine*, acte II.)

...... C'est en quoy, malheureux!
Les Immortels ie blasme, à mon mal rigoureux.

Qu'vn homme effeminé de corps et de courage,
Qui du mestier de Mars n'apprist oncque l'vsage
M'ait vaincu, m'ait domté, m'ait chassé, m'*ait destruit*,
M'ait apres tant de gloire au dernier point reduit. (Garnier, *Antoine*, acte III.)

Encore n'est-ce rien, las! ce n'est rien au pris
De vous, mon cher espoux, par mes amorces pris,
De vous que l'infortune, et que de main sanglante
Ie contrains deualer sous la tombe relante :
De vous que ie *destruis*, de vous, mon cher seigneur,
A qui i'oste la vie, et l'empire et l'honneur. (*Ibidem*, acte V.)

SE DÉTRUIRE, en parlant des personnes :

Quand je crois l'acquérir, c'est lors que je la perds;
Et *me détruis* moi-même alors que je la sers. (VII, 406. *Pulch.* 644.)
Comme si par ses dons il pouvoit me séduire,
Ou qu'il pût m'accabler, et ne *se* point *détruire*. (VII, 525. *Sur.* 1522.)

SE DÉTRUIRE, en parlant des impressions morales :

Mille agitations, que mes troubles produisent,
Dans mon cœur ébranlé tour à tour *se détruisent*. (III, 521. *Pol.* 726.)

DÉTRUIT.

Et du parti contraire en ce grand chef *détruit*,
Prendre sur vous le crime, et lui laisser le fruit. (IV, 34. *Pomp.* 183.)

Mairet avait dit dans un sens analogue :

On ne me verroit pas *destruit* comme ie suis. (*Sophonisbe*, acte I, scène I.)

Voyez le *Lexique de Racine*.

DETTE (DÉNIER, CONFESSER LA), expressions figurées et proverbiales :

Je sais ce que je suis et ce qu'est Isabelle,
Et crains peu qu'un valet me supplante auprès d'elle.
Je ne puis toutefois souffrir sans quelque ennui
Le plaisir qu'elle prend à causer avec lui.
— C'est *dénier* ensemble et *confesser la dette*. (II, 463. *Illus.* 573.)

DEUX.

TOUS LES DEUX, suivi d'un substantif :

Lorsque vous conserviez un esprit tout romain,
Le sien irrésolu, le sien tout incertain,
De la moindre mêlée appréhendoit l'orage,
De *tous les deux* partis détestoit l'avantage. (III, 287. *Hor.* 104.)

CES DEUX, sans substantif après :

.... *Ces deux* que ton bras dérobe à ma justice. (I, 362. *Clit.* 1602.)

LES DEUX, en parlant de deux personnes sur trois, par opposition à la troisième :

Des trois *les deux* sont morts, son époux seul vous reste. (II, 324. *Hor.* 995.

DÉVALER, neutralement, précipiter, plonger :

Madame, je suis mort, et votre amour fatale
Par un indigne coup aux enfers me *dévale*. (II, 527. *Illus. var.*)

A partir de 1660 Corneille a supprimé ces vers.

DÉVALER DE, neutralement, descendre de :

On ne montera point au rang *dont* je *dévale*
Qu'en épousant ma haine, au lieu de ma rivale. (IV, 451. *Rod.* 499.)

DEVANCER, au figuré :

S'il précéda Philiste en vaines dignités,
Philiste le *devance* en rares qualités. (I, 424, *Veuve*, 486.)

DEVANT.

DEVANT LES YEUX DE, aux yeux de :

Il y va de la gloire de Dieu, qui se plaît dans celle de ses saints, dont la mort, si précieuse *devant ses yeux*, ne doit pas passer pour fabuleuse *devant ceux des* hommes. (III, 475. *Abrégé du mart. de S. Pol.*)

DEVANT, avant, préposition et adverbe.

Corneille a modifié cette expression dans plusieurs passages où elle aurait pu être équivoque :

.... Je lui fais savoir que *devant* mon trépas,
Tout autre qu'Alcidon ne l'emportera pas. (I, 440. *Veuve*, 813 *var.*)

.... Jusqu'à mon trépas (1660).

Et lors ne pense pas, quoi que tu te proposes,
Que de tes volontés *devant* lui tu disposes. (II, 247. *Pl. roy.* 466.)
Encor que vous partiez beaucoup *devant* le jour,
Vous ne serez jamais assez tôt de retour. (II, 281. *Pl. roy.* 1119.)
Adieu : je vais du moins en mourant *devant* toi,
Diminuer ton crime, et dégager ta foi. (II, 516. *Illus.* 1543 *var.*)

.... En mourant avant toi (1660).

Et je serai ravie alors de voir vos flammes
Brûler mieux que *devant*, et rejoindre vos âmes. (II, 247. *Pl. roy.* 470.)
Qui se fût défié que la nuit de *devant*
Votre propre grandeur dût fendre ainsi le vent?
(IV, 290. *S. du Ment. var.* 2.)

Et parmi ces apprêts, la nuit d'auparavant,
Vous sûtes faire gille, et fendîtes le vent (1660).

Vierge *devant* ta couche, et vierge après ta couche. (IX, 8. *Louanges*, 15.)

DEVANT QUE, avant que.

Vaugelas (*Remarques*, p. 319), parlant de *devant que* et d'*avant que*, fait observer que tous deux sont « bons, mais que le dernier, plus de la cour, est plus en usage. »

.... *Devant* qu'il soit peu, nous en verrons l'effet. (II, 464. *Illus.* 599.)

Va ; *devant* qu'il soit peu, je t'irai retrouver. (III, 419. *Cin.* 792 *var.*)

Éloigne-toi ; dans peu j'irai te retrouver (1660).

.... *Devant* qu'il soit peu, nous reverrons Phinée. (v, 335. *Andr.* 455.)

AU-DEVANT DES MURS, en avant des murs, devant les murs :
Jusqu'*au-devant des murs* je vais le recevoir. (III, 503. *Pol.* 360.)

PRENDRE LE PAS DEVANT, voyez PAS.

DÉVELOPPER, au figuré, débrouiller, expliquer :

Ils (*les anciens*) nous laissent beaucoup d'obscurités dans leurs poëmes, qu'il n'y a que les maîtres de l'art qui puissent *développer*. (I, 110. *Disc. des 3 unit.*)

Quand il faut de nécessité finir la pièce, un bon homme semble tomber des nues pour faire *développer* le secret de sa naissance. (v, 415. *Exam. de D. San.*)

DÉVELOPPÉ DE, au figuré, débarrassé de, délivré de :

Celui que ta parole une fois a frappé,
De tant d'opinions vaines, ambitieuses....
    Est bien *développé*. (VIII, 39. *Imit.* 1, 163.)

DEVENIR, suivi d'un participe passé :

A quel point ma vertu *devient*-elle réduite ! (III, 343. *Hor.* 1395.)
Mais alors quel esprit n'en *devient* point troublé? (III, 421. *Cin.* 827.)

DEVERS.

« Depuis quelque temps, ce mot a vieilli, dit Vaugelas (*Remarques*, p. 172), et nos modernes écrivains ne s'en servent plus dans le beau langage. Ils disent toujours *vers.* » Corneille l'a employé assez souvent dans ses premières pièces.

Je sens bien que déjà *devers* lui tu t'envoles. (II, 72. *Gal. du Pal.* 1013.)
Autre objet que mes yeux *devers* nous vous attire. (II, 147. *Suiv.* 405.)
Le prêtre avoit à peine obtenu du silence,
Et *devers* l'orient assuré son respect,
Qu'ils ont fait éclater leur manque de respect. (III, 526. *Pol.* 827.)
Tout un grand peuple armé fuyoit *devers* le port. (IV, 89. *Pomp.* 1519 *var.*)

En 1660, notre poëte a ici substitué *vers* à *devers* :

J'ai vu fuir tout un peuple en foule *vers* le port.

Mais quel mauvais démon *devers* nous le conduit? (v, 195. *Hér.* 917.)
O ciel ! quel bon démon *devers* moi vous envoie? (v, 224. *Hér.* 1555.)

Voici deux exemples postérieurs à la publication des *Remarques* de Vaugelas (octobre 1647) :

Mais, Seigneur, *devers* vous elle-même s'avance. (VI, 505. *Soph.* 786.)
    .... Que ferez-vous pour moi?
— Tout ce que peut un cœur qu'engage ailleurs ma foi.
C'est *devers* vous qu'il penche.... (VII, 133. *Att.* 597.)

DEVOIR une personne à quelqu'un :
Il *me devra* sa sœur, s'il faut qu'il vous obtienne,
Et si je suis à vous, je *lui devrai* la mienne. (v, 458. *D. San.* 973 et 974.)

Devoir à, employé absolument :
Je *dois à* ma maîtresse aussi bien qu'*à* mon père. (III, 122. *Cid*, 322.)
Dois-je pas *à* mon père avant qu'*à* ma maîtresse? (III, 123. *Cid*, 342 *var.*)
Cette tournure fut blâmée par l'Académie; Corneille la laissa néanmoins subsister dans le premier passage, mais il modifia ainsi le second :
Je *dois* tout *à* mon père avant qu'*à* ma maîtresse.

Dût, avec ellipse du pronom personnel :
Ne vous contraignez point : *dût* m'en coûter le jour,
Je tiendrai ma promesse en dépit de l'amour. (VI, 426. *Sert.* 1511.)
C'est-à-dire, *dût-il m'en coûter le jour.*
Voyez I, 361, *Clit.* 1572 *var.*, et VI, 279, *Tois.* 586, *dût*, dans un tout autre emploi, pour *devroit.*

Se devoir quelque chose :
Je sais ce que je suis et ce que je *me doi.* (v, 421. *D. San.* 68.)

Se devoir à, avec l'infinitif :
Je *me dois* toute entière *à* le magnifier. (IX, 223. *Off. V.* 3.)
Voyez Dû (Le).

DEVOIR, substantif :

Devoirs, actes de courage, sacrifices, qu'on doit (à son pays, etc.) :
Ne pensez qu'aux *devoirs* que vos pays demandent. (III, 312. *Hor.* 704.)

Devoirs, actes de soumission, etc., politesses, prévenances :
Les saints *devoirs* que je leur rends (*à mes parents*).
(x, 52. *Poés. div.* 33.)
Mille petits *devoirs* ont tant parlé pour moi,
Qu'il ne m'est plus permis de douter de sa foi. (I, 402. *Veuve*, 67.)

DÉVORER, au figuré :
Le chagrin accablant qui me *dévore* l'âme
Me fait abandonner et peuple, et sceptre, et femme. (VI, 205. *OEd.* 1681.)
Caliste, mon plus cher souci,
Prends pitié de l'ardeur qui me *dévore* l'âme. (x, 50. *Poés. div.* 2.)
Au reste, soyez sûr que vous posséderez
Tout ce qu'en votre cœur déjà vous *dévorez.* (v, 542. *Nic.* 698.)
Je les voyois tous trois se hâter sous un maître
Qui, chargé d'un long âge, a peu de temps à l'être,
Et tous trois à l'envi s'empresser ardemment
A qui *dévoreroit* ce règne d'un moment. (VI, 577. *Oth.* 44.)

DÉVOT, TE, adjectif :

>Rends-nous humbles, rends-nous *dévots.* (VIII, 309. *Imit.* III, 1044.)
>C'est dans le calme et le silence
>Que l'âme *dévote* s'avance. (VIII, 119. *Imit.* I, 1564.)

Dévot, substantivement :

>Si je croyois avoir égalé ce grand *dévot* que j'ai fait parler en vers.... (VIII, 1. *Épît. de l'Imit.*)
>Ces *dévots* à demi, sur qui la chair plus forte
>Domine encore en quelque sorte. (VIII, 55. *Imit.* I. 424.)

DÉVOTIONS.

Corneille s'était d'abord servi de ce mot dans *Médée* en parlant des pratiques de la religion païenne :

>Que vos *dévotions* d'une longue souffrance
>Gênent un pauvre amant qui meurt en votre absence !
>(II, 349. *Méd.* 177 *var.*)

Mais il s'aperçut de l'impropriété du terme, et mit en 1644 :

>Que votre zèle est long, et que d'impatience
>Il donne à votre amant qui meurt en votre absence !

DEXTÉRITÉ, habileté, ressources, et parfois ruses d'un esprit adroit :

>Avec cette lumière et ma *dextérité*
>J'en veux aller savoir toute la vérité. (I, 175. *Mél.* 565.)
>Votre *dextérité* n'en viendroit pas à bout. (I, 243. *Mél.* 1702.)
>Qu'il s'en est bien défait ! qu'avec *dextérité*
>Le fourbe se prévaut de son autorité ! (I, 280. *Clit.* 95.)
>Si par *dextérité* tu n'en peux rien tirer. (I, 413. *Veuve,* 275.)
>.... Ta *dextérité* me semble incomparable. (I, 448. *Veuve,* 988.)
>Que n'obtiendras-tu point par ta *dextérité !* (II, 57. *Gal. du Pal.* 731.)
>.... Je me promets tant de ta *dextérité.* (II, 74. *Gal. du Pal.* 1047.)
>Obtenir de Médée avec *dextérité*
>Ce que refuseroit son courage irrité. (II, 370. *Méd.* 595.)
>Je suis seul, vous n'avez que cette damoiselle,
>Dont la *dextérité* ménagea nos amours. (II, 510. *Illus. var.*)
>Si ma *dextérité* n'eût su l'en empêcher. (III, 397. *Cin.* 284.)
>.... Il se fioit tant sur sa *dextérité,*
>Qu'il disoit peu souvent deux mots de vérité. (IV, 221. *Ment. var.* 1.)
>.... J'avois ignoré, Monsieur, jusqu'à ce jour,
>Que la *dextérité* fût un crime en amour. (IV, 226. *Ment.* 1572 *var.*)

>>Que l'adresse d'esprit fût un crime en amour (1668).

>.... Je te voudrois mal de cette violence
>Que ta *dextérité* feroit à mon silence. (IV, 446. *Rod.* 388.)
>Va plus outre, et par zèle ou par *dextérité,*
>Joins le vouloir des Dieux à leur autorité. (V, 18. *Théod.* 25.)

DEXTRE, main droite :

Si j'y manquois, grands Dieux! je vous conjure tous
D'armer contre Alcidon vos *dextres* vengeresses. (I, 441. *Veuve*, 835.)
.... Je n'arme pas ta *dextre* sanguinaire. (II, 384. *Méd. var.* 2.)

En 1660, Corneille a entièrement changé le passage d'où ce vers est tiré.

Vous, dignes commandants, vous, *dextres* aguerries,
Troupes aux champs de Mars dès le berceau nourries.
(x, 211. *Poés. div.* 265.)

Ici *dextre*, dans le sens de *main*, *bras*, est employé, avec une énergique hardiesse, pour la personne même.

À LA DEXTRE DE :

Cette locution s'est longtemps conservée dans le langage religieux.

Tu te sieds *à sa dextre* (de Dieu), à côté de ton fils. (IX, 51. *Louanges*, 805.)
Est assis *à la dextre de* Dieu, le Père tout-puissant. (IX, 75. *Off. V.*)

C'est la traduction des mots du symbole : « sedet ad dexteram Dei, Patris omnipo-
« tentis. » — Les *Louanges de la sainte Vierge* ont été publiées en 1665, l'*Office de la Vierge* en 1670. — On disait de même *à la senestre* : « Où mettrons-nous ce proto-martyr? *A la dextre* ou *à la senestre de* Dieu? » (Tallemant des Réaux, *Historiettes*, tome V, p. 144.)

DEXTREMENT, adroitement :

.... Tu sais *dextrement* adoucir mon martyre. (I, 158. *Mél.* 286. *var.*)

Tu sais adroitement adoucir mon martyre (1664).

Tâche si *dextrement* de tourner son courage.... (I, 176. *Mél.* 580 *var.*)

Sache avec tant d'adresse ébranler son courage (1668).

Et pour ton intérêt *dextrement* te méprendre. (I, 193. *Mél.* 839 *var.*)

Et pour ton intérêt aimer à te méprendre (1660).

Lorsque de part et d'autre un couple qui s'entr'aime
Abuse *dextrement* de cette liberté
Que permettent les lois de la civilité. (I, 402. *Veuve, var.* 4.)

Le passage dont ces vers sont tirés a été entièrement refait en 1660.

Deux jours me suffiront, ménagés *dextrement*. (I. 413. *Veuve*, 287.)
Une subtilité si *dextrement* tissue. (I, 485. *Veuve*, 1659.)
Et tu sais *dextrement* dedans nos entretiens
Accuser mes défauts en excusant les tiens. (I, 492. *Veuve*, 1825 *var.*)

Et n'es pas maladroit en ces doux entretiens
D'accuser mes défauts pour excuser les tiens (1660).

.... Elle est et belle et fine,
Et sait si *dextrement* ménager ses attraits,
Qu'il n'est pas bien aisé d'en éviter les traits. (II, 33. *Gal. du Pal.* 291.)
Que j'ai su *dextrement* à ses yeux la cacher! (II, 137. *Suiv.* 232.)
Sans rien mettre au hasard, je saurai *dextrement*
Accorder vos soupçons et son contentement. (II, 397. *Méd.* 1151.)
Conte-lui *dextrement* le naturel des femmes. (IV, 214. *Ment.* 1377.)

Ce mot était déjà vieux à la fin du dix-septième siècle. Furetière (1690) le donne;

mais Richelet, dès 1680, et l'Académie, en 1694, ne l'ont pas admis. Corneille l'a souvent employé jusqu'en 1642; à partir de cette époque, il ne s'en est plus servi, et depuis il l'a fait disparaître, comme on vient de le voir, de la plupart des passages où il se trouvait.

DIABLE.

Quoi? bannir des enfers Proserpine et Pluton?
Dire toujours le *diable*, et jamais Alecton. (x, 236, *Poés. div.* 12.)
    Montrez-nous les vexations
Qu'à toute heure chez vous du *diable* ils ont souffertes.
(VIII, 102. *Imit.* I, 1234.)

Voyez encore au vers 2435 du livre I de *l'Imitation;* aux vers 668 et 2920 du livre III; et au vers 1154 du livre IV. — Corneille se sert plus habituellement d'une périphrase, telle que *ton ennemi*, *l'ennemi du genre humain :* voyez tome VIII, p. 62, note 4.

DICTAME, figurément, remède, soulagement :

Ma raison par ta bouche a reçu son *dictame*. (I, 234. *Mél. var.* 1.)

DIEUX, au pluriel :

Si Mélite a failli me l'ayant débauché,
Dieux, par là seulement punissez son péché! (I, 203. *Mél.* 1006.)

On est un peu surpris, à bon droit, de cette invocation païenne, qui, faite en plein Paris, par un catholique du dix-septième siècle, se termine par un mot tout chrétien.

DIFFAMER, avec un nom de chose pour complément :

Écouter ton amour, obéir à sa voix,
C'étoit m'en rendre indigne, et *diffamer* ton choix. (III, 155. *Cid*, 892.)

Diffamer de :

Emprunter le secours d'aucun pouvoir humain,
D'un reproche éternel *diffameroit* ma main. (II, 401. *Méd.* 1244.)

DIFFÉRENCE.

Mettre quelque différence, mettre différence entre :

Un monarque *entre* nous met quelque *différence*. (III, 116. *Cid*, 214.)
Mon peuple aura des yeux pour connoître son roi,
Et *mettra différence entre* un tyran et moi. (VI, 78. *Perth.* 1366.)

DIFFÉREND.

.... Noyons dans l'oubli ces petits *différens*. (III, 294, *Hor.* 301.)

Telle est la forme du mot (*ens* pour *ents*) dans les éditions originales. L'orthographe *différend* (*diférend*) paraît en 1680 dans le *Dictionnaire* de Richelet; mais Furetière, en 1690, et l'Académie jusqu'en 1762, écrivent *un différent, des différents*.

DIFFÉRER (Se), dans le sens passif :

Ce grand choix ne *se* peut *différer* à demain. (VI, 499. *Soph.* 670.)

DIFFUS, répandu, abondant :

Plus lors sa connoissance est *diffuse* et certaine. (VIII, 41. *Imit.* I, 191.)

.... Plus cette faveur sur la terre est *diffuse*,
Plus elle y fait briller ta grâce et ton amour. (VIII, 591. *Imit.* IV, 271.)
Le bonheur qu'il (*Dieu*) diffère en devient plus *diffus*.
(VIII, 669. *Imit.* IV, 1858.)

D'après les dictionnaires, ce mot ne se dit que du discours et des écrits, par opposition à *succinct*; Corneille, on le voit, l'a employé dans un sens beaucoup plus général.

DIGESTE (LE) :

Je sais le *Code* entier avec les *Authentiques*,
Le *Digeste* nouveau, le vieux, l'*Infortiat*. (IV, 158. *Ment.* 327.)

DIGNE, avec un nom de personne, absolument, en bonne part :

Marquis, prenez ma bague, et la donnez pour marque
Au plus *digne* des trois, que j'en fasse un monarque. (V, 431. *D. San.* 302.)

DIGNE DE, avec un nom de personne, en mauvaise part :

.... C'en est une (*trahison*) enfin bien *digne de* supplice
Qu'avoir d'un tel secret donné le moindre indice. (V, 174. *Hér.* 405.)

DIGNE, avec un nom de chose, noble, éclatant :

Je suis ravi de voir qu'au milieu de vos flammes
De si *dignes* respects règnent dessus vos âmes. (V, 379. *Andr.* 1400.)
Allez; n'en perdez pas la *digne* occasion. (V, 450. *D. San.* 779.)
.... S'il n'avoit laissé dans de si *dignes* mains
L'infaillible secret de vaincre les Romains. (V, 551. *Nic.* 913.)
.... Cette même reine est un exemple illustre
Qui met tous vos hauts faits en leur plus *digne* lustre. (VI, 302. *Tois.* 1081.)

DIGNE, mérité, convenable :

.... C'étoit de sa vie un assez *digne* prix. (III, 326. *Hor.* 1026.)
On regarde sa mort comme un *digne* supplice. (VI, 317. *Tois.* 1433.)
Choisissez-lui, Lépide, un *digne* appartement. (IV, 71. *Pomp.* 1068.)

DIRECTION, terme mystique :

Une *dilection* toute spirituelle. (VIII, 567. *Imit.* III, 6348.)

DIRE, raconter :

.... Mais le voici lui-même,
Qui pourra mieux que moi vous *dire* la douleur
Que lui donne du Roi l'invincible malheur. (IV, 96. *Pomp.* 1663 *var.*)

A partir de 1660, Corneille a substitué *montrer* à *dire*.

DIRE, mentionner, rappeler :

Ce duel que tu *dis* ne se peut concevoir. (I, 286. *Clit.* 183.)
La poudre que tu *dis* n'est que de la commune. (IV, 204. *Ment.* 1189.)

TROUVER À DIRE (À, EN) Y AVOIR À DIRE (À), TROUVER À DIRE (QUE) :

« *Trouver à dire* signifie trouver qu'il manque quelque chose. *On a trouvé à dire à* cette somme, *il s'y est trouvé à dire un écu*. Il se dit aussi des personnes. *On vous a bien trouvé à dire dans cette compagnie*. (*Dictionnaire de l'Académie* de 1694.)

Avec tant de beautés et tant de bons esprits,
Je ne valus jamais qu'on *me trouvât à dire.* (I, 415. *Veuve,* 309.)
La robe de Médée a donné dans mes yeux.
Mon caprice, à mon lustre attachant mon envie,
Sans elle *trouve à dire au* bonheur de ma vie. (II, 369. *Méd.* 570.)
L'invention est juste, et me semble de mise.
Ne reste plus qu'un point touchant votre cheval :
Si l'auteur n'en rend compte, elle finira mal ;
Les esprits délicats *y* trouveront à dire. (IV, 389. *S. du Ment.* var.)

« *Trouver à dire* signifie encore *trouver à reprendre. Que trouvez-vous à dire à cette action ?* » (*Dictionnaire de l'Académie* de 1694.)

Parlez donc, et sans feinte, Othon vous plairoit-il?
On me l'a proposé, qu'*y* trouvez-vous *à dire?* (VI, 616. *Oth.* 941.)

J'ai parlé.... de ce que je *trouve à dire en* la confidence que fait Cléopatre à Charmion. (IV, 24. *Exam.* de *Pomp.*)

J'ai trouvé toujours quelque chose *à dire en* cette offre volontaire qu'elle fait de sa vie aux bourreaux de Didyme. (V, 14. *Exam.* de *Théod.*)

Il *y* peut *avoir* quelque chose *à dire à* celle (*l'apparition*) de Junon au quatrième acte. (V, 307. *Exam.* d'*Andr.*)

Je *trouve* plus *à dire à* Dircé, qui les écoute. (VI, 131. *Exam.* d'*OEd.*)

Quelques-uns *ont trouvé à dire* qu'on ne parle point d'elle (*de la nourrice*) au cinquième (*acte*). (I, 397. *Exam. de la Veuve.*)

On voit que Corneille est tout à fait d'accord avec l'Académie ; cependant certains grammairiens, amateurs de distinctions subtiles, ont blâmé ces locutions. Ils veulent que *trouver à dire* soit exclusivement réservé pour les cas où l'on veut exprimer qu'il manque quelque chose, et qu'on se serve toujours de *trouver à redire* dans le sens de *trouver à reprendre ;* mais cette règle est une invention à chaque instant contredite par les exemples de nos grands écrivains. — Voyez le *Lexique de Mme de Sévigné*.

DIRE, penser, croire :

Suréna m'a surpris, et je n'*aurois* pas *dit*
Qu'avec tant de valeur il eût eu tant d'esprit. (VII, 502. *Sur.* 963.)

LE CŒUR T'EN DIT, pour *tu en tiens, tu es pris :*

Ami, *le cœur t'en dit....* (II, 29. *Gal. du Pal.* 206.)

L'ALLER DIRE À ROME, locution proverbiale :

Si quelqu'un l'entend mieux (*son métier*), je *l'irai dire à Rome.*
(IV, 231. *Ment.* 1658.)

S'EN ALLER SANS DIRE, voyez ALLER, ci-dessus, p. 49.

DIE, ancien subjonctif, pour *dise :*

Que veux-tu que j'en *die ?*... (I, 154. *Mél.* 215.)
Mais dis tout, ou du moins souffre que je devine,
Et te *die* à mon tour ce que je m'imagine. (I, 354. *Clit.* 1410.)
Je ne saurois souffrir qu'en ma présence on *die*
Qu'il doive m'acquérir par une perfidie. (I, 496. *Veuve,* 1899.)

CORNEILLE. XI 20

Qu'Hippolyte vous *die* avec quels sentiments
Je lui fus raconter vos premiers mouvements. (II, 103, *Gal. du Pal.* 1595.)
.... S'il faut que je le *die*,
Ton conseil est fort bon, mais un peu dangereux.
(II. 109. *Gal. du Pal.* 1730.)
On t'abuse, Théante ; il faut que je te *die*
Que Florame est atteint de même maladie. (II, 130. *Suiv.* 65.)
.... Ne présumez pas, quoi que Jason vous *die*
Que pour le conserver elle soit moins hardie. (II, 395. *Méd.* 1101.)
Encore une fois donc tu veux que je te *die*
Qu'auprès de mon amour je méprise ma vie? (II, 515. *Illus.* 1517.)
.... Quoi qu'on *die* ailleurs d'un cœur si magnanime,
Ici tous les objets me parlent de son crime. (III, 166. *Cid*, 1133.)
Ma sœur, que je vous *die* une bonne nouvelle. (III, 318. *Hor.* 831.)
Mais encore une fois souffrez que je vous *die*
Qu'une si juste ardeur devroit être attiédie. (III, 388. *Cin.* 61.)
Quoi? vous suis-je suspect de quelque perfidie?
— Oui, tu l'es, puisqu'enfin tu veux que je le *die*. (III, 445. *Cin.* 1378.)
Votre ardeur vous séduit; mais quoi qu'elle vous *die*,
Quand vous la sentirez une fois refroidie.... (III, 566. *Pol.* 1707.)
Ce ne sont pas ses soins que je veux qu'on me *die*. (IV, 93. *Pomp.* 1610.)
Vous consultez ensemble ! Ah ! quoi qu'elle vous *die*,
Sur de meilleurs conseils disposez de ma vie. (IV, 233. *Ment.* 1689.)
Elle vaut bien un trône, il faut que je le *die*. (IV, 435. *Rod.* 135.)
Souffrez que je vous *die*, afin que je m'explique.... (VI, 377. *Sert.* 330.)
Permettez que tout haut je le *die* et *redie :*
Je le dirois cent fois et n'en rougirois pas. (VII, 330. *Psy.* 1100.)
Qu'Israël lui-même le *die*. (IX, 193. *Off. V.* 3.)

M. Quicherat, si exact d'ordinaire, s'est trompé en disant dans son *Traité de versification française :* « Corneille a effacé postérieurement ce mot d'un passage des *Horaces :*

Ma sœur, que je vous *dise* une bonne nouvelle. »

Corneille n'a jamais cherché à faire disparaître cette forme, et il l'a employée en tout temps, particulièrement à la rime. C'est son frère qui, dans l'édition de 1692, a substitué, lorsqu'il l'a pu, *dise* à *die*. Il s'était déjà prononcé très-fortement, dans ses *Notes sur les Remarques* de Vaugelas (p. 557), contre l'emploi du subjonctif *die* en prose : « La plupart de ceux qui écrivent bien sont persuadés, disait-il, qu'il n'est bon qu'en vers. » Quant à Vaugelas, tout en autorisant *die* et *dise*, il employait toujours lui-même la première de ces deux formes, extrêmement fréquente d'ailleurs chez tous les écrivains du dix-septième siècle, et qu'on trouve encore en 1674 au vers 1041 d'*Iphigénie :* voyez le *Lexique de Racine*.
On voit qu'il n'est pas exact de dire, comme on le fait souvent, que ce sont les plaisanteries dirigées en 1672 par Molière sur le *quoi qu'on die* du sonnet de Trissotin qui avaient rendu ce mot ridicule. Il est moins exact encore d'attribuer ce sonnet à Molière, comme l'a fait M. Parelle dans une note sur le passage de *la Suivante* que nous avons cité parmi nos exemples : on sait que le sonnet est de l'abbé Cotin, et qu'il figure dans ses *OEuvres galantes en prose et en vers*, publiées en 1663. Molière écrivait dans le cours de la même année : « Voulez-vous que je vous *die ?* Si j'avois été en votre place, j'aurois poussé les choses autrement. (*Impromptu de Versailles*, scène V.) Il ne pouvait blâmer dans un sonnet un archaïsme qu'il employait lui-même en prose; aussi critique-t-il le mauvais emploi de l'expression, et non la forme *die*. Qu'on se rappelle bien tout le passage et l'on s'en convaincra facilement. Plus tard, quand le subjonctif *die* est devenu tout à fait suranné, on a cru à un effet comique, auquel Molière n'a certes point songé, et, pour bien des gens, l'illusion dure encore.

DISCERNEMENT, pour exprimer non la faculté, mais l'action de distinguer les choses, de les séparer :

Ne vous exposez plus à ce torrent d'injures,
Qui ne faisant qu'aigrir votre ressentiment,
Vous donne peu de jour pour ce *discernement*. (v, 219. *Hér.* 1446.)
Ne conçois donc, mon fils, ni chagrin ni courroux
   Pour leurs *discernements* frivoles. (VIII, 445. *Imit.* III, 3789.)
La vérité préside à vos *discernements* (VIII, 563. *Imit.* III, 6258.)
Tous ces *discernements* que la nature inspire. (VIII, 687. *Imit.* IV, 2213.)

DISCERNER d'avec :

Que tu *discernes* mal le cœur *d'avec* la mine ! (III, 555. *Pol.* 1451.)

DISCORD.

« C'est, dit Vaugelas (*Remarques*, p. 466 *bis*), un de ces mots que l'on emploie en vers et non pas en prose, dont le nombre n'est pas grand. » Malherbe s'en est servi plusieurs fois (voyez le *Lexique* de cet auteur). Fort en usage encore au moment où notre poëte écrivait ses premiers chefs-d'œuvre, il a vieilli rapidement; Thomas Corneille, dans ses notes sur Vaugelas (p. 845), le regarde comme « entièrement hors d'usage. » Pierre Corneille, qui ne s'en servit que rarement, et seulement au pluriel, dans ses dernières pièces, le conserva du moins partout où il se trouvait dans les premières :

Et nous verrons bientôt votre amour le plus fort
Par un heureux hymen étouffer ce *discord*. (III, 132. *Cid*, 476.)
Pourrez-vous quelque chose, après qu'un père mort
N'a pu dans leurs esprits allumer de *discord ?* (III, 188. *Cid*, 1612.)
Puisque chacun, dit-il, s'échauffe en ce *discord*. (III, 317. *Hor.* 814.)
  Quelle confusion étrange
  De deux princes fait un mélange
Qui met en *discord* deux amis ! (v, 222. *Hér.* 1513.)
Prenez soin d'apaiser les *discords* de mes fils. (VI, 213. *Œdip.* 1875.)
Mais leurs sanglants *discords*, qui nous donnent des maîtres,
Ont fait des meurtriers, et n'ont point fait de traîtres. (VI, 366. *Sert* 33.)
Lorsque Mars se prépare à tout couvrir de morts,
Un illustre Romain étouffe ses *discords*. (X, 111. *Poés. div.* 66.)

DISCOURS.

Sans plus de discours :

Mais *sans plus de discours*, d'une maison voisine
Je vais prendre le temps que sortira Nérine. (II, 370. *Méd.* 605.)

Avoir de puissants discours, au figuré, parler éloquemment, avoir du pouvoir :

Que les pleurs d'une amante *ont de puissants discours !* (III, 307. *Hor.* 577.)

Discours, récit :

.... Je fus étonné d'entendre le *discours*
Des traits les plus cachés de toutes mes amours. (II, 437, *Illus.* 63.)

.... Je vais de ses amours
Et de tous ses hasards vous faire le *discours*. (III, 441. *Illus.* 148.)

DISCRÉTION.

...: Le bal, les collations,
Les présents, les *discrétions*
N'ont point avancé mon affaire. (x, 40. *Poés. div.* 51.)

Dans le second des *Deux dialogues du nouueau langage françois italianizé* d'Henr Estienne (édition de 1579, p. 413), Philausone dit à Celtophile : « Il y a aussi le mot *discretion*, duquel on vse encores autrement que de votre temps. — Comment ? — C'est qu'on dit : « Voulez-vous iouer vne *discretion* ? ou voulez-vous gagner vne *discre-« tion* ? » pour ce qu'on ne specifie rien, mais on remet à la discretion de celuy qui perdra ce qu'il deura donner. » — Richelet, dans son *Dictionnaire* (1680), définit ainsi ce mot en ce sens : « *Discrétion*. Ce que veut donner ou païer celuy qui a gagé ou joüé et qui a perdu. *Jouer une discrétion, païer une discrétion.* » Nous avons reproduit à la note 2 de la page indiquée une définition analogue de Furetière. Il y a une lettre de Voiture, *A Mlle Julie d'Angennes, en lui envoyant douze galands de rubans d'Angleterre pour une discrétion qu'il avoit perdue contre elle*, et une de le Pays, *A Mlle de*** en lui envoyant une pièce de ruban couleur de rose pour une discrétion qu'il avoit perdue contre elle*. Voyez dans la *Revue du Midi* (3ᵉ série, tome I, p. 1) un article signé JONCIÈRES intitulé *les Discrétions*.

DISGRÂCE, chagrin, malheur, revers :

Elle (*ma haine*) a paru trop tôt pour te perdre avec moi :
C'est le seul déplaisir qu'en mourant je reçoi;
Mais j'ai cette douceur dedans cette *disgrâce*,
De ne voir point régner ma rivale en ma place. (IV, 506. *Rod.* 1815.)

DISGRÂCE, en parlant du sort d'un ouvrage qui n'a point réussi :

Le contraire est arrivé de *Théodore*, que les troupes de Paris n'y ont point rétablie depuis sa *disgrâce*. (IV, 286. *Exam. de la S. du Ment.*)

J'ajoute ici, malgré sa *disgrâce* (*la disgrâce de Pertharite*), que les sentiments en sont assez vifs et nobles. (VI, 18. *Exam. de Perth.*)

DISGRACIER (SE) :

Voilà le vrai chemin de *te disgracier*. (I, 368. *Clit.*, var.)

DISPAROÎTRE, avec l'auxiliaire *être* :

Ils ont tourné le dos, me voyant secouru;
Mais ce que je suivois tandis *est disparu*. (II, 31. *Gal. du Pal.* 244.)
Êtes-vous pour jamais *disparu* de mes yeux? (VII, 348. *Psy.* 1569.)

DISPARU :

O Dieux! ce char volant, *disparu* dans la nue,
La dérobe à sa peine, aussi bien qu'à ma vue. (II, 418. *Méd.* 1581.)
Le monstre *disparu* nous rend un peu de joie. (V, 323. *Andr.* 184.)
Ces palais, ces jardins, avec moi *disparus*,
Vont faire évanouir votre naissante gloire. (VII, 347. *Psy.* 1544.)

DISPENSER, partager, distribuer, répartir :

Sous un ordre éternel qui gouverne ma route,

Je *dispense* en esclave et les nuits et les jours. (vi, 347. *Tois.* 2172.)

Dispenser des lois, dicter, donner, faire exécuter des lois :

Il (*Sertorius*) *dispense des lois* où j'ai voulu souscrire. (vi, 392. *Sert.* 698.)
Un mari qui content d'être au-dessus des rois
Me donne ses clartés, et *dispense mes lois.* (vii, 443. *Pulch.* 1548.)

« Il régla les revenus publics, qui étoient mal *dispensés* par la malice ou la négligence de ceux qui en avoient l'administration. » (Perrot d'Ablancourt, traduction de Lucien, tome II, p. 129.)

Se dispenser de, se donner dispense de, s'exempter de :

Que des peuples unis l'humble reconnoissance
Fasse voir en tous lieux ton saint nom applaudi :
Du levant au couchant qu'aucun ne *s'en dispense,*
 Ni du nord au midi. (iv, 139. *Off. V.* 11.)

Dispenser à, accorder la dispense, l'autorisation nécessaire pour faire quelque chose, autoriser à :

Une heure de froideur, à propos ménagée,
Peut rembraser une âme à demi dégagée,
Qu'un traitement trop doux *dispense à* des mépris
D'un bien dont cet orgueil fait mieux savoir le prix. (i, 208. *Mél.* 1093.)

Dans l'édition de M. Aimé-Martin, on lit ici *dispose*, au lieu de *dispense*.

Y vois-tu (*dans mon esprit*) des soupçons qui blessent ton courage,
Et *dispensent* ta bouche *à* ce fâcheux langage? (i, 491. *Veuve*, 1796.)
Je ne suis plus à moi, quand je viens à penser
A quoi l'occasion me pourroit *dispenser.* (i, 312. *Clit.* 656.)
 Enfin c'est par là (*par l'humilité*) qu'on profite,
 C'est par là que le vrai mérite
Au reste des vertus se laisse *dispenser.* (viii, 190. *Imit.* ii, 309.)

C'est-à-dire, sans l'humilité point de progrès dans la vertu ; on n'a droit en quelque sorte aux autres vertus, on ne peut croire qu'on possède les autres vertus que si, avant tout, l'on est humble.

Dispenser, absolument, dans le même sens :

.... En un tel sujet l'occasion *dispense.* (iv, 309. *S. du Ment.* 372.)
L'occasion convie, aide, engage, *dispense.* (iv, 350. *S. du Ment.* 1181.)

Se dispenser à une chose, se la permettre :

Nos feux *à* tout le reste osent *se dispenser.* (i, 367. *Clit. var.*)
.... *A* mille impiétés osant *me dispenser.* (ii, 201. *Suiv.* 1443.)
Puisque c'est pour Sévère, à tout je *me dispense.* (iii, 539. *Pol.* 1101 *var.*)
.... Cet amour parjure *où* mon cœur *se dispense.* (vi, 70. *Perth.* 1152.)
 J'élirois plutôt le tombeau
Que ma volage humeur *se dispensât au* change. (x, 51. *Poés. div.* 24.)

On lit ici *se disposât* dans les *OEuvres diverses*, publiées par Granet, et depuis dans toutes les éditions antérieures à la nôtre.

SE DISPENSER À, avec l'infinitif, se permettre de :

L'amour devient servile, alors qu'il *se dispense*
A n'allumer ses feux que pour la récompense. (I, 429. *Veuve*, 599.)
Quand je *me dispensois à* lui mal obéir. (IV, 443. *Rod.* 337.)
Chacun s'en donne à l'aise, et souvent *se dispense*
A prendre par ses mains toute sa récompense. (X, 76. *Poés. div.* 29.)

On disait aussi dans le même sens *se dispenser de :* « Ces Serées ne pouuoient mieux sortir en lumière que après auoir soupé, où le plus souuent on *se dispense de* plier un peu plus le coude qu'en autre repas. » (Bouchet, livre I, 1ʳᵉ *Serée*, p. 4.) — « N'y a homme si sage, si discret, si retiré et seuere qui, entre le vin et les viandes, ne *se dispense de* dire et esconter quelque propos pour rire. » (*Ibidem*, 5ᵉ *Serée*, p. 158.)

DISPENSÉ DE, exempté de :

Mais ne pensez pas tant aux glorieuses peines
De ces nouveaux captifs qui vont prendre vos chaînes,
Que vous teniez vos soins tout à fait *dispensés*
De faire un peu de grâce à ceux que vous laissez. (X, 143. *Poés. div.* 9.)

DISPENSÉ À, autorisé à :

Quoi? s'il aimoit ailleurs, serois-je *dispensée*
A suivre, à son exemple, une ardeur insensée? (III, 524. *Pol.* 797.)

DISPERSÉ, au figuré :

CŒUR DISPERSÉ, ÂME DISPERSÉE, cœur distrait, âme distraite, dissipée :

.... Pour fruit de cette sortie
On n'a qu'une âme appesantie,
Et des desirs flottants dans un *cœur dispersé*. (VIII, 121. *Imit.* I, 1595.)
Et vois-tu ce que fait ton *âme dispersée*
Quand tu ne la regardes plus? (VIII, 200. *Imit.* II, 503.)

DISPOSER, absolument :

Vous êtes maître ici; commandez, *disposez*,
Et recevez enfin ma main, si vous l'osez. (VI, 439. *Sert.* 1787.)

DISPUTABLE, qui peut être disputé, discuté :

Tout ce qui n'est point de la foi ni des principes est *disputable*. (II, 117. *Épît. de la Suiv.*)

DISPUTER AVEC, figurément, avec un nom de chose pour sujet :

Si je puis me fier à sa lumière sombre (*la lumière de l'aube*),
Dont l'éclat brille à peine et *dispute avec* l'ombre. (I, 277. *Clit.* 42.)

DISSIPER, au figuré, faire évanouir, rendre vain :

Comte, c'est un effort à *dissiper* la gloire
Des noms les plus fameux dont se pare l'histoire. (VI, 47. *Perth.* 647.)
Vous voyez sur mes bras de nouveaux ennemis;
Dissipez leurs conseils.... (IX, 323. *Off. V.* 7.)

Se dissiper, se disperser, aller s'éteignant, s'évanouissant :

Sa flamme *se dissipe* et va s'évanouir. (III, 489. *Pol.* 40.)
Et tout ce bruit flatteur de notre renommée,
  Comme il n'est que fumée,
    Se dissipe en vapeur. (VIII, 47. *Imit.* I, 293.)
J'aime, mais en aimant je n'ai point la bassesse
D'aimer jusqu'aux mépris de l'objet qui me blesse :
Ma flamme *se dissipe* à la moindre rigueur. (V, 145. *Poés. div.* 45.)

DISTANCE, au figuré :

De le croire à l'aimer la *distance* est petite. (IV, 216. *Ment.* 1405.)

DISTILLER, au propre :

  Le spectacle de ces mêmes yeux crevés, dont le sang lui *distille* sur le visage....feroit soulever la délicatesse de nos dames. (VI, 126. *Au lect. d'OEd.*)
    Je vous jure, mon cher souci,
    Qu'étant réduit à voir l'air qui *distille*,
    Si j'ai le cœur prisonnier à la ville,
      Mon corps ne l'est pas moins ici. (X, 43. *Poés. div.* 14.)
Ces vers sont tirés de la pièce intitulée : *Stances sur une absence en temps de pluie.*

Se distiller en :

Cent nuages épais *se distillant* en larmes. (I, 336. *Clit.* 1089.)

DISTRAIRE, détourner :

Je t'encouragerois au lieu de te *distraire*. (III, 308. *Hor.* 603.)
Mais s'il y faut venir, rien ne m'en peut *distraire*. (VI, 273. *Tois.* 450.)

Se distraire, se détourner, s'éloigner :

Ses regards de sur vous ne pouvoient *se distraire*. (II, 34. *Gal. du Pal.* 298.)
Daphnis sait d'elle-même assez bien *se distraire*,
Et jamais son abord ne trouble nos plaisirs. (II, 135. *Suiv.* 182.)
Voyez Divertir.

DIVAGUER, s'égarer, errer :

Qu'il est dur, au contraire, et scandaleux d'en voir (*des religieux*)
S'égarer chaque jour du cloitre et du devoir,
Divaguer en désordre, et s'empresser d'affaires! (VIII, 169. *Imit.* I, 2562.)
Le monde et ses plaisirs s'écoulent et nous gênent;
Et quand à *divaguer* nos desirs nous entrainent,
Ce temps qu'on aime à perdre est aussitôt passé. (VIII, 121. *Imit.* I, 1591.)
Et ne le laisse plus (*mon cœur*) *divaguer* sur la terre
    Vers ce qui brille aux yeux. (VIII, 675. *Imit.* IV, 1983.)

DIVERSITÉS, au pluriel, pour choses diverses :

Je n'ai jamais connu d'homme qui lui ressemble,
Ni qui mêle en discours tant de *diversités*. (I, 410. *Veuve*, 219.)

DIVERTIR, détourner.

Nous avons vu que le sens propre et ordinaire du verbe *distraire* n'était pas *récréer, amuser*, mais *détourner* des ennuis, des chagrins, etc. ; il en est de même de *divertir*, seulement le *divertissement* est plus que la *distraction*. Cette nuance a été fort bien exprimée par Mme de Sévigné : « Je n'ai point sur mon cœur de m'être *divertie*, ni même de m'être *distraite* pendant votre voyage. » (Tome II, p. 81.)

Divertir pour *détourner* s'employait parfois au propre au seizième siècle; le voici dans le langage technique de la guerre : « Affin de *diuertir* les forces du costé où ie attaquerois la place. » (Montluc, livre IV, fol. 128, recto.) Au figuré, ce mot était fort expressif et se prêtait à des constructions très-variées :

Ie n'ay peu *destourner*, ie n'ay peu *diuertir*
Vostre esprit de vouloir de sa geole sortir. (Garnier.)

On le trouve à chaque instant dans les traductions si peu antiques, mais si françaises, de Perrot d'Ablancourt : « Sur ces nouvelles, je pris quelques livres égyptiens, dont j'ai grand nombre, qui traitent de ces choses, et y allai sur le minuit, quoique mon hôte fît tout ce qu'il put pour m'en *divertir*. » (Perrot d'Ablancourt, traduction de Lucien.) « Aristenet, à qui mon père m'a donné pour apprendre la philosophie, me suit partout, et ne me prêche que la vertu, pour me *divertir* de ma passion. » (*Ibidem*, p. 200.) « Tâchant à *divertir* sa douleur dans les emplois de la guerre. » (Traduction de Tacite, *Agricola*, tome III, p. 496.)

Corneille, à l'exemple de ses prédécesseurs et de ses contemporains, a employé très-souvent cette expression :

Toute une légion de rivaux de sa sorte
Ne *divertiroit* pas l'amour que je vous porte. (I, 184. *Mél.* 696.)
L'excès de mon ardeur ne sauroit consentir
Que ces frivoles soins te viennent *divertir*. (I, 244. *Mél.* 1706.)
Rien ne sert de prier : mon esprit épuisé
Pour *divertir* ce coup n'est point assez rusé. (I, 437. *Veuve*, 754.)
Pour *divertir* le cours de ma mélancolie. (II, 199. *Suiv.* 1406.)
Allons dans le jardin faire deux tours d'allée,
Afin que cet ennui que j'en pourrai sentir
Parmi votre entretien trouve à se *divertir*. (II, 212. *Suiv.* 1660.)
D'une trop juste ardeur l'inexorable envie
Lui fait abandonner le souci de sa vie.
Tâchons, encore un coup, d'en *divertir* le cours. (II, 357. *Méd.* 347.)
.... Si vous ne pouvez arrêter ses saillies,
Divertissez ailleurs le cours de ses folies. (II, 461. *Illus.* 534.)
Cliton *divertira* votre mélancolie. (IV, 323. *S. du Ment.* 651.)
L'ayant cherché longtemps afin de *divertir*
L'ennui que de sa perte il pouvoit ressentir. (IV, 498. *Rod.* 1609.)

DIVERTIR DE, détourner de :

Son brasier est trop grand, rien ne peut l'amortir :
En vain son écuyer tâche à l'en *divertir*. (II, 34. *Gal. du Pal.* 308.)
Quel étoit donc ton but ? — D'attendre ici le bruit
Que les premiers soupçons auront bientôt produit,
Et d'un autre côté me jetant à la fuite,
Divertir de vos pas leur plus chaude poursuite. (II, 279. *Pl. roy.* 1074.)
Quand *de* sa folle erreur vous l'auriez *diverti*,
En vain de ce péril vous le croiriez sorti. (V, 84. *Théod.* 1525.)
.... Oui : déjà l'hyménée
Auroit avec Plautine uni ma destinée,

Si ces rivaux d'État n'*en* savoient *divertir*
Un maître qui sans eux n'ose rien consentir. (vi, 578. *Oth.* 63.)

DIVERTIR, amuser, récréer :

Je contenterai par là deux sortes de personnes, mes amis et mes envieux, donnant aux uns de quoi se *divertir*, aux autres de quoi censurer. (i, 136. *Au lect.* de *Mél.*)
Il nous a quelque obligation d'avoir travaillé à le *divertir*. (ii, 117. *Épit.* de *la Suiv.*)
Vous vous moquez, Madame ; et loin d'y consentir,
Vous n'en parlez ainsi que pour vous *divertir*. (iv, 313. *S. du Ment.* 442.)
.... Lors nous tâcherons à vous bien *divertir*,
Et vous faire oublier l'ennui que je vous cause. (iv, 334. *S. du Ment.* 854.)
Vous pouvez cependant *divertir* vos esprits
A rendre compte au Roi de vos justes mépris. (v, 388. *Andr.* 1609.)
Madame, encore un coup, cet homme est-il à vous,
Et pour vous *divertir* est-il si nécessaire,
Que vous ne lui puissiez ordonner de se taire? (v, 520. *Nic.* 203.)
Mais voici cet objet si charmant à vos yeux,
Dont le cher entretien vous *divertira* mieux. (vi, 509. *Soph.* 916.)

DIVISER, interrompre :

Mais, hélas! mes pensers, qui vous vient *diviser?* (i, 352. *Clit.* 1364.)

SE DIVISER (en partis, en factions) :

Si vous aimez encore à la favoriser (*Rome*),
Otez-lui les moyens de *se* plus *diviser*. (iii, 411. *Cin.* 592.)

DIVISÉ D'AVEC :

Cette âme, *d'avec* soi tout à coup *divisée*,
Reprend de ces remords la chaîne mal brisée. (vi, 365. *Sert.* 13.)

Cette expression, blâmée par Voltaire, a été employée par tous les grands écrivains du dix-septième siècle. Voyez le *Lexique* de M. Godefroy, et le *Dictionnaire* de M. Littré.

DIVORCE, rupture du mariage :

Le *divorce*, aujourd'hui si commun aux Romains. (iv, 44. *Pomp.* 419.)

DIVORCE, au figuré, division, querelle, mésintelligence, différend :

Accepte un repentir accompagné de larmes,
Et souffre que le tien nous fasse tour à tour
Par ce petit *divorce* augmenter notre amour. (ii, 103. *Gal. du Pal.* 1616.)
Ils ont assez longtemps joui de nos *divorces*. (iii, 294. *Hor.* 299.)
Reine, tout est paisible ; et la ville calmée,
Qu'un trouble assez léger avoit trop alarmée,
N'a plus à redouter le *divorce* intestin
Du soldat insolent et du peuple mutin. (iv, 78. *Pomp.* 1243.)
Je sais quelle amertume aigrit de tels *divorces*. (v, 192. *Hér.* 828.)

.... Le sommeil sans force
Fait avec sa paupière un éternel *divorce*. (vi, 278. *Tois.* 562.)
Tu mets dans tous mes sens le trouble et le *divorce*. (vi, 287. *Tois.* 764.)
Le plus heureux destin surprend par les *divorces*. (vi, 389. *Sert.* 642.)
Vous allez du parti séparer votre État.
Comme je n'ai pour but que d'en grossir les forces,
J'aurois grand déplaisir d'y causer des *divorces*. (vi, 429. *Sert.* 1566.)
.... N'ayant pu semer entre eux aucuns *divorces*. (vii, 111. *Att.* 53.)

FAIRE DIVORCE AVEC, au propre :

.... Tite fit tôt après
De Bérénice à Rome admirer les attraits.
Pour elle *avec* Martie il *avoit fait divorce*. (vii, 205. *Tit.* 115.)

(FAIRE) DIVORCE AVEC, D'AVEC, au figuré :

Avec les faux Romains elle *(Rome) a fait* plein *divorce*. (vi, 402. *Sert.* 934.)
Et qu'il est malaisé de *faire* un plein *divorce*
Avec la douce amorce
Que chacun porte au cœur! (viii, 43. *Imit.* 1, 221 et 222.)
Il demeure à ces mots sans parole, sans force ;
Tous ses sens *d'avec* lui *font* un soudain *divorce*. (vii, 179. *Att.* 1738.)
Chacun reste charmé d'un si facile accès....
Jure *avec* l'Espagnol un éternel *divorce*. (x, 215. *Poés. div.* 321.)

DIVULGUÉ répandu :

Nos armes n'ont jamais remporté de victoire
Où cette main n'ait eu bonne part à la gloire ;
Et même la gazette *a* souvent *divulgués*.... (iv, 148. *Ment.* 167.)

La phrase est ainsi coupée par une vive réplique de l'interlocuteur. Sur l'accord du participe, voyez l'*Introduction grammaticale*, en tête du *Lexique*.

DOCTE.
.... Troupe *docte* et choisie,
Qui nous forgez des lois à votre fantaisie. (x, 240. *Poés. div.* 73.)

Le poëte s'adresse, un peu ironiquement, à ceux qui veulent bannir la fable de la poésie.

J'aime mieux que, etc..., que de m'entendre louer d'avoir efféminé mes héros par une *docte* et sublime complaisance au goût de nos délicats. (vi, 469. *Au lect. de Soph.*)

DOIGT.

SE TROUVER À DEUX DOIGTS DE, se trouver près de, proverbialement et figurément :

Ah! Cliton, je *me trouve à deux doigts de* ma perte. (iv, 196. *Ment.* 1066.)

DOMESTIQUE, adjectif, qui appartient à la maison :

On pleure injustement des pertes *domestiques*,
Quand on en voit sortir des victoires publiques. (iii, 334. *Hor.* 1175.)

DON] DE CORNEILLE. 315

 Pleurons dans la maison nos malheurs *domestiques*. (III, 342. *Hor.* 1372.)
 .... Lorsqu'on dissimule un crime *domestique*. (III, 535. *Pol.* 1026.)
 .... Sans considérer aucun nœud *domestique*. (VI, 614. *Oth.* 881.)

Les dieux domestiques, les pénates :
 Les autres (*assassinés*) dans le sein de leurs *dieux domestiques*.
             (III, 393. *Cin.* 198.)

DOMESTIQUE, substantif des deux genres, personne attachée à une grande maison :

 Bien que Charmion qui l'écoute ne soit qu'une *domestique* de Cléopatre, qu'on peut toutefois prendre pour sa dame d'honneur étant envoyée exprès par cette reine pour l'écouter, elle tient lieu de cette reine même. (IV, 25. *Exam. de Pomp.*)
 Diodotus, *domestique* des rois précédents, s'empara du trône de Syrie. (IV, 414. *Avert. de Rod.*)
    .... Pour toute réplique
Faites faire un essai par quelque *domestique*. (IV, 505. *Rod.* 1792.)
N'appréhendez-vous point que tous vos *domestiques*
Ne soient déjà gagnés par mes sourdes pratiques? (V, 587. *Nic.* 1707.)

DOMMAGE.
    Tu pourrois bien quelque jour
    Éprouver à ton *dommage*
    Que souvent la fiction
    Se change en affection. (X, 53. *Poés. div.* 4.)

DONC, DONCQUES.

On se servait autrefois indifféremment de *donc* ou de *doncques*; le *Dictionnaire de l'Académie* de 1694 autorise les deux formes ; la seconde cependant commençait dès lors à vieillir, et Corneille, qui l'avait employée dans ses premières pièces, avait eu grand soin de la faire disparaître, comme on va le voir par les exemples suivants :

 Doncques, si ta raison ne se trouve déçue. (I, 190. *Mél.* 799 *var.*)
  Donc, si ton espérance à la fin n'est déçue (1660)

   .... — *Doncques*, pour me railler
La sœur de mon amant contrefait ma rivale?
— *Doncques*, pour m'éblouir une âme déloyale
Contrefait la fidèle?... (I, 214. *Mél.* 1194 et 1196 *var.*)
   .... *Donc*, pour mieux me railler
  La sœur de mon amant contrefait ma rivale?
  Donc, pour mieux m'éblouir une âme déloyale
  Contrefait la fidèle?... (1660)

Doncques aucun forfait, aucun dessein infâme
N'a jamais pu souiller ni ma main ni mon âme. (I, 320. *Clit.* 809 *var.*)
  Jamais aucun forfait, aucun dessein infâme
  N'a pu souiller ma main, ni glisser dans mon âme (1660).

    .... *Doncques* sur ta parole

Mon esprit se résout à vivre plus content. (II, 43, *Gal. du Pal.* 466 *var.*)
> .... Mon cœur sur ta parole
> Ne se résout qu'à peine à vivre plus content (1644).

Il vaut mieux ménager le temps de son absence.
Doncques, sans plus le perdre en discours superflus....
(II, 152. *Suiv.* 487 *var.*)
Donc, pour n'en perdre point en discours superflus.... (1660)

On voit que Corneille commence souvent le vers par *donc*. Ce n'est pas seulement dans ses premières pièces qu'il en est ainsi. Il a dit dans *Héraclius*:

Ce n'est pas tout d'un coup qu'à ce titre on renonce.
— *Donc*, pour mieux l'oublier, soyez encor Léonce. (V, 240. *Hér.* 1906.)

Voltaire le blâme à ce sujet, mais Corneille n'a fait encore ici que suivre un usage de son temps; ses prédécesseurs allaient jusqu'à commencer un poëme par ce mot. Ronsard a dit au début de son *Tombeau de Charles IX*:

Doncque entre les soupirs, les sanglots et la rage....

On trouve dans les *Poésies* de Malherbe trois pièces qui commencent par *donc*. Voyez dans l'édition de *Malherbe* de M. L. Lalanne, tome I, p. 166, 201 et 277.

DONNE.

C'est ainsi que Corneille rend le *donna* espagnol, que de nos jours on ne francise pas.

La Reine charme-t-elle auprès de *donne* Elvire? (V, 453. *D. San.* 837.)
S'il aime en lieu si haut, il aime *donne* Elvire. (V, 461. *D. San.* 1045.)
Pour aimer *donne* Elvire, il n'est pas encor roi. (V, 463. *D. San.* 1080.)

Voyez au tome V, p. 411, note 1.

DONNER, absolument, faire don, faire des dons :

Tel *donne* à pleines mains qui n'oblige personne;
La façon de *donner* vaut mieux que ce qu'on *donne*. (IV, 145. *Ment.* 89 et 90.)

DONNER, activement.

DONNER, faire don de, procurer :

Nous devons bien chérir cette vertu parfaite
Qui de nos ravisseurs nous *donne* la défaite. (II, 393. *Méd.* 1058.)
Certes vos sentiments font assez reconnoître
Qui vous *donna* la main et qui vous *donna* l'être. (IV, 70. *Pomp.* 1030.)

DONNER, causer, inspirer :

Et ses trois frères morts par la main d'un époux
Lui *donneront* des pleurs bien plus justes qu'à vous. (III, 334. *Hor.* 1186.)
La Reine, qui surtout craint de vous voir régner,
Vous *donne* ces terreurs pour vous faire éloigner. (IV, 463. *Rod.* 806.)
.... Et vous ai-je ordonné
D'éteindre tout l'amour que je vous *ai donné*? (VI, 588. *Oth.* 308.)

DONNER, abandonner, sacrifier :

.... C'en est une (*générosité*) encor d'un plus illustre rang,

Quand on *donne* au public les intérêts du sang. (III, 169. *Cid*, 1200.)
Mais *donnons* quelque chose à Rome qui se plaint. (V, 569. *Nic.* 1309.)
Je *donne* à la nature ainsi qu'à la raison. (IV, 100. *Pomp.* 1792.)

DONNER, accorder, concéder :

Sire, ne *donnez* rien à mes débiles ans. (III, 355. *Hor.* 1705.)
Au malheur des vaincus *donnoit* toujours ses pleurs. (III, 287. *Hor.* 105.)
Le déplorable état où je vous abandonne
Est bien digne des pleurs que mon amour vous *donne*. (III, 545. *Pol.* 1260.)
Il m'*a donnée* à vous, et nul autre que moi
N'a droit de l'en dédire, et me choisir un roi. (V, 513. *Nic.* 61.)
D'abord qu'elle a tout su, son visage étonné
Aux troubles du dedans sans doute *a* trop *donné*. (VI, 504. *Soph.* 780.)
Vous refuserez grâce où j'en voudrois *donner*. (VII, 143. *Att.* 832.)
  Donne aux saints devoirs d'un chrétien
  Tout ce que Dieu te *donne* à vivre. (VIII, 150. *Imit.* I, 2201 et 2202.)

DONNER, attribuer :

A des fantômes vains *donnez* moins de pouvoir. (VI, 276. *Tois.* 504.)
Et l'on pourroit *donner* à la nécessité
Ce qui n'est qu'un effet de ta légèreté. (VI, 35. *Perth.* 365.)

DONNER, proposer :

.... La postérité, dans toutes les provinces,
Donnera votre exemple aux plus généreux princes. (III, 462. *Cin.* 1774.)

DONNER, confier, remettre :

Après une offense si publique, il y faut un peu plus de cérémonie : je ne vous la rendrai pas malaisée, et *donnerai* tous mes intérêts à qui que vous voudrez de vos amis. (X. 405. *Lettr. apol.*)

DONNER, avec un double *à*, régissant l'un un substantif, l'autre un infinitif, donner, confier à (quelque chose) le soin de :

Donne à tes intérêts *à* ménager tes vœux. (II, 477. *Illus.* 831.)

DONNER à, fournir, prêter à :

Ce seroit trop *donner* à discourir au monde. (IV, 161. *Ment.* 382.)

DONNER, indiquer, fixer, prescrire, assigner :

Madame, son cartel marque cette journée.
— C'est peu que son cartel, si je ne l'*ai donnée*. (V, 443. *D. San.* 598.)

DONNER ORDRE :

Donne pour ce grand jour, *donne ordre* à tes affaires.
       (VIII, 153. *Imit.* I, 2262.)

DONNER LA LOI :

Dans vos propres États vous *donneroit la loi*. (IV, 33. *Pomp.* 156.)

Tel aujourd'hui *donne la loi*,
Qui demain est réduit en poudre. (VIII, 140. *Imit.* I, 1958.)

DONNER LA MAIN, épouser; DONNER LES MAINS, consentir. Voyez MAIN.

DONNER UNE BAIE, voyez BAIE.

DONNER, suivi d'un substantif sans article :

On dit qu'on a *donné* musique à quelque dame. (IV, 153. *Ment.* 241.)

DONNER BATAILLE, DONNER DES COMBATS :

Il lui *donna bataille*.... (IV, 432. *Rod.* 69.)
Quels *combats* j'ai *donnés* pour te donner un cœur
Si justement acquis à son premier vainqueur! (III, 562. *Pol.* 1597.)

EN DONNER À CROIRE :

Mais non, cela n'est point, tu m'*en donnes à croire*. (I, 484. *Veuve*, 1644.)

On disait de même : *en donner à garder.* Voyez GARDER.

EN DONNER, sans complément, dans le même sens :

A travers tes conseils je vois assez ta ruse :
Ce n'est là m'*en donner* qu'en faveur de Créuse. (II, 382. *Méd.* 846.)
Il est mort! Quoi? Monsieur, vous m'*en donnez* aussi. (IV, 203. *Ment.* 1168.)
Dorante avec chaleur fait le passionné;
Mais le fourbe qu'il est nous *en a* trop *donné*. (IV, 213. *Ment.* 1360.)
.... Vous laissant passer pour ce que vous vouliez,
Je vous *en donnai* plus que vous ne m'*en donniez*. (IV, 236. *Ment.* 1744.)
Nous avons un orfévre arrêté pour ses dettes,
Qui saura tout remettre au point que tu souhaites.
— Vous m'*en donnez*, Monsieur. — Je te le ferai voir.
                          (IV, 327. *S. du Ment.* 745.)
     .... Eh bien! l'occasion?
— Elle fait le menteur, ainsi que le larron.
— Mais si j'*en ai donné*, c'est pour votre service. (IV, 370. *S. du Ment.* 1537.)

SE DONNER UN MAÎTRE :

Il brûle d'être à Rome, afin d'en recevoir
Du *maître* qu'il *s'y donne* et l'ordre et le pouvoir. (VI, 370. *Sert.* 152.)

SE DONNER DES SOUCIS :

Comme tout fait ombrage aux *soucis* qu'il *se donne!* (VIII, 192. *Imit.* II, 333.)

SE DONNER LA LIBERTÉ DE :

Je *me donnerai la liberté de* remarquer ce que j'y trouverai de moins imparfait. (I, 51. *Disc. du Poëme dram.*)

Se donner :

Plaignez-vous, haïssez, mais ne *vous donnez* pas :
Demeurez en état d'être toujours ma femme. (vi, 406. *Sert.* 1036.)

DONNER, neutralement.

Donner de, heurter, frapper de :

.... Je veux pour signal que cette même main
Lui *donne*, au lieu d'encens, *d*'un poignard dans le sein. (iii, 395. *Cin.* 236.)

Donner, s'élancer, se précipiter, charger :

Dans le prochain village on sauroit aisément....
— *Donnons* jusques au lieu; c'est trop d'amusement. (i, 299. *Clit.* 404.
Donnons, ils sont ensemble.... (ii, 526. *Illus. var.*)
    .... Déjà les deux armées
N'attendoient, pour *donner*, que le commandement. (iii, 294. *Hor.* 282.
Respectons la princesse, et *donnons* au dragon.
— *Donnez* où vous pourrez; ce vain respect m'outrage.
      (vi, 341 et 342. *Tois.* 2061 et 2062.)
Voyez encore x, 208, *Poés. div.* 205.

Donner dans les yeux, attirer l'attention, plaire :

Quelque nouveau venu vous *donne dans les yeux*. (ii, 90. *Gal. du Pal.* 1355.)
La robe de Médée *a donné dans mes yeux*. (ii, 369. *Méd.* 568.)
Qu'un rival plus puissant lui *donne dans les yeux*. (iii, 541. *Pol.* 1136 *var.*)

En 1660, Corneille a remplacé ce dernier hémistiche par *éblouisse ses yeux*. Cette locution commençait sans doute à ne plus s'employer dans le haut style; on dit bien encore en ce sens : *donner dans l'œil*, mais seulement dans le langage très-familier.

Donner dans ou dedans la vue :

Quoi? mes perfections vous *donnent dans la vue?* (ii, 37. *Gal. du Pal.* 361.)
Il vous *auroit donné* fort avant *dans la vue*. (iv, 351. *S. du Ment.* 1198.)
Tu nous vas à tous deux *donner dedans la vue*. (iv, 296. *S. du Ment.* 168.)

DONNEUR.

Appelez-moi grand fourbe et grand *donneur* de bourdes.
      (iv. 194. *Ment.* 1014.)

DONT, de qui, se rapportant à un nom de personne, soit au singulier, soit au pluriel :

C'est lui, n'en doutez point, *dont* le sang innocent
Pour son persécuteur prie un Dieu tout-puissant. (iii, 569. *Pol.* 1773.)
C'est elle *dont* je tiens cette haute espérance
Qui flatte mes desirs d'une illustre apparence. (iv, 79. *Pomp.* 1253.)
Je serois le premier *dont* on seroit jaloux. (vi, 423. *Sert.* 1419.)
   .... Faut-il que je vous obéisse,
Moi, *dont* Galba prétend faire une impératrice? (vi, 604. *Oth.* 682.)
J'ambitionne et crains l'hymen d'un empereur
Dont j'ai lieu de douter si j'aurai tout le cœur. (vii. 202. *Tit.* 26.)

Seigneur, il est bien dur de se voir sous un maître
Dont on le fut toujours, et *dont* on devroit l'être. (vii, 403. *Pulch.* 562.)
La sienne (*sa vertu*) dans la cour lui fait mille jaloux,
Dont quelqu'un a voulu le perdre auprès de vous. (v, 560. *Nic.* 1102.)
On vit alors deux rois en votre Lombardie,
Pertharite à Milan, Gundebert à Pavie,
Dont ce dernier, piqué par un tel attentat,
Voulut entre ses mains réunir son État. (vi, 22. *Perth.* 33.)

Dans cet exemple, *dont* nous paraît prêter à un double sens. Il peut signifier, comme il est dit dans la note 1 de la page indiquée : *d'où, par suite de quoi* (voyez ci-après, vers la fin de l'article : DONT, d'où), ou simplement : « desquels deux rois ce dernier, à savoir Gundebert. »

DONT, duquel, desquels, etc., après un nom de chose :

Ne doutez point du bras *dont* partiront les coups. (iii, 568. *Pol.* 1762.)
Je veux dès aujourd'hui savoir d'Agésilas
S'il pourra consentir à ce double hyménée,
  Dont ma parole étoit donnée? (vii, 35. *Agés.* 654.)
Vous la replongerez (*Rome*), en quittant cet empire,
Dans les maux *dont* à peine encore elle respire, (iii, 411. *Cin.* 602.)
En ces bienheureux jours *dont* je le sollicite,
Tu sauras abaisser vers mon peu de mérite
  Ton immense grandeur. (viii, 667. *Imit.* iv, 1828.)

Ici *dont* s'explique par la tournure « solliciter quelqu'un de quelque chose. »

Il est des nœuds secrets, il est des sympathies,
Dont par le doux rapport les âmes assorties
S'attachent l'une à l'autre.... (iv, 444. *Rod.* 360.)
Elle fait une aimable et prompte violence,
Dont pour me garantir je n'ai que le silence. (x, 191. *Poés. div.* 92.)

Dont est régi par *garantir*. — Dans les deux derniers exemples, la construction est remarquable.

DONT, ce dont, de quoi :

C'est *dont* vos seuls avis se doivent consulter. (i, 431. *Veuve*, 637.)
C'est *dont* je ne veux point de témoin que Valère. (iii, 354. *Hor.* 1663.)
Voilà *dont* le feu Roi me promit récompense. (v, 428. *D. San.* 234.)
C'est *dont* je vais résoudre avec cette princesse,
Pour qui non plus l'amour, mais le sang m'intéresse. (v, 187. *Hér.* 735.)
Et c'est *dont* je vous donne avis en bonne sœur. (vi, 26. *Perth.* 154.)
Mais qu'il m'y donne part, c'est *dont* j'ose douter. (vii, 388. *Pulch.* 172.)
C'est *dont* vous pouvez croire un roi sur sa parole. (vii, 505. *Sur.* 1038.)
.... C'est *dont* un beau feu ne se contente guère. (x, 164. *Poés. div.* 8.)

DONT, par qui, par lequel, etc. :

Mon âme vit l'erreur *dont* elle étoit séduite. (ii, 436. *Illus.* 29.)
S'il me veut posséder, Auguste doit périr :
Sa tête est le seul prix *dont* il peut m'acquérir. (iii, 388. *Cin.* 56.)
César fut un tyran, et son trépas fut juste,
Et vous devez aux Dieux compte de tout le sang

Dont vous l'avez vengé pour monter à son rang. (III, 404. *Cin.* 432.)
De cette même main *dont* il fut combattu,
Il verra des autels dressés à sa vertu. (IV, 97. *Pomp.* 1691.)
.... Je ne me puis souvenir sans trembler
Du coup *dont* j'empêchai qu'il nous pût accabler. (IV, 453. *Rod.* 558.)
Votre inclination vaut bien un droit d'aînesse,
Dont vous seriez traitée avec trop de rigueur,
S'il se trouvoit contraire aux vœux de votre cœur. (IV, 468. *Rod.* 969.)
Je sais ce que je dois, Madame, au grand service
Dont vous avez sauvé l'héritier de Maurice. (V, 184. *Hér.* 668.)
Ce favorable aveu *dont* elle t'a séduit
T'exposoit aux périls pour m'en donner le fruit. (V, 215. *Hér.* 1357.)
.... Le ciel m'inspire un dessein *dont* j'espère
Et satisfaire Rome et ne vous pas déplaire. (V, 583. *Nic.* 1615.)
Savez-vous les raisons *dont* il se peut défendre? (VI, 287. *Tois.* 737.)
Redis-moi les raisons *dont* tu l'as apaisée. (VI, 324. *Tois.* 1644.)
.... Le remerciment que je présentai il y a trois mois à Son Éminence pour une libéralité *dont* elle me surprit. (X, 93. *Poés. div. Au lect.*)

Voyez encore IX, 510, *Hymn.* 8.

DONT, avec qui, avec lequel, etc. :

Je ne puis même pardonner à Électre, qui passe pour une vertueuse opprimée dans le reste de la pièce, l'inhumanité *dont* elle encourage son frère parricide. (I, 80. *Disc. de la Trag.*)
C'est le nombre des croix, c'en est la pesanteur,
C'est la soumission *dont* cette âme les porte
Qui l'élève et l'unit à son divin auteur. (VIII, 257. *Imit.* II, 1685.)
Quand j'ai devant les yeux ce zèle inépuisable
Dont tant de vrais dévots s'approchent de ta table. (VIII, 664. *Imit.* 1764.)
Par les soins *dont* jadis ta châsse transférée
        Sauva tes saints dépôts. (IX, 628. *Hymn. de S. Gen.* II.)
L'inquiétude *dont* vous m'écrivez n'est pas une petite marque de votre amitié. (X, 478. *Lettr.*)

DONT, avec quoi :

Voici *dont* je vais rendre, aux dépens de ta vie,
Et ma flamme vengée, et ma haine assouvie. (I, 287. *Clit.* 201.)

DONT, d'où :

Et du mont Quirinal et du mont Aventin,
Dont il l'auroit vu faire une horrible descente. (V, 579. *Nic.* 1551.)

Dans ses dialogues, Mathurin Cordier traduit en latin « *Dont* viens-tu? » par *unde venis* (chapitre XXXV, § 111), et « *Dont* vient cela que tu es si fier? » par *unde tibi tantam arrogantiam sumis?* (chapitre XXVIII, § 83).

DONT exprimé dans un premier membre de phrase et omis dans le second :

O d'un illustre époux noble et digne moitié,
Dont le courage étonne, et le sort fait pitié! (IV, 70. *Pomp.* 1028.)

DORMIR.

Sa présence aux travaux mêle de si doux charmes,
Qu'ils apprennent sans peine à *dormir* sous les armes....
L'ombre de Saint-Germain est un bivouac pour eux. (x, 199. *Poés. div.*82.)

Il s'agit des campements dans la plaine d'Ouilles, ordonnés par Louis XIV pour exercer ses troupes.

DORMIR (LE) :

Que le jeu, *le dormir*, le parler diminue. (ix, 506. *Hymn.* 11.)

La Fontaine a employé plusieurs fois cette expression :

.... Le financier se plaignoit
Que les soins de la Providence
N'eussent pas au marché fait vendre *le dormir*,
Comme le manger et le boire. (La Fontaine, livre VIII, *fable* II, vers 12.)

Le vrai *dormir* ne fut fait que pour eux. (*Ibidem*, livre IV, *conte* v, vers 3.)

DOTAL, employé dans la tragédie :

Le ciel veut qu'Hypsipyle
Réponde aux vœux d'Absyrte, et qu'un sceptre *dotal*
Adoucisse le cours d'un peu de temps fatal. (vi, 348. *Tois.* 2208.)

DOUBLE, adjectif, figurément, qui a de la duplicité :

Il faut jouer au fin contre un esprit si *double*. (I, 411. *Veuve*, 241.)
Ton père va descendre, âme *double* et sans foi. (iv, 166. *Ment.* 475.)

DOUBLE, monnaie de cuivre valant deux deniers.

N'AVOIR PAS LE DOUBLE, n'avoir pas le sou :

Il cajole des mieux, mais il *n'a pas le double*. (iv, 296. *S. du Ment.* 164.)

DOUBLER.

Vous accroîtrez la dette en vous laissant payer,
Et *doublerez* mes fers si par là je m'acquitte. (x, 152, *Poés. div.* 10.)

Ces vers sont tirés d'un madrigal à Philis.

DOUCET, TE.

.... Tout simple et *doucet*, sans chercher de finesse,
Attendant le boiteux, je consolois Lucrèce. (iv, 290. *S. du Ment.* 31.)

Ce joli diminutif a pour lui de grandes autorités. Regnier s'en est servi dans sa x° satire (vers 346) :

A tout ce qu'on disoit *doucet* je m'accordois.

Molière l'a employé aussi, bien qu'on ne le trouve pas dans le *Lexique* de M. Génin :

.... Mon Dieu! sa sœur, vous faites la discrète,
Et vous n'y touchez pas, tant vous semblez *doucette*.
(*Tartuffe*, acte I, scène I, vers 22.)

DOUCEUR.

Douceurs, choses douces au goût, friandises :

Avec quelques *douceurs* il faut te régaler. (IV, 319. *S. du Ment.* 578.)
Acceptez cependant quelque peu de *douceurs*,
Fort propres en ces lieux à conforter les cœurs :
Les sèches sont dessous, celles-ci sont liquides....
— Nous avons le cœur bon, et dans nos aventures
Nous ne fûmes jamais hommes à confitures. (IV, 325. *S. du Ment.* 701.)

    Merveille qui m'as enchanté
    Par tes *douceurs* et tes pistoles....
    Garde pour toi les confitures,
    Et nous accable de louis. (IV, 338. *S. du Ment.* 942.)

.... Moins d'un jour réduit tout votre heur et le mien,
Des louis aux *douceurs*, et des *douceurs* à rien. (IV, 339. *S. du Ment.* 972.)

Douceur, au figuré :

Le bien est en ce siècle une grande *douceur*. (I, 453. *Veuve*, 1062.)

Dans le passage suivant, ce mot, tout ironique qu'il est, surprend un peu :

Enfin je n'ai pas mal employé la journée
Que la bonté du Roi, de grâce, m'a donnée ;
Mes desirs sont contents. Mon père et mon pays,
Je ne me repens plus de vous avoir trahis ;
Avec cette *douceur* j'en accepte le blâme. (II, 417. *Méd.* 1577.)

L'aise de voir la terre à son pouvoir soumise
Chatouilloit malgré lui son âme avec surprise,
Et de cette *douceur* son esprit combattu
Avec un peu d'effort rassuroit sa vertu. (IV, 60. *Pomp.* 779.)

Cet espoir est le seul dont j'aime à me flatter,
Et l'unique *douceur* que je veux emporter. (VI, 138. *OEd.* 88.)

    Nous vous saluons comme étant notre vie, notre *douceur*, et notre espérance. (IX, 339. *Vépr. et Compl. D. F.*)

C'est la traduction des mots latins : *Vita, dulcedo, et spes nostra, salve.*

Avoir quelque douceur :

Un si prompt châtiment vous doit être bien doux.
— S'il *a quelque douceur*, elle n'est que pour vous. (IV, 92. *Pomp.* 1572.)

Couler quelque moment en douceur, voyez Couler.

Douceurs, au figuré.

Ce mot s'emploie aussi au pluriel dans les diverses acceptions figurées dont nous venons de donner des exemples :

Vous fuyez, ma princesse, et cherchez des remises :
Sont-ce là les *douceurs* que vous m'aviez promises ? (II, 509. *Illus.* 1378.)

Il y avait *faveurs*, au lieu de *douceurs*, dans les éditions antérieures à 1660 :

La vengeance elle seule a de si doux plaisirs....
— N'en cherchons les *douceurs*, ami, que les dernières.

Rarement un amant les peut goûter entières ;
Et quand de sa vengeance elles sont tout le fruit,
Ce sont fausses *douceurs* que l'amertume suit. (v, 382. *Andr.* 1435, et 1438.)
Mais parmi les *douceurs* qu'enfin nous recevons,
Faites-nous savoir, Prince, à qui nous vous devons. (v, 591. *Nic.* 1817.)
Ce n'est pas offenser deux si charmantes sœurs,
Que voir en leur aînée aussi quelques *douceurs*. (vi, 141. *OEd.* 172.)
Ce sont grandes *douceurs* que le ciel vous renvoie. (vi, 502. *Soph.* 735.)
N'enviez pas, Madame, à mon sort inhumain
La gloire de finir du moins en vrai Romain,
Après qu'il vous a plu de me rendre incapable
Des *douceurs* de mourir en amant véritable. (vi, 626. *Oth.* 1186.)
Vois combien ces *douceurs* enfantent d'amertumes. (viii, 74. *Imit.*1, 746.)

DOUTE (En) :

.... Tu ne meurs pas de honte
Qu'il faille que de lui je fasse plus de conte,
Et que ton père même, *en doute* de ta foi,
Donne plus de croyance à ton valet qu'à toi! (iv, 227. *Ment.* 1583.)
Laissez la chose *en doute*, et du moins hésitez,
Tant qu'on ait par leur bouche appris leurs volontés. (vi, 170. *OEd.* 847.)
.... Pour le sénat, n'en soyez point *en doute*,
Il aime l'Empereur, et l'honore à tel point,
Qu'il servira sa flamme, ou n'en parlera point. (vii, 254. *Tit.* 1300.)

DOUTER.

DOUTER SI C'EST, douter que ce soit :

.... *Doutez*-vous *si c'est* ma maîtresse elle-même? (iv, 327. *S. du Ment.* 735.)

DOUTER DE, être indécis sur :

Que ferez-vous? — J'*en doute*.... (vii, 481. *Sur.* 445.)

DOUTER, craindre, redouter, appréhender :

.... J'ai lieu de *douter*
Qu'il n'ait, s'il faut tout dire, ordre de l'arrêter. (vii, 507. *Sur.* 1059.)
Outre que le succès est encore à *douter*. (v, 194. *Hér.* 897.)

C'est-à-dire, à redouter, à craindre. Le mot *succès* n'est pas pris ici dans son sens restreint de réussite, mais il signifie l'issue, l'événement, ce qui doit *succéder*. Voyez SUCCÈS.

En ce sens, *douter* est souvent pris activement par nos anciens auteurs :

.... Iole le contraint
D'estre une femme; il la *doute*, il la craint.
(Ronsard, *Amours*, livre I, tome I, p. 129.)

Molière l'a encore employé ainsi : voyez le *Lexique* de M. Génin, p. 129 et 130.

DOUTEUX, incertain, mal assuré :

La présence des chefs à peine est respectée,
Leur pouvoir est *douteux*, leur voix mal écoutée. (iii, 317. *Hor.* 812.)

Ma couronne est *douteuse*, et la sienne affermie. (v, 450. *D. San.* 777.)
Nous allons en des lieux sur qui vingt ans d'absence
Nous laissent une foible et *douteuse* puissance. (v, 419. *D. San.* 14.)

Douteux, qui hésite, irrésolu, en parlant de l'esprit, du cœur, etc. :

Dieu ne veut point d'un cœur où le monde domine,
Qui regarde en arrière, et *douteux* en son choix,
Lorsque sa voix l'appelle, écoute une autre voix. (III, 490. *Pol.* 67.)
La belle occasion que votre jalousie,
Douteuse encor qu'elle est, a promptement saisie ! (v, 463. *D. San.* 1098.)

Cet emploi de *douteux* est des plus fréquents chez nos anciens écrivains :

.... Laisse ces cris piteux,
Et ne tien nostre esprit plus longuement *douteux*. (Garnier, *Porcie*, V, 17.)

Les deux camps arrangez les regardent *douteux*
Qui sera le vainqueur de ce combat piteux. (Garnier, *Antigone*, III, 140.)

« Il avoit toujours l'œil au guet comme un esprit *douteux*. » (Sully, *OEconomies royales*, tome II, chapitre XI, p. 73.)

Racine a lui-même pris le mot dans ce sens : voyez *Alexandre*, vers 1177.

DOUX, CE, au figuré :

Allez, belle marquise, allez en d'autres lieux
Semer les *doux* périls qui naissent de vos yeux. (x, 143. *Poés. div.* 2.)

Doux, douce à :

Vous me serez plus *douce*, en m'étant plus cruelle. (IV, 379. *S. du Ment.* 1693.)
Le ciel, assez souvent, *doux aux* crimes des rois,
Quand il leur a montré quelque légère haine,
Répand sur leurs sujets le reste de leur peine. (v, 328. *Andr.* 319.)
De tous les deux aimée, et *douce à* tous les deux,
Elle sait mieux que moi comme on change de vœux. (VII, 230. *Tit.* 721.)
Que le ciel vous fut *doux*, lorsque dans votre effroi
Il vous sollicita de courir à mon roi ! (x, 114. *Poés. div.* 107.)

DOUZAINE.

Quatorze à la douzaine :

Croyez qu'à le trouver vous auriez de la peine.
Le monde n'en voit pas *quatorze à la douzaine*. (IV, 333. *S. du Ment.* 824.)

Expression proverbiale pour désigner quelque chose de rare.

DRESSER, au figuré.

Dresser un discours, des requêtes :

J'ai *dressé ce discours* seulement en attendant l'impression de la pièce entière. (v, 278. *Dess. d'Andr.*)

Obligez-moi de *dresser leurs requêtes*.... (x, 437. *Lettr.*)

Dresser une supercherie :

Deux de ses rivaux sont trop jaloux de leur rang pour se commettre avec lui, et trop généreux pour lui *dresser quelque supercherie*. (v, 407. *Épît. de D. San.*)

Dressé, dirigé :

> Je meure, ami, c'est un grand charme....
> D'être maître de ses pensées,
> Sans les avoir toujours *dressées*
> Vers une beauté qui souvent
> Nous estime moins que du vent. (x, 26. *Poés. div.* 32.)

DROIT, adjectif :

La lumière s'est levée au milieu des ténèbres pour les *droits* de cœur. (ix, 308. *Off. V.*)

À DROIT, à droite :

Les deux vents qui étoient à ses côtés suspendus en l'air, s'envolent, l'un à gauche, l'autre *à droit*. (v, 350. *Andr.*)

On lit dans le *Dictionnaire* de Richelet de 1680 : « *A droit et à gauche*, adv. Tourner *à droit* et à gauche. (Vaugelas, *Quinte-Curce*, livre III.) »
Cette forme est très-fréquemment employée par les auteurs de cette époque : « Il en fit autant à Mlle Angélique, tellement qu'il se trouva écuyer *à droit* et à gauche. » (Scarron, *le Roman comique*, 1ʳᵉ partie, chapitre xvii.)

> .... On prend la tabatière
> Soudain à gauche, *à droit*, par devant, par derrière.
> (Th. Corneille, *le Festin de pierre*, acte I, scène 1, vers 6.)

> Les voyageurs sans guide assez souvent s'égarent,
> L'un *à droit*, l'autre à gauche.... (Boileau, *Satire* IV, vers 43.)

DROIT, substantif.

DROIT DE VIE, DE MORT, DROIT SUR (LA VIE) :

Il a sur nous un *droit et de mort et de vie*. (III, 348. *Hor.* 1508.)
.... Quel *droit* aviez-vous *sur cette* illustre *vie?* (IV, 62. *Pomp.* 826.)
.... Jamais on n'a *droit sur* ceux (*les jours*) du souverain.
(III, 456. *Cin.* 1616.)

DROIT DE LA GUERRE, DROIT DE L'ÉPÉE :

Rome est dessous vos lois par le *droit de la guerre*. (III, 404. *Cin.* 421.)
Ces montagnes de morts....
Sont les titres affreux dont le *droit de l'épée*,
Justifiant César, a condamné Pompée. (IV, 28. *Pomp.* 13.)

AVOIR DROIT DE, avoir lieu de, sujet de, être capable de :

Ecoutez si celui (*l'oracle*) qui me fut hier rendu
Eut droit de rassurer mon esprit éperdu. (III, 290. *Hor.* 190.)
Sa présence toujours *a droit de* vous charmer. (III, 561. *Pol.* 1590.)
Ce sont des déplaisirs qu'il fait bien d'épargner;
Et sa douleur secrète *a droit de* l'éloigner. (IV, 497. *Rod.* 1602.)
Le Capitole *a droit d'*en craindre un coup de maître. (v, 551. *Nic.* 920.)
.... Aux lieux où le crime *a* plein *droit de* régner,

L'innocence timide est seule à dédaigner. (vi, 366. *Sert.* 23.)
Sans doute un tel service *aura droit de* me plaire. (vi, 393. *Sert.* 725.)
La victoire *aura droit de* le faire renaître. (vi, 411. *Sert.* 1157.)
La plus fausse apparence *a droit de* nous troubler. (vii, 468. *Sur.* 112.)
.... J'*ai droit de* garder pour les miens quelque estime.
(x, 189. *Poés. div.* 76.)

PRENDRE DROIT DE :

Vain effort de mon âme, impuissante lumière,
De qui le faux brillant *prend droit de* m'éblouir. (iii, 314. *Hor.* 741.)

À DROIT DE, à titre de :

Viens *à droit de* conquête en occuper la place. (v, 358. *And*r. 915.)

À QUEL DROIT ?

A quel titre peux-tu me retenir mon bien ?
— *A quel droit* voulez-vous vous emparer du mien ? (v, 89. *Théod.* 1626.)

On pourrait dire qu'ici *à quel droit* se trouve amené par *à quel titre ;* mais il s'employait fort bien seul de cette manière :

A quel droit gardes-tu l'aimable nom de vie ? (viii, 366. *Imit.* iii, 2179.)
A quel droit voulez-vous que cette haine cesse ? (vi, 622. *Oth.* 1097.)

PAYER LE DROIT À LA NATURE, mourir :

Avant que de *payer le droit à la nature*.... (x, 134. *Poés. div.* 5.)

DROITE, main droite, dextre :

Il l'exaucera de ce lieu saint qu'il habite dans le ciel, et fera voir qu'il n'appartient qu'à sa *droite* d'être la sauvegarde des potentats. (ix, 68. *Off. V.*)
Votre *droite* vous conduira partout avec des miracles. (ix, 96. *Off. V.*)

Il y a dans le latin : *Deducet te mirabiliter dextera tua.*
Voyez ci-dessus DROIT, adjectif; A DROIT.

DÛ (LE) DE, suivi d'un substantif, dans le sens de *devoir :*

Excusez la rigueur qu'a voulu mon devoir.
Adieu. — Vous avez fait *le dû de* votre office. (iv, 307. *S. du Ment.* 343.)

DUEL.

FAIRE UN DUEL À QUELQU'UN, le contraindre à se battre :

.... Tu crains que pour elle on *te fasse un duel.* (ii, 199. *Suiv.* 1411.)

DUPER, tromper :

Toi qui près d'un beau visage
Ne veux que feindre l'amour....
Tu *dupes* son innocence. (x, 53. *Poés. div.* 7.)

Dupé :

S'il ne faut que courir, leur attente est *dupée*. (II, 479. *Illus*. 873.)

L'expression est un peu recherchée, mais il faut considérer qu'elle est placée dans la bouche de Matamore.

DUPLICITÉ, comme terme technique de composition dramatique :

Il y a manifestement une *duplicité* d'action. (II, 221. *Exam*. de *la Pl. roy*.)
Il est vrai qu'il s'y rencontre une *duplicité* de lieu particulier. (III, 379. *Exam*. de *Cin*.)
Je ne sais s'il n'y a point une *duplicité* d'action. (V, 13. *Épît*. de *Théod*.)
Je ne vois pas comment je pourrois justifier ici cette *duplicité* de péril, après l'avoir condamnée dans *Horace*. (V, 14. *Épît*. de *Théod*.)

Ce mot ne se trouve dans aucune de ses acceptions, ni dans Cotgrave, ni dans Nicot ; nous le voyons paraître pour la première fois en 1690 dans le *Dictionnaire* de Furetière, qui le donne dans le sens propre et dans le sens figuré.

DURABLE à :

.... Louis, qui jamais n'en perdra la mémoire,
Se promet de vous rendre à toute votre gloire ;
De rétablir chez vous l'entière liberté,
Mais ferme, mais *durable* à la postérité. (X, 330. *Poés. div.* 80.)

DURANT, préposition :

Jugez *durant* ce temps ce que vous pourrez faire. (IV, 56. *Pomp*. 697.)
Hélas ! j'en garde encor si bien le souvenir,
Que je l'aurai présent *durant* tout l'avenir. (VI, 192. *OEd*. 1380.)

Durant que, conjonction :

La princesse Rosine, et mon perfide époux,
Durant qu'il est absent, en font leur rendez-vous. (II, 508. *Illus*. 1348.)
Que diroient mes sujets si je me faisois grâce,
Et si, *durant qu*'au monstre on expose leur race,
Ils voyoient, par un droit tyrannique et honteux,
Le crime en ma maison, et la peine sur eux? (V, 328. *Andr*. 301.)
Qu'on l'honore partout, *durant qu*'on t'humilie. (VIII, 464. *Imit*. III, 4178.)

DURER, vivre, exister :

Il s'est fait admirer tant qu'*ont duré* ses frères. (III, 325. *Hor*. 1003.)

Non, non, César, contente-toi du père,
Laisse *durer* les enfants et la mère,
En ce malheur, où les Dieux nous ont mis.
(Jodelle, *Cléopatre*, III, fol. 239 verso.)

Le chevalier de Méré a employé en badinant cette expression, qui a tant d'énergie dans les passages que nous venons de rapporter : « Une femme se défait de son galant quand elle veut, mais il faut qu'elle garde son mari tant qu'il *dure*. »

Durer, en parlant d'un sentiment, persister :

C'est le dernier remède, et s'il y faut venir,

Et que de mes malheurs cette pitié vous *dure*,
Vous serez libre alors de venger mon injure. (III, 149. *Cid*, 789.)

E

EAU (Se fondre en), fondre en larmes :

Pleurez, pleurez, mes yeux, et *fondez-vous en eau !*
La moitié de ma vie a mis l'autre au tombeau. (III, 150. *Cid*, 799.)

Eau d'ange, voyez Ange.

ÉBAHI.

Et si de tant d'amour tu peux être *ébahie*. (III, 524. *Pol.* 794.)

« *Ébahie*, dit Voltaire, ne s'emploie que dans le bas comique. » Il est vrai que maintenant ce mot est du style familier; mais il n'en était pas ainsi du temps de Corneille. Quand Saint-Amant, dans son *Moïse sauvé*, décrit pompeusement la retraite des Israélites à travers la mer Rouge, et

    Met pour les voir passer les poissons aux fenêtres,

il traduit ce vers du *Moses viator* du P. Antoine Nillien :

    Hinc inde attoniti liquido stant marmore pisces,

par :

    Les poissons *ébahis* les regardent passer.

ÉBAUCHE, esquisse, au figuré :

Fais-les servir d'*ébauche* à ton savoir profond. (X, 119. *Poés. div.* 64.)
Si j'en pouvois tracer quelque *ébauche* grossière. (X, 335. *Poés. div.* 26.)

ÉBAUCHER, au figuré, esquisser :

Mais de quel front osai-je *ébaucher* tant de gloire ? (X, 207. *Poés. div.* 182.)

Ébaucher, préparer, commencer :

On va bientôt, Madame, achever à vos yeux
Ce qu'*ébauche* par là votre abord en ces lieux. (VI, 337. *Tois.* 1945.)
Pour me faire *ébaucher* ma vengeance en Plautine,
Et l'achever bientôt par sa propre ruine. (VI, 638. *Oth.* 1445.)
Mes secours en Judée achevèrent l'ouvrage,
Qu'*avoit* des légions *ébauché* le suffrage. (VII, 242. *Tit.* 1016.)

ÉBLOUIR.

Pour *éblouir* l'Espagne et son raisonnement,
Il (*Louis XIV*) tourna ses apprêts en divertissement. (X, 198. *Poés. div.* 59.)

S'éblouir de :

Vous *vous éblouissiez du* titre et *de* l'emploi. (VI, 436. *Sert.* 1711.)

ÉBRANLEMENT, au figuré :

Si près de voir sur soi fondre de tels orages,
L'*ébranlement* sied bien aux plus fermes courages. (III, 283. *Hor.* 4.)

ÉBRANLER.

ÉBRANLER, figurément, faire chanceler :

Le manque d'héritiers *ébranloit* sa province. (VI, 206. *OEd.* 1706.)
.... Ma tête abattue *ébranleroit* la vôtre. (VI, 423. *Sert.* 1422.)

ÉBRANLER, rendre incertain :

Rodrigue suit ici son devoir sans rien relâcher de sa passion ; Chimène fait la même chose à son tour, sans laisser *ébranler* son dessein par la douleur où elle se voit abimée par là. (III, 92. *Exam. du Cid.*)
Dieux ! Sabine le suit. Pour *ébranler* mon cœur,
Est-ce peu de Camille ? y joignez-vous ma sœur ? (III, 308. *Hor.* 609.)
Jaloux des bons desseins qu'il tâche d'*ébranler*. (III, 489. *Pol.* 55.)
Le peuple est *ébranlé*, ne perdons point de temps. (V, 171. *Hér.* 376.)
.... Reconnoissez-vous que tout ce qu'il ma dit,
Par quelque impression *ébranle* mon esprit ? (V, 562. *Nic.* 1130.)

S'ÉBRANLER, au figuré :

Et si ce cœur *s'ébranle* ? (III, 517. *Pol.* 656.)
Ne *t'ébranle* donc point dans les tentations. (VIII, 229. *Imit.* II, 1087.)

ÉCARTER, éloigner, reculer :

C'est un trésor si grand que ces mines fécondes
Que la nature *écarte* au bout des nouveaux mondes. (VIII, 240. *Imit.* II, 1314.)

ÉCARTÉ.

HISTOIRE ÉCARTÉE, histoire d'un temps ou d'un pays fort éloigné de nous :

Quand nous traitons quelque *histoire écartée* dont ils ne trouvent rien dans leur souvenir, ils l'attribuent toute entière à l'effort de notre imagination. (III, 475. *Abrégé du mart. de S. Pol.*)

ÉCHANGE, au féminin :

.... Je la trouverois d'une humeur bien étrange
Si je ne lui faisois accepter cette *échange*. (IV, 342. *S. du Ment.* 1026.)

Il est indiqué comme féminin dans le *Dictionnaire* de Cotgrave de 1611, et on était si habitué, paraît-il, à l'employer à ce genre, que bien qu'en 1680 Richelet le donne pour masculin dans son *Dictionnaire*, sa phrase d'exemple est ainsi imprimée : « faire *une* échange. »

ÉCHANTILLON, au figuré.

À CET ÉCHANTILLON, à en juger par là :

Elle demeure, ami, dans ce grand pavillon.

— Tout se prépare mal *à cet échantillon*. (IV, 362. *S. du Ment.* 1404.)

ÉCHAPPATOIRE, défaite, subterfuge :

Pymante lui baille quelque *échappatoire*. (I, 266. *Argum.* de *Clit.*)

ÉCHAPPÉE, sortie soudaine, inattendue :

Du satyre caché les brusques *échappées*
Dans les bras des sylvains feront fuir les nappées. (x, 240. *Poés. div.* 69.)

ÉCHAPPÉE, au figuré :

Quel transport déréglé ! quelle étrange *échappée !* (I, 168. *Mél. var.* 2.)
A mon égarement souffre cette *échappée*,
Sans craindre que ta place en demeure usurpée. (II, 514. *Illus.* 1477.)

Il m'étoit impossible de garder l'unité de lieu sans lui faire faire (*à Pompée*) cette *échappée*. (VI, 362. *Au lect.* de *Sert.*)

Cette *échappée* est de venir imprudemment dans une ville qui est au pouvoir de l'ennemi.

Dircé, au troisième acte, manque de respect envers sa mère.... Cette princesse considère encore tellement ces devoirs de la nature, que bien qu'elle aye lieu de regarder cette mère comme une personne qui s'est emparée d'un trône qui lui appartient, elle lui demande pardon de cette *échappée*. (VI, 131. *Exam.* d'*OEd.*)

Au mauvais françois que je vous envoie, j'ose joindre cette *échappée* en une langue qu'il y a trente ans que j'ai oubliée. (x, 451. *Lettr.*)

L'usage s'est introduit de préférer, dans plusieurs des acceptions figurées, la forme plus italienne, et surtout plus espagnole, que française : *escapade* (ital. *scappata*, espagn. *escapada*). Voyez ci-après ESCAPADE, et comparez les mots *escalade* (ital. *scalata*, espagn. *escalada*), *cavalcade* (ital. *cavalcata*, espagn. *cabalgada*).

ÉCHAPPER.

« Ce verbe, dit Vaugelas (*Remarques*, p. 337), a trois régimes différents pour une même signification. On dit : *échapper d'un grand danger*, et *échapper un grand danger*, qui est plus élégant que l'autre ; et l'on dit aussi : *échapper aux ennemis*, *échapper aux embûches*, qui est encore une fort belle façon de parler. »

ÉCHAPPER DE :

Elle venoit d'*échapper de* la prostitution, et n'avoit aucune assurance qu'on ne l'y condamneroit point de nouveau. (v, 14. *Exam.* de *Théod.*)

ÉCHAPPER À :

C'est un de mes brigands *à la mort échappé*. (VI, 195. *OEd.* 1432.)

Les exemples cités ne confirment guère les distinctions établies par les grammairiens entre *échapper à* et *échapper de ;* mais ces subtilités sont toutes récentes : l'Académie ne les admettait pas dans les premières éditions de son *Dictionnaire ;* et s'il est vrai, malgré l'assertion formelle de Vaugelas, que, dans certains cas, le choix entre ces deux expressions ne soit pas indifférent pour le sens, cela peut, ce nous semble, fournir tout au plus la matière d'une remarque délicate, mais non le sujet d'une règle, et surtout d'une règle absolue.

ÉCHAPPER, activement :

Cet emploi était fréquent au dix-septième siècle. « Il est quelquefois actif, » est-il dit dans la première édition du *Dictionnaire de l'Académie*, qui cite pour exemples : « Échapper le danger, échapper la potence, échapper la corde. » On lit dans la traduction de Lucien par Perrot d'Ablancourt : « J'allai rendre grâces aux Dieux d'*avoir échappé* de si grands dangers (tome II, p. 371). » — « Bacchus fit l'entreprise des Indes, malgré la raillerie des uns et la compassion des autres, qui croyoient qu'il dût être écrasé par les éléphants, quand il *échapperoit* la fureur des armes (tome III, p. 46). »

Néanmoins, bien qu'il figure en deux passages du *Presbytère d'Hénouville* (tome X, p. 348, vers 104, et p. 349, vers 144), nous ne le trouvons dans aucun des ouvrages bien authentiques de Corneille, ce qui peut contribuer encore à faire croire que ce poëme du *Presbytère* lui a été faussement attribué.

ÉCHAPPER, employé dans un sens absolu, sans aucun complément :

Que vous avez de peur que le marché n'*échappe*! (iv, 360. *S. du Ment.* 1373.)
Et tant lever le bras avant que de frapper,
C'est vous dire assez haut qu'il est tant d'*échapper*. (vi, 135. *OEd.* 16.)
Elle (*la vérité*) *échappe* aussitôt qu'on présume en jouir.
(x, 238. *Poés. div.* 44.)

ÉCHAPPER, avec les auxiliaires *avoir* et *être* :

Pour vous nommer tyran, il falloit cent efforts ;
Ce mot ne m'*a* jamais *échappé* sans remords. (vi, 211. *OEd.* 1808.)
   La pièce ne seroit pas achevée, si on ne savoit ce que devient Théodore, après *être échappée* de l'infamie. (v, 14. *Exam.* de *Théod.*)
Qui ne craint point la mort, ne craint point les tyrans.
Ce mot m'*est échappé*, je n'en fais point d'excuse. (vi, 156. *OEd.* 501.)
   De six pièces de théâtre qui me *sont échappées*, en ayant réduit trois dans la contrainte qu'elle (*l'antiquité*) nous a prescrite, je n'ai point fait conscience d'allonger un peu les vingt et quatre heures aux trois autres. (i, 378. *Au lect.* de *la Veuve*.)
   De six comédies qui me *sont échappées*, si celle-ci n'est la meilleure, c'est la plus heureuse. (ii, 10. *Épît.* de *la Gal. du Pal.*)
.... Prenez moins d'appui sur un cœur usurpé :
Il peut vous échapper, puisqu'il m'*est échappé*. (vi, 311. *Tois.* 1315.)
Je n'ai point soupiré pour cette indépendance
Où veut monter l'orgueil par des droits usurpés :
Vers elle aucuns regards ne me *sont échappés*,
   Non pas même par imprudence. (ix, 237. *Off. V.* 3.)

S'il y a une différence à faire, pour le sens, entre *avoir échappé* et *être échappé*, c'est, si nous ne nous trompons, que ce verbe avec *avoir* marque plutôt l'action même, et avec *être* l'effet de cette action l'état qui en résulte. C'est une différence analogue à celle qui distingue, en grec, l'aoriste du parfait.

S'ÉCHAPPER, au figuré :

Vous *vous échapperez* sans doute en sa présence :
Un amant qui perd tout n'a plus de complaisance ;
Dans un tel entretien, il suit sa passion,
Et ne pousse qu'injure et qu'imprécation. (iii, 507. *Pol.* 437.)
Et si jamais ses vœux *s'échappoient* jusqu'à moi,
Je sais ce que je suis, et ce que je me doi. (v, 421. *D. San.* 67.)

.... Que direz-vous, Madame,
Du dessein téméraire où *s'échappe* mon âme? (vi, 383. *Sert.* 474.)
.... Puissé-je....
M'échapper quelques jours vers quelques autres soins! (x, 148. *Poés. div.* 90.)

S'ÉCHAPPER DE QUELQU'UN :

A peine ai-je eu loisir de lui dire deux mots,
Qu'aussitôt le fantasque, en me tournant le dos,
S'est échappé de moi.... (1, 183. *Mél.* 683.)
   Cette courageuse fille lui crève un œil de son poinçon; et comme la douleur lui fait y porter les deux mains, elle *s'échappe de* lui. (i, 267. *Épit.* de *Clit.*)
Elle use d'artifice à *s'échapper de* moi? (1, 400. *Veuve*, 20.)

Racine a employé dans *les Plaideurs* (vers 43) cette locution, que les dictionnaires n'indiquent point.

S'ÉCHAPPER, absolument :

C'est à moi de souffrir, et plaise à ta clémence
Que ce soit sans chagrin, sans bruit, sans *m'échapper!*
                            (viii, 414. *Imit.* iii, 3154.)

ÉCHAPPÉ DE :

    Enfin, *échappé du* danger
    Où mon sort me voulut plonger. (x, 25. *Poés. div.* 1.)
   Théodore, *échappée d*'un péril, se rejette dans un autre de son propre mouvement. (v, 14. *Exam.* de *Théod.*)

FAIRE LE CHEVAL ÉCHAPPÉ, voyez CHEVAL.

ÉCHO, la nymphe Écho, féminin :

    Et dans les rochers d'alentour
    La même *Écho*, qui redisoit nos plaintes,
    Ne redira que des soupirs d'amour. (v, 331. *Andr.* 384.)
Un berger chantera ses déplaisirs secrets,
Sans que la triste *Écho* répète ses regrets? (x, 236. *Poés. div.* 16.)

Dans ces derniers vers, l'édition originale donne seule *la ;* toutes les autres ont *le ;* mais c'est évidemment une faute ; car il s'agit de la nymphe. Dans le sens de « son redoublé » comme dit Richelet, *écho* était masculin au dix-septième siècle, comme aujourd'hui :

ÉCLAIRCIR.

ÉCLAIRCIR QUELQUE CHOSE À QUELQU'UN :

Ah! c'en est trop, enfin *éclarcis-moi* ce point. (iii, 505. *Pol.* 404.)
   Pour *vous éclaircir* ceci.... (x, 434. *Lettr.*)

ÉCLAIRCIR DE :

   Néarque l'ayant *éclairci du* scrupule où il étoit. (iii, 477. *Abrégé du mart. de S. Pol.*)

ÉCLAIRCIR TOUCHANT :

Et vous *éclaircira touchant* une aventure
Dont je n'ai pu tirer qu'une lumière obscure. (vi, 181. *ŒEd*. 1089.)
Et qui, sans m'*éclaircir touchant* votre naissance,
Me chargea seulement d'éloigner votre enfance. (vi, 207. *ŒEd*. 1725.)

ÉCLAIRCISSEMENT.

Il ne devient mutin que fort malaisément,
Et préfère la ruse à l'*éclaircissement*. (ii, 186. *Suiv*. 1136.)

« *Éclaircissement* se dit.... entre les gens d'épée, des explications qu'ils demandent de quelques paroles et actions, pour savoir si on les a faites avec intention de leur faire querelle, afin d'en tirer raison sur-le-champ. » (*Dictionnaire de Furetière*, 1690.)

Je ne suis point homme d'*éclaircissement ;* vous êtes en sûreté de ce côté-là. (x, 404. *Lettr. apol.*)

« C'est un homme à *éclaircissement*. Cela se dit d'un homme d'épée, qui est querelleur. C'est un tireur d'*éclaircissement*. » (*Dictionnaire de Richelet*, 1680.)

ÉCLAIRER à, donner, fournir de la lumière à :

Vos corps semés de nouvelles étoiles,
Du haut du ciel *éclairant aux* mortels,
Leur apprendront qu'il vous faut des autels. (v, 395. *Andr*. 1751.)

On dit, en parlant des astres en général, qu'ils *éclairent* les mortels ; ici sans doute Corneille a dit : « *éclairant aux* mortels, » parce qu'il ne s'agit que d'un petit nombre d'étoiles, qui contribueront à les éclairer sans y suffire à elles seules.

ÉCLAIRER, surveiller :

Ne t'imagine point de contraindre une sœur,
N'importe qui l'*éclaire* en ces chastes caresses. (i, 162. *Mél. var*. 1.)

ÉCLAIRÉ, ayant de la lumière, des lumières, y voyant clair

.... Un œil bien *éclairé*. (x, 154. *Poés. div*. 5.)

ÉCLAT, au propre, en parlant du bruit du tonnerre :

Qu'il règne dans le ciel, qu'il règne sur la terre ;
Qu'il gouverne à son gré l'*éclat* de son tonnerre. (v, 364. *Andr*. 1035.)

Dans un sens analogue, au figuré :

Sur moi seul doit tomber l'*éclat* de la tempête. (iii, 145. *Cid*, 721.)
Quel revers imprévu ! quel *éclat* de tonnerre ! (vi, 68. *Perth*. 1103.)

ÉCLAT, retentissement :

C'est trop vous assurer sur l'*éclat* d'un faux bruit. (vi, 180. *ŒEd*. 1071.)

ÉCLAT, manifestation bruyante d'un sentiment :

Ce grand *éclat* même qu'elle laisse faire à son amour. (iii, 93. *Exam. du Cid.*)
Leur amour importun viendroit avec *éclat*
Par des cris et des pleurs troubler notre combat. (iii, 312. *Hor*. 697.)

L'impatiente ardeur d'en voir le doux climat (*de ta patrie*)
Sous ces fausses couleurs ne fait que trop d'*éclat*. (vi, 390. *Tois.* 851.)
.... Je ne comprends point toute cette conduite,
Ni comme à cet *éclat* la Reine vous contraint. (v, 554. *Nic.* 969.)
Jusqu'au dernier *éclat* pousser sa frénésie. (vi, 415. *Sert.* 1226.)
C'étoient de vains *éclats* de générosité,
Pour rehausser ta gloire avec impunité. (vi, 93. *Perth.* 1689.)
          .... Votre gloire a fait de tels *éclats*,
Que les filles de roi ne vous manqueront pas. (vii, 477. *Sur.* 335.)

FAIRE ÉCLAT DE, divulguer, répandre :

Le secret est à vous, et je serois ingrat
Si sans votre congé j'osois *en faire éclat*. (v, 178. *Hér.* 516.)

ÉCLAT, en parlant de la beauté d'une femme, de son teint, de ses yeux :

Ces visages d'*éclat* sont bons à cajoler. (i, 146. *Mél.* 59.)
Je n'aurois adoré que l'*éclat* de vos yeux. (iii, 549. *Pol.* 1329.)

ÉCLAT, au figuré, lustre, brillant, gloire :

La guerre en tel *éclat* a mis votre valeur. (iii, 297. *Hor.* 365.)
De tels remerciments ont pour moi trop d'*éclat*. (iii, 333. *Hor.* 1162.)
Meurs; mais quitte du moins la vie avec *éclat*. (iii, 436. *Cin.* 1179.)
Je l'aime; mais l'*éclat* d'une si belle flamme,
Quelque brillant qu'il soit, n'éblouit pas mon âme. (iv, 42. *Pomp.* 357.)
     (*Cette pièce*) eut d'abord grand *éclat* sur le théâtre. (v, 415. *Exam.* de *D. San.*)
Mais aujourd'hui qu'on voit un héros magnanime
Témoigner pour ton nom une toute autre estime,
Et répandre l'*éclat* de sa propre bonté
Sur l'endurcissement de ton oisiveté. (vi, 122. *Vers à Foucquet*, 19.)
Voyez sur ces vers l'*Appendice* à la *Notice* d'*OEdipe*, tome VI, p. 114.
Je lui dis qu'en *éclat* j'avois mis votre vie. (vi, 207. *OEd.* 1729.)
Tout me paroît facile en l'*éclat* où je suis. (vi, 339. *Tois.* 2001.)
.... L'orgueil des Romains se promettoit l'*éclat*
D'asservir par leur prise et vous et tout l'État. (vi, 473. *Soph.* 5.)
          Je fus ton disciple, et peut-être
          Que l'heureux *éclat* de mes vers
          Éblouit assez l'univers
          Pour faire peu de honte au maître. (x, 222. *Poés. div.* 52.)

ÉCLATANT, au propre, qui fait grand bruit :

Nous nous levons alors, et tous en même temps
Poussons jusques au ciel mille cris *éclatants*. (iii, 173. *Cid*, 1284.)

ÉCLATER, briller, frapper les yeux :

Quoi? pour voir sur sa tête *éclater* ma couronne? (iv, 55. *Pomp.* 677.)

Est-il environné de ces pompes cruelles
Dont à Rome *éclatoient* les victoires nouvelles? (x, 213. *Poés. div.* 297.)

FAIRE ÉCLATER :

On te voyoit dès lors, à toi seul comparable,
Faire éclater partout ta conduite adorable. (x, 179. *Poés. div.* 62.)

Le poëte s'adresse à Louis XIV.

ÉCOLIER.

Il semble que ce soit un maître qui ait voulu mettre en lustre les petits efforts de son *écolier*. (x, 93. *Poés. div. Au lect.*)

C'est un compliment à Abraham Ravaud, qui avait traduit en vers latins une poésie adressée par Corneille à Mazarin.

Ne vois-tu rien en moi qui sente l'*écolier?*
Comme il est malaisé qu'aux royaumes du *Code*
On apprenne à se faire un visage à la mode,
J'ai lieu d'appréhender.... (IV, 142. *Ment.* 8.)

On voit qu'ici le mot *écolier* ne désigne pas un enfant allant, comme dit Richelet, « aux petites écoles, » mais un étudiant. La Fontaine a dit dans *le Roi Candaule et le Maître en droit* :

> Vous avez des talents ; nous avons des coquettes,
> Non pas pour une, Dieu merci.
> L'*étudiant* reprit : « Je suis nouveau dans Rome. »

Et plus loin, en parlant du même personnage :

> L'*écolier* repartit : « Je ne l'ai pu savoir. »

Scarron parle de même dans *le Roman comique* (2ᵉ partie, chapitre v) : « Dès le matin, changeant mon habit en celui de mon valet, qui étoit de ma taille, je le laissai à la Flèche pour prendre mon équipage d'*écolier*. »

ÉCONDUIRE, avec un nom de chose pour régime :

Ou faites ma demande, ou j'*éconduis* la vôtre. (I, 310. *Clit. var.* 1.)

Perrot d'Ablancourt a dit de même dans sa traduction de Tacite : « C'étoient des prières, mais qu'on ne pouvoit *éconduire*. » (*Histoires*, livre IV, tome III, p. 340.)

ÉCORCE, au figuré, extérieur, apparence :

Le peuple qui voit tout seulement par l'*écorce*. (III, 350. *Hor.* 1559.)

ÉCOULEMENT, au figuré, émanation :

Ce choix de serviteurs fidèles, intrépides....
Et dont tout le pouvoir, qui fait tant de jaloux,
N'est qu'un *écoulement* de tes ordres sur nous. (x, 180. *Poés. div.* 88.)

Ces vers s'adressent à Louis XIV.

Ce mot s'emploie surtout ainsi dans le style mystique.

Pour bien user de tout, regarde chaque chose
Comme un *écoulement* de ce bien souverain
Que de moi seul je forme, et dont seul je dispose. (VIII, 310. *Imit.* III, 1062.)

.... Ce que notre joie a de stabilité

N'est qu'un *écoulement* dont vous êtes la source. (VIII, 436. *Imit.* III, 3592.)
Il mérite aussitôt de recevoir des cieux
Les pleins *écoulements* du torrent de mes grâces. (VIII, 671. *Imit.* IV, 1901.)

ÉCOULER (FAIRE), dissiper, mettre en fuite :

Vous n'avez donc point eu d'ennemis à combattre?
— Un coup de plat d'épée *a* tout *fait écouler*. (IV, 365. *S. du Ment.* 1455.)

S'ÉCOULER, s'échapper, s'en aller (tout doucement, successivement) :

De moment en moment votre garde *s'écoule*. (V, 581. *Nic.* 1580.)
Laissez-les *s'écouler*, je vous dirai qui c'est. (IV, 346. *S. du Ment.* 1096.)

En 1648, Corneille a substitué ici *s'échapper* à *s'écouler*. — Dans ce dernier exemple, il ne s'agit que de deux personnes; en tête de la scène on lisait, dans la première édition (1645), l'indication suivante :

Mélysse, Lyse, qui *s'écoulent* incontinent.

Les derniers mots ont été effacés en 1663; ils avaient été remplacés en 1648 par : « qui *s'échappent* incontinent. »

ÉCOUTER.

Écoutez, admirez, et plaignez son trépas. (IV, 46. *Pomp.* 455.)
Seigneur, si votre amour peut *écouter* mes pleurs. (V, 177. *Hér.* 499.)

Voltaire dit au sujet de ce vers : « On écoute des soupirs; on n'écoute point des pleurs, on les voit. » — Mais ici *écouter* n'est pas pris au propre; il signifie *se rendre à, céder à, obtempérer à*, comme dans ce passage de *Cinna* (III, 437, vers 1197) :

Mais *écouteriez*-vous les conseils d'une femme?

ÉCOUTES (ÊTRE AUX) :

Ses anges par son ordre auront soin de vos routes....
Et tout autour de vous ils *seront aux écoutes*
            Dès qu'il vous faudra sommeiller. (IX, 331. *Vêpr. et Compl. D. F.* 43.)

ÉCU, bouclier, au figuré :

.... Il te faut surtout l'*écu* de patience. (VIII, 440. *Imit.* III, 3687.)

EFFACER, au figuré, faire disparaître, faire oublier, etc. :

Jour, qui fais la couleur, et toi, nuit, qui l'*effaces*,
        Exaltez sa grandeur (*la grandeur de Dieu*). (IX, 143. *Off. V.* 31.)
.... Ils passent tous, ainsi qu'une ombre
    Qu'*efface* et marque le soleil. (VIII, 150. *Imit.* I, 2195.)
Je t'ai fait une offense, et j'ai dû m'y porter,
Pour *effacer* ma honte, et pour te mériter. (III, 155. *Cid*, 896.)
... C'est le dire assez qu'ordonner qu'on *efface*
Un grand crime impuni par le sang de sa race. (VI, 185. *OEd.* 1189.)
Quand j'aurai de ses maux *effacé* l'infamie. (VI, 419. *Sert.* 1325.)

ÊTRE EFFACÉ PAR QUELQU'UN :

Léonce *est effacé par* le fils de Maurice. (V, 197. *Hér.* 964.)

S'EFFACER :

Un spectre en paroissant prenoit soudain la fuite :
Ils *s'effaçoient* l'un l'autre.... (III, 291. *Hor.* 221.)
.... Que de leur haut rang la pompe la plus vaine
S'efface au seul aspect de la grandeur romaine. (VI, 384. *Sert.* 502.)

EFFAROUCHER, au figuré, dans le style élevé :

Et ceux que vos rigueurs ne font qu'*effaroucher*,
Peut-être à vos bontés se laisseront toucher. (III, 438. *Cin.* 1215.)

Racine a employé ce mot dans *Bajazet* (acte I, scène IV, vers 392).

EFFECTIF, réel :

Le songe de Pauline, l'amour de Sévère, le baptême *effectif* de Polyeucte.... sont des inventions et des embellissements de théâtre. (III, 478. *Abrégé du mart. de S. Pol.*)
C'est ce glorieux titre, à présent *effectif*,
Que je viens ennoblir par celui de captif. (IV, 80. *Pomp.* 1279.)
Jusqu'à ce qu'on nous craigne, et que le temps arrive
De remettre en ses mains la puissance *effective*. (VI, 61. *Perth.* 972.)

EFFET, ce qui est produit par quelque cause, résultat :

Cette préférence est peut-être en moi un *effet* de ces inclinations aveugles qu'ont beaucoup de pères pour quelques-uns de leurs enfants plus que pour les autres. (IV, 420. *Exam. de Rod.*)
La foi que j'ai reçue aspire à son *effet*. (III, 518. *Pol.* 668.)
Vous voyez un *effet* des leçons d'Annibal. (V, 537. *Nic.* 574.)
Seigneur, voilà l'*effet* de ma reconnoissance. (VI, 438. *Sert.* 1785.)
.... Ton art plus charmant
Pour un si grand *effet* ne veut qu'un seul moment. (X, 120. *Poés. div.* 88.)
.... Il revient à vous (*belle marquise*), et revient plus esclave,
Et reporte à vos pieds le tyrannique *effet*
De ce tourment nouveau que lui-même il s'est fait. (X, 143. *Poés. div.* 21.)

AVOIR SON EFFET :

L'empereur Maurice reconnut cette supposition et l'empêcha d'*avoir son effet*. (V, 153. *Exam. d'Hér.*)
.... Bientôt mes desseins *auront leur plein effet*. (V, 177. *Hér.* 492.)
Mes bons destins par vous *ont eu tout leur effet*. (VI, 494. *Soph.* 533.)

FAIRE EFFET, FAIRE SON EFFET :

De ces deux desseins il n'y en a qu'un qui *fasse effet*. (II, 123. *Exam. de la Suiv.*)
O ma fille ! est-ce là le prix de mes bienfaits ?
— Ceux de mon père en vous *firent* mêmes *effets*. (III, 455. *Cin.* 1596.)
Ces beautés étoient de mise en ce temps-là et ne le seroient plus en celui-ci.... Toutes les deux *ont fait leur effet* en ma faveur. (III, 95. *Exam. du Cid.*)

Celle-ci (*cette comédie*) *faisoit son effet* par l'humeur enjouée de gens d'une condition au-dessus de ceux qu'on voit dans les comédies de Plaute et de Térence, qui n'étoient que des marchands. (i, 138. *Exam. de Mél.*)

Quand il est besoin que cette vérité *fasse son* plein *effet.* (v, 150. *Exam. d'Hér.*)

EFFET, EFFETS, acte, accomplissement, réalisation, réalité, souvent par opposition à promesse, menace, parole, apparence, etc. :

Avec tous vos lauriers, craignez encor le foudre.
— Je l'attendrai sans peur. — Mais non pas sans *effet.* (III, 127. *Cid,* 391.)
.... L'on ne reconnoît de semblables forfaits
Que quand la main s'apprête à venir aux *effets.* (III, 421. *Cin.* 824.)
Pour avancer l'*effet* de ce discours fatal. (III, 497. *Pol.* 235.)
O de mon songe affreux trop véritable *effet!* (III, 530. *Pol.* 928.)

C'est un jour choisi par deux souverains pour l'*effet* d'un traité de paix entre leurs couronnes ennemies. (I, 116. *Disc. des* 3 *unit.*)

J'ai prononcé l'arrêt, il faut que l'*effet* suive. (v, 169. *Hér.* 305.)
.... Mon crime est entier et le sien imparfait;
Mais pour vous dire enfin de quoi je suis jalouse,
Quel rang puis-je garder auprès de son épouse?
Aristie y prétend, et l'offre qu'elle fait,
Ou que l'on fait pour elle, en assure l'*effet.* (VI, 392. *Sert.* 704.)
.... Jusqu'ici Galba, qu'ils obsèdent tous deux,
A refusé son ordre à l'*effet* de nos vœux. (VI, 581. *Oth.* 140.)
Lisez-vous dans son cœur, pour voir ce qui s'y fait,
Et si j'ai de ces feux l'apparence ou l'*effet?* (VI, 320. *Tois.* 1539.)
Pour marque aux souverains qu'ils doivent par l'*effet*
Répondre dignement au grand choix qu'il (*le ciel*) en fait. (VI, 613. *Oth.* 867.)
Pour de si bons *effets* laissez-moi l'infidèle. (II, 362. *Méd.* 445.)
.... Contre mes *effets* ne combats point d'injures. (II, 416. *Méd.* 1554.)
Autant que j'ai pu, mes *effets* l'ont suivie (*l'inclination*). (III, 449. *Cin.* 1445.)
Les *effets* de César valent bien ses paroles (*de Pompée*). (IV, 33. *Pomp.* 150.)
.... Qui songe aux *effets* néglige les paroles. (IV, 57. *Pomp.* 714.)
Il ne tiendra qu'au Roi qu'aux *effets* je ne passe. (v, 522. *Nic.* 259.)
Les *effets* répondront. Prince, pensez à vous. (v, 553. *Nic.* 958.)
.... Sa haute vertu par d'illustres *effets*
Y dissipa soudain (*en province*) ces vices contrefaits. (VI, 616. *Oth.* 955.)
Il me faut des *effets*, et non pas des promesses. (VII, 489. *Sur.* 646.)
J'ai mis, grâces aux Dieux, ma promesse en *effet.* (I, 452. *Veuve*, 1046.)
Le sien n'est qu'en desirs, et le mien en *effet.* (VI, 199. *OEd.* 1548.)

Il n'étoit pas roi en *effet*, mais il en avoit toute l'autorité. (VI, 359. *Au lect. de Sert.*)

Il m'aime en apparence, en *effet* il m'amuse. (VII, 388. *Pulch.* 173.)

EFFET, impression :

La tête de Pompée a produit des *effets*
Dont ils n'ont pas sujet d'être fort satisfaits. (IV, 58. *Pomp.* 735.)

Si vous voulez réfléchir sur celle (*la narration*) de Curiace dans l'*Horace*, vous trouverez qu'elle fait tout un autre *effet.* (IV, 424. *Exam. de Rod.*)

Cette chute.... fait.... un *effet* d'autant plus mauvais que.... (III, 275. *Exam.* d'*Hor.*)

EFFET, EFFETS, comme terme de littérature :

C'est à lui (*Appien*) que je me suis attaché pour la narration que j'ai mise au premier acte, et pour l'*effet* du cinquième. (IV, 420. *Exam. de Rod.*)

Ceux qui ont blâmé l'autre (*Mélite*) de peu d'*effets* auront ici de quoi se satisfaire, si toutefois ils ont l'esprit assez tendu pour me suivre au théâtre, et si la quantité d'intrigues et de rencontres n'accable et ne confond leur mémoire. (I, 261. *Préf. de Clit.*)

J'entendis que ceux du métier la blâmoient (*Mélite*) de peu d'*effets*. (I, 270. *Exam. de Clit.*)

EFFICACE, substantif féminin, efficacité :

Si mes commandements ont trop peu d'*efficace*,
Ma rage pour le moins me fera faire place. (II, 408. *Méd.* 1373.)
Ne t'a-t-on point parlé d'une source de vie
Que nomment nos guerriers poudre de sympathie?
On en voit tous les jours des effets étonnants.
— Encor ne sont-ils pas du tout si surprenants;
Et je n'ai point appris qu'elle eût tant d'*efficace*. (IV, 204. *Ment.* 1185.)
Il est toujours tout juste et tout bon ; mais sa grâce
Ne descend pas toujours avec même *efficace*. (III, 488. *Pol.* 30.)
.... Par le secours de sa pleine *efficace* (*de l'efficace de la grâce*).
(VIII, 218. *Imit.* II, 870.)
J'en connois par toi l'*efficace* (*l'efficace de la grâce*).
(X, 222. *Poés. div.* 41.)

Ce mot était très-fréquemment employé par nos anciens poëtes :

Il parle d'Hippolyte. O Dieu, ie te rends grace,
Ie voy bien que ma voix a eu de l'*efficace*. (Garnier, *Hippolyte*, V, 3.)

EFFORCER (S') à, où nous mettrions plutôt *s'efforcer de :*

Ainsi tous à l'envi *s'efforcent* à me plaire. (II, 228. *Pl. roy.* 69.)

Les premières éditions, jusqu'en 1660, portent : *s'efforcent de.*

Romains, souffrirez-vous qu'on vous immole un homme
Sans qui Rome aujourd'hui cesseroit d'être Rome,
Et qu'un Romain *s'efforce* à tacher le renom
D'un guerrier à qui tous doivent un si beau nom? (III, 354. *Hor.* 1685.)
L'un et l'autre de moi *s'efforce* à l'obtenir (*la mort*). (V, 91. *Théod.* 1677.)
.... Ce lâche attentat n'est qu'un trait de l'envie
Qui *s'efforce* à noircir une si belle vie. (V, 560. *Nic.* 1104.)
Il s'en fait un plaisir (*de son feu*) bien moins qu'un embarras,
Et *s'efforce* à m'aimer ; mais il ne m'aime pas. (VII, 202. *Tit.* 38.)
.... Quand Rome *s'efforce* à m'arracher son cœur,
Elle sert le courroux d'un Dieu juste vengeur. (VII, 245. *Tit.* 1089.)
On s'empresse à vous voir, on *s'efforce* à vous plaire. (VII, 48. *Agés.* 978.)
Cet esprit tout de feu qui *s'efforce* à vous plaire. (IX, 263. *Off. V.* 51.)

EFFORT.

.... L'*effort* de ton génie. (x, 119. *Poés. div.* 65.)

Si je souhaite quelque durée pour cet heureux *effort* de ma plume (*le Cid*), ce n'est point pour apprendre mon nom à la postérité. (III, 78. *Épit. du Cid.*)

Magnanimes guerriers, dont les hautes merveilles
Lasseroient tout l'*effort* des plus savantes veilles. (x, 209. *Poés. div.* 222.)

.... Ta France en va voir les merveilleux *efforts* (*les efforts des Muses*)
Déployer à l'envi leurs plus rares trésors. (x, 186. *Poés. div.* 13.)

Depuis cinquante ans que *le Cid* tient sa place sur nos théâtres, l'histoire ni l'*effort* de l'imagination n'y ont rien fait voir qui en aye effacé l'éclat. (III, 91. *Exam. du Cid.*)

Cette tragédie a encore plus d'*effort* d'invention que celle de *Rodogune*. (v, 148. *Exam. d'Hér.*)

S'il manquoit à remplir l'*effort* de mon estime. (v, 590. *Nic.* 1776.)
Il se doit opposer à cet *effort* d'estime
Où s'abaisse pour lui ce cœur trop magnanime,
Et par un même *effort* de magnanimité,
Rendre une âme si haute au trône mérité. (VI, 620. *Oth.* 1033 et 1035.)
Je verrai par l'*effort* de votre obéissance
Où doit aller celui de ma reconnoissance. (VI, 40. *Perth.* 491.)
A cet objet sanglant, l'*effort* de la pitié
Reprendroit tous les droits d'une vieille amitié. (VI, 37. *Perth.* 405.)

.... L'art en leur structure (*en la structure de ces remparts*)
Avoit moins secouru l'*effort* de la nature. (x, 206. *Poés. div.* 170.)
Malgré l'*effort* des temps.... (x, 94. *Poés. div.* 3.)
J'aime, n'abusez pas, Prince, de mon secret :
Au milieu de ma haine il m'échappe à regret ;
Mais enfin il m'échappe, et cette retenue
Ne peut plus soutenir l'*effort* de votre vue. (IV, 479. *Rod.* 1208.)
Prépare des pinceaux, prépare des *efforts*
Pour toutes les beautés de l'esprit et du corps. (x, 117. *Poés. div.* 15.)

Ces vers s'adressent à la Peinture personnifiée.

Coup d'effort, coup de main, entreprise hasardeuse :

Mes vaisseaux à la rade, assez proches du port,
N'ont que trop de soldats à faire un *coup d'effort*. (II, 374. *Méd.* 688.)
C'est rendre la pareille à tes grands *coups d'effort* :
Tu m'as sauvé la vie, et j'empêche ta mort. (II, 381. *Méd.* 831.)

Faire un effort, son effort à :

Comme vous l'accusez, elle *fait son effort*
A rejeter sur vous l'horreur de cette mort. (IV, 505. *Rod.* 1797 et 1798.)
Celui qui doit vous perdre, ainsi malgré son sort,
A s'approcher de vous *fait encor son effort*. (v, 459. *D. San.* 976.)
.... A la conquérir (*la toison*) *faire* le moindre *effort*,
C'est se livrer soi-même et courir à la mort. (VI, 316. *Tois.* 1422.)

SE FAIRE UN EFFORT, DES EFFORTS :

Faites-vous un effort pour lui servir d'appui. (III, 550. *Pol.* 1354.)
Quels *efforts* à moi-même il a fallu *me faire!* (III, 562. *Pol.* 1596.)

EFFROI (FAIRE) :

Quoiqu'un grison *fasse effroi*,
Il vaut bien qu'on le courtise,
Quand il est fait comme moi. (x, 166. *Poés. div.* 30.)

EFFRONTÉ.

Tu veux qu'encore un coup je devienne *effrontée*,
Pour te dire à quel point mon ardeur est montée. (I, 430. *Veuve*, 615 *var.*)

En 1660, Corneille a modifié ainsi ce passage :

Tu veux qu'encore un coup je me donne la honte
De te dire à quel point l'amour pour toi me dompte.

.... D'un zèle *effronté* couvrant son attentat,
S'oppose, pour me perdre, au bonheur de l'État. (III, 435. *Cin.* 1155.)

ÉGAL, au figuré, ayant des sentiments égaux, toujours les mêmes, et par suite, juste, impartial :

Égale à tous les deux jusques à la victoire,
Je prendrai part aux maux sans en prendre à la gloire. (III, 286. *Hor.* 91.)
Il veut qu'on soit *égal* en tous temps, en tous lieux;
Il n'examine point si lors on pouvoit mieux. (III, 350. *Hor.* 1565.)
.... Vous n'achevez pas de rendre tout égal :
Vous vous défaites bien de quelques droits d'aînesse;
Mais vous défaites-vous du cœur de la Princesse,
De toutes les vertus qui vous en font aimer?...
Rendez donc la Princesse *égale* entre nous deux. (v, 556. *Nic.* 1022.)
Mais je m'alarme trop, et Rome est plus *égale*. (v, 574. *Nic.* 1427.)

ÉGAL, revenant au même, indifférent :

Que de tes actions ils jugent bien ou mal,
    Tout n'est-il pas *égal?* (VIII, 411. *Imit.* III, 3102.)
Que je vive avec vous ou chez nos citoyens,
La chose m'est *égale*.... (VI, 533. *Soph.* 1453.)

LA CHOSE EST ÉGALE, pour *la chose est semblable, analogue, équivalente :*

Mais pour le cœur, te dis-je, il n'est pas tout à moi.
— *La chose est* bien *égale*, il n'a pas tout le vôtre :
S'il aime un autre objet, vous en aimez un autre;
Et comme sa raison vous donne tous ses vœux,
Votre ardeur pour son rang fait pour lui tous vos feux.
— Ne dis point qu'entre nous *la chose soit égale*. (VII, 203. *Tit.* 51.)

TRAITER D'ÉGAL, sorte de locution proverbiale dans laquelle *égal* reste invariable :

Si vous n'en pouvez mieux consoler une mère
Qu'en la *traitant d'égal* avec une étrangère. (IV, 502. *Rod.* 1708.)
Il n'en prend pas le titre (*de maître*) et les *traite d'égal*. (VII, 382. *Sert.* 455.)
Ils prennent droit tous deux de me *traiter d'égal*. (VII, 110. *Att.* 28.)
Je ne dois qu'à moi seul toute ma renommée,
Et pense toutefois n'avoir point de rival
A qui je fasse tort en le *traitant d'égal*. (X, 76. *Poés. div.* 52.)
 Vous vous plaignez d'une lettre à Ariste, où je ne vous ai point fait de tort de vous *traiter d'égal*. (X, 404. *Lettr. apol.*)

À L'ÉGAL, également :

Je suis craint *à l'égal* sur la terre et sur l'onde. (II, 484. *Illus.* 970.)

À L'ÉGAL DE, autant que, comme, aussi bien que, au prix de :

.... L'hymen de soi-même est un si lourd fardeau,
Qu'il faut l'appréhender *à l'égal du* tombeau. (I, 148. *Mél.* 100.)
Ne me parlez jamais en faveur d'un infâme;
Qu'il me fuye *à l'égal des* frères de sa femme. (III, 328. *Hor.* 1056.)

C'est-à-dire, comme il a fui les frères de sa femme.

Allons donner votre ordre à des pompes funèbres,
A *l'égal de* son nom illustres et célèbres. (VI, 445. *Sert.* 1918.)
Je pense le connoître *à l'égal de* moi-même. (VII, 389. *Pulch.* 210.)
La seule vérité donne aux afflictions
    Des consolations
Durables *à l'égal de* sa sainte parole. (VIII, 346. *Imit.* III, 1785.)
.... Ce que fuit le monde *à l'égal des* supplices,
C'étoit ce qu'avec joie ils couroient embrasser. (VIII, 383. *Imit.* III, 2545.)
    .... Du grand Louis aux trois parts de la terre
Le nom se faisoit craindre *à l'égal du* tonnerre. (X, 197. *Poés. div.* 50.)
.... Le trépas en soi n'a rien de rigoureux
A *l'égal de* vous rendre un rival plus heureux. (VI, 39. *Perth.* 458.)
Des frères ne sont rien *à l'égal d'*un époux. (III, 320. *Hor.* 882.)

ÉGALER, rendre égal, au figuré :

Voyez comme le ciel *égale* nos fortunes,
Et comme pour les faire entre nous deux communes,
Nous réduisant ensemble à ces déguisements,
Il montre avoir pour nous de pareils mouvements. (I, 326. *Clit.* 913.)

Perrot d'Ablancourt a dit au sens propre : « Il est bâti sur une pente assez roide, qu'il *a égalée* par le moyen d'une base soutenue par des fondements convenables à la grandeur de l'édifice. » (Traduction de Lucien, tome III, p. 43.)
 Voltaire, dans ses remarques sur la scène II de l'acte II, cite incidemment la locution « égaler les fortunes, » et dit que, dans cette façon de parler, *égaliser*, pour *égaler*, serait un barbarisme de mots. Ce qui est certain, c'est qu'avant lui les écrivains du dix-septième siècle se sont toujours servis d'*égaler* là où aujourd'hui nous mettrions *égaliser*. Quant à ce dernier mot, il ne figure dans la première édition du *Dictionnaire*

de *l'Académie* (1694) que comme un « terme dont on se sert encore au Palais, et qui veut dire : *rendre des partages égaux.* »

ÉGALITÉ.

Mon exemple et sa faute ont peu d'*égalité*. (vi, 145. *OEd.* 304.)

C'est-à-dire, se ressemblent peu, ne peuvent guère se comparer.

ÉGALITÉ, en parlant du rang, de la condition sociale :

Mon cœur plus incapable encor de vanité
Ne feroit point de choix que dans l'*égalité.* (v, 34. *Théod.* 386.)

ÉGAREMENT, au figuré :

L'*égarement* d'esprit règne sur la famille. (II, 184. *Suiv.* 1094.)

.... Pardonne
Ce doux *égarement* que le sang me redonne. (x, 191. *Poés. div.* 88.)

Corneille vient de parler du dévouement de deux fils qu'il a dans l'armée du Roi.

ÉGARER, figurément, détourner, éloigner, écarter :

.... Sa grâce
Ne descend pas toujours avec même efficace ;
Après certains moments que perdent nos longueurs,
Elle quitte ces traits qui pénètrent les cœurs ;
Le nôtre s'endurcit, la repousse, l'*égare.* (III, 488. *Pol.* 33.)

ÉGARÉ.

Respecter un amour dont mon âme *égarée*
Voit la perte assurée ! (III, 123. *Cid,* 335.)

Cette expression n'était pas du goût de Scudéry, mais l'Académie l'a défendue.

ÉLANCEMENT.

L'impétueuse ardeur de ces transports nouveaux,
A son sang prisonnier ouvre tous les canaux ;
Son *élancement* perce ou rompt toutes les veines,
Et ces canaux ouverts sont autant de fontaines. (VII, 180. *Att.* 1757.)

Au propre, ce mot ne se dit plus guère que dans le sens de « douleur subite, aiguë et de peu de durée ; » et au figuré, que dans le langage mystique.

ÉLARGIR, au figuré :

Ils *élargiroient* peut-être les règles encore plus que je ne fais. (I, 122. *Disc. des 3 unit.*)

S'ÉLARGIR, au figuré :

C'est par lui que la foi plus fortement agit,
Que l'espérance a de quoi croître,
Et que la charité s'enflamme et *s'élargit.* (VIII, 608. *Imit.* IV, 620.)

ÉLARGISSEMENT, au figuré :

Il faut de nécessité trouver quelque *élargissement* pour le lieu, comme pour le temps. (I, 118. *Disc. des 3 unit.*)

ÉLECTION.

Je viens vous faire voir que votre affection
N'a pas été fort juste en son *élection*. (I, 212. *Mél.* 1162.)
Vous la forcez vous-même à cette *élection*. (I, 453. *Veuve*, 1066.)
J'adore ce grand cœur qu'ici tu fais paroître,
Et demeure ravi du trop d'affection
Que tu m'as témoigné par cette *élection*. (II, 189. *Suiv.* 1208.)
Telle est l'humeur du sexe : il aime à contredire....
Et n'est jamais d'accord de nos *élections*. (II, 469. *Illus.* 680.)
Je suis ravi de voir que mon *élection*
Ait enfin mérité ton approbation. (IX, 349. *S. du Ment.* 1151.)
L'ardeur qu'allume en nous une flamme si pure
Préfère votre choix au choix de la nature,
Et vient sacrifier à votre *élection*
Toute notre espérance et notre ambition. (IV, 467. *Rod* 917.)
Non que pour m'acquitter par cette *élection*
Mon devoir ait forcé mon inclination. (V, 178. *Hér.* 523.)
Dérober Andromède à cette *élection*.
C'est dérober sa mère à sa punition.
— Déjà cinq fois, Seigneur, à ce choix exposée,
Vous voyez que cinq fois le sort l'a refusée. (V, 327. *Andr.* 274.)

Le P. Bouhours dit dans ses *Remarques nouvelles*, publiées en 1675 : « *Élection* se dit d'ordinaire dans une signification passive, et *choix* dans une signification active. L'*élection d'un tel* marque celui qui a été élu ; le *choix d'un tel* marque celui qui choisit.... Il y a encore une différence entre *élection* et *choix* : *élection* a rapport à un corps ou à une communauté qui choisit, et je ne sais si quand il s'agit d'une personne choisie par le Prince pour un emploi, on peut se servir du mot d'*élection*. » Voilà l'usage moderne de ce mot parfaitement éclairci et très-bien limité, trop bien peut-être. On voit par les exemples que nous venons de donner qu'au temps où Corneille écrivait ses premières pièces, il avait encore une étendue de signification bien plus grande ; il s'employait pour le moins aussi fréquemment dans le langage de la galanterie que dans celui de la politique et des affaires.

ÉLÉMENTAIRES (Feux), voyez Feux.

ÉLEVER, figurément :

Enfin vous l'emportez, et la faveur du Roi
Vous *élève* en un rang qui n'étoit dû qu'à moi. (III, 113. *Cid*, 152.)
Conte-moi tes vertus, tes glorieux travaux....
Et tout ce qui t'*élève* au-dessus du vulgaire.
Ma faveur fait ta gloire, et ton pouvoir en vient :
Elle seule t'*élève*, et seule te soutient. (III, 452. *Cin.* 1526 et 1528.)
C'est à toi d'*élever* tes sentiments aux miens. (III, 341. *Hor.* 1353.)
Le coup à l'un et l'autre en sera précieux,
Puisqu'il t'assure en terre en m'*élevant* aux cieux. (III, 568. *Pol.* 1746.)

ÉLEVER, exalter, vanter :

J'ai beau devant les yeux lui remettre Hippolyte,
Parler de ses attraits, *élever* son mérite,
Sa grâce, son esprit, sa naissance, son bien,

Je n'avance non plus qu'à ne lui dire rien. (II, 17. *Gal. du Pal.* 6.)

S'ÉLEVER, figurément :

Cet heureux assemblage est ménagé de sorte qu'elle (*la pièce de* Rodogune) *s'élève* d'acte en acte. (IV, 421. *Exam. de Rod.*)
Il *s'élève* un grand bruit et mille cris confus. (V, 237. *Hér.* 1853.)
Un grand destin commence, un grand destin s'achève :
L'Empire est prêt à choir et la France *s'élève*. (VII, 114. *Att.* 142.)

ÉLIRE.

ÉLU POUR :

Mon père, avant le sien *élu pour* cet empire. (VII, 202. *Tit.* 43.)

ÉLITE (FAIRE UNE), faire un choix :

C'est donc la vérité que la belle Mélite
Fait du brave Philandre une louable *élite.* (I, 178. *Mél.* 604.)

ELLE-MÊME.

C'EST TOUJOURS ELLE-MÊME, pour dire *elle est toujours la même :*

J'ai tout dit en un mot : cette fière Caliste,
Dans ses cruels mépris incessamment persiste,
C'est toujours elle-même ; et sous sa dure loi
Tout ce qu'elle a d'orgueil se réserve pour moi. (I, 303. *Clit.* 471.)

ÉLOGE.

FAIRE LES ÉLOGES DE QUELQUE CHOSE :

Ce n'est pas mon dessein d'*en faire* ici *les éloges*. (I, 376. *Épît. de la Veuve.*)

ÉLOIGNEMENT, action de s'éloigner :

.... Sans doute, Seigneur, ma présence l'aigrit,
Et mon *éloignement* remettra son esprit. (V, 567. *Nic.* 1270.)
Le sang royal n'a pas ces bas attachements
Qui font les déplaisirs de ces *éloignements*. (VI, 147. *OEd.* 296.)
Il s'agit ici d'une fille qui doit quitter ses parents pour suivre son époux.

ENVISAGER AVEC ÉLOIGNEMENT, pour dire *à distance :*

Affreuse image du trépas,
Qu'un triste honneur m'avoit fardée,
Surprenantes horreurs, épouvantable idée,
Qui tantôt ne m'ébranliez pas,
Que l'on vous conçoit mal, quand on vous *envisage*
Avec un peu d'*éloignement!* (V, 353. *Andr.* 795.)

ÉLOIGNER.

ÉLOIGNER DE, avec un infinitif pour complément :

Cet organe des Dieux put se laisser gagner

A ceux que ma naissance *éloignoit* de régner. (vi, 184. *OEd.* 1176.)

ÉLOIGNER, activement, dans le sens de *s'éloigner de* :

Il me faudroit après, par une prompte fuite,
Éloigner trop longtemps les beaux yeux de Mélite. (i, 195. *Mél. var.* 1.)
Un ordre nécessaire au logis me rappelle,
Et doit fort avancer le succès de nos vœux.
— Nous n'avons plus qu'une âme et qu'un vouloir nous deux.
Bien que vous *éloigner* ce me soit un martyre,
Puisque vous le voulez, je n'y puis contredire. (ii, 177. *Suiv.* 961.)
Ses vaisseaux en bon ordre *ont éloigné* la ville. (iv, 59. *Pomp.* 741.)

A l'occasion de ces vers de Malherbe :

Le soleil qui dédaigne une telle carrière,
Puisqu'il faut qu'il déloge, *éloigne* sa barrière (tome I, *poésie* iii, vers 367 et 368),

Ménage a fait la remarque suivante : « Cette façon de parler est ancienne. Baïf, livre II de ses *Poëmes*, au poëme intitulé *le Ménil* :

Le Roy, comme un Pâris, affollé d'une Hélène,
Du feu chaud de l'amour portant son âme pleine,
Estimoit presque moins perdre sa royauté,
Que de sa douce amie *éloigner* la beauté.

Bertaut, dans ses Stances :

Je n'ay vu qu'à regret la clarté du soleil
Depuis qu'en soupirant j'*éloignai* ce bel œil.

Desportes :

Mais quand je suis forcé d'*éloigner* vostre vüe, etc.

Mais comme elle est belle, nos poëtes modernes n'ont point fait difficulté de s'en servir. M. Corneille, dans son *Pompée*, acte III, scène 1 (*suit la citation de notre troisième exemple, auquel Ménage, on le voit, eût pu en joindre d'autres*); M. de Segrais, dans sa traduction de l'*Énéide*, livre IX :

Du camp du Rutulois *éloignant* les quartiers.

Je me suis aussi servi de cette façon de parler, non-seulement dans l'*Épître au docteur Pâris*, qui est un poëme tout à fait sérieux :

Depuis qu'*éloignâtes* ces lieux, etc.;

mais aussi dans l'idylle de *l'Oiseleur*, qui est un poëme tout à fait sérieux :

Si bien tôt l'insensible *éloignoit* ces beaux lieux.

Ce que je n'allègue pas, pour m'alléguer, mais pour me justifier auprès d'une belle personne, qui a trouvé à dire dans mes vers à cette façon de parler. »

Voltaire, suivant son habitude, se contente de dire, à l'occasion du passage de *Pompée* que Ménage a cité, qu'*éloigner la ville* est un solécisme, sans se demander si du temps de Corneille cette locution n'était pas d'un usage général; et M. Aimé-Martin, qui intervient pour venger l'illustre poëte, ne cherche nulle part des exemples propres à justifier Corneille, et se contente de le faire l'inventeur d'une expression dont il n'était hardi de se servir de son temps que parce qu'elle vieillissait déjà ; de plus, comme il ne la connaît que dans le passage de *Pompée*, il l'explique uniquement d'après le sens particulier qu'elle paraît avoir là. Voici sa note : « *Ont éloigné la ville*. C'est l'illusion du nautonier sur sa barque ; le poëte exprime le fait apparent, au lieu du fait réel. Il n'y a point là de solécisme, il y a une tentative de nouveauté; malheureusement notre langue se prête peu à de telles hardiesses. »

ÉLU, voyez ÉLIRE.

ÉLYSIENS (Champs) :

Je vous entends, grands Dieux, c'est là-bas que leurs âmes
Aux *champs Élysiens* éternisent leurs flammes. (i, 222. *Mél.* 1312.)

« *Champs Élisées, champs Élisiens.* On dit l'un et l'autre, mais le bel usage est pour *champs Élisées*. » (*Dictionnaire de Richelet*, 1680.) — L'Académie (1694) donne les deux formes sans faire aucune distinction ; Furetière (1690) n'a que *champs Élysées*.

EMBARQUER (S') à, au figuré, dans le style élevé :

Comme en de certains temps il fait bon s'expliquer,
En d'autres il vaut mieux ne *s'y* point *embarquer*. (vi, 599. *Oth.* 568.)

EMBARRASSER (S'), au figuré :

Ces personnages épisodiques doivent *s'embarrasser* si bien avec les premiers, qu'un seul intrique brouille les uns et les autres. (i, 48. *Disc. du Poëme dram.*)
Comme en sa propre fourbe un menteur *s'embarrasse*. (iv, 239. *Ment.* 1801.)

Embarrassé de, au figuré, gêné par :

Ce sont fatalités *dont* l'âme *embarrassée*
A plus qu'elle ne veut se voit souvent forcée. (iv, 454. *Rod.* 591.)

Pièces embarrassées, pièces intriguées :

C'est l'incommodité des *pièces embarrassées*, qu'en terme de l'art on nomme implexes par un mot emprunté du latin. (iii, 382. *Exam. de Cin.*)

EMBONPOINT (Maigre) :

On le prendroit pour vous, il a votre air, votre âge,
Vos yeux, votre action, votre *maigre embonpoint*. (iv, 304. *S. du Ment.* 277.)

EMBRASEMENT.

.... Leur brûlante haleine (*l'haleine des taureaux*)
D'un long *embrasement* couvre toute la plaine. (vi, 278. *Tois.* 566.)

EMBRASER (S'), au figuré :

Si votre cœur ainsi *s'embrase* en un moment. (iv, 147. *Ment.* 147.)

Embrasé, au figuré :

Si mon courage est haut, mon cœur est *embrasé*. (iii, 112. *Cid*, 120.)
.... Des mêmes ardeurs dont il fut *embrasé*. (iii, 445. *Cin.* 1371.)
.... D'une indigne ardeur lâchement *embrasé*. (v, 577. *Nic.* 1485.)
J'ai perdu temps, Seigneur ; et cette âme *embrasée*
Met trop de différence entre Æmon et Thésée. (vi, 146. *OEd.* 281.)
Dites, dites, Seigneur, qu'il est bien malaisé
De céder ce qu'adore un cœur bien *embrasé*. (vii, 222. *Tit.* 538.)

EMBRASSER, au figuré, adopter, suivre :

Non, non, n'*embrassez* pas de vertu par contrainte. (iii, 303. *Hor.* 507.)

Il est ce que tu dis, s'il *embrasse* leur foi. (III, 524. *Pol.* 787.)
J'*embrasse* comme vous ces nobles sentiments. (IV, 438, *Rod.* 205.)
J'*embrasse* un bon avis, de quelque part qu'il vienne. (VI, 35. *Perth.* 367.)

EMBRASSER, prendre sur soi, se charger de :

Vous saurez *embrasser* bien mieux son intérêt. (III, 355. *Hor.* 1702.)
Du timon qu'il *embrasse* il se fait le seul guide. (VI, 601. *Oth.* 617.)

EMBROUILLER.

EMBROUILLER LA CERVELLE, figurément, la troubler :

L'un disoit : « Il est jeune, il veut voir le pays; »
L'autre : « Il s'est allé battre, il a quelque querelle; »
L'autre d'une autre idée *embrouilloit sa cervelle*. (IV, 290. *S. du Ment.* 24.)
Des marauds, dont le vin *embrouilloit la cervelle*,
Vidoient à coups de poing une vieille querelle. (IV, 365. *S. du Ment.* 1449.)

EMBROUILLER QUELQU'UN DE QUELQUE CHOSE :

Qu'il ne m'*embrouille* encor *de* quelque confidence. (II, 203. *Suiv.* 1498.)
Voyez ci-dessus, p. 141, BROUILLER.

S'EMBROUILLER L'ESPRIT DE, S'EMBROUILLER DE, dans le style élevé :

Choisis une heure propre à rentrer en toi-même,
A penser aux bienfaits de la bonté suprême,
Sans t'*embrouiller l'esprit de* rien de curieux. (VIII, 114. *Imit.* I, 1460.)
.... Si c'est pour toi seul que tu dois rendre compte,
Quels que soient ses défauts, *de* quoi t'*embrouilles-tu*?
(VIII, 392. *Imit.* III, 2735.)

EMBÛCHE (ÊTRE UNE) À :

Va, va, ne songe plus à leurs fausses amours,
Dont le récit n'*étoit* qu'*une embûche à* tes jours. (I, 288. *Clit.* 208.)

EMBUSCADE.

Voyez X, 208, *Poés. div.*, 205, et ci-après l'article ESCAPADE.

ÉMERAUDE, au figuré :

Du palais d'*émeraude* où la riche nature
M'a fait naître et régner avecque majesté,
Je viens pour, etc.... (X, 83. *Poés. div.* 1.)
Le poete fait parler la fleur d'oranger.

ÉMOTION, commencement de soulèvement populaire :

Rome autrefois a vu de ces *émotions*. (V, 579. *Nic.* 1545.)
Voyez l'article suivant.

ÉMOUVOIR, en parlant de guerres, de séditions :

Si tu n'étois qu'un lâche, on auroit quelque espoir
Qu'enfin tu pourrois vivre, et ne rien *émouvoir*. (VI, 98. *Perth.* 1810.)

Ce vieil esclave mal dompté
Émeut une guerre intestine. (VIII, 439. *Imit* III, 3658.)

ÉMU, dans le même sens :

Je vois le peuple *ému* pour prendre son parti. (III, 557. *Pol.* 1493.)
Tout est calme, Seigneur : un moment de ma vue
A soudain apaisé la populace *émue*. (V, 590. *Nic* 1780.)

EMPÊCHER QUELQUE CHOSE, s'y opposer, y mettre obstacle :

Quoi? Madame, faut-il que mon peu de puissance
Empêche les devoirs de ma reconnoissance? (II, 401. *Méd.* 1254.)

EMPÊCHER QUELQUE CHOSE À QUELQU'UN :

Cet orgueilleux esprit, enflé de ses succès,
Pense bien de son cœur *nous empêcher* l'accès. (V, 544. *Nic.* 730.)

EMPÊCHER QUE, voyez NE, omis.

EMPÊCHÉ À, embarrassé :

Les mystères de cour souvent sont si cachés,
Que les plus clairvoyants *y* sont bien *empêchés*. (V, 554. *Nic.* 978.)
   Si vous me demandiez ce que fait Cléopatre dans *Rodogune* depuis qu'elle a quitté ses deux fils au second acte jusqu'à ce qu'elle rejoigne Antiochus au quatrième, je serois bien *empêché à* vous le dire, et je ne crois pas être obligé à en rendre compte. (I, 99. *Disc. des 3 unit.*)

EMPIÉTER QUELQUE CHOSE SUR QUELQU'UN :

   Dès l'âge de quinze ans elle *empiéta* le gouvernement *sur* son frère. (VII, 376. *Au lect. de Pulch.*)

EMPLOI.

Prête, Sauveur bénin, l'oreille à tes louanges....
   Nous les chantons à doubles chœurs,
Nous t'offrons leurs concerts à la face des anges,
   Et pour seconder leurs *emplois*,
Nos vœux jusqu'à ton ciel font résonner nos voix. (IX, 559. *Hymn.* 5.)
Je la trouve (*l'occasion*), et j'en prends le glorieux *emploi*.
                                              (X, 178. *Poés. div.* 55.)

.... J'ai d'autres moi-même à servir en ma place !
Deux fils dans ton armée, et dont l'unique *emploi*
Est d'y porter du sang à répandre pour toi. (X, 188. *Poés. div.* 65.)

AVOIR PLUS D'EMPLOI, avoir de plus hautes charges, être plus souvent employé à des affaires importantes :

Mais ses rivaux ont-ils plus de mérite? — Non ;
Mais ils *ont plus d'emploi*, plus de rang, plus de nom. (VII, 412. *Pulch.* 784.)

EMPLUMÉ, ayant des plumes, des ailes :

Zéthès et Calaïs, ces héros *emplumés*,

Qu'aux routes des oiseaux leur naissance a formés,
Y préparent déjà leurs ailes enhardies
D'avoir pour coup d'essai triomphé des Harpies. (vi, 327. *Tois.* 1722.)

EMPOISONNÉ, au figuré :

Ta châsse, vierge sainte, est le remède unique....
Et ta vertu céleste, aussitôt qu'on l'applique,
    Bannit ces feux *empoisonnés*. (ix, 635. *Hymn.* 12.)

Les « feux empoisonnés » sont la contagion connue sous le nom de *mal des ardents*.
Le poète parle à sainte Geneviève.

EMPORTEMENT, mouvement déréglé causé par quelque passion :

Quittez avec le bal vos malheurs pour me suivre,
Ou soudain à vos yeux je vais cesser de vivre.
Mettrez-vous en ma mort votre contentement?
— Non ; mais que dira-t-on d'un tel *emportement?* (ii, 266. *Pl. roy.* 812.)
Ces hauts *emportements*, qu'un beau feu leur inspire (*à vos pareils*),
Doivent les élever, et non pas les détruire (*les grandes actions*).
                                        (vi, 137. *OEd.* 69.)
       .... Je voudrois que tous deux
Fussent, loin de ma vue, au comble de leurs vœux,
Que les *emportements* d'une ardeur mutuelle
M'eussent débarrassé de son amant et d'elle. (vi, 179. *OEd.* 1053.)
Tous mes *emportements* pour la grandeur suprême. (vii, 252. *Tit.* 1239.)
Pardonne, grand vainqueur, à cet *emportement* :
Le sang prend malgré nous quelquefois son moment. (x, 189. *Poés.div.* 73.)

Voyez plus haut ÉGAREMENT, 2ᵉ exemple.

EMPORTER.

La beauté dont mon maître adore les attraits
Chaque soir au jardin va prendre un peu de frais....
Étant seule, et de nuit, le moindre effort l'*emporte*. (i, 442. *Veuve*, 844.)

C'est-à-dire, suffit pour l'emporter, l'enlever.

EMPORTER, au figuré, entraîner, faire disparaître, faire oublier :

Les faveurs du tyran *emportent* tes promesses ;
Tes feux et tes serments cèdent à ses caresses. (iii, 425. *Cin.* 933.)

EMPORTER À, entraîner, déterminer à :

.... Votre aspect m'*emporte à* d'autres sentiments. (i, 317. *Clit.* 735.)
  Soit que la même fureur l'*emportât à* ce nouveau parricide. (iv, 419.
Exam. de Rod.)
  Les sentiments de douleur qu'il en peut légitimement concevoir devoient du moins l'*emporter à* faire quelques reproches à celle dont il se croit trahi, et lui donner par là l'occasion de le désabuser. (i, 139.
Exam. de Mél.)
Le souvenir des siens, l'orgueil de sa naissance,
L'*emporte à* tous moments à braver ma puissance. (v, 160. *Hér.* 82.)

Ni le travail du corps, ni le soin nécessaire
D'une pressante affaire,
Ne l'*emporte à* se disperser. (VIII, 186. *Imit.* II, 220.)

EMPORTER JUSQU'À :

Mon frère va trop vite et sa chaleur l'*emporte*
Jusqu'à connoître mal des gens de cette sorte.
(IV, 319. *S. du Ment.* 559 et 560.)

SE LAISSER EMPORTER À, voyez À, p. 10.

EMPORTER LE CHOIX DE QUELQU'UN, LE PREMIER RANG, L'APPROBATION, s'en emparer pour ainsi dire de vive force :

.... L'offre pour Othon de lui donner ma voix
Soudain en ma faveur *emportera son choix.* (VI, 600. *Oth.* 600.)
Que votre seul mérite *emporte ce* grand *choix,*
Sans que votre présence ait mendié de voix ! (VII, 394. *Pulch.* 347.)
Ces grands rois qu'en tous lieux a suivis la Victoire,
Lui voyant *emporter* sur eux *le premier rang,*
En deviendroient jaloux s'ils n'étoient pas leur sang. (V, 318. *Andr.* 63.)
Quelque *approbation* qu'*aye emportée* notre nouvelle Jocaste. (X, 483. *Lettr.*)

Corneille avait d'abord écrit: *quelque approbation qu'aye reçue,* etc.; puis, trouvant sans doute l'expression trop faible, il a effacé le mot *reçue;* pour le remplacer par *emportée.*

EMPORTER, où nous mettrions plutôt *remporter :*

.... Ne voir point Florame *emporter* à mes yeux
Le prix où prétendoit mon cœur ambitieux. (II, 199. *Suiv.* 1407.)
Il combattoit Antoine avec tant de courage,
Qu'il *emportoit* déjà sur lui quelque avantage. (IV, 95. *Pomp.* 1638.)
En moins d'un mois ces héros firent *emporter* tant d'avantages au roi de Colchos sur ses ennemis, qu'ils furent contraints de prendre la fuite. (VI, 247. *Exam. de la Tois.*)
J'apprends plus contre vous par ses désavantages,
Que les plus beaux succès qu'ailleurs j'*aye emportés*
Ne m'ont encore appris par mes prospérités. (VI, 396. *Sert.* 775.)
Que sert de disputer le passage de Loire ?
Le sang sur la discorde *emporte* la victoire. (X, 106. *Poés. div.* 8.)

L'EMPORTER, avoir le dessus, l'avantage (sur un autre) :

Enfin vous *l'emportez*, et la faveur du Roi
Vous élève en un rang qui n'étoit dû qu'à moi. (III, 113. *Cid.* 151.)

S'EMPORTER, se laisser entraîner par une passion violente :

Trop chaud ami qu'il est, il *s'emporte* à tous coups
Pour un fourbe insolent qui se moque de nous. (I, 489. *Veuve,* 1745.)
Mon père, retenez des femmes qui *s'emportent,*
Et, de grâce, empêchez surtout qu'elles ne sortent. (III, 312. *Hor.* 695.)

.... Je *m'emporte*, et mes sens interdits
Impriment leur désordre en tout ce que je dis. (vii, 229. *Tit.* 701.)
Si le mérite est grand, l'estime est un peu forte.
Vous la pardonnerez à l'amour qui *s'emporte*. (vii, 485. *Sur.* 542.)
De nouveau je *m'emporte*. Encore un coup, pardonne
Ce doux égarement que le sang me redonne. (x, 191. *Poés. div.* 87.)

Voyez ci-dessus, p. 344, ÉGAREMENT.

S'EMPORTER À, DANS :

Mais tous deux *s'emportant à* plus d'irrévérence :
« Quoi? » lui dit Polyeucte.... (iii, 526. *Pol.* 834.)
J'ai suivi tes conseils; mais plus je l'ai flattée,
Et plus *dans* l'insolence elle *s'est emportée*,
Si bien qu'enfin, outré de tant d'indignités,
Je m'allois *emporter dans* les extrémités. (iv, 54. *Pomp.* 646 et 648.)

S'EMPORTER DE COLÈRE :

Il peut *s'emporter de colère* et tuer dans un premier mouvement. (i, 59. *Disc. de la Trag.*)

EMPREINT, au figuré, gravé :

Porte toute la Bible en ta mémoire *empreinte*. (viii, 31. *Imit.* i, 31.)

EMPRESSEMENT, se rapportant à un nom de chose :

Pardonne-moi, de grâce : une affaire importune
M'empêche de jouir de ma bonne fortune,
Et son *empressement*, qui porte ailleurs mes pas,
Me remplissoit l'esprit jusqu'à ne te voir pas. (i, 204. *Mél.* 1025.)
Malgré l'*empressement* d'un curieux desir,
Il faut, pour lui parler, attendre son loisir. (ii, 436. *Illus.* 15.)

EMPRUNTER DE :

Marche, sans *emprunter d'ailes de* ton effroi. (i, 289. *Clit.* 231.)
   L'esprit trouve avec plus de facilité des couleurs pour ce qui le touche que pour les idées qu'il *emprunte de* son imagination. (x, 409. *Disc. ac.*)
   Elles (*ces particularités*) sont pour la plupart tirées de Valérius Flaccus, qui en a fait un poëme épique en latin, et *de* qui, entre autres choses, j'*ai emprunté* la métamorphose de Junon en Chalciope. (vi, 245. *Exam. de la Tois.*)
Pour dompter ces taureaux et vaincre ces gens d'armes,
Avez-vous *d'*Hypsipyle *emprunté* quelques charmes? (vi, 323. *Tois.* 1605.)

EN, préposition, dans :

Voilà de quoi tomber *en* un nouveau dédale. (ii, 203. *Suiv.* 1481.)

   Dans l'édition de 1692, Thomas Corneille a substitué *dans* à *en;* et après lui toutes les éditions antérieures à la nôtre ont adopté cette leçon.

Une seconde fois accorde *en* cet empire
La sagesse du monde avec celle de Dieu. (x, 123. *Poés. div.* 13.)

E<small>N</small>, devant les noms de lieux (pays, villes, etc.) :

Mais avant qu'avec moi le nœud d'hymen vous lie,
Vous serez marié, si l'on veut, *en* Turquie.
— Avant qu'avec toute autre on me puisse engager,
Je serai marié, si l'on veut, *en* Alger. (IV, 235. *Ment.* 1712.)

Comme la ville d'Alger avait donné son nom à la province, on pourrait dire que c'est de cette province qu'il s'agit ici ; mais il est inutile d'avoir recours à cette explication : il n'y a rien là qui doive nous surprendre ; car Ménage fait remarquer dans ses *Observations sur la langue françoise* que du temps de Balzac on écrivait encore *en Jérusalem*, *en Bethléem*, et que l'usage de cette préposition fut fort longtemps général devant les noms de ville commençant par une voyelle ; il ajoute qu'*en Arles*, *en Avignon* étaient, pour ainsi dire, des locutions consacrées dont on commençait à peine à se départir.

Racine a dit dans *Iphigénie* (acte I, scène 1, vers 94) :

J'écrivis *en* Argos pour hâter ce voyage.

Voyez le tome III du *Racine* de M. Mesnard, p. 155, note 1.

Je loge *en* Bellecour, environ au milieu. (IV, 345. *S. du Ment.* 1087.)
Jusques *en* Bellecour, je vous ai reconduit,
Pour voir une maîtresse en faveur de la nuit. (IV, 361. *S. du Ment.* 1387.)
J'ai cru qu'il vous falloit attendre *en* Bellecour. (IV, 368. *S. du Ment.* 1500.)

En Bellecour, pour « en la place Bellecour, sur la place Bellecour, » est une locution lyonnaise fort ancienne et encore aujourd'hui très-usitée. On lit dans un *Dialogue de deux escoliers qui demeurent à Lyon*, qu'on trouve aux pages 109 et suivantes de la *Pratique de l'orthographe françoise*.... par Claude Mermet.... Lyon, 1583, in-16 : « Je m'en vay jusques en la place de Belle-cour pour y voir piquer des cheuaux par vn escuyer Italien.... Or ça, nous sommes *en Belle-cour* maintenant ; où sont ces cheuaux ? »

E<small>N</small>, devant un nom de pays dans le sens de *vers :*

Je pars seul et de nuit, et prends ma route *en* France.
(IV, 293. *S. du Ment.* 99.)

C'est Dorante qui parle ; il part de Florence.

E<small>N</small>, dans, au figuré.

Avez-vous remarqué qu'il aime *en* lieu plus bas? (V, 468. *D. San.* 1192.)
Ces courroux qu'on affecte alors qu'on désavoue
De lâches coups d'État dont *en* l'âme on se loue. (VII, 528. *Sur.* 1602.)
Je vais te recevoir, tu le veux, tu commandes
Que mon cœur à ton cœur s'unisse *en* charité. (VIII, 607. *Imit.* IV, 592.)
.... C'est *en* péché que m'a conçu ma mère. (IX, 261. *Off. V.* 23.)
.... Ce Dieu....
Qui nous gouverne *en* paix, qui nous couronne *en* guerre.
(IX, 313. *Off. V.* 27.)
Je te peindrai vaillant, juste, bon, libéral,
Invincible *en* la guerre, *en* la paix sans égal. (X, 180. *Poés. div.* 80.)

E<small>N</small> M<small>OI</small>, chez moi, pour moi :

.... Venir, voir et vaincre est même chose *en moi*. (IV, 81 *Pomp.* 1336.)

En la cour, à la cour :

.... Fort bien *en la cour*. (v, 491. *D. San.* 1760.)

En 1692, Thomas Corneille a remplacé *en la cour* par *à la cour*.

En cour, voyez Cour.

Élever en un rang :

Enfin vous l'emportez, et la faveur du Roi
Vous *élève en un rang* qui n'étoit dû qu'à moi. (III, 113. *Cid*, 152.)

L'Académie dit ici : « Cela n'est pas françois. Il faut dire *élever à un rang.* » Cette remarque, peut-être trop rigoureuse, n'a pas été reproduite par les commentateurs de notre poëte.

Prendre de l'intérêt en quelqu'un :

.... Vous daignez *en* moi *prendre* quelque *intérêt*. (v, 451. *D. San.* 792.)
Si j'ose *en* ce héros *prendre* quelque *intérêt*. (vii, 520. *Sur.* 1400.)

En faveur de, à la faveur de :

Pour voir une maîtresse *en faveur de* la nuit. (iv, 361. *S. du Ment.* 1388.)

Ici l'emploi de *en*, au lieu de *à*, ne peut pas aussi bien se justifier que dans les précédents exemples. *En faveur* ayant un sens consacré, fort différent de *à la faveur*, il y aurait un grand inconvénient à confondre les deux locutions.

En, où nous dirions plutôt *sur* :

Il les assure qu'il a su du Destin qu'Andromède n'auroit jamais de mari *en* terre. (v, 269. *Dess. d'Andr.*)
Victor, seul intrépide, et las de vaincre *en* terre,
Tend le col aux bourreaux pour changer de séjour. (ix, 611. *Hymn.* ii.)
.... Bien que la déesse aux cent voix et cent yeux
L'ait publiée *en* terre (*sa gloire*) et fait redire aux cieux.
(x, 195. *Poés. div.* 24.)
J'en punirai le crime *en* toute la famille. (vi, 642. *Oth.* 1534.)

En, où nous mettrions *sous* :

.... Je viens vous chercher pour vous prendre *en* ma garde.
(v, 585. *Nic.* 1676.)
C'est ce qui nous donne assurance
Qu'il a pris Israël *en* sa protection. (ix, 225. *Off. V.* 34.)
Puissé-je vous devoir plus que je ne vous dois,
En peine d'y languir (*en prison*) le reste de ma vie ! (x, 152. *Poés. div.* 14.)

En, dans le sens de *comme, en qualité de, à la manière de* :

Mais si je lui dois tant *en* fils de souverain,
Permettez qu'une fois je vous parle *en* Romain. (v, 520. *Nic.* 217 et 218.)
Qu'on.... peigne *en* savant une plante nourrie
Des impures vapeurs d'une terre pourrie. (x, 239. *Poés. div.* 53.)
Je dois agir *en* veuve autant qu'*en* magnanime. (vi, 49. *Perth.* 703.)
.... Dis-moi si le mien (*mon désespoir*) agit *en* raisonnable,

Si je parle *en* aveugle.... (vi, 60. *Perth.* 956 et 957.)

Ces deux derniers exemples nous offrent un emploi remarquable de *en* devant des adjectifs pris substantivement.

EN, où nous mettrions *de* :

Votre lettre m'a surpris *en* deux façons. (x, 444. *Lettr.*)

EN, dans le sens de *pour* :

Deux mots *en* sa défense.... (III, 138. *Cid*, 582.)

ABONDANT EN, voyez ABONDANT, p. 18.

EN, omis où nous l'emploierions :

Vous dédaignez de voir quels sont mes attentats,
Et m'en punissez mieux ne m'en punissant pas. (x, 145. *Poés. div.* 38.)

« En ne m'en punissant pas. »

EN, pronom relatif, de lui, d'elle, de cela, etc.

Le mot *en*, comme on peut le voir par plusieurs des exemples qui suivent, avait autrefois une étendue de sens ou au moins d'emploi que nous ne lui avons pas conservée.

Le coup m'*en* sera doux, aussi bien que l'arrêt. (III, 156. *Cid*, 936.)
Elle me va chasser, l'affaire *en* est vidée. (IV, 230. *Ment.* 1646.)
Rends-moi mon fils, ingrate. — Il m'*en* désavoueroit. (v, 218. *Hér.* 1430.)
.... Il a du cœur, il *en* sait bien les lois. (IV, 337. *S. du Ment.* 913.)
Voilà tout mon souhait et toute ma prière.
M'*en* refuserez-vous ?... (v, 209. *Hér.* 1228.)
En être refusé n'*en* est pas un bon signe. (III, 116. *Cid*, 218.)
Elle vouloit sa tête et son cœur magnanime,
S'il l'*en* eût refusée, eût pensé faire un crime. (III, 185. *Cid*, 1538.)

Voyez encore x, 140. *Poés. div.* 12 ; et x, 120, *Poés. div.* 80.

EN, dans diverses locutions : EN CROIRE, EN MENTIR, EN LAISSER FAIRE, EN ÊTRE (voyez ÊTRE), EN ÊTRE DE MÊME, EN ALLER DE MÊME, EN FAIRE DE MÊME, EN VOIR DE TOUTES LES FAÇONS, etc. :

.... Je tiendrois le Roi bien simple et bien crédule,
Si plus qu'une déesse il *en* croyoit le sort. (v, 343. *Andr.* 608.)
Tes paroles, Seigneur, n'*en* sont que trop croyables. (IX, 133. *Off. V.* 25.)

Voyez encore I, 320, *Clit.* 802.

Du vase par trois fois ce beau nom est sorti.
— Et toutes les trois fois le sort *en a menti.* (v, 343. *Andr.* 613.)
Il n'*en* faut point *mentir*, leur accord m'a surprise. (v, 342. *Andr.* 590.)
Je n'ai plus rien à dire, et vous *en laisse faire.* (vi, 524. *Soph.* 1261.)
Florame *en est de même*, il meurt de lui parler. (II, 142. *Suiv.* 331.)
Il n'*en va pas de même* des événements. (v, 304. *Exam. d'Andr.*)
Par mon commandement la garde *en fait de même.* (III, 172. *Cid.* 1269.)

Voyez aussi au tome IV, les vers 1081 et 1508 de *Rodogune.*

.... J'*en* ai tant *vu de toutes les façons.* (III, 556. *Pol.* 1469.)

Voyez en outre, ci-dessus, p. 273, EN AVOIR LE DÉMENTI ; et p. 318, EN DONNER A CROIRE, EN DONNER.

EN, se rapportant à des noms de personnes ou à des noms employés personnellement, dans des phrases où nous mettrions plutôt un adjectif possessif ou un pronom personnel :

En un mot, je crains tout de l'esprit de la Reine.
— La paix qu'elle a jurée *en* a calmé la haine. (IV, 442. *Rod.* 312.)
Je connois le tyran, j'*en* vois le stratagème (VI. 403. *Sert.* 965.)
Je t'ai livré mon fils, et j'*en* aime la gloire. (V, 217. *Hér.* 1399.)
.... Mon courroux aura soin de descendre
Sur ceux qui t'accabloient de leurs inimitiés ;
J'*en* confondrai l'audace.... (IX, 211. *Off. V.* 7.)
D'un père pour ses fils l'amour est légitime....
.... En leur faveur toi-même as bien voulu
M'assurer que l'abord ne t'*en* a point déplu. (X, 189. *Poés. div.* 78.)
Je vais mettre en vos mains Pompée et Cornélie,
En voici déjà l'un, et pour l'autre, elle fuit. (IV, 59. *Pomp.* 759.)
Vous, dont je vois l'amour quand j'*en* craignois la haine.(V,201.*Hér.*1060.)
.... Il vous aime, et s'*en* est fait aimer. (VII, 507. *Sur.* 1068.)
Tout ce qu'en te servant je trouve d'admirable,
C'est qu'étant de moi-même et pauvre et misérable,
Tu daignes t'abaisser jusques à t'*en* servir. (VIII, 315. *Imit.* III, 1162.)
Qu'on la serve en tout temps (*la Trinité*), qu'on l'honore en tous lieux,
Exaltons-*en* la gloire en sa vierge fidèle. (IX, 621. *Hymn.* 28.)
.... Quand le courroux du maître de la terre
Pour *en* punir l'orgueil prépara son tonnerre. (X, 202. *Poés. div.* 130.)
Vous voyez un effet des leçons d'Annibal ;
Ce perfide ennemi de la grandeur romaine
N'*en* a mis en son cœur que mépris et que haine. (V, 537. *Nic.* 576.)

On voit combien cet emploi de *en*, très-vivement blâmé par Voltaire et par les grammairiens modernes, peut donner de rapidité au style sans jeter la moindre obscurité sur la pensée.

EN, se rapportant à des noms indéterminés :

L'âme vole en triomphe au-dessus du soleil ;
Et l'on voit chaînes, fouets, et meule, et croix, et hache,
En former à l'envi le pompeux appareil. (IX, 612. *Hymn.* 16.)

En, c'est-à-dire, de ce triomphe.

Quand tu prends soin du corps, prends-*en* aussi de l'âme.(IX,624.*Hymn.*19.)

Prends-en, c'est-à-dire, prends soin.

EN, par là, par suite de cela :

Que les eaux roulent à grand bruit....
Que l'univers *en* soit détruit. (IX, 103. *Off. V.* 12.)
Ronsard, qu'elle (*la Libéralité*) flattoit à son commencement,
La crut avec son roi couchée au monument ;
Il *en* perdit l'haleine, et sa muse malade
En laissa de ses mains tomber la Franciade. (X, 117. *Poés. div.* 33 et 34.)

EN, formant pléonasme :

.... D'un discours en l'air que forme l'imposteur,
Il m'*en* fait le trompette et le second auteur. (IV, 222. *Ment.* 1495 *var.*)

Corneille n'a point conservé cette tournure ; on lit dans les dernières éditions :

.... D'un discours en l'air, qu'il forge en imposteur,
Il me fait le trompette.

.... Du reste de la foi,
Je veux avoir le chapitre
Si j'*en* dispute avec toi. (x, 49. *Poés. div.* 12.)
.... Alors de tous ensemble
On *en* verra sortir un tout qui te ressemble. (x, 97. *Poés. div.* 45.)
.... De tant de travaux qu'il aime à partager,
On n'*en* voit que la gloire, et non pas le danger. (x, 210. *Poés. div.* 236.)
.... Que le prix *en* est ineffable et sublime
De ces biens que par là tu mets en leur pouvoir ! (x, 220. *Poés. div.* 9.)

EN, omis où nous l'emploierions :

Bientôt à cet effort fais succéder un autre. (x, 130. *Poés. div.* 7.)

Voyez le second exemple de l'article ENCENS ; et ci-dessus, p. 43, AIMER UN AUTRE.

Attires-en la grâce (*de ton Sauveur*) et fixe la faveur. (IX, 623. *Hymn.* 4.)

C'est-à-dire, et fixes-en la faveur.

Rien n'en dompte la rage (*du démon*) ou détruit l'artifice. (IX, 627. *Hymn.* 16.)

ENCENS, au pluriel, tant au propre qu'au figuré :

Adieu, quelques *encens* que tu veuilles m'offrir,
Je ne me saurois plus résoudre à les souffrir. (II, 52. *Gal. du Pal.* 639.)
Sans affront je la quitte, et lui préfère une autre
Dont le mérite égal, le rang pareil au vôtre,
L'esprit et les attraits également puissants
Ne devroient de ma part avoir que des *encens*. (II, 150. *Suiv.* 444 *var.*)

En 1660, Corneille a mis ici :

Ne devroient de ma part avoir que de l'*encens*.

Les novices de l'art, avec tous leurs *encens*,
Et leurs mots inconnus, qu'ils feignent tout-puissants,
Leurs herbes, leurs parfums et leurs cérémonies,
Apportent au métier des longueurs infinies. (II, 440, *Illus.* 127.)
Mais quoique vos *encens* le traitent d'immortel,
Cette grande victime est trop pour son autel. (IV, 32. *Pomp.* 127.)
Neptune n'est pas moins propice,
Et vos *encens* désarment son courroux. (V, 395. *Andr.* 1756.)
Tous les *encens* d'autrui sont *encens* superflus. (VIII, 207. *Imit.* II, 625.)
.... Ces hautes vertus que de vous il hérite
Vous donnent votre part aux *encens* qu'il mérite. (x, 195. *Poés. div.* 10.)

Voyez encore VIII, 682, *Imit.* IV, 2116; x, 146, *Poés. div.* 54; x, 195, *Poés. div.* 10

ENCHAÎNEMENT, au figuré :

> Père et maître de la lumière....
> Qui donnes le nom de journée
> Au doux *enchaînement* du matin et du soir. (ix, 319. *Off. V.* 6.)
> Des monts et des rochers l'affreux *enchaînement*. (x, 232. *Poés. div.* 8.)

ENCHAÎNER, au figuré :

> Il (*le respect*) arrête les vœux, captive les desirs,
> Abaisse les regards, étouffe les soupirs,
> Dans le milieu du cœur *enchaîne* la tendresse. (vi, 611. *Oth.* 817.)
> .... Ne rien hasarder, qu'on n'*ait* de toutes parts,
> Autant qu'il est possible, *enchaîné* les hasards. (vii, 110. *Att.* 44.)

ENCHAÎNER À :

> .... Si vous m'*enchaînez à* ce que j'ai promis. (vi, 426. *Sert.* 1503.)
> Quel ordre a pu du trône exclure la jeunesse?
> Quel astre *à* nos beaux jours *enchaîne* la foiblesse? (vii, 429. *Pulch.* 1194.)
> .... Le seul hyménée
> Peut rompre le silence où je *suis enchaînée*. (vii, 490. *Sur.* 658.)
> L'injure d'une paix *à* la fraude *enchaînée*. (x, 197. *Poés. div.* 53.)

ENCHANTÉ, au propre, plein d'enchantement, de prodiges :

> .... Le mien (*mon art*), quoique moindre, a pleine autorité
> De nous faire sortir d'un séjour *enchanté*. (vi, 314. *Tois.* 1387.)

ENCLOS, SE, participe, renfermé :

> Quand viendra pour moi cet instant
> Où tant de douceurs sont *encloses*? (viii, 438. *Imit.* iii, 3646.)

ENCLOS, substantif, enceinte, espace limité :

> Terre, que ton *enclos* tout entier retentisse
> Des louanges de ton Seigneur. (ix, 133. *Off. V.* 1.)

ENCOLURE (ÊTRE D') À.

Locution familière et proverbiale qui n'est plus guère en usage; on dit aujourd'hui dans le même sens : *être de taille à* :

> Aussi que vous cherchiez de ces sages coquettes
> Où peuvent tous venants débiter leurs fleurettes,
> Mais qui ne font l'amour que de babil et d'yeux,
> Vous *êtes d'encolure à* vouloir un peu mieux. (iv, 143. *Ment.* 44.)

ENCORE, de nouveau, derechef :

> Je te le dis *encor*, tu perds temps à me suivre. (i, 330. *Clit.* 981.)

ENCORE, déjà :

> Penses-tu qu'après tout j'en quitte *encor* ma part? (iv, 197. *Ment.* 1072.)

Encore n'a plus ce sens lorsqu'il n'est pas accompagné d'une négation; mais on dit fort bien : *je n'en quitte pas encore ma part.*

ENCORE QUE, bien que :

Ses dédains sont cachés, *encor que* continus. (I, 145. *Mél.* 31 *var.*)

Il est vrai que Corneille a mis en 1644 :

Ses dédains sont cachés, bien que continuels ;

et enfin en 1660 :

Ses mépris sont cachés, et s'en font mieux sentir ;

mais ces changements ne pouvaient avoir pour but de faire disparaître la locution *encore que*, qu'on retrouve souvent dans ses ouvrages :

Encor que je vous sois, peu s'en faut, inconnue. (I, 212. *Mél.* 1160.)
.... Ce souhait impie, *encore qu'*impuissant.... (III, 341. *Hor.* 1333.)
Vous en êtes la cause, *encor qu'*innocemment. (III, 550. *Pol.* 1338.)
Encor que déguisée, on pourroit me connoître. (IV, 344. *S. du Ment.* 1077.)
Aussitôt qu'un sujet s'est rendu trop puissant,
*Encor qu'*il soit sans crime, il n'est pas innocent. (V, 531. *Nic.* 434.)
.... Ce peu qui m'en reste, *encor que* languissant,
N'est pas peut-être encor tout à fait impuissant. (V, 531. *Nic.* 453.)
Encore que vos cœurs ne lui soient pas ouverts,
D'un seul trait de ses yeux il ouvrira vos portes. (X, 107. *Poés. div.* 23.)

ENDORMI, au figuré :

Ton courage est muet, et ton bras *endormi!* (II, 258. *Pl. roy.* 655.)
Ma prudence n'est pas tout à fait *endormie*. (V, 548. *Nic.* 832.)

Les mots *prudence endormie* se trouvent au commencement du sonnet de Trissotin, ou plutôt de l'abbé Cotin :

> Votre *prudence* est *endormie*
> De traiter magnifiquement
> Et de loger superbement
> Votre plus cruelle ennemie.

L'admiration d'Armande, qui s'écrie :

A *prudence endormie* il faut rendre les armes (*les Femmes savantes*, III, II),

montre que la métaphore n'était pas du goût de Molière.

ENDROIT (À L') DE :

.... Le peuple, inégal *à l'endroit des* tyrans,
S'il les déteste morts, les adore vivants. (III, 395. *Cin.* 255.)

Cette locution, qui a vieilli, s'était déjà profondément modifiée ; la forme primitive n'était pas *à l'endroit de*, mais *en droict*, *endroict*. « Je *en droict* moy men esjouy. » (Palsgrave, *l'Esclaircissement de la langue françoise*, édition Génin, p. 362.) — « Ainsi donques toutes les choses que la Nature a créées, tous les Ars et Sciences, en toutes les quatre parties du monde, sont chacune *endroict* soy une mesme chose. » (Joachim du Bellay, *la Deffence et illustration de la langue françoise*, livre I, chapitre I.)

ENDURCISSEMENT, au figuré :

Mais aujourd'hui qu'on voit un héros magnanime
Témoigner pour ton nom une toute autre estime,
Et répandre l'éclat de sa propre bonté
Sur l'*endurcissement* de ton oisiveté,

Il te seroit honteux d'affermir ton silence
Contre une si pressante et douce violence. (vi, 122. *Vers à Foucquet*, 20.)

Voyez sur cette locution tome VI, p. 114.

ENDURER QUE, souffrir que :

.... As-tu vu mon père, et peut-il *endurer*
Qu'ainsi dans sa maison tu t'oses retirer? (iii, 293. *Hor.* 253 et 254.)

ENDURER, absolument :

N'exerce plus tes soins à me faire *endurer*. (ii, 80. *Gal. du Pal.* 1159.)
Pour conserver la paix, depuis six mois j'*endure*,
Sans vous en dire mot, sans le moindre murmure.
                                                    (ii, 93. *Gal. du Pal.* 1405.)
Pour un peu de froideur, c'est trop désespérer.
— Que ne dis-tu plutôt que c'est trop *endurer*? (ii, 167. *Suiv.* 768.)
Je soupire, j'*endure*, et je n'avance rien. (ii, 452. *Illus.* 348.)
N'en doute point, Phinée, et cesse d'*endurer*. (v, 376. *Andr.* 1324.)
On recommande assez la patience aux autres,
Mais il s'en trouve peu qui veuillent *endurer*. (viii, 256. *Imit.* ii, 1648.)
        Boire, et manger, et se vêtir,
Sont d'étranges fardeaux qu'impose la nature :
        Oh ! qu'un esprit fervent *endure*
        Quand il s'y faut assujettir ! (viii, 403. *Imit.* iii, 2938.)
.... Ah ! Seigneur, que j'*endure* ! (viii, 413. *Imit.* iii, 3129.)
Qui a *enduré* sous Ponce-Pilate. (ix, 75. *Off. V.*)

ENFANCE (SENTIR L') :

.... Par ce trait badin qui *sentiroit l'enfance*.
Votre beau jugement recevroit trop d'offense. (ii, 37. *Gal. du Pal.* 349.)

ENFANTS, au figuré :

Impatients desirs d'une illustre vengeance....
Enfants impétueux de mon ressentiment. (iii, 385. *Cin.* 3.)
Noirs *enfants* du dépit, ennemis de ma gloire,
Tristes ressentiments, je ne veux plus vous croire....
Fiers *enfants* de l'honneur, nobles emportements,
C'est vous que je veux croire.... (vi, 405 et 406. *Sert.* 1013 et 1024.)
        Beaux esprits, mais un peu jaloux,
        Divins *enfants* de l'harmonie. (x, 132. *Poés. div.* 4.)

Le poëte s'adresse aux musiciens, aux compositeurs de musique.

ENFANTER, mettre au monde, produire :

Ce peuple que la terre *enfantoit* tout armé. (ii, 343. *Méd.* 39.)
Les plus nobles desirs qu'*enfante* une belle âme. (ii, 460. *Illus.* 510.)

ENFERMER, entourer, cerner :

        .... Ce peuple a recours à ta cendre,

Ce trésor qu'*ont* nos rois *enfermé* de trésors. (x, 634. *Hymn.* 14.)

Il s'agit du reliquaire de sainte Geneviève.

De ses meilleurs soldats une troupe choisie
Enferme la princesse, et sert sa jalousie. (II, 391. *Méd.* 1014.)
Près d'*être enfermé* d'eux, sa fuite l'a sauvé. (III, 325. *Hor.* 1005.)

ENFERMER, où nous mettrions plutôt *renfermer* :

Ce corps n'*enferme* pas une âme si commune. (II, 384. *Méd.* 882.)
.... C'est où le feu Roi, déguisant sa naissance,
D'un sort si précieux mit la reconnoissance.
Disons ce qu'il *enferme* avant que de l'ouvrir....
Ce présent donc *enferme* un tissu de cheveux. (V, 490. *D. San.* 1723 et 1731.)

Racine a dit dans *Britannicus* (acte V, scène III, vers 1600) :

Son cœur n'*enferme* point une malice noire.

ENFERRER (S'), au figuré et proverbialement :

Tu *t'enferres*, Aronte, et pris au dépourvu,
En vain tu veux cacher ce que nous avons vu. (II, 77. *Gal. du Pal.* 1095.)

ENFIN.

Sylla, quittant la place *enfin* bien usurpée,
N'a fait qu'ouvrir le champ à César et Pompée. (III, 411. *Cin.* 593.)
J'aime bien à vous voir, quoi qu'*enfin* j'y hasarde. (x, 167. *Poés. div.* 3.)

Enfin, en somme, après tout.

ENFLER, au figuré.

ENFLER LE CŒUR, LE COURAGE (DE) :

César, que tes exploits n'*enflent* plus *ton courage*. (IV, 73. *Pomp.* 1114.)
Que si ce qu'est Placide *enfloit votre courage*,
Je puis en un moment renverser mon ouvrage. (V, 38. *Théod.* 483.)
.... L'audace impunie *enfle* trop *un courage*. (V, 166. *Hér.* 258.)
La jalouse fierté qui vous *enfle le cœur*,
Me regarde toujours comme un usurpateur. (VI, 154. *OEd.* 459.)
Je suis jeune et guerrier, et tant de fois vainqueur,
Que mon trop de fortune a pu m'*enfler le cœur*. (VI, 396. *Sert.* 772.)
.... Le bruit qu'en tous lieux fit sa haute valeur
Autant que ma naissance *enfla* mon jeune *cœur*. (VII, 204. *Tit.* 82.)
De nouveaux escadrons leur vont *enfler le cœur*. (VII, 514. *Sur.* 1223.)
.... Le nouvel éclat de votre dignité
Lui doit *enfler le cœur* d'une autre vanité. (III, 114. *Cid.* 172.)
Rappelez la vertu par leurs conseils bannie,
Cette haute vertu *dont* le ciel et le sang
Enflent toujours *les cœurs* de ceux de notre rang. (IV, 38. *Pomp.* 276.)
Ces curiosités sont autant d'attentats,
Qui ne font qu'exciter d'inutiles débats,

Enfler les cœurs d'orgueil, brouiller les fantaisies. (VIII, 564. *Imit.* III, 6271.)

C'est une locution ancienne dans notre langue : « Nous ne pouuons penser ni à notre première origine, ni à la fin à laquelle nous sommes creez, que ceste cogitation ne nous soit comme vn aiguillon pour nous stimuler et poindre à mediter et desirer l'immortalité du royaume de Dieu. Mais tant s'en faut que ceste recognoissance nous doiue *enfler le cœur* que plustost elle nous doit amener à humilité et modestie. (Calvin, *Institution chrestienne*, II, 1, § 3, p. 131.)

Nicole, au commencement de son traité de la *Foiblesse de l'homme*, a dit : *l'enflure du cœur*, et Mme de Sévigné blâme d'abord cette expression. « J'ai été blessée comme vous, dit-elle à sa fille, de l'*enflure du cœur* : ce mot d'*enflure* me déplaît. » (Tome II, p. 329.) Mais quelque temps après, elle rétracte sa critique en ces termes : « J'ai même pardonné l'*enflure du cœur* en faveur du reste, et je maintiens qu'il n'y a point d'autre mot pour expliquer la vanité et l'orgueil, qui sont proprement du vent : cherchez un autre mot. » (*Ibidem*, p. 369.)

ENFLER L'ORGUEIL :

La générale consternation où la perte de notre grand monarque nous avoit plongés, *enfloit l'orgueil* de nos adversaires. (IV, 412. *Épit.* de *Rod.*)

LA GLOIRE M'ENFLE, NOUS ENFLE :

La gloire de ce choix *m'enfle* d'un juste orgueil. (III, 298. *Hor.* 378.)
Quand *la gloire nous enfle*, il sait bien comme il faut
Confondre notre orgueil qui s'élève trop haut. (III, 344. *Hor.* 1405.)

ENFLER LA RENOMMÉE :

Vaincre dans les combats, commander dans l'armée,
De mille exploits fameux *enfler ma renommée*. (IV, 149. *Ment.* 182.)

Voyez encore x, 120, *Poés. div.* 86; et x, 210, *Poés. div.* 241.

ENFLER LE POUVOIR, LA PUISSANCE, LA GLOIRE :

Qu'importe de mon cœur, si je sais mon devoir,
Et si mon hyménée *enfle votre pouvoir*? (VI, 375. *Sert.* 280.)
Dès l'abord il sut vaincre, et j'ai vu la victoire
Enfler de jour en jour *sa puissance* et *sa gloire*. (VI, 430. *Sert.* 1590.)

ENFLER LA CONFIANCE :

Si le rang que tu tiens, si le lieu dont tu sors,
De quelque vaine gloire *enflent ta confiance*. (VIII, 540. *Imit.* III, 5777.)

ENFLER LA MÉDISANCE :

Vous voyez à quel point *enflent leur médisance*
Ceux dont l'injuste aigreur rend le mal pour le bien. (IX, 259. *Ps. pén.* 81.)

S'ENFLER DE, au figuré :

Certes si je *m'enflois de* ces vaines fumées
Dont on voit à la cour tant d'âmes si charmées. (V, 17. *Théod.* 7.)
J'ai vu parler pour moi les Dieux et vos parents;
Je sens que mon espoir *s'enfle de* leur suffrage. (V, 366. *Andr.* 1078.)
Bien vivre et ne *s'enfler d*'aucune propre estime,
C'est la parfaite humilité. (VIII, 208. *Imit.* II, 641.)

ENFLÉ DE, au figuré :

Le cœur *enflé d*'amour et *de* ravissement. (IV, 380. *S. du Ment.* 1711.)

.... Ces grands cœurs, *enflés du* bruit de leurs combats. (V, 530. *Nic.* 381.)

Voltaire blâme des *cœurs enflés de bruit*. Il n'a pas remarqué qu'il s'agit ici du bruit des victoires, de la réputation qu'elles procurent. On peut voir, pour s'en bien convaincre, l'exemple de *Tite et Bérénice* cité à ENFLER LE CŒUR ; et plus haut, p. 143, le mot BRUIT.

Le ciel m'en est témoin, et vos propres murailles
Qui nous voyoient *enflés du* gain de deux batailles
Ont vu cette amitié porter tous nos souhaits
A regagner la vôtre, et vous rendre la paix. (VI, 521. *Soph.* 1178.)
Pleins de leur renommée, *enflés de* leurs services,
Combien ce choix pour eux aura-t-il d'injustices? (VII, 430. *Pulch.* 1213.)

ENFLURE :

Les *enflures* des mers sont autant de miracles
    Qu'enfante leur sein orgueilleux. (IX, 133. *Off. V.* 21.)
Il n'a point encor vu de miracles pareils :
Ses yeux, à son avis, sont autant de soleils ;
L'*enflure* de son sein un double petit monde. (I, 412. *Veuve*, 253.)

Il faut remarquer qu'ici Corneille ne parle pas en son nom. Le personnage qu'il met en scène ajoute presque aussitôt :

    .... S'il savoit mieux dire, il diroit autrement.
    C'est un homme tout neuf, que voulez-vous qu'il fasse ?
    Il dit ce qu'il a lu....

    Ce grand Roi, que de la nature
    Servent l'un et l'autre flambeau
D'un flanc que de la grâce un doux torrent épure
Devient l'*enflure* sainte et le sacré fardeau. (IX, 83. *Off. V.* 8.)

Voyez TUMEUR.

ENFONCER, activement, plonger :

N'*enfonçons* toutefois ni votre œil ni le mien
Dans ce profond abîme où nous ne voyons rien. (VI, 184. *OEd.* 1171.)

ENFONCER, forcer :

Sus, sus, brisons la porte, *enfonçons* la maison. (II, 417. *Méd.* 1563.)
Si ce peuple une fois *enfonce* le palais. (V, 586. *Nic.* 1701.)

ENFONCER, neutralement, pénétrer :

J'avois vu déjà les deux lettres de M. Chifflet ; elles *enfoncent* plus avant. (X, 466. *Lettr.*)

ENFREINDRE.

Nous disons : *enfreindre les lois, les prescriptions, les règlements*. Corneille a employé ce mot d'une manière plus générale :

Quand on craint d'être injuste, on a toujours à craindre ;
Et qui veut tout pouvoir doit oser tout *enfreindre*. (IV, 31. *Pomp.* 110.)

ENGAGER.

ENGAGER SA FOI, SA MAIN, SON ÂME :

.... Je l'*engage ma foi*
De ne respirer pas un moment après toi. (III, 159. *Cid*, 995.)
.... Je puis hautement vous *engager ma foi*
Que vous ne vous plaindrez du prince ni du Roi. (VII, 478. *Sur.* 359.)
Si vous voulez ma main, n'*engagez* point *la vôtre.* (VI, 406. *Sert.* 1045.)
Je lui prête mon bras sans *engager mon âme.* (VI, 399. *Sert.* 862.)

ENGAGER UNE PERSONNE À UNE AUTRE, AUPRÈS D'UNE AUTRE :

Soit qu'il cède ou résiste au feu qui *me l'engage.* (III, 133. *Cid*, 490.)
Qu'*auprès d'*un autre objet un autre amour l'*engage.* (VI, 418. *Sert.* 1314.)
Voyez ci-après, S'ENGAGER QUELQU'UN.

ENGAGER, commencer, mettre en train :

Ma sœur, auparavant *engagez* l'entretien. (VII, 15. *Agés.* 161.)

ENGAGER JUSQU'À :

Si jamais *jusque-là* votre guerre m'*engage.* (V, 547. *Nic.* 795.)

ENGAGER EN, ENGAGER DANS :

Annibal, qu'elle vient de lui sacrifier,
L'*engage en* sa querelle, et m'en fait défier. (V, 513. *Nic.* 42.)
Elle t'*engagera dans* sa haine pour moi. (V, 578. *Nic.* 1498.)
Si *dans* quelque attentat il osoit l'*engager.* (VI, 146. *OEd.* 268.)
Et pressé des soupçons *où* j'ai su l'*engager,*
Lui-même, à ses yeux même, il l'a fait égorger. (VII, 139. *Att.* 743.)

S'ENGAGER À UNE CHOSE, la promettre :

Mes filles toutes deux contre moi se ranger !
Toutes deux *à* ma perte à l'envi *s'engager !* (VI, 344. *Tois.* 2119.)

S'ENGAGER, être engagé, être compromis :

.... Si ma passion cherchoit à s'excuser,
Mille exemples fameux pourroient l'autoriser;
Mais je n'en veux point suivre où ma gloire *s'engage.* (III, 111. *Cid*, 97.)

« Ce dernier mot ne dit pas assez pour signifier *ma gloire court fortune,* » dit l'Académie. Corneille n'a pas pris cette remarque en considération.

S'ENGAGER QUELQU'UN :

Ta crainte est bien fondée, et puisque le temps presse,
Il faut tâcher en hâte à *m'engager* Lucrèce. (IV, 209. *Ment.* 1270.)

ENGAGÉ, qui sert de gage, de garantie :

On peut dire que la rente ne nous est qu'*engagée.* (X, 435. *Lettr.*)

ENGROSSÉE.

La comédie est assez justifiée par cette célèbre traduction de la moitié de celles de Térence, que des personnes d'une piété exemplaire et rigide ont donnée au public, ce qu'elles n'auroient jamais fait, si elles n'eussent jugé qu'on peut innocemment mettre sur la scène des filles *engrossées* par leurs amants. (VII, 106. *Au lect.* d'*Att.*)

Ce mot, dont on évite aujourd'hui de se servir, était alors employé sans scrupule dans les livres et au théâtre. Voyez le *Lexique de Molière* de M. Génin.

ENHARDIR.

Ce discours favorable *enhardira* mes feux
A bien user d'un temps si propice à mes vœux. (II, 458. *Illus.* 483.)
Voyez-vous comme Othon sauroit encor se taire,
Si je ne l'avois fait *enhardir* par mon frère? (VI, 611. *Oth.* 826.)

S'ENHARDIR À, S'ENHARDIR DE :

Je ne l'ai pas traduit si fidèlement, que je ne *me sois enhardi* plus d'une fois *à* étendre ou resserrer ses pensées. (X, 194. *Poés. div. Au lect.*)
Je *me suis enhardi de* vous écrire en faveur d'un de mes parents. (X, 478. *Lettr.*)

ÉNIGME, masculin :

.... L'*énigme* du Sphinx fut moins obscur pour moi. (VI, 179. *OEd.* 1059.)
Quel *énigme* est-ce-ci, Madame ?... (VI, 599. *Oth.* 561.)

Cotgrave, en 1611, indique ce genre ; Richelet, en 1680, préfère le féminin, seul donné par Furetière en 1690 et par l'Académie en 1694.

ENIVRÉ, par extension, et au figuré :

Un dragon, *enivré* des plus mortels poisons. (II, 361. *Méd.* 423.)
Enivré des douceurs de l'amour et du vin. (IV, 75. *Pomp.* 1152.)

ENJOUÉ, qui a de l'enjouement, qui respire l'enjouement :

Son esprit *enjoué* ne s'ébranle de rien. (VII, 38. *Agés.* 725.)
Le cinquième (*acte*) est trop sérieux pour une pièce si *enjouée*. (IV, 285. *Exam.* de *la S. du Ment.*)

ENLEVER, emporter, transporter :

La Reine, craignant tout de ces nouveaux orages,
En sut mettre à l'abri ses plus précieux gages;
Et pour n'exposer pas l'enfance de ses fils,
Me les fit chez son frère *enlever* à Memphis. (IV, 430. *Rod.* 38.)
Dès demain vers Utique il le veut *enlever*. (VI, 539. *Soph.* 1584.)
On nous *enlève* au trône au sortir de nos chaînes. (VI, 597. *Oth.* 509.)

ENNEMI, adjectif, contraire :

O rage! ô désespoir! ô vieillesse *ennemie!* (III, 118. *Cid*, 237.)
A peine on se hasarde à jurer qu'on l'admire;
Et pour apprivoiser ce respect *ennemi*,
Il faut qu'en dépit d'elle elle s'offre à demi. (VII, 611. *Oth.* 823.)

ENNEMI, substantivement.

L'ENNEMI DU GENRE HUMAIN, ou simplement L'ENNEMI, le démon :
Ainsi *du genre humain l'ennemi* vous abuse. (III, 489. *Pol.* 53.)
Évite avec grand soin la pratique des femmes,
Ton *ennemi* par là peut trouver ton défaut. (VIII, 62. *Imit.* I, 553.)

ENNOBLIR, anoblir :
Sans doute il n'est pas noble. — Eh bien! je l'*ennoblis*,
Quelle que soit sa race et de qui qu'il soit fils.
Qu'on ne conteste plus. — Encore un mot, de grâce.
— Don Manrique, à la fin, c'est prendre trop d'audace.
Ne puis-je l'*ennoblir* si vous n'y consentez? (V, 429. *D. San.* 255 et 259.)
Voyez la note 1 de la page indiquée.

Croissez, et hâtez-vous de faire voir au monde
Que le plus noble sang peut encor s'*ennoblir*. (X, 184. *Poés. div.* 4.)

Dans ce dernier exemple le sens flotte entre l'acception propre *anoblir* et l'acception figurée *ennoblir*.

ENNOBLIR, au figuré :

Ton nom ne peut plus croître, il ne lui manque rien;
Souffre qu'un autre ici puisse *ennoblir* le sien. (III, 305. *Hor.* 550.)

.... Dans les plus bas rangs les noms les plus abjets
Ont voulu s'*ennoblir* par de si hauts projets. (III, 438. *Cin.* 1208.)

.... Le trône et le Roi se *seroient ennoblis*
A soutenir la main qui les a rétablis. (IV, 62. *Pomp.* 819.)

.... Ces bienheureux jours
Qu'*ennoblira* sa première victoire. (V, 317. *Andr.* 34.)

Dans les éditions antérieures à 1660, le mot, dans ce dernier vers, est écrit *annoblira*.

Je vous dirai pourtant, comme à ma souveraine,
Que pour faire un vrai roi, vous le fassiez en reine,
Que vous laisser borner, c'est vous-même affoiblir
La dignité du rang qui le doit *ennoblir*. (V, 425. *D. San.* 168.)

On voit que Corneille écrit de même *ennoblir* dans le sens de *rendre noble* et dans celui de *donner de la noblesse, de la dignité, du lustre*. Il ne voyait ici que deux sens d'une seule expression, et non deux expressions distinctes. L'orthographe de ce mot était, il est vrai, très-variable, mais au commencement du dix-septième siècle personne ne prétendait faire correspondre les diverses manières de l'écrire à ses diverses significations. Les uns se servaient indifféremment d'*anoblir* ou *annoblir* et d'*ennoblir*; d'autres se tenaient exclusivement au premier; d'autres, au contraire, adoptaient le second. On comprend d'autant mieux que Corneille ait pris d'ordinaire ce dernier parti qu'il trouvait le même usage dans la langue espagnole, pour laquelle il avait, paraît-il, beaucoup de goût. En 1607, dans *le Thresor des deux langues françoise et espagnolle* de César Oudin, nous voyons *anoblir* et *ennoblir* également traduits par *ennoblecer*, *anoblissement* et *ennoblissement* rendus par *ennoblecimiento*. Ceci nous donne occasion de remarquer que la forme *ennoblissement*, à laquelle on n'a pas attribué de nuance distincte, a disparu des dictionnaires actuels.

En 1611, dans le dictionnaire français-anglais de Cotgrave, *anoblir* et *ennoblir* sont traduits par *to ennoble*; *anoblissement* et *ennoblissement* par *ennobling*. En 1642, Oudin, dans ses *Recherches italiennes et françoises*, rend *annoblir* et *ennoblir* par *annobilire*, *annoblissement*, et *ennoblissement* par *annobilimento*. En 1673, une commission de l'Académie française examine cette question d'orthographe ; Doujat rappelle qu' « il a été décidé dans la Compagnie qu'*anoblir* est rendre noble, et *ennoblir* rendre illustre ; » mais Bossuet et Pellisson réclament contre cette décision. Voyez les *Cahiers de remarques sur l'orthographe françoise pour estre examinez par chacun de Messieurs de l'Academie....* publiés.... par Ch. Marty-Laveaux, Paris, Gay, 1863, p. xxi.

En 1680, Richelet ne donne encore qu'*anoblir* dans les deux sens : « *anoblir* une personne, *anoblir* son style. » C'est seulement en 1690, dans le *Dictionnaire* de Furetière, qu'*anoblir* et *ennoblir* sont affectés chacun à un sens distinct ; et cette distinction subtile, qui n'existe dans aucune autre langue, ne s'est depuis lors que trop vite et trop généralement établie.

ENNUI.

.... D'un commun accord chérissons nos *ennuis*,
Dont nous voyons sortir de si précieux fruits. (I, 238. *Mél.* 1613.)
.... Quoi que vous conseille un inutile *ennui*,
Vos cris et vos sanglots ne vont point jusqu'à lui. (I, 330. *Clit.* 987.)
Tu mourras ; et je veux, pour finir mes *ennuis*,
Mériter par ta mort celle où tu me réduis. (II, 194. *Suiv.* 1323.)
Laissez-moi le souci de venger mes *ennuis*,
Et par ce que j'ai fait jugez ce que je puis. (II, 401. *Méd.* 1247.)
Les chrétiens.... — Parle donc : les chrétiens.... — Je ne puis.
— Tu prépares mon âme à d'étranges *ennuis*. (III, 523. *Pol.* 772.)
Que son ombre s'apaise en voyant notre *ennui*. (IV, 97. *Pomp.* 1687.)
Il est inexorable, et j'en mourrois d'*ennui*,
Si nous n'avions l'Égypte où fuir l'ignominie
Dont vous veut lâchement combler sa tyrannie. (V, 54. *Théod.* 838.)
Pour venger son amour de ce moment d'*ennui*,
Je veux la lui céder comme il me l'a cédée. (VII, 90. *Agés.* 1993.)
Prends Corbie, Espagnol, prends-la, que nous importe?
Tu la rends à mon roi plus puissante et plus forte
Avant qu'il en ait pu concevoir quelque *ennui*. (X, 113. *Poés. div.* 97.)

Ce mot, dont le sens s'est fort affaibli de nos jours, s'appliquait jadis aux plus vives afflictions, comme le montrent nos exemples de Corneille et les deux suivants de Garnier :

LE CHOEUR.
La douleur s'amoindrit quand elle est racontée.
LA NOURRICE.
La douleur qu'on decouvre est beaucoup augmentée.
LE CHOEUR.
Raconter ses *ennuis* n'est que les exhaler.
LA NOURRICE.
Raconter ses *ennuis*, c'est les renouueler. (Garnier, *Porcie*, V, 84.)

Au moins, Ciel, permettez, permettez à cette heure,
Apres la mort des miens que moy-mesme ie meure ;
Poussez moy dans la tombe, ores que ie ne puis,
Veufue de tout mon bien, receuoir plus d'*ennuis* ;
Et que vous n'auez plus, m'ayant raui mon pere,
Raui mes deux maris, suiet pour me desplaire. (Garnier, *Cornelie*, V, 318.)

Racine a conservé à *ennui* la signification qu'il avait chez ses prédécesseurs. Voyez le *Lexique* de cet auteur.

ENNUYER.

C'est ainsi que le juste, à quoi que je l'expose,

Ne sent rien qui le trouble ou le puisse *ennuyer*. (VIII, 489. *Imit.* III, 4702.)

Ennuyer avait comme *ennui*, du temps de Corneille, un sens beaucoup plus fort que celui qu'il a de nos jours.

Ennuyer, impersonnellement :

.... Il t'*ennuie* avec moi. (I, 204. *Mél.* 1029.)

Ce verbe s'est employé ainsi pendant tout le dix-septième siècle : « Je serois homme à me pendre tout à cette heure à ta perche, tant *il m'ennuye* d'être savetier. » (Perrot d'Ablancourt, traduction de Lucien, tome II, p. 425.) — « Je sens qu'*il m'ennuie* de ne vous plus avoir. » (*Lettres de Mme de Sévigné*, tome II, p. 69.)

S'**ennuyer**, s'impatienter :

Seigneur, le Roi *s'ennuie*, et vous tardez longtemps. (V, 558. *Nic.* 1058.)

ENNUYEUX.

Tant que l'âme gémit sous l'exil *ennuyeux*
    Qui l'emprisonne en ces bas lieux. (VIII, 603. *Imit.* IV, 505.)
    Le souvenir de ces merveilles
    Fait qu'ici tout m'est *ennuyeux*. (VIII, 647. *Imit.* IV, 1409.)

ÉNORME, en parlant d'une action, d'un crime :

Cette *énorme* action, faite presque à nos yeux,
Outrage la nature, et blesse jusqu'aux Dieux....
Si d'ailleurs nous voulons regarder le coupable,
Ce crime, quoique grand, *énorme*, inexcusable,
Vient de la même épée et part du même bras
Qui me fait aujourd'hui maître de deux États. (III, 356. *Hor.* 1733 et 1740.)

En 1596, Pierre Laudun d'Aigaliers a dit dans son *Horace* (folios 69 verso; voyez notre tome III, p. 245), à propos de la même action :

    L'on ne satisfait point un tant *énorme* fait.

Un si rare service est un *énorme* crime. (IV, 73. *Pomp.* 1098.)

ENQUÉRIR (S') :

Ne *vous enquérez* pas si ses troupes sont fortes. (X, 107. *Poés. div.* 22.)

ENRACINER, au figuré :

Parle, pour m'arracher ces tendres sentiments
Que l'amour *enracine* au cœur des vrais amants. (VI, 305. *Tois.* 1159.)

S'**enraciner**, au figuré :

.... Par là mon espoir d'autant mieux *s'enracine*
    En ta haute bonté. (VIII, 667. *Imit.* IV, 1814.)

ENRAGÉ, substantivement, dans le style tragique :

.... Achillas même, épouvanté d'horreur,
De ces quatre *enragés* admire la fureur. (IV, 48. *Pomp.* 508.)

ENRICHISSEMENT, en parlant des ornements du style :

J'ai pris pour m'expliquer un style simple, et me contente d'une expression nue de mes opinions, bonnes ou mauvaises, sans y rechercher aucun *enrichissement* d'éloquence. (I, 51. *Disc. du Poëme dram.*)

ENROUÉ.

La Discorde effarée à ces monstres préside,
S'empare au fort de Skeink des cœurs qu'elle intimide,
Et d'un cor *enroué* fait sonner en ces lieux
La fureur des François et le courroux des cieux. (X, 265. *Poés. div.* 211.)

On dit encore aujourd'hui *enroué* en parlant d'un instrument qui ne rend que des sons rauques, mais c'est seulement dans le langage familier. A l'imitation des poëtes du seizième siècle, Corneille, on le voit, a employé le mot en ce sens dans le plus haut style.

ENSEMBLE (Unir) :

Cette union d'humeurs vous doit *unir ensemble*. (II, 297. *Pl. roy.* 1443.)
Unissez-vous *ensemble*, et faites une armée.
Pour combattre une main de la sorte animée. (III, 186. *Cid*, 1561.)
Unissons-nous *ensemble*, et le tyran est bas. (VI, 402. *Sert.* 939.)

Cette locution, blâmée dès lors par quelques délicats, a toujours été défendue par les meilleurs grammairiens. Vaugelas l'approuvait en ces termes (*Remarques*, p. 157) : « C'est fort bien dit, on parle ainsi, et tous les bons auteurs l'écrivent. » Elle a été consacrée par l'Académie dès 1694 : voyez dans son *Dictionnaire* l'article *Unir*.

Ensemble, en même temps, à la fois :

Mon âme en est *ensemble* et ravie et confuse. (I, 491. *Veuve*, 1787.)
Ta demande m'étonne *ensemble* et m'embarrasse. (I, 495. *Veuve*, 1883.)
Son vif excès (*de ma douleur*) me tue *ensemble* et me console.
(II, 518. *Illus.* 1585.)
Cher et cruel espoir d'une âme généreuse,
    Mais *ensemble* amoureuse. (III, 122. *Cid*, 316.)
Soyons femme de l'un *ensemble* et sœur des autres. (III, 313. *Hor.* 720.)
Lève les mains *ensemble* et les regards aux cieux. (IV, 60. *Pomp.* 788.)
Puisse-t-elle être un gage, envers votre moitié,
De votre amour *ensemble* et de mon amitié! (IV, 496. *Rod.* 1594.)
.... Un rival *ensemble* et d'amour et d'État. (VI, 621. *Oth.* 1084.)
Je satisfais *ensemble* et peuple et courtisans. (X, 76. *Poés. div.* 47.)

ENSEVELIR sous la poussière, faire tomber dans l'oubli :

.... Bien qu'il y aye plus de trente années qu'il (*ce poëme*) est au monde, et qu'une si longue révolution en *aye enseveli* beaucoup *sous la poussière*, qui sembloient avoir plus de droit que lui de prétendre à une si heureuse durée. (II, 433. *Exam. de l'Illus.*)

ENSOUFRÉ.

.... Celui-ci (*ce feu*) jadis remplit en nos contrées
Des taureaux de Vulcain les gorges *ensoufrées*. (II, 390. *Méd.* 994.)

ENSUITE DE, à la suite de, après :

Je vous conjure de ne la lire point que vous n'ayez pris la peine de corriger ce que vous trouverez marqué *ensuite de* cette épître. (II, 431. *Épit.* de *l'Illus.*)

Deux romances espagnols, que je vous donnerai *ensuite de* cet *Avertissement*, parlent encore plus en sa faveur. (III, 81. *Avert.* du *Cid.*)

Mais, Madame, voyez où vous portez son bras,
Ensuite d'un combat qui peut-être n'est pas. (III, 136. *Cid*, 548.)

.... La licence des soldats victorieux, qui se croient tout permis *ensuite des* avantages qu'ils lui font remporter (*à la France*). (VI, 231. *Dess.* de *la Tois.*)

Un soupir poussé juste, *ensuite* d'une excuse,
Perce un cœur bien avant quand lui-même il s'accuse. (VI, 284. *Tois.* 664.)

L'Académie ne donne que les exemples : *ensuite de cela, ensuite de quoi.*

ENTENDEMENTS, au pluriel :

De ta façon d'agir les miracles charmants
Épuisent la vigueur de nos *entendements*. (VIII, 589. *Imit.* I, 208.)

ENTENDRE.

Il (*Dieu*) n'est pas moins ici qu'au milieu de son temple,
Et ne m'*entend* pas mieux dans son temple qu'ici.
— S'il vous *entend* partout, je vous *entends* aussi. (V, 41. *Théod.* 553 et 554.)

Il y a dans ce dernier vers une sorte de jeu de mots entre le sens propre et le sens de *comprendre*, dont nous allons donner des exemples.

ENTENDRE, comprendre :

.... Par un mouvement que je ne puis *entendre*. (III, 569. *Pol.* 1771.)
Étaler force mots qu'elles n'*entendent* pas. (IV, 158. *Ment.* 335.)
.... Je vous dois bien plus que vous ne me devez.
Vous m'*entendrez* un jour.... (IV, 344. *S. du Ment.* 1073.)
Non, je la veux punir, mais par l'ignominie ;
Et pour forcer Placide à vous porter ses vœux,
Rendre cette chrétienne indigne de ses feux.
— Je ne vous *entends* point.... (V, 46. *Théod.* 655.)

ENTENDRE DES NOUVELLES DE, en apprendre, en recevoir :

Il l'écoute (*Timagène écoute cette narration*) sans y avoir aucun intérêt notable, et par simple curiosité d'apprendre ce qu'il pouvoit avoir su déjà en la cour d'Égypte, où il étoit en assez bonne posture.... pour *entendre des nouvelles* assurées *de* tout ce qui se passoit dans la Syrie. (IV, 423. *Exam.* de *Rod.*)

L'ENTENDRE, s'entendre en affaires, en politique, etc. :

C'est être trop adroit, prince, et trop bien *l'entendre*. (V, 566. *Nic.* 1239.)

ENTENDU (FAIRE L'), le capable :

Que son humeur est vaine, et qu'il *fait l'entendu!* (II, 86. *Gal. du Pal.* 1288.)

Ne *faites* pas ici *l'entendu* davantage. (II, 251. *Pl. roy.* 526.)
Mélite, que vous sert de *faire l'entendue?* (I, 215. *Mél.* 1216 *var.*)

Cette locution est toujours en usage dans le style familier : « Vous avez là un valet qui *fait l'entendu* et qui vous manque. » (Diderot, *Jacques le fataliste*, tome I, p. 231.)

Trancher de l'entendu, voyez Trancher.

ENTÊTEMENTS, au pluriel :

On n'a pas toujours besoin de s'assujettir aux *entêtements* du siècle pour se faire écouter sur la scène. (VII, 378. *Au lect.* de *Pulch.*)

C'est-à-dire, à certains goûts dont le siècle, le temps présent est entêté.

ENTIER (Tout) :

Sont-ils morts *tous entiers* avec leurs grands desseins? (III, 396. *Cin.* 267.)

Voyez la note 1 de la page indiquée.

Connoître une personne toute entière, connaître tous ses sentiments, ses plus secrètes pensées :

Sévère, connoissez Pauline *toute entière.* (III, 549. *Pol.* 1335.)

ENTRAILLES, au figuré :

Je leur fais des tableaux de ces tristes batailles
Où Rome par ses mains déchiroit ses *entrailles.* (III, 392. *Cin.* 178.)

Il aime ses enfants, ce courage inflexible :
Son foible est découvert; par eux il est sensible;
Par eux mon bras, armé d'une juste rigueur,
Va trouver des chemins à lui percer le cœur.
— Madame, épargnez-les, épargnez vos *entrailles.* (II, 388. *Méd.* 949.)

ENTRE, formant des verbes composés.

Des verbes composés ayant pour premier terme *entre*, nous ne donnons ici, après ENTRE, que ceux où la fusion n'est pas complète, ceux où, dans notre texte, la particule est séparée du verbe par un trait d'union ou une apostrophe. Les autres, comme *entreprendre*, *entretenir*, *entrevoir*, se trouveront à leur ordre alphabétique. La plupart des composés de la première espèce, dont nous allons citer, d'après Corneille, de nombreux exemples, ont été omis dans les diverses éditions du *Dictionnaire de l'Académie.*

S'ENTR'AIMER, etc. :

Il faut donc *s'entr'aimer*, il faut donc *s'entr'instruire*,
  Il faut donc *s'entre-secourir*,
Il faut *s'entre-prêter* des yeux à se conduire,
Il faut *s'entre-donner* une aide à se guérir. (VIII, 97. *Imit.* I, 1150-1153.)

Voyez aussi VII, 148, *Att.* 985.

S'ENTR'APPELER :

Ne *vous entr'appeler* que « mon âme et ma vie, »
C'est montrer que tous deux vous n'avez qu'une envie. (I, 407. *Veuve*, 153.)

S'ENTRE-CHOQUER, au figuré, avec ellipse du pronom personnel :

Quel envieux démon, et quel charme assez fort

Faisoit *entre-choquer* deux volontés d'accord? (II, 209. *Suiv.* 1604.)

S'ENTRE-CONNOÎTRE :

Ces quartiers doivent être si éloignés l'un de l'autre, que les acteurs ayent lieu de ne pas *s'entre-connoître.* (I, 141. *Exam.* de *Mél.*)
Quand il faut dire tout, on *s'entre-connoît* bien ;
Chacun sait son métier, et.... Mais je ne dis rien. (II, 96. *Gal. du Pal.* 1459.)

Ce mot était fort en usage au dix-septième siècle. « On affoiblit par ce moyen les forces de l'Empire, en tirant toute la fleur de l'armée, pour en composer un corps confus de diverses personnes qui ne *s'entre-connoissoient* point. (Perrot d'Ablancourt, traduction de Tacite, *Histoires*, livre II, chapitre XCIV, tome III, p. 187).

S'ENTRE-DEMANDER, etc. :

Oui, Seigneur, et déjà chacun *s'entre-regarde*,
S'entre-demande à quoi ces ordres que j'ai mis.... (VII, 138. *Att.* 714 et 715.)

S'ENTRE-DÉTRUIRE :

Que vos mouvements opposés,
Vos traits, l'un par l'autre brisés,
Sont puissants à *s'entre-détruire!* (I, 420. *Veuve*, 399.)

S'ENTRE-DEVOIR :

L'admirable rencontre à mon âme ravie,
De voir que deux amants *s'entre-doivent* la vie. (I, 314. *Clit.* 670.)

S'ENTRE-DIRE :

On s'estime, on se cherche, on s'aime en un moment :
Tout ce qu'on *s'entre-dit* persuade aisément. (IV, 353. *S. de Ment.* 1228.)
La facilité et la promptitude que deux amants nés l'un pour l'autre ont à donner croyance à ce qu'ils *s'entre-disent*.... (I, 19. *Disc. du Poëme dram.*)
Naturellement on ne peut être si mesuré en ce qu'on *s'entre-dit*. (II, 121.) *Exam.* de *la Suiv.*)
Cela plaît si fort en Espagne, qu'ils font souvent parler bas les amants de condition, pour donner lieu à ces sortes de gens de *s'entre-dire* des badinages. (IV, 285. *Exam.* de *la S. du Ment.*)

Ce verbe était très-anciennement employé :

Que vous poes-vous *entre-dire?* (*Roman de la Rose*, 8571.)

L'Académie ne l'indique pas.

S'ENTRE-DONNER :

Ils ont pris l'un de l'autre une entière assurance,
Jusqu'à *s'entre-donner* la parole et la foi. (I, 437. *Veuve*, 749.)
C'est aux Juifs, c'est aux cœurs que ta grâce abandonne,
A chercher cet honneur qu'ici l'on *s'entre-donne*. (VIII, 462. *Imit.* III, 4152.)

Voyez ci-dessus, S'ENTR'AIMER.

S'ENTR'ÉCLAIRCIR :

Hélas! je le vois trop; et vos craintes secrètes,

Qui vous ont empêchés de *vous entr'éclaircir*,
Loin de tromper l'oracle, ont fait tout réussir. (vi, 209. *OEd.* 1759.)

S'ENTR'ENTENDRE :

Les belles, n'en déplaise à tout votre grimoire,
Vous *vous entr'entendez* comme larrons en foire. (iv, 342. *S. du Ment.* 1034.)

S'ENTR'IMMOLER :

Ils *s'entr'immolent* tous au commun adversaire. (vi, 336. *Tois.* 1938.)

Tout gouverneur qu'il est, il demeure les bras croisés, au cinquième acte, quand il les voit prêts à *s'entr'immoler* l'un à l'autre. (v, 12 et 13. *Exam. de Théod.*)

Il promet à tous deux de nous la faire rendre,
Dès qu'il saura de nous ce qu'il en doit attendre,
Quel est notre dessein, ou pour en mieux parler,
Dès que nous résoudrons de *nous entr'immoler.* (vii, 170. *Att.* 1508.)

S'ENTR'INSTRUIRE, voyez S'ENTR'AIMER.

S'ENTRE-MESURER :

Chacun *s'entre-mesure* et forme ses intrigues. (vii, 382. *Pulch.* 30.)

S'ENTRE-NÉGLIGER :

Outre qu'une froideur depuis peu survenue
Portoit nos deux esprits à *s'entre-négliger.* (i, 178. *Mél. var.* 4.)

Notre poëte, dans sa révision de 1660, a entièrement changé le second de ces vers.

S'ENTRE-PAYER :

Il ne me prête rien que je ne lui renvoie :
Nous *nous entre-payons* d'une même monnoie. (i, 408. *Veuve*, 174.)

S'ENTRE-POUSSER, avec un régime direct :

Après qu'ils (*la Lingère et le Mercier*) *se sont entre-poussé* une boîte qui est entre leurs boutiques.... (ii, 92. *Gal. du Pal.*)

S'ENTRE-PRÊTER, voyez S'ENTR'AIMER.

S'ENTRE-PRODUIRE, etc. :

Ces deux rares vertus lui étoient si naturelles et si inséparables en lui, qu'il semble qu'en cette histoire que j'ai mise sur notre théâtre, elles *se soient* tour à tour *entre-produites* dans son âme. (iii, 370. *Épît. de Cin.*)

Immuable vigueur qui soutiens toutes choses,
      Qu'à toutes on voit présider,
Qui de tous les moments absolument disposes,
Les fais *s'entre-produire* et *s'entre-succéder.* (ix, 460. *Hymn.* 4.)

S'ENTRE-QUITTER :

Sainte Cécile et son mari *s'entre-quittent* pour se donner à Dieu. (viii, 209. *Imit.* ii, note 1.)

Ne faut-il pas enfin chacun *s'entre-quitter?* (VIII, 223. *Imit.* II, 961.)

S'ENTRE-REGARDER :

Tous *s'entre-regardoient,* étonnés, ébahis. (IV, 290. *S. du Ment.* 21.)
Qu'on ne perde point temps à *s'entre-regarder.* (V, 336. *Andr.* 473.)

Voyez S'ENTRE-DEMANDER.

S'ENTRE-RÉPONDRE :

Ces deux derniers livres sont un dialogue continuel entre ce rédempteur de nos âmes et le vrai chrétien, qui souvent *s'entre-répondent* dans un même chapitre. (VIII, 16. *Au lect.* de *l'Imit.*)

S'ENTRE-SECOURIR, voyez S'ENTR'AIMER.

S'ENTRE-SOUTENIR :

Il faut donner aux bons, pour *s'entre-soutenir,*
Le temps de se remettre et de se réunir. (VI, 646. *Oth.* 1615.)
.... Cet enchaînement dont ils *s'entre-soutiennent*
Fait un cercle de maux qui ne sauroit finir. (VIII, 365. *Imit.* III, 2173.)

S'ENTRE-SUCCÉDER, voyez S'ENTRE-PRODUIRE.

S'ENTRE-SUIVRE :

On pourroit dire que ces scènes détachées qui sont placées l'une après l'autre ne *s'entre-suivent* pas immédiatement, et qu'il se consume un temps notable entre la fin de l'une et le commencement de l'autre. (I, 395. *Exam. de la Veuve.*)
.... Nous verrons toujours, si Dieu le laisse vivre,
Un change, un repentir, un pardon, *s'entre-suivre.* (II, 247. *Pl. roy.* 474.)
   La mort du Comte et l'arrivée des Maures s'y pouvoient *entre-suivre* d'aussi près qu'elles font. (III, 97. *Exam. du Cid.*)

ENTRE-DEUX, séparation :

Dans *la Galerie du Palais,* le Mercier, se querellant avec la Lingère, termine la dispute par ces mots :

Nous n'apaiserons point cette humeur qui vous pique
Que par un *entre-deux* mis à votre boutique. (II, 93. *Gal. du Pal.* 1410.)

ENTRÉE.

L'ENTRÉE D'UN DESSEIN, le début, le commencement :

   Daigne en la mort comme en la vie
L'excès de sa bonté répondre à tes souhaits,
   Et *de tes desseins* à jamais
Favoriser *l'entrée,* et bénir la sortie! (IX, 183. *Off. V.* 31 et 32.)

DÈS L'ENTRÉE, OU DANS L'ENTRÉE, dès le commencement, dès l'abord

Résiste *dès l'entrée* aux inclinations. (VIII, 74. *Imit.* I, 744.)

A ce vers, l'édition de 1670 porte *dans* au lieu de *dès.*

.... Elle (*la tentation*) attaque l'un *dès l'entrée*.
(VIII, 84. *Imit.* 1, 928 *var.*)
Quand *dès l'entrée* on lui fait tête. (VIII, 83. *Imit.* 1, 911 *var.*)

ENTREGENT.

C'est assez qu'une femme ait un peu d'*entregent*,
La laideur est trop belle étant teinte en argent. (I, 149. *Mél. var.* 3.)

Dès 1644, Corneille a ainsi modifié ces deux vers :

L'argent dans le ménage a certaine splendeur
Qui donne un teint d'éclat à la même laideur.

Entregent paraît être une expression métaphorique empruntée à la fauconnerie. Nous lisons dans un passage du *Menagier de Paris*, où il est question du jeune oiseau qu'on dresse : « Il vous conuient continuer à le tenir souuent sur le poing et *entre gent* tant et si longuement que vous pourrez » (tome II, p. 290); et un peu plus loin : « En cest endroit d'espreuueterie, le conuient plus que deuant tenir sur le poing et le porter aux plais et *entre les gens* aux églises et ès autres assemblées » (*ibidem*, p. 296). Ce mot a été employé par Montaigne, par d'Aubigné dans ses *Tragiques* (livre II); on le trouve dans Cotgrave, qui donne même *entregenté*; mais en 1680, Richelet remarque qu'il a vieilli, et il ne figure ni chez Furetière, ni dans la première édition du *Dictionnaire de l'Académie*. Plus tard il a été remis à la mode par Rousseau, et recueilli par Mercier dans sa *Néologie*. L'Académie, dans sa dernière édition (1835), le considère comme un terme familier, mais ne le traite plus ni de néologisme ni d'expression vieillie.

ENTREPRENDRE.

ENTREPRENDRE CONTRE, sans régime direct :

.... Lorsque *contre* vous il m'a fait *entreprendre*,
La nature en secret auroit su m'en défendre. (V, 214. *Hér.* 1343.)

ENTREPRENDRE SUR, employé de même :

.... Le plus aimable et le plus effronté
Entreprendroit en vain *sur* sa pudicité. (II, 238. *Pl. roy. var.* 5.)
N'*entreprenez sur* moi, non plus que moi *sur* vous. (IV, 339. *S. du Ment.* 963.)
Le choix que vous m'offrez appartient à la Reine;
J'*entreprendrois sur* elle à l'accepter de vous. (IV, 467. *Rod.* 941.)
Ce seroit à vos yeux faire la souveraine,
Entreprendre sur vous.... (V, 546. *Nic.* 761.)
Votre haine tremblante est un mauvais appui
A quiconque pour vous *entreprendroit sur* lui. (VI, 38. *Perth.* 426.)

ENTREPRENDRE, sans aucun régime, même indirect :

On *entreprend* assez, mais aucun n'exécute. (III, 405. *Cin.* 437.)
.... Si sa liberté te faisoit *entreprendre*,
Tu ne m'eusses jamais empêché de la rendre. (III, 451. *Cin.* 1505.)
M'empêcher d'*entreprendre*, et par un faux rapport
Confondre en Martian et mon nom et mon sort. (V, 205. *Hér.* 1137.)

ENTREPRENDRE QUELQU'UN, l'attaquer :

Voilà trop vous tenir dans une complaisance
Que vous dussiez quitter, du moins en ma présence,
Et ne démentir pas le rapport de vos yeux,

Afin d'avoir sujet de m'*entreprendre* mieux. (I, 152. *Mél.* 184.)
Ah! si tu m'*entreprends* deux jours de cette sorte,
Mon cœur est déconfit, et je me tiens pour morte. (IV, 301. *S. du Ment.* 227.)
.... Voilà le seul point où Rome s'intéresse.
— Attale à ce dessein *entreprend* sa maîtresse! (V, 526. *Nic.* 324.)

« On entreprend de faire quelque chose, dit Voltaire au sujet de ce passage de *Nicomède*, ou bien on entreprend quelque chose, mais on n'entreprend pas quelqu'un; cela ne se pourrait dire à toute force que dans le bas comique, et encore c'est dans un autre sens : cela veut dire *attaquer, demander raison, embarrasser, faire querelle.* Ce vers n'est pas français. » — Il est certain qu'aujourd'hui *entreprendre,* dans ce sens, n'est plus très-commun, même dans le style familier. P.-L. Courier ne croit pas pouvoir l'employer sans quelque adoucissement : « Soyez assuré.... qu'avant de se décider à m'*entreprendre,* comme on dit, ils se sont bien informés si je n'avais pas quelque appui. » (*Pamphlets*, p. 74.) Au dix-septième siècle, il n'en était pas ainsi; ce mot, loin d'être bas et vulgaire, passait pour élégant et était fort en honneur auprès des coureurs de ruelles : « Quoy qu'il me soit facile de vous faire voir que mon humeur n'est pas si boüillante que vous le dites, et par conséquent que mes alterations ne sont pas si violentes que vous pensez, j'aime mieux vous donner les mains que de vous *entreprendre.* » (René Bary, 95ᵉ *conversation galante,* tome II, p. 596.) Il entrait aussi fort bien dans le style historique : « Les troupes de la Mœsie qui étoient au camp *entreprirent* Aponius Saturninus leur général sur le sujet de quelques lettres qu'on faisoit courre de lui à Vitellius. » (Perrot d'Ablancourt, traduction de Tacite, *Histoires,* livre III, chapitre XI, tome III, p. 205.)

ENTRER AU MARIAGE :

.... Quand j'eus bien pensé que j'allois à mon âge
Au sortir de Poitiers *entrer au mariage.* (IV, 291. *S. du Ment.* 36.)

ENTRETENIR QUELQU'UN, conférer, causer avec quelqu'un :

Je vous laisse. Ma sœur, *entretenez* Julie :
J'ai honte de montrer tant de mélancolie,
Et mon cœur, accablé de mille déplaisirs,
Cherche la solitude à cacher ses soupirs.
— Qu'elle a tort de vouloir que je vous *entretienne!*
Croit-elle ma douleur moins vive que la sienne ? (III, 288. *Hor.* 131 et 135.)

« Cette formule de conversation ne doit jamais, dit Voltaire, entrer dans la tragédie, où les personnages doivent, pour ainsi dire, parler malgré eux, emportés par la passion qui les anime. » Ne peut-on pas dire que ces personnages qui parlent toujours malgré eux deviennent bien vite insupportables, et même froids? Il nous semble que, chez Corneille, ce sont précisément les scènes calmes et familières qui préparent admirablement celles où la passion éclate avec une éloquence si vraie et si irrésistible.

ENTRETENIR, au figuré, avec un nom de chose pour sujet :

De quoi qu'en ta faveur notre amour m'*entretienne.* (III, 156. *Cid,* 929.)
De quoi qu'en ma faveur notre amour t'*entretienne.* (III, 157. *Cid,* 945.)
Mais de quoi que pour vous notre amour m'*entretienne.*
(III, 562. *Pol.* 1611.)
.... De quoi que ton crime ose l'*entretenir,*
Tes soupirs ont trouvé le secret de lui plaire. (X, 107. *Poés. div.* 28.)

ENTRETIEN, moyen d'entretenir, de conserver, objet qui entretient :

O vous, à ma douleur objet terrible et tendre,

Éternel *entretien* de haine et de pitié,
Reste du grand Pompée, écoutez sa moitié. (IV, 87. *Pomp.* 1459.)

ENTRETIEN, communication, confidence :

Clarice sous son nom parloit à sa fenêtre ;
Sabine m'en a fait un secret *entretien*. (IV, 235. *Ment.* 1723.)
Et vous, belle Clarice, aimez toujours Alcippe ;
Sans l'hymen de Poitiers il ne tenoit plus rien ;
Je ne lui ferai pas ce mauvais *entretien*. (IV, 238. *Ment.* 1784.)

AIMER L'ENTRETIEN DE SA FANTAISIE, se complaire avec elle :

Vous aimez *l'entretien de votre fantaisie*. (II, 39. *Gal. du Pal.* 389.)

ENTRETOISE, terme de charpenterie :

Entretoises, sommiers, colonnes, soliveaux. (II, 473. *Illus.* 751.)

Entretoise désigne une pièce de bois placée entre deux autres auxquelles elle est réunie par des tenons et des mortaises.

ENTREVOIR.

.... Que me veulent ces deux ombres
Qu'à travers le faux jour de ces demeures sombres
J'*entrevois* s'avancer vers moi ? (VII, 354. *Psy.* 1710.)

Il faudrait aujourd'hui, dans une phrase ainsi construite, se servir du verbe simple : *je vois*, ce qui ferait disparaître une nuance significative.

ENVELOPPER, au propre :

Sur une vile crèche il (*Jésus*) pleure comme enfant,
Et son corps déjà triomphant
Se laisse *envelopper* à cette vierge mère. (IX, 513. *Hymn.* 27.)

ENVELOPPER, comprendre, renfermer, contenir, au figuré :

Elle (*la fortune*) est maîtresse des événements, et le choix qu'elle nous donne de ceux qu'elle nous présente *enveloppe* une secrète défense d'entreprendre sur elle. (I, 15. *Disc. du Poëme dram.*)

ENVENIMER, au figuré :

.... N'*envenime* point le cuisant souvenir
Que le commandement devoit m'appartenir. (VI, 367. *Sert.* 63.)

ENVENIMÉ, au figuré :

Heureuse en mes malheurs, si ce triste hyménée,
Pour le bonheur de Rome, à César m'eût donnée,
Et si j'eusse avec moi porté dans ta maison
D'un astre *envenimé* l'invincible poison ! (IV, 69. *Pomp.* 1020.)

ENVERS (METTRE À L'), renverser :

En vain contre le Roi vous imposez vos armes :

Sa majesté brillante avec de si doux charmes
Peut *mettre* en un moment vos desseins *à l'envers*. (x, 107. *Poés. div.* 21.)

Cette expression est fort ancienne.

> Et Dex i fist miracle si tres grant,
> Que tost *enuers* fait voler le iaiant
> Tot contreual le grand rocher pendant.

(*Histoire littéraire de la France*, tome XXII, p. 525, *Chansons de geste*, Moniage Guillaume.)

ENVI (À L') DE :

.... Mon cœur
A l'envi de Chimène adore ce vainqueur. (III, 189. *Cid*, 1628.)

ENVIE (FAIRE) DE QUELQUE CHOSE :

A force de baiser vous m'*en feriez envie*. (I, 241. *Mél. var.* 1.)

ENVIEILLI (ÊTRE), S'ENVIEILLIR :

J'en *suis envieilli* à la vue de tous mes ennemis. (IX. 246. *Ps. pén.*)

C'est la traduction en prose des mots latins *Inveteravi inter omnes inimicos meos*.

Mes maux en *sont* accrus, mon visage *envieilli*. (IX, 249. *Ps. pén.* 10.)
Parce que j'ai voulu taire mon péché, mes os *se sont envieillis*.
(IX, 248. *Ps. pén.*)

Ces deux derniers exemples contiennent la traduction en prose et en vers des mots latins : *Inveteraverunt ossa mea*.

Envieilli est un mot excellent, qu'on trouve dans le *Roman de la Rose*, dans Montaigne, en prose et en vers dans Malherbe, où Ménage ne le relève pas, parce qu'il était encore habituel de son temps. Pascal parle dans sa XVI° *provinciale* « des pécheurs *envieillis* tous sortans de leurs infamies. » — Ce mot a passé peu à peu d'usage, et l'on ne s'en sert plus guère aujourd'hui.

ENVIEUX, substantivement :

En vous montrant mon *envieux*, vous vous confessez moindre. (x, 404. *Lett. apol.*)

Les éditions modernes portent à tort : « moins *envieux*, » au lieu de : « mon *envieux*. »

ENVIRON, adverbe et préposition :

C'est *environ* ainsi que mon amour éclate. (VII, 10. *Agés.* 22.)
Environ ce temps-là fis-tu quelque voyage ? (VI, 195. *OEd.* 1429.)

L'Académie, en 1694, tout en donnant des exemples des deux emplois du mot, ne l'appelle que *préposition*. Richelet, en 1680, distingue les deux sens de préposition et d'adverbe.

ENVOYER.

J'ENVOIRAI, J'ENVOIROIS.

Ce sont là les deux formes que Corneille emploie constamment au futur et au conditionnel :

J'*envoirai* tout à bas, puis après on verra. (II, 92. *Gal. du Pal.* 1391.)
Je l'*envoierois* bientôt porter ailleurs ses feintes. (II, 157. *Suiv.* 582.)
Vous m'*envoirez* à Rome !... (V, 572. *Nic.* 1383.)

Vous *envoirez* après, sitôt qu'il sera jour. (v, 583. *Nic.* 1629.)
Jusqu'à toi, mon sauveur, j'*envoirai* ma prière. (VIII, 226. *Imit.* II, 1032.)
.... Mon âme en secret s'en forme un doux augure
Que Delphes, dont j'attends réponse en ce moment,
M'*envoira* de nos maux le plein soulagement. (VI, 140. *OEd.* 128.)
Vous *envoirez* la paix où je voudrai la guerre. (VII, 143. *Att.* 833.)

En général, quand on trouve une autre forme dans les écrivains du dix-septième siècle, c'est que leur texte a été mal à propos rajeuni. Ainsi on lit dans les *OEuvres de la Fontaine* publiées par M. Walckenaer : « Si Jupiter vouloit changer de condition contre moi, je le *renverrois* sans délibérer. » (*Psyché*, livre II, édition de 1826, tome V, p. 151.) Mais l'édition originale porte : « je le *renvoirois*. » Voyez le *Lexique de Mme de Sévigné*, tome I, p. LXXIX, *Introduction grammaticale*. Thomas Corneille s'exprime ainsi dans ses *Observations sur les Remarques de Vaugelas*, publiées en 1687 : « Quelques-uns disent : j'*enverrai* chez vous, qui est le futur du verbe *envoyer*, et il y en a même qui l'écrivent. Je ne sais si cette prononciation est reçue de tout le monde ; mais je voudrois toujours écrire j'*envoirai*. » — Cependant la forme j'*enverrai* fit de rapides progrès, que le P. Buffier constate en ces termes dans sa *Grammaire*, publiée en 1709 : « *Envoyer, mittere*, fait depuis un temps j'*enverrai* aussi communément que j'*envoierai*. »

ENVOYER DES SOUPIRS :

Je ne m'oppose point à la commune joie;
Mais souffrez des *soupirs* que la nature *envoie*. (v, 240. *Hér.* 1902.)

ENVOYER AU JOUR, faire naître :

Quand je quittai la Perse, et brisai l'esclavage
Où, m'*envoyant au jour*, le ciel m'avoit soumis. (VII, 18. *Agés.* 246.)

ENVOYER DEVANT SOI, figurément :

Tu dois *envoyer* par avance
Tes bonnes œuvres *devant toi*. (VIII, 146. *Imit.* I, 2106 et 2107.)

ÉPANCHEMENT, au propre :

ÉPANCHEMENT DE PLUIE, DE ROSÉE, DE PLEURS :

Féconds *épanchements de pluie* et *de rosée*,
  Bénissez le Seigneur. (IX, 143. *Off. V.* 17.)
Mais où sont ces vives ardeurs?
Où cette amoureuse tendresse?
Où cet *épanchement de pleurs* ? (VIII, 644. *Imit.* IV, 1337.)

ÉPANCHEMENT, au figuré :

Des célestes douceurs l'*épanchement* promis. (VIII, 244. *Imit.* II, 1392.)
Un plein *épanchement* de consolations. (VIII, 177. *Imit.* II, 32.)
Tout ce que la nature ose faire de dons,
Tout ce qu'au-dessus d'elle ici nous possédons,
Sont des *épanchements* de ta pleine richesse. (VIII, 379. *Imit.* III, 2473.)
D'une clarté céleste un long *épanchement*
  Fera briller incessamment
D'un rayon infini la splendeur ineffable. (VIII, 493. *Imit.* III, 4793.)
Tel est l'*épanchement* de tes nouveaux bienfaits. (X, 176. *Poés. div.* 11.)

ÉPANCHER, au figuré :

.... Ce n'est que pour vous que vous avez conquis,
Puisque cette grandeur à son trône attachée
Sur nul autre que vous ne peut *être épanchée*. (v, 541. *Nic.* 672.)
Là ma main libérale, *épanchant* le bonheur,
De tous maux en tous biens fera d'entiers échanges.
(VIII, 510. *Imit.* III, 5165.)

Deux des éditions publiées du vivant de Corneille portent *épandant*, au lieu d'*épanchant*. Voyez ÉPANDRE.

ÉPANDRE.

Épandre s'employait jadis dans toutes les acceptions que nous réservons aujourd'hui au composé *répandre* :

De ceux iamais l'oubli n'ombragera la cendre,
Qui pour le ciel natal voudront leur vie *espandre*. (Garnier, *Porcie*, acte II, 393.)

Épandre sa vie, pour *épandre son sang*, est une expression aussi belle que hardie ; il paraît qu'elle avait passé à l'état de lieu commun poétique ; nous la retrouvons chez Corneille :

C'est Éraste, c'est lui, qui n'a plus d'autre envie
Que d'*épandre* à vos pieds son sang avec sa vie. (I, 232. *Mél.* 1500.)
Vous souvient-il encor de qui vous êtes fille ?
— Il m'en souvient si bien que j'*épandrai* mon sang
Avant que je m'abaisse à démentir mon rang. (III, 111. *Cid*, 91.)
J'abandonne mon sang à qui voudra l'*épandre*. (III, 439. *Cin.* 1234.)
Une majesté douce *épand* sur son visage
De quoi s'assujettir le plus noble courage. (IV, 66. *Pomp.* 949.)
Daigne du juste ciel la bonté souveraine,
Vous en laissant le fruit, m'en réserver la peine,
Ne lancer que sur moi les foudres mérités,
Et n'*épandre* sur vous que des prospérités ! (IV, 454. *Rod.* 582.)
Elle a soif de mon sang, elle a voulu l'*épandre*. (IV, 502, *Rod.* 1715.)
.... Quelque sang qu'*épande* une mère affligée,
Ne vous punissent pas elle n'est pas vengée. (v, 91. *Théod.* 1679.)
Où les vôtres (*vos yeux*), Madame, *épandent* leur lumière. (v, 337. *Andr.* 490.)
Songez donc mieux qu'un père à ces affreux ravages
Que partout de ce monstre *épandirent* les rages. (v, 347. *Andr.* 719.)
Là ma main libérale, *épandant* le bonheur. (VIII, 510. *Imit.* III, 5165 *var.*)
Ta lumière *épandoit* ses vives étincelles. (VIII, 514. *Imit.* III, 5236 *var.*)

L'édition de 1670 substitue à *épandre*, dans le premier de ces passages de *l'Imitation*, *épancher*, et dans le second, *répandre*.

David, pressé de la soif, *épand* l'eau. (VIII, 455, note 1.)

C'est la légende placée au bas d'une figure en taille-douce dans l'édition de 1654 de *l'Imitation*.

Tel qu'*épand* le soleil sa lumière sur nous. (x, 196. *Poés. div.* 35.)

S'ÉPANDRE :

.... Voyant ses regards s'*épandre* sur les eaux
Pour jouir et juger d'un combat de vaisseaux. (v, 321. *Andr.* 132.)
.... Si l'erreur s'*épand* jusqu'en nos garnisons. (VI, 423. *Sert.* 1439.)

.... Un murmure sourd qui *s'épand* jusqu'à lui. (x, 156. *Poés. div.* 32.)

ÉPANDU :

L'usage de notre langue est à présent si *épandu* par toute l'Europe, principalement vers le nord, qu'on y voit peu d'États où elle ne soit connue. (I, 5. *Au lect.*)

Un inconnu frisson dans mon corps *épandu*
Me donna les avis de ce que j'ai perdu. (I, 164, *Mél.* 371.)

.... Ces traits de langue *épandus* vainement
Ne m'arrêteroient pas encore un seul moment. (I, 202. *Mél.* 877 *var.*)

Tout le passage où se trouvent ces vers a été changé en 1660.

Et lors que de soupirs et de pleurs *épandus*.... (II, 236. *Pl. roy. var.* 4.)

A partir de l'édition de 1660, Corneille a substitué dans ce vers *répandus* à *épandus*.

A ce funeste objet *épandu* sur les eaux,
Mon père, trop sensible aux droits de la nature,
Quitta tous autres soins que de sa sépulture. (II, 380. *Méd.* 796.)

Puisqu'ils sont satisfaits par le sang *épandu*,
Je cesserai pour eux de paroître affligée,
Et j'oublierai leur mort que vous avez vengée. (III, 337. *Hor.* 1262.)

Un soupir, une larme, à regret *épandue*,
M'auroit déjà guéri de vous avoir perdue. (III, 509. *Pol.* 489.)

Son amour *épandu* sur toute la famille
Tire après lui le père aussi bien que la fille. (III, 569. *Pol.* 1775.)

J'ai vu des gens de guerre *épandus* par la ville. (IV, 462, *Rod.* 800.)

On n'.... a pas aimé la surprise avec laquelle Pertharite se présente au troisième acte, quoique le bruit de son retour soit *épandu* dès le premier. (VI, 17. *Exam. de Perth.*)

De toute la vertu sur la terre *épandue*,
Tout le prix à ces dieux, toute la gloire est due. (VI, 184. *Œd.* 1161.)

.... Un plein repos dans mon âme *épandu*. (VIII, 597. *Imit.* IV, 380.)

ÉPANOUISSEMENT, au figuré :

La joie n'est qu'un *épanouissement* du cœur. (x, 409. *Disc. ac.*)

ÉPARGNE, trésor royal :

Pour apaiser Médée et réparer sa perte,
L'*épargne* de mon père entièrement ouverte
Lui met à l'abandon tous les trésors du Roi. (II, 369. *Méd.* 590.)

Mon *épargne* depuis en sa faveur ouverte
Doit avoir adouci l'aigreur de cette perte. (III, 412. *Cin.* 642.)

ÉPARGNER (S'), ménager sa peine, ses soins :

Je sais ce que je fais, et ne perds point mes pas;
Mais de votre côté ne *vous épargnez* pas :
Mettez tout votre esprit à bien mener la ruse. (II, 45. *Gal. du Pal.* 492.)

ÉPARGNÉ DE, *épargné par* :

Si j'étois quelque enfant *épargné des* tempêtes. (V, 471. *D. San.* 1277.)

ÉPARTIR, S'ÉPARTIR :

Il *épart* la bruine aussi menu que la cendre. (IX, 218. *Off. V.*)
La bruine à son choix *s'épart* sur les humains
    Comme *s'épartiroit* la cendre. (IX, 219. *Off. V.* 19 et 20.)
Sur leurs têtes à tous en langues il *s'épart*. (IX, 531. *Hymn.* 6.)

Ce verbe était déjà très-peu usité quand Corneille s'en est servi dans ces passages, et l'on avait varié sur la forme qu'il convenait de lui donner. En 1539 et en 1573, dans le *Dictionnaire françois-latin* de Robert Estienne ; en 1557, dans celui de Charles Estienne ; en 1606, dans Nicot, et en 1643, dans les *Recherches italiennes et françoises* d'Antoine Oudin, on trouve le verbe *espardre* et son participe *espars*, *esparse*, le substantif *espardement* et l'adverbe *esparsement* ; dans l'édition de 1655 des *Recherches italiennes et françoises*, et dans le *Dictionnaire* de Cotgrave en 1611, il y a, outre le verbe *espardre*, le verbe *espartir*, avec le même sens. Aucun de ces mots, à l'exception d'*épars*, qui n'est plus qu'un adjectif et a entièrement perdu sa nature de participe, n'a été recueilli dans les dictionnaires purement français rédigés au dix-septième siècle.

ÉPAULE.

PRÊTER ÉPAULE OU L'ÉPAULE À, figurément, aider, secourir :

Perfides, vous *prêtez épaule* à leur retraite. (I, 464. *Veuve*, 1259.)
Il croit que ce climat, en dépit de la guerre,
Ayant sauvé le ciel, sauvera bien la terre,
Et dans son désespoir à la fin se mêlant,
Pourra *prêter l'épaule au* monde chancelant. (IV, 28. *Pomp.* 28.)

Le verbe *épauler* s'emploie familièrement dans le même sens.

ÉPÉE (FAIRE DEUX COUPS D'), se battre en duel :

Faisons deux coups d'épée au nom de sa beauté. (II, 483. *Illus.* 951.)

ÉPIGRAMME, masculin :

Deux *épigrammes*, l'un françois et l'autre latin. (IV, 134. *Au lect.* du *Ment.*)

Corneille écrivait ceci en 1642 ; cinq ans plus tard, Vaugelas, dans ses *Remarques* (p. 32), dit en parlant du mot *épigramme :* « Il est toujours féminin, » et il repousse à juste titre la prétention de ceux qui veulent « que quand l'adjectif est devant, *épigramme* soit féminin, et quand l'adjectif est après, qu'il soit masculin. » — Patru se range volontiers à cette opinion, en faisant remarquer toutefois que ce mot est toujours masculin dans Amyot ; et Ménage, qui soutient qu'*il est mâle et femelle*, allègue Balzac. Il est très-certain que le masculin est le genre généralement adopté par nos anciens auteurs. On le voit par une anecdote qui amusait fort nos pères, si nous en jugeons du moins d'après le soin que prirent nos conteurs de la reproduire. C'est Henri Estienne qui ouvre la marche : « Qu'aduint-il à vn autre gentilhomme de marque du viuant de Monsieur de Langeay ? Ce seigneur (comme chascun sçait qu'il estoit fort amateur des lettres et des gens lettrez) auoit conuié deux diuerses fois quelques siens amis au disner, auec promesse de leur donner d'*vn bon epigramme* à l'entree de table. A quoy ce bon gentilhomme ayant pris garde, et estant retourné en son logis, commance à faire la guerre à son cuisinier, luy disant qu'il n'estoit qu'vne beste au pris du cuisinier de Monsieur de Langeay, et qu'il luy fauldroit fendre les pieds et l'enuoyer paistre. Ce poure cuisinier, tout esperdu, trouue moyen en la fin d'entendre dont venoit le mescontentement de son maistre ; et ayant sceu que cestoit pource qu'on ne le seruoit point d'*epigrammes* à l'entrée de table, comme Monsieur de Langeay en estoit serui, commance à feuilleter tous les registres cuisinaux, et toutes ses vieilles chartres, tous les memoriaulx de saupiquets et salmigondis ; et non content de cela, s'adresse à tous ceux de sa profession desquels il esperoit en sçauoir quelques nouuelles ; et finablement au cuisinier mesmes de Monsieur de Langeay, lequel cuisinier eut sa part de l'estonnement ; et ainsi que ces deux officiers estoyent sur ces termes, suruint vn gentilhomme qui aida à acheuer la farce, à laquelle toute la Cour prit vn singulier plaisir. » (*Préface* du *Traicté de la conformité du languge François auec le Grec*, 1ʳᵉ éd., f° 8 v°.) — L'anecdote reparaît dans les *Serées* de Bouchet ; seulement, comme il arrive souvent aux conteurs, il change les noms : « Le grand roy François, pere des lettres, et appay des lettres, estant vn iour à table, feu Bouin (*Boutu ?*) luy presenta des *Epigrammes*, et encores que le roy disnast, il ne laissa en mangeant de lire ces *Epigrammes* et toutes les fois qu'il mangeoit vn morceau, il disoit tousiours : « Voicy de *bons Epigrammes*,... » (Livre III, 35ᵉ *Serée*, p. 672 et 673.) On retrouvera cette historiette dans Tallemant des Réaux (tome VII, p. 497, *Naïvetés et bons mots*). Mais nous n'avons plus à la recueillir ni chez lui, ni chez ses successeurs, car à partir de ce moment le mot *épigramme* est, comme aujourd'hui, du genre féminin. Nous ferons toutefois observer que reproduire encore ce vieux conte comme un fait arrivé tout récemment, ainsi que cela a eu lieu dans *les Classiques de la table* (Paris, Didot, 1855), c'est commettre une grande inadvertance gastronomique. Si quelqu'un disait maintenant à un cuisinier : « D'où vient que tu ne m'as pas encore fait manger des *épigrammes*, » il n'aurait pas besoin de feuilleter tous ses registres cuisinaux, son guide officiel lui fournirait la recette cherchée. *L'épigramme d'agneau* figure à la page 217 de l'édition originale du *Cuisinier impérial* (Paris, Barba, 1806), et peut-être est-elle bien plus ancienne, car nous confessons n'avoir à ce sujet qu'une érudition fort improvisée. Il serait piquant qu'il y eût quelque rapport entre cette dénomination culinaire et l'anecdote si fréquemment reproduite, et qu'un cuisinier de génie eût servi sans hesiter *une épigramme d'agneau* à cet ignorant gentilhomme qui se plaignait de n'être pas aussi bien traité que Langeay.

ÉPILOGUER, activement :

J'avois des Philis à la tête ;
J'épiois les occasions ;
J'*épiloguois* mes passions. (x, 26. *Poés. div.* 42.)

ÉPINES (Se trouver sur d'étranges), au figuré et proverbialement :

Ah ! que je *me trouvois sur d'étranges épines !* (II, 500. *Illus.* 1222.)

ÉPINETTE, sorte d'instrument de musique :

Employez-y clairons, harpes, luths, *épinettes*. (IX, 155. *Off. V.* 11.)

ÉPISODE.

Corneille a employé ce mot, d'après Aristote, dans deux acceptions techniques, qu'il explique dans les exemples suivants :

Pour achever ce discours, je n'ai plus qu'à parler des parties de quantité, qui sont le prologue, l'*épisode*, l'exode et le chœur. « Le prologue est ce qui se récite avant le premier chant du chœur ; l'*épisode*, ce qui se récite entre les chants du chœur ; et l'exode, ce qui se récite après le dernier chant du chœur. » Voilà tout ce que nous en dit Aristote. (I, 40. *Disc. du Poëme dram.*)

L'*épisode*, selon Aristote..., sont nos trois actes du milieu ; mais comme il applique ce nom ailleurs aux actions qui sont hors de la principale, et qui lui servent d'un ornement dont elle se pourroit passer, je dirai que bien que ces trois actes s'appellent *épisode*, ce n'est pas à dire qu'ils ne soient composés que d'*épisodes*. (I, 47. *Disc. du Poëme dram.*)

ÉPITAPHE, masculin :

Je n'ai plus qu'à mourir, mon *épitaphe* est fait. (IV, 310. *S. du Ment.* 381.)

Vaugelas et Ménage remarquent qu'on emploie ce mot aux deux genres, mais plus ordinairement au féminin ; l'usage de le faire féminin était devenu tellement général dans la seconde moitié du dix-septième siècle, que l'imprimeur de l'édition de 1682, emporté par l'habitude, a mis : « mon *épitaphe est faite*, » quoique la rime s'opposât à l'emploi de ce genre.

ÉPLUCHER SA CONDUITE :

.... Bien que ma pensée
Épluche à la rigueur *ma conduite* passée. (I, 321. *Clit.* 818 *var.*)

A partir de 1644, *recherche*, au lieu d'*épluche*.

ÉPONGE (PASSER L') SUR, proverbialement, effacer :

J'ai vu des personnes de fort bon sens admirer des endroits *sur* qui j'aurois *passé l'éponge*. (II, 116. *Épît. de la Suiv.*)
Sur les noires couleurs d'un si triste tableau
Il faut *passer l'éponge* ou tirer le rideau :
Un fils est criminel quand il les examine. (IV, 454. *Rod.* 594.)

Cette expression est tirée de l'usage où étaient jadis les copistes d'effacer avec l'éponge sur le parchemin, tandis que l'encre était encoe fraîche, les fautes qu'ils avaient laissé échapper. Les peintres ont la même habitude, et la locution : *passer l'éponge sur*, s'employait généralement autrefois, au figuré, dans le sens d'effacer. Nous lisons dans *la Mort de Pompée*, de Chaulmer, p. 25 :

Sur qui d'autres objets ont fait *passer l'éponge*.

Le *Dictionnaire de Trévoux* cite les deux exemples suivants où il a cette signification : « Quand il *aura passé l'éponge sur* les choses dont le souvenir pourroit lui déplaire, il aura plus de liberté pour recourir aux miséricordes de Dieu. » (Abbé de la Trappe.)

Détourne tes regards de ma faute effroyable ;
Passe *sur* mes forfaits *l'éponge* favorable. (Godeau.)

Entraînés par Voltaire, les rédacteurs du *Dictionnaire de Trévoux* ajoutent que les expressions *passer l'éponge*, *tirer le rideau*, sont un peu triviales, et blâment sans hésiter notre second exemple, tiré de *Rodogune*. Il se pourrait bien que *tirer le rideau* n'eût choqué Voltaire qu'à cause du mot d'une bouffonnerie amère qu'on attribue à Rabelais mourant ; mais ici, bien que les mots soient les mêmes, la métaphore est tout autre ; il ne s'agit pas de tirer le rideau à la fin de la pièce, mais de dérober aux yeux un objet d'horreur. Mme de Sévigné, qui a si bien le secret de tout renouveler en se jouant, a dit en parlant de la révolte du grand Condé, hardiment abordée par Bourdaloue, dans son *Oraison funèbre* : « Cet endroit qui fait trembler.... qui fait qu'on *tire les rideaux*, qu'on *passe des éponges*, il s'y jeta lui à corps perdu. » (Tome VIII, p. 48.)

ÉPOUSER, au figuré :

Prends toi-même le soin de conduire Bellone
Au secours du parti qu'elle veut *épouser*. (X, 109. *Poés. div.* 45.)

ÉPOUX.

J'ai donné ces soupirs aux mânes d'un *époux*. (IV, 477. *Rod.* 1154.)

« Quoi ! s'écrie Voltaire, elle prétend avoir été l'épouse du père d'Antiochus ! elle ne se contente pas d'être parricide, elle se dit incestueuse ! En effet, dans les premiers actes, on ne sait si elle a consommé ou non le mariage avec le père de ses amants. » On sait fort bien que ce mariage n'a pas été consommé ; et si par hasard il restait encore quelque doute à ce sujet, ce passage de l'*Avertissement* (p. 415) placé par Corneille en tête de la première édition le dissiperait aussitôt : « J'ai supposé qu'il n'avoit pas encore épousé Rodogune, afin que ses deux fils pussent avoir de l'amour pour elle sans choquer les spectateurs, qui eussent trouvé étrange cette passion pour la veuve de leur père, si j'eusse suivi l'histoire. » — *Époux*, dans l'intention de Corneille, ne signifie donc ici que *fiancé*, conformément à son étymologie : *sponsus*.

ÉPRENDRE.

.... L'amour qui pour lui m'*éprit* si follement
M'avoit fait bonne part de son aveuglement. (I, 202. *Mél*. 993.)

S'ÉPRENDRE, en parlant du cœur :

On a touché son âme, et son cœur *s'est épris*. (III, 390. *Cin*. 511.)

ÉPREUVE (PAR), pour l'avoir éprouvé :

Peut-être on vous a tu jusqu'où va son courroux ;
Mais je dois *par épreuve* assez bien le connoître
Pour fuir l'occasion de le faire renaître. (IV, 468. *Rod*. 943.)

ÉPROUVER, suivi d'un qualificatif :

Toujours de plus en plus je l'*éprouve* cruelle. (II, 461. *Illus*. 542.)
Approche, seul ami que j'*éprouve* fidèle. (III, 458. *Cin*. 1665.)

ÉPUISER, au figuré :

.... Ces héros dont la gloire
Semble *épuiser* la fable et confondre l'histoire. (X, 188. *Poés. div*. 48.)

S'ÉPUISER EN QUELQUE CHOSE :

L'architecte ne *s'est* pas *épuisé en* la structure de ce palais royal. (V, 380. *Andr*.)

S'ÉPUISER DE :

Pour un malheureux titre on *s'épuise* d'haleine. (VIII, 269. *Imit*. III, 197.)

Perrot d'Ablancourt s'est servi de la même construction : « Ces nouvelles étant venues à Rome, le sénat ne pouvoit *s'épuiser de* flatteries envers le Prince. » (Traduction de Tacite, *Annales*, livre XIII, chapitre VIII, tome II, p. 122.)

ÉPUREMENT.

Ce mot manque dans la plupart des dictionnaires, et en particulier dans celui de l'Académie. Les rares lexiques qui l'admettent lui font signifier « l'action de rendre des substances pures ou plus pures. » Corneille l'a employé au figuré :

Plus la flamme en est pure et plus elle est durable ;
Il rend de son objet le cœur inséparable ;
Il a de vrais plaisirs dont ce cœur est charmé,
Et n'aspire qu'au bien d'aimer et d'être aimé.
— Qu'un tel *épurement* demande un grand courage ! (VI, 588. *Oth*. 317.)
    Que la paix ainsi de retour
Te fasse de mon cœur comme une sainte cour,

Où ta louange seule incessamment résonne,
    Par un *épurement* d'amour
        A qui tout ce cœur s'abandonne. (VIII, 389. *Imit.* III, 2668.)
Ce digne *épurement* de tes intentions. (VIII, 452. *Imit.* III, 3940.)
    La grâce a d'autres mouvements,
    Dont les sacrés *épurements*
Rapportent tout à Dieu comme à leur origine. (VIII, 542. *Imit.* III, 5815.)

ÉPURER DE, au figuré :

Mais qui connoît, Seigneur, les péchés d'ignorance ?
    Épure-m'*en* dès aujourd'hui. (IX, 91. *Off. V.* 50.)
De tout ce qui t'offense *épure* nos esprits. (IX, 321. *Off. V.* 15.)

ÉQUIPAGE, réunion des choses nécessaires pour voyager :

Faites votre *équipage* en toute liberté. (II, 471. *Illus.* 716.)
« Mais il faut de l'argent pour un si long voyage,
M'a-t-il dit ; il en faut pour faire l'*équipage*. » (II, 493. *Illus.* 1102.)
Elle est prête à partir sans plus grand *équipage*. (V, 535. *Nic.* 527.)
Tant, à nous voir marcher en si bon *équipage*,
Les plus épouvantés reprenoient de courage. (III, 172. *Cid*, 1261 *var.*)

Scudéry a blâmé l'emploi de ce mot dans ce passage du *Cid*, parce qu'il n'est pas question d'un voyage ; et l'Académie a confirmé cette critique par la remarque suivante : « L'observateur a eu raison de dire qu'il eût été mieux de mettre *en bon ordre* qu'*en bon équipage*, car ils allaient au combat, et non pas en voyage ; mais il a tort de dire que le mot *équipage* soit vilain. » Corneille a trouvé sans doute l'objection fondée, car, en 1660, il a remplacé *en si bon équipage* par : *avec un tel visage*.

Parfois le mot *équipage* ne s'applique qu'aux vêtements. Dans *Clitandre*, Dorise, habillée en homme, parle ainsi à Floridan :

La honte de paroître en un tel *équipage*
Coupe ici ma parole et l'étouffe au passage ;
Souffrez que je reprenne en un coin de ce bois
Avec mes vêtements l'usage de la voix,
Pour vous conter le reste en habit plus sortable. (I, 342. *Clit.* 1177.)

ÉQUIVOQUE.

Les vers de Boileau ne permettent à personne d'oublier que le genre de ce mot était douteux au dix-septième siècle. Corneille l'a fait masculin :

Je n'ai pu avoir assez d'adresse pour faire entendre les *équivoques* ingénieux dont est rempli tout ce que dit Héraclius à la fin de ce premier acte. (V, 149. *Exam. d'Hér.*)

ÉRIGER (S') EN CAVALIER, voyez CAVALIER (3ᵉ exemple.)

ERREURS, au pluriel, longs voyages remplis de traverses :

Il l'a fallu chercher : j'ai vu dans mon voyage
Le Pô, le Rhin, la Meuse, et la Seine, et le Tage :
Toujours le même soin travaille mes esprits ;
Et ces longues *erreurs* ne m'en ont rien appris. (II, 436. *Illus.* 36.)

Les poëtes du dix-huitième siècle ont beaucoup employé ce mot en ce sens (voyez

Carpentier, *Gradus français*); il n'est cependant plus guère en usage, si ce n'est en parlant des *erreurs* d'Ulysse.

ESCADRON, au figuré :

Un damnable *escadron* de sentiments honteux. (VIII, 500. *Imit.* III, 4935.)

ESCAPADE.

Monsieur, pardonnez-moi la faute que j'ai faite.
Un berger d'ici près a quitté ses brebis
Pour s'en aller au camp presque en pareils habits ;
Et d'abord vous prenant pour ce mien camarade,
Mes sens d'aise aveuglés ont fait cette *escapade*. (I, 309. *Clit.* 594.)

Nous avons vu plus haut (p. 331) qu'*échappée* avait la même signification ; c'est le mot ancien et de vraie souche française. *Escapade* nous est venu sans doute des guerres d'Italie, il est tiré du mot *scappata* ; on pourrait encore le tirer avec plus de vraisemblance de l'espagnol *escapada* ; mais il faut remarquer que les mots de ce genre, même dérivés directement de l'italien, ont reçu de nos capitaines gascons la désinence *ade* plus en rapport avec les habitudes générales de notre langue. Henri Estienne le remarque en ces termes : « Je n'ignore pas qu'en beaucoup d'autres mots de semblable terminaison nous mettons le *d* pour le *t* des Italiens : desquels est *embuscade*, car ils disent *imboscata* ; et les Hespagnols en ce mot ont vsé du mesme changement que nous quant à ceste lettre. » (*Dialogues du nouueau langage François italianizé*, édition de 1579, p. 276 et 277.) Disons en passant que ce mot *embuscada* venait s'ajouter à *embûches*, sans utilité réelle pour notre langue, et qu'il en a été de même de *cavalcade*, qui s'est substitué à *chevauchée*, et d'*escalade*, qui a remplacé *échellement*.

ESCLAVE, substantivement, dans le langage de la galanterie :

Je ne souffrirai point qu'Hypsipyle me brave,
Et m'enlève ce cœur que j'ai vu mon *esclave*. (VI, 322. *Tois.* 1569.)

ESCLAVE, adjectivement :

L'air tient les vents tous prêts à suivre sa colère,
Tant la nature *esclave* a peur de lui déplaire. (II, 375. *Méd.* 706.)
Il est beau d'étaler cette prérogative
Aux yeux du Rhône *esclave* et de Rome captive. (VI, 419. *Sert.* 1338.)
Mais il peut faire aussi des consuls à son choix,
De qui la pourpre *esclave* agira sous ses lois. (VI, 424. *Sert.* 1448.)

ESCLAVE DE, assujetti à, au figuré :

(*Vous*) seriez devenu, pour avoir tout dompté,
Esclave des grandeurs où vous êtes monté ! (III, 405. *Cin.* 456.)
Elle a trop de vertus pour n'être pas chrétienne....
Pour vivre *des* enfers *esclave* infortunée. (III, 546. *Pol.* 1271.)
Père dénaturé, malheureux politique,
Esclave ambitieux *d*'une peur chimérique. (III, 568. *Pol.* 1748.)
Cet amour, dont le trône a toute la tendresse,
Esclave ambitieux *du* suprême degré. (VII, 383. *Pulch.* 63.)

ESCORTES, au pluriel :

Cependant par mon ordre on a mis garde aux portes,

Et d'un amant suspect dispersé les *escortes*. (VII, 520. *Sur.* 1386.)
Pour assurer ma fuite, ai-je ici des *escortes?* (VII, 511. *Sur.* 1162.)

Nous mettrions plutôt le singulier dans ce sens.

ESPÈCE, apparence, *species :*

Chose étrange, et bien digne enfin que la foi vienne
Au secours de nos sens et de l'esprit humain,
Que l'*espèce* du vin tout entier te contienne,
Que tu sois tout entier sous l'*espèce* du pain.
(VIII, 597. *Imit.* IV, 369 et 370.)

ESPÈCES VISIBLES :

.... Vous vous trompez, mes yeux ;
Vous aviez autrefois des ressorts infaillibles
Qui portoient en mon cœur les *espèces visibles*. (I, 321. *Clit. var.* 5.)

Lorsqu'on ne connaissait pas bien la manière dont la vision a lieu, on appelait ainsi certains simulacres qui, supposait-on, se détachaient perpétuellement des objets pour nous en apporter l'image. Corneille a supprimé en 1660 le passage où se trouvait cette expression.

ESPÉRANCE.

Après votre pouvoir, voyez notre *espérance*. (III, 543. *Pol.* 1180.)

Voyez ci-dessus, p. 69, APRÈS.

ESPÉRER QUE, suivi du subjonctif :

.... Ce brutal *espère*,
Mieux qu'il ne trouve un fils, *que* je découvre un frère. (V, 224. *Hér.* 1559.)

ESPÉRER DE :

J'*espérois de* mourir avant ce triste jour. (VII, 400. *Pulch.* 484.)
 J'*espère d*'arriver comme eux
A tes promesses les plus amples. (VIII, 648. *Imit.* IV, 1443.)
 J'*espère* encore *de* dormir quelque jour en paix. (IX, 324. *Vêpr. et Compl. D.*)

ESPÉRER À :

L'âme sait adoucir l'aigreur la plus amère,
 Quand par-dessus tout elle *espère*
 Aux saintes faveurs de ton bras. (VIII, 577. *Imit.* III, 6546.)
Aux faveurs de son maître ainsi l'esclave *espère*. (VIII, 593. *Imit.* IV, 291.)

Cette tournure appartient surtout au langage de la dévotion ; on la trouve fréquemment dans Bossuet et dans Massillon.

ESPOIR.

FAIRE UN ESPOIR (D'UNE CHOSE), (en) faire naître, causer, inspirer l'espoir :

Galba ne l'a produit qu'avec sévérité,

Sans *faire* aucun *espoir de* libéralité. (vi, 629. *Oth.* 1260.)
Tout l'*espoir* que *j'ai fait*, je saurai le remplir. (viii, 270. *Imit.* iii, 231.)

ESPRIT.

L'ESPRIT, LES ESPRITS, l'intelligence, la raison, l'âme, le cœur :
Ce que j'ai dans l'*esprit*, je ne le puis celer. (ii, 50. *Gal. du Pal.* 595.)
.... La pudeur peut tout sur l'*esprit* d'une fille
Dont la vertu répond à l'illustre famille. (v, 47. *Théod.* 691.)
.... J'ai l'*esprit*, Seigneur, d'autant plus satisfait,
Que mon sang rompt le cours du mal que j'avois fait. (v, 592. *Nic.* 1837.)
Vous ne me dites rien que ce que j'en ai dit,
Lorsqu'à Léon tantôt j'ai dépeint son *esprit*. (vii, 425. *Pulch.* 1104.)
Vous avez de l'*esprit*, si vous n'avez du cœur. (v, 556. *Nic.* 1033.)
Madame, puissiez-vous lire dans mon *esprit*! (i, 407. *Veuve*, 164.)
Mon amour pour Florame en est le seul coupable :
Mon *esprit* l'adoroit; et vous étonnez-vous
S'il devient inventif, puisqu'il étoit jaloux? (ii, 210. *Suiv.* 1619.)
Depuis que mon *esprit* est capable de flamme,
Jamais un trouble égal n'a confondu mon âme. (ii, 348. *Méd.* 161.)
Ton *esprit* amoureux n'aura-t-il point d'ombrage? (iii, 133. *Cid.* 498.)
Ah! cruels déplaisirs à l'*esprit* d'une amante! (iii, 168. *Cid.* 1165.)
De la plus forte ardeur vous portez vos *esprits*
Jusqu'à l'indifférence et peut-être au mépris. (iii, 509. *Pol.* 483.)
C'est ce glorieux titre (*de premier du monde*), à présent effectif,
Que je viens ennoblir par celui de captif :
Heureux, si mon *esprit* gagne tant sur le vôtre,
Qu'il en estime l'un et me permette l'autre! (iv, 80. *Pomp.* 1281.)
.... Le même moment verra par deux trépas
Nos *esprits* amoureux se rejoindre là-bas. (ii, 488. *Illus.* 1008.)
Votre amour en tous deux fait ce combat d'*esprits*. (iii, 412. *Cin.* 631.)
Ainsi que la naissance, ils ont les *esprits* bas. (iv, 77. *Pomp.* 1195.)
Les *esprits* généreux jugent tout par eux-mêmes. (v, 67. *Théod.* 1156.)
.... Ces *esprits* légers, approchant des abois,
Pourroient bien se dédire une seconde fois. (v, 567. *Nic.* 1261.)
.... J'en ai la cervelle et les *esprits* troublés. (iv, 187. *Ment.* 888.)
.... D'un même trait vos *esprits* sont blessés. (i, 407. *Veuve*, 155.)
.... Ici mon amour me servira d'excuse :
Il serre nos *esprits* d'un trop étroit lien,
Pour permettre à mon sens de s'éloigner du sien. (i, 499. *Veuve*, 1953.)
        Quoi? parents, ni richesses,
Ni grandeurs ne pourront ébranler tes *esprits*? (x, 52. *Poés. div.* 38.)

PERDRE L'ESPRIT, perdre la raison :

J'aurois perdu l'*esprit* si j'osois me vanter
Qu'avec ce peu de gens nous pussions résister. (iv, 463. *Rod.* 825.)

SE METTRE QUELQUE CHOSE EN L'ESPRIT :

Tu *te* mets en *l'esprit* une crainte frivole. (ii, 161. *Suiv.* 674.)

Changer d'esprit, changer de résolution :
Avec votre jalouse elle *a changé d'esprit*. (vi, 59. *Perth.* 926.)

Point d'esprit, en termes de broderie, voyez Point.

ESQUIVER, employé absolument :
Il faut mieux *esquiver*, car avecque des fous
Souvent on ne rencontre à gagner que des coups. (i, 223. *Mél. var.* 5.)

Cette rédaction est celle de la première édition. En 1648, Corneille a substitué *se tirer* à *esquiver*, et il a ensuite changé tout ce passage. La Fontaine, qui ne craignait pas d'employer des tournures un peu vieillies, écrivait beaucoup plus tard :

Les petits en toute affaire,
Esquivent fort aisément :
Les grands ne le peuvent faire. (Livre IV, fable vi.)

ESSAI, action de goûter le premier d'un mets, d'un breuvage :
Faites faire un *essai* par quelque domestique. (iv, 505. *Rod.* 1792.)

Faire un essai, faire essai, figurément :
Que je *fasse un essai* de mon obéissance. (vi, 389. *Sert.* 662.)
J'en veux bien *faire essai*.... (ii, 237. *Pl. roy.* 277.)
Vous aidez aux Romains à *faire essai* d'un maître. (vi, 400. *Sert.* 881.)

Faire ses essais :
Ce n'est pas sur ce coup que je *fais mes essais*. (iv, 217. *Ment.* 1436.)

Coup d'essai, voyez ci-dessus, p. 224, Coup.

ESSAYER, éprouver :
Il me faut *essayer* la force de mes pleurs. (iii, 525. *Pol.* 816.)
Je vais près de Phocas *essayer* la prière. (v, 171. *Hér.* 361.)
Je voulois seulement *essayer* leur respect. (v, 436. *D. San.* 396.)

Essayer sur :
Essayez sur Cinna ce que peut la clémence. (iii, 438. *Cin.* 1210.)

Essayer à, comme *essayer de* :
Essayez sur ce point *à* la faire parler. (iii, 288. *Hor.* 129.)

ESSOR, au pluriel :
Je vois pour tout appui de mes plus hauts *essors*,
Le néant que je suis, et le rien d'où je sors. (viii, 460. *Imit.* iii, 4113. *var.*)

Essors n'est que dans la première édition de la partie de l'ouvrage d'où ces vers sont tirés. Toutes les suivantes donnent *efforts*.

ESSUYER, au figuré :
Il montre à voir la mort à la braver de près,
A mépriser partout la grêle des mousquets,

Et lui-même *essuyant* leur plus noire tempête,
Par ses propres périls achète sa conquête. (x, 210. *Poés. div.* 249.)
Il s'agit de Louis XIV.

ESTIME, au sens passif, réputation, bonne renommée.

Vaugelas s'exprime ainsi (p. 562) dans une remarque intitulée : *De certains noms que nous avons en notre langue qui ont tout ensemble une signification active et une passive* : « *Estime* est un mot qui se dit avec le pronom possessif, et *de l'estime que l'on a de moi, et de l'estime que j'ai d'un autre.* Voici comment : *Mon estime n'est pas une chose dont vous puissiez tirer grand avantage.* Ici *estime* est dans une signification active, eu égard à moi, car il veut dire : *l'estime que je fais de vous;* et si je dis : *Mon estime ne dépend pas de vous,* il est dans une signification passive ; car il veut dire : *l'estime que l'on fait ou que l'on peut faire de moi.* »

Puisse tout l'univers bruire de votre *estime!* (II, 484. *Illus.* 958.)
Monsieur, pour conserver tout ce que j'ai d'*estime*,
Désobéir un peu n'est pas un si grand crime. (III, 126. *Cid*, 365.)
Assurer sa puissance, et sauver son *estime*. (IV, 34. *Pomp.* 182.)
Dès lors, à cela près, vous étiez en *estime*
D'avoir une âme noble, et grande et magnanime. (IV, 321. *S. du Ment.* 623.)
Ainsi vous me rendrez l'innocence et l'*estime*. (IV, 456. *Rod.* 635.)
.... Vous ne deviez pas envelopper d'un crime
Ce que votre victoire ajoute à votre *estime*. (V, 533. *Nic.* 476.)
Eh bien ! deviens tyran : renonce à ton *estime*. (VI, 50. *Perth.* 731.)
Voyez mieux qu'il y va même de votre *estime*. (VI, 166. *OEd.* 756.)
.... Pour m'en consoler, j'envisageois l'*estime*
Et d'ami généreux et de chef magnanime. (VI, 417. *Sert.* 1277.)
.... J'en dois prendre soin, pour éviter le crime
D'employer à te peindre un pinceau sans *estime*. (x, 177. *Poés. div.* 26.)

Le passage suivant est remarquable; le mot *estime* y est employé dans le sens de *bonne opinion*, et il y est sous-entendu dans celui de *réputation* :

Souffrez donc que pour lui je garde un peu d'*estime*,
La sienne dans la cour lui fait mille jaloux. (V, 560. *Nic.* 1100 et 1101.)

FAIRE ESTIME DE QUELQU'UN OU DE QUELQUE CHOSE, en faire cas :

.... Vous offenseriez l'*estime* qu'elle *en fait*
Si vous le laissiez vivre et mourir en sujet. (V, 536. *Nic.* 541.)
Vous méprisez trop Rome, et vous devriez *faire*
Plus d'*estime* d'un roi qui vous tient lieu de père.
(V, 545. *Nic.* 755 et 756.)
J'adorai donc Philis, et la secrète *estime*
Que ce divin esprit *faisoit de* notre rime
Me fit devenir poëte aussitôt qu'amoureux. (x, 77. *Poés. div.* 65 et 66.)

EN, DANS SON ESTIME, dans son opinion :

J'ai mal connu César; mais puisqu'*en son estime*
Un si rare service est un énorme crime,
Il porte dans son flanc de quoi nous en laver. (IV, 73. *Pomp.* 1097.)
.... Du moins son crime
N'est pas du tout si noir qu'il l'est *dans votre estime*. (VI, 287. *Tois.* 741.)

ESTIMER, croire, penser :

Quoi que vous *estimiez* de ma civilité,
Je ne me pique point d'insensibilité. (II, 148. *Suiv.* 419.)
Plus je l'*estime* près, plus il est éloigné. (III, 551. *Pol.* 1369.)
N'*estime* plus mon sceptre usurpé sur ton père. (V, 163. *Hér.* 157.)
Nous l'*estimons* tous deux un des braves guerriers
A qui jamais la guerre ait donné des lauriers. (V, 455. *D. San.* 891.)

ESTIMER, apprécier, évaluer, calculer :

.... Permettez, Madame, que j'*estime*
La grandeur de l'amour par la grandeur du crime. (VI, 438. *Sert.* 1765.)
De quels yeux vites-vous son auguste fierté
Honorer la valeur, *estimer* le service,
Aux belles actions rendre prompte justice? (X, 212. *Poés. div.* 273.)

Corneille parle de Louis XIV.

ESTIMER À :

Toutes *estimeront* à faveur singulière
Le droit d'entrer en son palais. (IX, 101. *Off. V.* 67.)

ESTOCADE, épée longue et pointue :

Nous vidons sur le pré l'affaire sans témoins;
Et le perçant à jour de deux coups d'*estocade*,
Je le mets hors d'état d'être jamais malade. (IV, 201. *Ment.* 1141.)

ESTOMAC.

Rosidor, poursuivi par ces trois assassins, arrive auprès de ces deux filles comme Dorise avoit l'épée à la main, prête de l'enfoncer dans l'*estomac* de Caliste. (I, 266. *Argum.* de *Clit.*)

Qu'il eût valu bien mieux à ta valeur trompée
Offrir ton *estomac* ouvert à son épée. (II, 487. *Illus. var.* 4.)

Ce dernier passage a été supprimé à partir de l'édition de 1660. Mais les vers suivants du *Cid* n'ont jamais été modifiés et n'ont été critiqués ni par Scudéry, ni par l'Académie :

Puisque c'est votre honneur que ses armes soutiennent,
Je vais lui présenter mon *estomac* ouvert,
Adorant en sa main la vôtre qui me perd. (III, 183. *Cid*, 1499.)

Nos anciens tragiques employaient ce mot dans les endroits les plus pathétiques :

.... Elle ainsi, sous telle voix rauje
Vouloit trancher le filet de sa vie
Du cimeterre à son costé pendu,
Si saisissant ie n'eusse deffendu
Son *estomach* ia desia menassé
Du bras meurdrier à l'encontre haussé. (Jodelle, *Cleopatre*, fol. 233, recto.)
Comment son *estomach* de gros sanglots ardens
Bondit contre le ciel?... (Jodelle, *Didon*, fol. 268, verso.)
O malheur! ô malheur! — Quel malheur aduenu
Te fait ainsi plomber ton *estomach* cheau? (Garnier, *Porcie*, acte V, vers 14.)
Sus donc, mon *estomach*, engoule ceste lame. (*Ibidem*, acte V, vers 67.)

ESTROPIÉ, au figuré :

.... Ne nous livrez pas aux tons mélancoliques
D'un style *estropié* par de vaines critiques. (x, 236. *Poés. div.* 10.)

Et, dans les noms de nombre :

Un voyage que je fis à Paris pour voir le succès de *Mélite* m'apprit qu'elle n'étoit pas dans les vingt *et* quatre heures. (i, 270. *Exam. de Clit.*)

De six pièces de théâtre qui me sont échappées, en ayant réduit trois dans la contrainte qu'elle nous a prescrite (*l'antiquité*), je n'ai point fait de conscience d'allonger un peu les vingt *et* quatre heures aux trois autres. (i, 378. *Au lect. de la Veuve.*)

C'étoit un tempérament que je croyois lors fort raisonnable entre la rigueur des vingt *et* quatre heures et cette étendue libertine qui n'avoit aucunes bornes. (i, 395. *Exam. de la Veuve.*)

Je ne puis dénier que la règle des vingt *et* quatre heures presse trop les incidents de cette pièce. (iii, 96. *Exam. du Cid.*)

Mais peut-on l'ajuster dans les vingt *et* quatre heures ?
(iv, 388. *S. du Ment. var.* 1.)

Sa mort (*la mort de Viriatus*) arriva soixante *et* huit ans avant celle que je traite. (vi, 359. *Au lect. de Sert.*)

Si je compte bien par mes doigts,
Je passe les quarante *et* trois. (x, 159. *Poés. div.* 44.)

On lit dans le *Dictionnaire* de Richelet (1680) : « Il faut dire *vingt et un*, et cependant il faut dire *vingt-deux, vingt-trois, vingt-quatre*, et non pas *vingt et deux, vingt et trois;* ainsi le veut monsieur l'usage. » C'est sans doute ici que cette règle bizarre, qui est devenue très-rigoureuse, a été exprimée pour la première fois; elle n'était connue ni de nos anciens grammairiens, ni de nos vieux auteurs. Palsgrave dit *vingt et ugniesme, vingt et deuxiesme* (édition de Génin, p. 372); Nicot, à l'article *vingt : vingt et uniesme, vingt et neufiesme*, bien que dans ce même article on trouve *vingthuit fois;* enfin, en 1694, l'Académie n'admet pas encore la règle établie par Richelet; elle met au contraire *le vingt et unième, le vingt et deuxième*, et se contente d'ajouter : « Quelques-uns écrivent *vingt-un, vingt-deux, vingt-trois*. » Cela n'empêche point Girault Duvivier de blâmer la Fontaine d'avoir dit dans *les Devineresses*, uniquement, suppose le censeur, pour se procurer une syllabe de plus :

Enfin quoique ignorante à vingt *et* trois carats.

Le même grammairien déclare détestable une ancienne édition de Boileau où l'on trouve *vingt et trois, vingt et quatre*.

Et, et aussitôt :

France, ton grand roi parle, *et* ces rochers se fendent.
(v, 232. *Poés. div.* 9.)

Et, avec le subjonctif dans le sens du conditionnel, quand bien même :

Vous le devez haïr, *et* fût-il votre père. (v, 226. *Hér.* 1628.)
Je vengerai sur vous, *et* fussiez-vous mon père,
Ce qu'aura fait sur lui leur injuste colère. (v, 231. *Hér.* 1719.)

Et, éloigné du premier des deux noms ou pronoms qu'il sert à joindre :

Albe le veut, *et* Rome ; il faut leur obéir. (iii, 309. *Hor.* 630.)

La suite en est à craindre, *et* la haine des cieux. (III, 349. *Hor.* 1533.)
La raison me l'ordonne, *et* la loi des chrétiens. (III, 558. *Pol.* 1518.)
Le voyant prisonnier *et* ses quatre autres fils. (V, 182. *Hér.* 605.)
Ressouviens-t'en, volage, *et* des chastes douceurs
Qu'un mutuel amour répandit dans nos cœurs. (VI, 305. *Tois.* 1178.)

Et.... et :

Est-ce une autre que toi que de tous ses dehors
Et remplit au dedans *et* revêt au dehors
      Le brillant soleil de justice? (IX, 49. *Louanges*, 756.)

ÉTABLIR (S'), en parlant d'un mariage qui procure un haut rang :

Corneille a employé cette locution dans le style tragique :

Vous aimez les grandeurs, et je hais l'infamie.
Je cherche à me venger, vous à *vous établir ;*
Mais vous pourrez me perdre, et moi vous affoiblir,
Si le cœur mieux ouvert ne met d'intelligence
Votre établissement avecque ma vengeance. (VI, 429. *Sert.* 1547.)

ÉTABLISSEMENT, mariage avantageux :

.... Je cours sans regret à mon bannissement,
Puisque j'en vois sortir ton *établissement*. (II, 386. *Méd.* 916.)

Voyez la fin de l'article précédent.

ÉTAGE (Bas).

L'usage de cette locution était plus étendu au temps de Corneille qu'aujourd'hui :

Ils *(les Dieux)* descendent bien moins dans de si *bas étages*
Que dans l'âme des rois, leurs vivantes images. (III, 318. *Hor.* 843.)
      Mets-toi dans le plus *bas étage*,
Il *(Dieu)* te donnera le plus haut. (VIII, 234. *Imit.* II, 1189.)

ÉTALAGE, au propre, en parlant des marchandises exposées aux yeux du public :

J'aime mieux en payer le double et davantage,
Et voir ma marchandise en un bel *étalage*. (II, 22. *Gal. du Pal.* 90.)

ÉTALER, au figuré :

.... *(Médée)* pour mieux leur montrer comme il *(son pouvoir)* est infini,
Leur *étale* surtout mon père rajeuni. (II, 344. *Méd.* 68.)
  Je ferois scrupule d'en *étaler* de pareilles *(de pareilles beautés)* à l'avenir sur notre théâtre. (III, 95. *Exam. du Cid.*)
    .... La perte de sa vie
Étalera sa gloire et ton ignominie. (III, 446. *Cin.* 1398.)
Ainsi *(flatteuses voluptés)* n'espérez pas qu'après vous je soupire :
Vous *étalez* en vain vos charmes impuissants. (III, 540. *Pol.* 1116.)
Il *(Dieu) étale* à son tour des revers équitables,
    Par qui les grands sont confondus. (III, 540. *Pol.* 1119.)

.... Son dernier soupir est un soupir illustre,
Qui de cette grande âme achevant les destins,
Étale tout Pompée aux yeux des assassins. (IV, 49. *Pomp.* 528.)
Il fuit et le reproche et les yeux du sénat,
Dont plus de la moitié piteusement *étale*
Une indigne curée aux vautours de Pharsale. (IV, 29. *Pomp.* 57.)
.... Quoi que nous *étale* un langage si doux,
Elle a tout fait pour elle, et n'a rien fait pour nous. (IV, 459. *Rod.* 737.)
J'ai voulu de Léonce *étaler* le courage. (V, 198. *Hér.* 980.)
.... Celle que j'*étale*
N'est pas tant qu'il vous semble une vertu brutale. (V, 548. *Nic.* 835.)
Quelque ravage affreux qu'*étale* ici la peste.... (VI, 135. *OEd.* 5.)
.... Mon sang à vos yeux, sur ce triste rivage,
De vos justes refus *étalera* l'ouvrage. (VI, 290. *Tois.* 833.)
Surtout ce privilége acquis aux grandes âmes,
De changer à leur gré de maris et de femmes,
Mérite qu'on l'*étale* aux bouts de l'univers. (VI, 410. *Sert.* 1143.)
.... Ce moment horrible
Étale aux yeux surpris des hommes écrasés,
Une plaine fumante, et des rochers brisés. (X, 203. *Poés. div.* 139.)

ÉTANG.

Ce fut lui qui changea la pierre en *étangs* d'eaux, et le rocher en fontaines. (IX, 312. *Vêpr. et Compl.* D.)

ÉTAT, situation.

EN ÉTAT DE, avec l'infinitif :

Dircé n'est plus, Madame, *en état de* périr. (VI, 180. *OEd.* 1068.)
J'y mourrai sans regret, si mon dernier moment
Vous laisse *en* quelque *état de* régner sûrement. (VI, 486. *Soph.* 338.)

EN ÉTAT QUE :

Qu'il nous mette *en état qu'*au bout de la journée....
Nous chantions à sa gloire un cantique d'amour. (IX, 457. *Hymn.* 13.)

ÉTAT, liste, tableau, mémoire :

Je vous envoie un *état* de la façon dont la rente se paye maintenant. (X, 436. *Lettr.*)

FAIRE ÉTAT DE, FAIRE DE L'ÉTAT DE, faire cas de :

Je ne puis rapporter de si foibles commencements qu'au loisir qu'il falloit au monde pour apprendre que vous *en faisiez état*. (I, 135. *Épît. de Mél.*)
Tout autre trouveroit leurs visages charmants,
Et j'*en ferois état*, si le ciel m'eût faire naître
D'un malheur assez grand pour ne vous pas connoître. (I, 416. *Veuve*, 329.)
Mais *feriez*-vous *état d'*un amant infidèle ? (II, 136. *Suiv.* 206.)

Surtout il est instruit en l'art de bien régner;
C'est à vous de le croire et de le témoigner.
Si vous *faites état de* cette nourriture,
Donnez ordre qu'il règne.... (v, 536. *Nic.* 539.)

  Je vous présente une comédie qui n'a pas été également aimée de toutes sortes d'esprits : beaucoup, et de fort bons, n'*en* ont pas *fait* grand *état*. (II, 116. *Épît. de la Suiv.*)
Quoi? c'est là tout l'*état* que tu *fais de* mes feux? (I, 163. *Mél.* 360.)
C'est donc là tout l'*état* que tu *fais* d'Hippolyte? (II, 85. *Gal. du Pal.* 1249.)
J'ai vu les plus fameux de la haute science
Dont vous dites qu'Alcandre a tant d'expérience ;
On *en faisoit* l'*état* que vous *faites* de lui. (II, 437. *Illus.* 43 *var.*)

A partir de l'édition de 1660 :

On m'*en faisoit* l'*état* que vous *faites* de lui.
  Ce que j'ai rapporté de Mariana suffit pour faire voir l'*état* qu'on *fit de* Chimène et *de* son mariage. (III, 81. *Avert.* du *Cid.*)
Avez-vous su l'*état* qu'on *fait de* Curiace,
Ma sœur?... (III, 304. *Hor.* 515.)
Je maudis mille fois l'*état* qu'on *fait* de moi. (III, 305. *Hor.* 538.)
  C'est lui.... qui n'a pas dédaigné de montrer au public l'*état* qu'il *fait de* cette comédie. (IV, 134. *Au lect.* du *Ment.*)
Souvent tout cet effort à ravoir un portrait
N'est que pour voir l'amour par l'*état* qu'on *en fait*.
      (IV, 342. *S. du Ment.* 1016.)
.... Puisqu'il m'a jugé digne d'être son roi,
Je soutiendrai partout l'*état* qu'il *fait* de moi. (v, 434. *D. San.* 360.)
Par un secret instinct que je ne puis nommer,
J'*en fais* beaucoup d'*état*, et ne le puis aimer. (II, 468. *Illus.* 640.)
J'en admire beaucoup *dont* on *fait* peu d'*état* (II, 28, *Gal. du Pal.* 183.)
Si c'est *de* votre sang avoir *fait* peu d'*état*. (v, 392. *Andr.* 1701.)
Ils *ont fait* peu d'*état* d'une race inconnue. (v, 440. *D. San.* 498.)
.... Si *de* mes conseils vous *faites* peu d'*état*,
N'y pensez plus du moins sans l'aveu du sénat. (v, 575. *Nic.* 1453.)
Pouvez-vous *d'un* tel don *faire* si peu d'*état*,
Sans vouloir être ingrate, et l'être avec éclat? (VI, 321. *Tois.* 1562.)
Une femme jalouse à cent mépris s'expose;
Plus elle fait de bruit, moins on *en fait* d'*état*. (VI, 493. *Soph.* 509.)
Je ne *fis* plus d'*état* de la toison dorée. (II, 369. *Méd.* 586.)
Je veux gagner son cœur plutôt que sa personne,
Et ne *fais* point d'*état* de sa possession,
Si je n'ai point de part à son affection. (III, 418. *Cin.* 775.)
.... Je vous veux donner un homme de ma main,
Faites-en de l'état; il est vaillant lui-même. (II, 484. *Illus.* 965.)

FAIRE ÉTAT DE, avec un nom ou un pronom, compter sur :

Adieu : nous nous verrons avec plus de loisir.
Faites état de moi. — Je meurs de jalousie. (IV, 157. *Ment.* 305.)
Adieu, *fais*, je te prie, *état de* mon service. (I, 366. *Clit. var.*)

Adieu : *faites état de* mon humble service.
— Et vous pareillement *d*'un cœur sans artifice.
(II, 204. *Suiv.* 1513 et 1514.)
Fasse état qui voudra de ta fidélité. (II, 227. *Pl. roy.* 47.)
En moi dorénavant *faites état d*'un frère. (I, 363. *Clit.* 1610.)

Cette locution, que Voltaire regrettait sans oser s'en servir, est fort ancienne dans notre langue, et nos vieux poëtes tragiques en ont souvent usé :

Ces royales grandeurs *dont* on *fait* tant *d'estat*
Luy sont (*à Dieu*) comme un roseau de qui le vent s'esbat.
(Garnier, *Iuifues*, acte IV, vers 41.)

FAIRE ÉTAT QUE, FAIRE ÉTAT DE, avec un verbe, compter que, compter :

Sinon, *faites état* qu'il va courir au change. (II, 141. *Suiv.* 293.)
.... Sur mes sujets *faites état d*'avoir,
Ainsi que sur moi-même, un absolu pouvoir. (II, 402. *Méd.* 1271.)

« Il *faisoit estat de* partir lundy. » (Sully, *OEconomies royales*, chapitre XVIII, tome II, p. 206.) — Cette locution, nouvelle du temps d'Henri Estienne, a été blâmée par lui dans la *Préface de la Conformité du langage françois avec le grec.*
Voyez le *Lexique de Molière* de M. Génin.

ÉTAT, forme du gouvernement :

..... C'est sans attentat
Que vous avez changé la forme de l'*État*. (III, 404. *Cin.* 420.)
Le pire des *États*, c'est l'*État* populaire. (III, 407. *Cin.* 521.)

ÉTAT, gouvernement, politique :

Les raisons de l'*État* règlent toujours leur choix. (v, 476. *D. San.* 1432.)
Autant que je le puis je déguise son crime,
Et nomme seulement imprudence d'*État*
Ce que nous aurions droit de nommer attentat. (VI, 546. *Soph.* 1761.)
Les scrupules d'*État*, qu'il falloit mieux combattre,
Assez et trop longtemps nous ont gênés tous quatre. (VII, 234. *Tit.* 799.)
Vos chimères d'*État*, vos indignes scrupules,
Ne pourront-ils jamais passer pour ridicules? (VII, 239. *Tit.* 927.)

CRIME D'ÉTAT, au figuré, comme on dit encore familièrement *affaire d'État* :

Le plus foible dehors de cette complaisance
Que se permet pour tous la même indifférence :
Tout cela fait pour lui de grands *crimes d'État* (x, 156. *Poés. div.* 27.)

ÉTEINDRE, au figuré :

Si j'avois pu souffrir son insolent hommage,
Son amour.... — Martian se connoîtroit si peu
Que d'oser.... — Il n'*a* pas encore *éteint* son feu. (VI, 628. *Oth.* 1224.)
Il *éteindra* ma vie avant que mon amour. (VI, 157. *OEd.* 544.)
Qu'on fait d'injure à l'art de lui voler la fable !
C'est interdire aux vers ce qu'ils ont d'agréable,
Anéantir leur pompe, *éteindre* leur vigueur. (x, 235. *Poés. div.* 3.)

ÉTERNITÉS, au pluriel :

Ah! combien ces moments de quoi vous me flattez
Alors pour mon supplice auroient d'*éternités!* (v, 195. *Hér.* 90 .)

ÉTINCELER, au figuré :

.... Ses lions (*les lions de la Flandre*) en rugissent,
Leur vue en *étincelle*, et leurs crins s'en hérissent. (x, 202. *Poés. div.* 122.)

ÉTONNEMENT, stupeur, épouvante :

Ils sont, grâces aux Dieux, dignes de leur patrie;
Aucun *étonnement* n'a leur gloire flétrie. (III, 323, *Hor.* 964.)

ÉTONNEMENTS, au pluriel :

Dans ces *étonnements* dont mon âme est frappée,
De rencontrer en vous le vengeur de Pompée,
Il me souvient pourtant que s'il fut notre appui,
Nous nous dûmes dès lors autant et plus qu'à lui. (IV, 63. *Pomp.* 865.)

ÉTONNER.

N'excusez point par là ceux que son bras *étonne*. (III, 179. *Cid*, 1433.)
Que t'a fait mon honneur, et par quel droit viens-tu
Avec toute ta force attaquer ma vertu?
Du moins contente-toi de l'*avoir étonnée*. (III, 310. *Hor.* 671.)
Vengeons nos citoyens, et que sa peine *étonne*
Quiconque après sa mort aspire à la couronne. (III, 413. *Cin.* 661.)
Vous ne m'*étonnez* point; la pitié qui me blesse
Sied bien aux plus grands cœurs, et n'a point de foiblesse. (III, 491. *Pol.* 85.)
Va la voir de ma part, et tâche à l'*étonner*. (v, 48. *Théod.* 705.)
Seigneur, votre présence *étonne* mon devoir (VII, 473. *Sur.* 240.)

Ce mot, comme l'on voit, s'employoit dans des acceptions plus fortes que celles que nous lui donnons aujourd'hui, et, par suite, plus rapprochées du latin *attonitus*.

S'ÉTONNER, absolument ; S'ÉTONNER À :

Ce héros, loin de *s'étonner*, lui dit hautement qu'il trouvera des chemins inconnus aux hommes. (v, 266. *Dess. d'Andr.*)
Quoique le mien (*mon esprit*) *s'étonne à* ces rudes alarmes,
Le trouble de mon cœur ne peut rien sur mes larmes. (III, 283. *Hor.* 7.)
.... Toute ma puissance
Vous veut bien d'un tel heur hâter la jouissance;
Mais gardez de pâlir, et de *vous étonner*
A l'aspect du chemin qui vous y doit mener. (v, 42. *Théod.* 585.)

ÉTONNÉ :

Rappelle cependant les forces *étonnées*. (III, 503. *Pol.* 361.)
Quand les Dieux *étonnés* sembloient se partager. (IV, 27. *Pomp.* 3.)
Ah! c'est là que mes sens demeurent *étonnés*. (IV, 301. *S. du Ment.* 217.)
Je sens manquer la force à mes sens *étonnés*. (IV, 379. *S. du Ment.* 1680.)

Cette promesse opiniâtre ce prince dans sa résolution et raffermit le courage de ses amis *étonnés*. (v, 272. *Dess. d'Andr.*)

ÉTOUFFER, au figuré :

.... La peur d'être ingrate *étouffe* votre deuil. (vi, 267. *Tois.* 272.)

ÉTRANGE.

Vous me jetez, Madame, en d'*étranges* alarmes (ii, 191. *Suiv.* 1245.)
Ne vous obstinez point en cette humeur *étrange*. (iii, 152. *Cid*, 841.)
Lui qui fait chaque jour tant de métamorphoses
Pouvoit en ma faveur faire d'*étranges* choses. (v, 333. *Andr.* 427 *var.*)

En 1660, *beaucoup de choses* a été substitué à *d'étranges choses*. — Corneille et Racine employaient fréquemment le mot *étrange* dans les situations les plus graves, les plus pathétiques ; au siècle dernier, il était devenu asssez vulgaire, et ne se disait plus guère que dans le langage familier, en parlant des choses bizarres, surprenantes ; de notre temps, il a repris quelque chose de son ancienne valeur.

ÊTRE.

ÊTRE À SOI, se posséder :

Je ne *suis* plus *à moi* quand j'entends ce discours.
Pauline est mariée !... (iii, 506. *Pol.* 415.)

ÊTRE QUELQUE CHOSE À QUELQU'UN, être quelque chose pour quelqu'un :

Un ami tel que toi *m'est* plus que cent maîtresses. (i, 441. *Veuve*, 836.)
.... Banni que je suis, je *leur suis* plus qu'un roi. (ii, 346. *Méd.* 116.)
.... Ce *m'est* assez que sa Créuse meure (ii, 359. *Méd.* 366.)
Accoutumée à fuir, l'exil *m'est* peu de chose. (ii, 378. *Méd.* 773.)
.... Ce qu'elles *nous sont* feroit qu'avec justice
On nous imputeroit ce mauvais artifice. (iii, 312. *Hor.* 699.)
Les supplices *leur sont* ce qu'à *nous* les plaisirs. (iii, 531. *Pol.* 951.)
Vains appas, vous ne *m'êtes* rien. (iii, 541. *Pol.* 1140 *var.*)

En 1660, ce vers a été remplacé par le suivant :

Monde, pour moi tu n'as plus rien.

Les plus cruels tourments *lui sont* des récompenses. (iii, 559. *Pol.* 1536.)
Ses grands efforts pour moi, son péril, et ses larmes,
A mon cœur amoureux *étoient* de nouveaux charmes. (iv, 177. *Ment.* 670.)
La perfide ! ce jour *lui sera* le dernier. (v, 209, *Hér.* 1217.)
Le choix de mes États ne *m'est* point une loi. (v, 424. *D. San.* 132.)
Ce doit *leur être* assez de savoir qui je suis,
Sans m'accabler encor par de nouveaux ennuis. (v, 486. *D. San.* 1619.)
Un gendre tel que vous *m'est* plus qu'un nouveau trône. (vi, 140. *Œd.* 145.)
Vos ordres *me seront* des lois inviolables. (vi, 284. *Tois.* 676.)
.... Étant dans les fers, vous ne *m'êtes* plus rien. (vi, 515. *Soph.* 1052.)
Soyez-moi bon sujet, je *vous serai* bon maître. (vii, 48. *Agés.* 995.)

Que vous m'*êtes* cruel, que vous m'*êtes* injuste
D'attacher tout mon cœur au seul titre d'Auguste ! (vii, 385. *Pulch.* 101.)

Ce m'est, c'est pour moi :

Ce m'est assez d'être assuré par la lecture de son livre que c'étoit un homme de Dieu. (viii, 18. *Au lect. de l'Imit.*)

Il n'est, il n'y a :

.... Crois qu'*il n'est* pour toi chose que je ne fisse. (i, 366. *Clit. var.*)
Il n'est crime envers moi qu'un repentir n'efface. (iii, 434. *Cin.* 1117.)
Il n'est porte où pour elle il n'ait frappé cent fois. (x, 118. *Poés. div.* 36.)

Corneille a employé de même le substantif sans article après *ce sont* :

Ce sont intrigues de cabinet qui se détruisent les unes les autres. (vi, 572. *Au lect.* d'*Oth.*)

Molière a dit dans *Tartuffe* (acte I, scène 1) :

Ce sont toutes façons dont je n'ai pas besoin ;

et la Fontaine, dans *Psyché*, en parlant des pélicans renfermés dans la ménagerie de Versailles « *Ce sont* espèces de cormorans » (livre I, tome III, p. 18 des *OEuvres de la Fontaine, Bibliothèque elzévirienne*) ; mais toutes les éditions modernes, excepté celle que nous citons, portent : « *C'est* une espèce de cormoran. »

En être, employé absolument quand il est question d'un parti, d'une cabale, d'un complot :

Votre Émilie *en est*, Seigneur, et la voici. (iii, 454. *Cin.* 1563.)
Quoi ? Néarque *en est* donc ?... (iii, 525. *Pol.* 807.)
Mes esclaves *en sont;* apprends de leurs indices
L'auteur de l'attentat, et l'ordre, et les complices. (iv, 83. *Pomp.* 1361.)
Vous *en êtes* aussi, Madame, et je me rends. (v, 177. *Hér.* 512.)

Il est de, il est inhérent à, il appartient à :

Mais comme *il est*, Seigneur, *de* la fatalité
Que l'aigreur soit mêlée à la félicité. (iv, 100. *Pomp.* 1787.)

N'étoit, locution elliptique :

Tout cela seroit peu, *n'étoit* que ma bonté
T'en accorde un oubli sans l'avoir mérité. (i, 240. *Mél.* 1657.)
Confessez-le, ma sœur, vous sauriez vous en taire,
N'étoit le testament du feu Roi notre père. (iv, 38. *Pomp.* 282.)

N'être que de, pour *n'avoir trait qu'à, ne rouler que sur* :

Leur entretien *n'est que de* l'affront qu'elles viennent de recevoir. (v, 269. *Dess. d'Andr.*)

Il n'est que, il n'est que de, pour il n'y a rien de tel que, que de :

Il n'est lors *que* la joie ; elle nous venge mieux. (i, 202. *Mél.* 985.)
Sans te piquer d'honneur, crois qu'*il n'est que de* prendre,
Et que tenir vaut mieux mille fois que d'attendre. (iv, 210. *Ment.* 1285.)
L'éclat d'un tel affront l'ayant trop décriée,
Il n'est à son avis *que* d'être mariée. (iv, 292. *S. du Ment.* 64.)

QUE SERA-CE DE? qu'arrivera-t-il de?

Que sera-ce de moi s'il en a connoissance? (I, 366. *Clit. var.*)
Que sera-ce de ceux dont le cœur languissant,
Ou rarement en soi forme un projet semblable,
Ou le laisse flotter et s'éteindre en naissant? (VIII, 109. *Imit.* I, 1365.)
Que sera-ce de nous au bout d'une carrière
 Où s'offrent combats sur combats,
Si notre lâcheté déjà tourne en arrière,
 Et perd haleine au premier pas? (VIII, 138. *Imit.* I, 1936.)

SAVOIR CE QUE C'EST DE :

On *sait* bien *ce que c'est des* blessures du cœur. (I, 369. *Clit. var.*)

SI J'ÉTOIS QUE DE VOUS, si j'étais à votre place :

Si j'étois que de vous, je voudrois hasarder. (IV, 342. *S. du Ment.* 1019 *var.*)
En 1660, Corneille a retranché cette locution, et a ainsi modifié le vers :
 En ces occasions il fait bon hasarder.

CE SEROIT POUR, cela serait capable de, de nature à :

Mais, Monsieur, *ce seroit pour* me bien divertir,
Si comme vous Lucrèce excelloit à mentir. (IV, 189. *Ment.* 927.)

C'EST À.... à :

C'est aux commencements des foibles passions
A s'amuser encore aux protestations. (II, 459. *Illus.* 491 et 492.)
C'est aux courages bas, *c'est aux* amants vulgaires,
A faire agir pour eux l'autorité des pères. (V, 366. *Andr.* 1074 et 1075.)

ÊTRE, pour *aller :*

Voyez ALLER, et aux deux exemples donnés à la page 47, joignez le suivant :
Qu'Hippolyte vous die avec quels sentiments
Je lui *fus* raconter vos premiers mouvements. (II, 103. *Gal. du Pal.* 1596.)

.ÊTRE, employé comme verbe auxiliaire.

Certains verbes qui se conjuguent d'ordinaire avec *avoir*, prennent parfois l'auxiliaire *être*, surtout lorsqu'on veut marquer plutôt un état qu'une action, comme dans ces deux passages, par exemple, où figurent des temps composés d'*aborder* :
 Il le sacrifia à Mars, sitôt qu'il *fut* abordé à Colchos. (VI, 246. *Exam. de la Tois.*)
 Ces tritons, tout autour rangés comme suivants,
 Montroient bien qu'en ces lieux vous n'*étiez* abordée
 Que par un art plus fort que celui de Médée. (VI, 335. *Méd.* 1910.)
Voyez DISPAROÎTRE (p. 308), ÉCHAPPER (p. 332), etc.
Dans l'exemple suivant, l'auxiliaire *être* est construit, au lieu d'*avoir*, avec un verbe d'où dépend un infinitif de verbe réfléchi :
 Voilà tous les efforts que je me *suis* pu faire. (VI, 51. *Perth.* 743 *var.*)
En 1660, Corneille a remplacé ce vers par celui-ci :
 Voilà tous les efforts qu'enfin j'ai pu me faire.

Être exprimé dans le premier membre de phrase et sous-entendu dans le second :

Ni vaincu, ni vainqueur, je ne puis être à vous :
Vaincu, j'en *suis* indigne, et vainqueur, son époux. (v, 450. *D. San.* 764.)
Ma cour *fut* ta prison, mes faveurs tes liens. (III, 449. *Cin.* 1448.)
La coupable *est* punie et vos mains innocentes. (IV, 507. *Rod.* 1836.)
Son haleine *est* poison, et poison ses regards. (v, 323. *Andr.* 169.)
Je *suis* toujours moi-même, et ma foi toujours pure. (III, 426. *Cin.* 945.)

On voit par ces exemples que parfois l'ellipse a lieu lors même que le verbe devrait être dans le second membre à un autre nombre et à une autre personne que dans le premier.

Soit, avec *ou* répété :

Mais *soit* cette croyance *ou* fausse *ou* véritable. (III, 514. *Pol.* 589.)

C'est-à-dire, que cette croyance soit fausse ou qu'elle soit véritable.

ÊTRE, substantif, existence :

Bel astre à qui je dois mon *être* et ma beauté. (x, 82. *Poés. div.* 1.)

C'est une fleur, la tulipe, qui parle ainsi au soleil.

Sa plume (*la plume d'Ovide*) osa beaucoup, et plantes, animaux,
Fleuves, hommes, rochers, éléments et métaux,
Par elle ont vu changer leurs *êtres* et leurs causes. (x, 124. *Poés. div.* 11.)

ÉTRÉCIR (S').

.... Du sang dont le cours s'épaissit
Le passage se ferme, ou du moins *s'étrécit*. (VII, 179. *Att.* 1740.)

ÉTREINDRE LES NŒUDS :

Et je serai le prix d'une amitié rompue,
Moi qui pour en *étreindre* à jamais *les* grands nœuds,
Ai d'un amour si juste éteint les plus beaux feux ! (VI, 485. *Soph.* 305.

ÉTREINTE, au figuré :

D'un seul de ses regards l'adorable contrainte
Me rend tous mes liens, en resserre l'*étreinte*. (I, 144. *Mél.* 10.)
.... Lors d'un sacré nœud l'inviolable *étreinte*
Tirera notre appui d'où partoit notre crainte. (VI, 273. *Tois.* 441.)

ÉTRILLER, figurément et familièrement :

Un vieillard le maltraite, il fuit pour une fille,
Et tremble à tous moments de crainte qu'on l'*étrille*. (II, 473. *Illus.* 766.)
Si vous m'y surprenez, *étrillez*-y-moi bien. (IV, 350. *S. du Ment.* 1183.)

ÉTUDE.

Il ne lui est rien arrivé (*à Mlle de Beauchâteau*) que je ne lui aye pré-

dit à elle-même, en lui disant adieu, quand je sus l'*étude* qu'elle faisoit
de ce rôle. (x, 483. *Lettr.*)

  Délasse en mes écrits ta noble inquiétude ;
  Et tandis que sur elle appliquant mon *étude*,
  J'emploierai pour te peindre et pour te divertir
  Les talents que le ciel m'a voulu départir,
  Reçois, etc. (x, 99. *Poés. div.* 70.)

Ces vers s'adressent au cardinal Mazarin.

Tandis qu'autour des deux tu perdras ton *étude*,
Mon âme jouira de ton inquiétude. (v, 218. *Hér.* 1415.)
.... L'indignation qu'on prend avec *étude*
Augmente avec le temps, et porte un coup plus rude. (IV, 72. *Pomp.* 1081.)

Qu'on prend avec étude, qu'on s'étudie à prendre. — Ces exemples nous montrent le mot *étude* pris dans les divers sens du latin *studium*, d'application, soin, zèle, intention.

ÉTUDIER un sentiment, l'affecter :

Et je n'*étudiai* cette douleur menteuse
Qu'à cause qu'en effet j'étois un peu honteuse
Qu'une autre en témoignât plus de ressentiment. (I, 228. *Mél.* 1423.)
.... Quoiqu'elle *étudie* un peu de faux respect. (v, 160. *Hér.* 80.)
Tout ce calme forcé, que j'*étudie* en vain,
Près d'un si rare objet s'évanouit soudain. (VII, 398. *Pulch.* 419.)

ÉTUDIER À :

Plus un homme à lui-même *étudie à* mourir,
Plus il commence à vivre à l'auteur de son être. (VIII, 256. *Imit.* II, 1662.)

S'ÉTUDIER À :

  Plus une âme est humiliée,
  Plus elle *s'est étudiée*
  A ce noble ravalement. (VIII, 473. *Imit.* III, 4374 et 4375.)

ÉVADER, absolument :

Nous nous amusons trop ; il est temps d'*évader*. (II, 505. *Illus.* 1316.)

Perrot d'Ablancourt dit de même, dans sa traduction de Lucien (I, p. 150) : « Ainsi ce méchant *évada*. »

ÉVAPORER, au figuré :

ÉVAPORER SES SOUPIRS, SON SOUCI.

Quand vos premiers *soupirs* seront *évaporés*. (VI, 649. *Oth.* 1672.)
.... Le cœur, lassé du *souci* qui l'accable,
Cherche à l'*évaporer* par de si vains discours ? (VIII, 68. *Imit.* I, 645 *var.*)

S'ÉVAPORER, s'exhaler :

J'ai caché si longtemps l'ennui qui me dévore,
Qu'en dépit que j'en aye, enfin il *s'évapore*. (VII, 400. *Pulch.* 490.)
  ... Souffrez qu'une imprudente ardeur,

Prête à *s'évaporer*, respecte ma pudeur. (VII, 400. *Pulch.* 496.)
Le mal qui *s'évapore* en devient plus léger. (VII, 464. *Sur.* 27.)

ÉVENT (Tête à l') :

Ce n'est qu'une coquette, une *tête à l'évent*. (I, 201. *Mél.* 969. *var.*)
En 1660 :
> Ce n'est qu'une coquette avec tous ses attraits.

ÉVENTER, au figuré :

Je forçois extrêmement mon humeur, qui n'est pas d'écrire en ce genre et d'*éventer* les secrets de plaire que je puis avoir trouvés dans mon art. (X, 431. *Lettr.*)

ÉVENTÉ, au figuré, évaporé :

Je la ferai rougir, cette jeune *éventée*. (I, 251. *Mél. var.*)
Orphise, entendez-vous cette jeune *éventée?* (II, 317. *Tuil.* 169.)

ÉVERTUER (S'), avec un nom de chose pour sujet :

A présent il est temps que ma voix *s'évertue*. (I, 458. *Veuve*, 1151.)
Que mon cœur s'attendrit à cette triste vue !
Ma constance contre elle à regret *s'évertue*. (III, 307. *Hor.* 580.)

ÉVIDENCE, au figuré :

Eh bien! ta perfidie est-elle en *évidence?* (II, 242. *Pl. roy.* 353.)

Mettre en évidence si, faire connaître si :

Nous sommes encor loin de *mettre en évidence*
Si nous nous conduirons avec plus de prudence. (III, 414. *Cin.* 673 et 674.)

Se mettre en évidence, se montrer :

De quel front oserois-je, après sa confidence,
Souffrir que mon amour *se mit en évidence?* (IV, 371. *S. du Ment.* 1562.)

ÉVITABLE :

Oui, par là seulement ma perte est *évitable*. (IV, 73. *Pomp.* 1109.)
C'est la leçon de 1660. Les éditions antérieures portaient :
> Oui, oui, ton sentiment enfin est véritable.

« Pourquoi, dit Voltaire, *évitable* n'est-il pas en usage? C'est une grande bizarrerie des langues d'admettre le mot composé et d'en rejeter la racine. » Voltaire veut dire qu'il ne voit point pour quelle raison, le composé *inévitable* étant usité, le simple *évitable* ne l'est point.

EXCÉDER, dépasser :

Il *excède* sa charge, et lui-même y renonce. (V, 553. *Nic.* 947.)

EXCELLENT, qui l'emporte :

Il n'est dans tous les arts secret plus *excellent*
Que d'y voir sa portée et choisir son talent. (X, 177. *Poés. div.* 27.)

EXCÈS.

Un *excès* de valeur brisa ce qu'elle (*la Rochelle*) fut;
Un *excès* de clémence en sauva ce qui reste. (x, 110. *Poés. div.* 57 et 58.)

LES EXCÈS DU MALHEUR :

.... Tels sont *les excès du malheur* qui m'opprime. (I, 307. *Clit.* 553.)

AVOIR TROP D'EXCÈS POUR :

Sa faute *a trop d'excès pour* être rémissible. (II, 247. *Pl. roy.* 477.)

ALLER DANS L'EXCÈS :

.... Lorsque la valeur ne *va point dans l'excès*,
Elle ne produit point de si rares succès. (III, 171. *Cid*, 1239.)

EXCITER.

Qu'il t'*excite* partout des haines immortelles. (VI, 61. *Perth.* 991.)

S'EXCITER, pour *être excité, s'elever*, en parlant d'un bruit, d'une nouvelle :

Mais sais-tu sous quel nom ce fâcheux bruit *s'excite?*
— Il nomme Héraclius celui qu'il ressuscite. (V, 158. *Hér.* 33.)

EXCUSE (FAIRE) DE, À, s'excuser de, s'excuser à :

Oui, je l'aime, Seigneur, et n'*en fais* point *d'excuse*. (III, 508. *Pol.* 461.)
J'atteste qu'on m'y force, et n'*en fais* plus d'*excuse*. (V, 391. *Andr.* 1683.)
Quoi? tu *faisois excuse à* qui m'osoit braver! (V, 523. *Nic.* 278.)

EXCUSER À, excuser envers :

Non, je te connois mieux, tu veux que je te prie,
Et qu'ainsi mon pouvoir t'*excuse à* ta patrie. (III, 305. *Hor.* 544.)

EXÉCRABLE, employé substantivement, comme *cruel, barbare*, etc. :

Exécrable! ainsi donc ta promesse frivole.... (VI, 652. *Oth.* 1733.)

EXÉCUTER, absolument :

On entreprend assez, mais aucun n'*exécute*. (III, 405. *Cin.* 437.)
.... Au point d'*exécuter*. (VI, 365. *Sert.* 7.)

EXEMPLAIRE, adjectif :

Rends, sans plus différer, ta vengeance *exemplaire*. (I, 165. *Mél.* 394.)

EXEMPLAIRE, substantif, modèle :

Il s'y rencontre un haut *exemplaire* d'équité ou de dureté. (I, 33. *Disc. du Poëm. dram.*)

EXEMPLE.

INSTRUIRE D'EXEMPLE :

Instruisez-le *d'exemple*, et rendez-le parfait,
Expliquant à ses yeux vos leçons par l'effet.
— Pour *s'instruire d'exemple*, en dépit de l'envie,
Il lira seulement l'histoire de ma vie....
Les exemples vivants sont d'un autre pouvoir.
(III, 114 et 115. *Cid*, 183 et 185.)

EXEMPLE À FUIR :

C'est un *exemple à fuir* que celui des forfaits. (III, 417. *Cin.* 740.)

SANS EXEMPLE, inouï, incomparable, d'une manière inouïe.

.... Quoiqu'elle soit *sans exemple*,
Phinée est encor plus aimé. (V, 340. *Andr.* 560.)

Bienheureuse mère de Dieu,... vous seule avez plu *sans exemple* à Jésus-Christ. (IX, 161. *Off. V.*)
Et (*la Vierge*) conçoit *sans exemple* et sans commerce humain,
Par la force d'un mot, un enfant *sans exemple*. (IX, 497. *Hymn.* 15 et 16.)

EXILER DE, au figuré :

Exile de mes yeux cet insolent vainqueur. (VI, 319. *Tois.* 1515.)

EXILÉ DE :

Tous nos vieux différends *de* leur âme *exilés*. (IV, 494. *Rod.* 1554.)

EXODE, une des quatre parties de la tragédie antique, voyez ÉPISODE.

EXORABLE.

L'infidèle m'a fait tant de nouveaux serments,
Tant d'offres, tant de vœux, et tant de compliments
Mêlés de repentir.... qu'à la fin *exorable*
Vous l'avez regardé d'un œil plus favorable. (I, 241. *Mél.* 1675.)
O Dieux, qui comme vous la rendez adorable,
Rendez-la comme vous à mes yeux *exorable*. (III, 423. *Cin.* 902.)

Le mot *exorable* passait pour être de l'invention de Corneille. Dans un intéressant article publié par *le Cabinet de lecture*[1], M. Rathery, après avoir parlé des expressions faussement attribuées à notre poëte, s'exprimait ainsi : « Nous pensons que la création du mot *exorable* lui appartient plus exclusivement. » M. Aimé-Martin n'est pas si réservé ; il affirme positivement que Corneille en est l'auteur, et il cite à cette occasion notre exemple de *Cinna*. En sa qualité de commentateur de Corneille, il aurait au moins dû remarquer qu'il s'était servi précédemment de cet adjectif dans

---

1. Cet article, qui est du 24 juin 1833, est le quatrième et dernier d'une série intitulée : *De quelques mots, de l'époque où ils ont paru, et de ceux qui les premiers les ont mis en usage.*

Mélite. Cet usage qu'il en a fait dès sa première pièce rend déjà moins probable qu'il en soit l'inventeur. Au reste, nous n'en sommes point réduits aux conjectures : *exorable* figure, en 1611, à son rang alphabétique, dans le *Dictionnaire* de Cotgrave. — Ce mot, regretté par Voltaire, a été fort peu employé depuis Corneille; néanmoins Mirabeau en a fait usage, et Mercier l'a recueilli dans sa *Néologie*.

EXPÉDIER, raconter, exposer à la hâte :

J'entends à demi-mot; achève, et m'*expédie*
Promptement le motif de cette maladie. (I, 210. *Mél.* 1115.)

EXPÉRIENCE (Faire l') de :

Ah ! si vous *aviez fait* la moindre *expérience*
De ce qu'un digne amour donne d'impatience,
Vous sauriez.... Mais pourquoi n'en auriez-vous pas fait?
(VI, 528. *Soph.* 1341.)

EXPIRÉ.

.... Ce jour *expiré*,
Pleure à loisir l'époux que tu m'as préféré. (III, 497. *Pol.* 231.)
Elle croira dans peu ce perfide *expiré*. (I, 469. *Veuve*, 1362.)

Ce mot a donné lieu à de longues discussions grammaticales, non au sujet du vers précédent, que personne n'a remarqué, mais à l'occasion de ce passage du récit de Théramène :

.... A ces mots, ce héros *expiré*
N'a laissé dans mes bras qu'un corps défiguré. (*Phèdre*, acte V, scène VI, vers 1567.)

« Distinguons, dans *expirer*, dit l'abbé d'Olivet, le sens propre et le figuré. Dans le propre, il convient aux personnes et se conjugue avec l'auxiliaire *avoir*; dans le figuré, il convient aux choses et se conjugue avec l'auxiliaire *être*. On dira donc très-bien : *je n'en ai plus que pour six mois, et, mon bail expiré, il faut que je me retire;* parce que, devant *expiré*, il y a de sous-entendu *étant*, dont la suppression est souvent permise ; mais *ayant* ne se supprime jamais, et, par conséquent, *ce héros expiré* n'est pas plus français que *ce héros parlé* pour *ayant parlé*. » (*Remarques de grammaire sur Racine*, 1738, p. 108.) Les grammairiens oublient trop souvent une distinction fort simple, mais fort importante : la plupart du temps *avoir* et *être* ne doivent pas s'employer à l'exclusion l'un de l'autre ; le premier exprime l'action, le second l'état. Ainsi, malgré d'Olivet et la *Grammaire des grammaires*, on n'hésitera pas à dire : « La trêve *a expiré ce matin à dix heures*, elle *est maintenant expirée;* » et l'on s'exprimerait de même en parlant des personnes, car il existe également dans ce dernier cas une double signification. On lit dans la traduction de Tacite de Perrot d'Ablancourt : « Sa foiblesse continuant, le seizième de mars on crut qu'il *étoit expiré* » (*Annales*, livre VI, chapitre L, tome I, p. 406); et Voltaire a dit en prose, dans sa préface du commentaire sur la *Sophonisbe* de Corneille : « Masinisse *expiré*, » comme il a dit en vers dans *les Guèbres* (acte V, scène V) : « Ce monstre *expiré*, » et dans *Zaïre* (acte V, scène X) : « Un père *expiré*. » On voit qu'il n'est pas nécessaire, pour justifier ces expressions, d'y voir, comme l'abbé Desfontaines, une licence poétique.

EXPLIQUER, développer, exposer, exprimer :

Explique, explique mieux le fond de ta pensée. (V, 200. *Hér.* 1023.)
.... Le cœur ne sent point ce que la bouche *explique*. (VI, 578. *Oth.* 66.)

S'EXPLIQUER, dans un sens analogue :

Une âme accoutumée aux grandes actions

Ne se peut abaisser à des submissions :
Elle n'en conçoit point qui *s'expliquent* sans honte. (III, 138. *Cid*, 585.)

EXPLOITER, accomplir, en parlant d'exploits, d'actions mémorables :

Votre caprice est rare à choisir des montures.
— C'est pour aller plus vite aux grandes aventures.
— Vous en *exploitez* bien. (II, 497. *Illus.* 1167.)

C'est-à-dire, vous faites bien des exploits, vous accomplissez bien des grandes aventures. — « *Exploiter*, faire quelque exploit. En ce sens, on ne le dit qu'en raillerie. » (*Dictionnaire de l'Académie*, 1694.)

EXPOSER à, livrer à, faire tomber aux mains de :

Ton destin te trahit, et ta beauté fatale
Sous l'appas d'un hymen t'*expose à* ta rivale. (II, 375. *Méd.* 698.)
Beaucoup dans ma vengeance ayant fini leurs jours,
M'*exposoient à* son frère et foible et sans secours. (IV, 451. *Rod.* 510.)
Grâce.... — De quoi, Madame? est-ce d'avoir conquis
Trois sceptres, que ma perte *expose à* votre fils? (V, 563. *Nic.* 1154.)

EXPOSER EN PÉRIL, mettre en péril :

Heureux couple d'amants que le destin assemble,
Qu'il *expose en péril*, qu'il en retire ensemble ! (I, 308. *Clit.* 582.)

EXPRÈS, ESSE, adjectif :

MOTS EXPRÈS, RÉPONSE, LETTRE EXPRESSE :

.... En *mots exprès* je lui rendois son change. (I, 449. *Veuve*, 999.)
Son ombre en *mots exprès* nous les a fait savoir. (VI, 276. *Tois.* 503.)
Je n'ose vous donner une *réponse expresse*. (I, 489. *Veuve*, 1748.)
César viendra bientôt, et j'en ai *lettre expresse*. (IV, 40. *Pomp.* 322.)

EXPRESSÉMENT.

Monsieur, tout à propos je vous rencontre ici,
Expressément chargé de vous rendre ceci. (I, 177. *Mél.* 598.)

EXPRIMER, rendre, représenter, retracer :

L'antiquité nous parle bien de l'écume d'un cheval qu'une éponge jetée par dépit sur un tableau *exprima* parfaitement. (I, 263. *Préf. de Clit.*)

S'EXPRIMER, au sens passif :

Ses discours me font voir du respect, de l'estime,
Et même quelque amour, sans que le nom *s'exprime*. (VII, 126. *Att.* 434.)

EXQUIS, recherché, précieux :

Faute d'un plus *exquis*, et comme par bravade,

Ceci servira donc de mouchoir de parade. (II, 151. *Suiv.* 465.)

.... Plus le bien qu'on quitte est noble, grand, *exquis*. (III, 404. *Cin.* 415.)

EXTATIQUE, voyez FERVEURS, p. 430.

EXTÉNUER, figurément, diminuer, atténuer :

Cette partie a besoin de la rhétorique pour peindre les passions et les troubles de l'esprit, pour en consulter, délibérer, exagérer, ou *exténuer*. (I, 39. *Disc. du Poëme dram.*)

Pour *exténuer* ou retrancher cette horreur dangereuse d'une action historique, je voudrois la faire arriver sans la participation du premier acteur. (I, 79. *Disc. de la Trag.*)

La meilleure partie de mes juges impute ce mauvais succès (*de Théodore*) à l'idée de la prostitution, que l'on n'a pu souffrir, quoiqu'on sût bien qu'elle n'auroit pas d'effet, et que pour en *exténuer* l'horreur j'aye employé tout ce que l'art et l'expérience m'ont pu fournir de lumières. (v, 9. *Épît. de Théodore;* voyez aussi l'*Examen*, p. 11.)

On nous a dédit l'un et l'autre à cause que nous avons trouvé à propos que l'offensant demandât pardon à l'offensé, bien que nous en *ayons exténué* la manière pour la rendre la plus douce qu'il a été possible. (x, 480. *Lettr.*)

Exténuer était encore usité en ce sens au dix-huitième siècle. « Il aurait fallu, dit l'abbé Prévost, qu'au lieu de relever mes défauts, elle les *eût exténués*. » (*Paméla*, Paris, 1793, tome V, p. 130.)

S'EXTÉNUER, au passif :

Dites que votre ardeur, à force d'éclater,
S'exhale, se dissipe, ou du moins *s'exténue*. (VII, 65. *Agés.* 1401.)

EXTÉNUÉ, affaibli, au figuré :

.... Cette même grâce, en moi diminuée,
Et par mille péchés sans cesse *exténuée*,
Agit aux grands effets avec tant de langueur,
Que tout semble impossible à son peu de vigueur. (III, 519. *Pol.* 698.)

EXTÉRIEUR, au figuré, apparence :

.... L'amour a tant de force
Qu'il rattache mes sens à cette fausse amorce,
Et fera son possible à toujours conserver
Ce doux *extérieur* dont on me veut priver. (II, 143. *Suiv.* 340.)

EXTERMINER, chasser, bannir :

Venez, et voyez les œuvres du Seigneur, quels prodiges il a faits sur la terre, en *exterminant* la guerre jusqu'à ses extrémités. (IX, 104. *Off. V.*)

Ce mot est pris ici dans sa signification étymologique ; Corneille a mis en vers de la manière suivante le passage dont nous venons de citer la traduction en prose :

La guerre désoloit les quatre coins du monde,
Et ce Dieu l'en vient de bannir.

EXTIRPER, au figuré :

Je peindrai cette ardeur constante et légitime
De retrancher le luxe et d'*extirper* le crime. (x, 180. *Poés. div.* 81.)

EXTRAIRE un livre, l'analyser, en tirer des extraits :

Je voulois vous renvoyer le *Lexicon Germanico-Thomæum* du P. Heserus ;
j'ai voulu attendre que j'eusse eu le loisir de l'*extraire*. (x, 462. *Lettr.*)

EXULTATION, dans le langage mystique, ravissement, transport de joie :

Elles seront apportées avec joie et *exultation*. (ix, 100. *Off. V.*)

Ce mot n'est plus guère en usage ; l'Académie l'a retranché de son *Dictionnaire* à partir de 1762. Il figurait dans les trois premières éditions ; dans celles de 1718 et de 1740 avec la remarque : « Il vieillit. »

F

FABLE, mythologie :

.... Ton bras en dix jours a plus fait à nos yeux
Que la *fable* en dix ans n'a fait faire à ses dieux. (x, 206. *Poés. div.* 172.)

FACE, au propre, visage.

Corneille ne l'a employé en ce sens que dans ses premières pièces :

Un fantôme pareil et de taille et de *face*,
Tandis que vous fuirez, remplira votre place. (ii, 403. *Méd.* 1285.)

Vaugelas, tout en regrettant ce mot, a constaté en 1647, dans ses *Remarques* (p. 60), qu'il commençait à être peu en usage, excepté dans quelques locutions consacrées, particulièrement dans le style religieux.

.... C'est là que bientôt, voyant Dieu *face* à *face*,
Plus aisément pour vous j'obtiendrai cette grâce. (iii, 560. *Pol.* 1555.)
Laisse briller sur elle un rayon de ta *face*. (ix, 139. *Off. V.* 3.)

Ménage a recueilli, à l'occasion d'un passage de Malherbe (tome I, p. 46, *poésie* xii, vers 43), un grand nombre d'exemples tirés de *l'Imitation* :

Et ce n'est qu'en son nom que les vœux qu'il (*le prêtre*) conçoit
Pour le peuple et pour lui montent devant la *face*
   D'un Dieu qui les reçoit. (viii, 616. *Imit.* iv, 787.)
Ne détourne donc point les rayons de ta *face*. (viii, 373. *Imit.* iii, 285.)
Ta présence est leur fuite, et leur montrer la *face*,
   C'est assez pour en triompher. (viii, 387. *Imit.* iii, 2640.)
L'espérance, la foi, le reste des vertus,
   Sans la charité, sans la grâce,
Pour hautes qu'elles soient, tombent devant ta *face*
Ainsi que des épis de langueur abattus. (viii, 550. *Imit.* iii, 6001.)

CHANGER DE FACE, en terme militaire :

Il leur montre (*à ses soldats*) à doubler leurs files et leurs rangs,
A changer tôt de *face* aux ordres différents. (x, 199. *Poés. div.* 72.)

FACE, au figuré, état des affaires, etc. :

Albe et Rome demain prendront une autre *face*. (III, 290. *Hor.* 195.)
Son trépas a changé toutes choses de *face*. (VII, 220. *Tit.* 491.)
Il faut, à son exemple, avoir ma politique,
Trouver à ma disgrâce une *face* héroïque. (VII, 426. *Pulch.* 1110.)

FÂCHER.

Si je puis par mon sang apaiser ma colère
Des Dieux qu'a pu *fâcher* sa vertu trop sévère. (III, 352. *Hor.* 1628.)
Son retour me *fâchoit* plus que son hyménée. (IV, 450. *Rod.* 467.)
Nicomède, en deux mots, ce désordre me *fâche*. (V, 569. *Nic.* 1307.)

SE FÂCHER :

Votre sang est trop bon, n'en craignez rien de lâche,
Rien dont la fermeté de ces grands cœurs *se fâche*. (III, 308. *Hor.* 616.)

« *Se fâche* est trop faible, trop du style familier, » dit Voltaire. Cette remarque est juste pour le temps de Voltaire et pour le nôtre ; mais elle l'est beaucoup moins pour le temps de Corneille.

FÂCHEUX À, difficile, pénible à :

Mais ces secrets pour vous sont *fâcheux à* comprendre :
Ce n'est qu'à ses élus que Dieu les fait entendre. (III, 559. *Pol.* 1539.)
Une vieille habitude est *fâcheuse à* quitter. (VIII, 89. *Imit.* I, 1021 *var.*)

FÂCHEUX, malaisé à contenter, susceptible :

En fermant le paquet j'écrirai le dessus.
— Étant tout d'une main il sera plus honnête.
— Ne lui pourrai-je ôter ce souci de la tête ?
Votre main ou la mienne, il n'importe des deux.
— Ces nobles de province y sont un peu *fâcheux*. (IV, 207. *Ment.* 1248.)

TRANCHER DU FÂCHEUX, voyez TRANCHER.

FACILE, en parlant d'une femme, dans un sens beaucoup moins fort qu'aujourd'hui, et parfois sans rien de défavorable :

De grâce, mon souci, laissons cette causeuse :
Qu'elle soit à mon choix *facile* ou rigoureuse. (I, 243. *Mél.* 1704.)
Dis-moi donc, lorsque Othon s'est offert à Camille,
A-t-il paru contraint ? a-t-elle été *facile* ? (VI, 591. *Oth.* 374.)

FACILE À :

.... Que peuvent les droits de l'hospitalité
Sur un cœur si *facile à* l'infidélité ? (VI, 521. *Soph.* 1164.)

De crainte que l'âme tranquille
Ne s'enfle d'un orgueil *facile*
A glisser de ce calme aux douceurs du dehors.

(VIII, 117. *Imit.* 1528 et 1529.)

FACILITER.

La fable. . . . . attache et *facilite*
A son éclat moint vif (*de la vérité*) l'effet de son mérite.

(X, 238. *Poés. div.* 45 *var.*)

FAÇON (DE QUELQUE), en quelque manière, en quelque sorte :

Il n'est point aux enfers d'horreurs que je n'endure,
Plutôt que de souiller une gloire si pure,
Que d'épouser un homme, après son triste sort,
Qui *de quelque façon* soit cause de sa mort. (III, 550. *Pol.* 1346.)

DE MA FAÇON :

Ce héros *de ma façon* sort un peu des règles de la tragédie. (V, 507. *Exam.* de *Nic.*)

EN AVOIR VU DE TOUTES LES FAÇONS, locution proverbiale :

Et moi j'en ai tant *vu de toutes les façons*,
Qu'à lui-même au besoin j'en ferois des leçons. (III, 556. *Pol.* 1469.)

FAGOTÉ.

Eût-elle en vrai magot tout le corps *fagoté*,
Je lui voudrois donner le prix de la beauté. (IV, 151. *Ment.* 219.)

Ce mot est d'ordinaire relatif à l'habillement; Corneille l'applique à la personne même.

FAILLIR, manquer, et, au figuré, commettre une faute, manquer à ses devoirs :

Dans la même folie une autre embarrassée
Le rend encor parjure, et sans âme, et sans foi,
Pour se donner l'honneur de *faillir* après moi. (I, 203. *Mél.* 998.)
Et ce fer, qui tantôt, inutile en mon poing,
Ainsi que ma valeur me *faillant* au besoin.... (I, 298. *Clit.* 388 *var.*)

Ces deux vers ne se trouvent ainsi que dans l'édition originale. Corneille, voulant sans doute faire disparaître *faillant*, qui n'était plus guère en usage, les a refaits en 1644 de la façon suivante :

Et ce fer, qui tantôt, inutile en ma main,
Que ma fureur jalouse avait armée en vain....

Non pas que je ne *faille* en cette préférence. (II, 371. *Méd.* 629.)
Prévenons la douleur d'*avoir failli* contre elle,
 Qui nous seroit mortelle. (III, 123. *Cid*, *var.* 1.)
Qu'une âme généreuse a de peine à *faillir*! (III, 423. *Cin.* 875.)
 Je dénie qu'ils *faillent* contre les règles. (IV, 281. *Épît.* de *la S. du Ment.*)
.... Je croirois *faillir* de m'en vouloir défendre. (IV, 334. *S. du Ment.* 852.)

Prince, ne cachez plus ce que le ciel découvre ;
Ne fermez pas nos yeux quand sa main nous les ouvre.
Vous devez être las de nous faire *faillir*. (v, 469. *D. San.* 1207.)

FAIRE, ayant pour régime un substantif employé avec ou sans article :

Cet accès libre à tous, cet *accueil* favorable
Qu'ainsi qu'au plus heureux tu *fais* au misérable.
(x, 179. *Poés. div.* 77 et 78.)
   Le temps aux plus belles choses
   Se plait à *faire un affront*. (x, 165. *Poés. div.* 6.)
Je l'avoue entre nous, quand je lui *fis l'affront*,
J'eus le sang un peu chaud et le bras un peu prompt.
(III, 125. *Cid.* 351 *var.*)
   .... Ces sages coquettes
Où peuvent tous venants débiter leurs fleurettes,
Mais qui ne *font l'amour* que de babil et d'yeux. (IV, 143. *Ment.* 43.)
.... Ce jeune insolent *a fait d'autres amours*. (II, 311 *Tuil.* 4.)
.... Si je *fais ballet* pour l'un de ces beaux lieux,
J'y ferai, malgré vous, trépigner tous les Dieux. (x, 240. *Poés. div.* 71.)
Les vers *font bruit* en France ; on les loue, on en cause.
(x, 100. *Poés. div.* 5.)
Parmi les nations ces lois autorisées
Feront tant de ruine et *de tels châtiments*.... (IX, 213. *Off. V.* 26.)
Mon sort en ce point seul du vôtre est différent,
Que je ne puis sauver mon peuple qu'en mourant,
Et qu'au salut du vôtre un bras si nécessaire
A chaque jour pour lui *d'autres combats à faire*.
— J'en ai *fait* et beaucoup, et d'assez généreux.
Mais celui-ci, Madame, est le plus dangereux. (VI, 164. *OEd.* 708 et 709.)
Tous leurs chefs sont Romains ; et leurs propres soldats
Dispersés dans nos rangs *ont fait tant de combats*,
Que la vieille amitié qui les attache aux nôtres
Leur fait aimer nos lois et n'en vouloir point d'autres. (VI, 373. *Sert.* 220.)

Impersonnellement :

Depuis plus de six ans *il ne s'est fait combat*
Qui ne m'ait bien acquis ce grand nom de soldat. (v, 427. *D. San.* 195.)
L'aurore a du vrai jour ramené la lumière,
   Le ciel *fait des concerts* charmants. (IX, 521. *Hymn.* 2.)

Voyez aussi IX, 600, *Hymn.* 10.

Faire conscience, voyez CONSCIENCE.

.... Le cœur ne soupire, en des pertes pareilles,
Que pour baiser la main qui *fait de si grands coups*. (x, 140. *Poés. div.* 8.)
    .... Ce qui me surprend,
C'est de voir que Pompée ait pris le nom de Grand,
Pour *faire* encore au vôtre entière *déférence*. (VI, 370. *Sert.* 129.)

Faire dépit, voyez DÉPIT.

Faire dessein, voyez DESSEIN.

.... Il n'est plus temps d'en *faire un désaveu*. (x, 156. *Poés. div.* 47.)
Un désaveu de vous avoir aimée.

.... Quelque désordre où mon cœur soit plongé,
Bien loin de *faire effort* à l'en voir dégagé,
Entretenir sa peine est toute mon étude. (x, 163. *Poés. div.* 10.)
Je sais que je te dois des vœux et des louanges,
Que ne t'en pas offrir, c'est te les dérober ;
Mais si j'y *fais effort*, je cherche à succomber. (x, 177. *Poés. div.* 20.)
Je *ferois mes efforts* à vous en détourner. (vi, 286. *Tois.* 727.)

Voyez ci-après, p. 421, SE FAIRE UN EFFORT.

En vain de tout mon cœur la triste prévoyance
A voulu *faire essai* des maux de votre absence. (x, 143. *Poés. div.* 16.)

Faire état, voyez ÉTAT.

Ne *fais* point *fondement* sur tes propres mérites. (viii, 58. *Imit.* i, 470.)

Faire force, voyez FORCE.

Il *fait gloire* du lieu que perça leur tempête (*la tempête des mousquets*).
(x, 189. *Poés. div.* 83.)

Corneille parle de son second fils, qui avoit été blessé au pied pendant le siége de Douai.

Faire habitude, voyez HABITUDE.

Vois Éole et Neptune à l'envi *faire hommage*
A ce prodigieux ouvrage. (x, 109. *Poés. div.* 49.)

Il s'agit de la digue du siége de la Rochelle.

Faire injustice, voyez INJUSTICE.

Sa raison au dedans vous *fait* (*vous rend*) en vain *justice*.
(x, 156. *Poés. div.* 41.)

Voyez encore x, 186, *Poés. div.* 8; et x, 204, *Poés. div.* 152.

Il se met à leur tête aux plus ardentes plaines,
Fait en se promenant *leçon* aux capitaines. (x, 198. *Poés. div.* 66.)

C'est un éloge de Louis XIV exerçant ses soldats.

Faire des lois, voyez LOI.

Faire mépris, voyez MÉPRIS.

.... De tant de vertus la sainte plénitude
Fait partout *miracle* pour vous. (ix, 97. *Off. V.* 24.)

Faire de fausse modestie, voyez MODESTIE.

L'obéissance est douce....
Lorsque l'amour la *fait*, et non pas la contrainte. (viii, 64. *Imit.* i, 582.)

Faire occasion, voyez OCCASION.

.... Par là, surtout vous sûtes satisfaire
Aux *ordres* que vous *fît* votre *Père* éternel. (viii, 353. *Imit.* iii, 1918.)

En 1670, Corneille remplaça ce dernier vers par celui-ci :
Aux ordres que donna votre Père éternel.

Faire la sourde oreille, voyez ORRILLE.

Faire outrage, voyez OUTRAGE.

Je sais qu'un *parricide* est digne d'un tel père;
Mait faut-il qu'un tel fils soit en péril d'en *faire?* (v, 180. *Hér.* 569 et 570.)
.... Pour forcer la Flandre à prendre un joug plus doux,
Les pals les plus serrés *font passage* à ses coups. (x, 209. *Poés. div.* 216.)
.... Ces chefs-d'œuvres antiques
Dont jadis les seuls rois, les seules républiques,
Les seuls peuples entiers pouvoient *faire le prix.* (x, 120. *Poés. div.* 99.)

Parfaire, payer le prix.

J'en *fais* souvent *reproche* à ce climat heureux. (x, 118. *Poés. div.* 39.)

Faire scandale, voyez SCANDALE.

Elle en diroit davantage si ce discours n'étoit interrompu par une voix qui chante derrière un de ces arbres. Cette princesse la reconnoît incontinent pour celle d'un page de Phinée. On lui *fait silence.* (v, 263. *Dess. d'Andr.*)
Faites-lui *du silence* et l'écoutez parler. (II. 446. *Illus.* 220.)

Faire tête, voyez TÊTE.

Faire vanité, voyez VANITÉ.

Faire vertu, voyez VERTU.

Voyez ci-après, p. 417, FAIRE, causer; FAIRE, former.

FAIRE, ayant pour régime un infinitif:

Seigneur, qu'est-ce que l'homme, et dans ton souvenir
Qui lui donne le rang que tu l'y *fais* tenir? (VIII, 457. *Imit.* III, 4050.)
Humbles, qu'un saint orgueil *fait* dédaigner le monde,
    Exaltez sa grandeur (*la grandeur de Dieu*). (IX, 145. *Off. V.* 67.)

Quand l'infinitif régime est un verbe réfléchi, il y a ordinairement ellipse du pronom personnel.

Un violent amour pour des choses si rares....
Fait dérouiller les clefs des plus secrets trésors. (x, 120. *Poés. div.* 95.)

FAIRE, absolument, agir:

Ayez soin que tous deux *fassent* en gens de cœur. (III, 181. *Cid*, 1455.)
Oui, vous *faisiez* tous deux en hommes de courage. (IV, 181. *Ment.* 729.)
    .... Il n'*a fait* qu'en homme de courage. (IV, 307. *S. du Ment.* 328.)
La veuve et les cousins, chacun y *fait* pour soi,
Comme *fait* un traitant pour les deniers du Roi. (IV, 292. *S. du Ment.* 73.)
Vous parlez pour Philiste, et vous *faites* pour vous.
    (IV, 382. *S. du Ment.* 1760.)
.... Mauvais conseiller en matière d'amour,
Il *fait* contre son sang pour mieux faire sa cour. (v, 23. *Théod.* 142 *var.*)

En 1660, Corneille a ainsi modifié ce passage :

    .... Ce parent adroit en matière d'amour
    Agit contre son sang....

Nous vous avons vu *faire*,
Et savons mieux que vous ce que peut votre bras. (v, 427. *D. San.* 198.)
.... Comme ils *font* pour eux, *faisons* aussi pour nous. (v, 576. *Nic.* 1478.)
Et l'Espagne et les tiens, grand Prince, à te voir *faire*,
De pareilles frayeurs se laissent accabler. (x. 219. *Poés. div.*)

Laisser faire, voyez Laisser.

Bien faire, bien agir, faire du bien.

Sa façon de *bien faire* est un second bienfait. (x, 96. *Poés. div.* 28.)

Faire, causer, faire naître, occasionner, susciter :

Par où sera jamais mon âme satisfaite,
Si je pleure ma perte et la main qui *l'a faite?* (III, 150. *Cid*, 806 *var.*)
En 1660, Corneille a ainsi modifié ces deux vers :

    Par où sera jamais ma douleur apaisée,
    Si je ne puis haïr la main qui l'a causée ?

.... Je vous consolois au milieu de vos plaintes,
Comme si notre Rome *eût fait* toutes vos craintes. (III, 285. *Hor.* 68.)
    Retiens, grande ombre de Maurice,
    Mon âme au bord du précipice
    Que cette obscurité lui *fait*. (v, 223. *Hér.* 1545.)
.... Pour moi, qui suis reine, et qui dans nos querelles,
Pour triompher de vous, vous *ai fait* ces rebelles. (v, 586. *Nic.* 1696.)
J'ai pris l'occasion que m'*ont faite* les Dieux. (VI, 153. *OEd.* 427.)
.... J'aurois cette honte, en ce funeste sort,
D'avoir prêté mon crime à *faire* votre mort. (VI, 166. *OEd.* 750.)
Voyez, pour ces deux exemples, les critiques reproduites au tome VI, p. 116 et 117.

Faire, former, constituer :

Les verges sur la croix te *font* un long supplice....
Et ton zèle applaudit à la fureur propice
Qui *fait* l'image en toi de ton saint rédempteur. (IX, 610. *Hymn.* 16.)
Je *fais* tous ses plaisirs, j'ai toutes ses pensées. (x, 148. *Poés. div.* 87.)
Il (*cet hyménée*) *fait* toute ma gloire, il *fait* tous mes desirs :
Ne devroit-il pas *faire* aussi tous mes plaisirs? (VII, 201. *Tit.* 5 et 6.)
Modérez mieux l'ardeur d'un roi si généreux :
Faites-le souvenir qu'il *fait* seul tous nos vœux. (x, 217. *Poés. div.* 344.)

Faire à, former, habituer à :

Faire l'oreille *au* bruit et l'œil à la fumée. (x, 199. *Poés. div.* 78.)
Voyez ci-après, p. 421, être fait à.

Faire, représenter, faire le personnage de :

D'une vaine parure, inutile à sa peine,
Elle peut acquérir de quoi *faire* la Reine. (II, 378. *Méd.* 766.)

Faire la fine, le surpris, le confus, la sucrée :

    Comme toutes ses nymphes l'assurent qu'il n'a fait aucune offre de

service à pas une d'elles, elle se persuade que quelqu'une en *fait la fine.*
(v, 262. *Dess. d'Andr.*)
.... Il faut me le dire, et sans *faire les fines.* (v, 336. *Andr.* 466.)
Rien ne vous sert ici de *faire les surpris.* (iv, 457. *Rod.* 669.)
S'il force le palais, et ne l'y trouve plus,
Vous pourriez hasarder un moment de visite,
Pour voir si ce retour est sans l'aveu de Tite,
Ou si c'est de concert qu'il *a fait le surpris.* (vii, 229. *Tite,* 709.)
Vous *ferez,* comme lui, *le surpris, le confus.* (v, 583. *Nic.* 1626.)
Faites moins *la sucrée* et changez de langage. (iv, 216. *Ment.* 1414.)

FAIRE DU, DE LA, dans le même sens :

Faire ici *du* fendant tandis qu'on nous sépare,
C'est montrer un esprit lâche autant que barbare. (i, 466. *Veuve,* 1300.)
Il *fait de l'*insensible, afin de mieux surprendre. (ix, 489. *Rod.* 1448.)
Tantôt en le voyant, j'*ai fait de l'*effrayée. (v, 527. *Nic.* 339.)

FAIRE DE LA BÊTE, voyez BÊTE.

FAIRE, rendre.

Voyez ci-après, p. 420, SE FAIRE, se rendre.

Ils me *font* méprisable alors qu'ils me font reine. (iv, 80. *Pomp.* 1298.)
Dorante, arrêtons-nous ; le trop de promenade
Me mettroit hors d'haleine et me *feroit* malade. (iv, 171. *Ment.* 550.)
.... Si je te prends pour lui des sentiments plus doux,
Vous m'*aurez faite* heureuse, et c'est assez pour vous. (vi, 40. *Perth.* 490.)
Son amour conjugal, chassant le paternel,
Vous *fera* l'innocente, et moi le criminel. (v, 558. *Nic.* 1062.)

C'est-à-dire, *fera de vous l'innocente, et de moi le criminel.*

FAIRE MAÎTRESSE, voyez MAÎTRESSE

FAIRE UN CŒUR DIFFÉRENT, changer les dispositions, les sentiments du cœur :

La qualité de roi qui me rend digne d'elle....
— Ne rendra pas son cœur à vos vœux moins rebelle.
— Seigneur, l'occasion *fait un cœur différent.* (v, 574. *Nic.* 1409.)

EN FAIRE CROYABLE, s'en rapporter à, en croire :

Clitandre prisonnier ! je n'*en fais* pas *croyable*
Ni l'air sale et puant d'un cachot effroyable,
Ni de ce foible jour l'incertaine clarté. (i, 320. *Clit.* 801.)

FAIRE, dire, prétendre, imaginer :

Mais je vous vois, Maxime, et l'on vous *faisoit* mort ? (iii, 442. *Cin.* 1315.)
J'ai déguisé quelque chose de la vérité historique en celui-ci (*en ce récit*). Cléopatre n'épousa Antiochus qu'en haine de ce que son mari avoit épousé Rodogune chez les Parthes, et je *fais* qu'elle ne l'épouse que par la nécessité de ses affaires. (iv, 424. *Exam. de Rod.*)

FAIRE, porter, amener, engager à :

Tu m'aimes, mais le bien te *fait* être inconstant. (II, 478. *Illus.* 843.)
Madame, quel dessein vous *fait* me demander? (III, 542. *Pol.* 1161.)

FAIRE, remplaçant un verbe précédemment exprimé, et prenant le même régime que ce verbe :

Je l'estimai jadis, et je l'aime et l'estime
Plus que je ne *faisois* auparavant son crime. (I, 213. *Mél.* 1176.)
J'aime autant son esprit que tu *fais* son visage. (II, 19. *Gal. du Pal.* 30.)
.... Par ce choix Albe montre en effet
Qu'elle m'estime autant que Rome vous *a fait*. (III, 302. *Hor.* 466.)
.... Je te traiterois comme j'*ai fait* mon frère. (III, 308. *Hor.* 604.)
Il t'en conte de nuit, comme il me *fait* de jour. (IV, 233. *Ment.* 1688 *var.*)

En 1660 :

Il te flatte de nuit, et m'en conte de jour.

Chaque acte, aussi bien que le prologue, a sa décoration particulière, et du moins une machine volante, avec un concert de musique, que je n'ai employée qu'à satisfaire les oreilles des spectateurs, tandis que leurs yeux sont arrêtés à voir descendre ou remonter une machine, ou s'attachent à quelque chose qui leur empêche de prêter attention à ce que pourroient dire les acteurs, comme *fait* le combat de Persée contre le monstre. (V, 297. *Argum. d'Andr.*)

Quand je ferai joindre cette tragédie à mes recueils, je pourrai l'examiner plus au long, comme j'*ai fait* les autres. (VI, 470. *Au lect. de Soph.*)

Je crains de n'être pas assez obéissant pour vous le renvoyer comme je *fais* ceux-ci. (X, 468. *Lettr.*)

FAIRE, dans divers idiotismes.

FAIRE CONTRE, prouver contre, valoir contre :

La parole donnée, il faut que l'on la tienne.
— Cela *fait contre* vous : il m'a donné la sienne. (I, 214. *Mél.* 1188.)
Cela ne *fait* rien *contre* Th. a Kempis ; au contraire, je crois qu'il peut lui servir. (X, 469. *Lettr.*)

NE FAIRE RIEN À :

Les titres différents *ne font rien à* la chose. (VI, 400. *Sert.* 897.)

C'EST À FAIRE À :

Devant une telle beauté,
C'est à faire à des insensibles
De conserver leur liberté. (X, 30. *Poës. div.* 9.)
Je n'aurois jamais cru qu'elle l'eût tant aimé.
— *C'est à faire à* du temps. — Quitte cette espérance. (I, 437. *Veuve*, 747.)
L'heure, le lieu, le bras se choisit aujourd'hui ;
Et *c'est à faire* enfin *à* mourir après lui. (III, 391. *Cin.* 140.)
Seigneur.... — Oui, Flavian, *c'est à faire à* mourir. (VII, 263. *Tit.* 1482.)

.... S'il ose venir à quelque violence,
C'est à faire à céder deux jours à l'insolence. (III, 557. *Pol.* 1508.)
C'est à faire à périr pour le meilleur parti. (VII, 404. *Pulch.* 604.)

FAIRE FERME, voyez ci-après FERME, p. 429.

FAIRE, impersonnel, suivi d'un adjectif et d'un verbe à l'infinitif;
FAIRE DANGEREUX, FAIRE MAUVAIS :

Qu'il *fera dangereux* rencontrer sa colère! (IV, 336. *S. du Ment.* 895.)
J'ose donc vous redire, en serviteur sincère,
Qu'il *fait mauvais* pousser tant de gens en colère. (VI, 646. *Oth.* 1614.)
Il *fait mauvais* garder un si dangereux prêt. (X, 152. *Poés. div.* 5.)

NE FAIRE QUE DE, venir de :

C'est ce qui m'a fait rompre la liaison des scènes au quatrième acte, n'ayant pu me résoudre à faire que Maxime vînt donner l'alarme à Emilie de la conjuration découverte, au lieu même où Auguste en venoit de recevoir l'avis par son ordre, et dont il *ne faisoit que de* sortir avec tant d'inquiétude et d'irrésolution. (III, 380. *Exam. de Cin.*)

EN FAIRE COMME, DE MÊME, en agir comme, de même :

Mon frère, pardonnez à des discours sans suite,
Qui font trop voir le trouble où mon âme est réduite.
— J'*en ferois comme* vous, si mon esprit troublé
Ne secouoit le joug dont il est accablé. (IV, 473. *Rod.* 1081.)

« *J'en ferois* n'est pas français, dit ici Voltaire, et *je ferois comme vous* est du style de la comédie. » On pourrait entendre que dans ce passage *en* se rapporte à *discours sans suite;* il est plus naturel toutefois de l'expliquer comme l'a fait Voltaire, et de voir là une locution toute faite; nous la retrouvons d'ailleurs, sans doute possible, dans l'exemple suivant :

Le fer m'a bien servie, *en feras*-tu *de même?* (IV, 492. *Rod.* 1508.)

SE FAIRE, se rendre :

.... Pour se faire aimer, il faut *se faire* aimable. (II, 320. *Tuil.* 266.)
J'ai vu fuir tout un peuple en foule vers le port,
Où le Roi, disoit-on, *s'étoit fait* le plus fort. (IV, 89. *Pomp.* 1520.)
D'un ennemi cruel il *s'est fait* notre appui. (IV, 441. *Rod.* 285.)
    Quand je vois un beau visage,
    Soudain je *me fais* de feu. (X, 55. *Poés. div.* 8.)

SE FAIRE PAROÎTRE, se montrer :

Aussitôt que Lucrèce a pu le reconnoître,
Elle a voulu qu'exprès je *me sois fait paroître.* (IV, 213. *Ment.* 1346.)

SE FAIRE, faire à soi :

.... Il revient à vous, et revient plus esclave,
.... Et reporte à vos pieds le tyrannique effet
De ce tourment nouveau que lui-même il *s'est fait.* (X, 143. *Poés. div.* 22.)
Un feu contagieux, digne loyer du vice,
Fait voir l'ire du ciel sur les membres pourris,

Et jusque dans les os imprime la justice
   Qu'il *se fait* de Paris. (ix, 633. *Hymn.* 7 et 8.)

SE FAIRE UN EFFORT, DES EFFORTS :

Faites-vous un effort pour lui servir d'appui. (iii, 550. *Pol.* 1354.)
L'*effort* que tu *te fis* parut si magnanime,
Si digne d'un grand cœur, que chacun à la cour
Admiroit ton courage et plaignoit ton amour. (iii, 168. *Cid,* 1170.)
Vois, pour te faire vaincre un si fort adversaire,
Quels *efforts* à moi-même il a fallu *me faire*. (iii, 562. *Pol.* 1596.)
M'étant fait cet *effort*, j'ai fait ma sûreté. (iii, 565. *Pol.* 1689.)
Voilà tous les *efforts* qu'enfin j'ai pu *me faire*. (vi, 51. *Perth.* 743.)
Tout l'*effort* qu'on *se fait* pour être sur ses gardes
N'est qu'un effort qui gêne et qui ne sert de rien. (viii, 335. *Imit.* iii, 1562.)
.... Quand pour me répondre il *s'est fait un effort,*
Son compliment au mien n'a point eu de rapport. (vi, 490. *Soph.* 409.)
De l'*effort* qu'il *s'est fait* il gémit, il soupire. (vi, 545. *Soph.* 1708.)

SE FAIRE PEUR, s'effrayer :

Plus elle m'assuroit de son affection,
Plus je *me faisois peur* de son ambition. (vii, 407. *Pulch.* 664.)

FAIT, FAITE.

Pour l'accord de ce participe, voyez l'*Introduction grammaticale*.

ÊTRE FAIT À, être habitué, accoutumé à :

.... Votre bras *au* crime *est* plus *fait* que le mien. (iv, 503. *Rod.* 1750.)
Voyez ci-dessus, p. 417, FAIRE À.

ÊTRE FAIT EN, avoir l'air, l'apparence de :

Suis-je fait en voleur ou bien *en* assassin? (iv, 293. *S. du Ment.* 90.)

C'EST PEU FAIT À :

Apprenez de mon prince, ô monarques vainqueurs,
Que *c'est peu fait à* vous de reprendre une place,
Si vous ne trouvez l'art de regagner les cœurs. (x, 112. *Poés. div.* 81.)

FAIT, substantif, ce qui appartient ou ce qui convient à quelqu'un, affaire, conduite, etc. :

   Ma profusion sans effet
   N'a servi qu'à gâter mon *fait*. (x, 40. *Poés. div.* 64.)
Voici bien votre *fait*, n'étoit que la dentelle
Est fort mal assortie avec le passement. (ii, 24. *Gal. du Pal.* 118.)
Que tu le connois mal! tout son *fait* n'est que mine. (iii, 555. *Pol.* 1451 *var.*)

Corneille a ainsi modifié ce vers en 1660 :

   Que tu discernes mal le cœur d'avec la mine!

Si tu l'aimes, du moins, étant bien avertie,
Prends bien garde à ton *fait*, et fais bien ta partie. (iv, 216. *Ment.* 1402.)

FAÎTE, au propre, le sommet, le comble, la plus haute pièce de la charpente d'un toit, à laquelle toutes les autres viennent se rattacher :

Faîtes, lattes, chevrons, montants, courbes, filières. (II, 473. *Illus.* 750.)

Au figuré, le plus haut point de prospérité, de gloire :

... Monté sur le *faîte*, il aspire à descendre. (III, 402. *Cin.* 370.)

FALLACIEUX.

Serments *fallacieux*, salutaire contrainte. (IV, 447. *Rod.* 395.)

« Il vieillit, » disait l'Académie dans les premières éditions de son *Dictionnaire* (1694 et 1718). Depuis cette époque il a rajeuni grâce à l'attention que lui a accordée Voltaire. « L'éloquent Bossuet, dit-il, est le seul qui se soit servi après Corneille de cette belle épithète, *fallacieux*. Pourquoi appauvrir la langue ? Un mot consacré par Corneille et Bossuet peut-il être abandonné ? » Rousseau l'employa, et au discrédit dans lequel il était tombé succéda une sorte d'engouement : Roucher lui consacra une des notes du Ier chant de ses *Mois*, et Mercier l'insèra dans sa *Néologie*. L'Académie l'a admis dans la dernière édition de son *Dictionnaire* (1835), sans le signaler comme vieux (ce qu'elle faisoit encore en 1740 et même en 1762), et en indiquant seulement qu'il ne s'emploie guère que dans le style élevé.

FALLOIR.

IL VOUS FAUT, suivi d'un infinitif, dans le sens de IL FAUT QUE VOUS, suivi du subjonctif.

Cette construction est souvent équivoque, comme l'a remarqué Voltaire à l'occasion du passage suivant :

Je sais ce que j'ai fait, et ce qu'*il vous faut* faire. (III, 453. *Cin.* 1554.)

CE QU'IL FAUT DE :

Ce qu'il *faut* de tritons à pousser un navire. (X, 239. *Poés. div.* 62.)

COMME IL FAUT, comme on le doit, comme il convient :

Pourroit-on mieux défendre un esprit si rebelle ?
Parlons-en *comme il faut* : nous nous aimons plus qu'elle. (VI, 148. *Œd.* 330.)

Si tout ne va *comme il faut*,
Il vaut mieux faire retraite
Que d'entreprendre un assaut. (X, 168. *Poés. div.* 18.)

S'EN FALLOIR, s'en manquer :

.... Rome est aujourd'hui la maîtresse du monde.
— La maîtresse du monde ! Ah ! vous me feriez peur,
S'il ne *s'en falloit* pas l'Arménie et mon cœur. (V, 551. *Nic.* 910.)

TANT S'EN FAUT :

Tigre, assassine-moi du moins sans m'outrager.
— Ma pitié, *tant s'en faut*, cherche à vous soulager. (III, 561. *Pol.* 1586 *var.*)

Corneille a mis en 1660 :

Mon amour, par pitié, cherche à vous soulager.

L'expression *tant s'en faut*, fort usitée encore aujourd'hui, ne l'était pas moins au seizième siècle. On en avait formé un substantif, une sorte de nom propre d'un sens assez remarquable. Suivant l'auteur de *la Conférence des édits de pacification* (édition de 1600, feuillet III), on appelait les Réformés *Tant s'en faut*, « comme fort éloignés et hors de tout soupçon de ligue et de conjuration contre l'État; » ce que Benoît, dans son *Histoire de l'édit de Nantes* (tome III, p. 284), explique ainsi : « Dans ces temps de factions, où deux hommes ne se rencontraient point, pour ainsi dire, sans s'entre-demander : *qui vive!* les réformés qu'on vouloit obliger à dire *vive Guise!* ou *vive la Ligue!* avoient accoutumé de répondre : *Tant s'en faut, vive le Roi!* »

FALSIFICATION, altération, inexactitude géographique, historique, etc. :

Je l'ai placé (*le lieu*) dans Séville, bien que don Fernand n'en aye jamais été le maître ; et j'ai été obligé à cette *falsification*, pour former quelque vraisemblance à la descente des Maures. (III, 97. *Exam. du Cid.*)

La diversité des lieux où les choses se sont passées, et la longueur du temps qu'elles ont consumé dans la vérité historique, m'ont réduit à cette *falsification*. (IV, 19. *Exam. de Pomp.*)

Voyez l'article suivant.

FALSIFIER, altérer, contrefaire.

FALSIFIER SON TEINT, changer l'expression de son visage, dissimuler ses sentiments :

D'ailleurs ce grand courroux pourroit-il être feint?
Auroit-il pu sitôt *falsifier son teint*,
Et si bien ajuster ses yeux et son langage
A ce que sa fureur marquoit sur son visage ? (II, 196. *Suiv.* 1356.)

FALSIFIER, altérer la vérité historique :

J'*ai falsifié* la naissance de ce dernier (*d'Héraclius*). (V, 143. *Au lect.* d'*Hér.*)

Voyez l'article précédent.

FANTAISIE, faculté d'imaginer, imagination, et, par extension, idée, volonté, envie déterminée par l'imagination, le caprice :

Pourquoi permettez-vous que cette frénésie
Règne si puissamment sur votre *fantaisie*? (I, 232. *Mél.* 1504.)
.... Elle vouloit bien qu'un peu de jalousie
Sur quelque bruit léger piquât ta *fantaisie*. (I, 445. *Veuve*, 924.)
Vous aimez l'entretien de votre *fantaisie*;
Mais pour un cavalier c'est peu de courtoisie. (II, 39. *Gal. du Pal.* 389.)
            Que sans cesse un objet nouveau
    S'empare de sa *fantaisie*. (II, 399. *Méd.* 1204.†
.... J'ai bien reconnu qu'un peu de jalousie
Touchant votre Clindor brouilloit sa *fantaisie*. (II, 493. *Illus.* 1110.)
Sévère incessamment brouille ma *fantaisie*. (III, 521. *Pol.* 733.)
Seigneur, si vous brouilliez par là sa *fantaisie*. (VII, 423. *Pulch.* 1058.)
Théante n'est si vain qu'en votre *fantaisie*. (II, 142. *Suiv.* 313.)
        .... Ta seule jalousie
A mis à ce vieillard ce change en *fantaisie* (II, 202. *Suiv.* 1474.)
Piqué d'un faux dédain, j'avois pris *fantaisie*

De mettre Célidée en quelque jalousie. (II, 108. *Gal. du Pal.* 1705.)

Nicot traduit : « Il m'est prins fantaisie, » par *voluntas accidit*. On dit fréquemment aujourd'hui dans le même sens : « Il m'a pris fantaisie, la fantaisie m'a pris. »

.... Troupe docte et choisie,
Qui nous forgez des lois à votre *fantaisie*. (x, 240. *Poés. div.* 74.)
Ce n'est qu'en m'aimant trop qu'elle me fait mourir,
Un moment de froideur, et je pourrois guérir ;
Une mauvaise œillade, un peu de jalousie,
Et j'en aurois soudain passé ma *fantaisie*. (II, 234. *Pl. roy.* 190.)

Passer sa fantaisie d'une chose, c'est, comme l'on voit, s'en dégoûter et y renoncer, tandis que *s'en passer la fantaisie*, c'est se l'accorder, la faire. — Ce mot, dans le sens d'*imagination*, de « siège des fantaisies, » était fréquent chez les devanciers de Corneille :

Si la mort vous plaît tant, si cette frenesie
Est tellement empreinte en votre *fantaisie*
Qu'il vous faille mourir, ie mourray donc aussi.
(Garnier, *Antigone*, acte III, vers 277.)

Corneille lui-même l'a souvent, on le voit, pris en ce sens dans ses premières pièces ; dans les suivantes, cette acception devient plus rare. — Dans le passage suivant d'*Horace*, nous trouvons, en passant de la première édition aux dernières, le mot *fantaisie* dans deux sens différents :

Une mauvaise humeur, un peu de jalousie
Le peuvent mettre hors de votre *fantaisie*. (III, 321. *Hor.* 908 *var.*)

En 1660, Corneille a ainsi changé le second vers :

En fait assez souvent passer la *fantaisie*.

FANTÔME, image vaine, chimère :

Vains *fantômes* d'État, évanouissez-vous ! (IV, 447. *Rod.* 398.)
.... Le peuple, amoureux de tout ce qui me nuit,
D'une croyance avide embrasse ce faux bruit,
Impatient déjà de se laisser séduire
Au premier imposteur armé pour me détruire,
Qui s'osant revêtir de ce *fantôme* aimé,
Voudra servir d'idole à son zèle charmé. (v, 158. *Hér.* 31.)

« Peut-on se vêtir d'un *fantôme* ? dit Voltaire ; l'image est-elle assez juste ? Comment pourrait-on se mettre un *fantôme* sur le corps ? » Voltaire ne prend-il pas ici ce mot dans un sens trop matériel ? Corneille, ce nous semble, veut simplement exprimer par *fantôme* une vaine apparence, dont on peut fort bien dire qu'on se revêt.

FARD, au figuré :

Je vois trop que vos cœurs n'ont point pour moi de *fard*. (III, 412. *Cin.* 628.)
De ses pleurs tant vantés je découvre le *fard*. (IV, 459. *Rod.* 733.)

FARD DU LANGAGE :

Seigneur, moi qui connois le fond de son courage,
Et qui n'ai jamais vu de *fard en son langage*. (I, 358. *Clit.* 1490.)
.... Son frère, pipé du *fard de mon langage*. (I, 406. *Veuve*, 133.)
Otez ce nom d'amant : le *fard de son langage*
Ne m'empêcha jamais de voir dans son courage. (I, 486. *Veuve*, 1691.)
Que ne peut l'artifice, et le *fard du langage* ! (II, 268. *Pl. roy.* 862.)

On n'y doit point chercher, ni le *fard du langage*,
Ni la subtilité. (VIII, 51. *Imit.* 1, 358.)

PARLER SANS FARD :

Je te *parle sans fard*, et veux être chrétien.
— Qui peut donc retarder l'effet d'un si grand bien ?
— La présence importune.... — Et de qui ? de Sévère ?
— Pour lui seul contre toi j'ai feint tant de colère :
Dissimule un moment jusques à son départ.
— Félix, c'est donc ainsi que vous *parlez sans fard ?*
(III, 559. *Pol.* 1541 et 1546.)

FARDER, déguiser :

Affreuse image du trépas
Qu'un triste honneur m'*avoit fardée!* (V, 353. *Andr.* 791.)

FARDER SON CŒUR :

.... Sans compliment qui vous *farde mon cœur.* (I, 494. *Veuve*, 1865.)

FARDÉ.

AMI FARDÉ, faux ami :

Vous perdez Amarante, et cet *ami fardé*
Se saisit finement d'un bien si mal gardé. (II, 138. *Suiv.* 235.)

FAROUCHE.

MOT FAROUCHE POUR LA POÉSIE, POUR LES VERS, qui n'y entre point aisément :

Il s'y trouve même (*dans le texte de* l'Imitation) des *mots* si *farouches pour la poésie*, que je suis contraint d'en chercher d'autres. (VIII, 20. *Au lect.* de *l'Imit.*)

Cette expression, que nous lisons dans un des avant-propos partiels de *l'Imitation*, rendait exactement l'idée de Corneille ; car il l'a conservée, tout en modifiant le reste de la phrase, dans son Avertissement définitif :

Il s'y rencontre même des *mots* si *farouches pour nos vers*, que j'ai été contraint d'avoir souvent recours à d'autres qui n'y répondent qu'imparfaitement. (VIII, 10. *Au lect.* de *l'Imit.*)

FAST.

Lorsqu'avec tant de *fast* il a vu ses faisceaux. (IV, 75. *Pomp.* 1155.)

Dans ce vers les éditions modernes, antérieures à la nôtre, ont toutes *faste*.

Jamais des vains degrés la pompe imaginaire
De son *fast* orgueilleux n'embrouille mes savants. (VIII, 473. *Imit.* III, 4390.)
Leur grâce naturelle aura plus d'idolâtres
Que n'en a jamais eu le *fast* de nos théâtres. (X, 102. *Poés. div.* 6.)
Il entre avec éclat, mais votre populace
Ne voit point sur son front de *fast* ni de menace. (X, 214. *Poés. div.* 310.)

Cette forme n'était déjà plus guère en usage lorsque Corneille l'employait. Le mot s'introduisit assez tard dans nos dictionnaires. *Le Thresor des deux langues fran-*

çoise et espagnolle, par César Oudin, publié en 1607, est le premier ouvrage de ce genre où je l'aie rencontré ; il y est écrit *fast;* mais dans le Cotgrave de 1611 et dans tous les dictionnaires postérieurs que j'ai pu consulter, il y a *faste*. — On lit dans la première édition des *Cahiers de remarques sur l'orthographe françoise pour estre examinez par chacun des Messieurs de l'Académie*, imprimés vers 1674 et publiés de nouveau par moi en 1863 : « On a adjouté vn E à ces mots : « insult, fast (orgueil), regal » ; et on escrit maintenant : « insulte, faste, regale. (Page 91, note *a* de l'édition de 1863.) »

FATRAS.

Mon père a consenti que je suive mon choix,
Et j'ai fait banqueroute à ce *fatras* de lois. (IV, 141. *Ment.* 4.)

FAUSSAIRE, adjectif :

Vengez-vous de celui dont la plume *faussaire*
Désunit d'un seul trait Mélite de Tirsis. (I, 244. *Mél. var.* 3.)

En 1660, Corneille a fait disparaître ce mot, en modifiant ainsi ces deux vers :

Vengez donc vos malheurs ; jugez ce que mérite
La main qui sépara Tircis d'avec Mélite.

FAUSSAIRE, substantif :

Si vous ne m'abusez, si vous n'êtes *faussaires*,
Vous êtes de mon heur les cruels adversaires. (I, 277. *Clit.* 34.)
Ne me conseillez plus la mort de ce *faussaire*.
J'aime encor Célidée, et n'ose lui déplaire. (II, 97. *Gal. du Pal.* 1465.)

FAUSSER COMPAGNIE :

Il faut à cet ami faire mauvais visage,
Lui *fausser compagnie*, éviter ses discours. (II, 141. *Suiv.* 291.)

FAUTE.

AVOIR FAUTE DE PAROLES, manquer d'expressions suffisantes :
Ton amour et le mien ont *faute de paroles.* (I, 433. *Veuve*, 675.)

FAUTE DE :
.... La plus grande maison
Ne nous peut contenir, *faute* d'assez d'espace. (X, 49. *Poés. div.*)

À FAUTE DE, dans le même sens :

Corneille, qui s'était servi du tour *à faute de* dans ses premières pièces, l'a remplacé par *faute de* dans ses révisions :

Vous voyant, les froideurs perdent tout leur pouvoir,
Et vous n'en conservez qu'*à faute de* vous voir. (I, 152. *Mél.* 172 *var.*)

Et vous n'en conservez que *faute de* vous voir. (1660)

Mais c'est *à faute* d'air que le feu s'amortit. (I, 281. *Clit.* 124 *var.*)

Ce n'est que *faute* d'air que le feu s'amortit. (1660)

A faute de changer, sa haine inévitable
Me rend de tous côtés ma perte indubitable. (II, 192. *Suiv.* 1253 *var.*)

A moins que de changer sa haine inévitable. (1660)

Cependant il a encore écrit en 1659, dans *la Toison d'or* (VI, 309, vers 1289) :

*A faute d'*être aimée, on peut se faire craindre ;

et il a laissé subsister cette rédaction, même dans l'édition de 1682.

FAUX, SSE.

FAUSSE PORTE :

Je te puis en tenir la *fausse porte* ouverte. (I, 438. *Veuve*, 760.)

Il s'agit d'un jardin. — Furetière (1690) définit les mots *fausse porte* : « Secrète issue d'une maison, d'un chasteau. »

PARLER À FAUX :

Lui qu'Apollon jamais n'a fait *parler à faux*. (III, 290. *Hor*. 193.)

S'INSCRIRE EN FAUX, au figuré :

Si quelque autre s'en mêle, on peut *s'inscrire en faux*. (IV, 304. *S. du Ment.* 285.)

C'est, au propre, un terme de Palais :

J'obtiens lettres royaux, et je *m'inscris en faux*.
(Racine, *les Plaideurs*, acte I, scène VII, vers 226.)

FAVEUR.

Sire, ôtez ces *faveurs*, qui terniroient sa gloire. (III, 179. *Cid*, 1421 *var*.)

De pareilles *faveurs* terniroient trop sa gloire. (1660)

FAVEURS, dans le langage de la galanterie :

Ils avoient rendez-vous dans le bois le lendemain au lever du soleil
pour en venir aux dernières *faveurs*. (I, 265. *Argum. de Clit.*)
Un amant a fort peu de quoi se satisfaire
Des *faveurs* qu'on lui fait sans dessein de les faire. (IV, 147. *Ment*. 138.)

SOUS LA FAVEUR DE, à la faveur de :

Marchons *sous la faveur des* ombres de la nuit. (II, 479. *Illus*. 864.)

EN FAVEUR DE, dans le même sens :

Jusques en Bellecour je vous ai reconduit,
Pour voir une maîtresse *en faveur de* la nuit. (IV, 361. *S. du Ment*. 1388.)

FAVORABLE.

Trop *favorables* Dieux, vous m'avez écoutée ! (III, 315. *Hor*. 760.)
.... Le sort, *favorable* à son lâche attentat. (IV, 430. *Rod*. 33.)
 Bien que la nouveauté de ce caprice en aye rendu le succès assez *favo-rable* pour ne me repentir pas d'y avoir perdu quelque temps. (II, 432. *Exam. de l'Illus*.)

FAVORISER.

FAVORISER DE :

Elles *(ces pensées de la mort)* me plongèrent dans une réflexion sérieuse

qu'il falloit comparoître devant Dieu, et lui rendre compte du talent
dont il m'avoit *favorisé*. (VIII, 5. *Épît.* de *l'Imit.*)
.... Si jamais le ciel *favorisoit* ma couche
De quelque rejeton de cette illustre souche.... (IV, 45. *Pomp. var.* 2.)

FEINDRE À QUELQU'UN :

De mon tyran Pélie elle (*Médée*) gagne les filles,
Et *leur feint* de ma part tant d'outrages reçus,
Que ces foibles esprits sont aisément déçus. (II, 344. *Méd.* 63.)
Euphorbe *vous a feint* que je m'étois noyé. (III, 458. *Cin.* 1675.)

Racine a employé ce verbe de la même manière. Voyez le lexique de cet auteur.

NE POINT FEINDRE DE, ne point hésiter à, ne point craindre de :

Ne feignez point pour moi *d'*entrer chez Hippolyte.
(II, 98. *Gal. du Pal. var.* 2.)

Dès 1644, Corneille a mis : « Ne laissez point...; » et en 1660 : « Ne craignez point.... » — Voyez le *Lexique de Molière* de M. Génin, et le *Lexique de Mme de Sévigné*.

SE FEINDRE, SE FEINDRE ÊTRE :

Pourquoi depuis un an *vous feindre* de retour? (IV, 158. *Ment.* 319.)
Dorise *se feint être* un jeune gentilhomme. (I, 266. *Argum.* de *Clit.*)

FÉLICITÉ.

.... Il est, Seigneur, de la fatalité
Que l'aigreur soit mêlée à la *félicité*. (IV, 100. *Pomp.* 1788.)
.... Leurs *félicités* doivent être infinies. (III, 549. *Pol.* 1324.)
.... Soyez l'instrument de nos *félicités*. (III, 559. *Pol.* 1534.)
.... Mes *félicités* n'en seront pas moins pures. (IV, 100. *Pomp.* 1766.)

FEMME, épouse, dans le style tragique :

Que chacun, indigné contre ceux (*les crimes*) de ta *femme*,
La traite en ses discours de méchante et d'infâme. (II, 382. *Méd.* 861.)
O ma *femme*! — O ma sœur! — Courage! ils s'amollissent!
(III, 310. *Hor.* 663.)

Dans cette même scène, quelques vers plus loin, Horace appeloit à deux reprises Sabine, *femme* :

Femme, que t'ai-je fait, et quelle est mon offense,
Qui t'oblige à chercher une telle vengeance?
Que t'a fait mon honneur, *femme*, et pourquoi viens-tu
Avec toute ta force attaquer ma vertu? (III, 310. *Hor.* 667 et 669.)

Mais en 1660 Corneille a fait disparaître cette expression, en mettant au premier de ces vers :

Que t'ai-je fait, Sabine...?

et au troisième :

.... Et par quel droit viens-tu.

Pour brouiller ton esprit et celui de sa *femme*. (VI, 75. *Perth.* 1288.)
.... Votre *femme*.... (VI, 516. *Soph.* 1087.)

FENDANT (Faire du), voyez Faire du, p. 418.

FENDRE le vent, voyez Vent.

FER, au pluriel, figurément :

Auroient-ils mis Othon aux *fers* de l'Empereur? (vi, 653. *Oth.* 1760.)
Est-ce être tout Romain qu'être chef d'une guerre
Qui veut tenir aux *fers* les maîtres de la terre? (vi, 398. *Sert.* 834.)
.... Les cœurs à l'envi se jetant dans vos *fers*,
Ne feront point de vœux qui ne vous soient offerts. (x, 143. *Poés. div.* 5.)

FERME (Faire), tenir ferme, faire preuve de fermeté, de force :

Il faut *faire* ici *ferme* et montrer du courage (vi, 205. *OEd.* 1686.)

FERMER.

Ferme-lui bien l'oreille.... (viii, 294. *Imit.* iii, 727.)

C'est-à-dire, ferme bien ton oreille aux discours, aux suggestions du démon.

Fermer, clore, terminer :

Tout mourant, il te force, et fait dire à l'envie
Qu'un si grand conquérant n'eût jamais pu *fermer*
Par un plus digne exploit une si belle vie. (v, 115. *Poés. div.* 117.)
Il falloit, pour *fermer* ces grands événements,
Que la paix se tînt prête à tes commandements. (x, 327. *Poés. div.* 3.)

Être fermé, au figuré :

Mon cœur, tout à Plautine, *est fermé* pour Camille. (vi, 579. *Oth.* 98.)

FERMETÉ, constance :

Vous voyez par pitié qu'il me laisse Florame,
Qui n'étant pas si vain, a plus de *fermeté*. (ii, 141. *Suiv.* 311.)
Sa *fermeté* pour moi, que je vantois à faux.... (ii, 142. *Suiv.* 319.)

Fermeté de haine :

.... De qui le refus ne puisse être imputé
Qu'à *fermeté de haine* ou magnanimité. (vi, 52. *Perth.* 754.)

FERVEUR, ardeur, tant au singulier qu'au pluriel, en parlant d'une passion amoureuse :

Ta flamme trop visible entretient ses *ferveurs*. (ii, 46. *Gal. du Pal.* 519.)
Tant ce trompeur espoir redouble ses *ferveurs!* (ii, 169. *Suiv.* 820.)
Il nous faut de tout point vivre à sa fantaisie,
Souffrir de son humeur, craindre sa jalousie,
Et de peur que le temps n'emporte ses *ferveurs*,
Le combler chaque jour de nouvelles faveurs. (ii, 228. *Pl. roy.* 55.)
Entre tous ces amants dont la jeune *ferveur*

Adore votre fille et brigue ma faveur. (III, 105. *Cid*, 1 *var*.)

Le Cid commençait d'abord par ces deux vers; mais Corneille, d'après les critiques qu'il eut à essuyer, se décida à supprimer la scène entière dans laquelle ils se trouvaient. L'Académie avait fait remarquer que *ferveur* est plus propre pour la dévotion que pour l'amour; aussi, après *le Cid*, ne se rencontre-t-il plus chez Corneille dans le sens profane.

FERVEURS, dans le langage religieux :

.... Redoublons plutôt nos *ferveurs* dans ce trouble.
(VIII, 85. *Imit.* I, 946.)

Quel encens unirai-je aux concerts de louanges
Que de tes saints et de tes anges
Sans fin et sans relâche entonnent les *ferveurs* ? (VIII, 315. *Imit.* III, 1149.)
Les doux élancements de ces *ferveurs* naissantes.
(VIII, 408. *Imit.* III, 3039.)
C'est ce qui les élève aux plus hautes *ferveurs*. (VIII, 589. *Imit.* IV, 212.)
Ces entretiens ardents, ces *ferveurs* extatiques. (VIII, 681. *Imit.* IV, 2093.)

La Fontaine, que les locutions anciennes n'effrayaient pas, n'a pas hésité à se servir de ce terme en parlant d'une ardeur amoureuse :

Psyché pour ses appas obtint même faveur;
Pluton sentit pour elle un moment de *ferveur*. (*Psyché*, livre II.)

Marmontel, délicat appréciateur de notre langue et de notre littérature, blâme en ces termes la distinction de l'Académie sur ce mot : « *Ferveur* devoit-il être exclu du langage de l'amitié? devoit-il l'être de celui de l'amour, à qui d'ailleurs on a laissé tous les caractères du culte? » (*De l'autorité de l'usage sur la langue*, discours lu à l'Académie française le 16 juin 1785.)

FÊTE (SE FAIRE DE), proverbialement, survenir, intervenir, sans avoir été appelé :

Le premier acteur les va chercher (*les Maures*), et leur donne place dans le poëme, au contraire de ce qui arrive ici, où ils semblent *se* venir *faire de fête* exprès pour en être battus (*pour être battus par Rodrigue*). (III, 98. *Exam. du Cid.*)

FEU (COURIR À QUELQUE CHOSE COMME AU), expression proverbiale :

De vrai, bien que d'abord on en vendît fort peu,
A présent, Dieu nous aime, on *y court comme au feu.* (II, 21. *Gal. du Pal.* 80.)

La Fontaine a dit dans le même sens (livre IX, fable XIII) :

.... L'homme au vœu
Courut au trésor *comme au feu.*

FEU, au figuré :

.... Quoi que m'ordonnât cette âme toute en *feu*,
Je promettois beaucoup et j'exécutois peu. (IV, 441. *Rod.* 269.)
.... L'âme toute en *feu*, les yeux étincelants. (V, 71. *Théod.* 1217.)

FEU, soit au singulier, soit au pluriel, en parlant de l'amour :

.... Ne m'entretiens plus des *feux* qu'il a pour moi. (II, 225. *Pl. Roy.* 3.)
Si le ciel pour mon choix vous donne tant de haine,

Vous a-t-il mise en *feu* pour ce grand capitaine? (II, 468. *Illus.* 658.)
Souviens-toi du beau *feu* dont nous sommes épris. (III, 396. *Cin.* 275.)
.... Si Rome savoit de quels *feux* vous brûlez. (V, 518. *Nic.* 157.)
.... A quelque point qu'on aime,
Quand le *feu* diminue, il s'éteint de lui-même. (VII, 511. *Sur.* 1154.)

FEUX ÉLÉMENTAIRES, terme de l'ancienne physique :

Je vais, d'un coup de poing, te briser comme un verre,
Ou t'enfoncer tout vif au centre de la terre,
Ou te fendre en dix parts d'un seul coup de revers,
Ou te jeter si haut au-dessus des éclairs,
Que tu sois dévoré des *feux élémentaires*. (II, 482. *Illus.* 929.)

« Les anciens ont cru, dit Furetière, qu'il y avait un *feu élémentaire* dans le concave de la lune, ce qui est une pure vision établie sans fondement. »

FEUILLETER LE DIGESTE, étudier le droit :

Vous *avez feuilleté le Digeste* à Poitiers. (IV, 219. *Ment.* 1443.)

FIDÈLE, à quoi l'on peut se fier :

Si du jour qui s'enfuit la lumière est *fidèle*,
Je pense l'entrevoir avec son Isabelle. (IV, 186. *Ment.* 841.)
Ma haine est trop *fidèle*, et m'a trop bien servie. (IV, 506. *Rod.* 1812.)
O d'un trouble inconnu présage trop *fidèle!* (VI, 654. *Oth.* 1774.)

FIEF, au figuré :

Le théâtre est un *fief* dont les rentes sont bonnes. (II, 522. *Illus.* 1666.)

FIER À, confier à :

Ciel, à qui voulez-vous désormais que je *fie*
Les secrets de mon âme et le soin de ma vie? (III, 434. *Cin.* 1121.)
Cher prince, dont je n'ose en mes plus doux souhaits
Fier encor le nom *aux* murs de ce palais. (IV, 466. *Rod.* 886.)

SE FIER À, en croire :

Sa résolution a si peu de pareilles,
Qu'à peine je *me fie* encore *à* mes oreilles. (III, 549. *Pol.* 1316.)

FIER, ÈRE, violent, fougueux, au sens soit physique soit moral :

Leur *fière* impétuosité (*des eaux*),
Qui comble tout d'horreurs.... (IX, 103. *Off. V.* 13.)
De leurs plus *fiers* torrents les orgueilleux ruisseaux
N'ont fait en dépit d'eux que bondir sur nos têtes. (IX, 193. *Off. V.* 13.)
Ces crimes entassés élèvent sur ma tête
Des eaux de ta colère un *fier* débordement. (IX, 253. *Off. V.* 14.)
Le Tout-Puissant m'a si bien garanti
Que j'ai vu trébucher les haines les plus *fières*
De tout le contraire parti. (IX, 169. *Off. V.* 27.)

FIÉRABRAS.

De notre *Fiérabras* il s'est mis au service. (II, 464. *Illus.* 590.)

Fierabras est le titre d'une chanson de geste dont MM. A. Krœber et G. Servois ont donné une édition au tome IV des *Anciens poëtes de la France*, publiés sous la direction de M. F. Guessard. On trouve dans la préface de ce poëme tous les renseignements nécessaires sur ce personnage. — Les premières éditions de *l'Illusion*, jusqu'en 1663, portent :

De notre *Rodomont* il s'est mis au service;

et au fond le sens est le même. Rodomont est un roi d'Alger, altier et insolent, que l'Arioste a rendu célèbre. On peut voir, pour plus de détails, ces deux mots dans le *Glossaire des Noëls bourguignons* de la Monnoye.

FIÈREMENT.

La Nature, attachée à ses lois éternelles,
Pour obstacle invincible opposoit *fièrement*
Des monts et des rochers l'affreux enchaînement. (x, 232. *Poés. div.* 7.)

FIERTÉ.

Rome attire encor moins la *fierté* de mes vœux. (VI, 420. *Sert.* 1372.)
Ils voudroient avoir vu comme eux aux champs de Mars
Ton auguste *fierté* guider tes étendards. (x, 186. *Poés. div.* 6.)
.... Sa *fierté* (*du lion belgique*), qui vous sut résister,
Attendoit ce héros pour se laisser dompter. (x, 195. *Poés. div.* 15.)

Le mot est répété dans le même sens deux vers plus bas.

FIERTÉS :

.... Nos *fiertés* se ressemblent si bien,
Que si la ressemblance est par où l'on s'entr'aime,
J'ai lieu de vous aimer comme une autre moi-même. (VII, 148. *Att.* 984.)
Ah! si non plus que vous je n'ai point le cœur bas,
Nos *fiertés* pour cela ne se ressemblent pas. (VII, 148. *Att.* 988.)
D'où naîtroit cet amour, quand je vois en tous lieux
De plus dignes *fiertés* qui me ressemblent mieux? (VII, 149. *Att.* 996.)

FIGURE, ce qu'on se figure, ce qu'on s'imagine :

Cliton, je la tiens belle, et m'ose figurer
Qu'elle n'a rien en soi qu'on ne puisse adorer.
Qu'en imagines-tu? — J'en fais des conjectures
Qui s'accordent fort mal avecque vos *figures*. (IV, 323. *S. du Ment.* 660.)

Nous n'avons pas besoin de faire remarquer que cette acception comique du mot *figure* n'est possible et ne devient ici intelligible que grâce à l'emploi du verbe *figurer* dans un des vers précédents.

FIGURER à, représenter à :

Figure-lui si bien Clitandre tel qu'il est,
Qu'elle n'ose en ses feux prendre plus d'intérêt. (I, 319. *Clit.* 791.)
L'impétueuse ardeur d'un courage sensible
A vos ressentiments *figure* tout possible. (II, 356. *Méd.* 326.)
.... Lorsque du trépas les plus noires couleurs
Viendront *à* mon esprit *figurer* mes malheurs,

Figurez aussitôt à mon âme interdite
Combien je fus heureux par delà mon mérite. (II, 501. *Illus.* 1232 et 1233.)
Mais quelle extravagance a pu *vous figurer*
Que je me donne à vous pour vous déshonorer? (V, 457. *D. San.* 939.)
Ma frayeur me le peint (*le monstre*), me l'offre à tous moments;
Et maîtresse qu'elle est de tous mes sentiments,
Elle *me* le *figure* au haut de cette roche. (VII, 320. *Psy.* 852.)
.... Les fantômes noirs qu'il *te* vient *figurer*
Font un épais nuage et brouillent ton idée. (VIII, 636. *Imit.* IV, 1170.)

FIGURÉ :

Mais pourrois-je vous dire à quelle impatience,
A quels frémissements, à quelle violence
Ces indignes trépas, quoique mal *figurés*,
Ont porté les esprits de tous nos conjurés? (III, 394. *Cin.* 211.)

FIL (DE DROIT), au figuré, en droite ligne :

Après que l'Hyménée et la Paix sont descendus, les quatre Amours remontent au ciel, premièrement *de droit fil* tous quatre ensemble. (VI, 262. *Tois.*)

Cette locution s'emploie au propre, en parlant du sens d'une étoffe.

FILIÈRE, petite pièce de bois sur laquelle portent les chevrons :

Faîtes, lattes, chevrons, montants, courbes, *filières*. (II, 473. *Illus.* 750.)

FILLE.

MA FILLE, terme d'affectueuse protection :

Ma fille, ces transports ont trop de violence. (III, 178. *Cid*, 1385.)

C'est le roi don Fernand qui adresse ces mots à Chimène.

ÊTRE FILLE À :

Comme si j'*étois fille à* ne lui rien celer. (V, 224. *Hér.* 1561.)

FIN, FINE.

FAIRE LA FINE, voyez ci-dessus FAIRE, p. 417 et 418.

FINANCES.

Mais de ce grand sénat les saintes ordonnances
Eussent peu fait pour nous, Seigneur, sans vos *finances*. (IV, 64. *Pomp.* 874.)

« Le mot de *finances* n'est pas plus fait pour la tragédie que celui de *caissier*, » dit Voltaire à l'occasion de ce passage. C'est avec de pareilles critiques, vives, tranchantes, magistrales, qu'on corrompt et fausse le goût ; mais que peut-il y avoir de sérieux dans une telle remarque? *Caissier* appartient au petit détail administratif, dont les personnages tragiques n'ont que faire ; mais pourquoi Corneille, créateur de la véritable tragédie historique et politique, aurait-il banni de ses vers le mot *finances*?

FINANCER.

Nous ne lisons pas ce mot dans les œuvres de Corneille, mais il se trouve dans un placet adressé par lui *Au Roi et à Nosseigneurs de son conseil* contre la création d'un second avocat du Roi à la table de marbre du Palais, placet que nous donnons au tome I, à la suite de la *Notice biographique*.

Il vous supplie.... d'être reçu à l'offre du fait de rembourser ledit Hays de ce qu'il *aura financé* en vos coffres.

FINIR, mettre fin à :

.... N'étant pas d'humeur à suivre nos desirs,
Il sépara la troupe et *finit* nos plaisirs. (IV, 156. *Ment.* 296.)
La paix *finit* la haine.... (IV, 441. *Rod.* 286.)
Je vous rends Aristie, et *finis* cette crainte. (VI, 440. *Sert.* 1825.)

Fini :

.... L'on verra, peut-être avant ce jour *fini*,
Ma passion vengée, et votre orgueil puni. (II, 374. *Méd.* 691.)
.... Ce soir, destiné pour la cérémonie,
Fera voir pleinement si ma haine est *finie*. (IV, 486. *Rod.* 1376.)

FINISSEMENT.

Les frises, les festons, les corniches et les chapiteaux sont pareillement d'or et portent pour *finissements* des vases de porcelaine. (VI, 299. *Tois*.)

Ce mot ne se trouve pas dans le *Dictionnaire de l'Académie* ; celui de Trévoux l'explique par *achèvement*, dernière perfection ; Corneille l'emploie dans un sens un peu différent, pour désigner les ornements par lesquels une construction est terminée.

FLAMBEAU, au figuré ; LE FLAMBEAU DE LA VIE, LE FLAMBEAU DES JOURS :

Meurs ; mais quitte du moins la vie avec éclat ;
Eteins-*en le flambeau* dans le sang de l'ingrat. (III, 436. *Cin.* 1180.)
De mes jours presque éteints rallumez *le flambeau*. (IX, 277. *Ps. pén.* 29.)

LE FLAMBEAU DE L'HYMEN :

Et quand *l'hymen* pour nous allume son *flambeau*,
Il l'éteint de sa main pour m'ouvrir le tombeau. (III, 307. *Hor.* 573.)

FLAMME, figurément :

L'art le dispute à la nature,
La copie à l'original ;
Mais l'ayant prise sur son âme,
Où il étoit gravé d'un burin tout de *flamme*,
Il n'y pouvoit réussir mal. (X, 131. *Poés. div.* 9.)

FLAMMES, figurément, au pluriel :

.... Souvent, sans raison, les objets de nos *flammes*
Frappent nos yeux ensemble et saisissent nos âmes. (II, 372. *Méd.* 637.)
.... L'ardeur de Clarice est égale à vos *flammes*. (IV, 183. *Ment.* 777.)

Je suis ravi de voir qu'au milieu de vos *flammes*
De si dignes respects règnent dessus vos âmes. (v, 379. *Andr.* 1399.)
Lâche, tu viens ici braver encor des femmes,
Vanter insolemment tes détestables *flammes*. (vi, 436. *Sert.* 1722.)
Othon n'a pas pour elle éteint toutes ses *flammes*. (vi, 600. *Oth.* 593.)
Dites qu'il nous apprend à renfermer nos *flammes*. (vii, 65. *Agés.* 1399.)
.... A des vœux si doux, à des *flammes* si belles. (x, 232. *Poés. div.* 5.)

Il s'agit de deux fleuves qui « soupirent pour voir unir leurs ondes. »

FLANC.

PERCER LE FLANC :

Dépêche comme à lui de me *percer le flanc*. (i, 293. *Clit.* 300.)
Je vois que votre honneur demande tout mon sang,
Que tout le mien consiste à vous *percer le flanc*. (iii, 302. *Hor.* 470.)
S'il faut *percer le flanc* d'un prince magnanime
Qui du peu que je suis fait une telle estime.... (iii, 423. *Cin.* 881.)
Il n'avoit que six mois; et lui *perçant le flanc*,
On en fit dégoutter plus de lait que de sang. (v, 158. *Hér.* 39.)
Ne vous préparez plus à me *percer le flanc*. (iv, 501. *Rod.* 1682.)

Cette expression, pour avoir été employée dans une chanson burlesque, est devenue comique, et l'on hésiterait maintenant à l'employer dans le style élevé.

SORTIR D'UN MÊME FLANC, être enfants de la même mère :

On vous a vus tous deux *sortir d'un même flanc*. (vii, 210. *Tit.* 237.)

FLATTER, dans un sens tout matériel :

.... Ne perdons point le temps à ces caresses :
Nous aurons tout loisir de *flatter* nos maîtresses. (ii, 505. *Illus.* 1306.)

Il y avait dans les éditions antérieures à 1660 : *baiser*, au lieu de *flatter*.

FLATTER, au moral :

Sachez, pour arrêter ce discours qui me *flatte*,
Que je n'ai pu moins faire, à moins que d'être ingrate.
(iv, 344. *S. du Ment.* 1069.)

Qui me flatte ne veut pas dire ici *dont je suis flattée, dont je suis honorée*, mais par lequel je suis louée d'une manière trop *flatteuse*, plus que je ne le mérite.

Ces murs (*de Troie*) si rechantés, dont la noble ruine
De tant de nations *flatte* encor l'origine. (x, 206. *Poés. div.* 166.)

Voyez le premier exemple de l'article suivant.

FLATTEUR, EUSE, adjectivement, qui persuade des choses flatteuses et agréables :

Apprends comme l'amour flatte un cœur qu'il possède....
.... Mon *amour flatteur* déjà me persuade
Que je le vois assis au trône de Grenade. (iii, 136. *Cid.* 537.)

.... Pardonne
Ce doux égarement que le sang me redonne;
Sa *flatteuse* surprise aisément nous séduit. (x, 191. *Poés. div.* 89.)
Voyez ci-dessus, p. 344, ÉGAREMENT.

FLÉCHIR.

A-t-elle rien *fléchi* de son humeur altière ? (II, 366. *Méd.* 509.)

FLÉCHIR À :

Faites qu'*à* mes desirs je la puisse *fléchir*. (III, 423. *Cin.* 904.)

SE FLÉCHIR, dans un sens passif :

Eh bien! je veux moi-même en parler à la Reine;
Elle *se fléchira*, ne t'en mets pas en peine. (I, 315. *Clit.* 686.)

FLEUR, au figuré.

FLEUR, virginité :

Il ne veut cependant que surprendre une *fleur*. (II, 170. *Suiv.* 831 *var.*)

Cette expression ne se trouve que dans la première édition (1637). Corneille, dès 1644, a entièrement modifié ce passage.

LA FLEUR, le meilleur :

Je ne me repens point d'avoir par mon adresse
Sauvé le sang des Dieux et *la fleur* de la Grèce. (II, 362. *Méd.* 438.)

FLEURETTE, compliments galants, galanterie :

Sa *fleurette* pour toi prend encor même style. (IV, 191. *Ment.* 945.)

Dans les éditions antérieures à 1660 on lit, au lieu de ce vers :

Il continue encore à te conter sa chance.

FLEXIBLE.

.... La pitié l'ayant rendu *flexible*,
Lui-même il a voulu descendre à mon secours. (VIII, 226. *Imit.* II, 1035.)
Le pauvre en sa faveur la trouve plus *flexible*
Que ne fait le riche orgueilleux. (VIII, 541. *Imit.* III, 5792.)
Flexible à la prière, et sensible à l'affront. (IX, 33. *Louanges*, 473.)

On voit que Corneille donne à ce mot un sens aussi étendu qu'à son opposé *inflexible*.

FLORISSANT.

Si j'ai quelque regret, ce n'est pas à ma vie,
Que le déclin des ans m'auroit bientôt ravie :
La jeunesse des tiens, si beaux, si *florissants*,
Me porte au fond du cœur des coups bien plus pressants. (II, 409. *Méd.* 1395.)

Voyez à l'article POMPEUX.

FLOTTANT, voguant sur les eaux :

Il devoit mieux remplir nos vœux et notre attente,
Faire voir sur ses nefs la victoire *flottante*. (IV, 31. *Pomp.* 94.)

Flottant, au figuré, incertain.

Esprit flottant :
Elle rendra le calme à vos *esprits flottants*. (III, 112. *Cid*, 131.)
.... Pour rendre le calme à ton *esprit flottant*,
Oublie et ta naissance et le prix qui t'attend. (III, 428. *Cin*. 1015.)

Soucis flottants :
Que de *soucis flottants*, que de confus nuages.... (III, 521. *Pol*. 721.)

Vœux flottants :
Malgré les *vœux flottants* de mon âme inégale. (VII, 219. *Tit*. 440.)

Flux, au propre :
Un *flux* de pleine mer jusqu'ici les amène. (III, 141. *Cid*, 626.)
Le *flux* les apporta; le reflux les remporte. (III, 174. *Cid*, 1318.)

Flux, au figuré :
Ce grand *flux* de raisons dont tu viens m'attaquer
Est bon à faire rire, et non à pratiquer. (II, 229. *Pl. roy.* 83.)
Ami, ce *flux* de langue est trop grand pour se taire.
(IV, 322. *S. du Ment.* 635.)

Flux et reflux, au figuré, variations :
J'étois et suis encore au roi de Numidie,
Et laisse à votre sort son *flux et* son *reflux*. (VI, 515. *Soph*. 1059.)
Voyez la note 3 de la page indiquée.
.... Nous avons trop vu ses *flux et* ses *reflux*
Pour Galba, pour Othon, et pour Vitellius. (VII, 272. *Tit*. 1685.)

FOI.

Foi publique :
L'Anglois même avoit vu jusque dans l'Amérique
Ce que c'est qu'avec nous rompre la *foi publique*. (X, 197. *Poés. div.* 46.)

Faire foi de, prouver :
L'effet *en fera foi*, s'il en a le courage. (I, 205. *Mél.* 1059.)

Avoir sa foi pour prison :
Don Diègue *aura* ma cour et *sa foi pour prison*. (III, 146. *Cid*, 736.)

Foi, croyance,

Article de foi, locution proverbiale, chose qu'on doit croire sans hésiter :
Cette jeune étourdie est si folle de moi,
Qu'elle prend chaque mot pour *article de foi*. (I, 406. *Veuve*, 132.)

Ajouter foi à quelqu'un :
.... A Phorbas *ajouteriez-vous foi?* (VI, 190. *ŒD.* 1331.)

SUR LA FOI DE :

.... Nous, qui jugeons tout *sur la foi de* nos yeux. (VI, 400. *Sert.* 871.)
Je juge, comme vous, *sur la foi de* mes yeux. (VI, 400. *Sert.* 891.)

FOIBLE À :

Foible qu'étoit ce prince *à* régir tant d'États,
Il avoit des appuis que ton frère n'a pas. (VII, 429. *Pulch.* 1199.)

FOIRE (S'ENTR'ENTENDRE COMME LARRONS EN), expression proverbiale :

Vous vous entr'entendez comme larrons en foire. (IV, 342. *S. du Ment.* 1034.)

FOIS (À CETTE) :

C'est elle; et je me rends, Monsieur, *à cette fois.* (IV, 191. *Ment.* 948.)
Que de ravissements je sens *à cette fois!* (IV, 206. *Ment.* 1228.)

EN FAIRE À DEUX FOIS :

Ce n'est ici que la moitié du troisième livre; je l'ai trouvé assez long pour *en faire à deux fois.* (VIII, 27. *Au lect.* de *l'Imit.*)

UNE FOIS :

Quand un homme *une fois* a droit de nous haïr. (III, 556. *Pol.* 1473.)
Et depuis qu'*une fois* l'effet a de quoi plaire,
   N'importe comme il est produit.... (VIII, 427. *Imit.* III, 3429.)

FOL, FOLLE.

Le masculin est écrit *fol* dans les œuvres de Corneille, même devant une consonne :
Fol, je présume ainsi rappeler l'inhumaine. (II, 53. *Gal. du Pal.* 665.)
  Mais dès lors, devant les consonnes, on prononçait *fou* : voyez Antoine Oudin, *Grammaire françoise rapportée au langage du temps*, Paris, édition de 1648, in-12, p. 22

ÊTRE ASSEZ FOLLE POUR, dans le style tragique :

.... Quand *pour* l'espérer je *serois assez folle.* (V. 325, *Andr.* 244.)

FOLLET, adjectif, diminutif de *fol :*

Les nymphes, malgré vous, danseront tout autour;
Cent demi-dieux *follets* leur parleront d'amour. (X, 240. *Poés. div.* 68.)

FONCTION.

Il y a *function*, même dans l'édition de 1682.

Mon esprit, qui n'a pas cette vive lumière,
Conduit trop pesamment toutes ses *functions*
Pour m'avertir sitôt de vos perfections. (II, 38. *Gal. du Pal.* 379.)

  M. Parelle dit au sujet de ce passage : « Ce mot n'avait encore perdu aucune trace de son étymologie, puisqu'il vient du latin *functio*. On ne le trouve dans aucun des dictionnaires du temps, peut-être le devons-nous à Corneille. » Cela veut dire tout simplement que ce mot n'est pas dans le *Dictionnaire* de Nicot, le seul auquel la plupart des commentateurs de nos auteurs classiques aient eu recours; mais il est dans le Cotgrave de 1611, et dans les *Recherches italiennes et françoises* de 1643 par Antoine Oudin, sous cette forme *function;* en 1680, il paraît dans le *Dictionnaire* de Richelet sous celle qu'il a aujourd'hui, et qui, à partir de cette époque, est adoptée par tous les lexicographes.

FONDEMENT, au figuré, base, cause :

La règle de l'unité de jour a son *fondement* sur ce mot d'Aristote, que, etc. (I, 101. *Disc. des 3 unit.*)
La tragédie a son *fondement* sur des guerres. (IV, 424. *Exam. de Rod.*)
L'unique *fondement* de cette aversion. (IV, 455. *Rod.* 617.)
Cela sert de *fondement* à l'offre. (V, 149. *Exam. d'Hér.*)
.... Sur ce *fondement*, Seigneur, je passe au reste. (VI, 581. *Oth.* 146.)
.... Lorsqu'une imposture a quelque *fondement*
Sur un peu d'imprudence.... (X, 156. *Poés. div.* 35.)

FAIRE FONDEMENT SUR, voyez ci-dessus FAIRE, p. 415.

FONDRE, s'affaisser, s'abîmer :

.... Dépêche, vieux nocher,
Avant que ces esprits nous puissent approcher.
Ton bateau de leur poids *fondroit* dans les abîmes. (I, 223. *Mél.* 1339.)
Le devant de cette conque merveilleuse *fond* dans l'eau. (VI, 237. *Dess. de la Tois.*)
Ce prince amoureux commande à ces monstres de disparoître, ce qu'ils font aussitôt, les uns en s'envolant, et les autres en *fondant* sous terre. (VI, 239. *Dess. de la Tois.*)
Tous les monstres s'envolent ou *fondent* sous terre. (VI, 314. *Tois.*)

SE FONDRE EN, FONDU EN :

Pleurez, pleurez, mes yeux, et *fondez-vous en* eau. (III, 150. *Cid,* 799.)
Le sacrifice qui vous plaît.
C'est un esprit touché, des yeux *fondus en* larmes. (IX, 265. *Off. V.* 70.)

FORCE, puissance, violence, tant au singulier qu'au pluriel :

Il me faut essayer la *force* de mes pleurs. (III, 525. *Pol.* 816.)
Je sais quelle est ta flamme et quelles sont ses *forces*. (IV, 99. *Pomp.* 1745.)
Je tâche avec respect à vous faire connoître
Les *forces* d'un amour que vous avez fait naître. (IV, 482. *Rod.* 1288.)
L'espoir le mieux fondé n'a jamais trop de *forces*. (VI, 389. *Sert.* 641.)

LES FORCES DES DISCOURS, les arguments les plus forts qu'ils renferment :

Vos discours par les leurs ne sont pas effacés;
J'*en* garde en mon esprit *les forces* plus pressantes. (III, 356. *Hor.* 1731.

LES FORCES DES MOTS, leur puissance cabalistique :

.... De ses mots savants *les forces* inconnues
Transportent les rochers, font descendre les nues. (II, 437. *Illus.* 53.)

Les forces, en parlant de la force morale, de l'énergie :

Mais au lieu de goûter ces grossières amorces,
Sa vertu combattue a redoublé ses *forces*. (III, 458. *Cin.* 1682.)

Avoir force, avoir du pouvoir, de l'influence :

Son exemple *auroit force*.... (VI, 271. *Tois.* 363.)

Faire de la force à, faire un peu de force à, contraindre, contraindre un peu :

Venez, venez, Madame,
Faire voir quel pouvoir j'usurpe sur votre âme,
Et montrer, s'il se peut, à tout le genre humain
La force qu'on *vous fait* pour me donner la main. (VI, 404. *Sert.* 988.)
Faites un peu de force à votre impatience. (IV, 97. *Pomp.* 1697.)

Se faire force, se faire un peu de force, dans le même sens :

Où le péril égale et passe le plaisir,
Il faut *se faire force*, et vaincre son desir. (II, 397. *Méd.* 1148.)
Que veux-tu ? son esprit *se fait un peu de force*. (II, 162. *Suiv.* 686.)

Agir de force, voyez Agir.

Force, suivi immédiatement d'un substantif, grand nombre, grande quantité de :

Etaler *force* mots qu'elles n'entendent pas. (IV, 158. *Ment.* 335.)

À la force, cri pour annoncer qu'on subit quelque violence et qu'on réclame du secours :

A la force ! aux brigands ! au meurtre ! accourez tous. (I, 458. *Veuve*, 1154.)
A l'aide ! — J'oy du bruit. — *A la force !* au secours !
(IV, 364. *S. du Ment.* 1439.)

FORCÈNEMENT.

.... Fuyez un tyran dont le *forcènement*
Joindroit votre supplice à mon bannissement. (II, 400. *Méd.* 1223.)

Voyez Forcènerie. — Nicot traduit *forcènement* et *forcènerie* par *amentia*; ces deux mots manquent dans les dictionnaires plus récents, Richelet, Furetière, l'Académie, etc.

FORCENER.

Je *forcène* de voir que sur votre retour
Ce traître assure ainsi ma perte et son amour. (I, 497. *Veuve*, 1913.)
Le pécheur le verra en cet état bienheureux, et en *forcènera* de colère.
(IX, 308. *Vépr. et Compl.*)

L'Académie, en 1694, donne le verbe *forcener* (qu'elle écrit *forsener*), en faisant remarquer qu'il vieillit. Furetière, en 1690, ne donne que le participe passé (*forsené*), dont il fait un adjectif.

FORCÈNERIE.

Fais servir si tu veux, dans ta *forcènerie*,

Les feuilles et le vent d'objets à ta furie. (I, 333. *Clit. var.*)

Voyez FORCÈNEMENT.

FORCER, prendre par force :

Montrez-lui comme il faut s'endurcir à la peine....
Reposer tout armé, *forcer* une muraille. (III, 114. *Cid.* 181.)
Je tiens sa prison même assez mal assurée....
Je crains qu'on ne la *force*.... (III, 537. *Pol.* 1075.)

FORCER DES COHORTES, forcer l'obstacle qu'elles opposent :

Pouvions-nous le surprendre, ou *forcer les cohortes*
Qui de jour et de nuit tiennent toutes ses portes? (V, 220. *Hér.* 1479.)

FORCER, vaincre (un obstacle), surmonter, braver (un danger) :

Forcez l'aveuglement dont vous êtes séduite. (II, 356. *Méd.* 317.)
Qui *force* la nature, a-t-il besoin qu'on l'aide? (II, 401. *Méd.* 1246.)
.... Va, songe à ta défense,
Pour *forcer* mon devoir, pour m'imposer silence. (III, 185. *Cid.* 1554.)
.... Elle cherche un combat qui *force* son devoir. (III, 188. *Cid.* 1624.)
Apprends d'elle à *forcer* ton propre sentiment. (III, 562. *Pol.* 1601.)
Forcez, en ma faveur, une trop juste haine. (IV, 77. *Pomp.* 1222.)
Vous croyez qu'à ce point elle ait pu vous haïr,
Vous, pour qui son amour *a forcé* la nature? (V, 205. *Hér.* 1135.)
Forcez, rompez, brisez de si honteuses chaînes. (V, 519. *Nic.* 179.)
[Je] cède à des raisons que je ne puis *forcer*. (V, 579. *Nic.* 1526.)
Si j'aimois assez mal pour essayer mes armes
A *forcer* des périls qu'ont préparés vos charmes. (VI, 289. *Tois.* 825.)
Notre amour à tous deux ne rencontre qu'obstacles
      Presque impossibles à *forcer*. (VII, 65. *Agés.* 1411.)

FORCER, obliger, contraindre :

Il est vrai, devant vous *forçant* mes sentiments,
J'ai présenté des vœux, j'ai fait des compliments. (II, 101. *Gal. du Pal.* 1559.)
.... L'empire inhumain qu'exercent vos beautés
Force jusqu'aux esprits et jusqu'aux volontés. (III, 430. *Cin.* 1056.)

FORCER À :

      .... *Force* par ta vaillance
Ce monarque *au* pardon, et Chimène *au* silence.
                (III, 164. *Cid*, 1093 et 1094.)
Enfin *aux* châtiments il se laisse *forcer*. (X, 108. *Poés. div.* 37.)

FORCER À, FORCER DE, avec un infinitif :

J'ai *forcé* ma colère à le laisser parler. (V, 519. *Nic.* 186.)
      .... *Forçons*-le *de* voir
Qu'il peut, en faisant grâce, affermir son pouvoir. (III, 440. *Cin.* 1263.)

SE LAISSER FORCER À :

Enfin *aux* châtiments il *se laisse forcer*. (x, 108. *Poés. div.* 37.)

SE FORCER À, avec un substantif ou un infinitif; SE FORCER DE, avec un infinitif :

Ah! *forcez-vous*, de grâce, *à* des termes plus doux. (VI, 49. *Perth.* 705.)
Je vous aime : ce mot me coûte à prononcer;
Mais puisqu'il vous plaît tant, je veux bien *m'y forcer*. (VII, 136. *Att.* 672.)
Je *me force au* respect; mais toujours le vanter,
C'est *me forcer* moi-même *à* ne rien respecter. (V, 385. *Andr.* 1521 et 1522.)
Je sais bien que César *se force à* l'épargner. (IV, 92. *Pomp.* 1584.)
Cessez de *vous forcer à* devenir mon gendre. (VI, 301. *Tois.* 1061.)
Ah! si vous *vous forcez d'*abandonner ces lieux,
Ne m'assassinez point de vos cruels adieux. (VII, 269. *Tit.* 1637.)

FORCÉ, contraint, sans naturel :

.... Retirant ton feu de leurs veines glacées,
Laisse leurs vers sans force, et leurs rimes *forcées*. (x, 237. *Poés. div.* 30.)

FORCÉE, violée :

On lisait dans les premières éditions de *la Veuve* (I, 486, vers 1680 *var.*) :

Ta maîtresse ravie et peut-être *forcée;*

Mais Corneille a jugé avec raison que ce mot était déplacé au théâtre et a refait ainsi son vers :

Ta maîtresse par force en d'autres mains passée.

FORGER, au figuré :

.... Troupe docte et choisie,
Qui nous *forgez* des lois à votre fantaisie. (x, 240. *Poés. div.* 74.)

FORMER, au figuré :

Il (*le sort*) épuise sa force à *former* un malheur,
Pour mieux se mesurer avec notre valeur. (III, 301. *Hor.* 433.)
Vous n'avez pu *former* une si noble envie. (IV, 62. *Pomp.* 825.)
.... Vous *formez* des craintes que j'admire. (VI, 383. *Sert.* 489.)
Je *forme* à peine un vol pour m'attacher aux cieux,
Qu'un souci temporel le ravale en ces lieux. (VIII, 499. *Imit.* III, 4923.)

FORT, adjectif :

Elle s'en est donc mise en colère? — Et si *forte,*
Que je n'ose rentrer si je ne le rapporte. (IV, 340. *S. du Ment.* 981.)

C'est-à-dire, et en une colère si forte.

LE FORT, LE PLUS FORT, substantivement, le plus haut degré :

Pareille à ces éclairs qui dans *le fort* des ombres
Poussent un jour qui fuit et rend les nuits plus sombres. (III, 314. *Hor.* 743.)
.... *Au plus fort* de vos adversités. (II, 368. *Méd.* 559.)

FORT DE :

Je m'attachois sans crainte à servir la princesse,
Fier de mes cheveux blancs, et *fort de* ma foiblesse. (VII, 399. *Pulch.* 458.)

SE FAIRE FORT DE, compter sur :

.... Par quelle conduite, et sous quel général?
Le Roi, s'il *s'en fait fort*, pourroit s'en trouver mal;
Et s'il vouloit passer de son pays au nôtre,
Je lui conseillerois de s'assurer d'un autre. (V, 549. *Nic.* 842.)

Aujourd'hui cette locution est invariable, mais anciennement on disait très-bien, avec un sujet féminin : *se faire forte de;* on peut voir à ce sujet les exemples rapportés par M. Génin dans sa note sur le vers 454 de *la Farce de Patelin*.

FORT, substantif :

Il tient dessous ses pieds l'hérésie étouffée.
Les temples sont ses *forts*.... (X, 107. *Poés. div.* 17.)
Mon génie au théâtre a voulu m'attacher;
Il en a fait mon *fort*, il sait m'y retrancher. (X, 177. *Poés. div.* 32.)

FORT, partie épaisse d'un bois :

Que faites-vous, Seigneur? Pertharite est vivant.
Ce n'est plus un bruit sourd, le voilà qu'on amène :
Des chasseurs l'ont surpris dans la forêt prochaine,
Où, caché dans un *fort*, il attendoit la nuit. (VI, 62. *Perth.* 1005.)

FORT, adverbe :

    Je suis de ces amants grossiers
    Qui n'aiment pas *fort* volontiers
    Sans aucun prix de leurs services. (X, 172. *Poés. div.* 20.)

FORTUNE.

FAIRE DES FORTUNES, FAIRE ET DÉFAIRE LES FORTUNES :

.... Comme il (*le sort*) voit en nous des âmes peu communes,
Hors de l'ordre commun il nous *fait des fortunes*. (III, 301. *Hor.* 436.)
Il (*l'amour*) a droit de régner sur les âmes communes,
Non sur celles qui *font et défont les fortunes*. (VII, 151. *Att.* 1050.)

AVOIR LA FORTUNE DIVERSE :

Vous portâtes soudain la guerre dans la Perse,
Où vous *eûtes* trois ans *la fortune diverse.* (V, 210. *Hér.* 1252.)

FAIRE LA BONNE FORTUNE D'UN OUVRAGE :

Rodogune se présente à Votre Altesse avec quelque sorte de confiance, et ne peut croire qu'après *avoir fait sa bonne fortune*, vous dédaigniez de la prendre en votre protection. (IV, 411. *Épît. de Rod.*)

Avoir (beaucoup) de bonne fortune, être heureux, être favorisé du sort :

> La place est occupée, et je vous l'ai tant dit,
> Prince, que ce discours vous dût être interdit :
> On le souffre d'abord, mais la suite importune.
> — Que celui qui l'occupe *a de bonne fortune!* (v, 517. *Nic.* 136.)

Manquer de fortune, avoir le sort contre soi :

> .... Qui me croit tyran, et hautement me brave,
> Quelque foible qu'il soit, n'a point le cœur d'esclave,
> Et montre une grande âme au-dessus du malheur,
> Qui *manque de fortune*, et non pas de valeur. (vi, 98. *Perth.* 1814.)

Chercher sa fortune, l'occasion de satisfaire son désir :

> Ténébreuse déesse, un œil bien éclairé
> Dans tes obscurités *eût cherché sa fortune.* (x, 154. *Poés. div.* 6.)

FOUDRE.

« Ce mot est l'un de ces noms substantifs, a dit Vaugelas en 1647 (*Remarques*, p. 299), que l'on fait masculins ou féminins, comme on veut. On dit donc également bien *le foudre* et *la foudre*, quoique la langue françoise ait une particulière inclination au genre féminin. » Ménage s'exprime ainsi dans ses *Observations*, publiées en 1672 : « Dans le figuré, il est toujours masculin : *un foudre de guerre ;* dans le propre, on le fait aujourd'hui le plus souvent féminin. » Corneille avait suivi, sinon toujours, du moins assez souvent, cette dernière règle, avant qu'elle eût été ainsi énoncée :

> Que *du foudre* à tes yeux j'éprouve la furie,
> Si rien que ce rival cause ma rêverie! (i, 173. *Mél.* 539.)
> Un mot du haut des cieux fait descendre *le foudre.* (ii, 375. *Méd.* 702.)
> Tout couvert de lauriers, craignez encor *la foudre.* (iii, 127. *Cid*, 390 var.)

En 1660 :

> Avec tous vos lauriers, craignez encor *le foudre.*

Puissé-je de mes yeux voir tomber *cette foudre!* (iii, 339. *Hor.* 1315 var.)

En 1660 :

> Puissé-je de mes yeux y voir tomber *ce foudre!*

> Lauriers, sacrés rameaux qu'on veut réduire en poudre,
> Vous qui mettez sa tête à couvert de *la foudre*,
> L'abandonnerez-vous à l'infâme couteau...? (iii, 354. *Hor.* 1680.)

Ici Corneille a laissé *la foudre ;* en effet, quoique l'ensemble du passage soit métaphorique, quand Valère dit que les lauriers d'Horace garantissent sa tête de *la foudre*, il l'entend dans un sens purement physique, conforme aux doctrines des anciens à ce sujet, tandis que dans le vers du *Cid* rapporté plus haut :

> Avec tous vos lauriers, craignez encor *le foudre*,

le foudre est pris figurément pour la colère, la vengeance du Roi.

> De pareils châtiments n'appartiennent qu'*au foudre.*
> — Dis que de leur parti toi-même tu te rends,
> De te remettre *au foudre* à punir les tyrans. (iii, 428. *Cin.* 1010 et 1012.)
> France, attends tout d'un règne ouvert en triomphant,
> Puisque tu vois déjà les ordres de ta reine

Faire *un foudre* en tes mains des armes d'un enfant. (III, 473. *Épît.* de *Pol.*)
Allons fouler aux pieds *ce foudre* ridicule
Dont arme un bois pourri ce peuple trop crédule. (III, 520. *Pol.* 713.)
Je redoute leur *foudre* et *celui* de Décie. (III, 535. *Pol.* 1017.)
.... Comme frappé *du foudre*.... (IV, 60. *Pomp.* 769.)
Je n'irai point chercher sur les bords africains
Le foudre souhaité que je vois en tes mains. (IV, 84. *Pomp.* 1400.)
Que *la foudre* à vos yeux m'écrase si je mens! (IV, 192. *Ment.* 971 *var.*)

En 1660 :
Que *le foudre* à vos yeux....
La vapeur de mon sang ira grossir *le foudre*
Que Dieu tient déjà prêt à le réduire en poudre. (V, 169. *Hér.* 301 *var.*)

En 1668 :
.... *La foudre*
Que Dieu tient déjà prête....
Ah! mon prince, ah! Madame, il vaut mieux vous résoudre,
Par un heureux hymen, à dissiper *ce foudre*. (V, 170. *Hér.* 342.)
.... Vous avez *le foudre* à redouter. (V, 375. *Andr.* 1297.)
.... S'il a quelque *foudre*, il saura *le* garder
Pour qui m'a fait des lois où j'ai dû commander. (VI, 173. *Œd.* 907.)
Soubise, ouvre les yeux : *ce foudre* que tu crains
N'est plus entre ses mains (*entre les mains de Louis XIII*).
(X, 107. *Poés. div.* 25.)

FOUDRE DE GUERRE :

Mânes des grands Bourbons, brillants *foudres de guerre*.
(X, 194. *Poés. div.* 1.)
Un homme qui se dit un grand *foudre de guerre*,
Et n'en a vu qu'à coups d'écritoire ou de verre. (IV, 193. *Ment.* 985.)

COUP DE FOUDRE, voyez **COUP**.

FOUDROYER, absolument, au figuré :

Que Sévère en fureur tonne, éclate, *foudroie*. (III, 565. *Pol.* 1688.)
Enfin, n'espérant plus, on éclate, on *foudroie*. (IV, 291. *S. du Ment.* 55.)

FOUDROYER, lancer, en parlant des carreaux (de la foudre) :

Au lieu d'être livrés aux carreaux que *foudroie*,
Suivant l'excès du crime, un juge rigoureux.... (IX, 492. *Hym.* 13.)

FOUDROYÉ, au figuré :

.... Après avoir vu mon fils assassiné,
Mes plaisirs *foudroyés*, mon espoir ruiné.... (II, 519. *Illus.* 1596.)

FOULE.

À LA FOULE, EN FOULE :

« *En foule*, adv. En grande quantité, en grand nombre à la fois. *Venir en foule*. — *A la foule*, adv. Entrer à *la foule*, sortir à *la foule*. » (Richelet, 1680.) — Cette locution : *à la foule*, commençait à vieillir à l'époque où parut le *Dictionnaire* de Richelet ; car Corneille l'avait déjà supprimée de plusieurs de ses premières pièces où il l'avait d'abord employée :

Tout ce que mon Lysandre a de perfections
Vient s'offrir *à la foule* à mes affections. (II, 49. *Gal. du Pal.* 572 *var.*)

En 1663 :

Se vient offrir *en foule*....

D'un tel nombre *à la foule* accablent ce vaisseau. (IV, 95. *Pomp.* 1655 *var.*)

En 1660 :

D'un si grand nombre *en foule* accablent ce vaisseau.

Les Parthes *à la foule* aux Syriens mêlés,
Tous nos vieux différends de leur âme exilés,
Font leur suite assez grosse.... (IV, 494. *Rod.* 1553.)

Ce dernier passage a sans doute échappé à Corneille dans sa révision.

FOURBE, tromperie, tant dans le style comique que dans le style tragique :

Aux *fourbes* qu'on leur fait je ne puis consentir. (I, 212. *Mél.* 1157 *var.*)

En 1660 :

Aux *pièces* qu'on leur fait je ne puis consentir.

Monsieur, tout est perdu : votre *fourbe* maudite,
Dont je fus à regret le damnable instrument,
A couché de douleur Tircis au monument. (I, 218. *Mél.* 158.)
Tout ce que l'amitié me rendit précieux
Par ma *fourbe* a perdu la lumière des cieux. (I, 219. *Mél.* 1278.)

Le reste de cette scène est fort adroit, par la manière dont il dupe cette vieille, et lui arrache l'aveu d'une *fourbe* où on le vouloit prendre lui-même pour dupe. (I, 396. *Exam. de la Veuve.*)
Les *fourbes* et les intrigues sont principalement du jeu de la comédie. (II, 118. *Éptt. de la Suiv.*)
Albin, as-tu bien vu la *fourbe* de Sévère ? (III, 555. *Pol.* 1447.)
En matière de *fourbe* il est maître, il y pipe. (IV, 187. *Ment.* 877.)
Ce héros voit la *fourbe*, et s'en moque dans l'âme. (IV, 47. *Pomp.* 485.)
La *fourbe* n'est le jeu que des petites âmes. (V, 567. *Nic.* 255.)

Voyez le premier exemple de l'article suivant.

FOURBER, employé absolument ou activement dans tous les styles :

C'est bien aimer la fourbe, et l'avoir bien en main,
Que de prendre plaisir à *fourber* sans dessein. (IV, 188. *Ment.* 908.)
Edüige à *fourber* n'est pas assez savante. (VI, 65. *Perth.* 1048.)
.... Il est fort bien instruit
A montrer de l'orgueil et *fourber* à grand bruit. (VI, 79. *Perth.* 1374.)
Dorante n'est qu'un fourbe ; et cet ingrat que j'aime,
Après m'*avoir fourbé*, me fait *fourber* moi-même. (IV, 222. *Ment.* 1494.)

FOURNIR.

On lit dans le *Dictionnaire* de Furetière (1690) : « *Fournir*.... achever. Il *a* bien *fourni* sa carrière, tant au propre qu'au figuré ; ces sacs ne sont pas complets, voyez à les *fournir*, à y ajouter ce qui y manque ; il lui faut encore six soldats pour *fournir* sa compagnie. Il signifie aussi rendre plein, complet, garni. Ce concert n'*étoit* pas bien *fourni*, il y avoit du vide, du manque dans la symphonie. » Ce mot a dans Corneille divers emplois de ce genre, aujourd'hui inusités pour la plupart :

Dorante qui écrit ne le remplit pas assez (*le théâtre*) ; et toutes les fois que cela arrive, il faut *fournir* l'action par d'autres gens qui parlent. (IV, 286. *Exam.* de *la S. du Ment.*)

Dircé *fournissoit* lors à peine un lustre entier. (VI, 145. *OEd.* 255.)

.... Si ce peu que j'... ajoute quelquefois, par la nécessité de *fournir* une strophe, n'est point une liberté qu'il soit à propos de retrancher. (VIII, 17. *Imit. Préf.* de 1651.)

« De fournir une strophe, » c'est-à-dire, de l'achever, de la parfaire.

FOURNIR À, pourvoir à :

Donnons ordre au présent ; et quant à l'avenir,
Suivant l'occasion nous saurons *y fournir*. (VI, 392. *Sert.* 716.)

FOURNIR DE, servir de :

Je parle au second (*discours*) des conditions particulières de la tragédie, des qualités des personnes et des événements qui lui peuvent *fournir de* sujet. (I, 50. *Dis. du Poëme dram.*)

Ces lettres *fourniront* assez d'occasion
D'un peu de défiance et de division. (I, 203. *Mél.* 1017.)

Cet amour paternel, qui te *fournit* d'excuses. (II, 387. *Méd.* 929.)

Ne cherchons-nous ici que les occasions
De *fournir de* matière à leurs divisions? (VII, 66. *Agés.* 1433.)

Ce refuge orgueilleux de l'Espagnol mutin,
Alost, n'eût point *fourni de* matière à ta gloire. (X, 205. *Poés. div.* 161.)

FOURNI, plein de choses, d'événements :

Buchanan ni Grotius ne l'ont pas fait dans leurs poëmes; mais aussi ne les ont-ils pas rendus assez *fournis* pour notre théâtre. (III, 480. *Exam. de Pol.*)

FOURNI DE, pourvu de :

Si quelqu'un plus riche ou plus beau,
Et mieux *fourni* d'appas, à te servir se range. (X, 51, *Poés. div.* 22.)

FOURRIER, FOURRIÈRE.

.... Cet heureux hymen, qui les charmoit si fort,
Devient souvent pour eux un *fourrier* de la mort. (II, 144. *Suiv.* 348.)

Le mot *fourrier* a d'abord été employé comme terme militaire en parlant des soldats qui couraient le pays pour aller au fourrage ; il s'est dit ensuite de ceux qui devançaient les troupes pour assurer la subsistance des chevaux et préparer les logements; on l'a appliqué plus tard aux officiers de la maison du Roi chargés de fonctions analogues; enfin on s'en est servi au figuré dans le sens d'*avant-courrier*. — Dans ce sens figuré, le mot s'est employé au féminin, surtout en parlant de l'Aurore :

.... Faute de trouver cette belle *fourrière* (*l'Aurore*),

Le jour jusqu'à midi se passa sans lumière. (II, 449. *Illus.* 301.)

Marot a dit de même :
> Un peu devant qu'Aurore, la *fourrière*
> Du clair Phébus, commençât mettre arrière
> L'obscurité nocturne sans séjour.

FRACASSÉ.

De ses murailles *fracassées* (*de Sion*)
Le débris est si cher à vos vrais serviteurs. (IX, 269. *Off. V.* 57.)

FRACTION.

Jusqu'à la *fraction* de ce pain qu'il nous donne,
Assez de monde ici le suit et l'environne. (VIII, 237. *Imit.* II, 1261.)
.... Ils savent le connoître
A cette *fraction* de ce pain tout divin. (VIII, 666. *Imit.* IV, 1802.)

« Terme d'Église. C'est l'action de rompre l'hostie. » (Richelet, 1680.)

FRAGILE, au figuré, en parlant des personnes :

Je suis pauvre, *fragile*, assiégé de malheurs. (VIII, 513. *Imit.* III, 5211.)

FRAGILITÉS, au pluriel :

Tu nous fais triompher de nos *fragilités*. (VIII, 316. *Imit.* III, 1184.)

FRAIS, substantivement.

PRENDRE UN PEU DE FRAIS :

La beauté dont mon traître adore les attraits
Chaque soir au jardin va *prendre un peu de frais*. (I, 442. *Veuve*, 842.)

FRANC, libre, sincère :

Je ne me résoudrai jamais à l'hyménée
Que d'une volonté *franche* et déterminée. (II, 272. *Pl. roy.* 946.)

FRANCHISE, liberté, indépendance :

Cesse de soupirer, Rome, pour ta *franchise* :
Si je t'ai mise aux fers, moi-même je les brise. (III, 438. *Cin.* 1221.)

Nos anciens poëtes dramatiques se servaient souvent au figuré du mot de *franchise*, comme de ceux de *captif* et de *chaînes*, dans le langage de la galanterie :

> Toy seule, Cleopatre, as triomfé de moy,
> Toy seule as ma *franchise* asserui sous ta loy. (Garnier, *Antoine*, acte I, vers 31.)

Corneille a suivi leur exemple :

.... J'ignorois encor qui tenoit ta *franchise*. (I, 172. *Mél.* 503.)
Si blessé des regards de quelque beau visage,
Mon cœur de sa *franchise* avoit perdu l'usage. (I, 416. *Veuve*, 342.)
Je dépends d'un vieil oncle, et s'il ne m'autorise,
Je ne te fais qu'en vain le don de ma *franchise*. (I, 434. *Veuve*, 692.)
.... J'en tiens, ou l'on n'en tint jamais.

— C'est parler franchement pour être sans *franchise*.
(II, 40. *Gal. du Pal.* 417 *var.*)

En 1664 :
C'est consentir bientôt à perdre ta *franchise*.
.... Sans plus déguiser ce qu'un père autorise,
Je puis me revancher du don de ta *franchise*. (II, 173. *Suiv.* 890.)
Ma foi qu'avoit Doraste engageoit ma *franchise*. (II, 290. *Pl. roy.* 1486.)
Je gagnai de la gloire en perdant ma *franchise*. (X, 77. *Poés. div.* 62.)
Quel espoir formiez-vous, puisqu'elle étoit promise,
Et qu'en vain son bonheur domptoit votre *franchise?* (V, 332. *Andr.* 411.)
Don Raymond prisonnier recouvrant sa *franchise*,
Les voyant tous deux morts publie à haute voix
Que nous avions un roi du vrai sang de nos rois. (V, 481. *D. San.* 1546.)
Du chef de ces héros j'asservis la *franchise*;
De tout ce qu'il a fait de grand, de glorieux,
Il rend un plein hommage au pouvoir de mes yeux. (V, 269. *Tois.* 306.)
Si vos tyrans d'appas retiennent ma *franchise*,
Je puis l'être comme eux de qui me tyrannise. (VII, 145. *Att.* 878.)

  Chers ennemis de ma *franchise*,
  Beaux yeux, mes aimables vainqueurs. (X, 31. *Poés. div.* 27.)

Lieu de franchise, endroit où les criminels ne peuvent être poursuivis :
Pour lui tout votre empire est un *lieu de franchise*. (III, 177. *Cid*, 1378.)

FRANÇOIS.

Parler françois, locution proverbiale, parler clairement, intelligiblement :

Parlons, parlons françois. Enfin, pour cette affaire,
Nous en remettrons-nous à l'avis d'une mère ?
— J'obéirai toujours à son commandement;
Mais de grâce, Monsieur, parlez plus clairement. (II, 88. *Gal. du Pal.* 1309.)

En françois, dans un sens analogue au précédent, quand on explique plus clairement une chose qu'on n'a fait qu'indiquer :

Alors me voyant pris, il fallut composer.
— C'est-à-dire, *en françois*, qu'il fallut l'épouser ? (IV, 177. *Ment.* 664.)

FRANGÉ, garni de franges :

Toute la gloire de cette fille du Roi vient du dedans, bien que ses vêtements soient *frangés* d'or, et qu'elle soit environnée de variétés. (IX, 100. *Off. V.*)

FRAYER des traces :

Que je vous dois d'encens....
..... De m'*avoir frayé ces* douloureuses *traces*
Qui mènent sur vos pas à des plaisirs sans fin ! (VIII, 354. *Imit.* III. 1955.)

FREIN.

.... Les chevaux, que leur sang effarouche,
Bouleversent leur charge, et n'ont ni *frein* ni bouche.
(x, 273. *Poés. div.* 306.)

FRÊLE.

Si vous voulez affranchir du trépas
Vos brillants mais *frêles* appas.... (x, 85. *Poés. div.* 12.)

FRÉMISSEMENTS, en parlant des murmures d'approbation de tout un peuple :

De là ces doux transports, ces prompts *frémissements*
Qui poussent jusqu'au ciel mille applaudissements. (x, 295. *Poés. div.* 83.)

FRISSONNER.

Avançons hardiment. Tout le corps me *frissonne*. (II, 479. *Illus.* 862.)

FROID, au figuré :

Sa jeunesse eût trouvé d'assez *froids* protecteurs. (VII, 396. *Pulch.* 380.)
Sans ses mille talents, Pompée et ses discours
Pour rentrer en Égypte étoient un *froid* secours. (IV, 33. *Pomp.* 148.)
Vous cherchez, Ptolémée, avecque trop de ruses,
De mauvaises couleurs et de *froides* excuses. (IV, 65. *Pomp.* 910.)
.... A ce *froid* accueil que je vous vois leur faire. (VI, 384. *Sert.* 498.)
.... Le moindre moment d'un bonheur souhaité
Vaut mieux qu'une si *froide* et vaine éternité. (VII, 476. *Sur.* 312.)

FROIDEUR.

FROIDEUR DU SANG :

On croit ses vers glacés par la *froideur du sang*. (x, 187. *Poés. div.* 38.)

FROIDEURS, au figuré, dans le langage de la galanterie :

On voit paroître ensemble, et croître également
Ma flamme et ses *froideurs*, sa joie et mon tourment. (II, 166. *Suiv.* 752.)
Mais du haut de son trône elle aime mieux me rendre
Ces *froideurs* que pour elle on me força de prendre. (VII, 215. *Tit.* 368.)

FRONCÉ.

MINE FRONCÉE :

Une *mine froncée*, un regard de travers,
C'est le remercîment que j'aurai de mes vers. (I, 182. *Mél.* 665.)

FRONT.

Achève, et prends ma vie avec un tel affront,

Le premier dont ma race ait vu rougir son *front*. (III, 117. *Cid.* 228.)

<small>Selon Scudéry, on ne peut dire *le front d'une race;* l'Académie, dans ses *Remarques,* approuve cette critique. M. Aimé-Martin défend l'expression de Corneille, mais il y voit mal à propos une ellipse, qu'il explique ainsi : *dont un homme de ma race ait vu rougir son front.* Si l'on suppose une ellipse, la beauté du passage disparait ; elle consiste précisément dans la hardiesse du tour, dans cette personnification collective.</small>

DE FRONT, par devant, face à face, directement :

Je sais ce que tu dis, et n'irai pas *de front*
Faire un commandement qu'ils prendroient pour affront.
(v, 438. *D. San.* 451.)

FRONT, visage (et particulièrement visage ferme et hardi) :

.... C'est mal démêler le cœur d'avec le *front*,
Que prendre pour sincère un changement si prompt. (IV, 487. *Rod.* 1401.)
Il reçoit les adieux des siens et de sa femme,
Leur défend de le suivre, et s'avance au trépas
Avec le même *front* qu'il donnoit les États. (IV, 47. *Pomp.* 488.)
Avec le même *front*, avec la même ardeur
Il (*Philippe Auguste*) terrassa d'Othon la superbe grandeur.
(x, 211. *Poés. div.* 255.)

FRONT, excès de hardiesse, impudence :

Ai-je, prenant le *front* de cet audacieux,
Attenté sur le lit du monarque des cieux? (I, 225. *Mél.* 1361 *var.*)

En 1660 :

Ai-je, avec même *front* que cet ambitieux....
Qui te donne le *front* de surprendre mes pleurs ? (II, 262. *Pol. roy.* 735.)
De quel *front* osez-vous me nommer votre bien ? (v, 371. *Andr.* 1192.)
Et de quel *front*, Seigneur, prend-il une couronne,
S'il ne peut disposer de sa propre personne ? (VI, 545. *Soph.* 1727.)
Mais de quel *front* osé-je ébaucher tant de gloire ? (x, 207. *Poés. div.* 182.)
A-t-il encor le *front* de vous parler de moi? (VI, 320. *Tois.* 1523.)

FRONTISPICE, façade d'un monument :

Le *frontispice* suit le même ordre; et par trois portes dont il est percé, il fait voir trois allées de cyprès. (v, 365. *Andr.*)

FRUIT (PORTER) :

Arbres qui *portez fruit*.... (IX, 149. *Off. V.* 35.)

FRUITIF, IVE, dans le langage mystique, de jouissance, qui procure la jouissance :

.... Sans s'immoler chaque jour
On ne conserve point l'union *fruitive*
Que donne le parfait amour. (VIII, 450. *Imit.* III, 3903.)

<small>Dans le latin de *l'Imitation* : *unio fruitiva.* Ce mot a été relevé par M. Littré, mais nous ne le trouvons pas dans les dictionnaires antérieurs, pas même dans celui de Trévoux.</small>

FRUSTRER, rendre vain, faire échouer, faire manquer :

Ne *frustre* point l'effet de ton intention. (II, 271. *Pl. roy. var.* 2.)

En 1660 :

> Ne romps pas les effets de son intention.

FUIR, éviter :

Voyez comme tous deux *fuyent* notre rencontre ! (II, 138. *Suiv.* 233. *var.*)

En 1660 :

Voyez comme tous deux *ont fui* notre rencontre !

FUIR DE, suivi d'un nom, fuir loin de :

Où *fuyez*-vous *de* moi, cher auteur de mes jours ? (II, 409. *Méd.* 1376.)
Fuis plutôt *de* ses yeux, *fuis de* sa violence. (III, 148. *Cid.* 757.)
Où *fuirois*-je *de* vous après tant de furie ? (IV, 504. *Rod.* 1763.)
Monstres, disparoissez ; *fuyez de* ces beaux yeux. (VI, 314. *Tois.* 1378.)

FUIR DE, suivi d'un infinitif :

> *Fuis d'*être connu des mortels. (VIII, 63. *Imit.* I, 563.)

FUIR À, éviter de, fuir les occasions de :

Tu *fuis à* te venger.... (I, 315. *Clit.* 705.)
.... Il en parle avec joie, et *fuit à* lui parler. (VII, 126. *Att.* 431.)
Ne desire donc point, *fuis* même *à* regarder
Tout ce que sans péché tu ne peux posséder. (VIII, 405. *Imit.* III, 2974.)

Voyez ci-dessus, à, p. 5.

FUITE.

.... Les fleuves mal sûrs dans leurs grottes profondes
Hâtent vers l'Océan la *fuite* de leurs ondes. (X, 202. *Poés. div.* 126.)

LA FUITE DES VICES :

Heureux encor l'esprit que de saints exercices
Préparent chaque jour par *la fuite des vices*
Aux secrets que découvre un si doux entretien ! (VIII, 260. *Imit.* III, 26.)

SE SAUVER À LA FUITE, s'échapper en fuyant, chercher son salut dans la fuite :

N'as-tu point ici vu deux cavaliers aux coups ?
— Non, Monsieur. — Ou l'un d'eux *se sauver à la fuite ?* (I, 299. *Clit.* 397.)

SE JETER À LA FUITE :

Et d'un autre côté *me jetant à la fuite*.
Divertir de vos pas leur plus chaude poursuite. (II, 279. *Pl. roy.* 1074.)

FULMINER, absolument, s'emporter (en menaces, en violences, etc.) :

Son âme impérieuse et prompte à *fulminer*

Ne sauroit me haïr jusqu'à m'abandonner. (v, 20 *Théod.* 73.)
C'est en vain qu'il *(Attila) fulmine* à cette affreuse vue. (vii, 180. *Att.* 1753.)

FUMANT, au figuré :

N'ayant pu vous venger, je vous irai rejoindre,
Mais si *fumante* encor d'un généreux courroux.... (iii, 442. *Cin.* 1311.)

FUMÉE, au figuré, en parlant de la gloire, de la réputation, etc. :

A quelque prix qu'on mette une telle *fumée*,
L'obscurité vaut mieux que tant de renommée. (iii, 302. *Hor.* 459.)
.... J'ai près de trente ans commandé nos armées
Sans avoir amassé que ces nobles *fumées*
      Qui gardent les noms de finir. (vii, 51. *Agés.* 1050.)
.... De son vain orgueil les cendres rallumées
Poussent déjà dans l'air de nouvelles *fumées*. (iv, 35. *Pomp.* 222.)
.... Toutes ses fureurs sans effet rallumées
Ne pousseront en l'air que de vaines *fumées*. (iv, 468. *Rod.* 960.)

S'ENFLER DE FUMÉES, voyez ENFLER (S') DE, ci-dessus, p. 363.

FUNCTION, voyez FONCTION, ci-dessus, p. 438.

FUNÉRAILLES.

Je l'ai vu, tout sanglant, au milieu des batailles,
Se faire un beau rempart de mille *funérailles*. (iii, 120. *Cid.* 277 *var.*)

Scudéry et l'Académie ont blâmé ce mot : « *Funérailles* ne signifie point des corps morts. » À coup sûr Corneille n'a pas prétendu établir de synonymie entre ces deux termes ; mais se faire un rempart en répandant la mort autour de soi, en causant le trépas d'un grand nombre de combattants, c'est bien se faire un rempart de corps morts. Corneille, découragé par les critiques que *le Cid* eut à subir, remplaça ici, comme en beaucoup d'autres endroits, les vers désapprouvés par d'autres beaucoup plus faibles.

FUREUR.

ÊTRE DANS LA FUREUR :

Sa veuve mon épouse en *est dans la fureur*. (vi, 205. *OEd.* 1680.)

FUREUR, pour *violence, transport*, mais dans un sens favorable :

Contre une ombre chérie avec tant de *fureur*. (vi, 137. *OEd.* 56.)
Voyez au tome VI, p. 111, la critique de cette expression.

FURIES, au pluriel, fureurs :

Que sert de t'emporter à ces vaines *furies*? (ii, 417. *Méd.* 1566.)

FURTIF.

Toi, qu'un amour *furtif* souilla de tant de crimes. (ii, 382. *Méd.* 853.)

FUSEAU.

Mon fuseau, au figuré, *ma vie*, attachée au fuseau des Parques :
Noires divinités, qui tournez *mon fuseau*. (I, 291. *Clit.* 271.)

FUSÉE (Brouiller la), expression métaphorique et proverbiale, embrouiller l'affaire :

Mon frère, qui croira sa poursuite abusée,
Sans doute en sa faveur *brouillera la fusée*. (I, 411. *Veuve*, var. 2.)

Fusée se dit au propre du fil qui est enroulé sur le fuseau. L'emploi figuré de ce mot a presque entièrement disparu avec les fuseaux et les fileuses; mais il était autrefois fort usité dans le langage de la politique et de la diplomatie : « C'estoient des enuies qu'on portoit à ce braue et vaillant prince, pour la charge honnorable que le Roy luy avoit donnée; mais ie n'ay affaire de traicter cela; car ie ne me veux *embrouiller en ces fusées*. » (Montluc, *Commentaires*, livre IV, folio 144, recto.) — « Il n'y auoit point de mal pour les affaires du Roy, ny pour le bien de la France, qu'il restast *quelque fusée à demesler* au roy d'Espagne. » D'Ossat, livre IV, lettre CXLIV, tome I, p. 389.)

FUTÉ, fin, adroit :

Je suis un peu moins dupe, et plus *futé* que vous. (IV, 329. *S. du Ment.* 762.)

G

GAGE.

Les gages, les gages de l'hymen, les enfants :
La Reine, craignant tout de ces nouveaux orages,
En sut mettre à l'abri ses plus précieux *gages*. (IV, 430. *Rod.* 36.)

Donner en gage, donner pour gage, pour garantie :

Je ne t'écoute point, à moins que m'épouser,
A moins qu'en attendant le jour du mariage,
M'en *donner* ta parole, et deux baisers *en gage*. (IV, 169. *Ment.* 530.)

Conteur à gages, voyez Conteur, ci-dessus, p. 214.

GAGNER, obtenir comme prix de ses actions, de ses efforts, de ses hauts faits :

.... Ce grand nom de Cid que tu viens de *gagner*. (III, 187. *Cid*, 1587.)

Gagner les voix, les cœurs, l'estime, la clémence :

Après avoir pour nous employé ce grand homme,
Qui nous *gagna* soudain toutes *les voix* de Rome. (IV, 39. *Pomp.* 306.)
Un regard désarmé de toutes ces rigueurs,
Et tel qu'il est enfin quand il *gagne les cœurs*. (V, 516. *Nic.* 122.)
De toute votre Espagne il *a gagné l'estime*. (VI, 384. *Sert.* 509.)

Il faut envoyer par avance
Tes bonnes œuvres devant toi,
Qui de ton juge et de ton roi
Puissent te *gagner la clémence*. (VIII, 146. *Imit.* 1, 2109 *var.*)

GAGNER, dans le même sens, avec un nom de personne pour régime :

Rodrigue t'a *gagnée*, et tu dois être à lui. (III, 197. *Cid*, 1815.)
.... Si pour me *gagner* il faut trahir ton maître. (III, 429. *Cin.* 1034.)
Pour *gagner* Rodogune il vaut venger un père. (IV, 471. *Rod.* 1044.)

GAGNER DES BATAILLES, DES COMBATS :

Ce sang qui tant de fois vous *gagna des batailles*. (III, 143. *Cid*, 662.)
Le Prince, pour essai de générosité,
Gagneroit des combats marchant à mon côté. (III, 115. *Cid*, *var.* 4.)
En 1660, Corneille a entièrement changé ces deux derniers vers.

GAGNER, obtenir, se ménager :

.... Je n'ai pu *gagner* un moment d'audience. (III, 195. *Cid*, 1758.)
Je voulois *gagner* temps, pour ménager ta vie. (III, 561. *Pol.* 1575.)
Voyez à l'article PERDRE, *perdre temps*.

GAGNER QUELQU'UN, se concilier son approbation, sa bienveillance :

Gagnons-les tout à fait en quittant cet empire. (III, 438. *Cin.* 1217.)

GAGNER SUR :

J'avois *gagné sur* lui qu'il aimeroit la vie. (III, 441. *Cin.* 1274.)
.... J'ai *gagné sur* lui qu'il ne me verra plus. (III, 515. *Pol.* 608.)
Pourvu que votre amour *gagne sur* vos douleurs. (IV, 100. *Pomp.* 1767.)

SE LAISSER GAGNER À, se laisser séduire par :

A cet éclat du trône il *se laisse gagner*. (IV, 433. *Rod.* 94.)

GAGNER UN ENDROIT, se diriger vers cet endroit :

Ils *gagnent* leurs vaisseaux, ils en coupent les câbles. (III, 174. *Cid*, 1313.)
Le père épouvanté *gagne* aussitôt la porte. (IV, 176. *Ment.* 646.)

GAGNER, absolument :

J'ai donc enfin *gagné*, Didyme, et tu le vois,
L'arrêt est prononcé, c'est moi dont on fait choix. (V, 91. *Théod.* 1685.)

LE GAGNER DE, l'emporter par :

Ne pouvant *le gagner* contre toi *de* paroles,
J'opposerai l'effet à tes raisons frivoles. (I, 368. *Clit. var.*)

GAILLARD, vif, gai :

Cette fille est jolie, elle a l'esprit *gaillard*. (IV, 303. *S. du Ment.* 250.)

GAILLARDISES, au pluriel, vivacités :

Pour réparer des offenses si sensibles, vous croyez faire assez.... de me mander impérieusement que malgré nos *gaillardises* passées, je sois encore votre ami, afin que vous soyez encore le mien. (x, 403. *Lettr. apol.*)

Résistez aux tentations de ces *gaillardises* qui font rire le public à vos dépens. (x, 407. *Lettr. apol.*)

GALAND, nœud de rubans :

Sonnet pour M. D. V., envoyant un galand *à M. L. C. D. L.*
Au point où me réduit la distance des lieux,
Souffrez que ce *galand* vous porte mes hommages,
Comme si mes couleurs étoient autant d'images
De celle qu'en mon cœur je conserve le mieux.
Parez-en ce beau sein, ce chef-d'œuvre des cieux.... (x, 33. *Poés. div.*)
Viens, je te veux donner tout à l'heure un *galand*.
— Voyez, Monsieur, j'en ai des plus beaux de la terre :
En voilà de Paris, d'Avignon, d'Angleterre.
   ARONTE (*après avoir regardé une boîte de* galands) :
Tous vos rubans n'ont point d'assez vives couleurs.
Allons, Florice, allons, il en faut voir ailleurs. (II, 96. *Gal. du Pal.*)

Ce mot passa vite, comme il arrive d'ordinaire pour ceux qui désignent des objets de toilette et de fantaisie. Nous lisons dans le *Dictionnaire* de Richelet de 1680 : « Le mot de *galand* (Richelet écrit *galant*) en ce sens ne se dit plus ; et ainsi Voiture, qui l'a écrit (lettre LXX), n'est pas à imiter en cela. »

GALANT.

GALANT HOMME, homme de bonne compagnie, qui a de l'urbanité, de la grâce, qui sait plaire :

C'est n'avoir pas perdu tout votre temps à Rome
Que vous savoir ainsi défendre en *galant homme*. (v, 556. *Nic.* 1032.)
  L'un (*des deux sonnets*) part d'un auteur plus poli,
  Et l'autre d'un plus *galant homme*. (x, 128. *Poés. div.* 10.)

GALANTERIE, élégance, bon air :

Que ce bout de ruban a de *galanterie!*
Je le veux dérober.... (IV, 326. *S. du Ment.* 724.)
Dans un camp si pompeux, des guerriers si bien mis,
Tant d'habits, comme au bal, chargés de broderie,
Et parmi des canons tant de *galanterie*. (x, 200. *Poés. div.* 98.)

GALANTERIE, chose, action de bon goût, d'un goût galant :

.... De quoi parliez-vous? — D'une *galanterie*.
— D'amour? — Je le présume.... (IV, 153. *Ment.* 237.)

GALANTERIE, fantaisie littéraire, composition d'un genre irrégulier :

Je dirai peu de chose de cette pièce : c'est une *galanterie* extravagante qui a tant d'irrégularités, qu'elle ne vaut pas la peine de la considérer, bien que la nouveauté de ce caprice en aye rendu le succès assez favorable pour ne me repentir pas d'y avoir perdu quelque temps. (II, 432. *Exam. de l'Illus.*)

Le mot *galanterie* s'employait souvent autrefois, comme dans les exemples qui précèdent, sans aucun rapport à une intrigue amoureuse.

GALANTISER, courtiser :

S'il advient qu'à ses yeux quelqu'un la *galantise*. (I, 148. *Mél.* 90 *var.*)
Pour me *galantiser*, il ne faut qu'un miroir. (II, 36. *Gal. du Pal.* 336 *var.*)

Ce mot était fort en usage au moment où Corneille s'en servait, et même un peu plus tard : « Le Comte revint après la mort de Philippe III*e*, et tousjours fou en amour, se mit à *galantizer* une dame que le jeune Roy aimoit. » (Tallemant des Réaux, *Historiettes*, tome I, p. 457.) — « Comme je fus de retour chez moi, je trouvai ma femme *galantisée* par des gens qui mangeaient mon bien. » (Perrot d'Ablancourt, traduction de Lucien, tome II, p. 87.) — Il tomba néanmoins très-vite dans un fort grand discrédit, à tel point que Richelet écrivait en 1680 : « Le mot de *galantiser* ne se dit guère, et même il ne peut entrer que dans le style le plus bas. » — Corneille ne s'en est servi que dans ses premières pièces, et encore l'a-t-il fait disparaître en 1660.

GANT.

PLUS SOUPLE QU'UN GANT, expression proverbiale :

.... Voyez, elle se rend
Plus douce qu'une épouse, et *plus souple qu'un gant*. (IV, 210. *Ment.* 1300.)

GARANT.

.... Qui fait ce qu'il peut n'est plus *garant* de rien. (VII, 69. *Agés.* 1526.)
.... Cet heureux hymen....
Nous rendant entre nous *garant* de l'un vers (*envers*) l'autre.
(VII, 85. *Agés.* 1850.)
Je suis bien hardi.... de prendre pour *garant* de mon opinion les deux maîtres dont ceux du parti contraire se fortifient. (IV, 280. *Épît.* de *la S. du Ment.*)

GARDE, surveillance.

PRENDRE GARDE À, suivi d'un infinitif, veiller à :
Mais *prends garde* surtout à bien jouer ton rôle. (I, 176. *Mél.* 575.)

N'AVOIR GARDE DE :

Cette pièce fut mon coup d'essai, et elle *n'a garde* d'être dans les règles, puisque je ne savois pas alors qu'il y en eût. (I, 137. *Exam.* de *Mél.*)

GARDE, terme d'escrime.

Nous disons souvent : *être en garde, se mettre en garde* contre quelqu'un, et même contre quelque chose ; Corneille a employé également au figuré *sortir de garde* :

Tu vas *sortir de garde*, et perdre tes mesures. (IV, 188. *Ment.* 901.)

GARDER, garantir, défendre :

Je me crus tout permis pour *garder* votre bien. (IV, 454. *Rod.* 574.)

GARDER LES BALLES, voyez BALLES, ci-dessus, p. 112 et 113.

GARDER QUE, prendre garde que :

Madame, il faut *garder* que quelqu'un ne nous voie,
Et du palais du Roi découvre notre joie. (II, 388. *Méd.* 957.)

Adieu : sors, et surtout *garde* bien *qu'*on te voie. (III, 159. *Cid*, 997.)
Gardez, pour vous punir de cet orgueil étrange,
Que le ciel à la fin ne souffre qu'on vous venge.
(III, 191. *Cid*, 1685 et 1686.)
J'ai des gens là dehors qui *gardent qu'*on écoute. (IV, 331. *S. du Ment*. 792.)
Dans les éditions antérieures à 1660 : « qu'on n'écoute. »
Mais *gardez que* Carlos ne me venge de vous. (V, 451. *D. San*. 783.)

Cette expression a été fort employée par les poëtes du dix-septième siècle, mais presque exclusivement à l'impératif. Corneille, comme l'on voit, s'en est aussi servi à d'autres modes.

GARDER DE, préserver de, empêcher de :

.... J'ai près de trente ans commandé nos armées
Sans avoir amassé que ces nobles fumées
Qui *gardent* les noms *de* finir. (VII, 51. *Agés*. 1051.)

EN BAILLER, EN DONNER À GARDER À QUELQU'UN :

Tu présumes par là me le persuader,
Mais ce n'est pas ainsi qu'on *m'en baille à garder*. (I, 173. *Mél*. 534. *var*.)

En 1660 :

.... Ce n'est pas ainsi qu'on *m'en donne à garder*.
Sans doute qu'il *en baille à ton maitre à garder*. (I, 286. *Clit. var*. 3.)

Corneille, en 1644, a entièrement changé ce passage, et fait disparaître toute la locution « en bailler à garder. »

LA GARDER BONNE, voyez BON, ci-dessus, p. 126.

GAUCHE.

PRENDRE À GAUCHE, prendre de travers, se tromper, se méprendre sur :

Pour me connoître mal tu *prends* mon sens *à gauche*. (IV, 143. *Ment*. 37.)

GAUCHIR, se détourner, biaiser, et quelquefois, par suite, éviter :

J'en ai déjà parlé, mais il a su *gauchir;*
Et tournant le discours sur une autre matière,
Il n'a ni refusé, ni souffert ma prière. (IV, 78. *Pomp*. 1232.)
Si j'ai fermé les yeux, si j'ai voulu *gauchir*,
Des maximes d'État j'ai voulu t'affranchir. (VI, 97. *Perth*. 1785.)
Si tu prends bien ma voie, et marches sans *gauchir*,
La vérité saura pleinement t'affranchir. (VIII, 554. *Imit*. III, 6065.)
Je crois que nos discours iront d'un pas égal,
Sans donner sur le rhume ou *gauchir* sur le bal. (II, 176. *Suiv*. 952.)
Ainsi tu sauras t'affranchir
De tout ce qui te fait *gauchir*
Vers les passions et les vices. (VIII, 635. *Imit*. IV, 1153.)
Mais, hélas ! qui pourroit *gauchir* sa destinée ? (I, 164. *Mél. var*. 3.)
Ce grand péril se peut *gauchir*. (VIII, 148. *Imit*. I, 2137.)

GAUSSEUR.

.... Tout beau, *gausseur*,
Ne t'imagine point de contraindre une sœur. (I, 162. *Mél. var.* 1.)

En 1660, Corneille a supprimé tout le passage où figure ce terme, qui s'est conservé dans le langage populaire : « Dame Marguerite, vous ne me dites mot, et nous ne jasons pas. — C'est que je rêve à ce que mon mari m'a dit de toi. — Ne croyez rien de ce que votre mari vous a dit, c'est un *gausseur*. » (Diderot, *Jacques le fataliste*, Paris, an V, tome II, p. 71.) — Le mot *gausseur* paraît être au fond le même que *gaudisseur*. Il est vrai que celui-ci s'appliquait surtout aux dissipateurs et aux buveurs, comme on le voit par ces passages de Mathurin Cordier : « Il a perdu et *gaudy* de l'argent innumerable, innumerabilem pecuniam dissipauit. » (Cicero, chapitre LVI, p. 545, § 15, édition de 1539.) « Il ne fait que boire et *gaudir*, tantum bibit et per-« græcatur. » (Chapitre LVII, p. 553, § 4.) « C'est un *gaudisseur*, totus luxuria et lasciuia « diffluit. » (Chapitre LVII, p. 553, § 7.) — Mais voici un passage de Bouchet qui répond mieux au sens actuel : « Vn de la Serée va dire que les gens gras estoient communement joyeux, prenans en bonne part ce qu'on dit d'eux, estans auec cela raillards, mocqueurs et *gaudisseurs*. (Bouchet, livre III, 26ᵉ *serée*, p. 438.)

GÉMEAUX.

Ce grand jour est venu, mon frère, où notre reine,
Cessant de plus tenir la couronne incertaine,
Doit rompre aux yeux de tous un silence obstiné,
De deux princes *gémeaux* nous déclarer l'aîné. (IV, 429. *Rod.* 10.)

Vaugelas, dans ses *Remarques* (p. 448), prescrivit de réserver le mot *Gémeaux* pour désigner le signe du zodiaque qui porte ce nom, et de se servir dans tous les autres cas de *jumeau*, que Nicot donne dans son *Dictionnaire* comme un équivalent de *gémeau*. Quoi qu'il en soit, Corneille laissa subsister, même en 1682, le passage de *Rodogune* tel que nous venons de le citer. — La Fontaine a écrit en 1669 dans la description de Versailles qui termine le Iᵉʳ livre de *Psyché* :

Au bas de ce degré, Latone et ses *gémeaux*
De gens durs et grossiers font de vils animaux.

Seulement il faut avoir soin de lire ce passage dans le texte original, car la plupart des éditeurs modernes ont substitué *jumeaux* à *gémeaux*.

GENDARME.

.... Seule, j'ai par mes charmes
Mis au joug les taureaux et défait les *gensdarmes*. (II, 362. *Méd.* 430.)
Combattez ce dragon, ces taureaux, ces *gensdarmes*. VI, 279. *Tois.* 590.)
Il a brisé les arcs d'acier,
Tous les dards, tous les traits, tous les chars des *gensdarmes*.
(IX, 105. *Off. V.* 34.)

On trouve dans les éditions publiées du vivant de Corneille les deux orthographes *gensdarmes* et *gendarmes*, plus ordinairement la première. Voyez dans nos tomes VI et IX les notes qui se rapportent aux deux derniers exemples de cet article. — Ce mot, noble et poétique au seizième siècle, n'avait pas encore cessé de l'être, on le voit, au temps de Corneille.

GENDRE.

T'a-t-il vu comme *gendre*, ou bien comme ennemi?
— Il m'a vu comme *gendre*.... (III, 293. *Hor.* 258 et 259.)
Il attend le premier, et c'étoit votre *gendre*. (III, 331. *Hor.* 1115.)

On lit dans le *Gradus françois* de Carpentier : « Ce mot, comme la plupart de ceux

qui expriment les différents degrés de parenté, d'affinité, n'est que du style familier. »
Cette règle est toute moderne ; nos poëtes tragiques, non-seulement Garnier avant Corneille, mais Racine après lui, se servaient autrefois sans scrupule de ces expressions :

> Nous auons ces iours veu le *Gendre* et le Beau-pere
> Se combattre ennemis, Pharsalique misere. (Garnier, *Cornelie*, acte I, vers 37.)
> D'un *gendre* sans appui voudra-t-il se charger?
> (Racine, *Mithridate*, acte III, scène 1, vers 894.)

Carpentier, qui rapporte ce dernier exemple, a quelque mal à le mettre d'accord avec sa théorie.

GÊNE.

Ce mot vient de *Gehenna*, qui dans le Nouveau Testament désigne l'enfer, par allusion à la vallée de Geennom, voisine de Jérusalem, et où les Juifs, qui y avaient d'abord adoré des idoles, auxquelles ils immolaient leurs propres enfants, établirent ensuite une voirie. — Nicot explique ce mot, qu'il écrit *geine*, *gehenne* ou *genne*, par torture ou question ; c'est en effet le sens qu'il avait alors au propre, ce qui en faisait une expression figurée d'une très-grande énergie :

> Vne enuieuse mauuaistié
> Nos cœurs espoints d'inimitié
> Sans relasche bourrelle
> D'vne *gesne* cruelle. (Garnier, *Porcie*, acte II, vers 168.)

On lisait dans les premières éditions de *Mélite :*

> Non, non, vous ne voyez en moi qu'un criminel,
> A qui l'âpre rigueur d'un remords éternel
> Rend le jour odieux, et fait naître l'envie
> De sortir de *torture* en sortant de la vie. (I, 244. *Mél.* 1716 *var.*)

Corneille, en 1660, a remplacé *torture* par *gêne :*

> De sortir de sa *gêne* en sortant de la vie.

Voici les passages de notre poëte où le mot *gêne* conserve toute son énergie métaphorique ; nous n'avons point recueilli ceux où il commence à se rapprocher de la signification actuelle :

> Il faut que ma fureur ou l'enfer te punisse :
> Le reste des humains ne sauroit inventer
> De *gêne* qui te puisse à mon gré tourmenter. (I, 328. *Clit.* 956.)
> J'étois fort à la *gêne* avec cette suivante. (II, 158. *Suiv.* 617.)
> Je n'ai que trop langui sous de si rudes *gênes :*
> A tel prix que ce soit, il faut rompre mes chaînes. (II, 235. *Pl. roy.* 221.)
> Préparez seulement des *gênes*, des bourreaux ;
> Devenez inventifs en supplices nouveaux
> Qui la fassent mourir tant de fois sur leur tombe,
> Que son coupable sang leur vaille une hécatombe ;
> Et si cette victime, en mourant mille fois,
> N'apaise point encor les mânes de deux rois,
> Je serai la seconde ; et mon esprit fidèle
> Ira *gêner* là-bas son âme criminelle. (II, 414 et 415. *Méd.* 1515.)
> Donc pour vous Emilie est un objet de haine ?
> — La recevoir de lui me seroit une *gêne*. (III, 415. *Cin.* 694.)
> Puis-je vivre et traîner cette *gêne* éternelle,
> Confondre l'innocente avec la criminelle ? (IV, 501. *Rod.* 1695.)
> Ces feintes ont pour moi des *gênes* trop cruelles. (V, 65. *Théod.* 1108.)
> Chaque fois qu'il me parle il semble être à la *gêne* (V, 337. *Andr.* 499.)

Le temps, le lieu, l'oracle, et l'âge de la Reine,
Tout semble concerté pour me mettre à la géne (VI, 207. *OEd.* 1742.)

GÊNER.

Ce verbe avait naturellement une signification correspondante à celle de *géne* : « *Geiner quelqu'un*, qu'on dit bailler la geine, *torquere*. » (Nicot.)

.... Qu'il m'applique le feu,
Me fasse despecer les membres peu à peu,
Me consomme de faim, me *gesne*, me torture,
M'abandonne aux lions, il n'y a mort si dure
Qui me bourrelle tant que de viure et le voir
Triomphant de nos maux en supreme pouuoir.
(Garnier, *Cornelie*, acte III, vers 352.)

Cesse de me *géner* durant ce peu d'espace. (I, 232. *Mél.* 1496.)
Là (*dans les enfers*) mille affreux bourreaux t'attendent dans les flammes :
Moins les corps sont punis, plus ils *génent* les âmes. (I, 346. *Clit.* 1250.)
Sortez de vos cachots avec les mêmes flammes
Et les mêmes tourments dont vous *génez* les âmes. (II, 351 *Méd.* 214.)
Voyez en outre le vers 1522 de *Médée*, cité plus haut, à l'article GÊNE.

.... Je n'ose parler, et je ne puis me taire.
— C'est trop me *géner*, parle.... (III, 425. *Cin.* 923.)
Mais n'admirez-vous point que cette même reine
Le donne pour époux à l'objet de sa haine,
Et n'en doit faire un roi qu'afin de couronner
Celle que dans les fers elle aimoit à *géner* ? (IV, 430. *Rod.* 18.)
La Reine, à la *géner* prenant mille délices,
Ne commettoit qu'à moi l'ordre de ses supplices. (IV, 441. *Rod.* 267.)
.... Ah! que vous me *génez*
Par cette retenue où vous vous obstinez! (IV, 472. *Rod.* 1053.)

Nous trouvons le même hémistiche :

.... Ah! que vous me *génez*!

employé avec le même sens dans l'*Andromaque* de Racine (acte I, scène IV, vers 343.)

.... Et qu'en puis-je ordonner
Qui dans mon triste sort ne serve à me *géner*? (v, 94. *Théod.* 1738.)
.... Sa cruauté, pour mieux *géner* Maurice,
Le forçoit de ses fils à voir le sacrifice. (V, 183. *Hér.* 535.)
Le sujet? — Votre joie. — Elle vous *géne* l'âme? (V, 332. *Andr.* 403.)
Prends pitié des malheurs dont notre âme *est génée* (IX, 129. *Off. V.* 39.)

GÊNER, absolument :

Géne, flatte, surprends.... (V. 219. *Hér.* 1458.)
Si vous m'aviez aimé, vous n'auriez pas eu honte
D'attacher votre sort à la valeur d'un comte.
Jusqu'à ce qu'il fût roi vous plaire à le *géner*,
C'étoit vouloir vous vendre, et non pas vous donner. (VI, 33. *Perth.* 329.)

GÊNÉ :

De mon premier amour j'ai l'âme un peu *génée*. (IV, 228. *Ment.* 1622.)
Ne t'étonne donc plus si mon âme *génée*
Avec impatience attend leur hyménée (III, 111. *Cid*, 105.)

L'Espagnol s'en émeut, et *géné* de remords,
Après de tels succès il craint pour tous ses bords. (x, 197. *Poés. div.* 51.)

SE GÊNER, dans un sens analogue à celui de *gêner :*

Ils *se gênent* sur ce passage. 1, 53. (*Disc. de la Trag.*)

Ils se gênent, c'est-à-dire ils se mettent l'esprit à la torture. — Voyez *gêner* employé dans le même sens au tome X, p. 117, *Poés. div.* 21.

Dieux! que vous *vous gênez* par cette défiance! (III, 556. *Pol.* 1471.)
Cessons de *nous gêner* d'une crainte inutile. (VI, 219. *OEd.* 2002.)

Va donc, et s'ils aduient qu'encore il me regrette,
Et pour moy de son cœur vn seul soupir il iette,
Ie seray bien heureuse, et d'vn cœur plus constant
Sortiray de ce monde où ie *me gesne* tant. (Garnier, *Antoine*, acte II, vers 407.)

GÉNÉRAL, adjectif, placé avant le nom :

Que les hommes, les Dieux, les démons et le sort
Préparent contre nous un *général* effort! (III, 300. *Hor.* 426.)

GÉNÉRALAT.

.... Le *généralat* comme le diadème
M'érige sous votre ordre en fantôme éclatant. (VII, 48. *Agés.* 982.)

GÉNÉREUX, ironiquement :

.... Si tu n'es point las de ces *généreux* coups,
Immole au cher pays des vertueux Horaces
Ce reste malheureux du sang des Curiaces. (III, 341. *Hor.* 1338.)

Voltaire remarque que Racine a imité cette expression :

Que peut-on refuser à ces *généreux* coups?
(*Andromaque*, acte IV, scène V, vers 1340.)

GÉNÉREUX, pris substantivement tant au singulier qu'au pluriel :

Ces cruels *généreux* n'y peuvent consentir. (III, 316. *Hor.* 798.)
.... Peu de *généreux* vont jusqu'à dédaigner,
Après un sceptre acquis, la douceur de régner. (III, 406. *Cin.* 479.)
L'État, qui dans leur mort voyoit trop sa ruine,
Avoit des *généreux* autres que Léontine. (V, 200. *Hér.* 1040.)
Je sais qu'aux *généreux* ils doivent faire horreur. (V, 204. *Hér.* 1121.)
Perfide *généreux*, hâte-toi d'embrasser
Deux princes impuissants à te récompenser. (V, 238. *Hér.* 1865.)
Parmi les *généreux* il n'en va pas de même. (V, 585. *Nic.* 1664.)
   C'est une confiance de *généreux* à *généreux*, et de Romain à Romain. (VI, 362. *Au lect.* de *Sert.*)
.... Il n'appartient qu'à de vrais *généreux*
D'avoir cette pitié des princes malheureux. (VI, 518. *Soph.* 1127.)

GÉNÉROSITÉ, grandeur d'âme, noble courage :

Que sa vaine arrogance, en ce duel trompée,
Me fasse mériter Daphnis à coups d'épée :

Par là je gagne tout ; ma *générosité*
Suppléera ce qui fait notre inégalité. (II, 188. *Suiv.* 1183.)
C'est *générosité* quand pour venger un père
Notre devoir attaque une tête si chère ;
Mais c'en est une encor d'un plus illustre rang,
Quand on donne au public les intérêts du sang. (III, 169. *Cid*, 1197.)
Souviens-toi de ton nom, soutiens sa dignité ;
Et prenant d'un Romain la *générosité*,
Sache qu'il n'en est point que le ciel n'ait fait naître,
Pour commander aux rois, et pour vivre sans maître. (III, 428. *Cin.* 1000.)

GÉNIE.

Ce mot désignait primitivement l'esprit ou démon qui, suivant l'opinion des anciens, présidait à la naissance de chaque homme et influait sur son caractère ou son talent ; il a ensuite signifié, par extension, le caractère même et le talent :

Abandonne ton âme à son lâche *génie*. (III, 428. *Cin.* 1014.)

Il y a bien loin de cet emploi du mot *génie* au sens de faculté supérieure et créatrice que le dix-huitième siècle lui a donné. C'est ce que la Harpe a fort bien remarqué dans un morceau plein d'observations fines et d'exemples curieux qui fait partie de l'Introduction de son *Cours de littérature*.

GENS.

DEUX GENS, comme on dit *deux personnes* :

M'étant proposé.... de mettre des compliments d'amour suivis entre *deux gens* qui n'en t ont point du tout l'un pour l'autre. (I, 396. *Exam. de la Veuve.*)

LES GENS DE QUELQU'UN, non pas simplement ses domestiques, mais ses clients, ceux qui l'accompagnent :

Mais qui pourra de nous approcher sa personne,
Si durant le festin sa garde l'environne ?
— Les *gens* de Cornélie, entre qui vos Romains
Ont déjà reconnu des frères, des germains,
Dont l'âpre déplaisir leur a laissé paroître
Une soif d'immoler leur tyran à leur maître. (IV, 75. *Pomp.* 1167.)

HONNÊTES GENS, voyez HONNÊTE.

GENS DE LETTRES, voyez LETTRES.

ÊTRE GENS À, suivi d'un infinitif à sens soit actif soit passif :

.... Achillas et Photin
Ne *sont* pas gens à vaincre un si puissant destin. (IV, 86. *Pomp.* 1440.)
Achillas et Photin *sont gens à* dédaigner. (IV, 82. *Pomp.* 1347.)

GENTILLESSE.

GENTILLESSE D'UN PRÉSENT, manière adroite et délicate dont on le fait :

L'amour est libéral, mais c'est avec adresse :

Le prix de ses présents est en *leur gentillesse.* (IV, 319. *S. du Ment.* 572.)

TRAIT DE GENTILLESSE, trait d'adresse, de subtilité :

Dorante se sert de cette expression pour parler de ses mensonges :

Quoi? ce que vous disiez n'est pas vrai? — Pas deux mots ;
Et tu ne viens d'ouïr qu'un *trait de gentillesse*
Pour conserver mon âme et mon cœur à Lucrèce. (IV, 178. *Ment.* 693.)

GERMAINS, proches parents, collatéraux, cousins :

Les gens de Cornélie, entre qui vos Romains
Ont déjà reconnu des frères, des *germains.* (IV, 75. *Pomp.* 1168.)

GERMER, activement, faire germer, produire :

.... C'est une semence illustre, vive et forte,
Qui de nouveaux martyrs *germe* une ample moisson. (IX, 609. *Hymn.* 12.)

GÉSIR.

GÎT À, consiste à, dans, en :

Tout consiste en la croix, et tout *gît à* mourir. (VIII, 245. *Imit.* II, 1418.)
Ce peu qu'il contribue à notre avancement,
Ne *gît* pas *aux* douceurs de cet épanchement. (VIII, 257. *Imit.* II, 1679.)

NE GÎT QU'EN, ne consiste qu'en :

Tout le secret *ne gît qu'en* un peu de grimace. (IV, 158. *Ment.* 333.)

GIBIER.

Ce n'est point là *gibier* à des gens comme moi. (IV, 145. *Ment.* 100.)

« *Gibbier* se prend proprement en fait de faulconnerie pour tout oiseau qu'on vole et prend, et *gibboyer* ou *gibbeyer*, pour voler et chasser aux oiseaux ; mais on l'estend aussi à toute beste poursuiuie et prinse à la chasse, soit auec oiseaux ou auec chiens, et soit rousse soit noire. Du Fouilloux parlant du sanglier : « Mais il le est le vray gib-« bier des mastins et leurs semblables. » De là vient qu'on dit par metaphore : *Cecy n'est pas de vostre* gibbier, c'est-à-dire : chose à laquelle vous puissiez ou debuiez mettre le nez ni vous en entremettre. » (Nicot.) — « Cet homme, qui avoit de l'esprit, mais un esprit desréglé, se mit dans son loisir à resver à des choses qui n'estoient nullement de son *gibier*. » (Tallemant des Réaux, *Historiettes*, tome VI, p. 271.)

GILLE (FAIRE), s'enfuir :

.... Parmi ces apprêts, la nuit d'auparavant,
Vous sûtes *faire gille*, et fendîtes le vent. (IV, 190. *S. du Ment.* 18.)

Jupin leur fit prendre le saut,
Et contraignit de *faire gille*
Le grand Typhon jusqu'en Sicile. (Scarron, *Gigantomachie*, chant IV.)

Il y a peu d'expressions proverbiales qui aient donné lieu à des interprétations plus diverses et aussi absurdes. Quelques-uns prétendent que *faire gille* est se montrer agile ; selon le Duchat, c'est prendre le parti de l'exil. L'auteur du *Moyen de parvenir* assigne à cette expression une origine tout aussi singulière et qui pourtant s'est généralement accréditée : « Pourquoy est-ce que quand quelqu'un s'est enfui on dit qu'il a *fait gilles ?* — C'est parce que saint Gilles s'enfuit de son pays et se cacha de peur d'être fait roi. » Ménage s'est attaché (ce qu'il est loin de faire toujours) à l'étymologie la plus vraisemblable. Comme cette expression *faire gille* s'employait surtout en parlant des banqueroutiers, il pense qu'il faut se reporter au mot *gile*, signifiant tromperie. Voyez GUILER dans Borel, GUILLATOR dans du Cange, et GUILA dans Raynouard.

GLACE, au figuré, en parlant de la vieillesse :

Quand l'âge dans mes nerfs a fait couler sa *glace*. (III, 116. *Cid*. 209.)
.... D'un corps tout de *glace* inutile ornement. (III, 118. *Cid*, 256.)
C'est tout ce que des ans me peut souffrir la *glace*. (x, 188. *Poés. div*. 63.)

GLACE, froideur, tant au singulier qu'au pluriel :

.... J'attends de pied ferme à reprendre ma place,
Qu'il ne soit plus en toi de retrouver ta *glace*. (II, 134. *Suiv*. 158.)
Le bruit vole déjà qu'elle est pour toi sans *glace*. (II, 188. *Suiv*. 1177.)
Ce soir j'ai bien la mine, en dépit de ta *glace*,
D'en trouver là cinquante à qui donner ta place. (II, 256. *Pl. roy*. 621.)
Je ne lui pus montrer de mépris ni de *glace*. (III, 291. *Hor*. 207.)
Sa prison a rendu le peuple tout de *glace*. (V, 207. *Hér*. 1184.)
.... Je verrai toujours votre cœur plein de *glace*. (VI, 408. *Sert*. 1081.)
Elpinice pour moi montre une telle *glace*,
Que je me tiendrois sûr de son consentement. (VII, 21. *Agés*. 315.)
Clarimond cependant, pour fondre tant de *glaces*,
Tâche par tous moyens d'avoir mes bonnes grâces. (II, 171. *Suiv*. 849.)

GLACE, plaque de verre :

Et quoi? tous les miroirs ont-ils de fausses *glaces?* (I, 152. *Mél*. 173.)

GLISSADE, au figuré, dans le style sérieux :

Si la présence de son amant lui fait faire quelque faux pas, c'est une *glissade* dont elle se relève à l'heure même. (III, 92. *Exam. du Cid*.)

GLOIRE, éclat, splendeur.

Quand je regarde Auguste au milieu de sa *gloire*. (III, 386. *Cin*. 9.)

Il y avait dans les premières éditions : « en son trône de *gloire*. » Corneille a modifié cet hémistiche pour éviter la répétition du mot *trône*, qui revient quelques vers plus loin.

GLOIRE céleste :

Te suivre dans l'abîme où tu te veux jeter?
—Mais plutôt dans la *gloire* où je m'en vais monter. (III, 558. *Pol*. 1522.)

GLOIRE, fierté, orgueil, en bonne ou en mauvaise part :

Un homme un peu content et qui s'en fait accroire,
Se voyant méprisé, rabat bien de sa *gloire*. (IV, 352. *S. du Ment*. 1202.)
Suivant qu'on m'aime ou hait, j'aime ou hais à mon tour,
Et ma *gloire* soutient ma haine et mon amour. (VI, 405. *Sert*. 996.)

CORNEILLE. XI 30

.... La part que tantôt vous aviez dans mon âme
Fut un don de ma *gloire*, et non pas de ma flamme. (vi, 417. *Sert.* 1286.)

GLOIRE, en parlant de la réputation des femmes, du sentiment qu'elles ont de leur honneur :

Il peut vaincre don Sanche avec fort peu de peine,
Mais non pas avec lui la *gloire* de Chimène. (iii, 191. *Cid*, 1682.)
Un même coup a mis ma *gloire* en sûreté,
Mon âme au désespoir, ma flamme en liberté. (iii, 192. *Cid*, 1711.)
Ta *gloire* est dégagée, et ton devoir est quitte. (iii, 195. *Cid*, 1766.)
.... Puisque mon trépas conserve votre *gloire*,
Pour vous en revancher conservez ma mémoire. (iii, 196. *Cid*, 1797.)
Il faudroit que je fusse ennemi de ta *gloire*. (iii, 197. *Cid*, 1817.)
Je veux guérir des miens : ils souilleroient ma *gloire*,
— Ah! puisque votre *gloire* en prononce l'arrêt,
Il faut que ma douleur cède à son intérêt.
Est-il rien que sur moi cette *gloire* n'obtienne?
(iii, 512. *Pol.* 550, 551 et 553.)

LA GLOIRE DE, ce qui fait la gloire de :

La *gloire des* païens déshonore un chrétien. (x, 237. *Poés. div.* 32.)

C'EST GLOIRE DE, il est glorieux de :

C'est gloire de passer pour un cœur abattu
Quand la brutalité fait la haute vertu. (iii, 336. *Hor.* 1241.)
C'est gloire de se perdre en servant ce qu'on aime. (vi, 421. *Sert.* 1385.)

FAIRE GLOIRE DE :

Ses assassins *font gloire* eux-mêmes *de* le dire. (vi, 434. *Sert.* 1670.)

GLORIEUX, orgueilleux, fier :

Je suis ce que le ciel m'a faite au-dessus d'elle,
Et suis plus *glorieuse* encor qu'elle n'est belle.
— J'adore cet orgueil, il est égal au mien. (vii, 148. *Att.* 982.)

GLORIFIER, rendre glorieux, couvrir de gloire :

Les supplices enfin les *ont glorifiés*. (viii, 101. *Imit.* i, 1217.)

GONFLÉ DE, au figuré :

.... L'autre est *gonflé* d'audace. (vii, 157. *Att.* 1193.)
.... Tout *gonflé* d'un vieux mépris des rois. (vii, 465. *Sur.* 43.)

GORGE.

Vous portez sur la *gorge* un mouchoir fort carré. (i, 409. *Veuve*, 211.)
Dans les éditions antérieures à 1660:
Vous portez sur le sein un mouchoir fort carré.

Le mot *gorge* était déjà, du temps de Corneille, un terme vague et général qui remplaçait les expressions qu'on croyait de nature à choquer les délicatesses des dames.

GOU]   DE CORNEILLE.   467

Vomissant mille traits de sa *gorge* enflammée. (II, 362. *Méd.* 425 *var.*)

Il s'agit du dragon gardien de la toison d'or. Les éditions antérieures à 1660 donnaient ainsi ce vers :

Vomissant mille traits de sa *gueule* enflammée.

Mais ce mot *gueule* devait singulièrement déplaire aux précieuses, et il rentrait tout à fait dans la catégorie de ces expressions, « incompatibles avec la délicatesse et la propreté de leur sexe, » que Vaugelas (p. 127 et 128) essaye timidement de défendre, dans l'article qu'il consacre à la locution *vomir des injures. Vomir* et *gueule*, c'était trop dans un même vers. Corneille a sacrifié le second mot, dans l'espoir que le premier lui serait pardonné, et il s'est servi, pour désigner la gueule d'un monstre, de ce même mot *gorge*, qui, dans l'exemple de *la Veuve*, signifie le sein d'une jeune fille.

GOÛT (Entrer en) :

CLIT. Tu vois que les effets préviennent les paroles ;
C'est un homme qui fait litière de pistoles ;
Mais comme auprès de lui je puis beaucoup pour toi....
SAB. Fais tomber de la pluie, et laisse faire à moi.
CLIT. Tu viens d'*entrer en goût*. (IV, 211. *Ment.* 1309.)

Cet exemple, qui est de 1642, et tiré d'un dialogue entre un valet et une femme de chambre, prouve, ce semble, que l'emploi figuré du mot *goût* n'était pas tout nouveau à cette époque, comme paraîtraient l'indiquer les passages suivants de la comédie de Boursault intitulée *les Mots à la mode*. Sans doute Boursault ne veut railler que l'abus qu'on faisait alors de ce terme :

Pour peu qu'on ait de *goût*, au rang où je me vois,
On abdique aisément ce qu'on a de bourgeois.
(Boursault, *les Mots à la mode*, acte I, scène III.)

Vous ne pouviez choisir un plus heureux moment :
Il nous vient ce matin à chacune un amant ;
Mais bien fait ! mais d'un *goût* ! et du rang dont nous sommes.
(*Ibidem*, acte I, scène VI.)

Ce mot est d'un bon sel et d'un excellent *goût*. (*Ibidem*, acte I, scène VIII.)

GOÛTER, au figuré :

Dieux ! je rougis d'une parole
Dont je meurs de *goûter* l'effet. (II, 180. *Suiv. var.* 3.)
.... *Goûtez* sans résistance
La douceur de ma perte et de votre vengeance. (III, 153. *Cid*, 853.)

Mal goûter, sentir avec déplaisir :

L'armée a vu Pison, mais avec un murmure
Qui sembloit *mal goûter* ce qu'on vous fait d'injure. (VI, 629. *Oth.* 1258.)

GOUTTE (N'avoir) de sang qui, que....

Je *n'ai goutte de sang qui* ne soit à mon roi. (VII, 518. *Sur.* 1355.)
Je *n'ai goutte de sang que* pour toi je n'épanche. (I, 442. *Veuve*, 860.)

Ne voir goutte :

Parmi de tels détours mon esprit *ne voit goutte*. (II, 179. *Suiv. var.* 3.)

Corneille a changé en 1660 toute la scène où se trouve ce vers ; mais nous lisons dans *Nicomède :*

Pour moi, je *ne vois goutte* en ce raisonnement. (v, 554. *Nic.* 985.)

Garnier a dit de même :

.... Luy qui *ne voit goute*
Du sang d'vn immortel aussi souuent degoute,
Que de quelqu'vn de vous.... (Garnier, *Hippolyte*, II, 403.)

Il s'agit de l'Amour.

GRÂCE, charme, agrément :

Comme les *grâces* des deux langues sont différentes, j'ai cru à propos de prendre cette liberté (*de traduire librement*), afin que ce qui étoit excellent en latin ne devînt pas insupportable en françois. (x, 194. *Poés. div. Au lect.*)

AVOIR GRÂCE À, suivi d'un infinitif :

Certes, vous *avez grâce à* conter ces merveilles. (IV, 156. *Ment.* 297.)

ÊTRE DE MAUVAISE GRÂCE, avoir mauvaise grâce :

Que tout cet artifice *est de mauvaise grâce!* (III, 563. *Pol.* 1647.)

Molière a dit de même dans *le Misanthrope* (acte I, scène 1) :

Que la plaisanterie *est de mauvaise grâce!*

GRÂCE, faveur :

.... La terre, au retour du printemps
Des *grâces* du soleil se défend quelque temps. (x, 216. *Poés. div.* 324.)

DE GRÂCE, par faveur, par pitié :

De grâce ma bonté te donne un jour entier. (II, 366. *Méd.* 504.)
On vous donne *de grâce* une heure à vous résoudre. (v, 51. *Théod.* 764.)
Seigneur, toutes ces morts dont il vous environne
Sont des avis pressants que *de grâce* il vous donne. (VI, 135. *OEd.* 14.)

FAIRE GRÂCE À, pardonner :

Ne *faites* point de *grâce à* leurs folles excuses. (IX, 197. *Off. V.* 19.)

FAIRE GRÂCE À, avec un nom de chose pour sujet :

Mon refus *lui fait grâce....* (v, 549. *Nic.* 865.)

GRÂCES À :

Enfin, *grâces au* ciel, ayant su m'en défaire,
Je puis seul aviser à ce que je dois faire. (I, 311. *Clit.* 625.)
.... Ce qu'il (*Ovide*) écrivit pour se faire admirer,
Grâces à d'Assoucy sert à nous faire rire. (x, 124. *Poés. div.* 4.)

GRÂCE DE Dieu :

Ainsi du Dieu vivant la bonté surprenante
Verse, quand il lui plaît, sa *grâce* prévenante. (x, 176. *Poés. div.* 2.)

Dans le passage suivant, le mot *grâces* est exprimé dans un sens, puis représenté par *en* dans un autre sens (dans celui d'*actions de grâces*) :

Tiens ses moindres *grâces* (de Dieu) pour grandes,
N'*en* reçois point que tu n'*en* rendes.
(VIII, 275. *Imit.* II, 1223 et 1224.)

GRADE, rang, dignité :

Il me sert en esclave, et non pas en amant,
Tant mon *grade* s'oppose à mon contentement ! (I, 419. *Veuve*, 388 var.)

En 1668, le second vers est ainsi modifié :

Tant son respect s'oppose à mon contentement !

Corneille s'est servi du mot *grade*, avec la même signification, dans des *Stances* publiées, en 1660, dans la cinquième partie du recueil de Sercy :

Votre *grade* hors du commun
Incommode fort qui vous aime. (X, 170. *Poés. div.* 13.)

Il a dit encore, dans un sens plus rapproché de l'usage actuel, mais qui mérite toutefois d'être signalé :

Rome n'attache point le *grade* à la noblesse. (VI, 386. *Sert.* 569.)

GRAND', au féminin :

Je serois pour vous tout d'amour,
Si vous n'étiez point si *grand'* dame. (X, 170. *Poés. div.* 12.)

GRANDEURS, au pluriel :

.... Cinna, votre assemblée
Des *grandeurs* du péril n'est-elle point troublée ? (III, 391. *Cin.* 142 var.)

En 1660, le commencement du second vers a été ainsi changé :

Par l'effroi du péril....

GRATIFIER.

La noblesse, grand Roi, manquoit à ma naissance ;
Ton père en a daigné *gratifier* mes vers (X, 135. *Poés. div.* 2.)

Le poëte s'adresse à Louis XIV.

GRAVER, au figuré :

Ses rides sur son front *ont gravé* ses exploits. (III, 107. *Cid*, 35.)

L'Académie fait observer que « les rides marquent les années, mais ne *gravent* point les exploits. » Corneille, qui ne tint pas compte de cette critique, vit avec grand chagrin ce vers parodié dans *les Plaideurs*. Voyez l'extrait du *Menagiana*, cité dans la note 2 de la page indiquée.

GRAVIR sur :

On *gravit sur* les monts, on s'abandonne aux flots.
(VIII, 269. *Imit.* III, 198.)

GRÊLE DE BOIS, grêle de coups :

Qu'on le trouve où qu'il soit ; qu'une *grêle de bois*
Assemble sur lui seul le châtiment de trois. (II, 32. *Gal. du Pal.* 251.)

GRENADE (Fleur de), voyez Orange (Fleur d').

GRIMACE, mauvaise mine (faite à quelqu'un) :
Une heure de *grimace* ou froide ou sérieuse,
Un ton de voix trop rude ou trop impérieuse. (x, 145. *Poés. div.* 39.)

GRIPPE, fantaisie, goût capricieux :
>Mais encor suis-je plus heureux
>Que tant de fous et d'amoureux
>Qui se sont perdus par leurs *grippes*. (x, 41. *Poés. div.* 89.)

GRIS (Cheveux) :
Il eût avec honneur laissé mes *cheveux gris*. (III, 326. *Hor.* 1025.)

Parler de ses cheveux blancs est devenu un lieu commun si rebattu qu'on aime à entendre ici le vieil Horace s'exprimer d'une manière toute neuve à force d'être familière.

Barbe grise, voyez Barbe, ci-dessus, p. 114.

GRISON, adjectif; poil grison, voyez Poil.

GROS de :
De la bouche et du cœur je les vois tous avides,
Tous *gros des* bons desirs qui leur servent de guides.
(VIII, 665. *Imit.* IV, 1784.)

Cœur gros de soupirs, voyez Cœur, ci-dessus, p. 181.

Grosse, en parlant d'une femme enceinte :
Elle est *grosse*. — Elle est *grosse!* — Et de plus de six mois.
(IV, 206. *Ment.* 1227.)
Il tarda manifestement quelque temps chez Pitthéus, où il fit l'amour à sa fille Æthra, qu'il laissa *grosse* de Thésée, et n'en partit point que sa grossesse ne fût constante. (II, 335. *Exam. de Méd.*)

Gros, substantivement :
Un *gros* de courtisans en foule l'accompagne. (III, 500. *Pol.* 278.)
.... Elle aperçoit Placide aux portes du palais,
Suivi d'un *gros* armé d'amis et de valets. (v, 96. *Théod.* 1798.)
Un chétif centenier des troupes de Mysie,
Qu'un *gros* de mutinés élut par fantaisie. (v, 163. *Hér.* 174.)
.... Tout ce *gros* de saintes légions
Qui de ton grand palais peuplent les régions. (VIII, 369. *Imit.* III, 2253.)

Gros, au figuré :
Qu'heureux est ce moment où sa bonté déploie
Sur un *gros* d'amertume un peu de ses douceurs! (VIII, 214. *Imit.* II, 770.)

GROSSIER.
N'apprendras-tu jamais, âme basse et *grossière*,

A voir par d'autres yeux que les yeux du vulgaire? (IV, 450. *Rod.* 487.)

« Ce n'est point cette confidente qui est *grossière*, dit ici Voltaire ; n'est-ce pas Cléopatre qui semble le devenir en parlant à une dame de sa cour, comme on parlerait à une servante dont l'imbécillité mettrait en colère? et ici c'est une reine qui confie des crimes à une dame épouvantée de cette confidence inutile. Elle appelle cette dame *grossière*. » Voltaire semble avoir compris *grossier* dans le sens d'impoli, d'impertinent, qu'il n'a pas dans ce passage ; il ne s'applique ici qu'à la pesanteur de l'esprit, et se trouve employé tout à fait dans la même acception que dans ces vers des *Femmes savantes* (acte I, scène 1) :

> Laissez aux gens *grossiers*, aux personnes vulgaires
> Les bas amusements de ces sortes d'affaires.

Il faut se garder toutefois de prétendre avec M. Aimé-Martin qu'à l'époque de Corneille, le mot *grossier* n'était point une injure. » A aucune époque il n'a pu être fort civil de traiter quelqu'un *d'âme basse et grossière.*

Le GROSSIER, substantivement :

> Les nouveautés plaisent à la nature ;
> Elle aime l'ajusté, le beau, le précieux ;
> Le vil et *le grossier* sont l'horreur de ses yeux. (VIII, 537. *Imit.* III, 5695.)

GROSSIR, neutralement, s'accroître, grandir :

Ma conquête m'échappe où les vôtres *grossissent*. (VII, 473. *Sur.* 225.)

GROSSIR, activement, accroître :

Que vous prenez de peine à *grossir* vos ennuis ! (II, 489. *Illus.* 1031.)
Chaque jour *a* sous vous *grossi* sa renommée. (VI, 616. *Oth.* 957.)
Vous trouverez partout les âmes toutes prêtes
A recevoir vos lois et *grossir* vos conquêtes. (X, ¶143. *Poés. div.* 4.)

GROTESQUE.

Corneille écrit *crotesque*, comme en général les auteurs du commencement du dix-septième siècle.

Je ne suis pas d'humeur à rire tant de fois
Du *crotesque* récit de vos rares exploits. (II, 471. *Illus.* 720.)

« Aucuns dient *croute*, » remarque Nicot à l'article GROTTE.

GRUE.

FAIRE LA GRUE, dans le même sens que *faire le pied de grue* :

> Je courois, je *faisois la grue*
> Tout un jour au bout d'une rue. (X, 27. *Poés. div.* 47.)

« On dit qu'un homme *fait le pied de grue* quand il est longtemps debout en quelque lieu, et particulièrement quand on le fait attendre, parce qu'on dit que les grues ont coutume d'avoir un pied en l'air quand elles font sentinelle. » (*Dictionnaire de Furetière*.)

GUÈRE.

Resserrons l'action du poëme dans la moindre durée qu'il nous sera possible, afin que sa représentation ressemble mieux et soit plus parfaite. Ne donnons, s'il se peut, à l'une que les deux heures que l'autre remplit.

Je ne crois pas que *Rodogune* en demande *guère* davantage. (I, 113. *Disc. des 3 unit.*)
Une douleur si sage et si respectueuse,
Ou n'est *guère* sensible ou *guère* impétueuse. (IV, 458. *Rod.* 696.)

Le mot *guère*, qui ne peut plus se prendre qu'avec la négation, s'employait autrefois avec ou sans elle, dans le sens de *beaucoup*.

GUÉRIR DE, neutralement et activement :

S'il (*l'auditeur*) en demeure là, et qu'il ne puisse craindre de tomber dans un pareil malheur, il ne *guérira* d'aucune passion. (I, 60. *Disc. de la Trag.*)
Si vous pouviez encor douter de mon courage,
Je ne vous *guérirois* ni d'erreur ni d'ombrage. (IV, 182. *Ment.* 758.)

« Je ne vous guérirois de, » c'est-à-dire : je ne vous tirerois de, je ne chercherois à dissiper.

GUERRE.

FAIRE LA GUERRE À, figurément, avec un nom de chose pour sujet, tourmenter :

Si de tels souvenirs ne *me faisoient la guerre*,
Seroit-il potentat plus heureux sur la terre ? (VII, 216. *Tit.* 395.)

FAIRE LA GUERRE AU PAIN, locution proverbiale :

Avouez franchement que pressé de la faim,
Vous veniez bien plutôt *faire la guerre au pain*. (II, 498, *Illus.* 1176.)

GUERRIER.

CHAMP GUERRIER, champ de combat, champ de bataille :

Revois ce *champ guerrier* dont les sacrés sillons
Elevoient contre toi de soudains bataillons. (II, 379. *Méd.* 787.)

GUET.

FAIRE BON GUET, faire bonne garde :

.... *Fais bon guet.* — Vous, faites bon butin. (II, 495. *Illus.* 1135.)

GUEULE, voyez GORGE, ci-dessus, p. 467.

GUIDE.

SERVIR DE GUIDE À, suivi d'un infinitif :
Pour me faire chrétien, *sers-moi de guide à* l'être. (III, 558. *Pol.* 1524.)

GUINDER, au figuré, élever avec effort, élever trop haut :
Il est quelques esprits dont l'orgueil curieux

Jusques à mes secrets les plus mystérieux
Tâche à *guinder* l'essor de leur intelligence. (viii, 278. *Imit.* iii, 379.)

<small>*Guinder*, au sens propre, c'est hausser, élever au moyen d'une machine. « Il toucha les bandelettes sacrées où étoit attachée la corde qui tenoit la première pierre, et les prêtres et les magistrats, avec tout le sénat, les chevaliers et la plus grande partie du peuple, la *guindèrent* à l'envi en l'air. » (Perrot d'Ablancourt, traduction de Tacite, *Histoires*, livre IV, chapitre liii, tome III, p. 348.)</small>

Guindé, qui affecte trop d'élévation :

Comme les vers d'*Horace* ont quelque chose de plus net et de moins *guindé* pour les pensées que ceux du *Cid*, on peut dire que ceux de cette pièce ont quelque chose de plus achevé que ceux d'*Horace*. (iii, 381. *Exam. de Cin.*)

GUISE (À) de, en guise de :

Il la lui arrache *(son épée)*, passe tout d'un temps le tronçon de la sienne en la main gauche, *à guise d*'un poignard.... (i, 266. *Arg.* de *Clit.*)
Ainsi donc la cruelle, *à guise d*'un éclair,
En me frappant les yeux est disparue en l'air ! (i, 333. *Clit. var.* 8.)

<small>L'*Argument* d'où est tiré le premier exemple ne se trouve que dans l'édition de 1632, et la variante à laquelle appartient le second n'est que dans les éditions antérieures à 1660.</small>

H

HA! HA!

En vérité, Monsieur, quelque approbation qu'aye emportée notre nouvelle Jocaste, elle n'a point fait faire tant de *ha! ha!* dans l'Hôtel de Bourgogne que votre lettre dans mon cabinet ; mon frère et moi les avons redoublés à toutes les lignes, et y avons trouvé de continuels sujets d'admiration. (x, 483. *Lettr.*)

HABITUDE, liaison :

A servir Amarante il met beaucoup d'étude ;
Mais ce n'est qu'un prétexte à faire une *habitude.* (ii, 130. *Suiv.* 70.)
Vous avez *habitude* avec ce cavalier ? (iv, 367. *S. du Ment.* 1487.)

Faire habitude de :

On cherche si souvent le bien de sa présence,
Qu'on *en fait habitude*, et qu'au point d'en sortir
Quelque regret commence à se faire sentir. (ii, 30. *Gal. du Pal.* 219.)

HABITUER (S'), établir sa demeure (dans un endroit) :

Sion, qui les voit tous *s'habituer* chez elle,
Et comme nés chez elle aime à les regarder,

Fait de son peuple et d'eux une cité fidèle,
  Qu'au Très-Haut il plaît de fonder. (IX, 107. *Off. V.*)

« Il y en a qui croient que les Juifs viennent de Candie.... et ils ajoutent qu'ils en furent chassés lorsque Saturne fut dépossédé par Jupiter, et qu'ils s'allèrent *habituer* aux extrémités de la Libye. » (Perrot d'Ablancourt, traduction de Tacite, *Histoires*, livre V, chapitre II, tome III, p. 390.)

HAINE, objet de la haine :

Vous êtes son amour, craignez d'être sa *haine*. (VII, 267. *Tit.* 1583.)

HALEINE, au figuré :

Au bout d'une carrière et si longue et si rude,
On a trop peu *d'haleine* et trop de lassitude. (X, 187. *Poés. div.* 36.)
Il (*Ronsard*) en perdit l'*haleine*.... (X, 117. *Poés. div.* 33.)
Mon génie, étonné de ne pouvoir te suivre,
En perd *haleine* et force.... (X, 224. *Poés. div.* 14.)

D'HALEINE, tout d'une haleine, sans perdre haleine :

C'est lors qu'il court *d'haleine*.... (X, 75. *Poés. div.* 17.)

TENIR EN HALEINE, expression proverbiale, amuser par des promesses, tenir dans l'incertitude :

Sers-toi de mon pouvoir; en ma faveur, la Reine
Tient et *tiendra* toujours Rosidor *en haleine*. (I, 304. *Clit.* 486.)

HANTISE, fréquentation, commerce familier :

Éraste, amoureux de Mélite, l'a fait connoître à son ami Tircis, et devenu puis après jaloux de leur *hantise*, fait rendre des lettres d'amour supposées, de la part de Mélite, à Philandre. (I, 136. *Argum.* de *Mél.*)
Sa *hantise* me perd, mon mal en devient pire. (I, 145. *Mél. var.* 3.)
Je le souffre encore, afin que par sa *hantise* je remarque plus exactement ses défauts. (I, 194. *Mél.*)
Tant que, par la douceur d'une longue *hantise*,
Comme insensiblement elle se trouve prise. (I, 401. *Veuve*, 37.)
.... Après les douceurs d'une longue *hantise*,
On l'a seul dans sa chambre avec elle trouvé. (IV, 220. *Ment.* 1462.)

On ne trouve plus le mot *hantise* dans les pièces postérieures au *Menteur*, c'est-à-dire à l'année 1642.

HARGNEUX, SE, chagrin, querelleur :

Qu'une femme *hargneuse* est un mauvais voisin ! (II, 93. *Gal. du Pal.* 1408.)

Nicot donne aussi la forme *hergneux*. « *Hargneux* ou *hergneux*, dit-il, car il semble qu'il vient de *herniosus* : « herniosi enim sunt admodum morosi, ob acrem dolorem « quo sæpe cruciantur. »

HARMONIES, au pluriel :

.... Des hautbois,
Qui tour à tour dans l'air poussoient des *harmonies*

Dont on pouvoit nommer les douceurs infinies. (IV, 155. *Ment.* 269.)

HARMONIEUX.

Unissez en votre musique
La flûte à la viole, et la lyre aux tambours ;
Que l'orgue à tant de sons mêle un son magnifique,
Prête un *harmonieux* secours. (IX, 155. *Off. V.* 16.)

HARNOIS, armure, équipage d'un homme d'armes :

.... Ces cheveux blanchis sous le *harnois*. (III, 145. *Cid*, 711.)

Corneille a toujours laissé subsister cette expression, mais il a supprimé *endosser le harnois*, qui se trouvait dans la même tragédie. On lisait dans la première édition :

Don Sanche lui suffit : c'est la première fois
Que ce jeune seigneur *endosse le harnois*. (III, 188. *Cid*, 1620 *var.*)

A partir de 1660, ces deux vers ont été ainsi modifiés :

Don Sanche lui suffit, et mérite son choix,
Parce qu'il va s'armer pour la première fois.

HARPIE.

.... Ce plumage noir
Est celui qu'une *harpie* en fuyant laissa choir. (II, 390. *Méd.* 988.)

« Aujourd'hui la première syllabe de ce mot est aspirée, » remarque M. Parrelle à l'occasion de ce passage. L'*h* était également aspirée dans ce mot du temps de Corneille et beaucoup auparavant. Palsgrave le remarque déjà en 1530, comme une chose qui ne donne lieu à aucun doute (édition de M. Génin, p. 18). Vaugelas est du même avis ; il établit, dans ses *Remarques* (p. 199), la règle suivante : « Tous les mots françois commençants par *h*, qui viennent du latin, où il y a aussi une *h* au commencement, ont l'*h* muette et ne s'aspirent point.... » Il ajoute : « Peu en sont exceptés, comme *héros, hennir, hennissement, harpie, hargne, haleter, hareng*. » — Nous ne trouvons de *harpie* avec une *h* muette aucun exemple que nous puissions rapprocher de celui de Corneille.

HASARD.

Je vois dans le *hasard* tous les biens que j'espère. (IV, 432. *Rod.* 79.)
Je ne me suis voulu jeter dans le *hasard*
Que par la seule soif de vous en faire part (*de l'empire*). (V, 178. *Hér.* 531.)
Avant qu'être au *hasard* qu'un autre bras t'immole,
Je veux dans ma maison avoir qui m'en console. (IV, 173. *Ment.* 585.)
Pourquoi mettre au *hasard* ce que la mort assure ? (III, 518. *Pol.* 665.)
Les yeux en ce grand choix ont la première part ;
Mais leur déférer tout, c'est tout mettre au *hasard*. (IV, 163. *Ment.* 412.)
C'est me mettre au *hasard* d'irriter l'infidèle. (VII, 213. *Tit.* 328.)
Mes secours en Judée achevèrent l'ouvrage
Qu'avoit des légions ébauché le suffrage :
Il m'est trop précieux pour le mettre au *hasard*. (VII, 242. *Tit.* 1017.)
Ecoutez l'imposteur ; c'est *hasard* s'il n'en jure. (IV, 196. *Ment.* 1054.)
Evitons le *hasard* qu'un imposteur l'abuse. (V, 176. *Hér.* 477.)
Va me chercher ton frère, et fais que de ma part
Il apprenne par lui ce qu'il court de *hasard*. (VI, 639. *Oth.* 1468.)
Sur eux à ta fortune ils laissent tout pouvoir,

Et s'offrent tous entiers aux *hasards* du devoir. (x, 191. *Poés. div.* 86.)

Ces vers s'adressent à Louis XIV ; Corneille y parle des deux fils qu'il a dans l'armée du Roi.
Voyez ci-dessous le second exemple de HASARDER.

HASARDER, exposer :

Vous ne voudriez pas *hasarder* sa grossesse ?
— Non, j'aurai patience autant que d'allégresse,
Pour *hasarder* ce gage il m'est trop précieux. (IV, 206. *Ment.* 1229 et 1231.)
Tu vois bien des hasards, ils sont grands, mais n'importe :
Cinna n'est pas perdu pour *être hasardé*. (III, 390. *Cin.* 127.)
.... Voyez les périls où vous me *hasardez*. (III, 503. *Pol.* 352.)
Mais, encore une fois, que Carlos y regarde,
Et pense à quels périls cet hymen le *hasarde*. (v, 459. *D. San.* 1002.)
.... Prenez garde
A quels nouveaux périls cet effort vous *hasarde*. (VI, 71. *Perth.* 1172.)
L'exemple est dangereux et *hasarde* nos vies. (v, 566. *Nic.* 1231.)
Quand ce qu'il fait pour vous *hasarderoit* ma vie.... (VI, 94. *Perth.* 1723.)
.... Je viens vous chercher pour vous prendre en ma garde,
Pour ne *hasarder* pas en vous la majesté
Au manque de respect d'un grand peuple irrité. (v, 585. *Nic.* 1677.)
L'ardeur de vous revoir l'*a hasardée* aux flots. (VI, 285. *Tois.* 694.)
.... Dans tous ses États n'en sauroit-on voir deux
Que puissent vos bontés *hasarder* à mes vœux ? (VI, 615. *Oth.* 908.)
Épargne à mon amour la douleur de te dire
A quels troubles ce choix *hasarderoit* l'empire. (VII, 429. *Pulch.* 1186.)
Ne me *hasardez* plus à des soupirs honteux. (VII, 474. *Sur.* 248.)
.... *Hasarder* la Muse à sécher de langueur. (x, 235. *Poés. div.* 4.)

HASARDER, absolument :

Hasardons ; je ne vois que ce conseil à prendre. (v, 28. *Théod.* 263.)
Chacun peut *hasarder* à ses périls. (VII, 6. *Au lect. d'Agés.* 7.)
Hasardons sur la foi de nos heureux destins. (VII, 263. *Tit.* 1478.)
Quand on voit tout perdu, craint-on de *hasarder ?* (VII, 214. *Tit.* 334.)

SE HASARDER DE :

Je *me suis hasardé* d'y ajouter l'épithète d'*héroïque* (*au titre de* comédie *donné à* Don Sanche), pour le distinguer d'avec les comédies ordinaires. (I, 25. *Disc. du Poëm. dram.*)

HASARDÉ :

.... D'un mot échappé la douceur *hasardée*
Trouvoit l'âme en tous deux toute persuadée. (VII, 465. *Sur.* 57.)

HASARDEUX, dangereux, plein de hasards.

PAS HASARDEUX :

.... Loin de le tirer de ce *pas hasardeux,*

Ma bonté ne feroit que nous perdre tous deux. (III, 556. *Pol.* 1481 *var.*)

En 1644 :

.... Loin de le tirer de ce pas dangereux.

CONSEIL HASARDEUX :

.... Suivant d'Achillas le *conseil hasardeux.* (IV, 34. *Pomp.* 187.)

HÂTER.

.... Les fleuves mal sûrs dans leurs grottes profondes
Hâtent vers l'Océan la fuite de leurs ondes. (X, 202. *Poés. div.* 126.)

HÂTER DE, avec l'infinitif :

Il semble que ses impiétés *hâtent* ce monstre *de* paroître. (V, 267. *Dess. d'Andr.*)

HÂTÉ, pressé, qui a hâte :

Mais je parle à moi seule. Amoureux, qu'est-ce-ci ?
Vous êtes bien *hâtés* de me laisser ainsi! (I, 249. *Mél.* 1818.)

Boileau a employé le participe *hâté* avec le même sens dans ces vers que tout le monde sait par cœur :

Gardez qu'une voyelle, à courir trop *hâtée,*
Ne soit d'une voyelle en son chemin heurtée. (*Art poétique,* chant I, vers 106.)

HAUSSER, au figuré, élever, augmenter :

Mais à peine il revit, qu'elle, *haussant* la voix.... (V, 98. *Théod.* 1829.)
Je n'ai qu'à faire un pas et *hausser* la parole. (VII, 217. *Tit.* 404.)
Plus vous me faites voir d'amour et de mérite,
Plus vous *haussez* le prix des trésors que je quitte. (VI, 307. *Tois.* 1233.)

HAUT, figurément, grand, élevé, excessif :

Je veux une vengeance et plus *haute* et plus prompte. (II, 401. *Méd.* 1241.)
Don Rodrigue surtout n'a trait en son visage
Qui d'un homme de cœur ne soit la *haute* image. (III, 107. *Cid,* 30.)
Cette *haute* vertu qui règne dans votre âme.... (III, 135. *Cid,* 513.)
.... Je me rends, Seigneur, à ces *hautes* bontés. (III, 460. *Cin.* 1715.)
.... Rome vous permet cette *haute* alliance. (V, 519. *Nic.* 175.)
Prenez-en aujourd'hui la marque la plus *haute.* (V, 534. *Nic.* 503.)
.... C'est remporter une *haute* victoire. (V, 579. *Nic.* 1535.)
Pour voir votre vertu dans son plus *haut* éclat. (V, 592. *Nic.* 1830.)
Sous un si *haut* appui.... (VI, 381. *Sert.* 427.)
.... La *haute* vaillance. (VI, 396. *Sert.* 765.)
.... Le voir aussi prompt à te bien reconnoître
Que ta *haute* valeur fut prompte à le servir. (X, 114. *Poés. div.* 106.)
.... De *hauts* remercîments. (VI, 437. *Sert.* 1748.)

Les bons esprits trouvent que vous avez fait un *haut* chef-d'œuvre de doctrine et de raisonnement en vos *Observations.* (X, 400. *Lettr. apol.*)

... Montrer dans un cœur aussi *haut* que son rang

De l'illustre Condé le véritable sang. (x, 208. *Poés. div.* 207.)
Il s'agit du duc d'Enghien, fils du grand Condé.

.... Il vous laisse obligée à demander justice,
A témoigner toujours ce *haut* ressentiment. (III, 190. *Cid*, 1671.)
Par lui j'ai jeté Rome en *haute* jalousie. (V, 526. *Nic.* 315.)

HAUTS FAITS, exploits, grandes actions :

.... Parmi tes *hauts faits* sois-lui toujours fidèle. (III, 198. *Cid*, 1829.)

LE HAUT, substantivement, au figuré :

C'est quitter, c'est trahir les droits du diadème,
Que sur *le haut* d'un trône être esclave moi-même. (VI, 34. *Perth.* 340.)
Et ce seroit trahir les droits du diadème,
Que sur *le haut* d'un trône être esclave moi-même. (VI, 507. *Soph.* 862.)
.... Monter *au* plus *haut* de la félicité. (VI, 82. *Perth.* 1442.)
Ils alloient *au* plus *haut* de la perfection. (VIII, 71. *Imit.* I, 681.)

HAUT, adverbe :

.... Ces vastes montagnes
N'ont eu remparts si forts ni si *haut* élevés
Que ton vol.... n'ait bravés. (x, 116. *Poés. div.* 3.)
Ta fortune est bien *haut*.... (III, 452. *Cin.* 1520.)
Mon nom dans nos succès s'étoit mis assez *haut*. (IV, 149. *Ment.* 172.)
.... Je vous dirai *haut* et net
Que je craindrai fort peu la honte. (x, 159. *Poés. div.* 28.)

PORTER HAUT, au figuré, exalter :

Porte, porte plus *haut* le fruit de ta victoire. (III, 162. *Cid*, 1053.)
.... *Porte*-lui si *haut* la douceur de régner,
Qu'à cet éclat du trône il se laisse gagner. (IV, 433. *Rod.* 93.)
Votre Sparte si *haut porte* sa royauté,
Que tout sang étranger la souille et la profane. (VII, 86. *Agés.* 1875.)

LE PORTER HAUT, se prévaloir :

Je l'avoue entre nous, mon sang un peu trop chaud
S'est trop ému d'un mot, et l'*a porté* trop *haut*. (III, 125. *Cid*, 352.)

HAUTBOIS.

N'épargnez *hauts-bois*, ni trompettes,
Pour lui faire à l'envi des concerts plus charmants. (IX, 155. *Off. V.* 9.)

C'est ainsi qu'on écrit le pluriel de *hautbois* dans l'édition originale. Les anciennes impressions ont de même une *s* au milieu (*hautsbois*) dans l'exemple cité plus haut, p. 374, à l'article HARMONIES.

HAUTEMENT.

Deux sceptres en ma main, Albe à Rome asservie,
Parlent bien *hautement* en faveur de sa vie. (III, 356. *Hor.* 1744.)
Ma main bientôt sur eux m'eût vengé *hautement*. (III, 323. *Hor.* 969.)
Pour les mettre en déroute, eux et tous leurs complices,

Je n'ai qu'à déployer l'appareil des supplices,
Et pour soldats choisis, envoyer des bourreaux
Qui portent *hautement* mes haches pour drapeaux. (IV, 86. *Pomp.* 1444.)

Dans ce passage, la signification de *hautement* est un peu incertaine. Nous croyons avec M. Littré qu'il est employé à peu près comme dans l'exemple précédent, et qu'il signifie *avec hauteur, avec vigueur;* M. Godefroy pense qu'il est pris dans un sens tout physique pour *en l'air*.

.... Son moindre vouloir (*de Dieu*) *hautement* s'exécute.
(IX, 315. *Vêpr. et Compl.* 44.)

.... Tes premiers miracles
Ont rempli *hautement* la foi de mes oracles. (X, 178. *Poés. div.* 42.)
C'est par là que le ciel prépare ton Dauphin
A remplir *hautement* son illustre destin. (X, 178. *Poés. div.* 336.)

HAUTEUR (DE), ouvertement, de vive force :

Me condamnerez-vous à voir que Bérénice
M'enlève *de hauteur* le rang d'impératrice ? (VII, 252. *Tit.* 1244.)
Ce que n'espéroit plus aucun médiateur,
Tu le fais par toi-même, et le fais *de hauteur*. (X, 328. *Poés. div.* 24.)

HAVRES, ports :

Tous nos *havres* en étoient comme assiégés (*de corsaires*). (IV, 413. *Épît. de Rod.*)

HÉLAS, employé substantivement, soit au singulier, soit au pluriel, tant dans la comédie que dans la tragédie :

Traîtres, ces feints *hélas* ne sauroient m'abuser. (I, 463. *Veuve,* 1257.)
Hélas ! — Que cet *hélas* a de peine à sortir ! (III, 545. *Pol.* 1253.)
.... Je n'en arrachois que de profonds *hélas*. (VI, 491. *Soph.* 465.)

HÉRITER, activement :

.... Moi, comme *héritant* son sceptre et sa couronne. (V, 428. *D. San.* 237.)
Vous *avez hérité* ce nom de vos aïeux. (VI, 398. *Sert.* 843.)
Et ces hautes vertus que de vous il *hérite*
Vous donnent votre part aux encens qu'il mérite. (X, 195. *Poés. div.* 9.)
Mais disposer d'un sang que j'ai reçu sans tache !
Avant que le souiller il faut qu'on me l'arrache :
J'en dois compte aux aïeux dont il *est hérité*. (V, 457. *D. San.* 935.)

HÉROÏQUE, avec l'*h* aspirée :

Quand je me suis résolu de repasser du *héroïque* au naïf, je n'ai osé descendre de si haut sans m'assurer d'un guide. (IV, 130. *Épît. du Ment.*)
J'ajoute à celle-ci (*à cette comédie de* Don Sanche) l'épithète de *héroïque*. (V, 410. *Épît. de D. San.*)

Les deux épîtres d'où ces exemples sont tirés ne se trouvent que dans les éditions antérieures à 1660. La première est de 1642, la seconde de 1650. L'usage qui fait l'*h* aspirée dans *héros* et muette dans *héroïque* et *héroïne* était dès lors généralement établi, et l'on peut s'étonner que Corneille s'en soit écarté. Voyez les *Remarques* de Vaugelas (1647), p. 3, et les *Observations* de Ménage (1672), qui dit à ce sujet (p. 177) que *héros* ne s'aspire que depuis quarante ou cinquante ans. En 1660, Corneille se conforme à la règle. Voyez ci-dessus, p. 476, à l'article SE HASARDER, un exemple où se lit *d'héroïque;* c'est en 1660 qu'a paru pour la première fois le *Discours sur le Poëme dramatique,* d'où cet exemple est emprunté.

HÉSITER.

Ne *hésiter* jamais, et rougir encor moins. (IV, 190. *Ment.* 936 *var.*)
En 1663 :

Ne se brouiller jamais....

« Quelques-uns aspirent l'*h* du verbe *hésiter*, mais la plupart la font muette parce qu'il est plus doux d'en user ainsi. » (*Dictionnaire de Richelet,* 1680.) Ménage dit dans ses *Observations* (p. 467) : « Ajoutez-y encore (*à la liste des mots où l'h est aspirée*) le mot *hésiter,* que plusieurs de l'Académie françoise aspirent, et entr'autres M. Chapelain et M. Corneille, qui prononçent *san hésiter*, et non pas *sans hésiter*. »

HEUR.

A la fin du dix-septième siècle, ce mot commençait à n'être plus guère en usage. « Il est bas et peu usité, » dit Richelet en 1680 ; et quelques années plus tard, la Bruyère écrivait : « *Heur* se plaçoit où *bonheur* ne sauroit entrer ; il a fait *bonheur,* qui est si françois, et il a cessé de l'être. » — Corneille n'a rien à se reprocher quant à l'abandon qu'on a fait de ce mot : non-seulement il s'en est beaucoup servi, mais il l'a laissé subsister, même en 1682, dans tous les passages que nous allons rapporter :

Ainsi, chère Cloris, nos ardeurs mutuelles,
Dedans cette union prenant un même cours,
Nous préparent un *heur* qui durera toujours. (I, 159. *Mél.* 316.)
Tiens, déloyal ami, tiens ton âme assurée
Que ton *heur* surprenant aura peu de durée. (I, 169. *Mél.* 462.)
Je vois déjà Mélite. Ah! belle ombre, voici
L'ennemi de votre *heur* qui vous cherchoit ici. (I, 232. *Mél.* 1498.)
Ah! mon *heur*, il est vrai, si tes desirs secondent
Cet amour qui paroît et brille dans tes yeux,
Je n'ai rien désormais à demander aux Dieux. (I, 239. *Mél.* 1632.)
Ces contraires succès, demeurant sans effet,
Font naître mon malheur de mon *heur* imparfait. (I, 308. *Clit.* 568.)
Usez bien de votre *heur* et de l'occasion. (I, 427. *Veuve,* 557.)
Allons : mon *heur* dépend de vos commandements. (I, 491. *Veuve,* 1782.)
L'*heur* suit dans les duels le plus heureux amant. (II, 188. *Suiv.* 1188.)
Appui de ma vieillesse, et comble de mon *heur*. (III, 161. *Cid,* 1035.)
Sa joie éclatera dans l'*heur* de ses enfants. (III, 285. *Hor.* 58.)
.... Rends ce que tu dois à l'*heur* de ma victoire. (III, 337. *Hor.* 1256.)
Si jaloux de son *heur*, et las de commander,
Vous lui rendez un bien qu'elle ne peut garder. (III, 411. *Cin.* 611.)
Tu t'en souviens, Cinna : tant d'*heur* et tant de gloire
Ne peuvent pas sitôt sortir de ta mémoire. (III, 450. *Cin.* 1473.)
.... L'*heur* de vous revoir lui semblera plus doux. (III, 491. *Pol.* 99.)
Puisse le juste ciel, content de ma ruine,
Combler d'*heur* et de jours Polyeucte et Pauline! (III, 512. *Pol.* 566.)
Je sais quel en est l'*heur*, et quelle en est la gloire. (III, 543. *Pol.* 1207.)
Ne vous offensez pas si cet *heur* de vos armes,
Qui me rend tant de biens, me coûte un peu de larmes.
(IV, 100. *Pomp.* 1789.)

La faveur qu'on mérite est toujours achetée ;

L'*heur* en croît d'autant plus, moins elle est méritée. (IV, 147. *Ment.* 126.)
Le prince Antiochus, devenu nouveau roi,
Sembla de tous côtés traîner l'*heur* avec soi. (IV, 431. *Rod.* 54.)
.... Dans un tel malheur,
L'*heur* de vous obéir flattera sa douleur. (IV, 467. *Rod.* 926.)
.... Tout l'*heur* que j'espère,
C'est de vous obéir et respecter en mère. (IV, 495. *Rod.* 1563.)
Le temps presse, et votre *heur* d'autant plus se diffère. (IV, 496. *Rod.* 1596.)
L'*heur* de notre destin va faire des jaloux. (V, 204. *Hér.* 1181.)
Le refus d'un tel *heur* auroit trop d'injustice. (VI, 271. *Tois.* 369.)
.... Chatouillé d'ailleurs par l'espoir qui le flatte,
De faire avec plus d'*heur* la guerre à Mithridate. (VI, 370. *Sert.* 150.)
.... L'excès d'un tel *heur*
Me fait vous en parler avec trop de chaleur. (VI, 376. *Sert.* 307.)
Quel astre, de votre *heur* et du nôtre jaloux,
Vous a précipité jusqu'à rompre avec nous? (VI, 521. *Soph.* 1183.)
On portera toujours envie
A l'*heur* qui suit son mauvais sort. (X, 61. *Poés. div.* 9.)
Quand j'aurois l'*heur* de vous plaire. (X, 168. *Poés. div.* 5.)

HEURE.

UN DEMI-QUART D'HEURE, un peu de temps :

.... Toutefois, si tu veux
Perdre *un demi-quart d'heure* à les lire nous deux....
— Voyons donc ce que c'est, sans plus longue demeure;
Ma curiosité pour ce *demi-quart d'heure*
S'osera dispenser.... (I, 204. *Mél.* 1038 et 1040.)

À BONNE HEURE, heureusement :

Qu'*à bonne heure* défait d'un masque et d'une épée,
J'ai leur crédulité sous ces habits trompée! (I, 300. *Clit.* 417.)

« Allez *en la bonne heure*, i sane ducente Deo. » (Math. Cordier, *de Corrupti sermonis emendatione*, chapitre XXV, § 7, p. 292, édit. de 1539.) — « J'ai choisi *à la bonne heure*, et ne me repens pas de mon choix. » (Perrot d'Ablancourt, traduction de Lucien, tome I, p. 434.)

POUR L'HEURE, pour le moment, pour le présent :

Peut-être à mon retour je saurai te guérir;
Je ne puis mieux *pour l'heure* : adieu.... (IV, 329. *S. du Ment.* 759.)

« De quoy je me contentay *pour l'heure*. » (Sully, *OEconomies royales*, chapitre XVIII, tome II, p. 206.)

SUR L'HEURE, à l'instant, tout d'abord :

.... Quoi qu'un juste orgueil *sur l'heure* persuade,
Qui ne sent point son mal est d'autant plus malade. (IV, 475. *Rod.* 1123.)

TOUT À L'HEURE, aussitôt :

Oui, mais les feux qu'il jette en sortant de prison

Auroient en un moment embrasé la maison,
Dévoré *tout à l'heure* ardoises et gouttières. (II, 473. *Illus.* 749.)

Il présente ce portrait aux yeux de la Discorde et de l'Envie, qui trébuchent aussitôt aux enfers, et ensuite il le présente aux chaînes qui tiennent la Paix prisonnière, lesquelles tombent, et se brisent *tout à l'heure.* (VI, 261. *Tois.*)

Oh! Madame, reprit son époux *tout à l'heure.* (La Fontaine, livre VII, fable II.)

IL EST HEURE DE :

Voyez ce qu'en ces lieux il venoit demander,
S'*il est heure* si tard *de* faire une visite. (IV, 351. *S. du Ment.* 1189.)

HEUREUX (SE TENIR), voyez SE TENIR.

HEXAMÈTRE, voyez ci-dessus, p. 59, l'exemple cité au mot ANAPESTIQUE.

HIER.

Avise à ta retraite. *Hier* un cartel reçu.... (I, 279. *Clit.* 76.)
Ma maîtresse m'attend pour faire des visites
Où je lui promis *hier* de lui prêter la main. (I, 404. *Veuve*, 95.)
Hier ce devoir te mit en une haute estime. (III, 168. *Cid*, 1169.)
Mais *hier*, quand elle sut qu'on avoit pris journée.... (III, 287. *Hor.* 107.)
Hier dans sa belle humeur elle entretint Valère. (III, 287. *Hor.* 111.)
Oui, la collation avecque la musique.
— *Hier* au soir ? — *Hier* au soir. — Et belle ? — Magnifique.
(IV, 152. *Ment.* 230.)
Quelquefois. — Et ce fut *hier* au soir ? — *Hier* au soir.
(IV, 153 et 154. *Ment.* 243.)
Il vint *hier* de Poitiers, mais il sent peu l'école. (IV, 162. *Ment.* 393.)
Je fis *hier* à Vénus offrir un sacrifice. (X, 324. *Andr.* 204.)

Corneille, grand partisan de la diérèse dans les mots terminés en *ier*, fait cependant toujours, comme on le voit, *hier* d'une seule syllabe; cette quantité a été du reste la plus ordinaire jusqu'à Boileau.

HISTOIRE, dans le style tragique, pour récit, narration :

Que parlez-vous ici d'Albe et de sa victoire?
Ignorez-vous encor la moitié de l'*histoire?* (III, 330. *Hor.* 1095.)

HOLLANDE, avec une *h* aspirée :

.... Que vous vendez de ces toiles de soie!...
Elle sied mieux aussi que celle *de Hollande.* (II, 21. *Gal. du Pal.* 82.)

C'est une lingère qui parle, et c'est ainsi qu'elles parlent toutes au dix-septième siècle, dans ce que nous avons pu voir de pièces du théâtre italien : « Venez voir chez nous, Monsieur, de très-belle toile *de Hollande.* » (*Arlequin, lingère du Palais*, scène I.) — « Venez voir ici de très-belles chemises de toile *de Hollande.* Chemises *de Hollande!* » (*La Foire Saint-Germain*, scène I.) — Nodier, après avoir dit, dans son *Examen critique des dictionnaires*, que, d'après les grammairiens, « l'usage est pour toile *d'Hollande*, fromage *d'Hollande*, » continue ainsi : « Cela est vrai; mais c'est l'usage des blanchisseuses et de l'office, qui ne devrait pas faire loi au salon. » Ajoutons que lorsque les classiques se sont servis de ces phrases, qui du reste ne sont point de nature à revenir très-fréquemment dans leurs écrits, ils ont généralement aspiré l'*h* du mot *Hollande*.

> Les Levantins en leur légende
> Disent qu'un certain rat, las des soins d'ici-bas,
> Dans un fromage *de Hollande*
> Se retira loin du tracas. (La Fontaine, livre VII, fable III.)

Dans l'édition des *Lettres de Mme de Sévigné* qui fait partie de la collection, on lit une fois (tome VIII, p. 489), non d'après un autographe, mais d'après une ancienne copie : « les affaires *d'Hollande*. »

HOMME à, suivi d'un infinitif à sens soit actif soit passif :

Puisque je passe encor pour *homme à* vous séduire,
Venez dans la prison où je vais vous conduire. (v, 221. *Hér.* 1507.)
Eraste n'est pas *homme à* laisser échapper. (I, 210. *Mél.* 1125.)
Je te donne à combattre un *homme à* redouter. (III, 120. *Cid*, 276.)

HONNÊTE, honorable, glorieux :

Cherchons aux yeux d'Othon un trépas à leur tête,
Pour lui plus odieux, et pour nous plus *honnête*. (VI, 647. *Oth.* 1638.)

HONNÊTE HOMME, HONNÊTES GENS :

Après elles et vous, il n'est rien dans Paris,
Et je n'en sache point, pour belles qu'on le nomme,
Qui puissent attirer les yeux d'un *honnête homme*. (II, 20. *Gal. du Pal.* 66.)
   Le sujet n'a pas grand artifice. C'est un inconnu assez *honnête homme* pour se faire aimer de deux reines. (v, 415. *Exam. de D. San.*)
   Je tâche de ne mettre en la bouche de mes acteurs que ce que diroient vraisemblablement en leur place ceux qu'ils représentent, et de les faire discourir en *honnêtes gens*, et non pas en auteurs.(I, 377.*Au lect.* de *la Veuve*.)
.... Il faut à Paris bien d'autres qualités :
On ne s'éblouit point de ces fausses clartés ;
Et tant d'*honnêtes gens*, que l'on y voit ensemble,
Font qu'on est mal reçu, si l'on ne leur ressemble. (IV, 144. *Ment.* 69.)

Nicot (1606) explique *honneste homme et courtois* par *bellus homo, urbanus, civilis*. On voit qu'outre l'idée de probité cette expression renfermait dès lors celle d'élégance et de bonnes manières. Cet idéal alla se complétant et se perfectionnant de plus en plus : l'*honnête homme* était pour nous au dix-septième siècle ce qu'est encore aujourd'hui le *gentleman* pour les Anglais, sauf, bien entendu, quelques points de détail qui tiennent à la différence du caractère et des habitudes des deux nations. En 1630, Faret intitulait un livre : *l'Honneste homme ou l'Art de plaire à la cour*. En 1694, l'Académie donnait les définitions suivantes, qu'il n'est peut-être pas sans intérêt de reproduire, car elles ont été modifiées dans les dernières éditions, et le second des paragraphes que nous allons transcrire a même été entièrement supprimé dès la seconde édition (1718) : « *Honnête homme*, outre la signification qui a été touchée au premier article, et qui veut dire *homme d'honneur, homme de probité*, comprend encore toutes les qualités agréables qu'un homme peut avoir dans la vie civile. *C'est un parfaitement honnête homme ; il faut bien des qualités pour faire un honnête homme*.

« Quelquefois on appelle aussi *honnête homme*, un homme en qui on ne considère alors que les qualités agréables, et les manières du monde, et en ce sens *honnête homme* ne veut dire autre chose que galant homme, homme de bonne conversation, de bonne compagnie.

« .... *Honnêtes gens* se dit dans tous les sens d'*honnête homme*. »
Quand le mot d'*honnête homme* eut perdu peu à peu cette signification d'élégance du

ton et des manières, pour ne plus s'appliquer qu'à la probité, il y eut vers la fin du dix-huitième siècle et dans le temps qui suivit des méprises fort étranges, et l'on vit des défenseurs du peuple, plus passionnés qu'érudits, s'indigner contre l'impudence des écrivains d'autrefois, qui, suivant eux, ne reconnaissaient d'honneur que dans les classes élevées. Voici, par exemple, une phrase de Perrot d'Ablancourt qui les aurait poussés aux dernières limites de l'exaspération : « Sous ces arbres étoient dressées des tentes pour le peuple; car on y voyoit peu d'*honnêtes gens.* » (Traduction de Lucien, tome II, p. 243.) Aujourd'hui on ne prend pas si aisément le change; toutefois quelques explications n'étaient peut-être pas tout à fait inutiles pour la complète intelligence des exemples qui précèdent.

HONNÊTETÉS, politesses, civilités :

.... Jamais on n'a vu de refus plus honnêtes ;
Mais ces *honnêtetés* ne font pas moins rougir. (vii, 516. *Sur.* 1287.)

HONNEUR.

PERDRE D'HONNEUR :

Lui pourrez-vous aider à me *perdre d'honneur?* (vii, 252. *Tit.* 1245.)

HONTE, dans le sens de *pudeur :*

Qu'elle *honte* importune au visage te monte
Pour un sexe quitté dont tu n'es que la honte? (i, 307. *Clit.* 533.)
Que votre majesté, Sire, épargne ma *honte.*
D'un si foible service elle fait trop de conte,
Et me force à rougir devant un si grand roi
De mériter si peu l'honneur que j'en reçoi. (iii, 171. *Cid,* 1229.)

L'Académie a fait sur ce passage l'observation suivante : « Cela ne signifie rien, car *honte* n'est pas bien pour *pudeur* ou *modestie.* » Corneille, qui tenait au mot et le trouvait bon, ne l'a point changé. — Vaugelas, à la page 538 de ses *Remarques,* publiées onze ans après l'éclatant succès du *Cid,* s'exprime ainsi en parlant du mot *pudeur,* dont il dit que des Portes a usé le premier : « Nous lui en avons de l'obligation, et non-seulement à lui, mais à ceux qui l'ont mis en vogue après lui ; car ce mot exprime une chose pour laquelle nous n'en avions point encore dans notre langue qui fût si propre et si significatif, parce que *honte,* quoiqu'il signifie cela, ne se peut pas dire néanmoins un terme tout à fait propre pour exprimer ce que signifie *pudeur,* à cause que *honte* est un mot équivoque, qui veut dire la bonne et la mauvaise *honte,* au lieu que *pudeur* ne signifie jamais que la bonne *honte.* »

HONTES, au pluriel :

.... Les plus beaux feux dont son cœur soit épris
N'oseroient l'exposer aux *hontes* d'un mépris. (iv, 43. *Pomp.* 388.)
Son esprit alarmé les croit (*ces mots*) un artifice,
Pour réserver sa tête aux *hontes* d'un supplice. (iv, 95. *Pomp.* 1646 *var.*)

En 1660 :

Pour réserver sa tête à l'affront d'un supplice.

.... Vous avez dû garder le souvenir
Des *hontes* que pour vous j'avois su prévenir. (iv, 483. *Rod.* 1310.)
Arrachez Théodore aux *hontes* d'un arrêt. (v, 60. *Théod.* 997.)
.... Tu sais quel orgueil ont lors montré les comtes,
Combien d'affronts pour lui, combien pour moi de *hontes.*
(v, 436. *D. San.* 402.)

Dans les bras de ce fils on lui fait mille *hontes*. (v, 484. *D. San.* 1585.)
Les soins que cette amour (*l'amour-propre*) nous donne en cette vie
Ne peuvent aussi bien nous élever si haut,
Que la perfection la plus digne d'envie
     N'y soit toujours suivie
     Des *hontes* d'un défaut. (VIII, 43. *Imit.* I, 233.)

HONTEUX à :

Toute excuse est *honteuse aux* esprits généreux. (III, 152. *Cid*, 844.)
Toute fourbe est *honteuse aux* cœurs nés pour l'empire. (v, 235. *Hér.* 1808.)

HONTEUSE, souillée :

Si ma main en devient *honteuse* et profanée.... (III, 345. *Hor.* 1423.)

HORLOGIER.

Depuis quand cette montre ? et qui vous l'a donnée ?
— Acaste, mon cousin, me la vient d'envoyer,
Dit-elle, et veut ici la faire nettoyer,
N'ayant point d'*horlogiers* au lieu de sa demeure. (IV, 176. *Ment.* 637.)

« Ce mot venait d'être créé, dit M. Aimé-Martin, et il portait encore les traces de son étymologie. » Qui peut faire croire à M. Aimé-Martin que ce mot soit si nouveau ? et comment nommait-on les gens qui faisaient les horloges, les pendules et les montres, avant qu'il fût inventé ? Ce qui peut-être a induit M. Aimé-Martin en erreur, c'est que le mot manque dans Nicot ; mais on lit *horilogier* en 1530 dans Palsgrave (p. 206, colonne 1) ; en 1607, on trouve dans *le Thresor des deux langues françoise et espagnolle*, de César Oudin : « Horloger, *reloxero* ; » et *reloxero* est expliqué dans le même ouvrage par *horloger* ou *horlogeur*. Enfin, en 1611, Cotgrave donne les formes suivantes : « *horloger, horlogeur, horologeur* et *horologier*. » Horloger et horlogeur sont conservés dans tous les dictionnaires du dix-septième siècle, même dans celui de l'Académie (1694) ; seulement le premier de ces mots est indiqué comme plus en usage.

HORMIS, excepté :

On connoît, *hormis* vous, quiconque en seroit digne. (v, 472. *D. San.* 1314.)
En cette extrémité que prétendez-vous faire ?
— Tout, *hormis* l'irriter ; tout, *hormis* lui déplaire. (v. 381. *Andr.* 1428.)

HORREUR.

HORREUR, objet d'horreur :

Il ne peut endurer que l'*horreur* de la Grèce
Pour prix de ses forfaits épouse la princesse. (II, 371. *Méd.* 621.)

HORREURS, au pluriel :

.... Que d'*horreurs* vous me jetez dans l'âme ! (VII, 532. *Sur.* 1701.)
    Leur fière impétuosité (*des eaux*),
Qui comble tout d'*horreurs*, comble Sion de joie. (IX, 103. *Off. V.* 14.)

HORRIBLE à :

.... Ce seroit un monstre *horrible à* vos États

Que le fils de Maurice adopté par Phocas. (v, 229. *Hér.* 1685.)

HORS DE, au propre :

Mettre un roi *hors du* trône.... (III, 425. *Cin.* 940.)

HORS DE, au figuré :

.... L'obligation que j'en vais vous avoir
Met la revanche *hors de* mon peu de pouvoir. (I, 481. *Veuve*, 1602.)
Arrête : cette fuite est *hors de* bienséance. (II, 200. *Suiv.* 1425.)
.... Du moins votre esprit est *hors de* ses alarmes. (III, 513. *Pol.* 574.)

« On dit *hors d'alarmes, hors de crainte, hors de danger,* mais non *hors de ses alarmes, de sa crainte, de son danger,* parce qu'on n'est pas hors de quelque chose qu'on a. » (Voltaire.) — Fort bien; mais ne peut-on pas être hors de quelque chose qu'on avait ?...

Voyez des maux sans nombre et *hors de* guérison. (VII, 16. *Agés.* 179.)
L'amour *hors* d'intérêt s'attache à ce qu'il aime. (VII, 398. *Pulch.* 425.)
S'il y a quelque contestation pour le nom de l'auteur, il est *hors de* dispute que c'étoit un homme bien éclairé du Saint-Esprit. (VIII, 15. *Au lect. de l'Imit.*)
Le plein calme est un bien *hors de* notre puissance. (VIII, 136. *Imit.* 1, 1896.)
Votre grade *hors du* commun
Incommode fort qui vous aime. (X, 170. *Poés. div.* 13.)

HORS DE LÀ :

Car enfin, *hors de là,* que peut-il m'imputer? (v, 565. *Nic.* 1190.)

HOSTIE, *hostia*, victime, au propre et au figuré :

Prenez des *hosties* et entrez en son temple. (IX, 110. *Off. V.*)

C'est la traduction des mots latins : *Tollite hostias, et introïte in atria ejus*, que Corneille a ainsi rendus en vers :

Entrez dedans son temple, et prenez des victimes,
Pour les immoler au vrai Dieu. (IX, 111. *Off. V.* 29.)

Le funeste succès de leurs armes impies
De tous les combattants a-t-il fait des *hosties*? (III, 315. *Hor.* 768.)
Cette seconde *hostie* est digne de ta rage. (III, 567. *Pol.* 1720.)

Ce mot n'était pas fort bien compris de tout le monde, même au dix-septième siècle, s'il faut en croire l'anecdote, si souvent racontée, de ces spectateurs qui, après avoir entendu sans rien dire les maximes hardies débitées par Séjanus dans *la Mort d'Agrippine* de Cyrano, se levèrent en tumulte à ce passage de la scène IV du IV° acte :

Frappons! Voilà *l'hostie*, et l'occasion presse,

et s'écrièrent : « Oh! le méchant, il veut tuer notre Seigneur! »

HÔTE.

COMPTER SANS SON HÔTE :

Vous *comptez sans votre hôte*, et vous pourrez apprendre
Que ce n'est pas sans moi que ce jour se doit prendre. (I, 431. *Veuve*, 639.)

Locution proverbiale qu'explique cet autre proverbe : « Qui *compte sans son hôte* compte deux fois. »

Hôtesse.

Je crois qu'il est ravi de voir que sa maîtresse
Est la sœur de Cléandre et devient son *hôtesse?* (iv, 376. *S. du Ment.* 1638.)

Suivant tous les dictionnaires actuels, *hôte* se dit non-seulement de celui qui reçoit, mais aussi de celui qui est reçu; mais en est-il de même d'*hôtesse?* Cela ne faisait pas question au dix-septième siècle :

L'honneur de recevoir une si grande *hôtesse*
De mes malheurs passés efface la tristesse. (ii, 402. *Méd.* 1265.)
C'est l'ordinaire effet de son épanchement *(de la grâce)*
Que d'enfanter le zèle et semer l'allégresse;
C'est l'accompagnement de cette grande *hôtesse*. (viii, 221. *Imit.* ii, 919.)

« Ce bon homme, qui mène une vie de saint, n'avoit presque rien rapporté de sa chasse parce qu'il lui avoit toujours fallu nourrir ses *hôtesses* durant les trois mois de son absence. » (*Lettres de Marie de l'Incarnation*, 29 septembre 1642.)

J'en ferai mes trois déesses,
Leur donnant à ma façon
Et l'Amour pour compagnon,
Et les Grâces pour *hôtesses*.
(La Fontaine, *Lettre à Mmes d'Hervart, de Virville et de Gouvernet*, 1691.)

Aujourd'hui on est tellement accoutumé à entendre exclusivement par *hôtesse* la maîtresse d'une auberge, d'une hôtellerie, qu'employé dans le sens de personne qu'on reçoit, ce mot ferait rire, surtout au théâtre, où parfois quelque détail ridicule de ce genre peut suffire à faire tomber un excellent ouvrage. L'auteur de *la Ciguë*, persuadé de ce danger, s'est permis une hardiesse, qui lui a très-heureusement réussi, mais qui n'en est pas moins fort grande : il a employé *hôte* en parlant d'une femme qu'on reçoit, faisant ainsi ce mot des deux genres dans cette acception. Au commencement du second acte, la jeune Hippolyte dit à Clinias :

Vous m'insultez malgré ma faiblesse et mon âge;
Vous m'insultez malgré ces liens chers à tous :
La sainte parenté du bienfait entre nous ;
Enfin, honte plus grande, impiété plus haute,
Vous m'insultez chez vous, moi libre, moi votre *hôte!*

HUMAIN (L'), substantivement, dans le centre neutre.

Quelque chose qui surpasse l'humain, qui est supérieur à l'humanité :

Sans doute vos chrétiens, qu'on persécute en vain,
Ont *quelque chose* en eux *qui surpasse l'humain.* (iii, 569. *Pol.* 1790.)

HUMEUR.

Belle humeur, dans le style tragique :

Hier dans sa *belle humeur* elle entretint Valère. (iii, 287. *Hor.* 111.)
Que cette *belle humeur* soit véritable ou feinte. (vii, 73. *Agés.* 1600.)

Humeur, enjouement :

Cet homme a de l'*humeur*. — C'est un vieux domestique,
Qui, comme vous voyez, n'est pas mélancolique.
A cause de son âge il se croit tout permis;
Il se rend familier avec tous mes amis. (iv, 332. *S. du Ment.* 815.)

« Le mot *humeur*, dit Andrieux dans la *Préface* de son édition de *la Suite du Menteur*, réduite à quatre actes, est mis là dans le sens de l'anglais *humour*, gaieté originale, piquante. Il paraît que Corneille avait voulu naturaliser parmi nous ce mot anglais : il n'a point été reçu dans ce sens. » Cette explication est loin d'être exacte : ce sont les Anglais qui ont fait leur mot *humour* sur le mot français *humeur*, et nous avons repris sous la forme anglaise la nuance que nous avions à tort laissé perdre. On trouvera à ce sujet des exemples curieusement choisis dans les *Récréations philologiques* de M. Génin, tome I, p. 213 et suivantes.

HUMEURS, figurément, au pluriel :

Il est beaucoup d'*humeurs* pareilles à la tienne. (IV, 200. *Ment.* 1117.)

.... Je vous confesse
Qu'il me souvient toujours de vos traits de jeunesse....
Ces petites *humeurs* sont aussitôt passées;
Et l'air du monde change en bonnes qualités
Ces teintures qu'on prend aux universités. (IV, 321. *S. du Ment.* 620.)

HYMNE, au masculin, en parlant d'un chant sacré :

C'est donc avec raison que nos chœurs aujourd'hui
Font résonner un *hymne* et des vœux à sa gloire. (IX, 588. *Hymn.* 14.)

HYPOTHÉQUER.

Octavian, se constituant en rente envers feu mon grand-père en l'an 1584, lui *a hypothéqué* spécialement quarante-quatre écus. (X, 434. *Lettr.*)

HYPOTHÈSE.

Dans les délibérations d'État, où un homme d'importance consulté par un roi s'explique de sens rassis, ces sortes de discours trouvent lieu de plus d'étendue; mais enfin il est toujours bon de les réduire souvent de la thèse à l'*hypothèse*; et j'aime mieux faire dire à un acteur : *l'amour vous donne beaucoup d'inquiétudes*, que : *l'amour donne beaucoup d'inquiétudes aux esprits qu'il possède.* (I, 18. *Disc. du Poëme dram.*)

Corneille est ici d'accord avec d'Aubignac, qui avait dit dans sa *Pratique du théâtre* (p. 421) : « Il faut faire ce que les bons rhétoriciens nous enseignent, *réduire la thèse à l'hypothèse*, et des propositions universelles en faire des considérations particulières. »

FIN DU ONZIÈME VOLUME (TOME PREMIER DU LEXIQUE).

15520. — Imprimerie A. Lahure, rue de Fleurus, 9, à Paris.

www.ingramcontent.com/pod-product-compliance
Lightning Source LLC
Chambersburg PA
CBHW070404230426
43665CB00012B/1241